公安机关办理侵犯妇女儿童
人身权利犯罪案件指南

（第二版）

国务院反拐联席会议办公室
公安部刑事侦查局　编

（公安机关内部发行）

中国人民公安大学出版社

·北京·

图书在版编目（CIP）数据

公安机关办理侵犯妇女儿童人身权利犯罪案件指南/国务院反拐联席会议办公室，公安部刑事侦查局编．—2版．—北京：中国人民公安大学出版社，2017.11

ISBN 978-7-5653-2926-5

Ⅰ.①公… Ⅱ.①国…②公… Ⅲ.①保护妇女儿童利益—法规—中国—指南 Ⅳ.①D923.8-62

中国版本图书馆 CIP 数据核字（2017）第 118508 号

公安机关办理侵犯妇女儿童人身权利犯罪案件指南（第二版）

国务院反拐联席会议办公室　公安部刑事侦查局　编

出版发行：中国人民公安大学出版社
地　　址：北京市西城区木樨地南里
邮政编码：100038
印　　刷：三河市书文印刷有限公司

版　　次：2017 年 11 月第 1 版
印　　次：2017 年 11 月第 1 次
印　　张：23.75
开　　本：880 毫米×1230 毫米　1/32
字　　数：640 千字

书　　号：ISBN 978-7-5653-2926-5
定　　价：90.00 元（公安机关内部发行）

网　　址：www.cppsup.com.cn　www.porclub.com.cn
电子邮箱：zbs@cppsup.com　zbs@cppsu.edu.cn

营销中心电话：010-83903254
读者服务部电话（门市）：010-83903257
警官读者俱乐部电话（网购、邮购）：010-83903253
公安业务分社电话：010-83905672

前　言

　　妇女儿童权利保障是国际社会普遍关注的热点问题。为了保障妇女儿童权利，各国政府均进行了不懈的努力，取得了令人瞩目的成就。但是，侵犯妇女儿童人身权利的犯罪仍然没有消除，而且出现了一些新特点，比如犯罪手段翻新，跨国、跨区域趋势明显等，危害依然严重。如何运用法律手段更加有效地保障妇女儿童权利是各国政府面临的重要课题。

　　中国政府高度重视妇女儿童权利的保障工作。通过制定相关法律、签署国际文件等方式，我国已形成以刑法为主体，相关法律法规、司法解释、国际公约相配套的打击侵犯妇女儿童人身权利的法律体系。但是，打击侵犯妇女儿童人身权利犯罪的法律法规散见于纷繁复杂的规范性文件之中，缺乏一个全面、系统的法律法规汇编，影响相关法律的全面准确实施。为此，国务院反拐联席会议办公室、公安部刑事侦查局组织编写了《公安机关办理侵犯妇女儿童人身权利犯罪案件指南》，立足于执法办案，以侵犯妇女儿童人身权利犯罪案件为特定对象，全面收集了相关法律法规、司法解释、部门规章、国际公约、双边协议等规范性文件。本书附有索引，方便执法办案人员查询、使用。

　　参加本书编辑的人员有陈士渠、尹建中、孟庆甜、姚家儒、邓亮。联合国儿童基金会对本书的编辑出版提供了资助，在此致以诚挚的谢意。

本书编写组

2008 年 5 月

修 订 说 明

党的十八大以来，以习近平同志为核心的党中央高度重视妇女儿童工作，把依法维护妇女儿童权益放在全面依法治国战略中统筹推进。打击、惩治侵犯妇女儿童人身权利犯罪已成为时下备受人民群众关注的话题。自 2007 年公安部刑事侦查局"打击拐卖妇女儿童犯罪办公室"正式成立以来，在党和政府的关心支持下，全国打拐工作取得了令人瞩目的成绩。

2008 年 10 月，国务院反拐联席会议办公室、公安部刑事侦查局组织编写了《公安机关办理侵犯妇女儿童人身权利犯罪案件指南》一书，极大地方便了读者的查询和使用，得到了广大读者的支持与认可。鉴于我国法律不断地进行修改、完善以及新的国际文件的签署，亟待对本书进行更新、补充，特别是 2015 年《中华人民共和国刑法修正案（九）》加大了对拐卖妇女、儿童犯罪的惩处力度，为今后的打拐行动指明了方向。

为了方便广大刑事侦查人员检索使用，我们对 2008 年《公安机关办理侵犯妇女儿童人身权利犯罪案件指南》进行了修订，删减了已经失效的法规，更新和增加了近年来修订和新颁布的法律法规，增加了与其他国家、地区新签署的国际公约、双边协议等规范性文件。

参加本书第二版编辑的人员有公安部刑事侦查局杨东、曾海燕、陈士渠、陈建锋、尹国海、孟庆甜、谢鲁宁、李伟、卜浩伟。

希望本书的出版能够为广大的刑事侦查人员在执法办案和日常学习中提供方便，如有不尽之处，恳请各位读者提出宝贵意见，以便今后加以改进。

本书编写组
2017 年 8 月

目　录

实　体　法

一、法律及立法解释

二、司法解释

三、行政法规

四、部门规章

程　序　法

一、法律

二、司法解释

三、部门规章

国际公约

双边条约

谅解备忘录

会议纪要

海峡两岸协议

实 体 法

一、法律及立法解释

中华人民共和国宪法（节录）

（1982 年 12 月 4 日第五届全国人民代表大会第五次会议通过　1982 年 12 月 4 日全国人民代表大会公告公布施行　根据 1988 年 4 月 12 日第七届全国人民代表大会第一次会议通过的《中华人民共和国宪法修正案》、1993 年 3 月 29 日第八届全国人民代表大会第一次会议通过的《中华人民共和国宪法修正案》、1999 年 3 月 15 日第九届全国人民代表大会第二次会议通过的《中华人民共和国宪法修正案》和 2004 年 3 月 14 日第十届全国人民代表大会第二次会议通过的《中华人民共和国宪法修正案》修正）

第二十八条　国家维护社会秩序，镇压叛国和其他危害国家安全的犯罪活动，制裁危害社会治安、破坏社会主义经济和其他犯罪的活动，惩办和改造犯罪分子。

第三十三条　凡具有中华人民共和国国籍的人都是中华人民共和国公民。

中华人民共和国公民在法律面前一律平等。

国家尊重和保障人权。

任何公民享有宪法和法律规定的权利，同时必须履行宪法和法律规定的义务。

第三十七条　中华人民共和国公民的人身自由不受侵犯。

任何公民，非经人民检察院批准或者决定或者人民法院决定，并由公安机关执行，不受逮捕。

禁止非法拘禁和以其他方法非法剥夺或者限制公民的人身自由，禁止非法搜查公民的身体。

第三十八条 中华人民共和国公民的人格尊严不受侵犯。禁止用任何方法对公民进行侮辱、诽谤和诬告陷害。

第三十九条 中华人民共和国公民的住宅不受侵犯。禁止非法搜查或者非法侵入公民的住宅。

第四十条 中华人民共和国公民的通信自由和通信秘密受法律的保护。除因国家安全或者追查刑事犯罪的需要，由公安机关或者检察机关依照法律规定的程序对通信进行检查外，任何组织或者个人不得以任何理由侵犯公民的通信自由和通信秘密。

第四十八条 中华人民共和国妇女在政治的、经济的、文化的、社会的和家庭的生活等各方面享有同男子平等的权利。

国家保护妇女的权利和利益，实行男女同工同酬，培养和选拔妇女干部。

第四十九条 婚姻、家庭、母亲和儿童受国家的保护。

夫妻双方有实行计划生育的义务。

父母有抚养教育未成年子女的义务，成年子女有赡养扶助父母的义务。

禁止破坏婚姻自由，禁止虐待老人、妇女和儿童。

中华人民共和国刑法（节录）

(1979 年 7 月 1 日第五届全国人民代表大会第二次会议通过　1997 年 3 月 14 日第八届全国人民代表大会第五次会议修订　根据 1999 年 12 月 25 日《中华人民共和国刑法修正案》、2001 年 8 月 31 日《中华人民共和国刑法修正案（二）》、2001 年 12 月 29 日《中华人民共和国刑法修正案（三）》、2002 年 12 月 28 日《中华人民共和国刑法修正案（四）》、2005 年 2 月 28 日《中华人民共和国刑法修正案（五）》、2006 年 6 月 29 日《中华人民共和国刑法修正案（六）》、2009 年 2 月 28 日《中华人民共和国刑法修正案（七）》、2011 年 2 月 25 日《中华人民共和国刑法修正案（八）》、2015 年 8 月 29 日《中华人民共和国刑法修正案（九）》修正)

第一编　总　　则

第一章　刑法的任务、基本原则和适用范围

第一条　【立法宗旨】为了惩罚犯罪，保护人民，根据宪法，结合我国同犯罪作斗争的具体经验及实际情况，制定本法。

第二条　【本法任务】中华人民共和国刑法的任务，是用刑罚同一切犯罪行为作斗争，以保卫国家安全，保卫人民民主专政的政权和社会主义制度，保护国有财产和劳动群众集体所有的财产，保护公民私人所有的财产，保护公民的人身权利、民主权利和其他权利，维护社会秩序、经济秩序，保障社会主义建设事业的顺利进行。

第三条　【罪刑法定】法律明文规定为犯罪行为的，依照法律定罪处刑；法律没有明文规定为犯罪行为的，不得定罪处刑。

第四条　【适用刑法人人平等】对任何人犯罪，在适用法律

上一律平等。不允许任何人有超越法律的特权。

第五条 【罪责刑相适应】刑罚的轻重，应当与犯罪分子所犯罪行和承担的刑事责任相适应。

第六条 【属地管辖权】凡在中华人民共和国领域内犯罪的，除法律有特别规定的以外，都适用本法。

凡在中华人民共和国船舶或者航空器内犯罪的，也适用本法。

犯罪的行为或者结果有一项发生在中华人民共和国领域内的，就认为是在中华人民共和国领域内犯罪。

第七条 【属人管辖权】中华人民共和国公民在中华人民共和国领域外犯本法规定之罪的，适用本法，但是按本法规定的最高刑为三年以下有期徒刑的，可以不予追究。

中华人民共和国国家工作人员和军人在中华人民共和国领域外犯本法规定之罪的，适用本法。

第八条 【保护管辖权】外国人在中华人民共和国领域外对中华人民共和国国家或者公民犯罪，而按本法规定的最低刑为三年以上有期徒刑的，可以适用本法，但是按照犯罪地的法律不受处罚的除外。

第九条 【普遍管辖权】对于中华人民共和国缔结或者参加的国际条约所规定的罪行，中华人民共和国在所承担条约义务的范围内行使刑事管辖权的，适用本法。

第十条 【对外国刑事判决的消极承认】凡在中华人民共和国领域外犯罪，依照本法应当负刑事责任的，虽然经过外国审判，仍然可以依照本法追究，但是在外国已经受过刑罚处罚的，可以免除或者减轻处罚。

第十一条 【外交代表刑事管辖豁免】享有外交特权和豁免权的外国人的刑事责任，通过外交途径解决。

第十二条 【刑法溯及力】中华人民共和国成立以后本法施行以前的行为，如果当时的法律不认为是犯罪的，适用当时的法律；如果当时的法律认为是犯罪的，依照本法总则第四章第八节的规定应当追诉的，按照当时的法律追究刑事责任，但是如果本法不认为是犯罪或者处刑较轻的，适用本法。

本法施行以前，依照当时的法律已经作出的生效判决，继续有效。

第二章 犯　　罪

第一节　犯罪和刑事责任

第十三条　【犯罪概念】一切危害国家主权、领土完整和安全，分裂国家、颠覆人民民主专政的政权和推翻社会主义制度，破坏社会秩序和经济秩序，侵犯国有财产或者劳动群众集体所有的财产，侵犯公民私人所有的财产，侵犯公民的人身权利、民主权利和其他权利，以及其他危害社会的行为，依照法律应当受刑罚处罚的，都是犯罪，但是情节显著轻微危害不大的，不认为是犯罪。

第十四条　【故意犯罪】明知自己的行为会发生危害社会的结果，并且希望或者放任这种结果发生，因而构成犯罪的，是故意犯罪。

故意犯罪，应当负刑事责任。

第十五条　【过失犯罪】应当预见自己的行为可能发生危害社会的结果，因为疏忽大意而没有预见，或者已经预见而轻信能够避免，以致发生这种结果的，是过失犯罪。

过失犯罪，法律有规定的才负刑事责任。

第十六条　【不可抗力和意外事件】行为在客观上虽然造成了损害结果，但是不是出于故意或者过失，而是由于不能抗拒或者不能预见的原因所引起的，不是犯罪。

第十七条　【刑事责任年龄】已满十六周岁的人犯罪，应当负刑事责任。

已满十四周岁不满十六周岁的人，犯故意杀人、故意伤害致人重伤或者死亡、强奸、抢劫、贩卖毒品、放火、爆炸、投放危险物质罪的，应当负刑事责任。

已满十四周岁不满十八周岁的人犯罪，应当从轻或者减轻处罚。

因不满十六周岁不予刑事处罚的，责令他的家长或者监护人加以管教；在必要的时候，也可以由政府收容教养。

第十七条之一 【刑事责任年龄】已满七十五周岁的人故意犯罪的，可以从轻或者减轻处罚；过失犯罪的，应当从轻或者减轻处罚。

第十八条 【特殊人员的刑事责任能力】精神病人在不能辨认或者不能控制自己行为的时候造成危害结果，经法定程序鉴定确认的，不负刑事责任，但是应当责令他的家属或者监护人严加看管和医疗；在必要的时候，由政府强制医疗。

间歇性的精神病人在精神正常的时候犯罪，应当负刑事责任。

尚未完全丧失辨认或者控制自己行为能力的精神病人犯罪的，应当负刑事责任，但是可以从轻或者减轻处罚。

醉酒的人犯罪，应当负刑事责任。

第十九条 【又聋又哑的人或盲人犯罪的刑事责任】又聋又哑的人或者盲人犯罪，可以从轻、减轻或者免除处罚。

第二十条 【正当防卫】为了使国家、公共利益、本人或者他人的人身、财产和其他权利免受正在进行的不法侵害，而采取的制止不法侵害的行为，对不法侵害人造成损害的，属于正当防卫，不负刑事责任。

正当防卫明显超过必要限度造成重大损害的，应当负刑事责任，但是应当减轻或者免除处罚。

对正在进行行凶、杀人、抢劫、强奸、绑架以及其他严重危及人身安全的暴力犯罪，采取防卫行为，造成不法侵害人伤亡的，不属于防卫过当，不负刑事责任。

第二十一条 【紧急避险】为了使国家、公共利益、本人或者他人的人身、财产和其他权利免受正在发生的危险，不得已采取的紧急避险行为，造成损害的，不负刑事责任。

紧急避险超过必要限度造成不应有的损害的，应当负刑事责任，但是应当减轻或者免除处罚。

第一款中关于避免本人危险的规定，不适用于职务上、业务上负有特定责任的人。

第二节　犯罪的预备、未遂和中止

第二十二条　【犯罪预备】为了犯罪，准备工具、制造条件的，是犯罪预备。

对于预备犯，可以比照既遂犯从轻、减轻处罚或者免除处罚。

第二十三条　【犯罪未遂】已经着手实行犯罪，由于犯罪分子意志以外的原因而未得逞的，是犯罪未遂。

对于未遂犯，可以比照既遂犯从轻或者减轻处罚。

第二十四条　【犯罪中止】在犯罪过程中，自动放弃犯罪或者自动有效地防止犯罪结果发生的，是犯罪中止。

对于中止犯，没有造成损害的，应当免除处罚；造成损害的，应当减轻处罚。

第三节　共同犯罪

第二十五条　【共同犯罪的概念】共同犯罪是指二人以上共同故意犯罪。

二人以上共同过失犯罪，不以共同犯罪论处；应当负刑事责任的，按照他们所犯的罪分别处罚。

第二十六条　【主犯】组织、领导犯罪集团进行犯罪活动的或者在共同犯罪中起主要作用的，是主犯。

三人以上为共同实施犯罪而组成的较为固定的犯罪组织，是犯罪集团。

对组织、领导犯罪集团的首要分子，按照集团所犯的全部罪行处罚。

对于第三款规定以外的主犯，应当按照其所参与的或者组织、指挥的全部犯罪处罚。

第二十七条 【从犯】在共同犯罪中起次要或者辅助作用的，是从犯。

对于从犯，应当从轻、减轻处罚或者免除处罚。

第二十八条 【胁从犯】对于被胁迫参加犯罪的，应当按照他的犯罪情节减轻处罚或者免除处罚。

第二十九条 【教唆犯】教唆他人犯罪的，应当按照他在共同犯罪中所起的作用处罚。教唆不满十八周岁的人犯罪的，应当从重处罚。

如果被教唆的人没有犯被教唆的罪，对于教唆犯，可以从轻或者减轻处罚。

第四节 单位犯罪

第三十条 【单位负刑事责任的范围】公司、企业、事业单位、机关、团体实施的危害社会的行为，法律规定为单位犯罪的，应当负刑事责任。

第三十一条 【单位犯罪的处罚原则】单位犯罪的，对单位判处罚金，并对其直接负责的主管人员和其他直接责任人员判处刑罚。本法分则和其他法律另有规定的，依照规定。

第三章 刑罚

第一节 刑罚的种类

第三十二条 【主刑和附加刑】刑罚分为主刑和附加刑。

第三十三条 【主刑种类】主刑的种类如下：

（一）管制；

（二）拘役；

（三）有期徒刑；

（四）无期徒刑；

（五）死刑。

第三十四条 【附加刑种类】附加刑的种类如下：

（一）罚金；

（二）剥夺政治权利；

（三）没收财产。

附加刑也可以独立适用。

第三十五条 【驱逐出境】对于犯罪的外国人，可以独立适用或者附加适用驱逐出境。

第三十六条 【赔偿经济损失与民事优先原则】由于犯罪行为而使被害人遭受经济损失的，对犯罪分子除依法给予刑事处罚外，并应根据情况判处赔偿经济损失。

承担民事赔偿责任的犯罪分子，同时被判处罚金，其财产不足以全部支付的，或者被判处没收财产的，应当先承担对被害人的民事赔偿责任。

第三十七条 【非刑罚性处置措施】对于犯罪情节轻微不需要判处刑罚的，可以免予刑事处罚，但是可以根据案件的不同情况，予以训诫或者责令具结悔过、赔礼道歉、赔偿损失，或者由主管部门予以行政处罚或者行政处分。

第三十七条之一 【禁业规定】因利用职业便利实施犯罪，或者实施违背职业要求的特定义务的犯罪被判处刑罚的，人民法院可以根据犯罪情况和预防再犯罪的需要，禁止其自刑罚执行完毕之日或者假释之日起从事相关职业，期限为三年至五年。

被禁止从事相关职业的人违反人民法院依照前款规定作出的决定的，由公安机关依法给予处罚；情节严重的，依照本法第三百一十三条的规定定罪处罚。

其他法律、行政法规对其从事相关职业另有禁止或者限制性规定的，从其规定。

第二节　管　制

第三十八条　【管制的期限与执行机关】管制的期限，为三个月以上二年以下。

判处管制，可以根据犯罪情况，同时禁止犯罪分子在执行期间从事特定活动，进入特定区域、场所，接触特定的人。

对判处管制的犯罪分子，依法实行社区矫正。

违反第二款规定的禁止令的，由公安机关依照《中华人民共和国治安管理处罚法》的规定处罚。

第三十九条　【被管制罪犯的义务与权利】被判处管制的犯罪分子，在执行期间，应当遵守下列规定：

（一）遵守法律、行政法规，服从监督；

（二）未经执行机关批准，不得行使言论、出版、集会、结社、游行、示威自由的权利；

（三）按照执行机关规定报告自己的活动情况；

（四）遵守执行机关关于会客的规定；

（五）离开所居住的市、县或者迁居，应当报经执行机关批准。

对于被判处管制的犯罪分子，在劳动中应当同工同酬。

第四十条　【管制期满解除】被判处管制的犯罪分子，管制期满，执行机关应即向本人和其所在单位或者居住地的群众宣布解除管制。

第四十一条　【管制刑期的计算和折抵】管制的刑期，从判决执行之日起计算；判决执行以前先行羁押的，羁押一日折抵刑期二日。

第三节　拘　役

第四十二条　【拘役的期限】拘役的期限，为一个月以上六个月以下。

第四十三条 【拘役的执行】被判处拘役的犯罪分子，由公安机关就近执行。

在执行期间，被判处拘役的犯罪分子每月可以回家一天至两天；参加劳动的，可以酌量发给报酬。

第四十四条 【拘役刑期的计算和折抵】拘役的刑期，从判决执行之日起计算；判决执行以前先行羁押的，羁押一日折抵刑期一日。

第四节 有期徒刑、无期徒刑

第四十五条 【有期徒刑的期限】有期徒刑的期限，除本法第五十条、第六十九条规定外，为六个月以上十五年以下。

第四十六条 【有期徒刑与无期徒刑的执行】被判处有期徒刑、无期徒刑的犯罪分子，在监狱或者其他执行场所执行；凡有劳动能力的，都应当参加劳动，接受教育和改造。

第四十七条 【有期徒刑刑期的计算与折抵】有期徒刑的刑期，从判决执行之日起计算；判决执行以前先行羁押的，羁押一日折抵刑期一日。

第五节 死 刑

第四十八条 【死刑、死缓的适用对象及核准程序】死刑只适用于罪行极其严重的犯罪分子。对于应当判处死刑的犯罪分子，如果不是必须立即执行的，可以判处死刑同时宣告缓期二年执行。

死刑除依法由最高人民法院判决的以外，都应当报请最高人民法院核准。死刑缓期执行的，可以由高级人民法院判决或者核准。

第四十九条 【死刑适用对象的限制】犯罪的时候不满十八周岁的人和审判的时候怀孕的妇女，不适用死刑。

审判的时候已满七十五周岁的人，不适用死刑，但以特别残忍手段致人死亡的除外。

第五十条 【死缓变更】判处死刑缓期执行的，在死刑缓期执行期间，如果没有故意犯罪，二年期满以后，减为无期徒刑；如果确有重大立功表现，二年期满以后，减为二十五年有期徒刑；如果故意犯罪，情节恶劣的，报请最高人民法院核准后执行死刑；对于故意犯罪未执行死刑的，死刑缓期执行的期间重新计算，并报最高人民法院备案。

对被判处死刑缓期执行的累犯以及因故意杀人、强奸、抢劫、绑架、放火、爆炸、投放危险物质或者有组织的暴力性犯罪被判处死刑缓期执行的犯罪分子，人民法院根据犯罪情节等情况可以同时决定对其限制减刑。

第五十一条 【死缓期间及减为有期徒刑的刑期计算】死刑缓期执行的期间，从判决确定之日起计算。死刑缓期执行减为有期徒刑的刑期，从死刑缓期执行期满之日起计算。

第六节　罚　　金

第五十二条 【罚金数额的裁量】判处罚金，应当根据犯罪情节决定罚金数额。

第五十三条 【罚金的缴纳】罚金在判决指定的期限内一次或者分期缴纳。期满不缴纳的，强制缴纳。对于不能全部缴纳罚金的，人民法院在任何时候发现被执行人有可以执行的财产，应当随时追缴。

由于遭遇不能抗拒的灾祸等原因缴纳确实有困难的，经人民法院裁定，可以延期缴纳、酌情减少或者免除。

第七节　剥夺政治权利

第五十四条 【剥夺政治权利的含义】剥夺政治权利是剥夺下列权利：

（一）选举权和被选举权；

（二）言论、出版、集会、结社、游行、示威自由的权利；

（三）担任国家机关职务的权利；

（四）担任国有公司、企业、事业单位和人民团体领导职务的权利。

第五十五条 【剥夺政治权利的期限】剥夺政治权利的期限，除本法第五十七条规定外，为一年以上五年以下。

判处管制附加剥夺政治权利的，剥夺政治权利的期限与管制的期限相等，同时执行。

第五十六条 【剥夺政治权利的附加、独立适用】对于危害国家安全的犯罪分子应当附加剥夺政治权利；对于故意杀人、强奸、放火、爆炸、投毒、抢劫等严重破坏社会秩序的犯罪分子，可以附加剥夺政治权利。

独立适用剥夺政治权利的，依照本法分则的规定。

第五十七条 【对死刑、无期徒刑罪犯剥夺政治权利的适用】对于被判处死刑、无期徒刑的犯罪分子，应当剥夺政治权利终身。

在死刑缓期执行减为有期徒刑或者无期徒刑减为有期徒刑的时候，应当把附加剥夺政治权利的期限改为三年以上十年以下。

第五十八条 【剥夺政治权利的刑期计算、效力与执行】附加剥夺政治权利的刑期，从徒刑、拘役执行完毕之日或者从假释之日起计算；剥夺政治权利的效力当然施用于主刑执行期间。

被剥夺政治权利的犯罪分子，在执行期间，应当遵守法律、行政法规和国务院公安部门有关监督管理的规定，服从监督；不得行使本法第五十四条规定的各项权利。

第八节　没收财产

第五十九条 【没收财产的范围】没收财产是没收犯罪分子个人所有财产的一部或者全部。没收全部财产的，应当对犯罪分子个人及其扶养的家属保留必需的生活费用。

在判处没收财产的时候，不得没收属于犯罪分子家属所有或者应有的财产。

第六十条 【以没收的财产偿还债务】没收财产以前犯罪分

子所负的正当债务，需要以没收的财产偿还的，经债权人请求，应当偿还。

第四章　刑罚的具体运用

第一节　量　　刑

第六十一条　【量刑的一般原则】对于犯罪分子决定刑罚的时候，应当根据犯罪的事实、犯罪的性质、情节和对于社会的危害程度，依照本法的有关规定判处。

第六十二条　【从重处罚与从轻处罚】犯罪分子具有本法规定的从重处罚、从轻处罚情节的，应当在法定刑的限度以内判处刑罚。

第六十三条　【减轻处罚】犯罪分子具有本法规定的减轻处罚情节的，应当在法定刑以下判处刑罚；本法规定有数个量刑幅度的，应当在法定量刑幅度的下一个量刑幅度内判处刑罚。

犯罪分子虽然不具有本法规定的减轻处罚情节，但是根据案件的特殊情况，经最高人民法院核准，也可以在法定刑以下判处刑罚。

第六十四条　【犯罪物品的处理】犯罪分子违法所得的一切财物，应当予以追缴或者责令退赔；对被害人的合法财产，应当及时返还；违禁品和供犯罪所用的本人财物，应当予以没收。没收的财物和罚金，一律上缴国库，不得挪用和自行处理。

第二节　累　　犯

第六十五条　【一般累犯】被判处有期徒刑以上刑罚的犯罪分子，刑罚执行完毕或者赦免以后，在五年以内再犯应当判处有期徒刑以上刑罚之罪的，是累犯，应当从重处罚，但是过失犯罪和不满十八周岁的人犯罪的除外。

前款规定的期限，对于被假释的犯罪分子，从假释期满之日起计算。

第六十六条 【特别累犯】危害国家安全犯罪、恐怖活动犯罪、黑社会性质的组织犯罪的犯罪分子，在刑罚执行完毕或者赦免以后，在任何时候再犯上述任一类罪的，都以累犯论处。

第三节 自首和立功

第六十七条 【自首】犯罪以后自动投案，如实供述自己的罪行的，是自首。对于自首的犯罪分子，可以从轻或者减轻处罚。其中，犯罪较轻的，可以免除处罚。

被采取强制措施的犯罪嫌疑人、被告人和正在服刑的罪犯，如实供述司法机关还未掌握的本人其他罪行的，以自首论。

犯罪嫌疑人虽不具有前两款规定的自首情节，但是如实供述自己罪行的，可以从轻处罚；因其如实供述自己罪行，避免特别严重后果发生的，可以减轻处罚。

第六十八条 【立功】犯罪分子有揭发他人犯罪行为，查证属实的，或者提供重要线索，从而得以侦破其他案件等立功表现的，可以从轻或者减轻处罚；有重大立功表现的，可以减轻或者免除处罚。

第四节 数罪并罚

第六十九条 【数罪并罚的一般原则】判决宣告以前一人犯数罪的，除判处死刑和无期徒刑的以外，应当在总和刑期以下、数刑中最高刑期以上，酌情决定执行的刑期，但是管制最高不能超过三年，拘役最高不能超过一年，有期徒刑总和刑期不满三十五年的，最高不能超过二十年，总和刑期在三十五年以上的，最高不能超过二十五年。

数罪中有判处有期徒刑和拘役的，执行有期徒刑。数罪中有判处有期徒刑和管制，或者拘役和管制的，有期徒刑、拘役执行完毕后，管制仍须执行。

数罪中有判处附加刑的，附加刑仍须执行，其中附加刑种类相同的，合并执行，种类不同的，分别执行。

第七十条 【判决宣告后发现漏罪的并罚】判决宣告以后，刑罚执行完毕以前，发现被判刑的犯罪分子在判决宣告以前还有其他罪没有判决的，应当对新发现的罪作出判决，把前后两个判决所判处的刑罚，依照本法第六十九条的规定，决定执行的刑罚。已经执行的刑期，应当计算在新判决决定的刑期以内。

第七十一条 【判决宣告后又犯新罪的并罚】判决宣告以后，刑罚执行完毕以前，被判刑的犯罪分子又犯罪的，应当对新犯的罪作出判决，把前罪没有执行的刑罚和后罪所判处的刑罚，依照本法第六十九条的规定，决定执行的刑罚。

第五节 缓 刑

第七十二条 【适用条件】对于被判处拘役、三年以下有期徒刑的犯罪分子，同时符合下列条件的，可以宣告缓刑，对其中不满十八周岁的人、怀孕的妇女和已满七十五周岁的人，应当宣告缓刑：

（一）犯罪情节较轻；

（二）有悔罪表现；

（三）没有再犯罪的危险；

（四）宣告缓刑对所居住社区没有重大不良影响。

宣告缓刑，可以根据犯罪情况，同时禁止犯罪分子在缓刑考验期限内从事特定活动，进入特定区域、场所，接触特定的人。

被宣告缓刑的犯罪分子，如果被判处附加刑，附加刑仍须执行。

第七十三条 【考验期限】拘役的缓刑考验期限为原判刑期以上一年以下，但是不能少于二个月。

有期徒刑的缓刑考验期限为原判刑期以上五年以下，但是不能少于一年。

缓刑考验期限，从判决确定之日起计算。

第七十四条 【累犯不适用缓刑】对于累犯和犯罪集团的首要分子，不适用缓刑。

第七十五条 【缓刑犯应遵守的规定】被宣告缓刑的犯罪分子，应当遵守下列规定：

（一）遵守法律、行政法规，服从监督；

（二）按照考察机关的规定报告自己的活动情况；

（三）遵守考察机关关于会客的规定；

（四）离开所居住的市、县或者迁居，应当报经考察机关批准。

第七十六条 【缓刑的考验及其积极后果】对宣告缓刑的犯罪分子，在缓刑考验期限内，依法实行社区矫正，如果没有本法第七十七条规定的情形，缓刑考验期满，原判的刑罚就不再执行，并公开予以宣告。

第七十七条 【缓刑的撤销及其处理】被宣告缓刑的犯罪分子，在缓刑考验期限内犯新罪或者发现判决宣告以前还有其他罪没有判决的，应当撤销缓刑，对新犯的罪或者新发现的罪作出判决，把前罪和后罪所判处的刑罚，依照本法第六十九条的规定，决定执行的刑罚。

被宣告缓刑的犯罪分子，在缓刑考验期限内，违反法律、行政法规或者国务院有关部门关于缓刑的监督管理规定，或者违反人民法院判决中的禁止令，情节严重的，应当撤销缓刑，执行原判刑罚。

第六节 减 刑

第七十八条 【减刑条件与限度】被判处管制、拘役、有期徒刑、无期徒刑的犯罪分子，在执行期间，如果认真遵守监规，接受教育改造，确有悔改表现的，或者有立功表现的，可以减刑；有下列重大立功表现之一的，应当减刑：

（一）阻止他人重大犯罪活动的；

（二）检举监狱内外重大犯罪活动，经查证属实的；

（三）有发明创造或者重大技术革新的；

（四）在日常生产、生活中舍己救人的；

（五）在抗御自然灾害或者排除重大事故中，有突出表现的；

（六）对国家和社会有其他重大贡献的。

减刑以后实际执行的刑期不能少于下列期限：

（一）判处管制、拘役、有期徒刑的，不能少于原判刑期的二分之一；

（二）判处无期徒刑的，不能少于十三年；

（三）人民法院依照本法第五十条第二款规定限制减刑的死刑缓期执行的犯罪分子，缓期执行期满后依法减为无期徒刑的，不能少于二十五年，缓期执行期满后依法减为二十五年有期徒刑的，不能少于二十年。

第七十九条 【减刑程序】对于犯罪分子的减刑，由执行机关向中级以上人民法院提出减刑建议书。人民法院应当组成合议庭进行审理，对确有悔改或者立功事实的，裁定予以减刑。非经法定程序不得减刑。

第八十条 【无期徒刑减刑的刑期计算】无期徒刑减为有期徒刑的刑期，从裁定减刑之日起计算。

第七节 假 释

第八十一条 【假释的适用条件】被判处有期徒刑的犯罪分子，执行原判刑期二分之一以上，被判处无期徒刑的犯罪分子，实际执行十三年以上，如果认真遵守监规，接受教育改造，确有悔改表现，没有再犯罪的危险的，可以假释。如果有特殊情况，经最高人民法院核准，可以不受上述执行刑期的限制。

对累犯以及因故意杀人、强奸、抢劫、绑架、放火、爆炸、投放危险物质或者有组织的暴力性犯罪被判处十年以上有期徒刑、无期徒刑的犯罪分子，不得假释。

对犯罪分子决定假释时，应当考虑其假释后对所居住社区的影响。

第八十二条 【假释的程序】对于犯罪分子的假释，依照本法第七十九条规定的程序进行。非经法定程序不得假释。

第八十三条 【假释的考验期限】有期徒刑的假释考验期限，为没有执行完毕的刑期；无期徒刑的假释考验期限为十年。

假释考验期限，从假释之日起计算。

第八十四条 【假释犯应遵守的规定】被宣告假释的犯罪分子，应当遵守下列规定：

（一）遵守法律、行政法规，服从监督；

（二）按照监督机关的规定报告自己的活动情况；

（三）遵守监督机关关于会客的规定；

（四）离开所居住的市、县或者迁居，应当报经监督机关批准。

第八十五条 【假释考验及其积极后果】对假释的犯罪分子，在假释考验期限内，依法实行社区矫正，如果没有本法第八十六条规定的情形，假释考验期满，就认为原判刑罚已经执行完毕，并公开予以宣告。

第八十六条 【假释的撤销及其处理】被假释的犯罪分子，在假释考验期限内犯新罪，应当撤销假释，依照本法第七十一条的规定实行数罪并罚。

在假释考验期限内，发现被假释的犯罪分子在判决宣告以前还有其他罪没有判决的，应当撤销假释，依照本法第七十条的规定实行数罪并罚。

被假释的犯罪分子，在假释考验期限内，有违反法律、行政法规或者国务院有关部门关于假释的监督管理规定的行为，尚未构成新的犯罪的，应当依照法定程序撤销假释，收监执行未执行完毕的刑罚。

第八节　时　效

第八十七条　【追诉时效期限】犯罪经过下列期限不再追诉：

（一）法定最高刑为不满五年有期徒刑的，经过五年；

（二）法定最高刑为五年以上不满十年有期徒刑的，经过十年；

（三）法定最高刑为十年以上有期徒刑的，经过十五年；

（四）法定最高刑为无期徒刑、死刑的，经过二十年。如果二十年以后认为必须追诉的，须报请最高人民检察院核准。

第八十八条　【追诉期限的延长】在人民检察院、公安机关、国家安全机关立案侦查或者在人民法院受理案件以后，逃避侦查或者审判的，不受追诉期限的限制。

被害人在追诉期限内提出控告，人民法院、人民检察院、公安机关应当立案而不予立案的，不受追诉期限的限制。

第八十九条　【追诉期限的计算与中断】追诉期限从犯罪之日起计算；犯罪行为有连续或者继续状态的，从犯罪行为终了之日起计算。

在追诉期限以内又犯罪的，前罪追诉的期限从犯后罪之日起计算。

第五章　其他规定

第九十条　【民族自治地方刑法适用的变通】民族自治地方不能全部适用本法规定的，可以由自治区或者省的人民代表大会根据当地民族的政治、经济、文化的特点和本法规定的基本原则，制定变通或者补充的规定，报请全国人民代表大会常务委员会批准施行。

第九十一条　【公共财产的范围】本法所称公共财产，是指下列财产：

（一）国有财产；

（二）劳动群众集体所有的财产；

（三）用于扶贫和其他公益事业的社会捐助或者专项基金的财产。

在国家机关、国有公司、企业、集体企业和人民团体管理、使用或者运输中的私人财产，以公共财产论。

第九十二条 【公民私人所有财产的范围】本法所称公民私人所有的财产，是指下列财产：

（一）公民的合法收入、储蓄、房屋和其他生活资料；

（二）依法归个人、家庭所有的生产资料；

（三）个体户和私营企业的合法财产；

（四）依法归个人所有的股份、股票、债券和其他财产。

第九十三条 【国家工作人员的范围】本法所称国家工作人员，是指国家机关中从事公务的人员。

国有公司、企业、事业单位、人民团体中从事公务的人员和国家机关、国有公司、企业、事业单位委派到非国有公司、企业、事业单位、社会团体从事公务的人员，以及其他依照法律从事公务的人员，以国家工作人员论。

第九十四条 【司法工作人员的范围】本法所称司法工作人员，是指有侦查、检察、审判、监管职责的工作人员。

第九十五条 【重伤】本法所称重伤，是指有下列情形之一的伤害：

（一）使人肢体残废或者毁人容貌的；

（二）使人丧失听觉、视觉或者其他器官机能的；

（三）其他对于人身健康有重大伤害的。

第九十六条 【违反国家规定之含义】本法所称违反国家规定，是指违反全国人民代表大会及其常务委员会制定的法律和决定，国务院制定的行政法规、规定的行政措施、发布的决定和命令。

第九十七条 【首要分子的范围】本法所称首要分子，是指在犯罪集团或者聚众犯罪中起组织、策划、指挥作用的犯罪分子。

第九十八条 【告诉才处理的含义】本法所称告诉才处理，是指被害人告诉才处理。如果被害人因受强制、威吓无法告诉的，人民检察院和被害人的近亲属也可以告诉。

第九十九条 【以上、以下、以内之界定】本法所称以上、以下、以内，包括本数。

第一百条 【前科报告制度】依法受过刑事处罚的人，在入伍、就业的时候，应当如实向有关单位报告自己曾受过刑事处罚，不得隐瞒。

犯罪的时候不满十八周岁被判处五年有期徒刑以下刑罚的人，免除前款规定的报告义务。

第一百零一条 【总则的效力】本法总则适用于其他有刑罚规定的法律，但是其他法律有特别规定的除外。

第二编 分 则

第二章 危害公共安全罪

第一百三十三条之一 【危险驾驶罪】在道路上驾驶机动车，有下列情形之一的，处拘役，并处罚金：

（一）追逐竞驶，情节恶劣的；

（二）醉酒驾驶机动车的；

（三）从事校车业务或者旅客运输，严重超过额定乘员载客，或者严重超过规定时速行驶的；

（四）违反危险化学品安全管理规定运输危险化学品，危及公共安全的。

机动车所有人、管理人对前款第三项、第四项行为负有直接责任的，依照前款的规定处罚。

有前两款行为，同时构成其他犯罪的，依照处罚较重的规定定罪处罚。

第四章　侵犯公民人身权利、民主权利罪

第二百三十二条　【故意杀人罪】故意杀人的，处死刑、无期徒刑或者十年以上有期徒刑；情节较轻的，处三年以上十年以下有期徒刑。

第二百三十三条　【过失致人死亡罪】过失致人死亡的，处三年以上七年以下有期徒刑；情节较轻的，处三年以下有期徒刑。本法另有规定的，依照规定。

第二百三十四条　【故意伤害罪】故意伤害他人身体的，处三年以下有期徒刑、拘役或者管制。

犯前款罪，致人重伤的，处三年以上十年以下有期徒刑；致人死亡或者以特别残忍手段致人重伤造成严重残疾的，处十年以上有期徒刑、无期徒刑或者死刑。本法另有规定的，依照规定。

第二百三十四条之一　【组织出卖人体器官罪】组织他人出卖人体器官的，处五年以下有期徒刑，并处罚金；情节严重的，处五年以上有期徒刑，并处罚金或者没收财产。

【故意伤害罪】【故意杀人罪】未经本人同意摘取其器官，或者摘取不满十八周岁的人的器官，或者强迫、欺骗他人捐献器官的，依照本法第二百三十四条、第二百三十二条的规定定罪处罚。

【盗窃、侮辱、故意毁坏尸体、尸骨、骨灰罪】违背本人生前意愿摘取其尸体器官，或者本人生前未表示同意，违反国家规定，违背其近亲属意愿摘取其尸体器官的，依照本法第三百零二条的规定定罪处罚。

第二百三十五条　【过失致人重伤罪】过失伤害他人致人重伤的，处三年以下有期徒刑或者拘役。本法另有规定的，依照规定。

第二百三十六条　【强奸罪】以暴力、胁迫或者其他手段强奸妇女的，处三年以上十年以下有期徒刑。

奸淫不满十四周岁的幼女的，以强奸论，从重处罚。

强奸妇女、奸淫幼女，有下列情形之一的，处十年以上有期徒刑、无期徒刑或者死刑：

（一）强奸妇女、奸淫幼女情节恶劣的；

（二）强奸妇女、奸淫幼女多人的；

（三）在公共场所当众强奸妇女的；

（四）二人以上轮奸的；

（五）致使被害人重伤、死亡或者造成其他严重后果的。

第二百三十七条 【强制猥亵、侮辱罪】以暴力、胁迫或者其他方法强制猥亵他人或者侮辱妇女的，处五年以下有期徒刑或者拘役。

聚众或者在公共场所当众犯前款罪的，或者有其他恶劣情节的，处五年以上有期徒刑。

【猥亵儿童罪】猥亵儿童的，依照前两款的规定从重处罚。

第二百三十八条 【非法拘禁罪】非法拘禁他人或者以其他方法非法剥夺他人人身自由的，处三年以下有期徒刑、拘役、管制或者剥夺政治权利。具有殴打、侮辱情节的，从重处罚。

犯前款罪，致人重伤的，处三年以上十年以下有期徒刑；致人死亡的，处十年以上有期徒刑。使用暴力致人伤残、死亡的，依照本法第二百三十四条、第二百三十二条的规定定罪处罚。

为索取债务非法扣押、拘禁他人的，依照前两款的规定处罚。

国家机关工作人员利用职权犯前三款罪的，依照前三款的规定从重处罚。

第二百三十九条 【绑架罪】以勒索财物为目的绑架他人的，或者绑架他人作为人质的，处十年以上有期徒刑或者无期徒刑，并处罚金或者没收财产；情节较轻的，处五年以上十年以下有期徒刑，并处罚金。

犯前款罪，杀害被绑架人的，或者故意伤害被绑架人，致人重伤、死亡的，处无期徒刑或者死刑，并处没收财产。

以勒索财物为目的偷盗婴幼儿的，依照前两款的规定处罚。

第二百四十条 【拐卖妇女、儿童罪】拐卖妇女、儿童的，处五年以上十年以下有期徒刑，并处罚金；有下列情形之一的，处十年以上有期徒刑或者无期徒刑，并处罚金或者没收财产；情节特别严重的，处死刑，并处没收财产：

（一）拐卖妇女、儿童集团的首要分子；

（二）拐卖妇女、儿童三人以上的；

（三）奸淫被拐卖的妇女的；

（四）诱骗、强迫被拐卖的妇女卖淫或者将被拐卖的妇女卖给他人迫使其卖淫的；

（五）以出卖为目的，使用暴力、胁迫或者麻醉方法绑架妇女、儿童的；

（六）以出卖为目的，偷盗婴幼儿的；

（七）造成被拐卖的妇女、儿童或者其亲属重伤、死亡或者其他严重后果的；

（八）将妇女、儿童卖往境外的。

拐卖妇女、儿童是指以出卖为目的，有拐骗、绑架、收买、贩卖、接送、中转妇女、儿童的行为之一的。

第二百四十一条 【收买被拐卖的妇女、儿童罪】收买被拐卖的妇女、儿童的，处三年以下有期徒刑、拘役或者管制。

【强奸罪】收买被拐卖的妇女，强行与其发生性关系的，依照本法第二百三十六条的规定定罪处罚。

【非法拘禁罪】【故意伤害罪】【侮辱罪】收买被拐卖的妇女、儿童，非法剥夺、限制其人身自由或者有伤害、侮辱等犯罪行为的，依照本法的有关规定定罪处罚。

收买被拐卖的妇女、儿童，并有第二款、第三款规定的犯罪行为的，依照数罪并罚的规定处罚。

【拐卖妇女、儿童罪】收买被拐卖的妇女、儿童又出卖的，依照本法第二百四十条的规定定罪处罚。

收买被拐卖的妇女、儿童，对被买儿童没有虐待行为，不阻碍对其进行解救的，可以从轻处罚；按照被买妇女的意愿，不阻碍其返回原居住地的，可以从轻或者减轻处罚。

第二百四十二条 【妨害公务罪】以暴力、威胁方法阻碍国家机关工作人员解救被收买的妇女、儿童的，依照本法第二百七十七条的规定定罪处罚。

【聚众阻碍解救被收买的妇女、儿童罪】聚众阻碍国家机关工作人员解救被收买的妇女、儿童的首要分子，处五年以下有期徒刑或者拘役；其他参与者使用暴力、威胁方法的，依照前款的规定处罚。

第二百四十三条 【诬告陷害罪】捏造事实诬告陷害他人，意图使他人受刑事追究，情节严重的，处三年以下有期徒刑、拘役或者管制；造成严重后果的，处三年以上十年以下有期徒刑。

国家机关工作人员犯前款罪的，从重处罚。

不是有意诬陷，而是错告，或者检举失实的，不适用前两款的规定。

第二百四十四条 【强迫劳动罪】以暴力、威胁或者限制人身自由的方法强迫他人劳动的，处三年以下有期徒刑或者拘役，并处罚金；情节严重的，处三年以上十年以下有期徒刑，并处罚金。

明知他人实施前款行为，为其招募、运送人员或者有其他协助强迫他人劳动行为的，依照前款的规定处罚。

单位犯前两款罪的，对单位判处罚金，并对其直接负责的主管人员和其他直接责任人员，依照第一款的规定处罚。

第二百四十四条之一 【雇用童工从事危重劳动罪】违反劳动管理法规，雇用未满十六周岁的未成年人从事超强度体力劳动的，或者从事高空、井下作业的，或者在爆炸性、易燃性、放射性、毒害性等危险环境下从事劳动，情节严重的，对直接责任人员，处三年以下有期徒刑或者拘役，并处罚金；情节特别严重的，处三年以上七年以下有期徒刑，并处罚金。

有前款行为，造成事故，又构成其他犯罪的，依照数罪并罚的规定处罚。

第二百四十五条 【非法搜查罪】【非法侵入住宅罪】非法搜查他人身体、住宅，或者非法侵入他人住宅的，处三年以下有期徒刑或者拘役。

司法工作人员滥用职权，犯前款罪的，从重处罚。

第二百四十六条 【侮辱罪】【诽谤罪】以暴力或者其他方法公然侮辱他人或者捏造事实诽谤他人，情节严重的，处三年以下有期徒刑、拘役、管制或者剥夺政治权利。

前款罪，告诉的才处理，但是严重危害社会秩序和国家利益的除外。

通过信息网络实施第一款规定的行为，被害人向人民法院告诉，但提供证据确有困难的，人民法院可以要求公安机关提供协助。

第二百五十二条 【侵犯通信自由罪】隐匿、毁弃或者非法开拆他人信件，侵犯公民通信自由权利，情节严重的，处一年以下有期徒刑或者拘役。

第二百五十三条 【私自开拆、隐匿、毁弃邮件、电报罪】邮政工作人员私自开拆或者隐匿、毁弃邮件、电报的，处二年以下有期徒刑或者拘役。

犯前款罪而窃取财物的，依照本法第二百六十四条的规定定罪从重处罚。

第二百五十三条之一 【侵犯公民个人信息罪】违反国家有关规定，向他人出售或者提供公民个人信息，情节严重的，处三年以下有期徒刑或者拘役，并处或者单处罚金；情节特别严重的，处三年以上七年以下有期徒刑，并处罚金。

违反国家有关规定，将在履行职责或者提供服务过程中获得的公民个人信息，出售或者提供给他人的，依照前款的规定从重处罚。

窃取或者以其他方法非法获取公民个人信息的，依照第一款的规定处罚。

单位犯前三款罪的，对单位判处罚金，并对其直接负责的主管人员和其他直接责任人员，依照各该款的规定处罚。

第二百五十七条 　【暴力干涉婚姻自由罪】以暴力干涉他人婚姻自由的，处二年以下有期徒刑或者拘役。

犯前款罪，致使被害人死亡的，处二年以上七年以下有期徒刑。

第一款罪，告诉的才处理。

第二百六十条 　【虐待罪】虐待家庭成员，情节恶劣的，处二年以下有期徒刑、拘役或者管制。

犯前款罪，致使被害人重伤、死亡的，处二年以上七年以下有期徒刑。

第一款罪，告诉的才处理，但被害人没有能力告诉，或者因受到强制、威吓无法告诉的除外。

第二百六十条之一 　【虐待被监护、看护人罪】对未成年人、老年人、患病的人、残疾人等负有监护、看护职责的人虐待被监护、看护的人，情节恶劣的，处三年以下有期徒刑或者拘役。

单位犯前款罪的，对单位判处罚金，并对其直接负责的主管人员和其他直接责任人员，依照前款的规定处罚。

有第一款行为，同时构成其他犯罪的，依照处罚较重的规定定罪处罚。

第二百六十一条 　【遗弃罪】对于年老、年幼、患病或者其他没有独立生活能力的人，负有扶养义务而拒绝扶养，情节恶劣的，处五年以下有期徒刑、拘役或者管制。

第二百六十二条 　【拐骗儿童罪】拐骗不满十四周岁的未成年人，脱离家庭或者监护人的，处五年以下有期徒刑或者拘役。

第二百六十二条之一 　【组织残疾人、儿童乞讨罪】以暴力、胁迫手段组织残疾人或者不满十四周岁的未成年人乞讨的，处三年以下有期徒刑或者拘役，并处罚金；情节严重的，处三年以上七年以下有期徒刑，并处罚金。

第二百六十二条之二　【组织未成年人进行违反治安管理活动罪】组织未成年人进行盗窃、诈骗、抢夺、敲诈勒索等违反治安管理活动的，处三年以下有期徒刑或者拘役，并处罚金；情节严重的，处三年以上七年以下有期徒刑，并处罚金。

第六章　妨害社会管理秩序罪

第一节　扰乱公共秩序罪

第二百七十七条　【妨害公务罪】以暴力、威胁方法阻碍国家机关工作人员依法执行职务的，处三年以下有期徒刑、拘役、管制或者罚金。

以暴力、威胁方法阻碍全国人民代表大会和地方各级人民代表大会代表依法执行代表职务的，依照前款的规定处罚。

在自然灾害和突发事件中，以暴力、威胁方法阻碍红十字会工作人员依法履行职责的，依照第一款的规定处罚。

故意阻碍国家安全机关、公安机关依法执行国家安全工作任务，未使用暴力、威胁方法，造成严重后果的，依照第一款的规定处罚。

暴力袭击正在依法执行职务的人民警察的，依照第一款的规定从重处罚。

第三节　妨害国（边）境管理罪

第三百一十八条　【组织他人偷越国（边）境罪】组织他人偷越国（边）境的，处二年以上七年以下有期徒刑，并处罚金；有下列情形之一的，处七年以上有期徒刑或者无期徒刑，并处罚金或者没收财产：

（一）组织他人偷越国（边）境集团的首要分子；

（二）多次组织他人偷越国（边）境或者组织他人偷越国

（边）境人数众多的；

（三）造成被组织人重伤、死亡的；

（四）剥夺或者限制被组织人人身自由的；

（五）以暴力、威胁方法抗拒检查的；

（六）违法所得数额巨大的；

（七）有其他特别严重情节的。

犯前款罪，对被组织人有杀害、伤害、强奸、拐卖等犯罪行为，或者对检查人员有杀害、伤害等犯罪行为的，依照数罪并罚的规定处罚。

第三百一十九条 【骗取出境证件罪】以劳务输出、经贸往来或者其他名义，弄虚作假，骗取护照、签证等出境证件，为组织他人偷越国（边）境使用的，处三年以下有期徒刑，并处罚金；情节严重的，处三年以上十年以下有期徒刑，并处罚金。

单位犯前款罪的，对单位判处罚金，并对其直接负责的主管人员和其他直接责任人员，依照前款的规定处罚。

第三百二十条 【提供伪造、变造的出入境证件罪】【出售出入境证件罪】为他人提供伪造、变造的护照、签证等出入境证件，或者出售护照、签证等出入境证件的，处五年以下有期徒刑，并处罚金；情节严重的，处五年以上有期徒刑，并处罚金。

第三百二十一条 【运送他人偷越国（边）境罪】运送他人偷越国（边）境的，处五年以下有期徒刑、拘役或者管制，并处罚金；有下列情形之一的，处五年以上十年以下有期徒刑，并处罚金：

（一）多次实施运送行为或者运送人数众多的；

（二）所使用的船只、车辆等交通工具不具备必要的安全条件，足以造成严重后果的；

（三）违法所得数额巨大的；

（四）有其他特别严重情节的。

在运送他人偷越国（边）境中造成被运送人重伤、死亡，或者以暴力、威胁方法抗拒检查的，处七年以上有期徒刑，并处罚金。

犯前两款罪，对被运送人有杀害、伤害、强奸、拐卖等犯罪行为，或者对检查人员有杀害、伤害等犯罪行为的，依照数罪并罚的规定处罚。

第三百二十二条 【偷越国（边）境罪】违反国（边）境管理法规，偷越国（边）境，情节严重的，处一年以下有期徒刑、拘役或者管制，并处罚金；为参加恐怖活动组织、接受恐怖活动培训或者实施恐怖活动，偷越国（边）境的，处一年以上三年以下有期徒刑，并处罚金。

第五节　危害公共卫生罪

第三百三十六条 【非法行医罪】未取得医生执业资格的人非法行医，情节严重的，处三年以下有期徒刑、拘役或者管制，并处或者单处罚金；严重损害就诊人身体健康的，处三年以上十年以下有期徒刑，并处罚金；造成就诊人死亡的，处十年以上有期徒刑，并处罚金。

【非法进行节育手术罪】未取得医生执业资格的人擅自为他人进行节育复通手术、假节育手术、终止妊娠手术或者摘取宫内节育器，情节严重的，处三年以下有期徒刑、拘役或者管制，并处或者单处罚金；严重损害就诊人身体健康的，处三年以上十年以下有期徒刑，并处罚金；造成就诊人死亡的，处十年以上有期徒刑，并处罚金。

第八节　组织、强迫、引诱、容留、介绍卖淫罪

第三百五十八条 【组织卖淫罪】【强迫卖淫罪】组织、强迫他人卖淫的，处五年以上十年以下有期徒刑，并处罚金；情节严重的，处十年以上有期徒刑或者无期徒刑，并处罚金或者没收财产。

组织、强迫未成年人卖淫的，依照前款的规定从重处罚。

犯前两款罪，并有杀害、伤害、强奸、绑架等犯罪行为的，依照数罪并罚的规定处罚。

【协助组织卖淫罪】为组织卖淫的人招募、运送人员或者有其他协助组织他人卖淫行为的，处五年以下有期徒刑，并处罚金；情节严重的，处五年以上十年以下有期徒刑，并处罚金。

第三百五十九条 【引诱、容留、介绍卖淫罪】引诱、容留、介绍他人卖淫的，处五年以下有期徒刑、拘役或者管制，并处罚金；情节严重的，处五年以上有期徒刑，并处罚金。

【引诱幼女卖淫罪】引诱不满十四周岁的幼女卖淫的，处五年以上有期徒刑，并处罚金。

第三百六十条 【传播性病罪】明知自己患有梅毒、淋病等严重性病卖淫、嫖娼的，处五年以下有期徒刑、拘役或者管制，并处罚金。

第三百六十一条 【特定单位的人员组织、强迫、引诱、容留、介绍卖淫的处理规定】旅馆业、饮食服务业、文化娱乐业、出租汽车业等单位的人员，利用本单位的条件，组织、强迫、引诱、容留、介绍他人卖淫的，依照本法第三百五十八条、第三百五十九条的规定定罪处罚。

前款所列单位的主要负责人，犯前款罪的，从重处罚。

第三百六十二条 【包庇罪】旅馆业、饮食服务业、文化娱乐业、出租汽车业等单位的人员，在公安机关查处卖淫、嫖娼活动时，为违法犯罪分子通风报信，情节严重的，依照本法第三百一十条的规定定罪处罚。

第九章 渎 职 罪

第四百一十五条 【办理偷越国（边）境人员出入境证件罪】【放行偷越国（边）境人员罪】负责办理护照、签证以及其他出入境证件的国家机关工作人员，对明知是企图偷越国（边）境的人员，予以办理出入境证件的，或者边防、海关等国家机关工作人

员，对明知是偷越国（边）境的人员，予以放行的，处三年以下
有期徒刑或者拘役；情节严重的，处三年以上七年以下有期徒刑。

第四百一十六条 【不解救被拐卖、绑架妇女、儿童罪】对
被拐卖、绑架的妇女、儿童负有解救职责的国家机关工作人员，接
到被拐卖、绑架的妇女、儿童及其家属的解救要求或者接到其他人
的举报，而对被拐卖、绑架的妇女、儿童不进行解救，造成严重后
果的，处五年以下有期徒刑或者拘役。

【阻碍解救被拐卖、绑架妇女、儿童罪】负有解救职责的国家
机关工作人员利用职务阻碍解救的，处二年以上七年以下有期徒
刑；情节较轻的，处二年以下有期徒刑或者拘役。

第四百一十七条 【帮助犯罪分子逃避处罚罪】有查禁犯罪
活动职责的国家机关工作人员，向犯罪分子通风报信、提供便利，
帮助犯罪分子逃避处罚的，处三年以下有期徒刑或者拘役；情节严
重的，处三年以上十年以下有期徒刑。

附　　则

第四百五十二条 【施行日期】本法自 1997 年 10 月 1 日起
施行。

列于本法附件一的全国人民代表大会常务委员会制定的条例、
补充规定和决定，已纳入本法或者已不适用，自本法施行之日起，
予以废止。

列于本法附件二的全国人民代表大会常务委员会制定的补充规
定和决定予以保留。其中，有关行政处罚和行政措施的规定继续有
效；有关刑事责任的规定已纳入本法，自本法施行之日起，适用本
法规定。

附件一

全国人民代表大会常务委员会制定的下列条例、补充规定和决定，已纳入本法或者已不适用，自本法施行之日起，予以废止：

1. 中华人民共和国惩治军人违反职责罪暂行条例
2. 关于严惩严重破坏经济的罪犯的决定
3. 关于严惩严重危害社会治安的犯罪分子的决定
4. 关于惩治走私罪的补充规定
5. 关于惩治贪污罪贿赂罪的补充规定
6. 关于惩治泄露国家秘密犯罪的补充规定
7. 关于惩治捕杀国家重点保护的珍贵、濒危野生动物犯罪的补充规定
8. 关于惩治侮辱中华人民共和国国旗国徽罪的决定
9. 关于惩治盗掘古文化遗址古墓葬犯罪的补充规定
10. 关于惩治劫持航空器犯罪分子的决定
11. 关于惩治假冒注册商标犯罪的补充规定
12. 关于惩治生产、销售伪劣商品犯罪的决定
13. 关于惩治侵犯著作权的犯罪的决定
14. 关于惩治违反公司法的犯罪的决定
15. 关于处理逃跑或者重新犯罪的劳改犯和劳教人员的决定

附件二

全国人民代表大会常务委员会制定的下列补充规定和决定予以保留，其中，有关行政处罚和行政措施的规定继续有效；有关刑事责任的规定已纳入本法，自本法施行之日起，适用本法规定：

1. 关于禁毒的决定
2. 关于惩治走私、制作、贩卖、传播淫秽物品的犯罪分子的

决定

   3. 关于严惩拐卖、绑架妇女、儿童的犯罪分子的决定

   4. 关于严禁卖淫嫖娼的决定

   5. 关于惩治偷税、抗税犯罪的补充规定

   6. 关于严惩组织、运送他人偷越国（边）境犯罪的补充规定

   7. 关于惩治破坏金融秩序犯罪的决定

   8. 关于惩治虚开、伪造和非法出售增值税专用发票犯罪的
决定

中华人民共和国治安管理处罚法（节录）

（2005 年 8 月 28 日第十届全国人民代表大会常务委员会第十七次会议通过 根据 2012 年 10 月 26 日第十一届全国人民代表大会常务委员会第二十九次会议《关于修改〈中华人民共和国治安管理处罚法〉的决定》修正 主席令第 67 号）

第一章 总 则

第一条 为维护社会治安秩序，保障公共安全，保护公民、法人和其他组织的合法权益，规范和保障公安机关及其人民警察依法履行治安管理职责，制定本法。

第二条 扰乱公共秩序，妨害公共安全，侵犯人身权利、财产权利，妨害社会管理，具有社会危害性，依照《中华人民共和国刑法》的规定构成犯罪的，依法追究刑事责任；尚不够刑事处罚的，由公安机关依照本法给予治安管理处罚。

第三条 治安管理处罚的程序，适用本法的规定；本法没有规定的，适用《中华人民共和国行政处罚法》的有关规定。

第四条 在中华人民共和国领域内发生的违反治安管理行为，除法律有特别规定的外，适用本法。

在中华人民共和国船舶和航空器内发生的违反治安管理行为，除法律有特别规定的外，适用本法。

第五条 治安管理处罚必须以事实为依据，与违反治安管理行为的性质、情节以及社会危害程度相当。

实施治安管理处罚，应当公开、公正，尊重和保障人权，保护公民的人格尊严。

办理治安案件应当坚持教育与处罚相结合的原则。

第六条 各级人民政府应当加强社会治安综合治理，采取有效措施，化解社会矛盾，增进社会和谐，维护社会稳定。

第七条 国务院公安部门负责全国的治安管理工作。县级以上地方各级人民政府公安机关负责本行政区域内的治安管理工作。

治安案件的管辖由国务院公安部门规定。

第八条 违反治安管理的行为对他人造成损害的，行为人或者其监护人应当依法承担民事责任。

第九条 对于因民间纠纷引起的打架斗殴或者损毁他人财物等违反治安管理行为，情节较轻的，公安机关可以调解处理。经公安机关调解、当事人达成协议的，不予处罚。经调解未达成协议或者达成协议后不履行的，公安机关应当依照本法的规定对违反治安管理行为人给予处罚，并告知当事人可以就民事争议依法向人民法院提起民事诉讼。

第二章 处罚的种类和适用

第十条 治安管理处罚的种类分为：

（一）警告；

（二）罚款；

（三）行政拘留；

（四）吊销公安机关发放的许可证。

对违反治安管理的外国人，可以附加适用限期出境或者驱逐出境。

第十一条 办理治安案件所查获的毒品、淫秽物品等违禁品，赌具、赌资、吸食、注射毒品的用具以及直接用于实施违反治安管理行为的本人所有的工具，应当收缴，按照规定处理。

违反治安管理所得的财物，追缴退还被侵害人；没有被侵害人的，登记造册，公开拍卖或者按照国家有关规定处理，所得款项上缴国库。

第十二条 已满十四周岁不满十八周岁的人违反治安管理的，从轻或者减轻处罚；不满十四周岁的人违反治安管理的，不予处罚，但是应当责令其监护人严加管教。

第十三条 精神病人在不能辨认或者不能控制自己行为的时候违反治安管理的，不予处罚，但是应当责令其监护人严加看管和治疗。间歇性的精神病人在精神正常的时候违反治安管理的，应当给予处罚。

第十四条 盲人或者又聋又哑的人违反治安管理的，可以从轻、减轻或者不予处罚。

第十五条 醉酒的人违反治安管理的，应当给予处罚。

醉酒的人在醉酒状态中，对本人有危险或者对他人的人身、财产或者公共安全有威胁的，应当对其采取保护性措施约束至酒醒。

第十六条 有两种以上违反治安管理行为的，分别决定，合并执行。行政拘留处罚合并执行的，最长不超过二十日。

第十七条 共同违反治安管理的，根据违反治安管理行为人在违反治安管理行为中所起的作用，分别处罚。

教唆、胁迫、诱骗他人违反治安管理的，按照其教唆、胁迫、诱骗的行为处罚。

第十八条 单位违反治安管理的，对其直接负责的主管人员和其他直接责任人员依照本法的规定处罚。其他法律、行政法规对同一行为规定给予单位处罚的，依照其规定处罚。

第十九条 违反治安管理有下列情形之一的，减轻处罚或者不予处罚：

（一）情节特别轻微的；

（二）主动消除或者减轻违法后果，并取得被侵害人谅解的；

（三）出于他人胁迫或者诱骗的；

（四）主动投案，向公安机关如实陈述自己的违法行为的；

（五）有立功表现的。

第二十条 违反治安管理有下列情形之一的，从重处罚：

（一）有较严重后果的；

（二）教唆、胁迫、诱骗他人违反治安管理的；

（三）对报案人、控告人、举报人、证人打击报复的；

（四）六个月内曾受过治安管理处罚的。

第二十一条 违反治安管理行为人有下列情形之一，依照本法应当给予行政拘留处罚的，不执行行政拘留处罚：

（一）已满十四周岁不满十六周岁的；

（二）已满十六周岁不满十八周岁，初次违反治安管理的；

（三）七十周岁以上的；

（四）怀孕或者哺乳自己不满一周岁婴儿的。

第二十二条 违反治安管理行为在六个月内没有被公安机关发现的，不再处罚。

前款规定的期限，从违反治安管理行为发生之日起计算；违反治安管理行为有连续或者继续状态的，从行为终了之日起计算。

第三章 违反治安管理的行为和处罚

第三节 侵犯人身权利、财产权利的行为和处罚

第四十条 有下列行为之一的，处十日以上十五日以下拘留，并处五百元以上一千元以下罚款；情节较轻的，处五日以上十日以下拘留，并处二百元以上五百元以下罚款：

（一）组织、胁迫、诱骗不满十六周岁的人或者残疾人进行恐怖、残忍表演的；

（二）以暴力、威胁或者其他手段强迫他人劳动的；

（三）非法限制他人人身自由、非法侵入他人住宅或者非法搜查他人身体的。

第四十一条 胁迫、诱骗或者利用他人乞讨的，处十日以上十五日以下拘留，可以并处一千元以下罚款。

反复纠缠、强行讨要或者以其他滋扰他人的方式乞讨的，处五

日以下拘留或者警告。

第四十二条 有下列行为之一的，处五日以下拘留或者五百元以下罚款；情节较重的，处五日以上十日以下拘留，可以并处五百元以下罚款：

（一）写恐吓信或者以其他方法威胁他人人身安全的；

（二）公然侮辱他人或者捏造事实诽谤他人的；

（三）捏造事实诬告陷害他人，企图使他人受到刑事追究或者受到治安管理处罚的；

（四）对证人及其近亲属进行威胁、侮辱、殴打或者打击报复的；

（五）多次发送淫秽、侮辱、恐吓或者其他信息，干扰他人正常生活的；

（六）偷窥、偷拍、窃听、散布他人隐私的。

第四十三条 殴打他人的，或者故意伤害他人身体的，处五日以上十日以下拘留，并处二百元以上五百元以下罚款；情节较轻的，处五日以下拘留或者五百元以下罚款。

有下列情形之一的，处十日以上十五日以下拘留，并处五百元以上一千元以下罚款：

（一）结伙殴打、伤害他人的；

（二）殴打、伤害残疾人、孕妇、不满十四周岁的人或者六十周岁以上的人的；

（三）多次殴打、伤害他人或者一次殴打、伤害多人的。

第四十四条 猥亵他人的，或者在公共场所故意裸露身体，情节恶劣的，处五日以上十日以下拘留；猥亵智力残疾人、精神病人、不满十四周岁的人或者有其他严重情节的，处十日以上十五日以下拘留。

第四十五条 有下列行为之一的，处五日以下拘留或者警告：

（一）虐待家庭成员，被虐待人要求处理的；

（二）遗弃没有独立生活能力的被扶养人的。

第四节　妨害社会管理的行为和处罚

第五十条　有下列行为之一的，处警告或者二百元以下罚款；情节严重的，处五日以上十日以下拘留，可以并处五百元以下罚款：

（一）拒不执行人民政府在紧急状态情况下依法发布的决定、命令的；

（二）阻碍国家机关工作人员依法执行职务的；

（三）阻碍执行紧急任务的消防车、救护车、工程抢险车、警车等车辆通行的；

（四）强行冲闯公安机关设置的警戒带、警戒区的。

阻碍人民警察依法执行职务的，从重处罚。

第六十一条　协助组织或者运送他人偷越国（边）境的，处十日以上十五日以下拘留，并处一千元以上五千元以下罚款。

第六十二条　为偷越国（边）境人员提供条件的，处五日以上十日以下拘留，并处五百元以上二千元以下罚款。

偷越国（边）境的，处五日以下拘留或者五百元以下罚款。

第六十六条　卖淫、嫖娼的，处十日以上十五日以下拘留，可以并处五千元以下罚款；情节较轻的，处五日以下拘留或者五百元以下罚款。

在公共场所拉客招嫖的，处五日以下拘留或者五百元以下罚款。

第六十七条　引诱、容留、介绍他人卖淫的，处十日以上十五日以下拘留，可以并处五千元以下罚款；情节较轻的，处五日以下拘留或者五百元以下罚款。

第六十八条　制作、运输、复制、出售、出租淫秽的书刊、图片、影片、音像制品等淫秽物品或者利用计算机信息网络、电话以及其他通讯工具传播淫秽信息的，处十日以上十五日以下拘留，可以并处三千元以下罚款；情节较轻的，处五日以下拘留或者五百元以下罚款。

第六十九条 有下列行为之一的，处十日以上十五日以下拘留，并处五百元以上一千元以下罚款：

（一）组织播放淫秽音像的；

（二）组织或者进行淫秽表演的；

（三）参与聚众淫乱活动的。

明知他人从事前款活动，为其提供条件的，依照前款的规定处罚。

第四章　处罚程序

第一节　调　查

第七十七条 公安机关对报案、控告、举报或者违反治安管理行为人主动投案，以及其他行政主管部门、司法机关移送的违反治安管理案件，应当及时受理，并进行登记。

第七十八条 公安机关受理报案、控告、举报、投案后，认为属于违反治安管理行为的，应当立即进行调查；认为不属于违反治安管理行为的，应当告知报案人、控告人、举报人、投案人，并说明理由。

第七十九条 公安机关及其人民警察对治安案件的调查，应当依法进行。严禁刑讯逼供或者采用威胁、引诱、欺骗等非法手段收集证据。

以非法手段收集的证据不得作为处罚的根据。

第八十条 公安机关及其人民警察在办理治安案件时，对涉及的国家秘密、商业秘密或者个人隐私，应当予以保密。

第八十一条 人民警察在办理治安案件过程中，遇有下列情形之一的，应当回避；违反治安管理行为人、被侵害人或者其法定代理人也有权要求他们回避：

（一）是本案当事人或者当事人的近亲属的；

（二）本人或者其近亲属与本案有利害关系的；

（三）与本案当事人有其他关系，可能影响案件公正处理的。

人民警察的回避，由其所属的公安机关决定；公安机关负责人的回避，由上一级的公安机关决定。

第八十二条 需要传唤违反治安管理行为人接受调查的，经公安机关办案部门负责人批准，使用传唤证传唤。对现场发现的违反治安管理行为人，人民警察经出示工作证件，可以口头传唤，但应当在询问笔录中注明。

公安机关应当将传唤的原因和依据告知被传唤人。对无正当理由不接受传唤或者逃避传唤的人，可以强制传唤。

第八十三条 对违反治安管理行为人，公安机关传唤后应当及时询问查证，询问查证的时间不得超过八小时；情况复杂、依照本法规定可能适用行政拘留处罚的，询问查证的时间不得超过二十四小时。

公安机关应当及时将传唤的原因和处所通知被传唤人家属。

第八十四条 询问笔录应当交被询问人核对；对没有阅读能力的，应当向其宣读。记载有遗漏或者差错的，被询问人可以提出补充或者更正。被询问人确认笔录无误后，应当签名或者盖章，询问的人民警察也应当在笔录上签名。

被询问人要求就被询问事项自行提供书面材料的，应当准许；必要时，人民警察也可以要求被询问人自行书写。

询问不满十六周岁的违反治安管理行为人，应当通知其父母或者其他监护人到场。

第八十五条 人民警察询问被侵害人或者其他证人，可以到其所在单位或者住处进行；必要时，也可以通知其到公安机关提供证言。

人民警察在公安机关以外询问被侵害人或者其他证人，应当出示工作证件。

询问被侵害人或者其他证人，同时适用本法第八十四条的规定。

第八十六条 询问聋哑的违反治安管理行为人、被侵害人或者其他证人，应当有通晓手语的人提供帮助，并在笔录上注明。

询问不通晓当地通用的语言文字的违反治安管理行为人、被侵害人或者其他证人，应当配备翻译人员，并在笔录上注明。

第八十七条 公安机关对与违反治安管理行为有关的场所、物品、人身可以进行检查。检查时，人民警察不得少于二人，并应当出示工作证件和县级以上人民政府公安机关开具的检查证明文件。对确有必要立即进行检查的，人民警察经出示工作证件，可以当场检查，但检查公民住所应当出示县级以上人民政府公安机关开具的检查证明文件。

检查妇女的身体，应当由女性工作人员进行。

第八十八条 检查的情况应当制作检查笔录，由检查人、被检查人和见证人签名或者盖章；被检查人拒绝签名的，人民警察应当在笔录上注明。

第八十九条 公安机关办理治安案件，对与案件有关的需要作为证据的物品，可以扣押；对被侵害人或者善意第三人合法占有的财产，不得扣押，应当予以登记。对与案件无关的物品，不得扣押。

对扣押的物品，应当会同在场见证人和被扣押物品持有人查点清楚，当场开列清单一式二份，由调查人员、见证人和持有人签名或者盖章，一份交给持有人，另一份附卷备查。

对扣押的物品，应当妥善保管，不得挪作他用；对不宜长期保存的物品，按照有关规定处理。经查明与案件无关的，应当及时退还；经核实属于他人合法财产的，应当登记后立即退还；满六个月无人对该财产主张权利或者无法查清权利人的，应当公开拍卖或者按照国家有关规定处理，所得款项上缴国库。

第九十条 为了查明案情，需要解决案件中有争议的专门性问题的，应当指派或者聘请具有专门知识的人员进行鉴定；鉴定人鉴定后，应当写出鉴定意见，并且签名。

第二节　决　　定

第九十一条　治安管理处罚由县级以上人民政府公安机关决定；其中警告、五百元以下的罚款可以由公安派出所决定。

第九十二条　对决定给予行政拘留处罚的人，在处罚前已经采取强制措施限制人身自由的时间，应当折抵。限制人身自由一日，折抵行政拘留一日。

第九十三条　公安机关查处治安案件，对没有本人陈述，但其他证据能够证明案件事实的，可以作出治安管理处罚决定。但是，只有本人陈述，没有其他证据证明的，不能作出治安管理处罚决定。

第九十四条　公安机关作出治安管理处罚决定前，应当告知违反治安管理行为人作出治安管理处罚的事实、理由及依据，并告知违反治安管理行为人依法享有的权利。

违反治安管理行为人有权陈述和申辩。公安机关必须充分听取违反治安管理行为人的意见，对违反治安管理行为人提出的事实、理由和证据，应当进行复核；违反治安管理行为人提出的事实、理由或者证据成立的，公安机关应当采纳。

公安机关不得因违反治安管理行为人的陈述、申辩而加重处罚。

第九十五条　治安案件调查结束后，公安机关应当根据不同情况，分别作出以下处理：

（一）确有依法应当给予治安管理处罚的违法行为的，根据情节轻重及具体情况，作出处罚决定；

（二）依法不予处罚的，或者违法事实不能成立的，作出不予处罚决定；

（三）违法行为已涉嫌犯罪的，移送主管机关依法追究刑事责任；

（四）发现违反治安管理行为人有其他违法行为的，在对违反治安管理行为作出处罚决定的同时，通知有关行政主管部门处理。

第九十六条 公安机关作出治安管理处罚决定的，应当制作治安管理处罚决定书。决定书应当载明下列内容：

（一）被处罚人的姓名、性别、年龄、身份证件的名称和号码、住址；

（二）违法事实和证据；

（三）处罚的种类和依据；

（四）处罚的执行方式和期限；

（五）对处罚决定不服，申请行政复议、提起行政诉讼的途径和期限；

（六）作出处罚决定的公安机关的名称和作出决定的日期。

决定书应当由作出处罚决定的公安机关加盖印章。

第九十七条 公安机关应当向被处罚人宣告治安管理处罚决定书，并当场交付被处罚人；无法当场向被处罚人宣告的，应当在二日内送达被处罚人。决定给予行政拘留处罚的，应当及时通知被处罚人的家属。

有被侵害人的，公安机关应当将决定书副本抄送被侵害人。

第九十八条 公安机关作出吊销许可证以及处二千元以上罚款的治安管理处罚决定前，应当告知违反治安管理行为人有权要求举行听证；违反治安管理行为人要求听证的，公安机关应当及时依法举行听证。

第九十九条 公安机关办理治安案件的期限，自受理之日起不得超过三十日；案情重大、复杂的，经上一级公安机关批准，可以延长三十日。

为了查明案情进行鉴定的期间，不计入办理治安案件的期限。

第一百条 违反治安管理行为事实清楚、证据确凿，处警告或者二百元以下罚款的，可以当场作出治安管理处罚决定。

第一百零一条 当场作出治安管理处罚决定的，人民警察应当向违反治安管理行为人出示工作证件，并填写处罚决定书。处罚决定书应当当场交付被处罚人；有被侵害人的，并将决定书副本抄送被侵害人。

前款规定的处罚决定书，应当载明被处罚人的姓名、违法行为、处罚依据、罚款数额、时间、地点以及公安机关名称，并由经办的人民警察签名或者盖章。

当场作出治安管理处罚决定的，经办的人民警察应当在二十四小时内报所属公安机关备案。

第一百零二条 被处罚人对治安管理处罚决定不服的，可以依法申请行政复议或者提起行政诉讼。

第三节 执 行

第一百零三条 对被决定给予行政拘留处罚的人，由作出决定的公安机关送达拘留所执行。

第一百零四条 受到罚款处罚的人应当自收到处罚决定书之日起十五日内，到指定的银行缴纳罚款。但是，有下列情形之一的，人民警察可以当场收缴罚款：

（一）被处五十元以下罚款，被处罚人对罚款无异议的；

（二）在边远、水上、交通不便地区，公安机关及其人民警察依照本法的规定作出罚款决定后，被处罚人向指定的银行缴纳罚款确有困难，经被处罚人提出的；

（三）被处罚人在当地没有固定住所，不当场收缴事后难以执行的。

第一百零五条 人民警察当场收缴的罚款，应当自收缴罚款之日起两日内，交至所属的公安机关；在水上、旅客列车上当场收缴的罚款，应当自抵岸或者到站之日起两日内，交至所属的公安机关；公安机关应当自收到罚款之日起两日内将罚款缴付指定的银行。

第一百零六条 人民警察当场收缴罚款的，应当向被处罚人出具省、自治区、直辖市人民政府财政部门统一制发的罚款收据；不出具统一制发的罚款收据的，被处罚人有权拒绝缴纳罚款。

第一百零七条 被处罚人不服行政拘留处罚决定，申请行政复议、提起行政诉讼的，可以向公安机关提出暂缓执行行政拘留的申请。公安机关认为暂缓执行行政拘留不致发生社会危险的，由被处罚人或者其近亲属提出符合本法第一百零八条规定条件的担保人，或者按每日行政拘留二百元的标准交纳保证金，行政拘留的处罚决定暂缓执行。

第一百零八条 担保人应当符合下列条件：

（一）与本案无牵连；

（二）享有政治权利，人身自由未受到限制；

（三）在当地有常住户口和固定住所；

（四）有能力履行担保义务。

第一百零九条 担保人应当保证被担保人不逃避行政拘留处罚的执行。

担保人不履行担保义务，致使被担保人逃避行政拘留处罚的执行的，由公安机关对其处三千元以下罚款。

第一百一十条 被决定给予行政拘留处罚的人交纳保证金，暂缓行政拘留后，逃避行政拘留处罚的执行的，保证金予以没收并上缴国库，已经作出的行政拘留决定仍应执行。

第一百一十一条 行政拘留的处罚决定被撤销，或者行政拘留处罚开始执行的，公安机关收取的保证金应当及时退还交纳人。

第五章 执法监督

第一百一十二条 公安机关及其人民警察应当依法、公正、严格、高效办理治安案件，文明执法，不得徇私舞弊。

第一百一十三条 公安机关及其人民警察办理治安案件，禁止对违反治安管理行为人打骂、虐待或者侮辱。

第一百一十四条 公安机关及其人民警察办理治安案件，应当自觉接受社会和公民的监督。

公安机关及其人民警察办理治安案件，不严格执法或者有违法违纪行为的，任何单位和个人都有权向公安机关或者人民检察院、行政监察机关检举、控告；收到检举、控告的机关，应当依据职责及时处理。

第一百一十五条　公安机关依法实施罚款处罚，应当依照有关法律、行政法规的规定，实行罚款决定与罚款收缴分离；收缴的罚款应当全部上缴国库。

第一百一十六条　人民警察办理治安案件，有下列行为之一的，依法给予行政处分；构成犯罪的，依法追究刑事责任：

（一）刑讯逼供、体罚、虐待、侮辱他人的；

（二）超过询问查证的时间限制人身自由的；

（三）不执行罚款决定与罚款收缴分离制度或者不按规定将罚没的财物上缴国库或者依法处理的；

（四）私分、侵占、挪用、故意损毁收缴、扣押的财物的；

（五）违反规定使用或者不及时返还被侵害人财物的；

（六）违反规定不及时退还保证金的；

（七）利用职务上的便利收受他人财物或者谋取其他利益的；

（八）当场收缴罚款不出具罚款收据或者不如实填写罚款数额的；

（九）接到要求制止违反治安管理行为的报警后，不及时出警的；

（十）在查处违反治安管理活动时，为违法犯罪行为人通风报信的；

（十一）有徇私舞弊、滥用职权，不依法履行法定职责的其他情形的。

办理治安案件的公安机关有前款所列行为的，对直接负责的主管人员和其他直接责任人员给予相应的行政处分。

第一百一十七条　公安机关及其人民警察违法行使职权，侵犯公民、法人和其他组织合法权益的，应当赔礼道歉；造成损害的，应当依法承担赔偿责任。

第六章　附　　则

第一百一十八条　本法所称以上、以下、以内，包括本数。

第一百一十九条　本法自 2006 年 3 月 1 日起施行。1986 年 9 月 5 日公布、1994 年 5 月 12 日修订公布的《中华人民共和国治安管理处罚条例》同时废止。

中华人民共和国人民警察法

（1995 年 2 月 28 日第八届全国人民代表大会常务委员会第十二次会议通过 根据 2012 年 10 月 26 日第十一届全国人民代表大会常务委员会第二十九次会议《关于修改〈中华人民共和国人民警察法〉的决定》修正 主席令第69 号）

第一章 总 则

第一条 为了维护国家安全和社会治安秩序，保护公民的合法权益，加强人民警察的队伍建设，从严治警，提高人民警察的素质，保障人民警察依法行使职权，保障改革开放和社会主义现代化建设的顺利进行，根据宪法，制定本法。

第二条 人民警察的任务是维护国家安全，维护社会治安秩序，保护公民的人身安全、人身自由和合法财产，保护公共财产，预防、制止和惩治违法犯罪活动。

人民警察包括公安机关、国家安全机关、监狱、劳动教养管理机关的人民警察和人民法院、人民检察院的司法警察。

第三条 人民警察必须依靠人民的支持，保持同人民的密切联系，倾听人民的意见和建议，接受人民的监督，维护人民的利益，全心全意为人民服务。

第四条 人民警察必须以宪法和法律为活动准则，忠于职守，清正廉洁，纪律严明，服从命令，严格执法。

第五条 人民警察依法执行职务，受法律保护。

第二章　职　权

第六条　公安机关的人民警察按照职责分工，依法履行下列职责：

（一）预防、制止和侦查违法犯罪活动；

（二）维护社会治安秩序，制止危害社会治安秩序的行为；

（三）维护交通安全和交通秩序，处理交通事故；

（四）组织、实施消防工作，实行消防监督；

（五）管理枪支弹药、管制刀具和易燃易爆、剧毒、放射性等危险物品；

（六）对法律、法规规定的特种行业进行管理；

（七）警卫国家规定的特定人员，守卫重要的场所和设施；

（八）管理集会、游行、示威活动；

（九）管理户政、国籍、入境出境事务和外国人在中国境内居留、旅行的有关事务；

（十）维护国（边）境地区的治安秩序；

（十一）对被判处拘役、剥夺政治权利的罪犯执行刑罚；

（十二）监督管理计算机信息系统的安全保护工作；

（十三）指导和监督国家机关、社会团体、企业事业组织和重点建设工程的治安保卫工作，指导治安保卫委员会等群众性组织的治安防范工作；

（十四）法律、法规规定的其他职责。

第七条　公安机关的人民警察对违反治安管理或者其他公安行政管理法律、法规的个人或者组织，依法可以实施行政强制措施、行政处罚。

第八条　公安机关的人民警察对严重危害社会治安秩序或者威胁公共安全的人员，可以强行带离现场、依法予以拘留或者采取法律规定的其他措施。

第九条　为维护社会治安秩序，公安机关的人民警察对有违法犯罪嫌疑的人员，经出示相应证件，可以当场盘问、检查；经盘问、检查，有下列情形之一的，可以将其带至公安机关，经该公安机关批准，对其继续盘问：

（一）被指控有犯罪行为的；

（二）有现场作案嫌疑的；

（三）有作案嫌疑身份不明的；

（四）携带的物品有可能是赃物的。

对被盘问人的留置时间自带至公安机关之时起不超过二十四小时，在特殊情况下，经县级以上公安机关批准，可以延长至四十八小时，并应当留有盘问记录。对于批准继续盘问的，应当立即通知其家属或者其所在单位。对于不批准继续盘问的，应当立即释放被盘问人。

经继续盘问，公安机关认为对被盘问人需要依法采取拘留或者其他强制措施的，应当在前款规定的期间作出决定；在前款规定的期间不能作出上述决定的，应当立即释放被盘问人。

第十条　遇有拒捕、暴乱、越狱、抢夺枪支或者其他暴力行为的紧急情况，公安机关的人民警察依照国家有关规定可以使用武器。

第十一条　为制止严重违法犯罪活动的需要，公安机关的人民警察依照国家有关规定可以使用警械。

第十二条　为侦查犯罪活动的需要，公安机关的人民警察可以依法执行拘留、搜查、逮捕或者其他强制措施。

第十三条　公安机关的人民警察因履行职责的紧急需要、经出示相应证件，可以优先乘坐公共交通工具，遇交通阻碍时，优先通行。

公安机关因侦查犯罪的需要，必要时，按照国家有关规定，可以优先使用机关、团体、企业事业组织和个人的交通工具、通信工具、场地和建筑物，用后应当及时归还，并支付适当费用；造成损失的，应当赔偿。

第十四条　公安机关的人民警察对严重危害公共安全或者他人人身安全的精神病人，可以采取保护性约束措施。需要送往指定的单位、场所加以监护的，应当报请县级以上人民政府公安机关批准，并及时通知其监护人。

第十五条　县级以上人民政府公安机关，为预防和制止严重危害社会治安秩序的行为，可以在一定的区域和时间，限制人员、车辆的通行或者停留，必要时可以实行交通管制。

公安机关的人民警察依照前款规定，可以采取相应的交通管制措施。

第十六条　公安机关因侦查犯罪的需要，根据国家有关规定，经过严格的批准手续，可以采取技术侦察措施。

第十七条　县级以上人民政府公安机关，经上级公安机关和同级人民政府批准，对严重危害社会治安秩序的突发事件，可以根据情况实行现场管制。

公安机关的人民警察依照前款规定，可以采取必要手段强行驱散，并对拒不服从的人员强行带离现场或者立即予以拘留。

第十八条　国家安全机关、监狱、劳动教养管理机关的人民警察和人民法院、人民检察院的司法警察，分别依照有关法律、行政法规的规定履行职权。

第十九条　人民警察在非工作时间，遇有其职责范围内的紧急情况，应当履行职责。

第三章　义务和纪律

第二十条　人民警察必须做到：

（一）秉公执法，办事公道；

（二）模范遵守社会公德；

（三）礼貌待人，文明执勤；

（四）尊重人民群众的风俗习惯。

第二十一条　人民警察遇到公民人身、财产安全受到侵犯或者处于其他危难情形，应当立即救助；对公民提出解决纠纷的要求，应当给予帮助；对公民的报警案件，应当及时查处。

人民警察应当积极参加抢险救灾和社会公益工作。

第二十二条 人民警察不得有下列行为：

（一）散布有损国家声誉的言论，参加非法组织，参加旨在反对国家的集会、游行、示威等活动，参加罢工；

（二）泄露国家秘密、警务工作秘密；

（三）弄虚作假，隐瞒案情，包庇、纵容违法犯罪活动；

（四）刑讯逼供或者体罚、虐待人犯；

（五）非法剥夺、限制他人人身自由，非法搜查他人的身体、物品、住所或者场所；

（六）敲诈勒索或者索取、收受贿赂；

（七）殴打他人或者唆使他人打人；

（八）违法实施处罚或者收取费用；

（九）接受当事人及其代理人的请客送礼；

（十）从事营利性的经营活动或者受雇于任何个人或者组织；

（十一）玩忽职守，不履行法定义务；

（十二）其他违法乱纪的行为。

第二十三条 人民警察必须按照规定着装，佩带人民警察标志或者持有人民警察证件，保持警容严整，举止端庄。

第四章　组织管理

第二十四条 国家根据人民警察的工作性质、任务和特点，规定组织机构设置和职务序列。

第二十五条 人民警察依法实行警衔制度。

第二十六条 担任人民警察应当具备下列条件：

（一）年满十八岁的公民；

（二）拥护中华人民共和国宪法；

（三）有良好的政治、业务素质和良好的品行；

（四）身体健康；

（五）具有高中毕业以上文化程度；

（六）自愿从事人民警察工作。

有下列情形之一的，不得担任人民警察：

（一）曾因犯罪受过刑事处罚的；

（二）曾被开除公职的。

第二十七条 录用人民警察，必须按照国家规定，公开考试，严格考核，择优选用。

第二十八条 担任人民警察领导职务的人员，应当具备下列条件：

（一）具有法律专业知识；

（二）具有政法工作经验和一定的组织管理、指挥能力；

（三）具有大学专科以上学历；

（四）经人民警察院校培训，考试合格。

第二十九条 国家发展人民警察教育事业，对人民警察有计划地进行政治思想、法制、警察业务等教育培训。

第三十条 国家根据人民警察的工作性质、任务和特点，分别规定不同岗位的服务年限和不同职务的最高任职年龄。

第三十一条 人民警察个人或者集体在工作中表现突出，有显著成绩和特殊贡献的，给予奖励。奖励分为：嘉奖、三等功、二等功、一等功、授予荣誉称号。

对受奖励的人民警察，按照国家有关规定，可以提前晋升警衔，并给予一定的物质奖励。

第五章　警务保障

第三十二条 人民警察必须执行上级的决定和命令。

人民警察认为决定和命令有错误的，可以按照规定提出意见，但不得中止或者改变决定和命令的执行；提出的意见不被采纳时，必须服从决定和命令；执行决定和命令的后果由作出决定和命令的上级负责。

第三十三条 人民警察对超越法律、法规规定的人民警察职责范围的指令，有权拒绝执行，并同时向上级机关报告。

第三十四条 人民警察依法执行职务，公民和组织应当给予支持和协助。公民和组织协助人民警察依法执行职务的行为受法律保护。对协助人民警察执行职务有显著成绩的，给予表彰和奖励。

公民和组织因协助人民警察执行职务，造成人身伤亡或者财产损失的，应当按照国家有关规定给予抚恤或者补偿。

第三十五条 拒绝或者阻碍人民警察依法执行职务，有下列行为之一的，给予治安管理处罚：

（一）公然侮辱正在执行职务的人民警察的；

（二）阻碍人民警察调查取证的；

（三）拒绝或者阻碍人民警察执行追捕、搜查、救险等任务进入有关住所、场所的；

（四）对执行救人、救险、追捕、警卫等紧急任务的警车故意设置障碍的；

（五）有拒绝或者阻碍人民警察执行职务的其他行为的。

以暴力、威胁方法实施前款规定的行为，构成犯罪的，依法追究刑事责任。

第三十六条 人民警察的警用标志、制式服装和警械，由国务院公安部门统一监制，会同其他有关国家机关管理，其他个人和组织不得非法制造、贩卖。

人民警察的警用标志、制式服装、警械、证件为人民警察专用，其他个人和组织不得持有和使用。

违反前两款规定的，没收非法制造、贩卖、持有、使用的人民警察警用标志、制式服装、警械、证件，由公安机关处十五日以下拘留或者警告，可以并处违法所得五倍以下的罚款；构成犯罪的，依法追究刑事责任。

第三十七条 国家保障人民警察的经费。人民警察的经费，按照事权划分的原则，分别列入中央和地方的财政预算。

第三十八条 人民警察工作所必需的通讯、训练设施和交通、消防以及派出所、监管场所等基础设施建设，各级人民政府应当列入基本建设规划和城乡建设总体规划。

第三十九条 国家加强人民警察装备的现代化建设，努力推广、应用先进的科技成果。

第四十条 人民警察实行国家公务员的工资制度，并享受国家规定的警衔津贴和其他津贴、补贴以及保险福利待遇。

第四十一条 人民警察因公致残的，与因公致残的现役军人享受国家同样的抚恤和优待。

人民警察因公牺牲或者病故的，其家属与因公牺牲或者病故的现役军人家属享受国家同样的抚恤和优待。

第六章 执法监督

第四十二条 人民警察执行职务，依法接受人民检察院和行政监察机关的监督。

第四十三条 人民警察的上级机关对下级机关的执法活动进行监督，发现其作出的处理或者决定有错误的，应当予以撤销或者变更。

第四十四条 人民警察执行职务，必须自觉地接受社会和公民的监督。人民警察机关作出的与公众利益直接有关的规定，应当向公众公布。

第四十五条 人民警察在办理治安案件过程中，遇有下列情形之一的，应当回避，当事人或者其法定代理人也有权要求他们回避：

（一）是本案的当事人或者是当事人的近亲属的；

（二）本人或者其近亲属与本案有利害关系的；

（三）与本案当事人有其他关系，可能影响案件公正处理的。

前款规定的回避，由有关的公安机关决定。

人民警察在办理刑事案件过程中的回避，适用刑事诉讼法的规定。

第四十六条 公民或者组织对人民警察的违法、违纪行为，有权向人民警察机关或者人民检察院、行政监察机关检举、控告。受理检举、控告的机关应当及时查处，并将查处结果告知检举人、控告人。

对依法检举、控告的公民或者组织，任何人不得压制和打击报复。

第四十七条 公安机关建立督察制度，对公安机关的人民警察执行法律、法规、遵守纪律的情况进行监督。

第七章　法律责任

第四十八条 人民警察有本法第二十二条所列行为之一的，应当给予行政处分；构成犯罪的，依法追究刑事责任。

行政处分分为：警告、记过、记大过、降级、撤职、开除。对受行政处分的人民警察，按照国家有关规定，可以降低警衔、取消警衔。

对违反纪律的人民警察，必要时可以对其采取停止执行职务、禁闭的措施。

第四十九条 人民警察违反规定使用武器、警械，构成犯罪的，依法追究刑事责任；尚不构成犯罪的，应当依法给予行政处分。

第五十条 人民警察在执行职务中，侵犯公民或者组织的合法权益造成损害的，应当依照《中华人民共和国国家赔偿法》和其他有关法律、法规的规定给予赔偿。

第八章　附　　则

第五十一条　中国人民武装警察部队执行国家赋予的安全保卫任务。

第五十二条　本法自公布之日起施行。1957 年 6 月 25 日公布的《中华人民共和国人民警察条例》同时废止。

中华人民共和国妇女权益保障法

（1992 年 4 月 3 日第七届全国人民代表大会第五次会议通过 根据 2005 年 8 月 28 日第十届全国人民代表大会常务委员会第十七次会议《关于修改〈中华人民共和国妇女权益保障法〉的决定》修正）

第一章 总 则

第一条 为了保障妇女的合法权益，促进男女平等，充分发挥妇女在社会主义现代化建设中的作用，根据宪法和我国的实际情况，制定本法。

第二条 妇女在政治的、经济的、文化的、社会的和家庭的生活等各方面享有同男子平等的权利。

实行男女平等是国家的基本国策。国家采取必要措施，逐步完善保障妇女权益的各项制度，消除对妇女一切形式的歧视。

国家保护妇女依法享有的特殊权益。

禁止歧视、虐待、遗弃、残害妇女。

第三条 国务院制定中国妇女发展纲要，并将其纳入国民经济和社会发展规划。

县级以上地方各级人民政府根据中国妇女发展纲要，制定本行政区域的妇女发展规划，并将其纳入国民经济和社会发展计划。

第四条 保障妇女的合法权益是全社会的共同责任。国家机关、社会团体、企业事业单位、城乡基层群众性自治组织，应当依照本法和有关法律的规定，保障妇女的权益。

国家采取有效措施，为妇女依法行使权利提供必要的条件。

第五条 国家鼓励妇女自尊、自信、自立、自强，运用法律维护自身合法权益。

妇女应当遵守国家法律，尊重社会公德，履行法律所规定的义务。

第六条 各级人民政府应当重视和加强妇女权益的保障工作。

县级以上人民政府负责妇女儿童工作的机构，负责组织、协调、指导、督促有关部门做好妇女权益的保障工作。

县级以上人民政府有关部门在各自的职责范围内做好妇女权益的保障工作。

第七条 中华全国妇女联合会和地方各级妇女联合会依照法律和中华全国妇女联合会章程，代表和维护各族各界妇女的利益，做好维护妇女权益的工作。

工会、共产主义青年团，应当在各自的工作范围内，做好维护妇女权益的工作。

第八条 对保障妇女合法权益成绩显著的组织和个人，各级人民政府和有关部门给予表彰和奖励。

第二章　政治权利

第九条 国家保障妇女享有与男子平等的政治权利。

第十条 妇女有权通过各种途径和形式，管理国家事务，管理经济和文化事业，管理社会事务。

制定法律、法规、规章和公共政策，对涉及妇女权益的重大问题，应当听取妇女联合会的意见。

妇女和妇女组织有权向各级国家机关提出妇女权益保障方面的意见和建议。

第十一条 妇女享有与男子平等的选举权和被选举权。

全国人民代表大会和地方各级人民代表大会的代表中，应当有适当数量的妇女代表。国家采取措施，逐步提高全国人民代表大会和地方各级人民代表大会的妇女代表的比例。

居民委员会、村民委员会成员中，妇女应当有适当的名额。

第十二条　国家积极培养和选拔女干部。

国家机关、社会团体、企业事业单位培养、选拔和任用干部，必须坚持男女平等的原则，并有适当数量的妇女担任领导成员。

国家重视培养和选拔少数民族女干部。

第十三条　中华全国妇女联合会和地方各级妇女联合会代表妇女积极参与国家和社会事务的民主决策、民主管理和民主监督。

各级妇女联合会及其团体会员，可以向国家机关、社会团体、企业事业单位推荐女干部。

第十四条　对于有关保障妇女权益的批评或者合理建议，有关部门应当听取和采纳；对于有关侵害妇女权益的申诉、控告和检举，有关部门必须查清事实，负责处理，任何组织或者个人不得压制或者打击报复。

第三章　文化教育权益

第十五条　国家保障妇女享有与男子平等的文化教育权利。

第十六条　学校和有关部门应当执行国家有关规定，保障妇女在入学、升学、毕业分配、授予学位、派出留学等方面享有与男子平等的权利。

学校在录取学生时，除特殊专业外，不得以性别为由拒绝录取女性或者提高对女性的录取标准。

第十七条　学校应当根据女性青少年的特点，在教育、管理、设施等方面采取措施，保障女性青少年身心健康发展。

第十八条　父母或者其他监护人必须履行保障适龄女性儿童少年接受义务教育的义务。

除因疾病或者其他特殊情况经当地人民政府批准的以外，对不送适龄女性儿童少年入学的父母或者其他监护人，由当地人民政府予以批评教育，并采取有效措施，责令送适龄女性儿童少年入学。

政府、社会、学校应当采取有效措施，解决适龄女性儿童少年就学存在的实际困难，并创造条件，保证贫困、残疾和流动人口中的适龄女性儿童少年完成义务教育。

第十九条　各级人民政府应当依照规定把扫除妇女中的文盲、半文盲工作，纳入扫盲和扫盲后继续教育规划，采取符合妇女特点的组织形式和工作方法，组织、监督有关部门具体实施。

第二十条　各级人民政府和有关部门应当采取措施，根据城镇和农村妇女的需要，组织妇女接受职业教育和实用技术培训。

第二十一条　国家机关、社会团体和企业事业单位应当执行国家有关规定，保障妇女从事科学、技术、文学、艺术和其他文化活动，享有与男子平等的权利。

第四章　劳动和社会保障权益

第二十二条　国家保障妇女享有与男子平等的劳动权利和社会保障权利。

第二十三条　各单位在录用职工时，除不适合妇女的工种或者岗位外，不得以性别为由拒绝录用妇女或者提高对妇女的录用标准。

各单位在录用女职工时，应当依法与其签订劳动（聘用）合同或者服务协议，劳动（聘用）合同或者服务协议中不得规定限制女职工结婚、生育的内容。

禁止录用未满十六周岁的女性未成年人，国家另有规定的除外。

第二十四条　实行男女同工同酬。妇女在享受福利待遇方面享有与男子平等的权利。

第二十五条　在晋职、晋级、评定专业技术职务等方面，应当坚持男女平等的原则，不得歧视妇女。

第二十六条　任何单位均应根据妇女的特点，依法保护妇女在工作和劳动时的安全和健康，不得安排不适合妇女从事的工作和劳动。

妇女在经期、孕期、产期、哺乳期受特殊保护。

第二十七条 任何单位不得因结婚、怀孕、产假、哺乳等情形，降低女职工的工资，辞退女职工，单方解除劳动（聘用）合同或者服务协议。但是，女职工要求终止劳动（聘用）合同或者服务协议的除外。

各单位在执行国家退休制度时，不得以性别为由歧视妇女。

第二十八条 国家发展社会保险、社会救助、社会福利和医疗卫生事业，保障妇女享有社会保险、社会救助、社会福利和卫生保健等权益。

国家提倡和鼓励为帮助妇女开展的社会公益活动。

第二十九条 国家推行生育保险制度，建立健全与生育相关的其他保障制度。

地方各级人民政府和有关部门应当按照有关规定为贫困妇女提供必要的生育救助。

第五章 财产权益

第三十条 国家保障妇女享有与男子平等的财产权利。

第三十一条 在婚姻、家庭共有财产关系中，不得侵害妇女依法享有的权益。

第三十二条 妇女在农村土地承包经营、集体经济组织收益分配、土地征收或者征用补偿费使用以及宅基地使用等方面，享有与男子平等的权利。

第三十三条 任何组织和个人不得以妇女未婚、结婚、离婚、丧偶等为由，侵害妇女在农村集体经济组织中的各项权益。

因结婚男方到女方住所落户的，男方和子女享有与所在地农村集体经济组织成员平等的权益。

第三十四条 妇女享有的与男子平等的财产继承权受法律保护。在同一顺序法定继承人中，不得歧视妇女。

丧偶妇女有权处分继承的财产，任何人不得干涉。

第三十五条 丧偶妇女对公、婆尽了主要赡养义务的，作为公、婆的第一顺序法定继承人，其继承权不受子女代位继承的影响。

第六章　人身权利

第三十六条　国家保障妇女享有与男子平等的人身权利。

第三十七条　妇女的人身自由不受侵犯。禁止非法拘禁和以其他非法手段剥夺或者限制妇女的人身自由；禁止非法搜查妇女的身体。

第三十八条　妇女的生命健康权不受侵犯。禁止溺、弃、残害女婴；禁止歧视、虐待生育女婴的妇女和不育的妇女；禁止用迷信、暴力等手段残害妇女；禁止虐待、遗弃病、残妇女和老年妇女。

第三十九条　禁止拐卖、绑架妇女；禁止收买被拐卖、绑架的妇女；禁止阻碍解救被拐卖、绑架的妇女。

各级人民政府和公安、民政、劳动和社会保障、卫生等部门按照其职责及时采取措施解救被拐卖、绑架的妇女，做好善后工作，妇女联合会协助和配合做好有关工作。任何人不得歧视被拐卖、绑架的妇女。

第四十条　禁止对妇女实施性骚扰。受害妇女有权向单位和有关机关投诉。

第四十一条　禁止卖淫、嫖娼。

禁止组织、强迫、引诱、容留、介绍妇女卖淫或者对妇女进行猥亵活动。

禁止组织、强迫、引诱妇女进行淫秽表演活动。

第四十二条　妇女的名誉权、荣誉权、隐私权、肖像权等人格权受法律保护。

禁止用侮辱、诽谤等方式损害妇女的人格尊严。禁止通过大众传播媒介或者其他方式贬低损害妇女人格。未经本人同意，不得以营利为目的，通过广告、商标、展览橱窗、报纸、期刊、图书、音像制品、电子出版物、网络等形式使用妇女肖像。

第七章　婚姻家庭权益

第四十三条　国家保障妇女享有与男子平等的婚姻家庭权利。

第四十四条　国家保护妇女的婚姻自主权。禁止干涉妇女的结婚、离婚自由。

第四十五条　女方在怀孕期间、分娩后一年内或者终止妊娠后六个月内，男方不得提出离婚。女方提出离婚的，或者人民法院认为确有必要受理男方离婚请求的，不在此限。

第四十六条　禁止对妇女实施家庭暴力。

国家采取措施，预防和制止家庭暴力。

公安、民政、司法行政等部门以及城乡基层群众性自治组织、社会团体，应当在各自的职责范围内预防和制止家庭暴力，依法为受害妇女提供救助。

第四十七条　妇女对依照法律规定的夫妻共同财产享有与其配偶平等的占有、使用、收益和处分的权利，不受双方收入状况的影响。

夫妻书面约定婚姻关系存续期间所得的财产归各自所有，女方因抚育子女、照料老人、协助男方工作等承担较多义务的，有权在离婚时要求男方予以补偿。

第四十八条　夫妻共有的房屋，离婚时，分割住房由双方协议解决；协议不成的，由人民法院根据双方的具体情况，按照照顾子女和女方权益的原则判决。夫妻双方另有约定的除外。

夫妻共同租用的房屋，离婚时，女方的住房应当按照照顾子女和女方权益的原则解决。

第四十九条　父母双方对未成年子女享有平等的监护权。

父亲死亡、丧失行为能力或者有其他情形不能担任未成年子女的监护人的，母亲的监护权任何人不得干涉。

第五十条　离婚时，女方因实施绝育手术或者其他原因丧失生育能力的，处理子女抚养问题，应在有利子女权益的条件下，照顾女方的合理要求。

第五十一条 妇女有按照国家有关规定生育子女的权利，也有不生育的自由。

育龄夫妻双方按照国家有关规定计划生育，有关部门应当提供安全、有效的避孕药具和技术，保障实施节育手术的妇女的健康和安全。

国家实行婚前保健、孕产期保健制度，发展母婴保健事业。各级人民政府应当采取措施，保障妇女享有计划生育技术服务，提高妇女的生殖健康水平。

第八章　法律责任

第五十二条 妇女的合法权益受到侵害的，有权要求有关部门依法处理，或者依法向仲裁机构申请仲裁，或者向人民法院起诉。

对有经济困难需要法律援助或者司法救助的妇女，当地法律援助机构或者人民法院应当给予帮助，依法为其提供法律援助或者司法救助。

第五十三条 妇女的合法权益受到侵害的，可以向妇女组织投诉，妇女组织应当维护被侵害妇女的合法权益，有权要求并协助有关部门或者单位查处。有关部门或者单位应当依法查处，并予以答复。

第五十四条 妇女组织对于受害妇女进行诉讼需要帮助的，应当给予支持。

妇女联合会或者相关妇女组织对侵害特定妇女群体利益的行为，可以通过大众传播媒介揭露、批评，并有权要求有关部门依法查处。

第五十五条 违反本法规定，以妇女未婚、结婚、离婚、丧偶等为由，侵害妇女在农村集体经济组织中的各项权益的，或者因结婚男方到女方住所落户，侵害男方和子女享有与所在地农村集体经济组织成员平等权益的，由乡镇人民政府依法调解；受害人也可以依法向农村土地承包仲裁机构申请仲裁，或者向人民法院起诉，人民法院应当依法受理。

第五十六条 违反本法规定，侵害妇女的合法权益，其他法律、法规规定行政处罚的，从其规定；造成财产损失或者其他损害的，依法承担民事责任；构成犯罪的，依法追究刑事责任。

第五十七条 违反本法规定，对侵害妇女权益的申诉、控告、检举，推诿、拖延、压制不予查处，或者对提出申诉、控告、检举的人进行打击报复的，由其所在单位、主管部门或者上级机关责令改正，并依法对直接负责的主管人员和其他直接责任人员给予行政处分。

国家机关及其工作人员未依法履行职责，对侵害妇女权益的行为未及时制止或者未给予受害妇女必要帮助，造成严重后果的，由其所在单位或者上级机关依法对直接负责的主管人员和其他直接责任人员给予行政处分。

违反本法规定，侵害妇女文化教育权益、劳动和社会保障权益、人身和财产权益以及婚姻家庭权益的，由其所在单位、主管部门或者上级机关责令改正，直接负责的主管人员和其他直接责任人员属于国家工作人员的，由其所在单位或者上级机关依法给予行政处分。

第五十八条 违反本法规定，对妇女实施性骚扰或者家庭暴力，构成违反治安管理行为的，受害人可以提请公安机关对违法行为人依法给予行政处罚，也可以依法向人民法院提起民事诉讼。

第五十九条 违反本法规定，通过大众传播媒介或者其他方式贬低损害妇女人格的，由文化、广播电影电视、新闻出版或者其他有关部门依据各自的职权责令改正，并依法给予行政处罚。

第九章 附 则

第六十条 省、自治区、直辖市人民代表大会常务委员会可以根据本法制定实施办法。

民族自治地方的人民代表大会，可以依据本法规定的原则，结合当地民族妇女的具体情况，制定变通的或者补充的规定。自治区的规定，报全国人民代表大会常务委员会批准后生效；自治州、自治县的规定，报省、自治区、直辖市人民代表大会常务委员会批准后生效，并报全国人民代表大会常务委员会备案。

第六十一条 本法自 1992 年 10 月 1 日起施行。

中华人民共和国未成年人保护法

（1991 年 9 月 4 日第七届全国人民代表大会常务委员会第二十一次会议通过 2006 年 12 月 29 日第十届全国人民代表大会常务委员会第二十五次会议修订 根据 2012 年 10 月 26 日第十一届全国人民代表大会常务委员会第二十九次会议《关于修改〈中华人民共和国未成年人保护法〉的决定》修正 主席令第 65 号）

第一章 总 则

第一条 为了保护未成年人的身心健康，保障未成年人的合法权益，促进未成年人在品德、智力、体质等方面全面发展，培养有理想、有道德、有文化、有纪律的社会主义建设者和接班人，根据宪法，制定本法。

第二条 本法所称未成年人是指未满十八周岁的公民。

第三条 未成年人享有生存权、发展权、受保护权、参与权等权利，国家根据未成年人身心发展特点给予特殊、优先保护，保障未成年人的合法权益不受侵犯。

未成年人享有受教育权，国家、社会、学校和家庭尊重和保障未成年人的受教育权。

未成年人不分性别、民族、种族、家庭财产状况、宗教信仰等，依法平等地享有权利。

第四条 国家、社会、学校和家庭对未成年人进行理想教育、道德教育、文化教育、纪律和法制教育，进行爱国主义、集体主义和社会主义的教育，提倡爱祖国、爱人民、爱劳动、爱科学、爱社会主义的公德，反对资本主义的、封建主义的和其他的腐朽思想的侵蚀。

第五条 保护未成年人的工作，应当遵循下列原则：

（一）尊重未成年人的人格尊严；

（二）适应未成年人身心发展的规律和特点；

（三）教育与保护相结合。

第六条 保护未成年人，是国家机关、武装力量、政党、社会团体、企业事业组织、城乡基层群众性自治组织、未成年人的监护人和其他成年公民的共同责任。

对侵犯未成年人合法权益的行为，任何组织和个人都有权予以劝阻、制止或者向有关部门提出检举或者控告。

国家、社会、学校和家庭应当教育和帮助未成年人维护自己的合法权益，增强自我保护的意识和能力，增强社会责任感。

第七条 中央和地方各级国家机关应当在各自的职责范围内做好未成年人保护工作。

国务院和地方各级人民政府领导有关部门做好未成年人保护工作；将未成年人保护工作纳入国民经济和社会发展规划以及年度计划，相关经费纳入本级政府预算。

国务院和省、自治区、直辖市人民政府采取组织措施，协调有关部门做好未成年人保护工作。具体机构由国务院和省、自治区、直辖市人民政府规定。

第八条 共产主义青年团、妇女联合会、工会、青年联合会、学生联合会、少年先锋队以及其他有关社会团体，协助各级人民政府做好未成年人保护工作，维护未成年人的合法权益。

第九条 各级人民政府和有关部门对保护未成年人有显著成绩的组织和个人，给予表彰和奖励。

第二章　家庭保护

第十条 父母或者其他监护人应当创造良好、和睦的家庭环境，依法履行对未成年人的监护职责和抚养义务。

禁止对未成年人实施家庭暴力，禁止虐待、遗弃未成年人，禁止溺婴和其他残害婴儿的行为，不得歧视女性未成年人或者有残疾的未成年人。

第十一条 父母或者其他监护人应当关注未成年人的生理、心理状况和行为习惯，以健康的思想、良好的品行和适当的方法教育和影响未成年人，引导未成年人进行有益身心健康的活动，预防和制止未成年人吸烟、酗酒、流浪、沉迷网络以及赌博、吸毒、卖淫等行为。

第十二条 父母或者其他监护人应当学习家庭教育知识，正确履行监护职责，抚养教育未成年人。

有关国家机关和社会组织应当为未成年人的父母或者其他监护人提供家庭教育指导。

第十三条 父母或者其他监护人应当尊重未成年人受教育的权利，必须使适龄未成年人依法入学接受并完成义务教育，不得使接受义务教育的未成年人辍学。

第十四条 父母或者其他监护人应当根据未成年人的年龄和智力发展状况，在作出与未成年人权益有关的决定时告知其本人，并听取他们的意见。

第十五条 父母或者其他监护人不得允许或者迫使未成年人结婚，不得为未成年人订立婚约。

第十六条 父母因外出务工或者其他原因不能履行对未成年人监护职责的，应当委托有监护能力的其他成年人代为监护。

第三章 学校保护

第十七条 学校应当全面贯彻国家的教育方针，实施素质教育，提高教育质量，注重培养未成年学生独立思考能力、创新能力和实践能力，促进未成年学生全面发展。

第十八条 学校应当尊重未成年学生受教育的权利，关心、爱护学生，对品行有缺点、学习有困难的学生，应当耐心教育、帮助，不得歧视，不得违反法律和国家规定开除未成年学生。

第十九条 学校应当根据未成年学生身心发展的特点，对他们进行社会生活指导、心理健康辅导和青春期教育。

第二十条 学校应当与未成年学生的父母或者其他监护人互相配合，保证未成年学生的睡眠、娱乐和体育锻炼时间，不得加重其学习负担。

第二十一条 学校、幼儿园、托儿所的教职员工应当尊重未成年人的人格尊严，不得对未成年人实施体罚、变相体罚或者其他侮辱人格尊严的行为。

第二十二条 学校、幼儿园、托儿所应当建立安全制度，加强对未成年人的安全教育，采取措施保障未成年人的人身安全。

学校、幼儿园、托儿所不得在危及未成年人人身安全、健康的校舍和其他设施、场所中进行教育教学活动。

学校、幼儿园安排未成年人参加集会、文化娱乐、社会实践等集体活动，应当有利于未成年人的健康成长，防止发生人身安全事故。

第二十三条 教育行政等部门和学校、幼儿园、托儿所应当根据需要，制定应对各种灾害、传染性疾病、食物中毒、意外伤害等突发事件的预案，配备相应设施并进行必要的演练，增强未成年人的自我保护意识和能力。

第二十四条 学校对未成年学生在校内或者本校组织的校外活动中发生人身伤害事故的，应当及时救护，妥善处理，并及时向有关主管部门报告。

第二十五条 对于在学校接受教育的有严重不良行为的未成年学生，学校和父母或者其他监护人应当互相配合加以管教；无力管教或者管教无效的，可以按照有关规定将其送专门学校继续接受教育。

依法设置专门学校的地方人民政府应当保障专门学校的办学条件，教育行政部门应当加强对专门学校的管理和指导，有关部门应当给予协助和配合。

专门学校应当对在校就读的未成年学生进行思想教育、文化教育、纪律和法制教育、劳动技术教育和职业教育。

专门学校的教职员工应当关心、爱护、尊重学生，不得歧视、厌弃。

第二十六条 幼儿园应当做好保育、教育工作，促进幼儿在体质、智力、品德等方面和谐发展。

第四章 社会保护

第二十七条 全社会应当树立尊重、保护、教育未成年人的良好风尚，关心、爱护未成年人。

国家鼓励社会团体、企业事业组织以及其他组织和个人，开展多种形式的有利于未成年人健康成长的社会活动。

第二十八条 各级人民政府应当保障未成年人受教育的权利，并采取措施保障家庭经济困难的、残疾的和流动人口中的未成年人等接受义务教育。

第二十九条 各级人民政府应当建立和改善适合未成年人文化生活需要的活动场所和设施，鼓励社会力量兴办适合未成年人的活动场所，并加强管理。

第三十条 爱国主义教育基地、图书馆、青少年宫、儿童活动中心应当对未成年人免费开放；博物馆、纪念馆、科技馆、展览馆、美术馆、文化馆以及影剧院、体育场馆、动物园、公园等场所，应当按照有关规定对未成年人免费或者优惠开放。

第三十一条 县级以上人民政府及其教育行政部门应当采取措施，鼓励和支持中小学校在节假日期间将文化体育设施对未成年人免费或者优惠开放。

社区中的公益性互联网上网服务设施，应当对未成年人免费或者优惠开放，为未成年人提供安全、健康的上网服务。

第三十二条 国家鼓励新闻、出版、信息产业、广播、电影、电视、文艺等单位和作家、艺术家、科学家以及其他公民，创作或者提供有利于未成年人健康成长的作品。出版、制作和传播专门以未成年人为对象的内容健康的图书、报刊、音像制品、电子出版物以及网络信息等，国家给予扶持。

国家鼓励科研机构和科技团体对未成年人开展科学知识普及活动。

第三十三条 国家采取措施，预防未成年人沉迷网络。

国家鼓励研究开发有利于未成年人健康成长的网络产品，推广用于阻止未成年人沉迷网络的新技术。

第三十四条 禁止任何组织、个人制作或者向未成年人出售、出租或者以其他方式传播淫秽、暴力、凶杀、恐怖、赌博等毒害未成年人的图书、报刊、音像制品、电子出版物以及网络信息等。

第三十五条 生产、销售用于未成年人的食品、药品、玩具、用具和游乐设施等，应当符合国家标准或者行业标准，不得有害于未成年人的安全和健康；需要标明注意事项的，应当在显著位置标明。

第三十六条 中小学校园周边不得设置营业性歌舞娱乐场所、互联网上网服务营业场所等不适宜未成年人活动的场所。

营业性歌舞娱乐场所、互联网上网服务营业场所等不适宜未成年人活动的场所，不得允许未成年人进入，经营者应当在显著位置设置未成年人禁入标志；对难以判明是否已成年的，应当要求其出示身份证件。

第三十七条 禁止向未成年人出售烟酒，经营者应当在显著位置设置不向未成年人出售烟酒的标志；对难以判明是否已成年的，应当要求其出示身份证件。

任何人不得在中小学校、幼儿园、托儿所的教室、寝室、活动室和其他未成年人集中活动的场所吸烟、饮酒。

第三十八条 任何组织或者个人不得招用未满十六周岁的未成

年人，国家另有规定的除外。

任何组织或者个人按照国家有关规定招用已满十六周岁未满十八周岁的未成年人的，应当执行国家在工种、劳动时间、劳动强度和保护措施等方面的规定，不得安排其从事过重、有毒、有害等危害未成年人身心健康的劳动或者危险作业。

第三十九条 任何组织或者个人不得披露未成年人的个人隐私。

对未成年人的信件、日记、电子邮件，任何组织或者个人不得隐匿、毁弃；除因追查犯罪的需要，由公安机关或者人民检察院依法进行检查，或者对无行为能力的未成年人的信件、日记、电子邮件由其父母或者其他监护人代为开拆、查阅外，任何组织或者个人不得开拆、查阅。

第四十条 学校、幼儿园、托儿所和公共场所发生突发事件时，应当优先救护未成年人。

第四十一条 禁止拐卖、绑架、虐待未成年人，禁止对未成年人实施性侵害。

禁止胁迫、诱骗、利用未成年人乞讨或者组织未成年人进行有害其身心健康的表演等活动。

第四十二条 公安机关应当采取有力措施，依法维护校园周边的治安和交通秩序，预防和制止侵害未成年人合法权益的违法犯罪行为。

任何组织或者个人不得扰乱教学秩序，不得侵占、破坏学校、幼儿园、托儿所的场地、房屋和设施。

第四十三条 县级以上人民政府及其民政部门应当根据需要设立救助场所，对流浪乞讨等生活无着未成年人实施救助，承担临时监护责任；公安部门或者其他有关部门应当护送流浪乞讨或者离家出走的未成年人到救助场所，由救助场所予以救助和妥善照顾，并及时通知其父母或者其他监护人领回。

对孤儿、无法查明其父母或者其他监护人的以及其他生活无着的未成年人，由民政部门设立的儿童福利机构收留抚养。

未成年人救助机构、儿童福利机构及其工作人员应当依法履行职责，不得虐待、歧视未成年人；不得在办理收留抚养工作中牟取利益。

第四十四条 卫生部门和学校应当对未成年人进行卫生保健和营养指导，提供必要的卫生保健条件，做好疾病预防工作。

卫生部门应当做好对儿童的预防接种工作，国家免疫规划项目的预防接种实行免费；积极防治儿童常见病、多发病，加强对传染病防治工作的监督管理，加强对幼儿园、托儿所卫生保健的业务指导和监督检查。

第四十五条 地方各级人民政府应当积极发展托幼事业，办好托儿所、幼儿园，支持社会组织和个人依法兴办哺乳室、托儿所、幼儿园。

各级人民政府和有关部门应当采取多种形式，培养和训练幼儿园、托儿所的保教人员，提高其职业道德素质和业务能力。

第四十六条 国家依法保护未成年人的智力成果和荣誉权不受侵犯。

第四十七条 未成年人已经完成规定年限的义务教育不再升学的，政府有关部门和社会团体、企业事业组织应当根据实际情况，对他们进行职业教育，为他们创造劳动就业条件。

第四十八条 居民委员会、村民委员会应当协助有关部门教育和挽救违法犯罪的未成年人，预防和制止侵害未成年人合法权益的违法犯罪行为。

第四十九条 未成年人的合法权益受到侵害的，被侵害人及其监护人或者其他组织和个人有权向有关部门投诉，有关部门应当依法及时处理。

第五章　司法保护

第五十条　公安机关、人民检察院、人民法院以及司法行政部门，应当依法履行职责，在司法活动中保护未成年人的合法权益。

第五十一条　未成年人的合法权益受到侵害，依法向人民法院提起诉讼的，人民法院应当依法及时审理，并适应未成年人生理、心理特点和健康成长的需要，保障未成年人的合法权益。

在司法活动中对需要法律援助或者司法救助的未成年人，法律援助机构或者人民法院应当给予帮助，依法为其提供法律援助或者司法救助。

第五十二条　人民法院审理继承案件，应当依法保护未成年人的继承权和受遗赠权。

人民法院审理离婚案件，涉及未成年子女抚养问题的，应当听取有表达意愿能力的未成年子女的意见，根据保障子女权益的原则和双方具体情况依法处理。

第五十三条　父母或者其他监护人不履行监护职责或者侵害被监护的未成年人的合法权益，经教育不改的，人民法院可以根据有关人员或者有关单位的申请，撤销其监护人的资格，依法另行指定监护人。被撤销监护资格的父母应当依法继续负担抚养费用。

第五十四条　对违法犯罪的未成年人，实行教育、感化、挽救的方针，坚持教育为主、惩罚为辅的原则。

对违法犯罪的未成年人，应当依法从轻、减轻或者免除处罚。

第五十五条　公安机关、人民检察院、人民法院办理未成年人犯罪案件和涉及未成年人权益保护案件，应当照顾未成年人身心发展特点，尊重他们的人格尊严，保障他们的合法权益，并根据需要设立专门机构或者指定专人办理。

第五十六条　讯问、审判未成年犯罪嫌疑人、被告人，询问未成年证人、被害人，应当依照刑事诉讼法的规定通知其法定代理人或者其他人员到场。

公安机关、人民检察院、人民法院办理未成年人遭受性侵害的刑事案件，应当保护被害人的名誉。

第五十七条 对羁押、服刑的未成年人，应当与成年人分别关押。

羁押、服刑的未成年人没有完成义务教育的，应当对其进行义务教育。

解除羁押、服刑期满的未成年人的复学、升学、就业不受歧视。

第五十八条 对未成年人犯罪案件，新闻报道、影视节目、公开出版物、网络等不得披露该未成年人的姓名、住所、照片、图像以及可能推断出该未成年人的资料。

第五十九条 对未成年人严重不良行为的矫治与犯罪行为的预防，依照预防未成年人犯罪法的规定执行。

第六章 法律责任

第六十条 违反本法规定，侵害未成年人的合法权益，其他法律、法规已规定行政处罚的，从其规定；造成人身财产损失或者其他损害的，依法承担民事责任；构成犯罪的，依法追究刑事责任。

第六十一条 国家机关及其工作人员不依法履行保护未成年人合法权益的责任，或者侵害未成年人合法权益，或者对提出申诉、控告、检举的人进行打击报复的，由其所在单位或者上级机关责令改正，对直接负责的主管人员和其他直接责任人员依法给予行政处分。

第六十二条 父母或者其他监护人不依法履行监护职责，或者侵害未成年人合法权益的，由其所在单位或者居民委员会、村民委员会予以劝诫、制止；构成违反治安管理行为的，由公安机关依法给予行政处罚。

第六十三条 学校、幼儿园、托儿所侵害未成年人合法权益的，由教育行政部门或者其他有关部门责令改正；情节严重的，对直接负责的主管人员和其他直接责任人员依法给予处分。

学校、幼儿园、托儿所教职员工对未成年人实施体罚、变相体罚或者其他侮辱人格行为的，由其所在单位或者上级机关责令改正；情节严重的，依法给予处分。

第六十四条 制作或者向未成年人出售、出租或者以其他方式传播淫秽、暴力、凶杀、恐怖、赌博等图书、报刊、音像制品、电子出版物以及网络信息等的，由主管部门责令改正，依法给予行政处罚。

第六十五条 生产、销售用于未成年人的食品、药品、玩具、用具和游乐设施不符合国家标准或者行业标准，或者没有在显著位置标明注意事项的，由主管部门责令改正，依法给予行政处罚。

第六十六条 在中小学校园周边设置营业性歌舞娱乐场所、互联网上网服务营业场所等不适宜未成年人活动的场所的，由主管部门予以关闭，依法给予行政处罚。

营业性歌舞娱乐场所、互联网上网服务营业场所等不适宜未成年人活动的场所允许未成年人进入，或者没有在显著位置设置未成年人禁入标志的，由主管部门责令改正，依法给予行政处罚。

第六十七条 向未成年人出售烟酒，或者没有在显著位置设置不向未成年人出售烟酒标志的，由主管部门责令改正，依法给予行政处罚。

第六十八条 非法招用未满十六周岁的未成年人，或者招用已满十六周岁的未成年人从事过重、有毒、有害等危害未成年人身心健康的劳动或者危险作业的，由劳动保障部门责令改正，处以罚款；情节严重的，由工商行政管理部门吊销营业执照。

第六十九条 侵犯未成年人隐私，构成违反治安管理行为的，由公安机关依法给予行政处罚。

第七十条 未成年人救助机构、儿童福利机构及其工作人员不依法履行对未成年人的救助保护职责，或者虐待、歧视未成年人，或者在办理收留抚养工作中牟取利益的，由主管部门责令改正，依法给予行政处分。

第七十一条 胁迫、诱骗、利用未成年人乞讨或者组织未成年人进行有害其身心健康的表演等活动的，由公安机关依法给予行政处罚。

第七章 附 则

第七十二条 本法自 2007 年 6 月 1 日起施行。

中华人民共和国婚姻法

(1980 年 9 月 10 日第五届全国人民代表大会第三次会议通过　根据 2001 年 4 月 28 日第九届全国人民代表大会常务委员会第二十一次会议《关于修改〈中华人民共和国婚姻法〉的决定》修正)

第一章　总　　则

第一条　本法是婚姻家庭关系的基本准则。

第二条　实行婚姻自由、一夫一妻、男女平等的婚姻制度。

保护妇女、儿童和老人的合法权益。

实行计划生育。

第三条　禁止包办、买卖婚姻和其他干涉婚姻自由的行为。禁止借婚姻索取财物。

禁止重婚。禁止有配偶者与他人同居。禁止家庭暴力。禁止家庭成员间的虐待和遗弃。

第四条　夫妻应当互相忠实，互相尊重；家庭成员间应当敬老爱幼，互相帮助，维护平等、和睦、文明的婚姻家庭关系。

第二章　结　　婚

第五条　结婚必须男女双方完全自愿，不许任何一方对他方加以强迫或任何第三者加以干涉。

第六条　结婚年龄，男不得早于二十二周岁，女不得早于二十周岁。晚婚晚育应予鼓励。

第七条　有下列情形之一的，禁止结婚：

（一）直系血亲和三代以内的旁系血亲；

（二）患有医学上认为不应当结婚的疾病。

第八条 要求结婚的男女双方必须亲自到婚姻登记机关进行结婚登记。符合本法规定的，予以登记，发给结婚证。取得结婚证，即确立夫妻关系。未办理结婚登记的，应当补办登记。

第九条 登记结婚后，根据男女双方约定，女方可以成为男方家庭的成员，男方可以成为女方家庭的成员。

第十条 有下列情形之一的，婚姻无效：

（一）重婚的；

（二）有禁止结婚的亲属关系的；

（三）婚前患有医学上认为不应当结婚的疾病，婚后尚未治愈的；

（四）未到法定婚龄的。

第十一条 因胁迫结婚的，受胁迫的一方可以向婚姻登记机关或人民法院请求撤销该婚姻。受胁迫的一方撤销婚姻的请求，应当自结婚登记之日起一年内提出。被非法限制人身自由的当事人请求撤销婚姻的，应当自恢复人身自由之日起一年内提出。

第十二条 无效或被撤销的婚姻，自始无效。当事人不具有夫妻的权利和义务。同居期间所得的财产，由当事人协议处理；协议不成时，由人民法院根据照顾无过错方的原则判决。对重婚导致的婚姻无效的财产处理，不得侵害合法婚姻当事人的财产权益。当事人所生的子女，适用本法有关父母子女的规定。

第三章　家庭关系

第十三条 夫妻在家庭中地位平等。

第十四条 夫妻双方都有各用自己姓名的权利。

第十五条 夫妻双方都有参加生产、工作、学习和社会活动的自由，一方不得对他方加以限制或干涉。

第十六条 夫妻双方都有实行计划生育的义务。

第十七条 夫妻在婚姻关系存续期间所得的下列财产，归夫妻共同所有：

（一）工资、奖金；

（二）生产、经营的收益；

（三）知识产权的收益；

（四）继承或赠与所得的财产，但本法第十八条第三项规定的除外；

（五）其他应当归共同所有的财产。

夫妻对共同所有的财产，有平等的处理权。

第十八条 有下列情形之一的，为夫妻一方的财产：

（一）一方的婚前财产；

（二）一方因身体受到伤害获得的医疗费、残疾人生活补助费等费用；

（三）遗嘱或赠与合同中确定只归夫或妻一方的财产；

（四）一方专用的生活用品；

（五）其他应当归一方的财产。

第十九条 夫妻可以约定婚姻关系存续期间所得的财产以及婚前财产归各自所有、共同所有或部分各自所有、部分共同所有。约定应当采用书面形式。没有约定或约定不明确的，适用本法第十七条、第十八条的规定。

夫妻对婚姻关系存续期间所得的财产以及婚前财产的约定，对双方具有约束力。

夫妻对婚姻关系存续期间所得的财产约定归各自所有的，夫或妻一方对外所负的债务，第三人知道该约定的，以夫或妻一方所有的财产清偿。

第二十条 夫妻有互相扶养的义务。

一方不履行扶养义务时，需要扶养的一方，有要求对方付给扶养费的权利。

第二十一条 父母对子女有抚养教育的义务；子女对父母有赡养扶助的义务。

父母不履行抚养义务时，未成年的或不能独立生活的子女，有要求父母付给抚养费的权利。

子女不履行赡养义务时，无劳动能力的或生活困难的父母，有要求子女付给赡养费的权利。

禁止溺婴、弃婴和其他残害婴儿的行为。

第二十二条 子女可以随父姓，可以随母姓。

第二十三条 父母有保护和教育未成年子女的权利和义务。在未成年子女对国家、集体或他人造成损害时，父母有承担民事责任的义务。

第二十四条 夫妻有相互继承遗产的权利。

父母和子女有相互继承遗产的权利。

第二十五条 非婚生子女享有与婚生子女同等的权利，任何人不得加以危害和歧视。

不直接抚养非婚生子女的生父或生母，应当负担子女的生活费和教育费，直至子女能独立生活为止。

第二十六条 国家保护合法的收养关系。养父母和养子女间的权利和义务，适用本法对父母子女关系的有关规定。

养子女和生父母间的权利和义务，因收养关系的成立而消除。

第二十七条 继父母与继子女间，不得虐待或歧视。

继父或继母和受其抚养教育的继子女间的权利和义务，适用本法对父母子女关系的有关规定。

第二十八条 有负担能力的祖父母、外祖父母，对于父母已经死亡或父母无力抚养的未成年的孙子女、外孙子女，有抚养的义务。有负担能力的孙子女、外孙子女，对于子女已经死亡或子女无力赡养的祖父母、外祖父母，有赡养的义务。

第二十九条 有负担能力的兄、姐，对于父母已经死亡或父母无力抚养的未成年的弟、妹，有扶养的义务。由兄、姐扶养长大的有负担能力的弟、妹，对于缺乏劳动能力又缺乏生活来源的兄、姐，有扶养的义务。

第三十条 子女应当尊重父母的婚姻权利，不得干涉父母再婚以及婚后的生活。子女对父母的赡养义务，不因父母的婚姻关系变化而终止。

第四章 离 婚

第三十一条 男女双方自愿离婚的，准予离婚。双方必须到婚姻登记机关申请离婚。婚姻登记机关查明双方确实是自愿并对子女和财产问题已有适当处理时，发给离婚证。

第三十二条 男女一方要求离婚的，可由有关部门进行调解或直接向人民法院提出离婚诉讼。

人民法院审理离婚案件，应当进行调解；如感情确已破裂，调解无效，应准予离婚。

有下列情形之一，调解无效的，应准予离婚：

（一）重婚或有配偶者与他人同居的；

（二）实施家庭暴力或虐待、遗弃家庭成员的；

（三）有赌博、吸毒等恶习屡教不改的；

（四）因感情不和分居满二年的；

（五）其他导致夫妻感情破裂的情形。

一方被宣告失踪，另一方提出离婚诉讼的，应准予离婚。

第三十三条 现役军人的配偶要求离婚，须得军人同意，但军人一方有重大过错的除外。

第三十四条 女方在怀孕期间、分娩后一年内或中止妊娠后六个月内，男方不得提出离婚。女方提出离婚的，或人民法院认为确有必要受理男方离婚请求的，不在此限。

第三十五条 离婚后，男女双方自愿恢复夫妻关系的，必须到婚姻登记机关进行复婚登记。

第三十六条 父母与子女间的关系，不因父母离婚而消除。离婚后，子女无论由父或母直接抚养，仍是父母双方的子女。

离婚后，父母对于子女仍有抚养和教育的权利和义务。

离婚后，哺乳期内的子女，以随哺乳的母亲抚养为原则。哺乳期后的子女，如双方因抚养问题发生争执不能达成协议时，由人民法院根据子女的权益和双方的具体情况判决。

第三十七条 离婚后，一方抚养的子女，另一方应负担必要的生活费和教育费的一部或全部，负担费用的多少和期限的长短，由双方协议；协议不成时，由人民法院判决。

关于子女生活费和教育费的协议或判决，不妨碍子女在必要时向父母任何一方提出超过协议或判决原定数额的合理要求。

第三十八条 离婚后，不直接抚养子女的父或母，有探望子女的权利，另一方有协助的义务。

行使探望权利的方式、时间由当事人协议；协议不成时，由人民法院判决。

父或母探望子女，不利于子女身心健康的，由人民法院依法中止探望的权利；中止的事由消失后，应当恢复探望的权利。

第三十九条 离婚时，夫妻的共同财产由双方协议处理；协议不成时，由人民法院根据财产的具体情况，照顾子女和女方权益的原则判决。

夫或妻在家庭土地承包经营中享有的权益等，应当依法予以保护。

第四十条 夫妻书面约定婚姻关系存续期间所得的财产归各自所有，一方因抚育子女、照料老人、协助另一方工作等付出较多义务的，离婚时有权向另一方请求补偿，另一方应当予以补偿。

第四十一条 离婚时，原为夫妻共同生活所负的债务，应当共同偿还。共同财产不足清偿的，或财产归各自所有的，由双方协议清偿；协议不成时，由人民法院判决。

第四十二条 离婚时，如一方生活困难，另一方应从其住房等个人财产中给予适当帮助。具体办法由双方协议；协议不成时，由人民法院判决。

第五章　救助措施与法律责任

第四十三条　实施家庭暴力或虐待家庭成员，受害人有权提出请求，居民委员会、村民委员会以及所在单位应当予以劝阻、调解。

对正在实施的家庭暴力，受害人有权提出请求，居民委员会、村民委员会应当予以劝阻；公安机关应当予以制止。

实施家庭暴力或虐待家庭成员，受害人提出请求的，公安机关应当依照治安管理处罚的法律规定予以行政处罚。

第四十四条　对遗弃家庭成员，受害人有权提出请求，居民委员会、村民委员会以及所在单位应当予以劝阻、调解。

对遗弃家庭成员，受害人提出请求的，人民法院应当依法作出支付扶养费、抚养费、赡养费的判决。

第四十五条　对重婚的，对实施家庭暴力或虐待、遗弃家庭成员构成犯罪的，依法追究刑事责任。受害人可以依照刑事诉讼法的有关规定，向人民法院自诉；公安机关应当依法侦查，人民检察院应当依法提起公诉。

第四十六条　有下列情形之一，导致离婚的，无过错方有权请求损害赔偿：

（一）重婚的；

（二）有配偶者与他人同居的；

（三）实施家庭暴力的；

（四）虐待、遗弃家庭成员的。

第四十七条　离婚时，一方隐藏、转移、变卖、毁损夫妻共同财产，或伪造债务企图侵占另一方财产的，分割夫妻共同财产时，对隐藏、转移、变卖、毁损夫妻共同财产或伪造债务的一方，可以少分或不分。离婚后，另一方发现有上述行为的，可以向人民法院提起诉讼，请求再次分割夫妻共同财产。

人民法院对前款规定的妨害民事诉讼的行为，依照民事诉讼法的规定予以制裁。

第四十八条 对拒不执行有关扶养费、抚养费、赡养费、财产分割、遗产继承、探望子女等判决或裁定的，由人民法院依法强制执行。有关个人和单位应负协助执行的责任。

第四十九条 其他法律对有关婚姻家庭的违法行为和法律责任另有规定的，依照其规定。

第六章　附　　则

第五十条 民族自治地方的人民代表大会有权结合当地民族婚姻家庭的具体情况，制定变通规定。自治州、自治县制定的变通规定，报省、自治区、直辖市人民代表大会常务委员会批准后生效。自治区制定的变通规定，报全国人民代表大会常务委员会批准后生效。

第五十一条 本法自 1981 年 1 月 1 日起施行。

1950 年 5 月 1 日颁行的《中华人民共和国婚姻法》，自本法施行之日起废止。

中华人民共和国收养法

（1991 年 12 月 29 日第七届全国人民代表大会常务委员会第二十三次会议通过 根据 1998 年 11 月 4 日第九届全国人民代表大会常务委员会第五次会议《关于修改〈中华人民共和国收养法〉的决定》修正 同日中华人民共和国主席令第 10 号公布）

第一章 总 则

第一条 为保护合法的收养关系，维护收养关系当事人的权利，制定本法。

第二条 收养应当有利于被收养的未成年人的抚养、成长，保障被收养人和收养人的合法权益，遵循平等自愿的原则，并不得违背社会公德。

第三条 收养不得违背计划生育的法律、法规。

第二章 收养关系的成立

第四条 下列不满十四周岁的未成年人可以被收养：

（一）丧失父母的孤儿；

（二）查找不到生父母的弃婴和儿童；

（三）生父母有特殊困难无力抚养的子女。

第五条 下列公民、组织可以作送养人：

（一）孤儿的监护人；

（二）社会福利机构；

（三）有特殊困难无力抚养子女的生父母。

第六条 收养人应当同时具备下列条件：

（一）无子女；

（二）有抚养教育被收养人的能力；

（三）未患有在医学上认为不应当收养子女的疾病；

（四）年满三十周岁。

第七条 收养三代以内同辈旁系血亲的子女，可以不受本法第四条第三项、第五条第三项、第九条和被收养人不满十四周岁的限制。

华侨收养三代以内同辈旁系血亲的子女，还可以不受收养人无子女的限制。

第八条 收养人只能收养一名子女。

收养孤儿、残疾儿童或者社会福利机构抚养的查找不到生父母的弃婴和儿童，可以不受收养人无子女和收养一名的限制。

第九条 无配偶的男性收养女性的，收养人与被收养人的年龄应当相差四十周岁以上。

第十条 生父母送养子女，须双方共同送养。生父母一方不明或者查找不到的可以单方送养。

有配偶者收养子女，须夫妻共同收养。

第十一条 收养人收养与送养人送养，须双方自愿。收养年满十周岁以上未成年人的，应当征得被收养人的同意。

第十二条 未成年人的父母均不具备完全民事行为能力的，该未成年人的监护人不得将其送养，但父母对该未成年人有严重危害可能的除外。

第十三条 监护人送养未成年孤儿的，须征得有抚养义务的人同意。有抚养义务的人不同意送养、监护人不愿意继续履行监护职责的，应当依照《中华人民共和国民法通则》的规定变更监护人。

第十四条 继父或者继母经继子女的生父母同意，可以收养继子女，并可以不受本法第四条第三项、第五条第三项、第六条和被收养人不满十四周岁以及收养一名的限制。

第十五条 收养应当向县级以上人民政府民政部门登记。收养关系自登记之日起成立。

收养查找不到生父母的弃婴和儿童的，办理登记的民政部门应当在登记前予以公告。

收养关系当事人愿意订立收养协议的，可以订立收养协议。

收养关系当事人各方或者一方要求办理收养公证的，应当办理收养公证。

第十六条 收养关系成立后，公安部门应当依照国家有关规定为被收养人办理户口登记。

第十七条 孤儿或者生父母无力抚养的子女，可以由生父母的亲属、朋友抚养。

抚养人与被抚养人的关系不适用收养关系。

第十八条 配偶一方死亡，另一方送养未成年子女的，死亡一方的父母有优先抚养的权利。

第十九条 送养人不得以送养子女为理由违反计划生育的规定再生育子女。

第二十条 严禁买卖儿童或者借收养名义买卖儿童。

第二十一条 外国人依照本法可以在中华人民共和国收养子女。

外国人在中华人民共和国收养子女，应当经其所在国主管机关依照该国法律审查同意。收养人应当提供由其所在国有权机构出具的有关收养人的年龄、婚姻、职业、财产、健康、有无受过刑事处罚等状况的证明材料，该证明材料应当经其所在国外交机关或者外交机关授权的机构认证，并经中华人民共和国驻该国使领馆认证。该收养人应当与送养人订立书面协议，亲自向省级人民政府民政部门登记。

收养关系当事人各方或者一方要求办理收养公证的，应当到国务院司法行政部门认定的具有办理涉外公证资格的公证机构办理收养公证。

第二十二条 收养人、送养人要求保守收养秘密的，其他人应当尊重其意愿，不得泄露。

第三章　收养的效力

第二十三条　自收养关系成立之日起，养父母与养子女间的权利义务关系，适用法律关于父母子女关系的规定；养子女与养父母的近亲属间的权利义务关系，适用法律关于子女与父母的近亲属关系的规定。

养子女与生父母及其他近亲属间的权利义务关系，因收养关系的成立而消除。

第二十四条　养子女可以随养父或者养母的姓，经当事人协商一致，也可以保留原姓。

第二十五条　违反《中华人民共和国民法通则》第五十五条和本法规定的收养行为无法律效力。

收养行为被人民法院确认无效的，从行为开始时起就没有法律效力。

第四章　收养关系的解除

第二十六条　收养人在被收养人成年以前，不得解除收养关系，但收养人、送养人双方协议解除的除外，养子女年满十周岁以上的，应当征得本人同意。

收养人不履行抚养义务，有虐待、遗弃等侵害未成年养子女合法权益行为的，送养人有权要求解除养父母与子女间的收养关系。送养人、收养人不能达成解除收养关系协议的，可以向人民法院起诉。

第二十七条　养父母与成年养子女关系恶化、无法共同生活的，可以协议解除收养关系。不能达成协议的，可以向人民法院起诉。

第二十八条　当事人协议解除收养关系的，应当到民政部门办理解除收养关系的登记。

第二十九条　收养关系解除后，养子女与养父母及其他近亲属间的权利义务关系即行消除，与生父母及其他近亲属间的权利义务关系自行恢复，但成年养子女与生父母及其他近亲属间的权利义务关系是否恢复，可以协商确定。

第三十条　收养关系解除后，经养父母抚养的成年养子女，对缺乏劳动能力又缺乏生活来源的养父母，应当给付生活费。因养子女成年后虐待、遗弃养父母而解除收养关系的，养父母可以要求养子女补偿收养期间支出的生活费和教育费。

生父母要求解除收养关系的，养父母可以要求生父母适当补偿收养期间支出的生活费和教育费，但因养父母虐待、遗弃养子女而解除收养关系的除外。

第五章　法律责任

第三十一条　借收养名义拐卖儿童的，依法追究刑事责任。

遗弃婴儿的，由公安部门处以罚款；构成犯罪的，依法追究刑事责任。

出卖亲生子女的，由公安部门没收非法所得，并处以罚款；构成犯罪的，依法追究刑事责任。

第六章　附　　则

第三十二条　民族自治地方的人民代表大会及其常务委员会可以根据本法的原则，结合当地情况，制定变通的或者补充的规定。自治区的规定，报全国人民代表大会常务委员会备案。自治州、自治县的规定，报省或者自治区的人民代表大会常务委员会批准后生效，并报全国人民代表大会常务委员会备案。

第三十三条　国务院可以根据本法制定实施办法。

第三十四条　本法自1999年4月1日起施行。

中华人民共和国母婴保健法（节录）

（1994年10月27日第八届全国人民代表大会常务委员会第十次会议通过 根据2009年8月27日第十一届全国人民代表大会常务委员会第十次会议《关于修改部分法律的决定》修正）

第三十六条 未取得国家颁发的有关合格证书，施行终止妊娠手术或者采取其他方法终止妊娠，致人死亡、残疾、丧失或者基本丧失劳动能力的，依照刑法有关规定追究刑事责任。

中华人民共和国劳动法（节录）

（1994 年 7 月 5 日第八届全国人民代表大会常务委员会第八次会议通过，1994 年 7 月 5 日中华人民共和国主席令第二十八号公布 根据 2009 年 8 月 27 日中华人民共和国主席令第十八号第十一届全国人民代表大会常务委员会第十次会议《关于修改部分法律的决定》修正)

第十三条 妇女享有与男子平等的就业权利。在录用职工时，除国家规定的不适合妇女的工种或者岗位外，不得以性别为由拒绝录用妇女或者提高对妇女的录用标准。

第十五条 禁止用人单位招用未满十六周岁的未成年人。

文艺、体育和特种工艺单位招用未满十六周岁的未成年人，必须依照国家有关规定，履行审批手续，并保障其接受义务教育的权利。

第二十九条 劳动者有下列情形之一的，用人单位不得依据本法第二十六条、第二十七条的规定解除劳动合同：

（一）患职业病或者因工负伤并被确认丧失或者部分丧失劳动能力的；

（二）患病或者负伤，在规定的医疗期内的；

（三）女职工在孕期、产期、哺乳期内的；

（四）法律、行政法规规定的其他情形。

第五十八条 国家对女职工和未成年工实行特殊劳动保护。

未成年工是指年满十六周岁未满十八周岁的劳动者。

第五十九条 禁止安排女职工从事矿山井下、国家规定的第四级体力劳动强度的劳动和其他禁忌从事的劳动。

第六十条 不得安排女职工在经期从事高处、低温、冷水作业和国家规定的第三级体力劳动强度的劳动。

第六十一条 不得安排女职工在怀孕期间从事国家规定的第三级体力劳动强度的劳动和孕期禁忌从事的活动。对怀孕七个月以上的女职工，不得安排其延长工作时间和夜班劳动。

第六十二条 女职工生育享受不少于九十天的产假。

第六十三条 不得安排女职工在哺乳未满一周岁的婴儿期间从事国家规定的第三级体力劳动强度的劳动和哺乳期禁忌从事的其他劳动，不得安排其延长工作时间和夜班劳动。

第六十四条 不得安排未成年工从事矿山井下、有毒有害、国家规定的第四级体力劳动强度的劳动和其他禁忌从事的劳动。

第六十五条 用人单位应当对未成年工定期进行健康检查。

第七十三条 劳动者在下列情形下，依法享受社会保险待遇：

（一）退休；

（二）患病、负伤；

（三）因工伤残或者患职业病；

（四）失业；

（五）生育。

劳动者死亡后，其遗属依法享受遗属津贴。

劳动者享受社会保险待遇的条件和标准由法律、法规规定。

劳动者享受的社会保险金必须按时足额支付。

第九十五条 用人单位违反本法对女职工和未成年工的保护规定，侵害其合法权益的，由劳动行政部门责令改正，处以罚款；对女职工或者未成年工造成损害的，应当承担赔偿责任。

第九十六条 用人单位有下列行为之一，由公安机关对责任人员处以十五日以下拘留、罚款或者警告；构成犯罪的，对责任人员依法追究刑事责任：

（一）以暴力、威胁或者非法限制人身自由的手段强迫劳动的；

（二）侮辱、体罚、殴打、非法搜查和拘禁劳动者的。

中华人民共和国就业促进法（节录）

（2007 年 8 月 30 日第十届全国人民代表大会常务委员会第二十九次会议通过 根据 2015 年 4 月 24 日第十二届全国人民代表大会常务委员会第十四次会议《关于修改〈中华人民共和国电力法〉等六部法律的决定》修正）

第二十七条 国家保障妇女享有与男子平等的劳动权利。

用人单位招用人员，除国家规定的不适合妇女的工种或者岗位外，不得以性别为由拒绝录用妇女或者提高对妇女的录用标准。

用人单位录用女职工，不得在劳动合同中规定限制女职工结婚、生育的内容。

中华人民共和国出境入境管理法

（2012 年 6 月 30 日第十一届全国人民代表大会常务委员会第二十七次会议通过　中华人民共和国主席令第五十七号公布　自 2013 年 7 月 1 日起施行）

第一章　总　　则

第一条　为了规范出境入境管理，维护中华人民共和国的主权、安全和社会秩序，促进对外交往和对外开放，制定本法。

第二条　中国公民出境入境、外国人入境出境、外国人在中国境内停留居留的管理，以及交通运输工具出境入境的边防检查，适用本法。

第三条　国家保护中国公民出境入境合法权益。

在中国境内的外国人的合法权益受法律保护。在中国境内的外国人应当遵守中国法律，不得危害中国国家安全、损害社会公共利益、破坏社会公共秩序。

第四条　公安部、外交部按照各自职责负责有关出境入境事务的管理。

中华人民共和国驻外使馆、领馆或者外交部委托的其他驻外机构（以下称驻外签证机关）负责在境外签发外国人入境签证。出入境边防检查机关负责实施出境入境边防检查。县级以上地方人民政府公安机关及其出入境管理机构负责外国人停留居留管理。

公安部、外交部可以在各自职责范围内委托县级以上地方人民政府公安机关出入境管理机构、县级以上地方人民政府外事部门受理外国人入境、停留居留申请。

公安部、外交部在出境入境事务管理中，应当加强沟通配合，并与国务院有关部门密切合作，按照各自职责分工，依法行使职权，承担责任。

第五条 国家建立统一的出境入境管理信息平台，实现有关管理部门信息共享。

第六条 国家在对外开放的口岸设立出入境边防检查机关。

中国公民、外国人以及交通运输工具应当从对外开放的口岸出境入境，特殊情况下，可以从国务院或者国务院授权的部门批准的地点出境入境。出境入境人员和交通运输工具应当接受出境入境边防检查。

出入境边防检查机关负责对口岸限定区域实施管理。根据维护国家安全和出境入境管理秩序的需要，出入境边防检查机关可以对出境入境人员携带的物品实施边防检查。必要时，出入境边防检查机关可以对出境入境交通运输工具载运的货物实施边防检查，但是应当通知海关。

第七条 经国务院批准，公安部、外交部根据出境入境管理的需要，可以对留存出境入境人员的指纹等人体生物识别信息作出规定。

外国政府对中国公民签发签证、出境入境管理有特别规定的，中国政府可以根据情况采取相应的对等措施。

第八条 履行出境入境管理职责的部门和机构应当切实采取措施，不断提升服务和管理水平，公正执法，便民高效，维护安全、便捷的出境入境秩序。

第二章　中国公民出境入境

第九条 中国公民出境入境，应当依法申请办理护照或者其他旅行证件。

中国公民前往其他国家或者地区，还需要取得前往国签证或者其他入境许可证明。但是，中国政府与其他国家政府签订互免签证协议或者公安部、外交部另有规定的除外。

中国公民以海员身份出境入境和在国外船舶上从事工作的，应当依法申请办理海员证。

第十条 中国公民往来内地与香港特别行政区、澳门特别行政区，中国公民往来大陆与台湾地区，应当依法申请办理通行证件，并遵守本法有关规定。具体管理办法由国务院规定。

第十一条 中国公民出境入境，应当向出入境边防检查机关交验本人的护照或者其他旅行证件等出境入境证件，履行规定的手续，经查验准许，方可出境入境。

具备条件的口岸，出入境边防检查机关应当为中国公民出境入境提供专用通道等便利措施。

第十二条 中国公民有下列情形之一的，不准出境：

（一）未持有效出境入境证件或者拒绝、逃避接受边防检查的；

（二）被判处刑罚尚未执行完毕或者属于刑事案件被告人、犯罪嫌疑人的；

（三）有未了结的民事案件，人民法院决定不准出境的；

（四）因妨害国（边）境管理受到刑事处罚或者因非法出境、非法居留、非法就业被其他国家或者地区遣返，未满不准出境规定年限的；

（五）可能危害国家安全和利益，国务院有关主管部门决定不准出境的；

（六）法律、行政法规规定不准出境的其他情形。

第十三条 定居国外的中国公民要求回国定居的，应当在入境前向中华人民共和国驻外使馆、领馆或者外交部委托的其他驻外机构提出申请，也可以由本人或者经由国内亲属向拟定居地的县级以上地方人民政府侨务部门提出申请。

第十四条 定居国外的中国公民在中国境内办理金融、教育、医疗、交通、电信、社会保险、财产登记等事务需要提供身份证明的，可以凭本人的护照证明其身份。

第三章 外国人入境出境

第一节 签 证

第十五条 外国人入境，应当向驻外签证机关申请办理签证，但是本法另有规定的除外。

第十六条 签证分为外交签证、礼遇签证、公务签证、普通签证。

对因外交、公务事由入境的外国人，签发外交、公务签证；对因身份特殊需要给予礼遇的外国人，签发礼遇签证。外交签证、礼遇签证、公务签证的签发范围和签发办法由外交部规定。

对因工作、学习、探亲、旅游、商务活动、人才引进等非外交、公务事由入境的外国人，签发相应类别的普通签证。普通签证的类别和签发办法由国务院规定。

第十七条 签证的登记项目包括：签证种类，持有人姓名、性别、出生日期、入境次数、入境有效期、停留期限，签发日期、地点，护照或者其他国际旅行证件号码等。

第十八条 外国人申请办理签证，应当向驻外签证机关提交本人的护照或者其他国际旅行证件，以及申请事由的相关材料，按照驻外签证机关的要求办理相关手续、接受面谈。

第十九条 外国人申请办理签证需要提供中国境内的单位或者个人出具的邀请函件的，申请人应当按照驻外签证机关的要求提供。出具邀请函件的单位或者个人应当对邀请内容的真实性负责。

第二十条 出于人道原因需要紧急入境，应邀入境从事紧急商务、工程抢修或者具有其他紧急入境需要并持有有关主管部门同意在口岸申办签证的证明材料的外国人，可以在国务院批准办理口岸签证业务的口岸，向公安部委托的口岸签证机关（以下简称口岸签证机关）申请办理口岸签证。

旅行社按照国家有关规定组织入境旅游的，可以向口岸签证机关申请办理团体旅游签证。

外国人向口岸签证机关申请办理签证，应当提交本人的护照或者其他国际旅行证件，以及申请事由的相关材料，按照口岸签证机关的要求办理相关手续，并从申请签证的口岸入境。

口岸签证机关签发的签证一次入境有效，签证注明的停留期限不得超过三十日。

第二十一条 外国人有下列情形之一的，不予签发签证：

（一）被处驱逐出境或者被决定遣送出境，未满不准入境规定年限的；

（二）患有严重精神障碍、传染性肺结核病或者有可能对公共卫生造成重大危害的其他传染病的；

（三）可能危害中国国家安全和利益、破坏社会公共秩序或者从事其他违法犯罪活动的；

（四）在申请签证过程中弄虚作假或者不能保障在中国境内期间所需费用的；

（五）不能提交签证机关要求提交的相关材料的；

（六）签证机关认为不宜签发签证的其他情形。

对不予签发签证的，签证机关可以不说明理由。

第二十二条 外国人有下列情形之一的，可以免办签证：

（一）根据中国政府与其他国家政府签订的互免签证协议，属于免办签证人员的；

（二）持有效的外国人居留证件的；

（三）持联程客票搭乘国际航行的航空器、船舶、列车从中国过境前往第三国或者地区，在中国境内停留不超过二十四小时且不离开口岸，或者在国务院批准的特定区域内停留不超过规定时限的；

（四）国务院规定的可以免办签证的其他情形。

第二十三条 有下列情形之一的外国人需要临时入境的，应当向出入境边防检查机关申请办理临时入境手续：

（一）外国船员及其随行家属登陆港口所在城市的；

（二）本法第二十二条第三项规定的人员需要离开口岸的；

（三）因不可抗力或者其他紧急原因需要临时入境的。

临时入境的期限不得超过十五日。

对申请办理临时入境手续的外国人，出入境边防检查机关可以要求外国人本人、载运其入境的交通运输工具的负责人或者交通运输工具出境入境业务代理单位提供必要的保证措施。

第二节　入境出境

第二十四条　外国人入境，应当向出入境边防检查机关交验本人的护照或者其他国际旅行证件、签证或者其他入境许可证明，履行规定的手续，经查验准许，方可入境。

第二十五条　外国人有下列情形之一的，不准入境：

（一）未持有效出境入境证件或者拒绝、逃避接受边防检查的；

（二）具有本法第二十一条第一款第一项至第四项规定情形的；

（三）入境后可能从事与签证种类不符的活动的；

（四）法律、行政法规规定不准入境的其他情形。

对不准入境的，出入境边防检查机关可以不说明理由。

第二十六条　对未被准许入境的外国人，出入境边防检查机关应当责令其返回；对拒不返回的，强制其返回。外国人等待返回期间，不得离开限定的区域。

第二十七条　外国人出境，应当向出入境边防检查机关交验本人的护照或者其他国际旅行证件等出境入境证件，履行规定的手续，经查验准许，方可出境。

第二十八条　外国人有下列情形之一的，不准出境：

（一）被判处刑罚尚未执行完毕或者属于刑事案件被告人、犯罪嫌疑人的，但是按照中国与外国签订的有关协议，移管被判刑人的除外；

（二）有未了结的民事案件，人民法院决定不准出境的；

（三）拖欠劳动者的劳动报酬，经国务院有关部门或者省、自治区、直辖市人民政府决定不准出境的；

（四）法律、行政法规规定不准出境的其他情形。

第四章　外国人停留居留

第一节　停留居留

第二十九条　外国人所持签证注明的停留期限不超过一百八十日的，持证人凭签证并按照签证注明的停留期限在中国境内停留。

需要延长签证停留期限的，应当在签证注明的停留期限届满七日前向停留地县级以上地方人民政府公安机关出入境管理机构申请，按照要求提交申请事由的相关材料。经审查，延期理由合理、充分的，准予延长停留期限；不予延长停留期限的，应当按期离境。

延长签证停留期限，累计不得超过签证原注明的停留期限。

第三十条　外国人所持签证注明入境后需要办理居留证件的，应当自入境之日起三十日内，向拟居留地县级以上地方人民政府公安机关出入境管理机构申请办理外国人居留证件。

申请办理外国人居留证件，应当提交本人的护照或者其他国际旅行证件，以及申请事由的相关材料，并留存指纹等人体生物识别信息。公安机关出入境管理机构应当自收到申请材料之日起十五日内进行审查并作出审查决定，根据居留事由签发相应类别和期限的外国人居留证件。

外国人工作类居留证件的有效期最短为九十日，最长为五年；非工作类居留证件的有效期最短为一百八十日，最长为五年。

第三十一条　外国人有下列情形之一的，不予签发外国人居留证件：

（一）所持签证类别属于不应办理外国人居留证件的；

（二）在申请过程中弄虚作假的；

（三）不能按照规定提供相关证明材料的；

（四）违反中国有关法律、行政法规，不适合在中国境内居留的；

（五）签发机关认为不宜签发外国人居留证件的其他情形。

符合国家规定的专门人才、投资者或者出于人道等原因确需由停留变更为居留的外国人，经设区的市级以上地方人民政府公安机关出入境管理机构批准可以办理外国人居留证件。

第三十二条 在中国境内居留的外国人申请延长居留期限的，应当在居留证件有效期限届满三十日前向居留地县级以上地方人民政府公安机关出入境管理机构提出申请，按照要求提交申请事由的相关材料。经审查，延期理由合理、充分的，准予延长居留期限；不予延长居留期限的，应当按期离境。

第三十三条 外国人居留证件的登记项目包括：持有人姓名、性别、出生日期、居留事由、居留期限，签发日期、地点，护照或者其他国际旅行证件号码等。

外国人居留证件登记事项发生变更的，持证件人应当自登记事项发生变更之日起十日内向居留地县级以上地方人民政府公安机关出入境管理机构申请办理变更。

第三十四条 免办签证入境的外国人需要超过免签期限在中国境内停留的，外国船员及其随行家属在中国境内停留需要离开港口所在城市，或者具有需要办理外国人停留证件其他情形的，应当按照规定办理外国人停留证件。

外国人停留证件的有效期最长为一百八十日。

第三十五条 外国人入境后，所持的普通签证、停留居留证件损毁、遗失、被盗抢或者有符合国家规定的事由需要换发、补发的，应当按照规定向停留居留地县级以上地方人民政府公安机关出入境管理机构提出申请。

第三十六条 公安机关出入境管理机构作出的不予办理普通签证延期、换发、补发，不予办理外国人停留居留证件、不予延长居留期限的决定为最终决定。

第三十七条 外国人在中国境内停留居留，不得从事与停留居留事由不相符的活动，并应当在规定的停留居留期限届满前离境。

第三十八条 年满十六周岁的外国人在中国境内停留居留，应当随身携带本人的护照或者其他国际旅行证件，或者外国人停留居留证件，接受公安机关的查验。

在中国境内居留的外国人，应当在规定的时间内到居留地县级以上地方人民政府公安机关交验外国人居留证件。

第三十九条 外国人在中国境内旅馆住宿的，旅馆应当按照旅馆业治安管理的有关规定为其办理住宿登记，并向所在地公安机关报送外国人住宿登记信息。

外国人在旅馆以外的其他住所居住或者住宿的，应当在入住后二十四小时内由本人或者留宿人，向居住地的公安机关办理登记。

第四十条 在中国境内出生的外国婴儿，其父母或者代理人应当在婴儿出生六十日内，持该婴儿的出生证明到父母停留居留地县级以上地方人民政府公安机关出入境管理机构为其办理停留或者居留登记。

外国人在中国境内死亡的，其家属、监护人或者代理人，应当按照规定，持该外国人的死亡证明向县级以上地方人民政府公安机关出入境管理机构申报，注销外国人停留居留证件。

第四十一条 外国人在中国境内工作，应当按照规定取得工作许可和工作类居留证件。任何单位和个人不得聘用未取得工作许可和工作类居留证件的外国人。

外国人在中国境内工作管理办法由国务院规定。

第四十二条 国务院人力资源社会保障主管部门、外国专家主管部门会同国务院有关部门根据经济社会发展需要和人力资源供求状况制定并定期调整外国人在中国境内工作指导目录。

国务院教育主管部门会同国务院有关部门建立外国留学生勤工助学管理制度，对外国留学生勤工助学的岗位范围和时限作出规定。

第四十三条 外国人有下列行为之一的，属于非法就业：

（一）未按照规定取得工作许可和工作类居留证件在中国境内工作的；

（二）超出工作许可限定范围在中国境内工作的；

（三）外国留学生违反勤工助学管理规定，超出规定的岗位范围或者时限在中国境内工作的。

第四十四条 根据维护国家安全、公共安全的需要，公安机关、国家安全机关可以限制外国人、外国机构在某些地区设立居住或者办公场所；对已经设立的，可以限期迁离。

未经批准，外国人不得进入限制外国人进入的区域。

第四十五条 聘用外国人工作或者招收外国留学生的单位，应当按照规定向所在地公安机关报告有关信息。

公民、法人或者其他组织发现外国人有非法入境、非法居留、非法就业情形的，应当及时向所在地公安机关报告。

第四十六条 申请难民地位的外国人，在难民地位甄别期间，可以凭公安机关签发的临时身份证明在中国境内停留；被认定为难民的外国人，可以凭公安机关签发的难民身份证件在中国境内停留居留。

第二节 永久居留

第四十七条 对中国经济社会发展作出突出贡献或者符合其他在中国境内永久居留条件的外国人，经本人申请和公安部批准，取得永久居留资格。

外国人在中国境内永久居留的审批管理办法由公安部、外交部会同国务院有关部门规定。

第四十八条 取得永久居留资格的外国人，凭永久居留证件在中国境内居留和工作，凭本人的护照和永久居留证件出境入境。

第四十九条 外国人有下列情形之一的，由公安部决定取消其在中国境内永久居留资格：

（一）对中国国家安全和利益造成危害的；

（二）被处驱逐出境的；

（三）弄虚作假骗取在中国境内永久居留资格的；

（四）在中国境内居留未达到规定时限的；

（五）不适宜在中国境内永久居留的其他情形。

第五章 交通运输工具出境入境边防检查

第五十条 出境入境交通运输工具离开、抵达口岸时，应当接受边防检查。对交通运输工具的入境边防检查，在其最先抵达的口岸进行；对交通运输工具的出境边防检查，在其最后离开的口岸进行。特殊情况下，可以在有关主管机关指定的地点进行。

出境的交通运输工具自出境检查后至出境前，入境的交通运输工具自入境后至入境检查前，未经出入境边防检查机关按照规定程序许可，不得上下人员、装卸货物或者物品。

第五十一条 交通运输工具负责人或者交通运输工具出境入境业务代理单位应当按照规定提前向出入境边防检查机关报告入境、出境的交通运输工具抵达、离开口岸的时间和停留地点，如实申报员工、旅客、货物或者物品等信息。

第五十二条 交通运输工具负责人、交通运输工具出境入境业务代理单位应当配合出境入境边防检查，发现违反本法规定行为的，应当立即报告并协助调查处理。

入境交通运输工具载运不准入境人员的，交通运输工具负责人应当负责载离。

第五十三条 出入境边防检查机关按照规定对处于下列情形之一的出境入境交通运输工具进行监护：

（一）出境的交通运输工具在出境边防检查开始后至出境前、入境的交通运输工具在入境后至入境边防检查完成前；

（二）外国船舶在中国内河航行期间；

（三）有必要进行监护的其他情形。

第五十四条 因装卸物品、维修作业、参观访问等事由需要上下外国船舶的人员，应当向出入境边防检查机关申请办理登轮证件。

中国船舶与外国船舶或者外国船舶之间需要搭靠作业的，应当由船长或者交通运输工具出境入境业务代理单位向出入境边防检查机关申请办理船舶搭靠手续。

第五十五条 外国船舶、航空器在中国境内应当按照规定的路线、航线行驶。

出境入境的船舶、航空器不得驶入对外开放口岸以外地区。因不可预见的紧急情况或者不可抗力驶入的，应当立即向就近的出入境边防检查机关或者当地公安机关报告，并接受监护和管理。

第五十六条 交通运输工具有下列情形之一的，不准出境入境；已经驶离口岸的，可以责令返回：

（一）离开、抵达口岸时，未经查验准许擅自出境入境的；

（二）未经批准擅自改变出境入境口岸的；

（三）涉嫌载有不准出境入境人员，需要查验核实的；

（四）涉嫌载有危害国家安全、利益和社会公共秩序的物品，需要查验核实的；

（五）拒绝接受出入境边防检查机关管理的其他情形。

前款所列情形消失后，出入境边防检查机关对有关交通运输工具应当立即放行。

第五十七条 从事交通运输工具出境入境业务代理的单位，应当向出入境边防检查机关备案。从事业务代理的人员，由所在单位向出入境边防检查机关办理备案手续。

第六章　调查和遣返

第五十八条　本章规定的当场盘问、继续盘问、拘留审查、限制活动范围、遣送出境措施，由县级以上地方人民政府公安机关或者出入境边防检查机关实施。

第五十九条　对涉嫌违反出境入境管理的人员，可以当场盘问；经当场盘问，有下列情形之一的，可以依法继续盘问：

（一）有非法出境入境嫌疑的；

（二）有协助他人非法出境入境嫌疑的；

（三）外国人有非法居留、非法就业嫌疑的；

（四）有危害国家安全和利益，破坏社会公共秩序或者从事其他违法犯罪活动嫌疑的。

当场盘问和继续盘问应当依据《中华人民共和国人民警察法》规定的程序进行。

县级以上地方人民政府公安机关或者出入境边防检查机关需要传唤涉嫌违反出境入境管理的人员的，依照《中华人民共和国治安管理处罚法》的有关规定执行。

第六十条　外国人有本法第五十九条第一款规定情形之一的，经当场盘问或者继续盘问后仍不能排除嫌疑，需要作进一步调查的，可以拘留审查。

实施拘留审查，应当出示拘留审查决定书，并在二十四小时内进行询问。发现不应当拘留审查的，应当立即解除拘留审查。

拘留审查的期限不得超过三十日；案情复杂的，经上一级地方人民政府公安机关或者出入境边防检查机关批准可以延长至六十日。对国籍、身份不明的外国人，拘留审查期限自查清其国籍、身份之日起计算。

第六十一条　外国人有下列情形之一的，不适用拘留审查，可以限制其活动范围：

（一）患有严重疾病的；

（二）怀孕或者哺乳自己不满一周岁婴儿的；

（三）未满十六周岁或者已满七十周岁的；

（四）不宜适用拘留审查的其他情形。

被限制活动范围的外国人，应当按照要求接受审查，未经公安机关批准，不得离开限定的区域。限制活动范围的期限不得超过六十日。对国籍、身份不明的外国人，限制活动范围期限自查清其国籍、身份之日起计算。

第六十二条 外国人有下列情形之一的，可以遣送出境：

（一）被处限期出境，未在规定期限内离境的；

（二）有不准入境情形的；

（三）非法居留、非法就业的；

（四）违反本法或者其他法律、行政法规需要遣送出境的。

其他境外人员有前款所列情形之一的，可以依法遣送出境。

被遣送出境的人员，自被遣送出境之日起一至五年内不准入境。

第六十三条 被拘留审查或者被决定遣送出境但不能立即执行的人员，应当羁押在拘留所或者遣返场所。

第六十四条 外国人对依照本法规定对其实施的继续盘问、拘留审查、限制活动范围、遣送出境措施不服的，可以依法申请行政复议，该行政复议决定为最终决定。

其他境外人员对依照本法规定对其实施的遣送出境措施不服，申请行政复议的，适用前款规定。

第六十五条 对依法决定不准出境或者不准入境的人员，决定机关应当按照规定及时通知出入境边防检查机关；不准出境、入境情形消失的，决定机关应当及时撤销不准出境、入境决定，并通知出入境边防检查机关。

第六十六条 根据维护国家安全和出境入境管理秩序的需要，必要时，出入境边防检查机关可以对出境入境的人员进行人身检查。人身检查应当由两名与受检查人同性别的边防检查人员进行。

第六十七条 签证、外国人停留居留证件等出境入境证件发生损毁、遗失、被盗抢或者签发后发现持证人不符合签发条件等情形的，由签发机关宣布该出境入境证件作废。

伪造、变造、骗取或者被证件签发机关宣布作废的出境入境证件无效。

公安机关可以对前款规定的或被他人冒用的出境入境证件予以注销或者收缴。

第六十八条 对用于组织、运送、协助他人非法出境入境的交通运输工具，以及需要作为办案证据的物品，公安机关可以扣押。

对查获的违禁物品、涉及国家秘密的文件、资料以及用于实施违反出境入境管理活动的工具等，公安机关应当予以扣押，并依照相关法律、行政法规规定处理。

第六十九条 出境入境证件的真伪由签发机关、出入境边防检查机关或者公安机关出入境管理机构认定。

第七章　法律责任

第七十条 本章规定的行政处罚，除本章另有规定外，由县级以上地方人民政府公安机关或者出入境边防检查机关决定；其中警告或者五千元以下罚款，可以由县级以上地方人民政府公安机关出入境管理机构决定。

第七十一条 有下列行为之一的，处一千元以上五千元以下罚款；情节严重的，处五日以上十日以下拘留，可以并处二千元以上一万元以下罚款：

（一）持用伪造、变造、骗取的出境入境证件出境入境的；

（二）冒用他人出境入境证件出境入境的；

（三）逃避出境入境边防检查的；

（四）以其他方式非法出境入境的。

第七十二条 协助他人非法出境入境的，处二千元以上一万元以下罚款；情节严重的，处十日以上十五日以下拘留，并处五千元以上二万元以下罚款，有违法所得的，没收违法所得。

单位有前款行为的，处一万元以上五万元以下罚款，有违法所得的，没收违法所得，并对其直接负责的主管人员和其他直接责任人员依照前款规定予以处罚。

第七十三条 弄虚作假骗取签证、停留居留证件等出境入境证件的，处二千元以上五千元以下罚款；情节严重的，处十日以上十五日以下拘留，并处五千元以上二万元以下罚款。

单位有前款行为的，处一万元以上五万元以下罚款，并对其直接负责的主管人员和其他直接责任人员依照前款规定予以处罚。

第七十四条 违反本法规定，为外国人出具邀请函件或者其他申请材料的，处五千元以上一万元以下罚款，有违法所得的，没收违法所得，并责令其承担所邀请外国人的出境费用。

单位有前款行为的，处一万元以上五万元以下罚款，有违法所得的，没收违法所得，并责令其承担所邀请外国人的出境费用，对其直接负责的主管人员和其他直接责任人员依照前款规定予以处罚。

第七十五条 中国公民出境后非法前往其他国家或者地区被遣返的，出入境边防检查机关应当收缴其出境入境证件，出境入境证件签发机关自其被遣返之日起六个月至三年以内不予签发出境入境证件。

第七十六条 有下列情形之一的，给予警告，可以并处二千元以下罚款：

（一）外国人拒不接受公安机关查验其出境入境证件的；

（二）外国人拒不交验居留证件的；

（三）未按照规定办理外国人出生登记、死亡申报的；

（四）外国人居留证件登记事项发生变更，未按照规定办理变更的；

（五）在中国境内的外国人冒用他人出境入境证件的；

（六）未按照本法第三十九条第二款规定办理登记的。

旅馆未按照规定办理外国人住宿登记的，依照《中华人民共和国治安管理处罚法》的有关规定予以处罚；未按照规定向公安机关报送外国人住宿登记信息的，给予警告；情节严重的，处一千元以上五千元以下罚款。

第七十七条　外国人未经批准，擅自进入限制外国人进入的区域，责令立即离开；情节严重的，处五日以上十日以下拘留。对外国人非法获取的文字记录、音像资料、电子数据和其他物品，予以收缴或者销毁，所用工具予以收缴。

外国人、外国机构违反本法规定，拒不执行公安机关、国家安全机关限期迁离决定的，给予警告并强制迁离；情节严重的，对有关责任人员处五日以上十五日以下拘留。

第七十八条　外国人非法居留的，给予警告；情节严重的，处每非法居留一日五百元，总额不超过一万元的罚款或者五日以上十五日以下拘留。

因监护人或者其他负有监护责任的人未尽到监护义务，致使未满十六周岁的外国人非法居留的，对监护人或者其他负有监护责任的人给予警告，可以并处一千元以下罚款。

第七十九条　容留、藏匿非法入境、非法居留的外国人，协助非法入境、非法居留的外国人逃避检查，或者为非法居留的外国人违法提供出境入境证件的，处二千元以上一万元以下罚款；情节严重的，处五日以上十五日以下拘留，并处五千元以上二万元以下罚款，有违法所得的，没收违法所得。

单位有前款行为的，处一万元以上五万元以下罚款，有违法所得的，没收违法所得，并对其直接负责的主管人员和其他直接责任人员依照前款规定予以处罚。

第八十条　外国人非法就业的，处五千元以上二万元以下罚款；情节严重的，处五日以上十五日以下拘留，并处五千元以上二万元以下罚款。

介绍外国人非法就业的，对个人处每非法介绍一人五千元，总额不超过五万元的罚款；对单位处每非法介绍一人五千元，总额不超过十万元的罚款；有违法所得的，没收违法所得。

非法聘用外国人的，处每非法聘用一人一万元，总额不超过十万元的罚款；有违法所得的，没收违法所得。

第八十一条 外国人从事与停留居留事由不相符的活动，或者有其他违反中国法律、法规规定，不适宜在中国境内继续停留居留情形的，可以处限期出境。

外国人违反本法规定，情节严重，尚不构成犯罪的，公安部可以处驱逐出境。公安部的处罚决定为最终决定。

被驱逐出境的外国人，自被驱逐出境之日起十年内不准入境。

第八十二条 有下列情形之一的，给予警告，可以并处二千元以下罚款：

（一）扰乱口岸限定区域管理秩序的；

（二）外国船员及其随行家属未办理临时入境手续登陆的；

（三）未办理登轮证件上下外国船舶的。

违反前款第一项规定，情节严重的，可以并处五日以上十日以下拘留。

第八十三条 交通运输工具有下列情形之一的，对其负责人处五千元以上五万元以下罚款：

（一）未经查验准许擅自出境入境或者未经批准擅自改变出境入境口岸的；

（二）未按照规定如实申报员工、旅客、货物或者物品等信息，或者拒绝协助出境入境边防检查的；

（三）违反出境入境边防检查规定上下人员、装卸货物或者物品的。

出境入境交通运输工具载运不准出境入境人员出境入境的，处每载运一人五千元以上一万元以下罚款。交通运输工具负责人证明其已经采取合理预防措施的，可以减轻或者免予处罚。

第八十四条 交通运输工具有下列情形之一的，对其负责人处二千元以上二万元以下罚款：

（一）中国或者外国船舶未经批准擅自搭靠外国船舶的；

（二）外国船舶、航空器在中国境内未按照规定的路线、航线行驶的；

（三）出境入境的船舶、航空器违反规定驶入对外开放口岸以外地区的。

第八十五条 履行出境入境管理职责的工作人员，有下列行为之一的，依法给予处分：

（一）违反法律、行政法规，为不符合规定条件的外国人签发签证、外国人停留居留证件等出境入境证件的；

（二）违反法律、行政法规，审核验放不符合规定条件的人员或者交通运输工具出境入境的；

（三）泄露在出境入境管理工作中知悉的个人信息，侵害当事人合法权益的；

（四）不按照规定将依法收取的费用、收缴的罚款及没收的违法所得、非法财物上缴国库的；

（五）私分、侵占、挪用罚没、扣押的款物或者收取的费用的；

（六）滥用职权、玩忽职守、徇私舞弊，不依法履行法定职责的其他行为。

第八十六条 对违反出境入境管理行为处五百元以下罚款的，出入境边防检查机关可以当场作出处罚决定。

第八十七条 对违反出境入境管理行为处罚款的，被处罚人应当自收到处罚决定书之日起十五日内，到指定的银行缴纳罚款。被处罚人在所在地没有固定住所，不当场收缴罚款事后难以执行或者在口岸向指定银行缴纳罚款确有困难的，可以当场收缴。

第八十八条 违反本法规定，构成犯罪的，依法追究刑事责任。

第八章 附 则

第八十九条 本法下列用语的含义：

出境，是指由中国内地前往其他国家或者地区，由中国内地前往香港特别行政区、澳门特别行政区，由中国大陆前往台湾地区。

入境，是指由其他国家或者地区进入中国内地，由香港特别行政区、澳门特别行政区进入中国内地，由台湾地区进入中国大陆。

外国人，是指不具有中国国籍的人。

第九十条 经国务院批准，同毗邻国家接壤的省、自治区可以根据中国与有关国家签订的边界管理协定制定地方性法规、地方政府规章，对两国边境接壤地区的居民往来作出规定。

第九十一条 外国驻中国的外交代表机构、领事机构成员以及享有特权和豁免的其他外国人，其入境出境及停留居留管理，其他法律另有规定的，依照其规定。

第九十二条 外国人申请办理签证、外国人停留居留证件等出境入境证件或者申请办理证件延期、变更的，应当按照规定缴纳签证费、证件费。

第九十三条 本法自 2013 年 7 月 1 日起施行。《中华人民共和国外国人入境出境管理法》和《中华人民共和国公民出境入境管理法》同时废止。

中华人民共和国教育法（节录）

（1995 年 3 月 18 日第八届全国人民代表大会第三次会议通过 根据 2009 年 8 月 27 日第十一届全国人民代表大会常务委员会第十次会议《关于修改部分法律的决定》第一次修正 根据 2015 年 12 月 27 日第十二届全国人民代表大会常务委员会第十八次会议《关于修改〈中华人民共和国教育法〉的决定》第二次修正）

第一条 为了发展教育事业，提高全民族的素质，促进社会主义物质文明和精神文明建设，根据宪法，制定本法。

第九条 中华人民共和国公民有受教育的权利和义务。

公民不分民族、种族、性别、职业、财产状况、宗教信仰等，依法享有平等的受教育机会。

第十九条 国家实行九年制义务教育制度。

各级人民政府采取各种措施保障适龄儿童、少年就学。

适龄儿童、少年的父母或者其他监护人以及有关社会组织和个人有义务使适龄儿童、少年接受并完成规定年限的义务教育。

第二十条 国家实行职业教育制度和继续教育制度。

各级人民政府、有关行政部门和行业组织以及企业事业组织应当采取措施，发展并保障公民接受职业学校教育或者各种形式的职业培训。

国家鼓励发展多种形式的继续教育，使公民接受适当形式的政治、经济、文化、科学、技术、业务等方面的教育，促进不同类型学习成果的互认和衔接，推动全民终身学习。

第二十一条 国家实行国家教育考试制度。

国家教育考试由国务院教育行政部门确定种类，并由国家批准的实施教育考试的机构承办。

第二十二条 国家实行学业证书制度。

经国家批准设立或者认可的学校及其他教育机构按照国家有关规定，颁发学历证书或者其他学业证书。

第二十三条 国家实行学位制度。

学位授予单位依法对达到一定学术水平或者专业技术水平的人员授予相应的学位，颁发学位证书。

第二十四条 各级人民政府、基层群众性自治组织和企业事业组织应当采取各种措施，开展扫除文盲的教育工作。

按照国家规定具有接受扫除文盲教育能力的公民，应当接受扫除文盲的教育。

第三十七条 受教育者在入学、升学、就业等方面依法享有平等权利。

学校和有关行政部门应当按照国家有关规定，保障女子在入学、升学、就业、授予学位、派出留学等方面享有同男子平等的权利。

第三十八条 国家、社会对符合入学条件、家庭经济困难的儿童、少年、青年，提供各种形式的资助。

第三十九条 国家、社会、学校及其他教育机构应当根据残疾人身心特性和需要实施教育，并为其提供帮助和便利。

第四十条 国家、社会、家庭、学校及其他教育机构应当为有违法犯罪行为的未成年人接受教育创造条件。

第五十条 未成年人的父母或者其他监护人应当为其未成年子女或者其他被监护人受教育提供必要条件。

未成年人的父母或者其他监护人应当配合学校及其他教育机构，对其未成年子女或者其他被监护人进行教育。

学校、教师可以对学生家长提供家庭教育指导。

第五十二条 国家、社会建立和发展对未成年人进行校外教育的设施。

学校及其他教育机构应当同基层群众性自治组织、企业事业组织、社会团体相互配合，加强对未成年人的校外教育工作。

第七十二条　结伙斗殴、寻衅滋事，扰乱学校及其他教育机构教育教学秩序或者破坏校舍、场地及其他财产的，由公安机关给予治安管理处罚；构成犯罪的，依法追究刑事责任。

侵占学校及其他教育机构的校舍、场地及其他财产的，依法承担民事责任。

第七十三条　明知校舍或者教育教学设施有危险，而不采取措施，造成人员伤亡或者重大财产损失的，对直接负责的主管人员和其他直接责任人员，依法追究刑事责任。

第七十七条　在招收学生工作中徇私舞弊的，由教育行政部门或者其他有关行政部门责令退回招收的人员；对直接负责的主管人员和其他直接责任人员，依法给予处分；构成犯罪的，依法追究刑事责任。

中华人民共和国预防未成年人犯罪法

（1999年6月28日第九届全国人民代表大会常务委员会第十次会议通过 根据2012年10月26日第十一届全国人民代表大会常务委员会第二十九次会议《关于修改〈中华人民共和国预防未成年人犯罪法〉的决定》修正 主席令第66号）

第一章 总 则

第一条 为了保障未成年人身心健康，培养未成年人良好品行，有效地预防未成年人犯罪，制定本法。

第二条 预防未成年人犯罪，立足于教育和保护，从小抓起，对未成年人的不良行为及时进行预防和矫治。

第三条 预防未成年人犯罪，在各级人民政府组织领导下，实行综合治理。

政府有关部门、司法机关、人民团体、有关社会团体、学校、家庭、城市居民委员会、农村村民委员会等各方面共同参与，各负其责，做好预防未成年人犯罪工作，为未成年人身心健康发展创造良好的社会环境。

第四条 各级人民政府在预防未成年人犯罪方面的职责是：

（一）制定预防未成年人犯罪工作的规划；

（二）组织、协调公安、教育、文化、新闻出版、广播电影电视、工商、民政、司法行政等政府有关部门和其他社会组织进行预防未成年人犯罪工作；

（三）对本法实施的情况和工作规划的执行情况进行检查；

（四）总结、推广预防未成年人犯罪工作的经验，树立、表彰先进典型。

第五条 预防未成年人犯罪，应当结合未成年人不同年龄的生理、心理特点，加强青春期教育、心理矫治和预防犯罪对策的研究。

第二章 预防未成年人犯罪的教育

第六条 对未成年人应当加强思想、道德、法制和爱国主义、集体主义、社会主义教育。对于达到义务教育年龄的未成年人，在进行上述教育的同时，应当进行预防犯罪的教育。

预防未成年人犯罪的教育的目的，是增强未成年人的法制观念，使未成年人懂得违法和犯罪行为对个人、家庭、社会造成的危害，违法和犯罪行为应当承担的法律责任，树立遵纪守法和防范违法犯罪的意识。

第七条 教育行政部门、学校应当将预防犯罪的教育作为法制教育的内容纳入学校教育教学计划，结合常见多发的未成年人犯罪，对不同年龄的未成年人进行有针对性的预防犯罪教育。

第八条 司法行政部门、教育行政部门、共产主义青年团、少年先锋队应当结合实际，组织、举办展览会、报告会、演讲会等多种形式的预防未成年人犯罪的法制宣传活动。

学校应当结合实际举办以预防未成年人犯罪的教育为主要内容的活动。教育行政部门应当将预防未成年人犯罪教育的工作效果作为考核学校工作的一项重要内容。

第九条 学校应当聘任从事法制教育的专职或者兼职教师。学校根据条件可以聘请校外法律辅导员。

第十条 未成年人的父母或者其他监护人对未成年人的法制教育负有直接责任。学校在对学生进行预防犯罪教育时，应当将教育计划告知未成年人的父母或者其他监护人，未成年人的父母或者其他监护人应当结合学校的计划，针对具体情况进行教育。

第十一条 少年宫、青少年活动中心等校外活动场所应当把预防未成年人犯罪的教育作为一项重要的工作内容，开展多种形式的宣传教育活动。

第十二条　对于已满十六周岁不满十八周岁准备就业的未成年人，职业教育培训机构、用人单位应当将法律知识和预防犯罪教育纳入职业培训的内容。

第十三条　城市居民委员会、农村村民委员会应当积极开展有针对性的预防未成年人犯罪的法制宣传活动。

第三章　对未成年人不良行为的预防

第十四条　未成年人的父母或者其他监护人和学校应当教育未成年人不得有下列不良行为：

（一）旷课、夜不归宿；

（二）携带管制刀具；

（三）打架斗殴、辱骂他人；

（四）强行向他人索要财物；

（五）偷窃、故意毁坏财物；

（六）参与赌博或者变相赌博；

（七）观看、收听色情、淫秽的音像制品、读物等；

（八）进入法律、法规规定未成年人不适宜进入的营业性歌舞厅等场所；

（九）其他严重违背社会公德的不良行为。

第十五条　未成年人的父母或者其他监护人和学校应当教育未成年人不得吸烟、酗酒。任何经营场所不得向未成年人出售烟酒。

第十六条　中小学生旷课的，学校应当及时与其父母或者其他监护人取得联系。

未成年人擅自外出夜不归宿的，其父母或者其他监护人、其所在的寄宿制学校应当及时查找，或者向公安机关请求帮助。收留夜不归宿的未成年人的，应当征得其父母或者其他监护人的同意，或者在二十四小时内及时通知其父母或者其他监护人、所在学校或者及时向公安机关报告。

第十七条 未成年人的父母或者其他监护人和学校发现未成年人组织或者参加实施不良行为的团伙的，应当及时予以制止。发现该团伙有违法犯罪行为的，应当向公安机关报告。

第十八条 未成年人的父母或者其他监护人和学校发现有人教唆、胁迫、引诱未成年人违法犯罪的，应当向公安机关报告。公安机关接到报告后，应当及时依法查处，对未成年人人身安全受到威胁的，应当及时采取有效措施，保护其人身安全。

第十九条 未成年人的父母或者其他监护人，不得让不满十六周岁的未成年人脱离监护单独居住。

第二十条 未成年人的父母或者其他监护人对未成年人不得放任不管，不得迫使其离家出走，放弃监护职责。

未成年人离家出走的，其父母或者其他监护人应当及时查找，或者向公安机关请求帮助。

第二十一条 未成年人的父母离异的，离异双方对子女都有教育的义务，任何一方都不得因离异而不履行教育子女的义务。

第二十二条 继父母、养父母对受其抚养教育的未成年继子女、养子女、应当履行本法规定的父母对未成年子女在预防犯罪方面的职责。

第二十三条 学校对有不良行为的未成年人应当加强教育、管理，不得歧视。

第二十四条 教育行政部门、学校应当举办各种形式的讲座、座谈、培训等活动，针对未成年人不同时期的生理、心理特点，介绍良好有效的教育方法，指导教师、未成年人的父母和其他监护人有效地防止、矫治未成年人的不良行为。

第二十五条 对于教唆、胁迫、引诱未成年人实施不良行为或者品行不良，影响恶劣，不适宜在学校工作的教职员工，教育行政部门、学校应当予以解聘或者辞退；构成犯罪的，依法追究刑事责任。

第二十六条　禁止在中小学校附近开办营业性歌舞厅、营业性电子游戏场所以及其他未成年人不适宜进入的场所。禁止开办上述场所的具体范围由省、自治区、直辖市人民政府规定。

对本法施行前已在中小学校附近开办上述场所的，应当限期迁移或者停业。

第二十七条　公安机关应当加强中小学校周围环境的治安管理，及时制止、处理中小学校周围发生的违法犯罪行为。城市居民委员会、农村村民委员会应当协助公安机关做好维护中小学校周围治安的工作。

第二十八条　公安派出所、城市居民委员会、农村村民委员会应当掌握本辖区内暂住人口中未成年人的就学、就业情况。对于暂住人口中未成年人实施不良行为的，应当督促其父母或者其他监护人进行有效的教育、制止。

第二十九条　任何人不得教唆、胁迫、引诱未成年人实施本法规定的不良行为，或者为未成年人实施不良行为提供条件。

第三十条　以未成年人为对象的出版物，不得含有诱发未成年人违法犯罪的内容，不得含有渲染暴力、色情、赌博、恐怖活动等危害未成年人身心健康的内容。

第三十一条　任何单位和个人不得向未成年人出售、出租含有诱发未成年人违法犯罪以及渲染暴力、色情、赌博、恐怖活动等危害未成年人身心健康内容的读物、音像制品或者电子出版物。

任何单位和个人不得利用通讯、计算机网络等方式提供前款规定的危害未成年人身心健康的内容及其信息。

第三十二条　广播、电影、电视、戏剧节目，不得有渲染暴力、色情、赌博、恐怖活动等危害未成年人身心健康的内容。

广播电影电视行政部门、文化行政部门必须加强对广播、电影、电视、戏剧节目以及各类演播场所的管理。

第三十三条　营业性歌舞厅以及其他未成年人不适宜进入的场所、应当设置明显的未成年人禁止进入标志，不得允许未成年人进入。

营业性电子游戏场所在国家法定节假日外，不得允许未成年人进入，并应当设置明显的未成年人禁止进入标志。

对于难以判明是否已成年的，上述场所的工作人员可以要求其出示身份证件。

第四章　对未成年人严重不良行为的矫治

第三十四条　本法所称"严重不良行为"，是指下列严重危害社会，尚不够刑事处罚的违法行为：

（一）纠集他人结伙滋事，扰乱治安；

（二）携带管制刀具，屡教不改；

（三）多次拦截殴打他人或者强行索要他人财物；

（四）传播淫秽的读物或者音像制品等；

（五）进行淫乱或者色情、卖淫活动；

（六）多次偷窃；

（七）参与赌博，屡教不改；

（八）吸食、注射毒品；

（九）其他严重危害社会的行为。

第三十五条　对未成年人实施本法规定的严重不良行为的，应当及时予以制止。

对有本法规定严重不良行为的未成年人，其父母或者其他监护人和学校应当相互配合，采取措施严加管教，也可以送工读学校进行矫治和接受教育。

对未成年人送工读学校进行矫治和接受教育，应当由其父母或者其他监护人，或者原所在学校提出申请，经教育行政部门批准。

第三十六条　工读学校对就读的未成年人应当严格管理和教育。工读学校除按照义务教育法的要求，在课程设置上与普通学校相同外，应当加强法制教育的内容，针对未成年人严重不良行为产生的原因以及有严重不良行为的未成年人的心理特点，开展矫治工作。

家庭、学校应当关心、爱护在工读学校就读的未成年人，尊重他们的人格尊严，不得体罚、虐待和歧视。工读学校毕业的未成年人在升学、就业等方面，同普通学校毕业的学生享有同等的权利，任何单位和个人不得歧视。

第三十七条 未成年人有本法规定严重不良行为，构成违反治安管理行为的，由公安机关依法予以治安处罚。因不满十四周岁或者情节特别轻微免予处罚的，可以予以训诫。

第三十八条 未成年人因不满十六周岁不予刑事处罚的，责令他的父母或者其他监护人严加管教；在必要的时候，也可以由政府依法收容教养。

第三十九条 未成年人在被收容教养期间，执行机关应当保证其继续接受文化知识、法律知识或者职业技术教育；对没有完成义务教育的未成年人，执行机关应当保证其继续接受义务教育。

解除收容教养、劳动教养的未成年人，在复学、升学、就业等方面与其他未成年人享有同等权利，任何单位和个人不得歧视。

第五章　未成年人对犯罪的自我防范

第四十条 未成年人应当遵守法律、法规及社会公共道德规范，树立自尊、自律、自强意识，增强辨别是非和自我保护的能力，自觉抵制各种不良行为及违法犯罪行为的引诱和侵害。

第四十一条 被父母或者其他监护人遗弃、虐待的未成年人，有权向公安机关、民政部门、共产主义青年团、妇女联合会、未成年人保护组织或者学校、城市居民委员会、农村村民委员会请求保护。被请求的上述部门和组织都应当接受，根据情况需要采取救助措施的，应当先采取救助措施。

第四十二条 未成年人发现任何人对自己或者对其他未成年人实施本法第三章规定不得实施的行为或者犯罪行为，可以通过所在学校、其父母或者其他监护人向公安机关或者政府有关主管部门报告，也可以自己向上述机关报告。受理报告的机关应当及时依法查处。

第四十三条 对同犯罪行为作斗争以及举报犯罪行为的未成年人，司法机关、学校、社会应当加强保护，保障其不受打击报复。

第六章 对未成年人重新犯罪的预防

第四十四条 对犯罪的未成年人追究刑事责任，实行教育、感化、挽救方针，坚持教育为主、惩罚为辅的原则。

司法机关办理未成年人犯罪案件，应当保障未成年人行使其诉讼权利，保障未成年人得到法律帮助，并根据未成年人的生理、心理特点和犯罪的情况，有针对性地进行法制教育。

对于被采取刑事强制措施的未成年学生，在人民法院的判决生效以前，不得取消其学籍。

第四十五条 人民法院审判未成年人犯罪的刑事案件，应当由熟悉未成年人身心特点的审判员或者审判员和人民陪审员依法组成少年法庭进行。

对于审判的时候被告人不满十八周岁的刑事案件，不公开审理。

对未成年人犯罪案件，新闻报道、影视节目、公开出版物不得披露该未成年人的姓名、住所、照片及可能推断出该未成年人的资料。

第四十六条 对被拘留、逮捕和执行刑罚的未成年人与成年人应当分别关押、分别管理、分别教育。未成年犯在被执行刑罚期间，执行机关应当加强对未成年犯的法制教育，对未成年犯进行职业技术教育。对没有完成义务教育的未成年犯，执行机关应当保证其继续接受义务教育。

第四十七条 未成年人的父母或者其他监护人和学校、城市居民委员会、农村村民委员会、对因不满十六周岁而不予刑事处罚、免予刑事处罚的未成年人，或者被判处非监禁刑罚、被判处刑罚宣告缓刑、被假释的未成年人，应当采取有效的帮教措施，协助司法机关做好对未成年人的教育、挽救工作。

城市居民委员会、农村村民委员会可以聘请思想品德优秀，作风正派，热心未成年人教育工作的离退休人员或者其他人员协助做好对前款规定的未成年人的教育、挽救工作。

第四十八条 依法免予刑事处罚、判处非监禁刑罚、判处刑罚宣告缓刑、假释或者刑罚执行完毕的未成年人，在复学、升学、就业等方面与其他未成年人享有同等权利，任何单位和个人不得歧视。

第七章 法律责任

第四十九条 未成年人的父母或者其他监护人不履行监护职责，放任未成年人有本法规定的不良行为或者严重不良行为的，由公安机关对未成年人的父母或者其他监护人予以训诫，责令其严加管教。

第五十条 未成年人的父母或者其他监护人违反本法第十九条的规定，让不满十六周岁的未成年人脱离监护单独居住的，由公安机关对未成年人的父母或者其他监护人予以训诫，责令其立即改正。

第五十一条 公安机关的工作人员违反本法第十八条的规定，接到报告后，不及时查处或者采取有效措施，严重不负责任的，予以行政处分；造成严重后果，构成犯罪的，依法追究刑事责任。

第五十二条 违反本法第三十条的规定，出版含有诱发未成年人违法犯罪以及渲染暴力、色情、赌博、恐怖活动等危害未成年人身心健康内容的出版物的，由出版行政部门没收出版物和违法所得，并处违法所得三倍以上十倍以下罚款；情节严重的，没收出版物和违法所得，并责令停业整顿或者吊销许可证。对直接负责的主管人员和其他直接责任人员处以罚款。

制作、复制宣扬淫秽内容的未成年人出版物，或者向未成年人出售、出租、传播宣扬淫秽内容的出版物的，依法予以治安处罚；构成犯罪的，依法追究刑事责任。

第五十三条 违反本法第三十一条的规定，向未成年人出售、出租含有诱发未成年人违法犯罪以及渲染暴力、色情、赌博、恐怖活动等危害未成年人身心健康内容的读物、音像制品、电子出版物的，或者利用通讯、计算机网络等方式提供上述危害未成年人身心健康内容及其信息的，没收读物、音像制品、电子出版物和违法所得，由政府有关主管部门处以罚款。

单位有前款行为的，没收读物、音像制品、电子出版物和违法所得，处以罚款，并对直接负责的主管人员和其他直接责任人员处以罚款。

第五十四条 影剧院、录像厅等各类演播场所，放映或者演出渲染暴力、色情、赌博、恐怖活动等危害未成年人身心健康的节目的，由政府有关主管部门没收违法播放的音像制品和违法所得，处以罚款，并对直接负责的主管人员和其他直接责任人员处以罚款；情节严重的，责令停业整顿或者由工商行政部门吊销营业执照。

第五十五条 营业性歌舞厅以及其他未成年人不适宜进入的场所、营业性电子游戏场所，违反本法第三十三条的规定，不设置明显的未成年人禁止进入标志，或者允许未成年人进入的，由文化行政部门责令改正、给予警告、责令停业整顿、没收违法所得，处以罚款，并对直接负责的主管人员和其他直接责任人员处以罚款；情节严重的，由工商行政部门吊销营业执照。

第五十六条 教唆、胁迫、引诱未成年人实施本法规定的不良行为、严重不良行为，或者为未成年人实施不良行为、严重不良行为提供条件，构成违反治安管理行为的，由公安机关依法予以治安处罚；构成犯罪的，依法追究刑事责任。

第八章 附 则

第五十七条 本法自 1999 年 11 月 1 日起施行。

中华人民共和国反家庭暴力法

(2015 年 12 月 27 日第十二届全国人民代表大会常务委员会第十八次会议通过)

第一章 总 则

第一条 为了预防和制止家庭暴力，保护家庭成员的合法权益，维护平等、和睦、文明的家庭关系，促进家庭和谐、社会稳定，制定本法。

第二条 本法所称家庭暴力，是指家庭成员之间以殴打、捆绑、残害、限制人身自由以及经常性谩骂、恐吓等方式实施的身体、精神等侵害行为。

第三条 家庭成员之间应当互相帮助，互相关爱，和睦相处，履行家庭义务。

反家庭暴力是国家、社会和每个家庭的共同责任。

国家禁止任何形式的家庭暴力。

第四条 县级以上人民政府负责妇女儿童工作的机构，负责组织、协调、指导、督促有关部门做好反家庭暴力工作。

县级以上人民政府有关部门、司法机关、人民团体、社会组织、居民委员会、村民委员会、企业事业单位，应当依照本法和有关法律规定，做好反家庭暴力工作。

各级人民政府应当对反家庭暴力工作给予必要的经费保障。

第五条 反家庭暴力工作遵循预防为主，教育、矫治与惩处相结合原则。

反家庭暴力工作应当尊重受害人真实意愿，保护当事人隐私。

未成年人、老年人、残疾人、孕期和哺乳期的妇女、重病患者遭受家庭暴力的，应当给予特殊保护。

第二章 家庭暴力的预防

第六条 国家开展家庭美德宣传教育，普及反家庭暴力知识，增强公民反家庭暴力意识。

工会、共产主义青年团、妇女联合会、残疾人联合会应当在各自工作范围内，组织开展家庭美德和反家庭暴力宣传教育。

广播、电视、报刊、网络等应当开展家庭美德和反家庭暴力宣传。

学校、幼儿园应当开展家庭美德和反家庭暴力教育。

第七条 县级以上人民政府有关部门、司法机关、妇女联合会应当将预防和制止家庭暴力纳入业务培训和统计工作。

医疗机构应当做好家庭暴力受害人的诊疗记录。

第八条 乡镇人民政府、街道办事处应当组织开展家庭暴力预防工作，居民委员会、村民委员会、社会工作服务机构应当予以配合协助。

第九条 各级人民政府应当支持社会工作服务机构等社会组织开展心理健康咨询、家庭关系指导、家庭暴力预防知识教育等服务。

第十条 人民调解组织应当依法调解家庭纠纷，预防和减少家庭暴力的发生。

第十一条 用人单位发现本单位人员有家庭暴力情况的，应当给予批评教育，并做好家庭矛盾的调解、化解工作。

第十二条 未成年人的监护人应当以文明的方式进行家庭教育，依法履行监护和教育职责，不得实施家庭暴力。

第三章　家庭暴力的处置

第十三条　家庭暴力受害人及其法定代理人、近亲属可以向加害人或者受害人所在单位、居民委员会、村民委员会、妇女联合会等单位投诉、反映或者求助。有关单位接到家庭暴力投诉、反映或者求助后，应当给予帮助、处理。

家庭暴力受害人及其法定代理人、近亲属也可以向公安机关报案或者依法向人民法院起诉。

单位、个人发现正在发生的家庭暴力行为，有权及时劝阻。

第十四条　学校、幼儿园、医疗机构、居民委员会、村民委员会、社会工作服务机构、救助管理机构、福利机构及其工作人员在工作中发现无民事行为能力人、限制民事行为能力人遭受或者疑似遭受家庭暴力的，应当及时向公安机关报案。公安机关应当对报案人的信息予以保密。

第十五条　公安机关接到家庭暴力报案后应当及时出警，制止家庭暴力，按照有关规定调查取证，协助受害人就医、鉴定伤情。

无民事行为能力人、限制民事行为能力人因家庭暴力身体受到严重伤害、面临人身安全威胁或者处于无人照料等危险状态的，公安机关应当通知并协助民政部门将其安置到临时庇护场所、救助管理机构或者福利机构。

第十六条　家庭暴力情节较轻，依法不给予治安管理处罚的，由公安机关对加害人给予批评教育或者出具告诫书。

告诫书应当包括加害人的身份信息、家庭暴力的事实陈述、禁止加害人实施家庭暴力等内容。

第十七条　公安机关应当将告诫书送交加害人、受害人，并通知居民委员会、村民委员会。

居民委员会、村民委员会、公安派出所应当对收到告诫书的加害人、受害人进行查访，监督加害人不再实施家庭暴力。

第十八条　县级或者设区的市级人民政府可以单独或者依托救

助管理机构设立临时庇护场所，为家庭暴力受害人提供临时生活帮助。

第十九条 法律援助机构应当依法为家庭暴力受害人提供法律援助。

人民法院应当依法对家庭暴力受害人缓收、减收或者免收诉讼费用。

第二十条 人民法院审理涉及家庭暴力的案件，可以根据公安机关出警记录、告诫书、伤情鉴定意见等证据，认定家庭暴力事实。

第二十一条 监护人实施家庭暴力严重侵害被监护人合法权益的，人民法院可以根据被监护人的近亲属、居民委员会、村民委员会、县级人民政府民政部门等有关人员或者单位的申请，依法撤销其监护人资格，另行指定监护人。

被撤销监护人资格的加害人，应当继续负担相应的赡养、扶养、抚养费用。

第二十二条 工会、共产主义青年团、妇女联合会、残疾人联合会、居民委员会、村民委员会等应当对实施家庭暴力的加害人进行法治教育，必要时可以对加害人、受害人进行心理辅导。

第四章 人身安全保护令

第二十三条 当事人因遭受家庭暴力或者面临家庭暴力的现实危险，向人民法院申请人身安全保护令的，人民法院应当受理。

当事人是无民事行为能力人、限制民事行为能力人，或者因受到强制、威吓等原因无法申请人身安全保护令的，其近亲属、公安机关、妇女联合会、居民委员会、村民委员会、救助管理机构可以代为申请。

第二十四条 申请人身安全保护令应当以书面方式提出；书面申请确有困难的，可以口头申请，由人民法院记入笔录。

第二十五条 人身安全保护令案件由申请人或者被申请人居住

地、家庭暴力发生地的基层人民法院管辖。

第二十六条 人身安全保护令由人民法院以裁定形式作出。

第二十七条 作出人身安全保护令，应当具备下列条件：

（一）有明确的被申请人；

（二）有具体的请求；

（三）有遭受家庭暴力或者面临家庭暴力现实危险的情形。

第二十八条 人民法院受理申请后，应当在七十二小时内作出人身安全保护令或者驳回申请；情况紧急的，应当在二十四小时内作出。

第二十九条 人身安全保护令可以包括下列措施：

（一）禁止被申请人实施家庭暴力；

（二）禁止被申请人骚扰、跟踪、接触申请人及其相关近亲属；

（三）责令被申请人迁出申请人住所；

（四）保护申请人人身安全的其他措施。

第三十条 人身安全保护令的有效期不超过六个月，自作出之日起生效。人身安全保护令失效前，人民法院可以根据申请人的申请撤销、变更或者延长。

第三十一条 申请人对驳回申请不服或者被申请人对人身安全保护令不服的，可以自裁定生效之日起五日内向作出裁定的人民法院申请复议一次。人民法院依法作出人身安全保护令的，复议期间不停止人身安全保护令的执行。

第三十二条 人民法院作出人身安全保护令后，应当送达申请人、被申请人、公安机关以及居民委员会、村民委员会等有关组织。人身安全保护令由人民法院执行，公安机关以及居民委员会、村民委员会等应当协助执行。

第五章　法律责任

第三十三条 加害人实施家庭暴力，构成违反治安管理行为的，依法给予治安管理处罚；构成犯罪的，依法追究刑事责任。

第三十四条 被申请人违反人身安全保护令，构成犯罪的，依法追究刑事责任；尚不构成犯罪的，人民法院应当给予训诫，可以根据情节轻重处以一千元以下罚款、十五日以下拘留。

第三十五条 学校、幼儿园、医疗机构、居民委员会、村民委员会、社会工作服务机构、救助管理机构、福利机构及其工作人员未依照本法第十四条规定向公安机关报案，造成严重后果的，由上级主管部门或者本单位对直接负责的主管人员和其他直接责任人员依法给予处分。

第三十六条 负有反家庭暴力职责的国家工作人员玩忽职守、滥用职权、徇私舞弊的，依法给予处分；构成犯罪的，依法追究刑事责任。

第六章 附　　则

第三十七条 家庭成员以外共同生活的人之间实施的暴力行为，参照本法规定执行。

第三十八条 本法自 2016 年 3 月 1 日起施行。

全国人民代表大会常务委员会
关于严禁卖淫嫖娼的决定

(1991 年 9 月 4 日第七届全国人民代表大会常务委员会第二十一次会议通过　1991 年 9 月 4 日中华人民共和国主席令第五十一号公布　根据 2009 年 8 月 27 日中华人民共和国主席令第十八号第十一届全国人民代表大会常务委员会第十次会议《关于修改部分法律的决定》修正)

为了严禁卖淫、嫖娼，严惩组织、强迫、引诱、容留、介绍他人卖淫的犯罪分子，维护社会治安秩序和良好的社会风气，对刑法有关规定作如下补充修改：

一、组织他人卖淫的，处十年以上有期徒刑或者无期徒刑，并处一万元以下罚金或者没收财产；情节特别严重的，处死刑，并处没收财产。

协助组织他人卖淫的，处三年以上十年以下有期徒刑，并处一万元以下罚金；情节严重的，处十年以上有期徒刑，并处一万元以下罚金或者没收财产。

二、强迫他人卖淫的，处五年以上十年以下有期徒刑，并处一万元以下罚金；有下列情形之一的，处十年以上有期徒刑或者无期徒刑，并处一万元以下罚金或者没收财产；情节特别严重的，处死刑，并处没收财产：

（一）强迫不满十四岁的幼女卖淫的；

（二）强迫多人卖淫或者多次强迫他人卖淫的；

（三）强奸后迫使卖淫的；

（四）造成被强迫卖淫的人重伤、死亡或者其他严重后果的。

三、引诱、容留、介绍他人卖淫的，处五年以下有期徒刑或者拘役，并处五千元以下罚金；情节严重的，处五年以上有期徒刑，并处 万元以下罚金；情节较轻的，依照《中华人民共和国治安管理处罚法》的规定处罚。

引诱不满十四岁的幼女卖淫的，依照本决定第二条关于强迫不满十四岁的幼女卖淫的规定处罚。

四、卖淫、嫖娼的，依照《中华人民共和国治安管理处罚法》的规定处罚。

对卖淫、嫖娼的，可以由公安机关会同有关部门强制集中进行法律、道德教育和生产劳动，使之改掉恶习。期限为六个月至二年。具体办法由国务院规定。

因卖淫、嫖娼被公安机关处理后又卖淫、嫖娼的，实行劳动教养，并由公安机关处五千元以下罚款。

对卖淫、嫖娼的，一律强制进行性病检查。对患有性病的，进行强制治疗。

五、明知自己患有梅毒、淋病等严重性病卖淫、嫖娼的，处五年以下有期徒刑、拘役或者管制，并处五千元以下罚金。

嫖宿不满十四岁的幼女的，依照刑法关于强奸罪的规定处罚。

六、旅馆业、饮食服务业、文化娱乐业、出租汽车业等单位的人员，利用本单位的条件，组织、强迫、引诱、容留、介绍他人卖淫的，依照本决定第一条、第二条、第三条的规定处罚。

前款所列单位的主要负责人，有前款规定的行为的，从重处罚。

七、旅馆业、饮食服务业、文化娱乐业、出租汽车业等单位，对发生在本单位的卖淫、嫖娼活动，放任不管、不采取措施制止的，由公安机关处一万元以上十万元以下罚款，并可以责令其限期整顿、停业整顿，经整顿仍不改正的，由工商行政主管部门吊销营业执照；对直接负责的主管人员和其他直接责任人员，由本单位或者上级主管部门予以行政处分，由公安机关处一千元以下罚款。

八、旅馆业、饮食服务业、文化娱乐业、出租汽车业等单位的负责人和职工，在公安机关查处卖淫、嫖娼活动时，隐瞒情况或者为违法犯罪分子通风报信的，依照刑法第一百六十二条的规定处罚。

九、有查禁卖淫、嫖娼活动职责的国家工作人员，为使违法犯罪分子逃避处罚，向其通风报信、提供便利的，依照刑法第一百八十八条的规定处罚。

犯前款罪，事前与犯罪分子通谋的，以共同犯罪论处。

十、组织、强迫、引诱、容留、介绍他人卖淫以及卖淫的非法所得予以没收。

罚没收入一律上缴国库。

十一、本决定自公布之日起施行。

全国人民代表大会常务委员会
关于严惩拐卖、绑架妇女、儿童的
犯罪分子的决定

（1991年9月4日第七届全国人民代表大会常务委员会第二十一次会议通过　1991年9月4日中华人民共和国主席令第五十二号公布　根据2009年8月27日中华人民共和国主席令第十八号第十一届全国人民代表大会常务委员会第十次会议《关于修改部分法律的决定》修正)

为了严惩拐卖、绑架妇女、儿童的犯罪分子，保护妇女、儿童的人身安全，维护社会治安秩序，对刑法有关规定作如下补充修改：

一、拐卖妇女、儿童的，处五年以上十年以下有期徒刑，并处一万元以下罚金；有下列情形之一的，处十年以上有期徒刑或者无期徒刑，并处一万元以下罚金或者没收财产；情节特别严重的，处死刑，并处没收财产：

（一）拐卖妇女、儿童集团的首要分子；

（二）拐卖妇女、儿童三人以上的；

（三）奸淫被拐卖的妇女的；

（四）诱骗、强迫被拐卖的妇女卖淫或者将被拐卖的妇女卖给他人迫使其卖淫的；

（五）造成被拐卖的妇女、儿童或者其亲属重伤、死亡或者其他严重后果的；

（六）将妇女、儿童卖往境外的。

拐卖妇女、儿童是指以出卖为目的，有拐骗、收买、贩卖、接送、中转妇女、儿童的行为之一的。

二、以出卖为目的，使用暴力、胁迫或者麻醉方法绑架妇女、儿童的，处十年以上有期徒刑或者无期徒刑，并处一万元以下罚金或者没收财产；情节特别严重的，处死刑，并处没收财产。

以出卖或者勒索财物为目的，偷盗婴幼儿的，依照本条第一款的规定处罚。

以勒索财物为目的绑架他人的，依照本条第一款的规定处罚。

三、严禁收买被拐卖、绑架的妇女、儿童。收买被拐卖、绑架的妇女、儿童的，处三年以下有期徒刑、拘役或者管制。

收买被拐卖、绑架的妇女，强行与其发生性关系的，依照刑法关于强奸罪的规定处罚。

收买被拐卖、绑架的妇女、儿童，非法剥夺、限制其人身自由或者有伤害、侮辱、虐待等犯罪行为的，依照刑法的有关规定处罚。

收买被拐卖、绑架的妇女、儿童，并有本条第二款、第三款规定的犯罪行为的，依照刑法关于数罪并罚的规定处罚。

收买被拐卖、绑架的妇女、儿童又出卖的，依照本决定第一条的规定处罚。

收买被拐卖、绑架的妇女、儿童，按照被买妇女的意愿，不阻碍其返回原居住地的，对被买儿童没有虐待行为，不阻碍对其进行解救的，可以不追究刑事责任。

四、任何个人或者组织不得阻碍对被拐卖、绑架的妇女、儿童的解救，并不得向被拐卖、绑架的妇女、儿童及其家属或者解救人索要收买妇女、儿童的费用和生活费用；对已经索取的收买妇女、儿童的费用和生活费用，予以追回。

以暴力、威胁方法阻碍国家工作人员解救被收买的妇女、儿童的，依照刑法第一百五十七条的规定处罚；协助转移、隐藏或者以其他方法阻碍国家工作人员解救被收买的妇女、儿童，未使用暴力、威胁方法的，依照治安管理处罚法的规定处罚。

聚众阻碍国家工作人员解救被收买的妇女、儿童的首要分子，处五年以下有期徒刑或者拘役；其他参与者，依照本条第二款的规定处罚。

五、各级人民政府对被拐卖、绑架的妇女、儿童负有解救职责，解救工作由公安机关会同有关部门负责执行。负有解救职责的国家工作人员接到被拐卖、绑架的妇女、儿童及其家属的解救要求或者接到其他人的举报，而对被拐卖、绑架的妇女、儿童不进行解救，造成严重后果的，依照刑法第一百八十七条的规定处罚；情节较轻的，予以行政处分。

负有解救职责的国家工作人员利用职务阻碍解救的，处二年以上七年以下有期徒刑；情节较轻的，处二年以下有期徒刑或者拘役。

六、拐卖、绑架妇女、儿童的非法所得予以没收。

罚没收入一律上缴国库。

七、本决定自公布之日起施行。

全国人民代表大会常务委员会
关于惩治走私、制作、贩卖、传播淫秽
物品的犯罪分子的决定

(1990 年 12 月 28 日第七届全国人民代表大会常务委员会第十七次会议通过 1990 年 12 月 28 日中华人民共和国主席令第三十九号公布 根据 2009 年 8 月 27 日中华人民共和国主席令第十八号第十一届全国人民代表大会常务委员会第十次会议《关于修改部分法律的决定》修正)

为了惩治走私、制作、贩卖、传播淫秽的书刊、影片、录像带、录音带、图片或者其他淫秽物品的犯罪分子,维护社会治安秩序,加强社会主义精神文明建设,抵制资产阶级腐朽思想的侵蚀,特作如下决定:

一、以牟利或者传播为目的,走私淫秽物品的,依照关于惩治走私罪的补充规定处罚。不是为了牟利、传播、携带、邮寄少量淫秽物品进出境的,依照海关法的有关规定处罚。

二、以牟利为目的,制作、复制、出版、贩卖、传播淫秽物品的,处三年以下有期徒刑或者拘役,并处罚金;情节严重的,处三年以上十年以下有期徒刑,并处罚金;情节特别严重的,处十年以上有期徒刑或者无期徒刑,并处罚金或者没收财产。情节较轻的,由公安机关依照治安管理处罚法的有关规定处罚。

为他人提供书号,出版淫秽书刊的,处三年以下有期徒刑或者拘役,并处或者单处罚金;明知他人用于出版淫秽书刊而提供书号的,依照前款的规定处罚。

三、在社会上传播淫秽的书刊、影片、录像带、录音带、图片或者其他淫秽物品,情节严重的,处二年以下有期徒刑或者拘役。

情节较轻的，由公安机关依照治安管理处罚法的有关规定处罚。

组织播放淫秽的电影、录像等音像制品的，处三年以下有期徒刑或者拘役，可以并处罚金；情节严重的，处三年以上十年以下有期徒刑，并处罚金。情节较轻的，由公安机关依照治安管理处罚法的有关规定处罚。

制作、复制淫秽的电影、录像等音像制品组织播放的，依照第二款的规定从重处罚。

向不满十八岁的未成年人传播淫秽物品的，从重处罚。

不满十六岁的未成年人传抄、传看淫秽的图片、书刊或者其他淫秽物品的，家长、学校应当加强管教。

四、利用淫秽物品进行流氓犯罪的，依照刑法第一百六十条的规定处罚；流氓犯罪集团的首要分子，或者进行流氓犯罪活动危害特别严重的，依照关于严惩严重危害社会治安的犯罪分子的决定第一条的规定，可以在刑法规定的最高刑以上处刑，直至判处死刑。

利用淫秽物品传授犯罪方法的，依照关于严惩严重危害社会治安的犯罪分子的决定第二条的规定处罚，情节特别严重的，处无期徒刑或者死刑。

五、单位有本决定第一条、第二条、第三条规定的违法犯罪行为的，对其直接负责的主管人员和其他直接责任人员，依照各该条的规定处罚，对单位判处罚金或者予以罚款，行政主管部门并可以责令停业整顿或者吊销执照。

六、有下列情节之一的，依照本决定有关规定从重处罚：

（一）犯罪集团的首要分子；

（二）国家工作人员利用工作职务便利，走私、制作、复制、出版、贩卖、传播淫秽物品的；

（三）管理录像、照相、复印等设备的人员，利用所管理的设备，犯有本决定第二条、第三条、第四条规定的违法犯罪行为的；

（四）成年人教唆不满十八岁的未成年人走私、制作、复制、贩卖、传播淫秽物品的。

七、淫秽物品和走私、制作、复制、出版、贩卖、传播淫秽物品的违法所得以及属于本人所有的犯罪工具，予以没收。没收的淫秽物品，按照国家规定销毁。罚没收入一律上缴国库。

八、本决定所称淫秽物品，是指具体描绘性行为或者露骨宣扬色情的诲淫性的书刊、影片、录像带、录音带、图片及其他淫秽物品。

有关人体生理、医学知识的科学著作不是淫秽物品。

包含有色情内容的有艺术价值的文学、艺术作品不视为淫秽物品。

淫秽物品的种类和目录，由国务院有关主管部门规定。

九、本决定自公布之日起施行。

全国人民代表大会常务委员会
法制工作委员会关于已满十四周岁
不满十六周岁的人承担刑事责任范围
问题的答复意见

（法工委复字［2002］12号）

最高人民检察院：

关于你单位4月8日来函收悉，经研究，现答复如下：

刑法第十七条第二款规定的八种犯罪，是指具体犯罪行为而不是具体罪名。对于刑法第十七条中规定的"犯故意杀人、故意伤害致人重伤或者死亡"，是指只要故意实施了杀人、伤害行为并且造成了致人重伤、死亡后果的，都应负刑事责任。而不是指只有犯故意杀人罪、故意伤害罪的，才负刑事责任，绑架撕票的，不负刑事责任。对司法实践中出现的已满十四周岁不满十六周岁的人绑架人质后杀害被绑架人、拐卖妇女、儿童而故意造成被拐卖妇女、儿童重伤或死亡的行为，依据刑法是应当追究其刑事责任的。

全国人大常委会法制工作委员会

2002年7月24日

二、司法解释

最高人民法院关于审理拐卖妇女儿童犯罪案件具体应用法律若干问题的解释

(2016 年 11 月 14 日最高人民法院审判委员会第 1699 次会议通过，自 2017 年 1 月 1 日起施行　法释〔2016〕28 号)

为依法惩治拐卖妇女、儿童犯罪，切实保障妇女、儿童的合法权益，维护家庭和谐与社会稳定，根据刑法有关规定，结合司法实践，现就审理此类案件具体应用法律的若干问题解释如下：

第一条　对婴幼儿采取欺骗、利诱等手段使其脱离监护人或者看护人的，视为刑法第二百四十条第一款第（六）项规定的"偷盗婴幼儿"。

第二条　医疗机构、社会福利机构等单位的工作人员以非法获利为目的，将所诊疗、护理、抚养的儿童出卖给他人的，以拐卖儿童罪论处。

第三条　以介绍婚姻为名，采取非法扣押身份证件、限制人身自由等方式，或者利用妇女人地生疏、语言不通、孤立无援等境况，违背妇女意志，将其出卖给他人的，应当以拐卖妇女罪追究刑事责任。

以介绍婚姻为名，与被介绍妇女串通骗取他人钱财，数额较大的，应当以诈骗罪追究刑事责任。

第四条　在国家机关工作人员排查来历不明儿童或者进行解救时，将所收买的儿童藏匿、转移或者实施其他妨碍解救行为，经说服教育仍不配合的，属于刑法第二百四十一条第六款规定的"阻碍对其进行解救"。

第五条 收买被拐卖的妇女，业已形成稳定的婚姻家庭关系，解救时被买妇女自愿继续留在当地共同生活的，可以视为"按照被买妇女的意愿，不阻碍其返回原居住地"。

第六条 收买被拐卖的妇女、儿童后又组织、强迫卖淫或者组织乞讨、进行违反治安管理活动等构成其他犯罪的，依照数罪并罚的规定处罚。

第七条 收买被拐卖的妇女、儿童，又以暴力、威胁方法阻碍国家机关工作人员解救被收买的妇女、儿童，或者聚众阻碍国家机关工作人员解救被收买的妇女、儿童，构成妨害公务罪、聚众阻碍解救被收买的妇女、儿童罪的，依照数罪并罚的规定处罚。

第八条 出于结婚目的收买被拐卖的妇女，或者出于抚养目的收买被拐卖的儿童，涉及多名家庭成员、亲友参与的，对其中起主要作用的人员应当依法追究刑事责任。

第九条 刑法第二百四十条、第二百四十一条规定的儿童，是指不满十四周岁的人。其中，不满一周岁的为婴儿，一周岁以上不满六周岁的为幼儿。

第十条 本解释自 2017 年 1 月 1 日起施行。

最高人民法院、最高人民检察院、公安部、司法部关于依法惩治拐卖妇女儿童犯罪的意见

为加大对妇女、儿童合法权益的司法保护力度，贯彻落实《中国反对拐卖妇女儿童行动计划（2008—2012）》，根据刑法、刑事诉讼法等相关法律及司法解释的规定，最高人民法院、最高人民检察院、公安部、司法部就依法惩治拐卖妇女、儿童犯罪提出如下意见：

一、总体要求

1. 依法加大打击力度，确保社会和谐稳定。自 1991 年全国范围内开展打击拐卖妇女、儿童犯罪专项行动以来，侦破并依法处理了一大批拐卖妇女、儿童犯罪案件，犯罪分子受到依法严惩。2008 年，全国法院共审结拐卖妇女、儿童犯罪案件 1353 件，比 2007 年上升 9.91%；判决发生法律效力的犯罪分子 2161 人，同比增长 11.05%，其中，被判处五年以上有期徒刑、无期徒刑至死刑的 1319 人，同比增长 10.1%，重刑率为 61.04%，高出同期全部刑事案件重刑率 45.27 个百分点。2009 年，全国法院共审结拐卖妇女、儿童犯罪案件 1636 件，比 2008 年上升 20.9%；判决发生法律效力的犯罪分子 2413 人，同比增长 11.7%，其中被判处五年以上有期徒刑、无期徒刑至死刑的 1475 人，同比增长 11.83%。

但是，必须清醒地认识到，由于种种原因，近年来，拐卖妇女、儿童犯罪在部分地区有所上升的势头仍未得到有效遏制。此类犯罪严重侵犯被拐卖妇女、儿童的人身权利，致使许多家庭骨肉分离，甚至家破人亡，严重危害社会和谐稳定。人民法院、人民检察院、公安机关、司法行政机关应当从维护人民群众切身利益、确保

社会和谐稳定的大局出发，进一步依法加大打击力度，坚决有效遏制拐卖妇女、儿童犯罪的上升势头。

2. 注重协作配合，形成有效合力。人民法院、人民检察院、公安机关应当各司其职，各负其责，相互支持，相互配合，共同提高案件办理的质量与效率，保证办案的法律效果与社会效果的统一；司法行政机关应当切实做好有关案件的法律援助工作，维护当事人的合法权益。各地司法机关要统一思想认识，进一步加强涉案地域协调和部门配合，努力形成依法严惩拐卖妇女、儿童犯罪的整体合力。

3. 正确贯彻政策，保证办案效果。拐卖妇女、儿童犯罪往往涉及多人、多个环节，要根据宽严相济刑事政策和罪责刑相适应的刑法基本原则，综合考虑犯罪分子在共同犯罪中的地位、作用及人身危险性的大小，依法准确量刑。对于犯罪集团的首要分子、组织策划者、多次参与者、拐卖多人者或者具有累犯等从严、从重处罚情节的，必须重点打击，坚决依法严惩。对于罪行严重，依法应当判处重刑乃至死刑的，坚决依法判处。要注重铲除"买方市场"，从源头上遏制拐卖妇女、儿童犯罪。对于收买被拐卖的妇女、儿童，依法应当追究刑事责任的，坚决依法追究。同时，对于具有从宽处罚情节的，要在综合考虑犯罪事实、性质、情节和危害程度的基础上，依法从宽，体现政策，以分化瓦解犯罪，鼓励犯罪人悔过自新。

二、管辖

4. 拐卖妇女、儿童犯罪案件依法由犯罪地的司法机关管辖。拐卖妇女、儿童犯罪的犯罪地包括拐出地、中转地、拐入地以及拐卖活动的途经地。如果由犯罪嫌疑人、被告人居住地的司法机关管辖更为适宜的，可以由犯罪嫌疑人、被告人居住地的司法机关管辖。

5. 几个地区的司法机关都有权管辖的，一般由最先受理的司法机关管辖。犯罪嫌疑人、被告人或者被拐卖的妇女、儿童人数较多，涉及多个犯罪地的，可以移送主要犯罪地或者主要犯罪嫌疑人、被告人居住地的司法机关管辖。

6. 相对固定的多名犯罪嫌疑人、被告人分别在拐出地、中转地、拐入地实施某一环节的犯罪行为，犯罪所跨地域较广，全案集中管辖有困难的，可以由拐出地、中转地、拐入地的司法机关对不同犯罪分子分别实施的拐出、中转和拐入犯罪行为分别管辖。

7. 对管辖权发生争议的，争议各方应当本着有利于迅速查清犯罪事实，及时解救被拐卖的妇女、儿童，以及便于起诉、审判的原则，在法定期间内尽快协商解决；协商不成的，报请共同的上级机关确定管辖。

正在侦查中的案件发生管辖权争议的，在上级机关作出管辖决定前，受案机关不得停止侦查工作。

三、立案

8. 具有下列情形之一，经审查，符合管辖规定的，公安机关应当立即以刑事案件立案，迅速开展侦查工作：

（1）接到拐卖妇女、儿童的报案、控告、举报的；

（2）接到儿童失踪或者已满十四周岁不满十八周岁的妇女失踪报案的；

（3）接到已满十八周岁的妇女失踪，可能被拐卖的报案的；

（4）发现流浪、乞讨的儿童可能系被拐卖的；

（5）发现有收买被拐卖妇女、儿童行为，依法应当追究刑事责任的；

（6）表明可能有拐卖妇女、儿童犯罪事实发生的其他情形的。

9. 公安机关在工作中发现犯罪嫌疑人或者被拐卖的妇女、儿童，不论案件是否属于自己管辖，都应当首先采取紧急措施。经审查，属于自己管辖的，依法立案侦查；不属于自己管辖的，及时移送有管辖权的公安机关处理。

10. 人民检察院要加强对拐卖妇女、儿童犯罪案件的立案监督，确保有案必立、有案必查。

四、证据

11. 公安机关应当依照法定程序，全面收集能够证实犯罪嫌疑人有罪或者无罪、犯罪情节轻重的各种证据。

要特别重视收集、固定买卖妇女、儿童犯罪行为交易环节中钱款的存取证明、犯罪嫌疑人的通话清单、乘坐交通工具往来有关地方的票证、被拐卖儿童的 DNA 鉴定结论、有关监控录像、电子信息等客观性证据。

取证工作应当及时，防止时过境迁，难以弥补。

12. 公安机关应当高度重视并进一步加强 DNA 数据库的建设和完善。对失踪儿童的父母，或者疑似被拐卖的儿童，应当及时采集血样进行检验，通过全国 DNA 数据库，为查获犯罪，帮助被拐卖的儿童及时回归家庭提供科学依据。

13. 拐卖妇女、儿童犯罪所涉地区的办案单位应当加强协作配合。需要到异地调查取证的，相关司法机关应当密切配合；需要进一步补充查证的，应当积极支持。

五、定性

14. 犯罪嫌疑人、被告人参与拐卖妇女、儿童犯罪活动的多个环节，只有部分环节的犯罪事实查证清楚、证据确实、充分的，可以对该环节的犯罪事实依法予以认定。

15. 以出卖为目的强抢儿童，或者捡拾儿童后予以出卖，符合刑法第二百四十条第二款规定的，应当以拐卖儿童罪论处。

以抚养为目的偷盗婴幼儿或者拐骗儿童，之后予以出卖的，以拐卖儿童罪论处。

16. 以非法获利为目的，出卖亲生子女的，应当以拐卖妇女、儿童罪论处。

17. 要严格区分借送养之名出卖亲生子女与民间送养行为的界限。区分的关键在于行为人是否具有非法获利的目的。应当通过审查将子女"送"人的背景和原因、有无收取钱财及收取钱财的多少、对方是否具有抚养目的及有无抚养能力等事实，综合判断行为人是否具有非法获利的目的。

具有下列情形之一的，可以认定属于出卖亲生子女，应当以拐卖妇女、儿童罪论处：

（1）将生育作为非法获利手段，生育后即出卖子女的；

（2）明知对方不具有抚养目的，或者根本不考虑对方是否具有抚养目的，为收取钱财将子女"送"给他人的；

（3）为收取明显不属于"营养费"、"感谢费"的巨额钱财将子女"送"给他人的；

（4）其他足以反映行为人具有非法获利目的的"送养"行为的。

不是出于非法获利目的，而是迫于生活困难，或者受重男轻女思想影响，私自将没有独立生活能力的子女送给他人抚养，包括收取少量"营养费"、"感谢费"的，属于民间送养行为，不能以拐卖妇女、儿童罪论处。对私自送养导致子女身心健康受到严重损害，或者具有其他恶劣情节，符合遗弃罪特征的，可以遗弃罪论处；情节显著轻微危害不大的，可由公安机关依法予以行政处罚。

18. 将妇女拐卖给有关场所，致使被拐卖的妇女被迫卖淫或者从事其他色情服务的，以拐卖妇女罪论处。

有关场所的经营管理人员事前与拐卖妇女的犯罪人通谋的，对该经营管理人员以拐卖妇女罪的共犯论处；同时构成拐卖妇女罪和组织卖淫罪的，择一重罪论处。

19. 医疗机构、社会福利机构等单位的工作人员以非法获利为目的，将所诊疗、护理、抚养的儿童贩卖给他人的，以拐卖儿童罪论处。

20. 明知是被拐卖的妇女、儿童而收买，具有下列情形之一的，以收买被拐卖的妇女、儿童罪论处；同时构成其他犯罪的，依照数罪并罚的规定处罚：

（1）收买被拐卖的妇女后，违背被收买妇女的意愿，阻碍其返回原居住地的；

（2）阻碍对被收买妇女、儿童进行解救的；

（3）非法剥夺、限制被收买妇女、儿童的人身自由，情节严重，或者对被收买妇女、儿童有强奸、伤害、侮辱、虐待等行为的；

（4）所收买的妇女、儿童被解救后又再次收买，或者收买多名被拐卖的妇女、儿童的；

（5）组织、诱骗、强迫被收买的妇女、儿童从事乞讨、苦役，或者盗窃、传销、卖淫等违法犯罪活动的；

（6）造成被收买妇女、儿童或者其亲属重伤、死亡以及其他严重后果的；

（7）具有其他严重情节的。

被追诉前主动向公安机关报案或者向有关单位反映，愿意让被收买妇女返回原居住地，或者将被收买儿童送回其家庭，或者将被收买妇女、儿童交给公安、民政、妇联等机关、组织，没有其他严重情节的，可以不追究刑事责任。

六、共同犯罪

21. 明知他人拐卖妇女、儿童，仍然向其提供被拐卖妇女、儿童的健康证明、出生证明或者其他帮助的，以拐卖妇女、儿童罪的共犯论处。

明知他人收买被拐卖的妇女、儿童，仍然向其提供被收买妇女、儿童的户籍证明、出生证明或者其他帮助的，以收买被拐卖的妇女、儿童罪的共犯论处，但是，收买人未被追究刑事责任的除外。

认定是否"明知"，应当根据证人证言、犯罪嫌疑人、被告人及其同案人供述和辩解，结合提供帮助的人次，以及是否明显违反相关规章制度、工作流程等，予以综合判断。

22. 明知他人系拐卖儿童的"人贩子"，仍然利用从事诊疗、福利救助等工作的便利或者了解被拐卖方情况的条件，居间介绍的，以拐卖儿童罪的共犯论处。

23. 对于拐卖妇女、儿童犯罪的共犯，应当根据各被告人在共同犯罪中的分工、地位、作用，参与拐卖的人数、次数，以及分赃数额等，准确区分主从犯。

对于组织、领导、指挥拐卖妇女、儿童的某一个或者某几个犯罪环节，或者积极参与实施拐骗、绑架、收买、贩卖、接送、中转妇女、儿童等犯罪行为，起主要作用的，应当认定为主犯。

对于仅提供被拐卖妇女、儿童信息或者相关证明文件，或者进行居间介绍，起辅助或者次要作用，没有获利或者获利较少的，一般可认定为从犯。

对于各被告人在共同犯罪中的地位、作用区别不明显的，可以不区分主从犯。

七、一罪与数罪

24. 拐卖妇女、儿童，又奸淫被拐卖的妇女、儿童，或者诱骗、强迫被拐卖的妇女、儿童卖淫的，以拐卖妇女、儿童罪处罚。

25. 拐卖妇女、儿童，又对被拐卖的妇女、儿童实施故意杀害、伤害、猥亵、侮辱等行为，构成其他犯罪的，依照数罪并罚的规定处罚。

26. 拐卖妇女、儿童或者收买被拐卖的妇女、儿童，又组织、教唆被拐卖、收买的妇女、儿童进行犯罪的，以拐卖妇女、儿童罪或者收买被拐卖的妇女、儿童罪与其所组织、教唆的罪数罪并罚。

27. 拐卖妇女、儿童或者收买被拐卖的妇女、儿童，又组织、教唆被拐卖、收买的未成年妇女、儿童进行盗窃、诈骗、抢夺、敲诈勒索等违反治安管理活动的，以拐卖妇女、儿童罪或者收买被拐卖的妇女、儿童罪与组织未成年人进行违反治安管理活动罪数罪并罚。

八、刑罚适用

28. 对于拐卖妇女、儿童犯罪集团的首要分子，情节严重的主犯，累犯，偷盗婴幼儿、强抢儿童情节严重，将妇女、儿童卖往境外情节严重，拐卖妇女、儿童多人多次、造成伤亡后果，或者具有其他严重情节的，依法从重处罚；情节特别严重的，依法判处死刑。

拐卖妇女、儿童，并对被拐卖的妇女、儿童实施故意杀害、伤害、猥亵、侮辱等行为，数罪并罚决定执行的刑罚应当依法体现从严。

29. 对于拐卖妇女、儿童的犯罪分子，应当注重依法适用财产刑，并切实加大执行力度，以强化刑罚的特殊预防与一般预防效果。

30. 犯收买被拐卖的妇女、儿童罪，对被收买妇女、儿童实施违法犯罪活动或者将其作为牟利工具的，处罚时应当依法体现从严。

收买被拐卖的妇女、儿童，对被收买妇女、儿童没有实施摧残、虐待行为或者与其已形成稳定的婚姻家庭关系，但仍应依法追究刑事责任的，一般应当从轻处罚；符合缓刑条件的，可以依法适用缓刑。

收买被拐卖的妇女、儿童，犯罪情节轻微的，可以依法免予刑事处罚。

31. 多名家庭成员或者亲友共同参与出卖亲生子女，或者"买人为妻"、"买人为子"构成收买被拐卖的妇女、儿童罪的，一般应当在综合考察犯意提起、各行为人在犯罪中所起作用等情节的基础上，依法追究其中罪责较重者的刑事责任。对于其他情节显著轻微危害不大，不认为是犯罪的，依法不追究刑事责任；必要时可以由公安机关予以行政处罚。

32. 具有从犯、自首、立功等法定从宽处罚情节的，依法从轻、减轻或者免除处罚。

对被拐卖的妇女、儿童没有实施摧残、虐待等违法犯罪行为，或者能够协助解救被拐卖的妇女、儿童，或者具有其他酌定从宽处罚情节的，可以依法酌情从轻处罚。

33. 同时具有从严和从宽处罚情节的，要在综合考察拐卖妇女、儿童的手段、拐卖妇女、儿童或者收买被拐卖妇女、儿童的人次、危害后果以及被告人主观恶性、人身危险性等因素的基础上，结合当地此类犯罪发案情况和社会治安状况，决定对被告人总体从严或者从宽处罚。

九、涉外犯罪

34. 要进一步加大对跨国、跨境拐卖妇女、儿童犯罪的打击力度。加强双边或者多边"反拐"国际交流与合作，加强对被跨国、跨境拐卖的妇女、儿童的救助工作。依照我国缔结或者参加的国际条约的规定，积极行使所享有的权利，履行所承担的义务，及时请求或者提供各项司法协助，有效遏制跨国、跨境拐卖妇女、儿童犯罪。

最高人民法院、最高人民检察院、公安部、民政部、司法部、全国妇联关于打击拐卖妇女儿童犯罪有关问题的通知

（公通字〔2000〕26号）

各省、自治区、直辖市高级人民法院，人民检察院，公安厅、局，民政厅、局，司法厅、局，妇联：

近年来，一些地方拐卖妇女、儿童犯罪活动猖獗，并呈发展蔓延之势，犯罪团伙组织日趋严密，犯罪手段更加隐蔽、狡猾、残忍，盗抢儿童、强迫被拐卖的妇女卖淫的案件突出，因拐卖妇女、儿童引起的伤害、杀人、强奸等恶性案件逐年增多，危害日益严重。拐卖妇女、儿童犯罪严重侵犯被拐卖的妇女、儿童的人身权利，致使许多家庭骨肉分离、家破人亡，并由此引发一系列社会问题，直接影响社会稳定。为有效遏制此类犯罪的上升势头，切实保护妇女、儿童的合法权益，维护社会稳定，今年上半年将在全国范围内开展"打击人贩子、解救被拐卖妇女儿童"专项斗争（以下简称"打拐"专项斗争）。为搞好这次"打拐"专项斗争，依法惩处拐卖妇女、儿童的犯罪分子，解救被拐卖的妇女、儿童，现就有关问题通知如下：

一、切实提高对开展"打拐"专项斗争重要性的认识，加强组织领导和协作配合。开展"打拐"专项斗争，是贯彻全心全意为人民服务的宗旨，保护公民合法权益，解除人民群众疾苦的一项"民心工程"、"爱心工程"。做好这项工作，有利于提高党和政府在人民群众中的威信，树立良好的形象。各级政法机关及有关部门和组织一定要充分认识拐卖妇女、儿童犯罪的严重性和危害性，充

分认识开展"打拐"专项斗争的重大意义，将这项工作作为维护社会稳定的大事来抓。有关部门和组织要高度重视，切实加强组织领导，充分发挥本部门的职能作用，协同作战，坚决杜绝地方保护主义。公安机关、人民检察院、人民法院要依法及时侦查、逮捕、起诉、审判拐卖妇女、儿童的犯罪分子，解救被拐卖的妇女、儿童；司法行政机关要做好宣传教育、协查、收监和法律援助工作；民政部门要做好对被拐卖妇女和儿童的救济工作，及查找不到父母的儿童的收养工作；妇联等组织要维护妇女、儿童的合法权益，协助有关部门做好宣传、解救、安置工作。各有关部门、组织应当加强联系和沟通，相互支持，密切配合，共同做好打击人贩子、解救被拐卖的妇女、儿童的各项工作，确保"打拐"专项斗争取得预期效果。

二、大力敦促犯罪分子投案自首，坦白交代罪行，揭发犯罪，争取从宽处理。要采取多种形式，广泛宣传刑法关于自首、立功等从宽处理的刑事政策。各地还可选择一些因主动投案自首或者有立功表现而给予从轻、减轻、免除处罚的典型案件，公开宣传报道，敦促在逃的犯罪分子尽快投案自首，坦白交待罪行，检举、揭发他人的犯罪行为，提供破案线索，争取从宽处理。要做好对犯罪分子家属、亲友的政策宣传工作，动员他们规劝、陪同有拐卖妇女、儿童犯罪行为的亲友投案自首，或者将犯罪嫌疑人送往司法机关投案。对窝藏、包庇犯罪分子、阻碍解救、妨害公务，构成犯罪的，要依法追究刑事责任。监狱、看守所等监管部门要对在押人员加大宣传攻势，鼓励坦白、检举、揭发拐卖妇女、儿童犯罪行为。对于投案自首、坦白交待罪行、有立功表现的犯罪嫌疑人、被告人，司法机关应当切实落实刑事政策，依法从轻、减轻处罚。对于自首的犯罪分子，犯罪较轻的，可以免除处罚；对有重大立功表现的犯罪分子，可以减轻或者免除处罚；对犯罪后自首又有重大立功表现的，应当减轻或者免除处罚。

三、深入开展法制宣传教育，广泛发动群众参与"打拐"专项斗争，防止发生阻碍解救事件。各级公安机关和司法行政机关要组织专门班子，制定宣传计划，充分利用广播、电视、报刊、网络等媒体和"148"法律服务热线等渠道，结合打击人贩子、处理买主、解救被拐卖的妇女、儿童的典型案例，大张旗鼓地开展宣传教育活动。要大力宣传党和政府打击拐卖妇女、儿童犯罪的态度和决心，宣传拐卖妇女、儿童犯罪的严重危害，宣传国家禁止买卖妇女、儿童和惩处人贩子、买主的法律规定，宣传"打拐"专项斗争中涌现出的不怕牺牲、不辞劳苦打击人贩子、解救被拐卖的妇女、儿童的英雄模范事迹，形成宣传攻势，提高广大人民群众的法制观念，教育群众自觉守法。特别是在拐卖妇女、儿童以及收买被拐卖的妇女、儿童情况较严重的地区，要深入村村户户进行法制宣传教育，真正做到家喻户晓、人人皆知。要以案说法，使广大干部和群众能够认识到拐卖妇女、儿童，收买被拐卖的妇女、儿童，阻碍解救被拐卖的妇女、儿童都是违法犯罪行为，要受到法律制裁。在不通广播、电视的贫困、边远地区，要采取印发宣传材料、召开座谈会等多种形式进行宣传。

要广泛发动社会各界以及基层干部、群众，积极投入"打拐"专项斗争，主动配合、协助有关部门做好解救被拐卖妇女、儿童的工作，号召群众检举、揭发拐卖、收买妇女、儿童的犯罪行为，自觉同拐卖妇女、儿童犯罪活动作斗争。各地公安机关要设立"打拐"热线电话，接受群众举报，对提供重要犯罪线索、协助抓获重大犯罪嫌疑人的人员，要给予奖励。

四、正确适用法律，依法严厉打击拐卖妇女、儿童的犯罪活动。这次"打拐"专项斗争的重点是打击拐卖妇女、儿童的人贩子。凡是拐卖妇女、儿童的，不论是哪个环节，只要是以出卖为目的，有拐骗、绑架、收买、贩卖、接送、中转、窝藏妇女、儿童的行为之一的，不论拐卖人数多少，是否获利，均应以拐卖妇女、儿童罪追究刑事责任。对收买被拐卖的妇女、儿童的，以及阻碍解救被拐卖妇女、儿童构成犯罪的，也要依法惩处。出卖亲生子女的，由公安机关依法没收非法所得，并处以罚款；以营利为目的，出卖不满十四周岁子女，情节恶劣的，借收养名义拐卖儿童的，以及出卖捡拾的儿童的，均应以拐卖儿童罪追究刑事责任。出卖十四周岁以上女性亲属或者其他不满十四周岁亲属的，以拐卖妇女、儿童罪追究刑事责任。

办案中，要正确区分罪与非罪、罪与罪的界限，特别是拐卖妇女罪与介绍婚姻收取钱物行为、拐卖儿童罪与收养中介行为、拐卖儿童罪与拐骗儿童罪，以及绑架儿童罪与拐卖儿童罪的界限，防止扩大打击面或者放纵犯罪。

五、各级政法机关和有关部门应当密切配合，形成合力，共同打好"打拐"专项斗争。公安机关应当组织专门力量，扎扎实实地做好侦查工作，全力侦破拐卖妇女、儿童犯罪案件，抓捕犯罪嫌疑人，并切实做好证据的收集工作，为起诉和审判打下坚实基础；人民检察院对公安机关提请逮捕和移送审查起诉的犯罪嫌疑人，应当依法及时批捕和提起公诉；人民法院对人民检察院提起公诉的案件，应当依法及时审判；监狱应当做好对罪犯收监执行和在押、在逃罪犯的协查工作。民政部门、妇联在工作中发现犯罪线索或者犯罪嫌疑人的，应当及时移交司法机关依法处理。

各级政法机关要全力以赴，提高办案效率，加快办案进度，力争在"打拐"专项斗争中逮捕一批、起诉一批、审判一批拐卖妇女、儿童的犯罪嫌疑人和被告人，震慑犯罪。人民检察院对公安机关侦查终结、移送审查起诉的案件，人民法院对人民检察院提起公诉的案件，应当坚持基本事实清楚，基本证据确凿的原则，及时起诉、审判，防止久拖不决。同时要严格遵守法律规定的诉讼程序和时限要求，依法办案，严禁刑讯逼供，防止滥用强制措施，超期羁押。

拐入地、拐出地或中转地公安机关立案侦查的拐卖妇女、儿童案件，应当向同级人民检察院提请批准逮捕、移送审查起诉。对于有多次倒卖情形的拐卖妇女、儿童案件，无论行为人是第几道贩子，只要其犯罪行为已经查证属实的，就应当及时起诉、审判。对于其他犯罪线索，公安机关应当组织力量继续进行侦查。对同案犯在逃的，已抓获的犯罪嫌疑人、被告人的犯罪事实已经查清，并有确实、充分证据的，应当及时起诉、审判。一人犯数罪的，对其中主要罪行或某一罪行事实清楚，证据确实充分，而其他罪行一时难以查清的，可先对其已查清的主要罪行或某一罪行作出处理。

六、切实做好解救和善后安置工作，保护被拐卖妇女、儿童的合法权益。解救被拐卖的妇女、儿童，是人民政府和政法机关的重要职责。公安、司法行政、民政、妇联等有关部门和组织要明确责任，各司其职，相互配合，通力合作。解救工作要充分依靠当地党委、政府的支持，做好对基层干部和群众的说服教育工作，注意方式、方法，慎用警械、武器，避免激化矛盾，防止出现围攻执法人员、聚众阻碍解救等突发事件。

对于被拐卖的未成年女性、现役军人配偶、遭受摧残虐待、被强迫卖淫或者从事其他色情服务的妇女，以及本人要求解救的妇女，要立即解救。对于自愿继续留在现住地生活的成年女性，应尊重本人意愿，愿在现住地结婚且符合法定结婚条件的，应当依法办理结婚登记手续。被拐卖妇女与买主所生子女的抚养问题，可由双方协商解决或由人民法院裁决。对于遭受摧残虐待的、被强迫乞讨或从事违法犯罪活动的，以及本人要求解救的被拐卖儿童，应当立即解救。对于解救的被拐卖儿童，由其父母或者其他监护人户口所在地公安机关负责接回。

公安、民政、妇联等有关部门和组织应当密切配合，做好被解救妇女、儿童的善后安置工作。任何单位和个人不得歧视被拐卖的妇女、儿童。对被解救回的未成年人，其父母及其他监护人应当接收并认真履行抚养义务。拒绝接收，拒不履行抚养义务，构成犯罪的，以遗弃罪追究刑事责任。

七、进一步开展综合治理，预防拐卖妇女、儿童犯罪发生。各级政法机关和有关部门要通过"打拐"专项斗争，及时发现问题，总结经验教训，动员全社会的力量，开展群防群治，常抓不懈，从根本上预防拐卖妇女、儿童犯罪的发生。公安、民政等有关部门要严格执行户口管理、暂住人口、流动人口登记、婚姻登记、收养登记等各项法律、法规和规章制度，堵塞漏洞。妇联等组织要积极维护妇女、儿童的合法权益，对妇女进行宣传教育，帮助她们提高自身素质，不断增强防拐防骗意识和自我保护能力。

各地接到本通知后，应当立即部署贯彻执行。执行中遇到的问题，请及时分别报告最高人民法院、最高人民检察院、公安部、民政部、司法部、全国妇联。

二〇〇〇年三月二十日

最高人民法院、最高人民检察院、公安部、民政部、司法部、全国妇联关于坚决打击拐卖妇女儿童犯罪活动的通知

（1986 年 11 月 27 日〔86〕公发 38 号）

各省、自治区、直辖市高级人民法院、人民检察院、公安、民政、司法厅（局）、妇女联合会：

近几年来，拐卖妇女、儿童的犯罪活动在一些地方比较严重。一九八三年以来，经过严厉打击，依法惩处了一批拐卖人口的犯罪分子，使拐卖人口的犯罪活动有所收敛。但从一九八五年下半年以来，部分地区拐卖妇女、儿童的犯罪活动又有增多趋势。据广西壮族自治区对二十九个市、县的调查，一九八五年二月以来被拐卖的妇女、儿童有二千三百零二人，其中妇女二千二百二十八人、儿童七十四人。据四川省调查，一九八五年下半年被拐卖的妇女、儿童有五百七十七名，比上半年增加近一倍。今年上半年，全国公安机关立案的拐卖人口案件四百四十八起，比去年同期上升二点三倍。广东、湖南、湖北、河南、河北、福建、山东、云南等省、自治区的一些市、县，均相继发现拐卖妇女、儿童的犯罪活动。

当前，拐卖妇女、儿童的犯罪活动出现了一些新的手法。有的犯罪分子闯进住宅将婴儿抢走；有的到医院妇产科婴儿室盗走刚出生的幼婴；有的佯做保姆骗走儿童；有的以招工为名诱骗青年妇女；有的结成团伙窜入城乡从事拐卖人口的犯罪活动。

拐卖妇女、儿童的犯罪活动目前又趋增多的主要原因：一是有的地方对这一犯罪活动的危害性、长期性认识不足，产生麻痹松劲思想，认为前一段对拐卖人口的犯罪分子已依法进行了打击处理，

情况有所好转，因而撤销了打击拐卖人口犯罪的专门机构，放松了这项工作。二是有些拐卖人口的犯罪分子也认为风头已过，乘农村人口向城市流动之机，以帮助找工作、介绍对象、旅游、合伙经商等为诱饵，重操旧业，拐骗、贩卖妇女，牟取暴利。三是有些基层干部、群众法制观念淡薄，认为收买妇女、儿童不违法，而是"办好事"，"成人之美"；有的甚至包庇、支持、参与拐卖妇女、儿童的犯罪活动，竭力阻挠解救受害妇女、儿童的工作。

为了尽快地把拐卖妇女、儿童犯罪活动的势头压下去，确保社会治安的稳定好转，必须采取有效措施，继续严厉打击拐卖妇女、儿童的犯罪分子，制止其继续蔓延。为此，提出如下意见：

一、进一步统一思想，提高认识。拐卖妇女、儿童犯罪活动是同我国社会主义制度绝对不相容的丑恶现象，直接侵害妇女、儿童的人身自由和权利，严重危害社会治安，败坏社会风气，在一些案件多发地区，甚至影响群众生产和各项工作的顺利进行。当前，在城乡人口大量流动的情况下，拐卖人口犯罪活动可资利用的客观条件相应增多，如果我们麻痹松劲，不采取坚决的打击和预防措施，拐卖妇女、儿童的犯罪活动将会继续蔓延扩大。对此，各地必须引起充分重视，尤其是发案多的地区，一定要把打击和预防拐卖妇女、儿童的犯罪活动，列入各有关部门的议事日程，切实抓紧抓好。

二、加强领导，明确分工，各负其责，协同作战。打击和预防拐卖人口的犯罪活动，涉及多方面的工作、公安、检察、法院、司法、民政、妇联等有关部门，必须在党委和政府领导下，各负其责，共同来办。公安机关要抓紧案件侦破，及时将拐卖人口的犯罪分子查获归案。检察机关要及时批捕、起诉。人民法院要抓紧审理，依法从得从快惩处严重犯罪分子。司法、宣传、妇联等有关部门都要从各自角度，加强对群众的法制宣传教育。妇联和公安机关要相互配合，做好被拐卖妇女、儿童的解救工作。民政部门要负责做好遣送工作。各有关部门对群众来信来访中申报妇女、儿童失踪的，要认真登记接待，然后按分工交主管部门处理，不得推出了事。

三、坚决打击拐卖妇女、儿童的犯罪分子。在拐卖人口犯罪活动比较突出的地区，要把打击拐卖人口的犯罪分子作为"严打"斗争的重要内容。按照一九八三年中央办公厅转发的公安部和全国妇联两党组《关于坚决打击拐卖妇女、儿童犯罪活动的报告》（中办发〔1983〕14号文件）精神和一九八四年最高人民法院、最高人民检察院、公安部《关于当前办理拐卖人口案件中具体应用法律的若干问题的解答》的有关规定，对构成拐卖人口罪的，不管是直接拐卖、间接拐卖，是一道贩子，还是二道、三道贩子，都要坚决打击。对其中的惯犯、累犯、犯罪集团的主犯，对用劫持、绑架等手段拐卖妇女、儿童，摧残、虐待被拐卖妇女、儿童的犯罪分子，必须依法从重从快惩处。

要注意区分罪与非罪的界限。把在青年男女双方自愿基础上介绍婚姻，收受部分钱物的牵线人，与拐卖妇女的犯罪分子严格加以区别。

必须强调，对阻挠解救被害妇女、儿童工作，围攻、殴打前来解救的工作人员或亲属的，经教育无效，要依照治安管理处罚条例有关规定给予处罚；情节严重，构成妨害公务罪或者故意伤害罪的，依法追究刑事责任。

四、在拐卖妇女、儿童犯罪活动比较突出的重点地区，要有针对性地开展法制宣传教育。要进一步宣传刑法、民法通则和婚姻法。认真做好普及法律常识的工作，使广大基层干部群众增强法制观念，充分认识买卖人口是国家法律不允许的。依靠基层党政组织做好思想政治工作，向青年妇女进行理想、道德教育和形势教育，并注意解决她们在生产、工作、学习、婚姻恋爱和生活中的实际问题。运用典型事例，向妇女和她们的家长、亲属进行宣传教育，使她们提高警惕，自觉抵制犯罪分子的诱骗、拐卖活动。

关于打击拐卖妇女、儿童犯罪活动的办案经费问题，要向当地人民政府报告，请地方财政部门予以解决。

最高人民法院关于适用
《中华人民共和国婚姻法》
若干问题的解释（一）（节录）

（2001 年 12 月 24 日最高人民法院审判委员会第 1202 次会议通过　自 2001 年 12 月 27 日起施行　法释〔2001〕30 号）

　　第一条　婚姻法第三条、第三十二条、第四十三条、第四十五条、第四十六条所称的"家庭暴力"，是指行为人以殴打、捆绑、残害、强行限制人身自由或者其他手段，给其家庭成员的身体、精神等方面造成一定伤害后果的行为。持续性、经常性的家庭暴力，构成虐待。

　　第二条　婚姻法第三条、第三十二条、第四十六条规定的"有配偶者与他人同居"的情形，是指有配偶者与婚外异性，不以夫妻名义，持续、稳定地共同居住。

　　第二十条　婚姻法第二十一条规定的"不能独立生活的子女"，是指尚在校接受高中及其以下学历教育，或者丧失或未完全丧失劳动能力等非因主观原因而无法维持正常生活的成年子女。

　　第二十一条　婚姻法第二十一条所称"抚养费"，包括子女生活费、教育费、医疗费等费用。

最高人民法院关于审理拐卖妇女案件
适用法律有关问题的解释

（1999 年 12 月 23 日最高人民法院审判委员会第 1094 次会议通过　自
2000 年 1 月 25 日起施行　法释〔2000〕1 号）

为依法惩治拐卖妇女的犯罪行为，根据刑法和刑事诉讼法的有
关规定，现就审理拐卖妇女案件具体适用法律的有关问题解释
如下：

第一条　刑法第二百四十条规定的拐卖妇女罪中的"妇女"，
既包括具有中国国籍的妇女，也包括具有外国国籍和无国籍的妇
女。被拐卖的外国妇女没有身份证明的，不影响对犯罪分子的定罪
处罚。

第二条　外国人或者无国籍人拐卖外国妇女到我国境内被查获
的，应当根据刑法第六条的规定，适用我国刑法定罪处罚。

第三条　对于外国籍被告人身份无法查明或者其国籍国拒绝提
供有关身份证明，人民检察院根据刑事诉讼法第一百二十八条第二
款的规定起诉的案件，人民法院应当依法受理。

最高人民法院研究室
关于同一被害人在同一晚上分别被
多个互不通谋的人在不同地点强奸
可否并案审理问题的电话答复

（1990 年 5 月 26 日）

广东省高级人民法院：

你院请示：一被害人在同一个晚上分别被 3 个互不通谋的犯罪分子在不同地点和时间实施了强奸。公安机关同时侦破，检察院以一个案件起诉，法院是作一案审理还是分案审理？

经研究，我们认为，根据上述情况，这 3 个被告人的行为不属于共同犯罪，而是各个被告人分别实施的各自独立的犯罪，因此，应分案审理，不宜并案审理。

三、行政法规

校车安全管理条例

（经 2012 年 3 月 28 日国务院第 197 次常务会议通过，自公布之日起施行）

第一章　总　　则

第一条　为了加强校车安全管理，保障乘坐校车学生的人身安全，制定本条例。

第二条　本条例所称校车，是指依照本条例取得使用许可，用于接送接受义务教育的学生上下学的 7 座以上的载客汽车。

接送小学生的校车应当是按照专用校车国家标准设计和制造的小学生专用校车。

第三条　县级以上地方人民政府应当根据本行政区域的学生数量和分布状况等因素，依法制定、调整学校设置规划，保障学生就近入学或者在寄宿制学校入学，减少学生上下学的交通风险。实施义务教育的学校及其教学点的设置、调整，应当充分听取学生家长等有关方面的意见。

县级以上地方人民政府应当采取措施，发展城市和农村的公共交通，合理规划、设置公共交通线路和站点，为需要乘车上下学的学生提供方便。

对确实难以保障就近入学，并且公共交通不能满足学生上下学需要的农村地区，县级以上地方人民政府应当采取措施，保障接受义务教育的学生获得校车服务。

国家建立多渠道筹措校车经费的机制，并通过财政资助、税收优惠、鼓励社会捐赠等多种方式，按照规定支持使用校车接送学生的服务。支持校车服务所需的财政资金由中央财政和地方财政分担，具体办法由国务院财政部门制定。支持校车服务的税收优惠办法，依照法律、行政法规规定的税收管理权限制定。

第四条 国务院教育、公安、交通运输以及工业和信息化、质量监督检验检疫、安全生产监督管理等部门依照法律、行政法规和国务院的规定，负责校车安全管理的有关工作。国务院教育、公安部门会同国务院有关部门建立校车安全管理工作协调机制，统筹协调校车安全管理工作中的重大事项，共同做好校车安全管理工作。

第五条 县级以上地方人民政府对本行政区域的校车安全管理工作负总责，组织有关部门制定并实施与当地经济发展水平和校车服务需求相适应的校车服务方案，统一领导、组织、协调有关部门履行校车安全管理职责。

县级以上地方人民政府教育、公安、交通运输、安全生产监督管理等有关部门依照本条例以及本级人民政府的规定，履行校车安全管理的相关职责。有关部门应当建立健全校车安全管理信息共享机制。

第六条 国务院标准化主管部门会同国务院工业和信息化、公安、交通运输等部门，按照保障安全、经济适用的要求，制定并及时修订校车安全国家标准。

生产校车的企业应当建立健全产品质量保证体系，保证所生产（包括改装，下同）的校车符合校车安全国家标准；不符合标准的，不得出厂、销售。

第七条 保障学生上下学交通安全是政府、学校、社会和家庭的共同责任。社会各方面应当为校车通行提供便利，协助保障校车通行安全。

第八条 县级和设区的市级人民政府教育、公安、交通运输、安全生产监督管理部门应当设立并公布举报电话、举报网络平台，方便群众举报违反校车安全管理规定的行为。

接到举报的部门应当及时依法处理；对不属于本部门管理职责的举报，应当及时移送有关部门处理。

第二章 学校和校车服务提供者

第九条 学校可以配备校车。依法设立的道路旅客运输经营企业、城市公共交通企业，以及根据县级以上地方人民政府规定设立的校车运营单位，可以提供校车服务。

县级以上地方人民政府根据本地区实际情况，可以制定管理办法，组织依法取得道路旅客运输经营许可的个体经营者提供校车服务。

第十条 配备校车的学校和校车服务提供者应当建立健全校车安全管理制度，配备安全管理人员，加强校车的安全维护，定期对校车驾驶人进行安全教育，组织校车驾驶人学习道路交通安全法律法规以及安全防范、应急处置和应急救援知识，保障学生乘坐校车安全。

第十一条 由校车服务提供者提供校车服务的，学校应当与校车服务提供者签订校车安全管理责任书，明确各自的安全管理责任，落实校车运行安全管理措施。

学校应当将校车安全管理责任书报县级或者设区的市级人民政府教育行政部门备案。

第十二条 学校应当对教师、学生及其监护人进行交通安全教育，向学生讲解校车安全乘坐知识和校车安全事故应急处理技能，并定期组织校车安全事故应急处理演练。

学生的监护人应当履行监护义务，配合学校或者校车服务提供者的校车安全管理工作。学生的监护人应当拒绝使用不符合安全要求的车辆接送学生上下学。

第十三条 县级以上地方人民政府教育行政部门应当指导、监督学校建立健全校车安全管理制度，落实校车安全管理责任，组织学校开展交通安全教育。公安机关交通管理部门应当配合教育行政部门组织学校开展交通安全教育。

第三章　校车使用许可

第十四条　使用校车应当依照本条例的规定取得许可。

取得校车使用许可应当符合下列条件：

（一）车辆符合校车安全国家标准，取得机动车检验合格证明，并已经在公安机关交通管理部门办理注册登记；

（二）有取得校车驾驶资格的驾驶人；

（三）有包括行驶线路、开行时间和停靠站点的合理可行的校车运行方案；

（四）有健全的安全管理制度；

（五）已经投保机动车承运人责任保险。

第十五条　学校或者校车服务提供者申请取得校车使用许可，应当向县级或者设区的市级人民政府教育行政部门提交书面申请和证明其符合本条例第十四条规定条件的材料。教育行政部门应当自收到申请材料之日起3个工作日内，分别送同级公安机关交通管理部门、交通运输部门征求意见，公安机关交通管理部门和交通运输部门应当在3个工作日内回复意见。教育行政部门应当自收到回复意见之日起5个工作日内提出审查意见，报本级人民政府。本级人民政府决定批准的，由公安机关交通管理部门发给校车标牌，并在机动车行驶证上签注校车类型和核载人数；不予批准的，书面说明理由。

第十六条　校车标牌应当载明本车的号牌号码、车辆的所有人、驾驶人、行驶线路、开行时间、停靠站点以及校车标牌发牌单位、有效期等事项。

第十七条　取得校车标牌的车辆应当配备统一的校车标志灯和停车指示标志。

校车未运载学生上道路行驶的，不得使用校车标牌、校车标志灯和停车指示标志。

第十八条 禁止使用未取得校车标牌的车辆提供校车服务。

第十九条 取得校车标牌的车辆达到报废标准或者不再作为校车使用的，学校或者校车服务提供者应当将校车标牌交回公安机关交通管理部门。

第二十条 校车应当每半年进行一次机动车安全技术检验。

第二十一条 校车应当配备逃生锤、干粉灭火器、急救箱等安全设备。安全设备应当放置在便于取用的位置，并确保性能良好、有效适用。

校车应当按照规定配备具有行驶记录功能的卫星定位装置。

第二十二条 配备校车的学校和校车服务提供者应当按照国家规定做好校车的安全维护，建立安全维护档案，保证校车处于良好技术状态。不符合安全技术条件的校车，应当停运维修，消除安全隐患。

校车应当由依法取得相应资质的维修企业维修。承接校车维修业务的企业应当按照规定的维修技术规范维修校车，并按照国务院交通运输主管部门的规定对所维修的校车实行质量保证期制度，在质量保证期内对校车的维修质量负责。

第四章 校车驾驶人

第二十三条 校车驾驶人应当依照本条例的规定取得校车驾驶资格。

取得校车驾驶资格应当符合下列条件：

（一）取得相应准驾车型驾驶证并具有 3 年以上驾驶经历，年龄在 25 周岁以上、不超过 60 周岁；

（二）最近连续 3 个记分周期内没有被记满分记录；

（三）无致人死亡或者重伤的交通事故责任记录；

（四）无饮酒后驾驶或者醉酒驾驶机动车记录，最近 1 年内无驾驶客运车辆超员、超速等严重交通违法行为记录；

（五）无犯罪记录；

（六）身心健康，无传染性疾病，无癫痫、精神病等可能危及行车安全的疾病病史，无酗酒、吸毒行为记录。

第二十四条　机动车驾驶人申请取得校车驾驶资格，应当向县级或者设区的市级人民政府公安机关交通管理部门提交书面申请和证明其符合本条例第二十三条规定条件的材料。公安机关交通管理部门应当自收到申请材料之日起5个工作日内审查完毕，对符合条件的，在机动车驾驶证上签注准许驾驶校车；不符合条件的，书面说明理由。

第二十五条　机动车驾驶人未取得校车驾驶资格，不得驾驶校车。禁止聘用未取得校车驾驶资格的机动车驾驶人驾驶校车。

第二十六条　校车驾驶人应当每年接受公安机关交通管理部门的审验。

第二十七条　校车驾驶人应当遵守道路交通安全法律法规，严格按照机动车道路通行规则和驾驶操作规范安全驾驶、文明驾驶。

第五章　校车通行安全

第二十八条　校车行驶线路应当尽量避开急弯、陡坡、临崖、临水的危险路段；确实无法避开的，道路或者交通设施的管理、养护单位应当按照标准对上述危险路段设置安全防护设施、限速标志、警告标牌。

第二十九条　校车经过的道路出现不符合安全通行条件的状况或者存在交通安全隐患的，当地人民政府应当组织有关部门及时改善道路安全通行条件、消除安全隐患。

第三十条　校车运载学生，应当按照国务院公安部门规定的位置放置校车标牌，开启校车标志灯。

校车运载学生，应当按照经审核确定的线路行驶，遇有交通管制、道路施工以及自然灾害、恶劣气象条件或者重大交通事故等影响道路通行情形的除外。

第三十一条 公安机关交通管理部门应当加强对校车行驶线路的道路交通秩序管理。遇交通拥堵的，交通警察应当指挥疏导运载学生的校车优先通行。

校车运载学生，可以在公共交通专用车道以及其他禁止社会车辆通行但允许公共交通车辆通行的路段行驶。

第三十二条 校车上下学生，应当在校车停靠站点停靠；未设校车停靠站点的路段可以在公共交通站台停靠。

道路或者交通设施的管理、养护单位应当按照标准设置校车停靠站点预告标识和校车停靠站点标牌，施划校车停靠站点标线。

第三十三条 校车在道路上停车上下学生，应当靠道路右侧停靠，开启危险报警闪光灯，打开停车指示标志。校车在同方向只有一条机动车道的道路上停靠时，后方车辆应当停车等待，不得超越。校车在同方向有两条以上机动车道的道路上停靠时，校车停靠车道后方和相邻机动车道上的机动车应当停车等待，其他机动车道上的机动车应当减速通过。校车后方停车等待的机动车不得鸣喇叭或者使用灯光催促校车。

第三十四条 校车载人不得超过核定的人数，不得以任何理由超员。

学校和校车服务提供者不得要求校车驾驶人超员、超速驾驶校车。

第三十五条 载有学生的校车在高速公路上行驶的最高时速不得超过80公里，在其他道路上行驶的最高时速不得超过60公里。

道路交通安全法律法规规定或者道路上限速标志、标线标明的最高时速低于前款规定的，从其规定。

载有学生的校车在急弯、陡坡、窄路、窄桥以及冰雪、泥泞的道路上行驶，或者遇有雾、雨、雪、沙尘、冰雹等低能见度气象条件时，最高时速不得超过20公里。

第三十六条 交通警察对违反道路交通安全法律法规的校车，

可以在消除违法行为的前提下先予放行，待校车完成接送学生任务后再对校车驾驶人进行处罚。

第三十七条　公安机关交通管理部门应当加强对校车运行情况的监督检查，依法查处校车道路交通安全违法行为，定期将校车驾驶人的道路交通安全违法行为和交通事故信息抄送其所属单位和教育行政部门。

第六章　校车乘车安全

第三十八条　配备校车的学校、校车服务提供者应当指派照管人员随校车全程照管乘车学生。校车服务提供者为学校提供校车服务的，双方可以约定由学校指派随车照管人员。

学校和校车服务提供者应当定期对随车照管人员进行安全教育，组织随车照管人员学习道路交通安全法律法规、应急处置和应急救援知识。

第三十九条　随车照管人员应当履行下列职责：

（一）学生上下车时，在车下引导、指挥，维护上下车秩序；

（二）发现驾驶人无校车驾驶资格，饮酒、醉酒后驾驶，或者身体严重不适以及校车超员等明显妨碍行车安全情形的，制止校车开行；

（三）清点乘车学生人数，帮助、指导学生安全落座、系好安全带，确认车门关闭后示意驾驶人启动校车；

（四）制止学生在校车行驶过程中离开座位等危险行为；

（五）核实学生下车人数，确认乘车学生已经全部离车后本人方可离车。

第四十条　校车的副驾驶座位不得安排学生乘坐。

校车运载学生过程中，禁止除驾驶人、随车照管人员以外的人员乘坐。

第四十一条　校车驾驶人驾驶校车上道路行驶前，应当对校车的制动、转向、外部照明、轮胎、安全门、座椅、安全带等车况是否符合安全技术要求进行检查，不得驾驶存在安全隐患的校车上道路行驶。

校车驾驶人不得在校车载有学生时给车辆加油，不得在校车发动机引擎熄灭前离开驾驶座位。

第四十二条 校车发生交通事故，驾驶人、随车照管人员应当立即报警，设置警示标志。乘车学生继续留在校车内有危险的，随车照管人员应当将学生撤离到安全区域，并及时与学校、校车服务提供者、学生的监护人联系处理后续事宜。

第七章 法律责任

第四十三条 生产、销售不符合校车安全国家标准的校车的，依照道路交通安全、产品质量管理的法律、行政法规的规定处罚。

第四十四条 使用拼装或者达到报废标准的机动车接送学生的，由公安机关交通管理部门收缴并强制报废机动车；对驾驶人处2000元以上5000元以下的罚款，吊销其机动车驾驶证；对车辆所有人处8万元以上10万元以下的罚款，有违法所得的予以没收。

第四十五条 使用未取得校车标牌的车辆提供校车服务，或者使用未取得校车驾驶资格的人员驾驶校车的，由公安机关交通管理部门扣留该机动车，处1万元以上2万元以下的罚款，有违法所得的予以没收。

取得道路运输经营许可的企业或者个体经营者有前款规定的违法行为，除依照前款规定处罚外，情节严重的，由交通运输主管部门吊销其经营许可证件。

伪造、变造或者使用伪造、变造的校车标牌的，由公安机关交通管理部门收缴伪造、变造的校车标牌，扣留该机动车，处2000元以上5000元以下的罚款。

第四十六条 不按照规定为校车配备安全设备，或者不按照规定对校车进行安全维护的，由公安机关交通管理部门责令改正，处1000元以上3000元以下的罚款。

第四十七条 机动车驾驶人未取得校车驾驶资格驾驶校车的，由公安机关交通管理部门处 1000 元以上 3000 元以下的罚款，情节严重的，可以并处吊销机动车驾驶证。

第四十八条 校车驾驶人有下列情形之一的，由公安机关交通管理部门责令改正，可以处 200 元罚款：

（一）驾驶校车运载学生，不按照规定放置校车标牌、开启校车标志灯，或者不按照经审核确定的线路行驶；

（二）校车上下学生，不按照规定在校车停靠站点停靠；

（三）校车未运载学生上道路行驶，使用校车标牌、校车标志灯和停车指示标志；

（四）驾驶校车上道路行驶前，未对校车车况是否符合安全技术要求进行检查，或者驾驶存在安全隐患的校车上道路行驶；

（五）在校车载有学生时给车辆加油，或者在校车发动机引擎熄灭前离开驾驶座位。

校车驾驶人违反道路交通安全法律法规关于道路通行规定的，由公安机关交通管理部门依法从重处罚。

第四十九条 校车驾驶人违反道路交通安全法律法规被依法处罚或者发生道路交通事故，不再符合本条例规定的校车驾驶人条件的，由公安机关交通管理部门取消校车驾驶资格，并在机动车驾驶证上签注。

第五十条 校车载人超过核定人数的，由公安机关交通管理部门扣留车辆至违法状态消除，并依照道路交通安全法律法规的规定从重处罚。

第五十一条 公安机关交通管理部门查处校车道路交通安全违法行为，依法扣留车辆的，应当通知相关学校或者校车服务提供者转运学生，并在违法状态消除后立即发还被扣留车辆。

第五十二条 机动车驾驶人违反本条例规定，不避让校车的，由公安机关交通管理部门处 200 元罚款。

第五十三条 未依照本条例规定指派照管人员随校车全程照管

乘车学生的，由公安机关责令改正，可以处 500 元罚款。

随车照管人员未履行本条例规定的职责的，由学校或者校车服务提供者责令改正；拒不改正的，给予处分或者予以解聘。

第五十四条 取得校车使用许可的学校、校车服务提供者违反本条例规定，情节严重的，原作出许可决定的地方人民政府可以吊销其校车使用许可，由公安机关交通管理部门收回校车标牌。

第五十五条 学校违反本条例规定的，除依照本条例有关规定予以处罚外，由教育行政部门给予通报批评；导致发生学生伤亡事故的，对政府举办的学校的负有责任的领导人员和直接责任人员依法给予处分；对民办学校由审批机关责令暂停招生，情节严重的，吊销其办学许可证，并由教育行政部门责令负有责任的领导人员和直接责任人员 5 年内不得从事学校管理事务。

第五十六条 县级以上地方人民政府不依法履行校车安全管理职责，致使本行政区域发生校车安全重大事故的，对负有责任的领导人员和直接责任人员依法给予处分。

第五十七条 教育、公安、交通运输、工业和信息化、质量监督检验检疫、安全生产监督管理等有关部门及其工作人员不依法履行校车安全管理职责的，对负有责任的领导人员和直接责任人员依法给予处分。

第五十八条 违反本条例的规定，构成违反治安管理行为的，由公安机关依法给予治安管理处罚；构成犯罪的，依法追究刑事责任。

第五十九条 发生校车安全事故，造成人身伤亡或者财产损失的，依法承担赔偿责任。

第八章 附　　则

第六十条 县级以上地方人民政府应当合理规划幼儿园布局，方便幼儿就近入园。

入园幼儿应当由监护人或者其委托的成年人接送。对确因特殊情况不能由监护人或者其委托的成年人接送，需要使用车辆集中接送的，应当使用按照专用校车国家标准设计和制造的幼儿专用校车，遵守本条例校车安全管理的规定。

第六十一条 省、自治区、直辖市人民政府应当结合本地区实际情况，制定本条例的实施办法。

第六十二条 本条例自公布之日起施行。

本条例施行前已经配备校车的学校和校车服务提供者及其聘用的校车驾驶人应当自本条例施行之日起 90 日内，依照本条例的规定申请取得校车使用许可、校车驾驶资格。

本条例施行后，用于接送小学生、幼儿的专用校车不能满足需求的，在省、自治区、直辖市人民政府规定的过渡期限内可以使用取得校车标牌的其他载客汽车。

娱乐场所管理条例

（2006 年 1 月 29 日国务院令第 458 号公布　根据 2016 年 2 月 6 日发布的国务院令第 666 号《国务院关于修改部分行政法规的决定》修订）

第一章　总　　则

第一条　为了加强对娱乐场所的管理，保障娱乐场所的健康发展，制定本条例。

第二条　本条例所称娱乐场所，是指以营利为目的，并向公众开放、消费者自娱自乐的歌舞、游艺等场所。

第三条　县级以上人民政府文化主管部门负责对娱乐场所日常经营活动的监督管理；县级以上公安部门负责对娱乐场所消防、治安状况的监督管理。

第四条　国家机关及其工作人员不得开办娱乐场所，不得参与或者变相参与娱乐场所的经营活动。

与文化主管部门、公安部门的工作人员有夫妻关系、直系血亲关系、三代以内旁系血亲关系以及近姻亲关系的亲属，不得开办娱乐场所，不得参与或者变相参与娱乐场所的经营活动。

第二章　设　　立

第五条　有下列情形之一的人员，不得开办娱乐场所或者在娱乐场所内从业：

（一）曾犯有组织、强迫、引诱、容留、介绍卖淫罪，制作、贩卖、传播淫秽物品罪，走私、贩卖、运输、制造毒品罪，强奸罪，强制猥亵、侮辱妇女罪，赌博罪，洗钱罪，组织、领导、参加黑社会性质组织罪的；

（二）因犯罪曾被剥夺政治权利的；

（三）因吸食、注射毒品曾被强制戒毒的；

（四）因卖淫、嫖娼曾被处以行政拘留的。

第六条 外国投资者可以与中国投资者依法设立中外合资经营、中外合作经营的娱乐场所，不得设立外商独资经营的娱乐场所。

第七条 娱乐场所不得设在下列地点：

（一）居民楼、博物馆、图书馆和被核定为文物保护单位的建筑物内；

（二）居民住宅区和学校、医院、机关周围；

（三）车站、机场等人群密集的场所；

（四）建筑物地下一层以下；

（五）与危险化学品仓库毗连的区域。

娱乐场所的边界噪声，应当符合国家规定的环境噪声标准。

第八条 娱乐场所的使用面积，不得低于国务院文化主管部门规定的最低标准；设立含有电子游戏机的游艺娱乐场所，应当符合国务院文化主管部门关于总量和布局的要求。

第九条 娱乐场所申请从事娱乐场所经营活动，应当向所在地县级人民政府文化主管部门提出申请；中外合资经营、中外合作经营的娱乐场所申请从事娱乐场所经营活动，应当向所在地省、自治区、直辖市人民政府文化主管部门提出申请。

娱乐场所申请从事娱乐场所经营活动，应当提交投资人员、拟任的法定代表人和其他负责人没有本条例第五条规定情形的书面声明。申请人应当对书面声明内容的真实性负责。

受理申请的文化主管部门应当就书面声明向公安部门或者其他有关单位核查，公安部门或者其他有关单位应当予以配合；经核查属实的，文化主管部门应当依据本条例第七条、第八条的规定进行实地检查，作出决定。予以批准的，颁发娱乐经营许可证，并根据国务院文化主管部门的规定核定娱乐场所容纳的消费者数量；不予批准的，应当书面通知申请人并说明理由。

有关法律、行政法规规定需要办理消防、卫生、环境保护等审批手续的，从其规定。

第十条 文化主管部门审批娱乐场所应当举行听证。有关听证的程序，依照《中华人民共和国行政许可法》的规定执行。

第十一条 娱乐场所依法取得营业执照和相关批准文件、许可证后，应当在 15 日内向所在地县级公安部门备案。

第十二条 娱乐场所改建、扩建营业场所或者变更场地、主要设施设备、投资人员，或者变更娱乐经营许可证载明的事项的，应当向原发证机关申请重新核发娱乐经营许可证，并向公安部门备案；需要办理变更登记的，应当依法向工商行政管理部门办理变更登记。

第三章 经 营

第十三条 国家倡导弘扬民族优秀文化，禁止娱乐场所内的娱乐活动含有下列内容：

（一）违反宪法确定的基本原则的；

（二）危害国家统一、主权或者领土完整的；

（三）危害国家安全，或者损害国家荣誉、利益的；

（四）煽动民族仇恨、民族歧视，伤害民族感情或者侵害民族风俗、习惯，破坏民族团结的；

（五）违反国家宗教政策，宣扬邪教、迷信的；

（六）宣扬淫秽、赌博、暴力以及与毒品有关的违法犯罪活动，或者教唆犯罪的；

（七）违背社会公德或者民族优秀文化传统的；

（八）侮辱、诽谤他人，侵害他人合法权益的；

（九）法律、行政法规禁止的其他内容。

第十四条 娱乐场所及其从业人员不得实施下列行为，不得为进入娱乐场所的人员实施下列行为提供条件：

（一）贩卖、提供毒品，或者组织、强迫、教唆、引诱、欺骗、容留他人吸食、注射毒品；

（二）组织、强迫、引诱、容留、介绍他人卖淫、嫖娼；

（三）制作、贩卖、传播淫秽物品；

（四）提供或者从事以营利为目的的陪侍；

（五）赌博；

（六）从事邪教、迷信活动；

（七）其他违法犯罪行为。

娱乐场所的从业人员不得吸食、注射毒品，不得卖淫、嫖娼；娱乐场所及其从业人员不得为进入娱乐场所的人员实施上述行为提供条件。

第十五条 歌舞娱乐场所应当按照国务院公安部门的规定在营业场所的出入口、主要通道安装闭路电视监控设备，并应当保证闭路电视监控设备在营业期间正常运行，不得中断。

歌舞娱乐场所应当将闭路电视监控录像资料留存 30 日备查，不得删改或者挪作他用。

第十六条 歌舞娱乐场所的包厢、包间内不得设置隔断，并应当安装展现室内整体环境的透明门窗。包厢、包间的门不得有内锁装置。

第十七条 营业期间，歌舞娱乐场所内亮度不得低于国家规定的标准。

第十八条 娱乐场所使用的音像制品或者电子游戏应当是依法出版、生产或者进口的产品。

歌舞娱乐场所播放的曲目和屏幕画面以及游艺娱乐场所的电子游戏机内的游戏项目，不得含有本条例第十三条禁止的内容；歌舞娱乐场所使用的歌曲点播系统不得与境外的曲库联接。

第十九条 游艺娱乐场所不得设置具有赌博功能的电子游戏机机型、机种、电路板等游戏设施设备，不得以现金或者有价证券作为奖品，不得回购奖品。

第二十条 娱乐场所的法定代表人或者主要负责人应当对娱乐场所的消防安全和其他安全负责。

娱乐场所应当确保其建筑、设施符合国家安全标准和消防技术规范，定期检查消防设施状况，并及时维护、更新。

娱乐场所应当制定安全工作方案和应急疏散预案。

第二十一条 营业期间，娱乐场所应当保证疏散通道和安全出口畅通，不得封堵、锁闭疏散通道和安全出口，不得在疏散通道和安全出口设置栅栏等影响疏散的障碍物。

娱乐场所应当在疏散通道和安全出口设置明显指示标志，不得遮挡、覆盖指示标志。

第二十二条 任何人不得非法携带枪支、弹药、管制器具或者携带爆炸性、易燃性、毒害性、放射性、腐蚀性等危险物品和传染病病原体进入娱乐场所。

迪斯科舞厅应当配备安全检查设备，对进入营业场所的人员进行安全检查。

第二十三条 歌舞娱乐场所不得接纳未成年人。除国家法定节假日外，游艺娱乐场所设置的电子游戏机不得向未成年人提供。

第二十四条 娱乐场所不得招用未成年人；招用外国人的，应当按照国家有关规定为其办理外国人就业许可证。

第二十五条 娱乐场所应当与从业人员签订文明服务责任书，并建立从业人员名簿；从业人员名簿应当包括从业人员的真实姓名、居民身份证复印件、外国人就业许可证复印件等内容。

娱乐场所应当建立营业日志，记载营业期间从业人员的工作职责、工作时间、工作地点；营业日志不得删改，并应当留存 60 日备查。

第二十六条 娱乐场所应当与保安服务企业签订保安服务合同，配备专业保安人员；不得聘用其他人员从事保安工作。

第二十七条 营业期间，娱乐场所的从业人员应当统一着工作服，佩戴工作标志并携带居民身份证或者外国人就业许可证。

从业人员应当遵守职业道德和卫生规范，诚实守信，礼貌待人，不得侵害消费者的人身和财产权利。

第二十八条 每日凌晨 2 时至上午 8 时，娱乐场所不得营业。

第二十九条 娱乐场所提供娱乐服务项目和出售商品，应当明码标价，并向消费者出示价目表；不得强迫、欺骗消费者接受服务、购买商品。

第三十条 娱乐场所应当在营业场所的大厅、包厢、包间内的显著位置悬挂含有禁毒、禁赌、禁止卖淫嫖娼等内容的警示标志、未成年人禁入或者限入标志。标志应当注明公安部门、文化主管部门的举报电话。

第三十一条 娱乐场所应当建立巡查制度，发现娱乐场所内有违法犯罪活动的，应当立即向所在地县级公安部门、县级人民政府文化主管部门报告。

第四章 监督管理

第三十二条 文化主管部门、公安部门和其他有关部门的工作人员依法履行监督检查职责时，有权进入娱乐场所。娱乐场所应当予以配合，不得拒绝、阻挠。

文化主管部门、公安部门和其他有关部门的工作人员依法履行监督检查职责时，需要查阅闭路电视监控录像资料、从业人员名簿、营业日志等资料的，娱乐场所应当及时提供。

第三十三条 文化主管部门、公安部门和其他有关部门应当记录监督检查的情况和处理结果。监督检查记录由监督检查人员签字归档。公众有权查阅监督检查记录。

第三十四条 文化主管部门、公安部门和其他有关部门应当建立娱乐场所违法行为警示记录系统；对列入警示记录的娱乐场所，应当及时向社会公布，并加大监督检查力度。

第三十五条 文化主管部门应当建立娱乐场所的经营活动信用

监管制度，建立健全信用约束机制，并及时公布行政处罚信息。

第三十六条　文化主管部门、公安部门和其他有关部门应当建立相互间的信息通报制度，及时通报监督检查情况和处理结果。

第三十七条　任何单位或者个人发现娱乐场所内有违反本条例行为的，有权向文化主管部门、公安部门等有关部门举报。

文化主管部门、公安部门等有关部门接到举报，应当记录，并及时依法调查、处理；对不属于本部门职责范围的，应当及时移送有关部门。

第三十八条　上级人民政府文化主管部门、公安部门在必要时，可以依照本条例的规定调查、处理由下级人民政府文化主管部门、公安部门调查、处理的案件。

下级人民政府文化主管部门、公安部门认为案件重大、复杂的，可以请求移送上级人民政府文化主管部门、公安部门调查、处理。

第三十九条　文化主管部门、公安部门和其他有关部门及其工作人员违反本条例规定的，任何单位或者个人可以向依法有权处理的本级或者上一级机关举报。接到举报的机关应当依法及时调查、处理。

第四十条　娱乐场所行业协会应当依照章程的规定，制定行业自律规范，加强对会员经营活动的指导、监督。

第五章　法律责任

第四十一条　违反本条例规定，擅自从事娱乐场所经营活动的，由文化主管部门依法予以取缔；公安部门在查处治安、刑事案件时，发现擅自从事娱乐场所经营活动的，应当依法予以取缔。

第四十二条　违反本条例规定，以欺骗等不正当手段取得娱乐经营许可证的，由原发证机关撤销娱乐经营许可证。

第四十三条　娱乐场所实施本条例第十四条禁止行为的，由县级公安部门没收违法所得和非法财物，责令停业整顿3个月至6个月；情节严重的，由原发证机关吊销娱乐经营许可证，对直接负责的主管人员和其他直接责任人员处 1 万元以上 2 万元以下的罚款。

第四十四条 娱乐场所违反本条例规定，有下列情形之一的，由县级公安部门责令改正，给予警告；情节严重的，责令停业整顿 1 个月至 3 个月：

（一）照明设施、包厢、包间的设置以及门窗的使用不符合本条例规定的；

（二）未按照本条例规定安装闭路电视监控设备或者中断使用的；

（三）未按照本条例规定留存监控录像资料或者删改监控录像资料的；

（四）未按照本条例规定配备安全检查设备或者未对进入营业场所的人员进行安全检查的；

（五）未按照本条例规定配备保安人员的。

第四十五条 娱乐场所违反本条例规定，有下列情形之一的，由县级公安部门没收违法所得和非法财物，并处违法所得 2 倍以上 5 倍以下的罚款；没有违法所得或者违法所得不足 1 万元的，并处 2 万元以上 5 万元以下的罚款；情节严重的，责令停业整顿 1 个月至 3 个月：

（一）设置具有赌博功能的电子游戏机机型、机种、电路板等游戏设施设备的；

（二）以现金、有价证券作为奖品，或者回购奖品的。

第四十六条 娱乐场所指使、纵容从业人员侵害消费者人身权利的，应当依法承担民事责任，并由县级公安部门责令停业整顿 1 个月至 3 个月；造成严重后果的，由原发证机关吊销娱乐经营许可证。

第四十七条 娱乐场所取得营业执照后，未按照本条例规定向公安部门备案的，由县级公安部门责令改正，给予警告。

第四十八条 违反本条例规定，有下列情形之一的，由县级人民政府文化主管部门没收违法所得和非法财物，并处违法所得1倍以上3倍以下的罚款；没有违法所得或者违法所得不足1万元的，并处1万元以上3万元以下的罚款；情节严重的，责令停业整顿1个月至6个月：

（一）歌舞娱乐场所的歌曲点播系统与境外的曲库联接的；

（二）歌舞娱乐场所播放的曲目、屏幕画面或者游艺娱乐场所电子游戏机内的游戏项目含有本条例第十三条禁止内容的；

（三）歌舞娱乐场所接纳未成年人的；

（四）游艺娱乐场所设置的电子游戏机在国家法定节假日外向未成年人提供的；

（五）娱乐场所容纳的消费者超过核定人数的。

第四十九条 娱乐场所违反本条例规定，有下列情形之一的，由县级人民政府文化主管部门责令改正，给予警告；情节严重的，责令停业整顿1个月至3个月：

（一）变更有关事项，未按照本条例规定申请重新核发娱乐经营许可证的；

（二）在本条例规定的禁止营业时间内营业的；

（三）从业人员在营业期间未统一着装并佩带工作标志的。

第五十条 娱乐场所未按照本条例规定建立从业人员名簿、营业日志，或者发现违法犯罪行为未按照本条例规定报告的，由县级人民政府文化主管部门、县级公安部门依据法定职权责令改正，给予警告；情节严重的，责令停业整顿1个月至3个月。

第五十一条 娱乐场所未按照本条例规定悬挂警示标志、未成年人禁入或者限入标志的，由县级人民政府文化主管部门、县级公安部门依据法定职权责令改正，给予警告。

第五十二条 娱乐场所招用未成年人的，由劳动保障行政部门责令改正，并按照每招用一名未成年人每月处5000元罚款的标准给予处罚。

第五十三条 因擅自从事娱乐场所经营活动被依法取缔的，其投资人员和负责人终身不得投资开办娱乐场所或者担任娱乐场所的法定代表人、负责人。

娱乐场所因违反本条例规定，被吊销或者撤销娱乐经营许可证的，自被吊销或者撤销之日起，其法定代表人、负责人5年内不得担任娱乐场所的法定代表人、负责人。

娱乐场所因违反本条例规定，2年内被处以3次警告或者罚款又有违反本条例的行为应受行政处罚的，由县级人民政府文化主管部门、县级公安部门依据法定职权责令停业整顿3个月至6个月；2年内被2次责令停业整顿又有违反本条例的行为应受行政处罚的，由原发证机关吊销娱乐经营许可证。

第五十四条　娱乐场所违反有关治安管理或者消防管理法律、行政法规规定的，由公安部门依法予以处罚；构成犯罪的，依法追究刑事责任。

娱乐场所违反有关卫生、环境保护、价格、劳动等法律、行政法规规定的，由有关部门依法予以处罚；构成犯罪的，依法追究刑事责任。

娱乐场所及其从业人员与消费者发生争议的，应当依照消费者权益保护的法律规定解决；造成消费者人身、财产损害的，由娱乐场所依法予以赔偿。

第五十五条　国家机关及其工作人员开办娱乐场所，参与或者变相参与娱乐场所经营活动的，对直接负责的主管人员和其他直接责任人员依法给予撤职或者开除的行政处分。

文化主管部门、公安部门的工作人员明知其亲属开办娱乐场所或者发现其亲属参与、变相参与娱乐场所的经营活动，不予制止或者制止不力的，依法给予行政处分；情节严重的，依法给予撤职或者开除的行政处分。

第五十六条　文化主管部门、公安部门、工商行政管理部门和其他有关部门的工作人员有下列行为之一的，对直接负责的主管人员和其他直接责任人员依法给予行政处分；构成犯罪的，依法追究刑事责任：

（一）向不符合法定设立条件的单位颁发许可证、批准文件、营业执照的；

（二）不履行监督管理职责，或者发现擅自从事娱乐场所经营活动不依法取缔，或者发现违法行为不依法查处的；

（三）接到对违法行为的举报、通报后不依法查处的；

（四）利用职务之便，索取、收受他人财物或者谋取其他利益的；

（五）利用职务之便，参与、包庇违法行为，或者向有关单位、个人通风报信的；

（六）有其他滥用职权、玩忽职守、徇私舞弊行为的。

第六章　附　　则

第五十七条　本条例所称从业人员，包括娱乐场所的管理人员、服务人员、保安人员和在娱乐场所工作的其他人员。

第五十八条　本条例自 2006 年 3 月 1 日起施行。1999 年 3 月 26 日国务院发布的《娱乐场所管理条例》同时废止。

劳动保障监察条例（节录）

（2004 年 10 月 26 日国务院第 68 次常务会议通过　自 2004 年 12 月 1 日起施行）

第十一条　劳动保障行政部门对下列事项实施劳动保障监察：

（一）用人单位制定内部劳动保障规章制度的情况；

（二）用人单位与劳动者订立劳动合同的情况；

（三）用人单位遵守禁止使用童工规定的情况；

（四）用人单位遵守女职工和未成年工特殊劳动保护规定的情况；

（五）用人单位遵守工作时间和休息休假规定的情况；

（六）用人单位支付劳动者工资和执行最低工资标准的情况；

（七）用人单位参加各项社会保险和缴纳社会保险费的情况；

（八）职业介绍机构、职业技能培训机构和职业技能考核鉴定机构遵守国家有关职业介绍、职业技能培训和职业技能考核鉴定的规定的情况；

（九）法律、法规规定的其他劳动保障监察事项。

第二十三条　用人单位有下列行为之一的，由劳动保障行政部门责令改正，按照受侵害的劳动者每人 1000 元以上 5000 元以下的标准计算，处以罚款：

（一）安排女职工从事矿山井下劳动、国家规定的第四级体力劳动强度的劳动或者其他禁忌从事的劳动的；

（二）安排女职工在经期从事高处、低温、冷水作业或者国家规定的第三级体力劳动强度的劳动的；

（三）安排女职工在怀孕期间从事国家规定的第三级体力劳动强度的劳动或者孕期禁忌从事的劳动的；

（四）安排怀孕 7 个月以上的女职工夜班劳动或者延长其工作

时间的；

（五）女职工生育享受产假少于 90 天的；

（六）安排女职工在哺乳未满 1 周岁的婴儿期间从事国家规定的第三级体力劳动强度的劳动或者哺乳期禁忌从事的其他劳动，以及延长其工作时间或者安排其夜班劳动的；

（七）安排未成年工从事矿山井下、有毒有害、国家规定的第四级体力劳动强度的劳动或者其他禁忌从事的劳动的；

（八）未对未成年工定期进行健康检查的。

城市生活无着的流浪乞讨人员救助管理办法

（2003 年 6 月 18 日国务院第 12 次常务会议通过 自 2003 年 8 月 1 日起施行）

第一条 为了对在城市生活无着的流浪、乞讨人员（以下简称流浪乞讨人员）实行救助，保障其基本生活权益，完善社会救助制度，制定本办法。

第二条 县级以上城市人民政府应当根据需要设立流浪乞讨人员救助站。救助站对流浪乞讨人员的救助是一项临时性社会救助措施。

第三条 县级以上城市人民政府应当采取积极措施及时救助流浪乞讨人员，并应当将救助工作所需经费列入财政预算，予以保障。

国家鼓励、支持社会组织和个人救助流浪乞讨人员。

第四条 县级以上人民政府民政部门负责流浪乞讨人员的救助工作，并对救助站进行指导、监督。

公安、卫生、交通、铁道、城管等部门应当在各自的职责范围内做好相关工作。

第五条 公安机关和其他有关行政机关的工作人员在执行职务时发现流浪乞讨人员的，应当告知其向救助站求助；对其中的残疾人、未成年人、老年人和行动不便的其他人员，还应当引导、护送到救助站。

第六条 向救助站求助的流浪乞讨人员，应当如实提供本人的姓名等基本情况并将随身携带物品在救助站登记，向救助站提出求助需求。

救助站对属于救助对象的求助人员，应当及时提供救助，不得拒绝；对不属于救助对象的求助人员，应当说明不予救助的理由。

第七条 救助站应当根据受助人员的需要提供下列救助：

（一）提供符合食品卫生要求的食物；

（二）提供符合基本条件的住处；

（三）对在站内突发急病的，及时送医院救治；

（四）帮助与其亲属或者所在单位联系；

（五）对没有交通费返回其住所地或者所在单位的，提供乘车凭证。

第八条 救助站为受助人员提供的住处，应当按性别分室住宿，女性受助人员应当由女性工作人员管理。

第九条 救助站应当保障受助人员在站内的人身安全和随身携带物品的安全，维护站内秩序。

第十条 救助站不得向受助人员、其亲属或者所在单位收取费用，不得以任何借口组织受助人员从事生产劳动。

第十一条 救助站应当劝导受助人员返回其住所地或者所在单位，不得限制受助人员离开救助站。救助站对受助的残疾人、未成年人、老年人应当给予照顾；对查明住址的，及时通知其亲属或者所在单位领回；对无家可归的，由其户籍所在地人民政府妥善安置。

第十二条 受助人员住所地的县级人民政府应当采取措施，帮助受助人员解决生产、生活困难，教育遗弃残疾人、未成年人、老年人的近亲属或者其他监护人履行抚养、赡养义务。

第十三条 救助站应当建立、健全站内管理的各项制度，实行规范化管理。

第十四条 县级以上人民政府民政部门应当加强对救助站工作人员的教育、培训和监督。

救助站工作人员应当自觉遵守国家的法律法规、政策和有关规章制度，不准拘禁或者变相拘禁受助人员；不准打骂、体罚、虐待受助人员或者唆使他人打骂、体罚、虐待受助人员；不准敲诈、勒

索、侵吞受助人员的财物；不准克扣受助人员的生活供应品；不准
扣压受助人员的证件、申诉控告材料；不准任用受助人员担任管理
工作；不准使用受助人员为工作人员干私活；不准调戏妇女。

违反前款规定，构成犯罪的，依法追究刑事责任；尚不构成犯
罪的，依法给予纪律处分。

第十五条 救助站不履行救助职责的，求助人员可以向当地民
政部门举报；民政部门经查证属实的，应当责令救助站及时提供救
助，并对直接责任人员依法给予纪律处分。

第十六条 受助人员应当遵守法律法规。受助人员违反法律法
规的，应当依法处理。

受助人员应当遵守救助站的各项规章制度。

第十七条 本办法的实施细则由国务院民政部门制定。

第十八条 本办法自 2003 年 8 月 1 日起施行。1982 年 5 月 12
日国务院发布的《城市流浪乞讨人员收容遣送办法》同时废止。

禁止使用童工规定

（2002 年 9 月 18 日国务院第 63 次常务会议通过　自 2002 年 12 月 1 日起施行）

第一条　为保护未成年人的身心健康，促进义务教育制度的实施，维护未成年人的合法权益，根据宪法和劳动法、未成年人保护法，制定本规定。

第二条　国家机关、社会团体、企业事业单位、民办非企业单位或者个体工商户（以下统称用人单位）均不得招用不满 16 周岁的未成年人（招用不满 16 周岁的未成年人，以下统称使用童工）。

禁止任何单位或者个人为不满 16 周岁的未成年人介绍就业。

禁止不满 16 周岁的未成年人开业从事个体经营活动。

第三条　不满 16 周岁的未成年人的父母或者其他监护人应当保护其身心健康，保障其接受义务教育的权利，不得允许其被用人单位非法招用。

不满 16 周岁的未成年人的父母或者其他监护人允许其被用人单位非法招用的，所在地的乡（镇）人民政府、城市街道办事处以及村民委员会、居民委员会应当给予批评教育。

第四条　用人单位招用人员时，必须核查被招用人员的身份证；对不满 16 周岁的未成年人，一律不得录用。用人单位录用人员的录用登记、核查材料应当妥善保管。

第五条　县级以上各级人民政府劳动保障行政部门负责本规定执行情况的监督检查。

县级以上各级人民政府公安、工商行政管理、教育、卫生等行政部门在各自职责范围内对本规定的执行情况进行监督检查，并对劳动保障行政部门的监督检查给予配合。

工会、共青团、妇联等群众组织应当依法维护未成年人的合法权益。

任何单位或者个人发现使用童工的，均有权向县级以上人民政府劳动保障行政部门举报。

第六条 用人单位使用童工的，由劳动保障行政部门按照每使用一名童工每月处 5000 元罚款的标准给予处罚；在使用有毒物品的作业场所使用童工的，按照《使用有毒物品作业场所劳动保护条例》规定的罚款幅度，或者按照每使用一名童工每月处 5000 元罚款的标准，从重处罚。劳动保障行政部门并应当责令用人单位限期将童工送回原居住地交其父母或者其他监护人，所需交通和食宿费用全部由用人单位承担。

用人单位经劳动保障行政部门依照前款规定责令限期改正，逾期仍不将童工送交其父母或者其他监护人的，从责令限期改正之日起，由劳动保障行政部门按照每使用一名童工每月处 1 万元罚款的标准处罚，并由工商行政管理部门吊销其营业执照或者由民政部门撤销民办非企业单位登记；用人单位是国家机关、事业单位的，由有关单位依法对直接负责的主管人员和其他直接责任人员给予降级或者撤职的行政处分或者纪律处分。

第七条 单位或者个人为不满 16 周岁的未成年人介绍就业的，由劳动保障行政部门按照每介绍一人处 5000 元罚款的标准给予处罚；职业中介机构为不满 16 周岁的未成年人介绍就业的，并由劳动保障行政部门吊销其职业介绍许可证。

第八条 用人单位未按照本规定第四条的规定保存录用登记材料，或者伪造录用登记材料的，由劳动保障行政部门处 1 万元的罚款。

第九条 无营业执照、被依法吊销营业执照的单位以及未依法登记、备案的单位使用童工或者介绍童工就业的，依照本规定第六条、第七条、第八条规定的标准加一倍罚款，该非法单位由有关的行政主管部门予以取缔。

第十条 童工患病或者受伤的，用人单位应当负责送到医疗机构治疗，并负担治疗期间的全部医疗和生活费用。

童工伤残或者死亡的，用人单位由工商行政管理部门吊销营业执照或者由民政部门撤销民办非企业单位登记；用人单位是国家机关、事业单位的，由有关单位依法对直接负责的主管人员和其他直接责任人员给予降级或者撤职的行政处分或者纪律处分；用人单位还应当一次性地对伤残的童工、死亡童工的直系亲属给予赔偿，赔偿金额按照国家工伤保险的有关规定计算。

第十一条 拐骗童工，强迫童工劳动，使用童工从事高空、井下、放射性、高毒、易燃易爆以及国家规定的第四级体力劳动强度的劳动，使用不满14周岁的童工，或者造成童工死亡或者严重伤残的，依照刑法关于拐卖儿童罪、强迫劳动罪或者其他罪的规定，依法追究刑事责任。

第十二条 国家行政机关工作人员有下列行为之一的，依法给予记大过或者降级的行政处分；情节严重的，依法给予撤职或者开除的行政处分；构成犯罪的，依照刑法关于滥用职权罪、玩忽职守罪或者其他罪的规定，依法追究刑事责任：

（一）劳动保障等有关部门工作人员在禁止使用童工的监督检查工作中发现使用童工的情况，不予制止、纠正、查处的；

（二）公安机关的人民警察违反规定发放身份证或者在身份证上登录虚假出生年月的；

（三）工商行政管理部门工作人员发现申请人是不满16周岁的未成年人，仍然为其从事个体经营发放营业执照的。

第十三条 文艺、体育单位经未成年人的父母或者其他监护人同意，可以招用不满16周岁的专业文艺工作者、运动员。用人单位应当保障被招用的不满16周岁的未成年人的身心健康，保障其接受义务教育的权利。文艺、体育单位招用不满16周岁的专业文艺工作者、运动员的办法，由国务院劳动保障行政部门会同国务院文化、体育行政部门制定。

学校、其他教育机构以及职业培训机构按照国家有关规定组织不满 16 周岁的未成年人进行不影响其人身安全和身心健康的教育实践劳动、职业技能培训劳动，不属于使用童工。

第十四条 本规定自 2002 年 12 月 1 日起施行。1991 年 4 月 15 日国务院发布的《禁止使用童工规定》同时废止。

中国公民收养子女登记办法

（1999 年 5 月 12 日经国务院批准，1999 年 5 月 25 日民政部第 14 号令发布）

第一条　为了规范收养登记行为，根据《中华人民共和国收养法》（以下简称收养法），制定本办法。

第二条　中国公民在中国境内收养子女或者协议解除收养关系的，应当依照本办法的规定办理登记。

办理收养登记的机关是县级人民政府民政部门。

第三条　收养社会福利机构抚养的查找不到生父母的弃婴、儿童和孤儿的，在社会福利机构所在地的收养登记机关办理登记。

收养非社会福利机构抚养的查找不到生父母的弃婴和儿童的，在弃婴和儿童发现地的收养登记机关办理登记。

收养生父母有特殊困难无力抚养的子女或者由监护人监护的孤儿的，在被收养人生父母或者监护人常住户口所在地（组织作监护人的，在该组织所在地）的收养登记机关办理登记。

收养三代以内同辈旁系血亲的子女，以及继父或者继母收养继子女的，在被收养人生父或者生母常住户口所在地的收养登记机关办理登记。

第四条　收养关系当事人应当亲自到收养登记机关办理成立收养关系的登记手续。

夫妻共同收养子女的，应当共同到收养登记机关办理登记手续；一方因故不能亲自前往的，应当书面委托另一方办理登记手续，委托书应当经过村民委员会或者居民委员会证明或者经过公证。

第五条　收养人应当向收养登记机关提交收养申请书和下列证件、证明材料：

（一）收养人的居民户口簿和居民身份证；

（二）由收养人所在单位或者村民委员会、居民委员会出具的本人婚姻状况、有无子女和抚养教育被收养人的能力等情况的证明；

（三）县级以上医疗机构出具的未患有在医学上认为不应当收养子女的疾病的身体健康检查证明。

收养查找不到生父母的弃婴、儿童的，并应当提交收养人经常居住地计划生育部门出具的收养人生育情况证明；其中收养非社会福利机构抚养的查找不到生父母的弃婴、儿童的，收养人还应当提交下列证明材料：

（一）收养人经常居住地计划生育部门出具的收养人无子女的证明；

（二）公安机关出具的捡拾弃婴、儿童报案的证明。

收养继子女的，可以只提交居民户口簿、居民身份证和收养人与被收养人生父或者生母结婚的证明。

第六条　送养人应当向收养登记机关提交下列证件和证明材料：

（一）送养人的居民户口簿和居民身份证（组织作监护人的，提交其负责人的身份证件）；

（二）收养法规定送养时应当征得其他有抚养义务的人同意的，并提交其他有抚养义务的人同意送养的书面意见。

社会福利机构为送养人的，并应当提交弃婴、儿童进入社会福利机构的原始记录，公安机关出具的捡拾弃婴、儿童报案的证明，或者孤儿的生父母死亡或者宣告死亡的证明。

监护人为送养人的，并应当提交实际承担监护责任的证明，孤儿的父母死亡或者宣告死亡的证明，或者被收养人生父母无完全民事行为能力并对被收养人有严重危害的证明。

生父母为送养人的，并应当提交与当地计划生育部门签订的不违反计划生育规定的协议；有特殊困难无力抚养子女的，还应当提交其所在单位或者村民委员会、居民委员会出具的送养人有特殊困难的证明。其中，因丧偶或者一方下落不明由单方送养的，还应当提交配偶死亡或者下落不明的证明；子女由三代以内同辈旁系血亲收养的，还应当提交公安机关出具的或者经过公证的与收养人有亲属关系的证明。

被收养人是残疾儿童的，并应当提交县级以上医疗机构出具的该儿童的残疾证明。

第七条　收养登记机关收到收养登记申请书及有关材料后，应当自次日起 30 日内进行审查。对符合收养法规定条件的，为当事人办理收养登记，发给收养登记证，收养关系自登记之日起成立；对不符合收养法规定条件的，不予登记，并对当事人说明理由。

收养查找不到生父母的弃婴、儿童的，收养登记机关应当在登记前公告查找其生父母；自公告之日起满 60 日，弃婴、儿童的生父母或者其他监护人未认领的，视为查找不到生父母的弃婴、儿童。公告期间不计算在登记办理期限内。

第八条　收养关系成立后，需要为被收养人办理户口登记或者迁移手续的，由收养人持收养登记证到户口登记机关按照国家有关规定办理。

第九条　收养关系当事人协议解除收养关系的，应当持居民户口簿、居民身份证、收养登记证和解除收养关系的书面协议，共同到被收养人常住户口所在地的收养登记机关办理解除收养关系登记。

第十条　收养登记机关收到解除收养关系登记申请书及有关材料后，应当自次日起 30 日内进行审查；对符合收养法规定的，为当事人办理解除收养关系的登记，收回收养登记证，发给解除收养关系证明。

第十一条　为收养关系当事人出具证明材料的组织，应当如实出具有关证明材料。出具虚假证明材料的，由收养登记机关没收虚假证明材料，并建议有关组织对直接责任人员给予批评教育，或者依法给予行政处分、纪律处分。

第十二条　收养关系当事人弄虚作假骗取收养登记的，收养关系无效，由收养登记机关撤销登记，收缴收养登记证。

第十三条　本办法规定的收养登记证、解除收养关系证明的式样，由国务院民政部门制订。

第十四条　华侨以及居住在香港、澳门、台湾地区的中国公民在内地收养子女的，申请办理收养登记的管辖以及所需要出具的证件和证明材料，按照国务院民政部门的有关规定执行。

第十五条　本办法自发布之日起施行。

国务院办公厅关于
印发中国反对拐卖人口
行动计划（2013—2020年）的通知

（国办发〔2013〕19号）

各省、自治区、直辖市人民政府，国务院各部委、各直属机构：

《中国反对拐卖人口行动计划（2013—2020年）》已经国务院同意，现印发给你们，请认真贯彻执行。

国务院办公厅

2013年3月2日

中国反对拐卖人口行动计划（2013—2020年）

为有效预防、依法打击拐卖人口犯罪，积极救助、妥善安置被拐卖受害人，切实维护公民合法权益，依据有关国际公约和我国法律，制定《中国反对拐卖人口行动计划（2013—2020年）》（以下简称《行动计划》）。

一、指导思想和总体目标

（一）指导思想。

高举中国特色社会主义伟大旗帜，以邓小平理论、"三个代表"重要思想、科学发展观为指导，坚持"以人为本、综合治理、预防为主、打防结合"工作方针，不断加强和创新社会管理，完善政策，落实责任，整合资源，标本兼治，切实保障公民基本权利，维护社会和谐稳定，维护我国际形象。

（二）总体目标。

进一步完善集预防、打击、救助和康复为一体的反拐工作长效机制，健全反拐工作协调、保障机制，细化落实各项措施，依法坚决打击、有效遏制拐卖人口犯罪，确保被拐卖受害人及时得到救助康复和妥善安置。

二、行动措施和任务分工

（一）健全预防犯罪机制。

1. 工作目标。

完善预防拐卖人口犯罪的网络，综合整治拐卖人口犯罪活动重点地区和"买方市场"，减少拐卖人口犯罪发生。

2. 行动措施。

（1）加强部门联动，建立发现、举报拐卖人口犯罪工作机制。（中央综治办、司法部负责，教育部、公安部、民政部、卫生部、人口计生委配合）

（2）加强拐卖人口犯罪活动重点行业、重点地区和重点人群预防犯罪工作。（中央综治办负责，公安部、卫生部、人口计生委、妇儿工委办公室、全国妇联配合）

——加强人力资源市场管理，规范劳动者求职、用人单位招用和职业中介活动，鼓励用工单位开展反拐教育培训。建立和完善劳动用工备案制度，加强劳动保障监察执法，加大对非法职业中介及使用童工、智力残疾人等违法行为查处力度，完善部门联动协作机制。研究在劳务市场发生的拐卖人口犯罪问题，有针对性地开展预防工作。（人力资源社会保障部负责，工商总局、广电总局、全国总工会、共青团中央、全国妇联、中国残联配合）

——严厉打击卖淫嫖娼违法犯罪，加强城乡结合部、"城中村"娱乐服务场所治安整治，改进失足妇女教育帮扶工作。（公安部负责，人力资源社会保障部、文化部、卫生部、工商总局、全国妇联配合）

——加大拐卖人口犯罪活动重点地区综合整治力度。基层政府、村（居）委会切实将帮助易被拐卖人群和预防拐卖人口犯罪纳入重点工作中。（中央综治办、公安部负责，民政部、妇儿工委办公室、扶贫办、共青团中央、全国妇联配合）

——加强拐卖人口犯罪活动重点地区计划生育服务和孕情管理，减少意外妊娠和政策外生育，及时通报有关信息。（人口计生委负责，公安部、卫生部配合）

——加大老少边贫地区农村人口扶持力度，开发适合农村特点的创业就业渠道，提高贫困人口尤其是贫困妇女脱贫致富能力。（扶贫办负责，发展改革委、农业部、人力资源社会保障部、国家民委、全国妇联配合）

——保障所有适龄儿童、少年接受九年义务教育，切实控制学生辍学。（教育部负责，共青团中央配合）

——健全流浪未成年人救助保护机制，积极利用现有救助管理机构和福利机构做好流浪未成年人和弃婴的救助安置，依托社会工作等专业人才提供心理辅导、行为矫治、文化教育、技能培训、就业帮扶等服务。加强街面救助，及时发现、救助流浪乞讨和被强迫违法犯罪的未成年人。（民政部、公安部负责，财政部、住房城乡建设部、卫生部、教育部、人力资源社会保障部、共青团中央、全国妇联配合）

——鼓励农村有外出务工意愿的妇女、残疾人、城市失业下岗妇女、女大学生和解救的被拐卖妇女创业就业，落实好促进就业各项政策，组织开展实用技术、务工技能和创业就业培训。（人力资源社会保障部、国家民委、中国残联负责，共青团中央、全国妇联配合）

——在流动、留守妇女儿童集中地区发挥妇女互助组、巾帼志愿者等作用，完善妇女热线、妇女维权站点、妇女之家等功能，提高流动、留守妇女儿童反拐能力。（全国妇联负责，民政部、文化部、财政部、广电总局配合）

——加强拐卖人口罪犯教育改造工作，进一步降低重新犯罪率。（司法部、公安部负责）

（3）加大拐卖人口犯罪"买方市场"整治力度，在收买人口犯罪活动高发地区开展综合治理，从源头上减少拐卖人口犯罪的发生。（中央综治办、公安部负责，教育部、民政部、人力资源社会保障部、司法部、卫生部、人口计生委、全国妇联配合）

——大力开展出生人口性别比偏高综合治理工作。（人口计生委负责，卫生部、公安部、全国妇联配合）

——规范婚姻登记工作。规范收养渠道。（民政部负责）

——加强医疗卫生机构管理，严禁为被拐卖儿童出具虚假出生证明，明确医护人员发现疑似拐卖情况及时报告的义务。（卫生部负责，公安部配合）

——开展维护妇女权益、促进性别平等的村规民约修订和培训，消除男尊女卑、传宗接代等落后观念，提高女孩受教育水平，确保女性在农村平等享有土地承包、宅基地分配、土地征收补偿分配和集体收益分配的权利。（全国妇联、农业部负责，民政部、教育部配合）

（4）进一步做好跨国拐卖人口犯罪预防工作。加强口岸边防检查和边境通道管理，严格出入境人员查验制度，加大对非法入境、非法居留、非法就业外国人的清查力度。加强边境地区人力资源市场监管，严格规范对外劳务合作经营活动，依法取缔非法跨国婚姻中介机构。（公安部、人力资源社会保障部、商务部、外交部负责，民政部配合）

（二）打击犯罪和解救被拐卖受害人。

1. 工作目标。

不断提高侦破各类拐卖人口犯罪案件的能力和水平，依法严厉打击拐卖人口犯罪，及时解救被拐卖受害人。

2. 行动措施。

（1）继续组织开展全国打击拐卖人口犯罪专项行动，进一步完善公安机关牵头，有关部门配合、群众广泛参与的打拐工作机制。（公安部负责，高法院、高检院、民政部、人力资源社会保障部、人口计生委、全国妇联配合）

——各级政府相关部门、单位加大打拐工作力度，明确相关机构具体承担，确保责有人负、事有人干，切实加强经费保障。（国务院反拐部际联席会议各成员单位负责）

——各级公安机关完善打拐工作机制，由刑侦部门牵头，有关部门和警种通力协作，定期分析拐卖人口犯罪形势，研究完善打、防、控对策。（公安部负责）

——严格落实侦办拐卖儿童案件责任制。对拐卖儿童案件实行"一长三包责任制"，由县级以上公安机关负责人担任专案组组长，负责侦查破案、解救被拐卖儿童、安抚受害人亲属等工作。案件不破，专案组不得撤销。（公安部负责）

——严格执行儿童失踪快速查找机制。接到儿童失踪报警后，由公安机关指挥中心迅速调集相关警力开展堵截、查找工作，及时抓获犯罪嫌疑人，解救受害人。（公安部负责）

——认真开展来历不明儿童摸排工作。各地公安机关负责采集失踪儿童父母血样，检验录入全国打拐 DNA（脱氧核糖核酸）信息库，并加强与有关部门沟通，及时发现来历不明、疑似被拐卖的儿童，采血检验入库。对被收养儿童、来历不明儿童落户的，要采血检验入库比对，严把儿童落户关。（公安部负责，教育部、卫生部、人口计生委、全国妇联配合）

——制定符合拐卖人口犯罪特点和与受害人心理、生理相适应的案件调查程序。（公安部负责，高检院配合）

（2）依法严惩拐卖人口犯罪。

——对拐卖人口犯罪集团首要分子和多次参与、拐卖多人，同

时实施其他违法犯罪或者具有累犯等从严、从重处罚情节的，坚决依法惩处。（高法院、高检院、公安部负责）

——对收买被拐卖受害人以及以暴力、威胁方法阻碍、聚众阻碍国家机关工作人员解救受害人，依法应当追究刑事责任的，坚决依法惩处。（高法院、高检院、公安部负责）

——对收买、介绍、强迫被拐卖受害人从事色情服务及强迫性劳动的单位和个人，严格依法追究其行政、民事、刑事责任。坚决取缔非法职业中介、婚姻中介机构。对组织强迫儿童、残疾人乞讨，强迫未成年人、残疾人从事违法犯罪活动的依法予以惩处，及时查找受害人亲属并护送受害人前往救助保护机构。完善人体器官捐献制度，依法惩治盗窃人体器官、欺骗或强迫他人捐献器官、组织贩卖人体器官等犯罪行为。（公安部、人力资源社会保障部、卫生部负责，中央综治办、高法院、高检院、民政部、工商总局、全国总工会、共青团中央、全国妇联、中国残联配合）

——对受欺骗或被胁迫从事违法犯罪行为的被拐卖受害人，依法减轻或免除处罚。（高法院、高检院、公安部负责）

（3）进一步加强信息网络建设，完善全国打拐 DNA（脱氧核糖核酸）信息库，健全信息收集和交流机制，推进信息共享，提高反拐工作信息化水平。（公安部、民政部负责，发展改革委、财政部、教育部、卫生部、人口计生委、全国妇联配合）

（4）依法解救被拐卖儿童，并送还其亲生父母。对查找不到亲生父母的，由公安机关提供相关材料，交由民政部门妥善安置，不得由收买家庭继续抚养。（公安部、民政部负责）

（三）加强被拐卖受害人的救助、安置、康复和回归社会工作。

1. 工作目标。

保障被拐卖受害人合法权益，加强被拐卖受害人的救助、安置、康复、家庭与社区融入等工作，帮助其顺利回归社会。保护被拐卖受害人隐私，使其免受二次伤害。

2. 行动措施。

（1）进一步加强地区、部门和机构间救助被拐卖受害人的协作配合。（民政部负责，中央综治办、公安部配合）

（2）规范被拐卖受害人救助、安置、康复和回归社会工作程序，制定查找不到亲生父母的被拐卖儿童安置政策和办法，推动其回归家庭，促进其健康成长。（公安部、民政部负责，教育部、卫生部、财政部、全国妇联配合）

（3）完善政府多部门合作、社会各界支持的被拐卖受害人救助、安置和康复工作机制，提升救助管理站、妇女之家、福利院等机构服务水平。（民政部负责，卫生部、公安部、全国妇联配合）

——充分利用现有社会救助和社会福利设施提供救助和中转康复服务，并保障人员和经费需求，使被拐卖受害人得到符合其身心、年龄和性别特点的救助安置。（民政部、财政部负责，发展改革委、公安部、教育部、卫生部、中国残联配合）

——在被拐卖受害人临时救助和康复工作中引入专业社会工作服务，鼓励有关社会组织、企事业单位和个人为救助被拐卖受害人提供资金、技术支持和专业服务。（民政部负责，全国总工会、共青团中央、全国妇联、中国残联配合）

——指定定点医疗机构为被拐卖受害人提供基本医疗服务和生理心理康复服务。（卫生部负责，民政部配合）

——通过培训教育等活动，增强被拐卖受害人的法律意识、维权意识。法律援助机构依法为符合条件的被拐卖受害人提供法律援助。（司法部负责，民政部、公安部、全国总工会、共青团中央、全国妇联配合）

（4）加强社会关怀，帮助被拐卖受害人顺利回归社会。

——确保被解救的适龄儿童入学、回归学校和适应新的生活。（教育部负责，民政部配合）

——为不能或不愿回原住地的 16 岁以上被拐卖受害人提供适宜的职业技能培训、职业指导和职业介绍等就业服务，并帮助其在

异地就业。(人力资源社会保障部负责,民政部、全国总工会、共青团中央、全国妇联配合)

——在保护个人隐私前提下,进一步做好被拐卖受害人及其家庭和所在社区工作,保障愿意返回原住地的被拐卖受害人顺利回归家庭和社区。(民政部负责,共青团中央、全国妇联配合)

(5)为回归社会的被拐卖受害人提供必要服务,切实帮助解决就业、生活和维权等问题。(民政部、司法部、人力资源社会保障部负责,共青团中央、全国妇联配合)

(6)进一步加强对被解救受害人的登记、管理和保护工作,建立并完善专门档案,跟踪了解其生活状况,积极协调有关部门和组织帮助解决实际困难。(公安部、民政部负责,全国妇联配合)

(7)进一步加强对被拐卖受害人身心健康领域的研究,寻求更为有效的康复治疗方法。(卫生部负责,教育部、共青团中央、全国妇联配合)

(四)完善法律法规和政策体系。

1.工作目标。

结合当前拐卖人口犯罪形势和实际工作需要,研究制定和修订有关法律法规和政策,为反拐工作提供法律法规和政策支持。

2.行动措施。

(1)修订有关法律法规,进一步健全反拐法律体系。(法制办负责,全国人大常委会法工委、高法院、高检院、公安部、民政部、人力资源社会保障部、共青团中央、全国妇联配合)

——完善有关法律,加大对收买被拐卖受害人行为的打击力度。(全国人大常委会法工委负责,法制办、高法院、高检院、公安部配合)

——完善被拐卖受害人救助有关法规,切实保障其合法权益。(民政部、法制办负责,全国人大常委会法工委、全国妇联配合)

——完善儿童临时监护和监护监督制度,进一步推动未成年人父母或其他监护人依法为未成年人健康成长提供良好家庭环境和家庭教育。研究制定监护权转移的具体程序，避免因监护人丧失监护能力或监护人侵权对儿童造成伤害。（民政部、法制办负责，全国人大常委会法工委、教育部、共青团中央、全国妇联配合）

（2）制定并完善有关政策，推动反拐预防、打击、救助、康复工作科学化、规范化、制度化。（国务院反拐部际联席会议各成员单位负责）

（五）加强宣传、教育和培训。

1. 工作目标。

强化各级政府及相关部门、社会各界对反拐工作重要性的认识，动员全社会广泛参与反拐工作。加强教育培训和理论研究，提高反拐工作能力。

2. 行动措施。

（1）开展多渠道、多形式宣传教育，着重在拐卖人口犯罪活动重点地区和易被拐卖人群中开展反拐教育和法制宣传，增强群众反拐意识。（公安部、中央宣传部负责，教育部、司法部、铁道部、文化部、人口计生委、广电总局、交通运输部、新闻出版总署、妇儿工委办公室、全国总工会、共青团中央、全国妇联配合）

——将反拐教育纳入中小学和中职学校教育教学活动中，提高学生自我保护意识。在学校管理制度中，明确教师发现疑似拐卖情况及时报告的义务。（教育部、司法部负责）

——加强流动、留守儿童及其监护人反拐教育培训。（教育部、公安部、全国妇联负责）

——将反拐宣传教育纳入社区管理工作中，提高社区成员尤其是妇女、儿童和未成年人父母或其他监护人的反拐意识和能力。（民政部、公安部、全国妇联负责，教育部、国家民委、司法部配合）

——定期在火车站、汽车站、航空港、码头、娱乐场所、宾馆饭店等开展反拐专题宣传活动，并在日常安全宣传中纳入反拐内容，动员、鼓励交通运输行业和娱乐场所、宾馆饭店等工作人员及

时报告疑似拐卖情况。（交通运输部、铁道部、民航局负责，公安部、司法部、全国妇联配合）

——加强边境地区群众宣传教育，提高群众反拐意识、识别犯罪和自我保护能力。（司法部负责，公安部、民政部、人力资源社会保障部、共青团中央、全国妇联配合）

——开发少数民族语言文字宣传品，在少数民族聚居区开展反拐宣传教育。（国家民委负责，新闻出版总署、文化部、共青团中央、全国妇联配合）

——开发符合残疾人特点的宣传品，提高残疾人的反拐意识和自我保护能力。（中国残联负责，文化部、新闻出版总署、共青团中央、全国妇联配合）

（2）动员社会力量支持和参与反拐工作。建立举报拐卖人口犯罪奖励制度，积极培育反拐志愿者队伍，借助微博等网络和媒体，广辟线索来源。（国务院反拐部际联席会议各成员单位负责）

（3）加强各级反拐工作人员教育培训和反拐工作队伍专业化建设，提高《行动计划》实施能力。（国务院反拐部际联席会议各成员单位负责）

——将妇女儿童权益保护和反拐法律法规、政策等纳入教育培训内容，提高侦查、起诉和审判拐卖人口犯罪的能力和水平。（公安部、高检院、高法院负责）

——加强边境地区公安司法人员教育培训，提高防范和打击跨国拐卖人口犯罪的意识和能力。（公安部、高法院、高检院、司法部负责）

——加强从事被拐卖受害人救助工作人员教育培训，提高救助能力和水平。（民政部、卫生部负责，全国总工会、共青团中央、全国妇联配合）

（六）加强国际合作。

1. 工作目标。

有效预防和严厉打击跨国拐卖人口犯罪，加强对被跨国拐卖受害人的救助。积极参与国际社会有关打击贩运人口议题的讨论和磋商，展示我国反拐措施和成效，树立良好国际形象。

2. 行动措施。

（1）加强反拐工作国际交流与合作。（外交部、公安部负责，商务部配合）

（2）充分利用有关国际组织的资源和技术，加强国际反拐合作项目建设和引进工作。（公安部负责，外交部、商务部配合）

——积极参与湄公河次区域合作反拐进程等各项国际反拐合作机制。（公安部负责，全国人大常委会法工委、高法院、高检院、外交部、民政部、人力资源社会保障部、商务部、妇儿工委办公室、全国妇联配合）

——加强与国际移民组织、联合国儿童基金会、联合国毒品和犯罪问题办公室等国际组织和相关国家的交流合作，联合开展反拐培训，掌握国际拐卖人口犯罪发展趋势及应对措施，展示我国反拐工作成效。（外交部、公安部、商务部负责，全国妇联配合）

（3）加强国际警务合作，充分利用双边、多边和国际刑警组织等渠道，开展跨国拐卖人口犯罪案件侦办合作和情报信息交流，充分发挥边境反拐警务联络机制作用，共同打击跨国拐卖人口犯罪。（公安部负责，外交部、司法部配合）

（4）加强与相关拐入国政府和国际组织合作，及时解救和接收被拐卖出国的中国籍受害人，并为其提供必要的服务。（外交部、公安部负责，民政部配合）

（5）加强与相关拐出国政府和国际组织合作，及时发现和解救被拐卖入中国的外籍受害人，完善对被跨国拐卖受害人救助工作机制，做好中转康复工作，并安全遣送。（外交部、公安部、发展改革委负责，民政部配合）

（6）认真履行和充分利用《联合国打击跨国有组织犯罪公约》及其关于预防、禁止和惩治贩运人口特别是妇女和儿童行为的补充议定书，稳步推进与其他国家特别是周边国家缔结司法协助条约和

引渡条约工作，进一步扩大打击拐卖人口犯罪国际司法合作网络。（外交部负责，高法院、高检院、公安部、司法部配合）

三、保障措施

（一）加强组织协调。国务院反拐部际联席会议加强组织领导和统筹协调，制定并完善政策措施，及时研究解决突出问题和困难。联席会议办公室负责协调组织对《行动计划》实施情况进行督导检查，开展阶段性评估和终期评估，对拐卖人口犯罪重点案件和重点地区建立挂牌督办和警示制度。县级以上地方政府要逐级建立协调机制，组织协调和督导检查反拐工作，并制定本地区《行动计划》实施细则和年度实施方案。各级反拐工作协调机制成员单位要密切配合，根据任务分工制定本部门、本单位实施方案，并开展自我检查和评估。

（二）完善经费保障。各级政府将《行动计划》实施经费纳入财政预算。鼓励社会组织、公益机构、企事业单位和个人捐助，争取国际援助，多渠道筹集反拐资金。

（三）严格考核监督。将反拐工作纳入社会管理综合治理考核范畴以及相关部门、机构的目标管理和考核体系，考核结果送干部主管部门，作为对相关领导班子和领导干部综合考核评价的重要依据。对反拐措施得力、成效显著的部门和地区，给予表彰和奖励。对拐卖人口犯罪严重、防控打击不力的地区，依法依纪追究有关人员的责任，并实行社会管理综合治理一票否决。

外国人在中华人民共和国收养子女登记办法

（1999 年 5 月 12 日经国务院批准，1999 年 5 月 25 日民政部第 15 号令发布，自发布之日起实施）

第一条 为了规范涉外收养登记行为，根据《中华人民共和国收养法》，制定本办法。

第二条 外国人在中华人民共和国境内收养子女（以下简称外国人在华收养子女），应当依照本办法办理登记。

收养人夫妻一方为外国人，在华收养子女，也应当依照本办法办理登记。

第三条 外国人在华收养子女，应当符合中国有关收养法律的规定，并应当符合收养人所在国有关收养法律的规定；因收养人所在国法律的规定与中国法律的规定不一致而产生的问题，由两国政府有关部门协商处理。

第四条 外国人在华收养子女，应当通过所在国政府或者政府委托的收养组织（以下简称外国收养组织）向中国政府委托的收养组织（以下简称中国收养组织）转交收养申请并提交收养人的家庭情况报告和证明。

前款规定的收养人的收养申请、家庭情况报告和证明，是指由其所在国有权机构出具，经其所在国外交机关或者外交机关授权的机构认证，并经中华人民共和国驻该国使馆或者领馆认证的下列文件：

（一）跨国收养申请书；

（二）出生证明；

（三）婚姻状况证明；

（四）职业、经济收入和财产状况证明；

（五）身体健康检查证明；

（六）有无受过刑事处罚的证明；

（七）收养人所在国主管机关同意其跨国收养子女的证明；

（八）家庭情况报告，包括收养人的身份、收养的合格性和适当性、家庭状况和病史、收养动机以及适合于照顾儿童的特点等。

在华工作或者学习连续居住一年以上的外国人在华收养子女，应当提交前款规定的除身体健康检查证明以外的文件，并应当提交在华所在单位或者有关部门出具的婚姻状况证明、职业、经济收入或者财产状况证明，有无受过刑事处罚证明以及县级以上医疗机构出具的身体健康检查证明。

第五条 送养人应当向省、自治区、直辖市人民政府民政部门提交本人的居民户口簿和居民身份证（社会福利机构作送养人的，应当提交其负责人的身份证件）、被收养人的户籍证明等情况证明，并根据不同情况提交下列有关证明材料：

（一）被收养人的生父母（包括已经离婚的）为送养人的，应当提交生父母有特殊困难无力抚养的证明和生父母双方同意送养的书面意见；其中，被收养人的生父或者生母因丧偶或者一方下落不明，由单方送养的，并应当提交配偶死亡或者下落不明的证明以及死亡的或者下落不明的配偶的父母不行使优先抚养权的书面声明；

（二）被收养人的父母均不具备完全民事行为能力，由被收养人的其他监护人作送养人的，应当提交被收养人的父母不具备完全民事行为能力且对被收养人有严重危害的证明以及监护人有监护权的证明；

（三）被收养人的父母均已死亡，由被收养人的监护人作送养人的，应当提交其生父母的死亡证明、监护人实际承担监护责任的证明，以及其他有抚养义务的人同意送养的书面意见；

（四）由社会福利机构作送养人的，应当提交弃婴、儿童被遗弃和发现的情况证明以及查找其父母或者其他监护人的情况证明；

被收养人是孤儿的，应当提交孤儿父母的死亡或者宣告死亡证明，以及有抚养孤儿义务的其他人同意送养的书面意见。

送养残疾儿童的，还应当提交县级以上医疗机构出具的该儿童的残疾证明。

第六条　省、自治区、直辖市人民政府民政部门应当对送养人提交的证件和证明材料进行审查，对查找不到生父母的弃婴和儿童公告查找其生父母；认为被收养人、送养人符合收养法规定条件的，将符合收养法规定的被收养人、送养人名单通知中国收养组织，同时转交下列证件和证明材料：

（一）送养人的居民户口簿和居民身份证（社会福利机构作送养人的，为其负责人的身份证件）复制件；

（二）被收养人是弃婴或者孤儿的证明、户籍证明、成长情况报告和身体健康检查证明的复制件及照片。

省、自治区、直辖市人民政府民政部门查找弃婴或者儿童生父母的公告应当在省级地方报纸上刊登。自公告刊登之日起满60日，弃婴和儿童的生父母或者其他监护人未认领的，视为查找不到生父母的弃婴和儿童。

第七条　中国收养组织对外国收养人的收养申请和有关证明进行审查后，应当在省、自治区、直辖市人民政府民政部门报送的符合收养法规定条件的被收养人中，参照外国收养人的意愿，选择适当的被收养人，并将该被收养人及其送养人的有关情况通过外国政府或者外国收养组织送交外国收养人。外国收养人同意收养的，中国收养组织向其发出来华收养子女通知书，同时通知有关的省、自治区、直辖市人民政府民政部门向送养人发出被收养人已被同意收养的通知。

第八条　外国人来华收养子女，应当亲自来华办理登记手续。夫妻共同收养的，应当共同来华办理收养手续；一方因故不能来华的，应当书面委托另一方。委托书应当经所在国公证和认证。

第九条　外国人来华收养子女，应当与送养人订立书面收养协议。协议一式三份，收养人、送养人各执一份，办理收养登记手续时收养登记机关收存一份。

书面协议订立后，收养关系当事人应当共同到被收养人常住户口所在地的省、自治区、直辖市人民政府民政部门办理收养登记。

第十条 收养关系当事人办理收养登记时，应当填写外国人来华收养子女登记申请书并提交收养协议，同时分别提供有关材料。

收养人应当提供下列材料：

（一）中国收养组织发出的来华收养子女通知书；

（二）收养人的身份证件和照片。

送养人应当提供下列材料：

（一）省、自治区、直辖市人民政府民政部门发出的被收养人已被同意收养的通知；

（二）送养人的居民户口簿和居民身份证（社会福利机构作送养人的，为其负责人的身份证件）、被收养人的照片。

第十一条 收养登记机关收到外国人来华收养子女登记申请书和收养人、被收养人及其送养人的有关材料后，应当自次日起7日内进行审查，对符合本办法第十条规定的，为当事人办理收养登记，发给收养登记证书。收养关系自登记之日起成立。

收养登记机关应当将登记结果通知中国收养组织。

第十二条 收养关系当事人办理收养登记后，各方或者一方要求办理收养公证的，应当到收养登记地的具有办理涉外公证资格的公证机构办理收养公证。

第十三条 被收养人出境前，收养人应当凭收养登记证书到收养登记地的公安机关为被收养人办理出境手续。

第十四条 外国人在华收养子女，应当向登记机关交纳登记费。登记费的收取标准按照国家有关规定执行。

中国收养组织是非营利性公益事业单位，为外国收养人提供收养服务，可以收取服务费。服务费的收取标准按照国家有关规定执行。

为抚养在社会福利机构生活的弃婴和儿童，国家鼓励外国收养人、外国收养组织向社会福利机构捐赠。受聘的社会福利机构必须将捐赠财物全部用于改善所抚养的弃婴和儿童的养育条件，不得挪作他用，并应当将捐赠财物的使用情况告知捐赠人。受赠的社会福利机构还应当接受有关部门的监督，并应当将捐赠的使用情况向社会公布。

第十五条 中国收养组织的活动受国务院民政部门监督。

第十六条 本办法自发布之日起施行。1993 年 11 月 3 日国务院批准，1993 年 11 月 10 日司法部、民政部发布的《外国人在中华人民共和国收养子女实施办法》同时废止。

人体器官移植条例

（中华人民共和国国务院令第 491 号）

《人体器官移植条例》已经 2007 年 3 月 21 日国务院第 171 次常务会议通过，现予公布，自 2007 年 5 月 1 日起施行。

总理 温家宝

二〇〇七年三月三十一日

第一章 总 则

第一条 为了规范人体器官移植，保证医疗质量，保障人体健康，维护公民的合法权益，制定本条例。

第二条 在中华人民共和国境内从事人体器官移植，适用本条例；从事人体细胞和角膜、骨髓等人体组织移植，不适用本条例。

本条例所称人体器官移植，是指摘取人体器官捐献人具有特定功能的心脏、肺脏、肝脏、肾脏或者胰腺等器官的全部或者部分，将其植入接受人身体以代替其病损器官的过程。

第三条 任何组织或者个人不得以任何形式买卖人体器官，不得从事与买卖人体器官有关的活动。

第四条 国务院卫生主管部门负责全国人体器官移植的监督管理工作。县级以上地方人民政府卫生主管部门负责本行政区域人体器官移植的监督管理工作。

各级红十字会依法参与人体器官捐献的宣传等工作。

第五条 任何组织或者个人对违反本条例规定的行为，有权向卫生主管部门和其他有关部门举报；对卫生主管部门和其他有关部门未依法履行监督管理职责的行为，有权向本级人民政府、上级人民政府有关部门举报。接到举报的人民政府、卫生主管部门和其他有关部门对举报应当及时核实、处理，并将处理结果向举报人通报。

第六条 国家通过建立人体器官移植工作体系，开展人体器官捐献的宣传、推动工作，确定人体器官移植预约者名单，组织协调人体器官的使用。

第二章 人体器官的捐献

第七条 人体器官捐献应当遵循自愿、无偿的原则。

公民享有捐献或者不捐献其人体器官的权利；任何组织或者个人不得强迫、欺骗或者利诱他人捐献人体器官。

第八条 捐献人体器官的公民应当具有完全民事行为能力。公民捐献其人体器官应当有书面形式的捐献意愿，对已经表示捐献其人体器官的意愿，有权予以撤销。

公民生前表示不同意捐献其人体器官的，任何组织或者个人不得捐献、摘取该公民的人体器官；公民生前未表示不同意捐献其人体器官的，该公民死亡后，其配偶、成年子女、父母可以以书面形式共同表示同意捐献该公民人体器官的意愿。

第九条 任何组织或者个人不得摘取未满 18 周岁公民的活体器官用于移植。

第十条 活体器官的接受人限于活体器官捐献人的配偶、直系血亲或者三代以内旁系血亲，或者有证据证明与活体器官捐献人存在因帮扶等形成亲情关系的人员。

第三章 人体器官的移植

第十一条 医疗机构从事人体器官移植，应当依照《医疗机构管理条例》的规定，向所在地省、自治区、直辖市人民政府卫生主管部门申请办理人体器官移植诊疗科目登记。

医疗机构从事人体器官移植，应当具备下列条件：

（一）有与从事人体器官移植相适应的执业医师和其他医务人员；

（二）有满足人体器官移植所需要的设备、设施；

（三）有由医学、法学、伦理学等方面专家组成的人体器官移植技术临床应用与伦理委员会，该委员会中从事人体器官移植的医学专家不超过委员人数的1/4；

（四）有完善的人体器官移植质量监控等管理制度。

第十二条 省、自治区、直辖市人民政府卫生主管部门进行人体器官移植诊疗科目登记，除依据本条例第十一条规定的条件外，还应当考虑本行政区域人体器官移植的医疗需求和合法的人体器官来源情况。

省、自治区、直辖市人民政府卫生主管部门应当及时公布已经办理人体器官移植诊疗科目登记的医疗机构名单。

第十三条 已经办理人体器官移植诊疗科目登记的医疗机构不再具备本条例第十一条规定条件的，应当停止从事人体器官移植，并向原登记部门报告。原登记部门应当自收到报告之日起2日内注销该医疗机构的人体器官移植诊疗科目登记，并予以公布。

第十四条 省级以上人民政府卫生主管部门应当定期组织专家根据人体器官移植手术成功率、植入的人体器官和术后患者的长期存活率，对医疗机构的人体器官移植临床应用能力进行评估，并及时公布评估结果；对评估不合格的，由原登记部门撤销人体器官移植诊疗科目登记。具体办法由国务院卫生主管部门制订。

第十五条 医疗机构及其医务人员从事人体器官移植，应当遵守伦理原则和人体器官移植技术管理规范。

第十六条 实施人体器官移植手术的医疗机构及其医务人员应当对人体器官捐献人进行医学检查，对接受人因人体器官移植感染疾病的风险进行评估，并采取措施，降低风险。

第十七条 在摘取活体器官前或者尸体器官捐献人死亡前，负责人体器官移植的执业医师应当向所在医疗机构的人体器官移植技术临床应用与伦理委员会提出摘取人体器官审查申请。

人体器官移植技术临床应用与伦理委员会不同意摘取人体器官的，医疗机构不得做出摘取人体器官的决定，医务人员不得摘取人体器官。

第十八条 人体器官移植技术临床应用与伦理委员会收到摘取人体器官审查申请后，应当对下列事项进行审查，并出具同意或者不同意的书面意见：

（一）人体器官捐献人的捐献意愿是否真实；

（二）有无买卖或者变相买卖人体器官的情形；

（三）人体器官的配型和接受人的适应症是否符合伦理原则和人体器官移植技术管理规范。

经2/3以上委员同意，人体器官移植技术临床应用与伦理委员会方可出具同意摘取人体器官的书面意见。

第十九条 从事人体器官移植的医疗机构及其医务人员摘取活体器官前，应当履行下列义务：

（一）向活体器官捐献人说明器官摘取手术的风险、术后注意事项、可能发生的并发症及其预防措施等，并与活体器官捐献人签署知情同意书；

（二）查验活体器官捐献人同意捐献其器官的书面意愿、活体器官捐献人与接受人存在本条例第十条规定关系的证明材料；

（三）确认除摘取器官产生的直接后果外不会损害活体器官捐献人其他正常的生理功能。

从事人体器官移植的医疗机构应当保存活体器官捐献人的医学资料，并进行随访。

第二十条 摘取尸体器官，应当在依法判定尸体器官捐献人死亡后进行。从事人体器官移植的医务人员不得参与捐献人的死亡判定。

从事人体器官移植的医疗机构及其医务人员应当尊重死者的尊

严；对摘取器官完毕的尸体，应当进行符合伦理原则的医学处理，除用于移植的器官以外，应当恢复尸体原貌。

第二十一条 从事人体器官移植的医疗机构实施人体器官移植手术，除向接受人收取下列费用外，不得收取或者变相收取所移植人体器官的费用：

（一）摘取和植入人体器官的手术费；

（二）保存和运送人体器官的费用；

（三）摘取、植入人体器官所发生的药费、检验费、医用耗材费。

前款规定费用的收取标准，依照有关法律、行政法规的规定确定并予以公布。

第二十二条 申请人体器官移植手术患者的排序，应当符合医疗需要，遵循公平、公正和公开的原则。具体办法由国务院卫生主管部门制订。

第二十三条 从事人体器官移植的医务人员应当对人体器官捐献人、接受人和申请人体器官移植手术的患者的个人资料保密。

第二十四条 从事人体器官移植的医疗机构应当定期将实施人体器官移植的情况向所在地省、自治区、直辖市人民政府卫生主管部门报告。具体办法由国务院卫生主管部门制订。

第四章 法律责任

第二十五条 违反本条例规定，有下列情形之一，构成犯罪的，依法追究刑事责任：

（一）未经公民本人同意摘取其活体器官的；

（二）公民生前表示不同意捐献其人体器官而摘取其尸体器官的；

（三）摘取未满18周岁公民的活体器官的。

第二十六条 违反本条例规定，买卖人体器官或者从事与买卖人体器官有关活动的，由设区的市级以上地方人民政府卫生主管部门依照职责分工没收违法所得，并处交易额 8 倍以上 10 倍以下的罚款；医疗机构参与上述活动的，还应当对负有责任的主管人员和其他直接责任人员依法给予处分，并由原登记部门撤销该医疗机构人体器官移植诊疗科目登记，该医疗机构 3 年内不得再申请人体器官移植诊疗科目登记；医务人员参与上述活动的，由原发证部门吊销其执业证书。

国家工作人员参与买卖人体器官或者从事与买卖人体器官有关活动的，由有关国家机关依据职权依法给予撤职、开除的处分。

第二十七条 医疗机构未办理人体器官移植诊疗科目登记，擅自从事人体器官移植的，依照《医疗机构管理条例》的规定予以处罚。

实施人体器官移植手术的医疗机构及其医务人员违反本条例规定，未对人体器官捐献人进行医学检查或者未采取措施，导致接受人因人体器官移植手术感染疾病的，依照《医疗事故处理条例》的规定予以处罚。

从事人体器官移植的医务人员违反本条例规定，泄露人体器官捐献人、接受人或者申请人体器官移植手术患者个人资料的，依照《执业医师法》或者国家有关护士管理的规定予以处罚。

违反本条例规定，给他人造成损害的，应当依法承担民事责任。

违反本条例第二十一条规定收取费用的，依照价格管理的法律、行政法规的规定予以处罚。

第二十八条 医务人员有下列情形之一的，依法给予处分；情节严重的，由县级以上地方人民政府卫生主管部门依照职责分工暂停其 6 个月以上 1 年以下执业活动；情节特别严重的，由原发证部门吊销其执业证书：

（一）未经人体器官移植技术临床应用与伦理委员会审查同意摘取人体器官的；

（二）摘取活体器官前未依照本条例第十九条的规定履行说

明、查验、确认义务的；

（三）对摘取器官完毕的尸体未进行符合伦理原则的医学处理，恢复尸体原貌的。

第二十九条 医疗机构有下列情形之一的，对负有责任的主管人员和其他直接责任人员依法给予处分；情节严重的，由原登记部门撤销该医疗机构人体器官移植诊疗科目登记，该医疗机构 3 年内不得再申请人体器官移植诊疗科目登记：

（一）不再具备本条例第十一条规定条件，仍从事人体器官移植的；

（二）未经人体器官移植技术临床应用与伦理委员会审查同意，做出摘取人体器官的决定，或者胁迫医务人员违反本条例规定摘取人体器官的；

（三）有本条例第二十八条第（二）项、第（三）项列举的情形的。

医疗机构未定期将实施人体器官移植的情况向所在地省、自治区、直辖市人民政府卫生主管部门报告的，由所在地省、自治区、直辖市人民政府卫生主管部门责令限期改正；逾期不改正的，对负有责任的主管人员和其他直接责任人员依法给予处分。

第三十条 从事人体器官移植的医务人员参与尸体器官捐献人的死亡判定的，由县级以上地方人民政府卫生主管部门依照职责分工暂停其 6 个月以上 1 年以下执业活动；情节严重的，由原发证部门吊销其执业证书。

第三十一条 国家机关工作人员在人体器官移植监督管理工作中滥用职权、玩忽职守、徇私舞弊，构成犯罪的，依法追究刑事责任；尚不构成犯罪的，依法给予处分。

第五章 附 则

第三十二条 本条例自 2007 年 5 月 1 日起施行。

国务院办公厅关于加强和改进
流浪未成年人救助保护工作的意见

（国办发〔2011〕39 号）

各省、自治区、直辖市人民政府，国务院各部委、各直属机构：

党中央、国务院高度重视未成年人权益保护工作，近年来国家出台了一系列法律法规和政策，未成年人权益保护工作取得了积极成效。但受人口流动加速、一些家庭监护缺失和社会不良因素影响，未成年人流浪现象仍然存在，甚至出现胁迫、诱骗、利用未成年人乞讨和实施违法犯罪活动等问题，严重侵害了未成年人合法权益，妨害了未成年人健康成长。为进一步完善流浪未成年人救助保护体系，切实加强和改进流浪未成年人救助保护工作，经国务院同意，现提出如下意见：

一、充分认识流浪未成年人救助保护工作的重要意义

做好流浪未成年人救助保护工作，关系到未成年人的健康成长，关系到社会和谐安定，关系到以人为本执政理念的落实。及时有效救助保护流浪未成年人，是各级政府的重要职责，是维护未成年人合法权益的重要内容，是预防未成年人违法犯罪的重要举措，是加强和创新社会管理的重要方面，是社会文明进步的重要体现。各地区、各有关部门要充分认识加强和改进流浪未成年人救助保护工作的重要性和紧迫性，进一步统一思想，提高认识，认真落实《中华人民共和国未成年人保护法》、《中华人民共和国预防未成年人犯罪法》和《中华人民共和国义务教育法》等法律法规，不断完善政策措施，提升救助保护水平，维护好流浪未成年人的合法权益。

二、流浪未成年人救助保护工作的总体要求和基本原则

（一）总体要求。牢固树立以人为本、执政为民的理念，贯彻预防为主、标本兼治的方针，健全机制，完善政策，落实责任，加快推进流浪未成年人救助保护体系建设，确保流浪未成年人得到及时救助保护、教育矫治、回归家庭和妥善安置，最大限度减少未成年人流浪现象，坚决杜绝胁迫、诱骗、利用未成年人乞讨等违法犯罪行为。

（二）基本原则。

坚持未成年人权益保护优先。把未成年人权益保护和健康成长作为首要任务，加强对家庭监护的指导和监督，及时救助流浪未成年人，严厉打击胁迫、诱骗、利用未成年人乞讨等违法犯罪行为，切实保障未成年人的生存权、发展权、参与权、受保护权。

坚持救助保护和教育矫治并重。积极主动救助流浪未成年人，保障其生活、维护其权益；同时加强流浪未成年人思想、道德、文化和法制教育，强化心理疏导和行为矫治，帮助其顺利回归家庭。

坚持源头预防和综合治理。综合运用经济、行政、司法等手段，落实义务教育、社会保障和扶贫开发等政策，强化家庭、学校、社会共同责任，不断净化社会环境，防止未成年人外出流浪。

坚持政府主导和社会参与。落实政府责任，加大政府投入，加强各方协作，充分发挥基层组织作用，调动社会各方面参与流浪未成年人救助保护的积极性，形成救助保护工作的合力。

三、加强和改进流浪未成年人救助保护工作的政策措施

（一）实行更加积极主动的救助保护。公安机关发现流浪乞讨的未成年人，应当护送到救助保护机构接受救助。其中由成年人携带流浪乞讨的，应当进行调查、甄别，对有胁迫、诱骗、利用未成年人乞讨等违法犯罪嫌疑的，要依法查处；对由父母或其他监护人携带流浪乞讨的，应当批评、教育并引导护送到救助保护机构接受

救助，无力自行返乡的由救助保护机构接送返乡，公安机关予以协助配合。民政部门要积极开展主动救助，引导护送流浪未成年人到救助保护机构接受救助。城管部门发现流浪未成年人，应当告知并协助公安或民政部门将其护送到救助保护机构接受救助。对突发急病的流浪未成年人，公安机关和民政、城管部门应当直接护送到定点医院进行救治。

充分发挥村（居）民委员会等基层组织作用，组织和动员居民提供线索，劝告、引导流浪未成年人向公安机关、救助保护机构求助，或及时向公安机关报警。

（二）加大打击拐卖未成年人犯罪力度。公安机关要严厉打击拐卖未成年人犯罪，对来历不明的流浪乞讨和被强迫从事违法犯罪活动的未成年人，要一律采集生物检材，检验后录入全国打拐DNA（脱氧核糖核酸）信息库比对，及时发现、解救失踪被拐未成年人。加强接处警工作，凡接到涉及未成年人失踪被拐报警的，公安机关要立即出警处置，认真核查甄别，打击违法犯罪活动。强化立案工作，实行未成年人失踪快速查找机制，充分调动警务资源，第一时间组织查找。建立跨部门、跨警种、跨地区打击拐卖犯罪工作机制。民政等有关部门要协助公安机关做好被拐未成年人的调查、取证和解救工作。

（三）帮助流浪未成年人及时回归家庭。救助保护机构和公安机关要综合运用救助保护信息系统、公安人口管理信息系统、全国打拐DNA（脱氧核糖核酸）信息库和向社会发布寻亲公告等方式，及时查找流浪未成年人父母或其他监护人。

对查找到父母或其他监护人的流浪未成年人，救助保护机构要及时安排接送返乡，交通运输、铁道等部门要在购票、进出站、乘车等方面积极协助。流出地救助保护机构应当通知返乡流浪未成年人或其监护人常住户口所在地的乡镇人民政府（街道办事处）做好救助保护和帮扶工作。流出地救助保护机构要对流浪未成年人的家庭监护情况进行调查评估；对确无监护能力的，由救助保护机构协助监护人及时委托其他人员代为监护；对拒不履行监护责任、经反复教育不改的，由救助保护机构向人民法院提出申请撤销其监护人资格，依法另行指定监护人。

对暂时查找不到父母或其他监护人的流浪未成年人，在继续查找的同时，要通过救助保护机构照料、社会福利机构代养、家庭寄养等多种方式予以妥善照顾。对经过2年以上仍查找不到父母或其他监护人的，公安机关要按户籍管理有关法规政策规定为其办理户口登记手续，以便于其就学、就业等正常生活。对在打拐过程中被解救且查找不到父母或其他监护人的婴幼儿，民政部门要将其安置到社会福利机构抚育，公安机关要按规定为其办理户口登记手续。

（四）做好流浪未成年人的教育矫治。救助保护机构要依法承担流浪未成年人的临时监护责任，为其提供文化和法制教育、心理辅导、行为矫治、技能培训等救助保护服务，对合法权益受到侵害的，要协助司法部门依法为其提供法律援助或司法救助。救助保护机构要在教育行政部门指导下帮助流浪未成年人接受义务教育或替代教育，对沾染不良习气的，要通过思想、道德和法制教育，矫治不良习惯，纠正行为偏差；对有严重不良行为的，按照有关规定送专门学校进行矫治和接受教育。对流浪残疾未成年人，卫生、残联等部门要指导救助保护机构对其进行心理疏导、康复训练等。

（五）强化流浪未成年人源头预防和治理。预防未成年人流浪是家庭、学校、政府和社会的共同责任，做好源头预防是解决未成年人流浪问题的治本之策。家庭是预防和制止未成年人流浪的第一责任主体，应当依法履行对未成年人的监护责任和抚养义务。有关部门和基层组织要加强对家庭履行监护责任的指导和监督，对困难家庭予以帮扶，提升家庭抚育和教育能力，帮助其解决实际困难。村（居）民委员会要建立随访制度，对父母或其他监护人不依法履行监护责任或者侵害未成年人权益的，要予以劝诫、制止；情节严重的，要报告公安机关予以训诫，责令其改正；构成违反治安管理行为的，由公安机关依法给予行政处罚。

学校是促进未成年人健康成长的重要阵地，要坚持育人为本、德育为先，加强学生思想道德教育和心理健康辅导，根据学生特点和需要，开展职业教育和技能培训，使学生掌握就业技能，实现稳定就业；对品行有缺点、学习有困难的学生，要进行重点教育帮扶；对家庭经济困难的学生，要按照有关规定给予教育资助和特别关怀。教育行政部门要建立适龄儿童辍学、失学信息通报制度，指导学校做好劝学、返学工作，乡镇人民政府（街道办事处）、村（居）民委员会要积极做好协助工作。

地方各级政府和有关部门要进一步落实义务教育、社会保障和扶贫开发等政策，充分调动社会各方面的力量，把流浪未成年人救助保护纳入重点青少年群体教育帮助工作、"春蕾计划"、"安康计划"和家庭教育工作的总体计划；将流浪残疾未成年人纳入残疾未成年人康复、教育总体安排；充分发挥志愿者、社工队伍和社会组织作用，鼓励和支持其参与流浪未成年人救助、教育、矫治等服务。

四、健全工作机制，形成救助保护工作合力

（一）加强组织领导。进一步完善政府主导、民政牵头、部门负责、社会参与的流浪未成年人救助保护工作机制。建立民政部牵头的部际联席会议制度，研究解决突出问题和困难，制定和完善相关政策措施，指导和督促地方做好工作。民政部要发挥牵头部门作用，加强组织协调，定期通报各省（区、市）流浪未成年人救助保护工作情况，建立挂牌督办和警示制度。地方各级政府要高度重视，建立由政府分管领导牵头的流浪未成年人救助保护工作机制；要建立和完善工作责任追究机制，对工作不力、未成年人流浪现象严重的地区，追究该地区相关领导的责任。

（二）完善法律法规。抓紧做好流浪乞讨人员救助管理法律法规规章修订相关工作，完善流浪未成年人救助保护制度，健全流浪未成年人救助保护、教育矫治、回归安置和源头预防等相关规定，规范救助保护工作行为，强化流浪未成年人司法救助和保护，为流浪未成年人救助保护工作提供有力的法律保障。

（三）加强能力建设。各级政府要加强流浪未成年人救助保护能力建设，进一步提高管理和服务水平。要充分发挥现有救助保护机构、各类社会福利机构的作用，不断完善救助保护设施。要加强救助保护机构工作队伍建设，合理配备人员编制，按照国家有关规定落实救助保护机构工作人员的工资倾斜政策，对救助保护机构教师按照国家有关规定开展职称评定和岗位聘用。公安机关要根据需要在救助保护机构内设立警务室或派驻民警，协助救助保护机构做好管理工作。财政部门要做好流浪乞讨人员救助资金保障工作，地方财政要建立稳定的经费保障机制，中央财政给予专项补助。

（四）加强宣传引导。进一步加大未成年人权益保护法律法规宣传力度，开展多种形式的法制宣传活动，在全社会牢固树立未成年人权益保护意识。加强舆论引导，弘扬中华民族恤孤慈幼的传统美德，鼓励社会力量通过开展慈善捐助、实施公益项目、提供志愿服务等多种方式，积极参与流浪未成年人救助保护工作，营造关心关爱流浪未成年人的良好氛围。

国务院办公厅

二〇一一年八月十五日

四、部门规章

民政部关于贯彻《国务院关于坚决
打击拐卖妇女儿童犯罪活动的通知》的意见

（1989 年 4 月 3 日　民〔1989〕婚字 12 号）

各省、自治区、直辖市民政厅（局），各计划单列市民政局：

为贯彻《国务院关于坚决打击拐卖妇女儿童犯罪活动的通知》（国发〔1989〕23 号），切实保护妇女儿童的合法权益和身心健康，有效地维护社会秩序，特提出如下意见：

一、立即将《国务院关于坚决打击拐卖妇女儿童犯罪活动的通知》（以下简称《通知》）转发各地民政部门，认真贯彻《通知》精神。

二、民政部门在这一工作中的主要职责是：（一）配合主管部门进行广泛的法制宣传，教育干部、群众运用法律武器，同拐卖妇女儿童的违法犯罪行为作斗争。（二）协助有关部门调查了解情况，参与被拐卖妇女儿童的解救工作。（三）把好婚姻登记关。严格执行婚姻法的规定，对于申请结婚登记证明材料不全的坚决不予登记；对于虽已被迫同买主办理了结婚手续，但又要求离婚的受害妇女，应准予离婚。（四）在清理违法婚姻工作中，要把拐卖迫婚行为列为重点进行清理。

国务院关于坚决打击拐卖
妇女儿童犯罪活动的通知

（国发［1989］23号）

各省、自治区、直辖市人民政府，国务院各部委、各直属机构：

从七十年代初以来，一些地区出现了农村妇女大量外流的现象，少数犯罪分子乘机以各种欺骗手段，进行拐卖妇女的犯罪活动。其间，虽经多次打击，使这一犯罪活动有所收敛，但由于主客观原因，近几年在四川、云南、贵州、河北、河南、山东、安徽、福建、湖南、广西等二十几个省、自治区的许多县又不断出现，少数地方还有在车站、码头劫持绑架外流妇女的职业性犯罪团伙，有的甚至明目张胆地在农村集市中标价出卖拐骗来的妇女。

拐卖儿童的犯罪活动也在部分地区出现。犯罪分子多在车站、码头、公园、商场等公共繁华场所，采取哄骗和强制手段将儿童拐走，有的竟窜入民宅、幼儿园、托儿所，乘人不备将孩子偷走。山东、河北、河南省的一些人贩子，还到内蒙古自治区的农村公开收买儿童，转手倒卖。有的犯罪分子以"收养"为名，降价收买婴儿，又以"送养"为由，高价转卖，从中渔利。

拐卖妇女儿童的犯罪分子，手段恶劣、残忍，造成的后果严重。被拐卖的妇女儿童处境凄惨，有的妇女被强奸、轮奸，有的被毒打监禁，失去人身自由；有的被多次倒卖，受尽凌辱；有的被迫害致残、致死。受害妇女的亲人为寻找妻女，往往变卖家产、背井离乡，落得家破人亡。不少家长因失去孩子，寻找无着，痛苦万分，有的思念成疾，精神失常，甚至含恨自杀。

拐卖妇女儿童的犯罪活动，严重危害妇女儿童的合法权益和身心健康，给许多家庭带来不幸，在社会上造成恶劣影响，严重扰乱社会治安，破坏安定团结和精神文明建设。为切实保护妇女儿童的合法权益和身心健康，有效地维护社会治安，现通知如下：

一、各级人民政府和有关部门，要依法认真履行打击和制止拐卖妇女儿童、保障妇女儿童权益的职责，要把打击、防止拐卖妇女儿童犯罪活动列入议事日程。根据中共中央办公厅、国务院办公厅转发《关于坚决依法打击拐卖妇女儿童犯罪活动的报告》的通知（中办发〔1987〕16号），这一工作要在各级政法委员会（政法领导小组）统一组织下，政法、监察、民政、财政、铁路、交通和宣传、妇联、工会、共青团等部门及组织参加，采取有效措施，发动全社会的力量认真抓好。拐卖人口犯罪活动突出的地方，要有步骤地开展集中打击、专项治理，坚决制止其蔓延。同时，要在当地进行广泛的法制宣传，教育干部和群众积极运用法律武器，同拐卖妇女儿童的违法犯罪行为作斗争。

二、对拐卖妇女儿童的人贩子，必须依法从重从快惩处，绝不姑息放纵。关于打击拐卖人口案件的有关法律问题，最高人民法院、最高人民检察院、公安部一九八四年三月三十一日发出了《关于当前办理拐卖人口案件中具体应用法律的若干问题的解答》的通知，要求对怙恶不悛、罪行严重、民愤极大的首犯、惯犯依法从严惩处，该杀掉的要坚决杀掉，该重判的要坚决重判，公开宣判。买主触犯刑律的，也要依法惩办。各地都应认真按照这一通知的规定办理。

在打击拐卖妇女儿童的犯罪活动中应区分妇女被拐卖与自愿外流的界限；严格区分拐卖人口与充当婚姻介绍人从中索取少量财物的行为界限。

三、被拐卖妇女儿童的解救工作，要在各地政府的统一领导、组织下进行，公安、监察、司法行政、民政和妇联等有关部门要通力协作、相互配合、明确责任、各司其职。解救被拐卖妇女儿童是一项十分复杂、艰巨的工作，要严格按照政策办事，实事求是、区别情况、妥善处理。有关解救工作的政策，按中共中央办公厅、国务院办公厅转发《关于坚决依法打击拐卖妇女儿童犯罪活动的报告》的通知（中办发〔1987〕16 号）和公安部、司法部、民政部、全国妇联《关于做好解救被拐卖妇女儿童工作的几点意见的通知》（〔88〕公发 23 号）中的规定执行。

四、要严格执行婚姻登记、户口管理、暂住人口和流动人口登记等各项法律、法规和规章制度，使犯罪分子没有可乘之机。

五、基层人民政府和群众组织的工作人员要增强法制观念和提高政策水平，同各种违法犯罪活动进行斗争。对受定者要求解救和人民群众举报的犯罪活动，有关部门和工作人员要认真受理。对拒绝履行职责或因失职、渎职而造成严重后果的，上级领导机关要及时查明情况，严肃处理。对于干扰，阻碍解救被拐卖妇女儿童和知情不举的要追究责任，包庇犯罪分子的，要依法追究刑事责任。

各省、自治区、直辖市人民政府接到本通知后，应即作出部署，可根据本地实际情况，采取相应的措施，坚决依法严厉打击拐卖妇女儿童的犯罪活动。

国务院
一九八九年三月二日

民政部、公安部、财政部、
住房和城乡建设部、卫生部
关于进一步加强城市街头流浪乞讨人员
救助管理和流浪未成年人
解救保护工作的通知

（民发〔2009〕102号）

各省、自治区、直辖市民政厅（局）、公安厅（局）、财政厅（局）、住房和城乡建设厅（市政管委、市容委、建委）、卫生（厅）局，新疆生产建设兵团民政局、公安局、财务局、建设局、卫生局：

自2003年8月《城市生活无着的流浪乞讨人员救助管理办法》颁布实施以来，在各级政府高度重视、有关部门支持配合下，救助管理工作总体上进展顺利。但是，一些城市街头流浪乞讨人员增多，组织、胁迫、诱骗、利用未成年人流浪乞讨和组织未成年人违法犯罪等侵害未成年人权益的现象严重，严重侵害公民权利、扰乱公共秩序、危害社会稳定。为进一步做好城市街头流浪乞讨人员救助和管理工作，维护流浪乞讨未成年人的合法权益，现通知如下：

一、充分认识做好街头流浪乞讨人员救助管理和流浪未成年人解救保护工作的重要意义

当前，我国经济社会快速发展，人民生活不断改善，社会保障制度逐步完善，但由于人口流动、家庭困难、意外事件、个体选择等原因，流浪乞讨现象仍有发生，特别是流浪未成年人存在被拐卖、拐骗、胁迫、诱骗、利用乞讨或从事违法犯罪活动，遭受摧残和虐待的现象。流浪未成年人是特殊社会弱势群体，需要全社会的关心和帮助。各级民政、公安、城管、卫生、财政部门一定要从广大人民群众根本利益出发，切实增强责任感和紧迫感，积极主动，各尽其职，多管齐下，打击震慑违法犯罪、教育警醒群众、弘扬正气。要始终坚持以人为本，狠抓落实，将这项工作作为深入学习贯彻落实科学发展观的重要举措，进一步做好流浪未成年人解救保护工作。

二、认真履行部门职责，协调配合做好落实工作

街头流浪乞讨人员救助、管理和解救、保护流浪未成年人工作，事关权利保护和社会稳定，涉及多个部门，具有很强的政策性。各级政府、各个部门要依照有关法律法规，认真履行各自职责，协调配合，齐心协力做好这一工作。

（一）民政部门要加强街头救助，协助配合公安、城管、卫生等部门做好街头管理和打击解救工作。

一是组织、指导、监督救助管理机构做好街头救助。劝导、引导街头流浪乞讨人员进入救助管理站接受救助，不愿入站的，根据其实际情况提供必要的饮食、衣被等服务；坚持"先救治，后救助"的原则，配合医疗机构做好街头流浪乞讨人员中的危重病人、精神病人、危险传染病人的救治工作。

二是坚持"先解救，后救助"的原则，配合公安机关做好被拐卖、拐骗、胁迫、诱骗、利用乞讨的残疾人、未成年人的调查、取证和解救工作。对于公安机关解救、护送来站的未成年人，救助管理站（流浪未成年人救助保护中心）要做好接收工作，福利机构做好婴幼儿临时代养工作。铁路公安机关解救的被拐卖未成年人，由乘车地救助管理站（流浪未成年人救助保护中心）接收，福利机构做好婴幼儿临时代养工作。对于受助未成年人，要利用指纹识别技术建立数字档案，配合公安机关做好救助管理机构、社会福利机构中未成年人的采血工作。

三是协助有关部门开展街头治理工作。民政部门在街头救助时，发现流浪乞讨人员滋扰他人，扰乱社会秩序，污损、占据公共设施妨害他人正常使用和破坏城市市容环境的，要向公安机关、城市管理部门提出执法建议。

四是强化站内服务和管理。要从维护受助人员权益出发，改善设施环境，实行人性化、亲情化服务，保障受助人员的基本生活。要把未成年人与其他救助对象分开，根据未成年人的特点，合理安排生活起居和文体娱乐、教育培训等活动。对残疾、智障、受到伤害或有心理问题的，积极进行医护和康复。加大站内人员和接领人的甄别、核查力度，防止未成年人被冒领冒认和犯罪分子藏匿其中。要做好站内安全防范工作，确保站内人员安全。

五是做好返乡、安置和流出地预防工作。要畅通受助人员返乡渠道，对父母或其他监护人无力接回的，经协商后可由救助管理机构接回或送回。对符合条件的安置对象，安置到社会福利机构，并积极探索社会代养、家庭寄养等社会安置模式。督促流出地人民政府将符合条件的返乡困难群众纳入社会保障范围，充分发挥村（居）委会等基层组织的作用，监督监护人履行监护义务，防范虐待、遗弃老年人、残疾人、未成年人，防范强迫其外出流浪。

六是鼓励和支持社会组织或个人为流浪乞讨人员提供庇护、饮食、衣被等帮助，探索开展社工干预、心理辅导、行为矫治、教育培训，帮助流浪乞讨人员回归家庭和社会。

（二）公安机关要强化街头管理和打击解救工作力度，协助民政、卫生部门做好街头救助和站内管理工作。

一是做好接、报警工作。接到群众举报线索，要快速出警，及时处理，做到件件有记录，件件有人管。坚持解救与打击并重的原则，及时开展调查工作，确保打击有力，解救到位。

二是强化立案工作。各级公安机关要本着对人民群众高度负责的态度，强化立案工作。凡是接到举报发现拐卖、拐骗、胁迫、诱骗、利用未成年人乞讨或组织未成年人违法犯罪的，接待民警要认真询问案情，及时出警，对涉嫌犯罪的分别按照拐卖儿童罪、拐骗儿童罪、组织儿童乞讨罪、组织未成年人进行违反治安管理活动罪立案侦查；构成违反治安管理行为的，依法给予治安管理处罚。

三是加强对街面等流浪乞讨人员主要活动场所的巡查。要加强对繁华街区、桥梁涵洞、地下通道、热力管线、废弃房屋、火车站、风景游览区等流浪乞讨人员集中活动和露宿区域的巡查。发现街头流浪乞讨人员中危重病人、精神病人的，要按照民政部、公安部、财政部《关于进一步做好城市流浪乞讨人员中危重病人、精神病人救治工作的指导意见》（民发〔2006〕6号）的要求，会同民政、卫生等部门救治。发现流浪未成年人的，护送到救助管理机构接受救助。发现利用婴幼儿或未成年人乞讨的，要现场取证，调查盘问。对无血缘关系、来历不明和疑似被拐卖、拐骗、组织、胁迫、诱骗、利用乞讨的，要控制犯罪嫌疑人，解救未成年人。对利用婴幼儿、未成年人乞讨的监护人，教育、警告后护送到救助管理站接受救助；构成犯罪的，依法追究刑事责任。

四是加强流浪乞讨儿童的采血和检验比对工作。对街头流浪乞讨和被组织从事违法犯罪活动的未成年人一律采血，经 DNA 检验后将数据录入全国打拐 DNA 数据库。各地在采血和检验比对工作中，不得以任何理由收取费用。

五是加大打击力度。要依法从重从快打击虐待和故意伤害流浪未成年人，以及拐卖、拐骗、组织、胁迫、诱骗、利用未成年人乞讨牟利或组织其进行违法犯罪活动的犯罪分子和团伙。认定是被拐卖、拐骗的未成年人，要立即解救，尽快送返其监护人身边。对暂时找不到其监护人的，护送到救助管理站接受救助，并继续查找其监护人。对亲生父母或其他监护人利用未成年人乞讨的，要予以批评教育，情节严重的，依照《治安管理处罚法》第四十一条，予以治安管理处罚；构成犯罪的，依法追究刑事责任。

六是做好有害乞讨行为的管理工作。协助民政部门开展街头救助，对流浪乞讨人员强讨恶要、滋扰他人、扰乱公共秩序、危害交通安全的行为依法处置。属于救助对象的，送救助管理机构救助。

七是协助救助管理站做好安全防范工作。有条件的地方可以结合社区警务布点，在救助管理站设立警务室或警务联络员。要依法严厉打击聚众闹事、结伙冲击、围攻救助管理站的违法犯罪活动，确保站内人员安全和工作秩序。

（三）城市管理部门要依法做好防范街头流浪乞讨人员影响市容环境卫生行为的管理工作，协助民政、卫生部门做好街头救助工作。

一是依法处置街头流浪乞讨人员占据、损毁公共设施妨碍他人正常使用的行为和随处涂画、制造噪音等破坏环境卫生等违反城市管理规定的行为。

二是协助民政部门做好街头救助工作。在街头执法发现流浪乞讨人员的，告知、引导、护送其到救助管理站接受救助。发现危重病人、精神病人的，联系医疗卫生部门救治。

（四）卫生部门负责流浪乞讨人员医疗救治工作。要按照《关于实施城市生活无着的流浪乞讨人员救助管理办法有关机构编制和经费问题的通知》（财社〔2003〕83号）和《关于进一步做好城市流浪乞讨人员中危重病人、精神病人救治工作的指导意见》（民发〔2006〕6号）规定，指定定点医疗机构，按照"先救治、后救助"的原则收治有关流浪乞讨人员。

（五）财政部门要做好对城市街头流浪乞讨人员救助、管理，以及对流浪未成年人解救保护的经费保障工作。要按照上述各部门职责任务和国家预算管理有关规定，将应由政府承担的救助、管理城市街头流浪乞讨人员，以及解救、保护流浪未成年人工作经费，分别列入有关部门预算给予保障。

三、健全机制，狠抓落实

（一）健全机制。各地要加强领导，统一认识，明确责任，协作配合，建立健全工作机制。要坚持"分级管理，条块结合"的原则，建立政府统一领导、部门分工负责、社会广泛参与的管理体制和运行机制，共同营造帮助街头流浪乞讨人员回归家庭、社会的良好氛围。

（二）狠抓落实。公安部决定将此项工作列入全国打击拐卖儿童妇女工作综治考核并列入刑侦工作绩效考核。民政部决定将此项工作列入全国民政系统社会治安综合治理工作考核内容，认真督查。对行动迟缓、工作不力，造成严重后果的单位和个人，将报请综治部门实行"一票否决制"并追究有关责任。

民政部

公安部

财政部

住房和城乡建设部

卫生部

二〇〇九年七月十六日

公安部、司法部、民政部、全国妇联
关于做好解救被拐卖妇女
儿童工作的几点意见的通知

（〔88〕公发 23 号　1988 年 12 月 8 日）

各省、自治区、直辖市公安、司法、民政厅、局，妇女联合会：

近年来，一些拐卖妇女儿童犯罪活动严重的地区不断开展打击拐卖妇女儿童犯罪活动的斗争，查破了不少案件，解救了一批受害妇女儿童，取得了较大成绩。当前存在一个比较普遍的问题是，在解救被拐卖的妇女儿童工作中，由于政策界限不明确，基层的同志对有些具体问题认识不够一致，使工作遇到不少困难。为了使解救工作得以顺利开展，根据中央办公厅、国务院办公厅一九八七年十月《转发〈关于坚决依法打击拐卖妇女儿童犯罪活动的报告〉的通知》（中办发〔1987〕16 号文件）中确定的"解救工作要慎重，要充分尊重被拐卖妇女本人的意愿，实事求是，区别情况，妥善处理"的原则，经征得最高人民法院和最高人民检察院的同意，现就如何做好解救被拐卖妇女儿童工作的问题提出以下几点意见，请认真研究执行。

一、各级公安、司法、民政、妇联等部门，要切实负起责任，积极做好受害妇女儿童的解救工作。在具体工作中，公安、司法、民政、妇联等部门要密切配合。各地派出的解救工作人员，要主动向受害者所在地有关部门汇报，取得支持和协助。受害者所在地有关部门也要积极向外地派来的解救工作人员提供情况和方便，积极支持和协助做好解救工作。

二、对被拐卖的少女、幼女、儿童，原则上均应解救。属于以下特殊情况的，应从实际出发，妥善处理：

（一）被拐卖时是少女，现已达到法定的结婚年龄，本人又愿意与买主继续共同生活的，应当依法补办结婚登记和户口迁移手续；

（二）被拐卖的少女，现已十八以上但未到法定结婚年龄，其父母亲属要求解救，但本人态度坚决，经动员仍愿意与买主结合的，必须责令她与买主分居，由乡政府和村民委员会负责监护，待她达到法定结婚年龄时，再办结婚登记和户口迁移手续；

（三）本人坚决要求解救，其父母或亲属不接收的少女，必须解救回原籍，由当地政府做好安置工作；

（四）对父母自己出卖的或遗弃的婴幼儿，可由买主依照有关规定办理收养手续后，继续抚养。

三、对被拐卖的已婚妇女（包括现役军人配偶），本人要求回原住地的应解救回原住地；如原配偶要求解除婚姻关系的，由原住地有关部门进行调解或直接向人民法院提起离婚诉讼。

四、在解救受害的妇女儿童时，对收买妇女儿童的人支付的款项，一律不得由受害人亲属补偿。但对那些由受害人亲属与拐卖人口犯罪分子相勾结或由受害亲属出面卖给买主，买主确系上当受骗的，所花钱财，应从本案缴获的赃款中视情给予适量的退赔；对卖儿女的父母或卖亲属的人，除没收索要的钱财外，还应该给以必要的处罚。

五、要切实排好被拐卖妇女儿童回原住地的食宿和接送工作。对被解救的妇女，不得歧视，原住地应妥善安置其生产和生活。属于社会救济对象的，民政部门应作好救济的工作。凡解救回原住地的妇女，其子女（包括婚生和非法同居所生的子女）的抚养问题，通过协商解决，或依法由法院裁决。

六、对自流的妇女以及不同地区之间经人介绍自愿与人结婚的妇女，不属解救范围。

民政部、公安部关于加强
生活无着流浪乞讨人员
身份查询和照料安置工作的意见

（民发〔2015〕158号）

各省、自治区、直辖市民政厅（局）、公安厅（局），新疆生产建
设兵团民政局、公安局：

自2003年实施救助管理制度以来，各地认真贯彻落实相关法
律法规，有效维护了生活无着流浪、乞讨人员（以下简称"流浪
乞讨人员"）基本权益。为进一步加强流浪乞讨人员身份查询和
照料安置工作，切实维护其合法权益，制定本意见。

一、加强流浪乞讨人员身份查询工作

各地民政部门和公安机关应当按照职责分工，建立流浪乞讨人
员身份快速查询机制、寻亲服务机制和滞留人员身份查询长效机
制，帮助其及时回归家庭。

（一）建立身份快速查询机制。公安机关发现流浪乞讨人员
的，应当告知其向救助管理机构求助。对其中的残疾人、未成年
人、老年人和行动不便的其他人员，应当引导、护送到救助管理机
构；对突发疾病人员，应当立即通知急救机构进行救治；对疑似走
失、被遗弃、被拐卖的流浪乞讨人员，应当及时通过调取监控录
像、走访当地群众、比对公安机关走失人口库和人口信息管理系
统、发布协查通报等方式，及时核查其身份信息。公安机关护送流
浪乞讨人员来站求助的，应当配合救助管理机构办理交接手续，形
成《公安机关护送流浪乞讨人员交接表》（见附件1）。

对无法提供个人信息的受助人员，救助管理机构应当通过受助

人员指纹、体貌特征等线索，及时查询比对全国救助管理信息系统中的救助信息和寻亲信息。受助人员在站期间被发现有疑似走失、被遗弃、被拐卖情形的，救助管理机构应当及时向公安机关报案，将受助人员体貌特征、发现经过等情况告知公安机关。救助管理机构报请当地公安机关协助核查受助人员身份信息的，公安机关应当及时受理、答复。

（二）建立寻亲服务机制。对经快速查询未能确认身份的受助人员，救助管理机构应当在其入站后 24 小时内通过广播、电视、报纸、全国救助管理信息系统、全国救助寻亲网站等适当形式发布寻亲公告，公布受助人员照片等基本信息，并在其入站后 7 个工作日内报请公安机关采集 DNA 数据。公安机关应当在收到报告后一个月内免费采集、录入全国打拐 DNA 信息库，并将比对结果反馈救助管理机构。对当前已经滞留在站的受助人员，救助管理机构应当尽快报请公安机关采集 DNA 数据，公安机关应当及时组织免费采集，录入全国打拐 DNA 信息库比对，并将比对结果反馈救助管理机构。

公安机关应当依法受理家人走失报案信息，及时发布内部协查通报，并通报救助管理机构，同时提示报案人可前往救助管理机构查找。救助管理机构应当将公安机关通报信息与站内受助人员信息进行查询比对，及时将查询结果反馈公安机关，同时为来站寻亲人员提供查询便利和帮助。

（三）建立身份查询长效机制。对经快速查询和寻亲服务后仍无法查明身份信息的滞留人员，救助管理机构应当经常与其接触、交流，采集其叙述内容，分析地名、人名、口音等关键信息并及时甄别核实。对交由托养机构照料或已纳入当地特困人员供养的滞留人员，救助管理机构应当继续开展或委托托养、供养机构协助开展身份查询工作。对有待核实的身份线索，救助管理机构可报请公安机关协助核查，公安机关应当及时核实确认。民政部门要建立滞留人员身份查询激励机制，对查询效果明显的人员或单位给予奖励。

各地救助管理机构、公安机关应当加强沟通协作，共同做好滞留人员身份查询工作。

二、建立滞留人员多元化照料安置渠道

对于无法查明身份信息、在站救助时间超过 10 天的滞留人员，各地可根据当地救助管理工作实际情况，采取以下一种或多种方式予以妥善照料安置。

（一）开展站内照料服务。救助管理机构应当充分利用现有救助场所和设施设备，在站内开展照料服务。救助管理机构缺乏护理、康复等专业工作人员的，可以通过提供服务场所、开展项目合作、政府购买服务等方式引入专业护理机构，由其承担站内照料工作，形成救助管理机构负责提供工作场地、制定照料标准、规范服务程序、考核服务质量等监督、管理工作，专业护理机构负责提供生活照料、日常护理、康复训练等具体照料服务的运行机制。对精神障碍患者、传染病人、危重病人等受助人员，救助管理机构应当按规定将其送当地定点医院救治、康复。

（二）开展站外托养服务。因现有设施设备不足、无法提供站内照料服务的，各地可根据滞留人员的年龄、智力、心理、生理状况，实施站外分类托养。各地可通过政府购买服务方式，委托符合条件的公办、民办福利机构或其他社会组织，为滞留人员提供生活照料等具体服务。各地要按照公开、公平、公正的原则，向社会公布购买服务的内容、程序、方式和参与条件，明确生活照料、医疗救治、日常护理、寻亲服务、档案保管等基本托养服务要求，通过公开招标等方式，审慎选择在资格资质、人员配置和设施设备等方面能满足滞留人员服务需求的托养机构并签订托养协议。

（三）纳入特困人员供养。对超过三个月仍无法查明身份信息的滞留人员，救助管理机构应当及时向所属民政部门提出安置申请，由民政部门提出安置方案，报同级人民政府予以安置。对安置后公安机关已办理户口登记手续、符合特困人员供养条件的流浪乞

讨人员，民政部门要及时将其纳入特困人员供养范围，落实社会救助政策，协助其办理社会保险，并转移至当地政府设立的福利院、养老院、敬老院、精神病院等公办福利机构供养。当地无公办福利机构或公办福利机构床位资源不足的，可以委托其他民办福利机构供养。纳入特困人员供养的滞留人员身份查询确认后，由原救助管理机构联系其亲属或者流出地救助管理机构，协调接送返乡工作。

（四）做好滞留未成年人救助保护工作。对于暂时无法查明家庭情况的流浪乞讨等生活无着的未成年人，未成年人救助保护机构应当从有利于未成年人健康成长的角度，认真履行临时监护职责，通过提供站内照料、委托儿童福利机构抚养等方式，为其提供符合身心、年龄等特点的生活照料、康复训练等服务，不得将其托养至养老院、敬老院等成年人社会福利机构。民政部门要加强区域联动，在更大范围内实现资源共享，县级民政部门未设立未成年人救助保护机构或儿童福利机构的，要及时报请上级民政部门指定具备条件的未成年人救助保护机构、儿童福利机构照料。各地要依托社会工作服务机构、公益慈善组织、法律服务机构和志愿者等社会力量，为受助未成年人提供心理辅导、行为矫治、文化教育、技能培训、就业帮扶等服务。

三、保障措施

各地要充分认识做好流浪乞讨人员身份查询和照料安置工作的重要意义，充分发挥流浪乞讨人员救助管理制度在保障和改善民生中的积极作用，强化部门协作与资源整合，本着因地制宜、多措并举的原则，切实保障流浪乞讨人员合法权益。

（一）加强组织协调。各地要依托救助管理工作领导小组或联席会议机制，加强民政、公安、新闻宣传等有关单位的工作联动和信息共享，做好流浪乞讨人员身份查询、寻亲公告、户籍登记、就业就学、医疗救治等工作，要指导、督促乡镇人民政府（街道办事处）做好返乡流浪乞讨人员回归稳固工作。民政部门、公安机关要建立与媒体的常态化寻亲合作机制，在更大范围内为受助人员寻找家人。

（二）加强经费保障。各级民政部门要协调同级财政部门，建立稳定的滞留人员救助工作经费保障机制，并根据《中央财政流浪乞讨人员救助补助资金管理办法》（财社〔2014〕71号），将滞留人员情况纳入中央财政流浪乞讨人员救助补助资金分配参考因素。

（三）整合各方资源。各级民政部门要统筹规划，充分利用现有福利院、养老院、敬老院、精神病院等社会福利资源，对符合条件的滞留人员予以供养或托养。有条件的地方，可推动建立或改扩建救助安置场所，集中照料滞留人员。各地可就甄别查询、回归稳固、委托代养、落户安置等工作开展跨区域合作。

（四）加强评估监督。各地民政部门和救助管理机构要强化责任意识，认真履行身份查询、寻亲服务等救助程序。采取站外托养方式照料滞留人员的，民政部门和救助管理机构要建立定期检查制度，明确检查周期和检查内容，通过明查暗访、听取各方评价等多种方式，对托养机构服务质量、安全管理等情况进行经常性检查。发现问题的，要及时警示；对不适宜继续开展托养服务的托养机构，要及时终止托养协议。

（五）推进通报制度。各级民政部门、公安机关要逐步建立流浪乞讨人员身份查询和照料安置工作通报制度。对寻亲服务不及时、回归稳固工作不力、流浪乞讨问题严重，特别是未按《国务院办公厅关于加强和改进流浪未成年人救助保护工作的意见》（国办发〔2011〕39号）要求落实各项工作的地区予以通报批评；对积极开展寻亲救助服务、源头预防工作成效明显的地区予以通报表扬。

民政部

公安部

2015年8月20日

公安部、国家人口和计划生育委员会关于建立来历不明疑似被拐妇女儿童信息通报核查机制的通知

（公刑〔2010〕2922号）

各省、自治区、直辖市公安厅、局，人口计生委，新疆生产建设兵团公安局、人口计生委：

为贯彻国务院反拐部际联席会议第一次全体会议精神，全面落实国家反拐行动计划，依法严厉打击拐卖妇女儿童犯罪，加强对拐卖妇女儿童犯罪的综合治理，切实维护妇女儿童合法权益，公安部、国家人口和计划生育委员会决定建立来历不明、疑似被拐妇女儿童信息通报核查机制。现就有关要求通知如下：

一、各级人口计生部门要加强计划生育日常管理和服务，及时了解和掌握本地育龄妇女的生育情况并采取切实措施减少政策外生育。发现来历不明、疑似被拐的妇女儿童，应及时将有关信息通报同级公安机关。

二、各级公安机关接到人口计生部门通报的信息后，要立即部署核查。发现拐卖犯罪线索的，应当及时立案侦查，抓获拐卖犯罪分子，解救被拐卖妇女儿童，严厉打击拐卖犯罪。对来历不明、疑似被拐儿童，要及时采血检验后录入全国打拐DNA信息库。

三、各级公安机关对侦办案件中获取的拐卖妇女儿童信息，要及时通报同级人口计生部门，并结合本地实际，共同采取措施预防拐卖妇女儿童犯罪的发生。

打拐工作关系人民群众的切身利益。各级公安机关、人口计生

部门要从维护社会稳定、促进社会和谐的高度，高度重视，周密部署，加强协作，切实抓好各项工作措施落实。贯彻情况及遇到的困难和问题请分别报公安部、国家人口和计划生育委员会。

公安部

国家人口和计划生育委员会

二〇一〇年十一月三日

民政部、公安部关于开展查找不到生父母的打拐解救儿童收养工作的通知

（民发〔2015〕159号）

各省、自治区、直辖市民政厅（局）、公安厅（局），新疆生产建设兵团民政局、公安局：

家庭是儿童成长的最佳环境，为落实党的十八届三中全会通过的《中共中央关于全面深化改革若干重大问题的决定》中关于健全困境儿童分类保障制度的要求以及国务院办公厅《中国反对拐卖人口行动计划（2013—2020年）》（国办发〔2013〕19号）的相关要求，进一步完善打拐解救儿童安置渠道，使查找不到生父母的打拐解救儿童能够通过收养回归家庭中健康、快乐成长，根据《中华人民共和国收养法》等法律法规的有关规定，现就查找不到生父母的打拐解救儿童收养问题通知如下：

一、全力查找打拐解救儿童生父母

儿童失踪后，其监护人应当及时向公安机关报警。公安机关接到儿童失踪报警后，应当立即出警处置并立案侦查，迅速启动儿童失踪快速查找机制，充分调动警务资源，第一时间组织查找，并及时免费采集失踪儿童父母血样录入全国打拐DNA信息库。

公安机关解救被拐卖儿童后，对于查找到生父母或其他监护人的，应当及时送还。对于暂时查找不到生父母及其他监护人的，应当送交社会福利机构或者救助保护机构抚养，并签发打拐解救儿童临时照料通知书（附件1），由社会福利机构或者救助保护机构承担临时监护责任。同时，公安机关要一律采集打拐解救儿童血样，检验后录入全国打拐DNA信息库比对，寻找儿童的生父母。公安机关经查找，1个月内未找到儿童生父母或其他监护人的，应当为

社会福利机构或者救助保护机构出具暂时未查找到生父母或其他监护人的证明（附件2）。社会福利机构或者救助保护机构在接收打拐解救儿童后，应当在报纸和全国打拐解救儿童寻亲公告平台上发布儿童寻亲公告。公告满30日，儿童的生父母或者其他监护人未认领的，救助保护机构应当在7日内将儿童及相关材料移交当地社会福利机构。社会福利机构应当尽快为儿童办理入院手续并申报落户手续，公安机关应当积极办理落户手续。

从儿童被送交社会福利机构或者救助保护机构之日起满12个月，公安机关未能查找到儿童生父母或其他监护人的，应当向社会福利机构出具查找不到生父母或其他监护人的证明（附件3）。

打拐解救儿童在社会福利机构或者救助保护机构期间，如有人主张其为被公告儿童的生父母或者其他监护人的，上述机构应当立即通知公安机关，由公安机关开展调查核实工作。公安机关经调查确认找到打拐解救儿童生父母或其他监护人的，应当出具打拐解救儿童送还通知书（附件4），由社会福利机构或者救助保护机构配合该儿童生父母或其他监护人将儿童接回。

二、依法开展收养登记工作

社会福利机构收到查找不到生父母或其他监护人的证明后，对于符合收养条件的儿童，应当及时进行国内送养，使儿童能够尽快回归正常的家庭生活。

办理收养登记前，社会福利机构应当与收养家庭签订收养协议（附件5）。

收养人应当填写收养申请书并向有管辖权的收养登记机关提交下列证件、证明材料：

（一）居民户口簿和居民身份证；

（二）婚姻登记证或者离婚判决书、离婚调解书；

（三）县级以上医疗机构出具的未患有在医学上认为不应当收养子女疾病的身体健康检查证明；

收养登记机关应当对收养人进行收养能力评估。收养能力评估可以通过委托第三方等方式开展。收养能力评估应当包括收养人收养动机、职业和经济状况、受教育程度、身体情况、道德品质、家庭关系等内容。

社会福利机构应当向收养登记机关提交下列证件、证明材料：

（一）社会福利机构法人登记证书、法定代表人身份证明和授权委托书；

（二）被收养人照片、指纹、DNA 信息和情况说明；

（三）被收养人进入社会福利机构的原始记录和查找不到生父母或其他监护人的证明等相关证明材料；

被收养人有残疾或者患有重病的，社会福利机构应当同时提交县级以上医疗机构出具的残疾证明或者患病证明。

被收养人年满 10 周岁的，收养登记机关还应就收养登记事项单独征得其本人同意。

收养登记机关在收到收养登记申请书及相关材料后，应当按照规定进行公告。自公告之日起满 60 日，打拐解救儿童的生父母或者其他监护人未认领的，收养登记机关应当为符合条件的当事人办理收养登记。对不符合条件的，不予登记并对当事人说明理由。

三、妥善处理打拐解救儿童收养关系解除问题

打拐解救儿童被收养后，公安机关查找到其生父母或其他监护人，或者其生父母或其他监护人又查找到该儿童的，如儿童的生父母或其他监护人要求解除收养关系，且经公安机关确认该儿童确属于被盗抢、被拐骗或者走失的，收养人应当与社会福利机构共同到民政部门办理解除收养关系登记。

儿童的生父母双方或者其他监护人有出卖或者故意遗弃儿童行为的，应当依法追究法律责任，已成立的合法收养关系不受影响。

四、扎实抓好政策落实工作

（一）切实加强组织领导。各地要从落实党中央和国务院关于加强被拐卖受害人的救助、安置、康复和回归社会工作有关要求的高度充分认识此项工作的重要意义，将其作为保护未成年人合法权益和打击整治拐卖儿童犯罪买方市场的重要举措抓紧抓好。各地民政部门和公安部门要建立协调沟通机制，形成工作合力，细化职责分工，将好事办好。要做好督促检查工作，确保此项工作尽快落实。

（二）尽快解决历史问题。各地要优先解决已经在社会福利机构或者救助保护机构长期生活的打拐解救儿童的落户和收养问题。对于社会福利机构或者救助保护机构内尚未采集血样的打拐解救儿童，当地公安机关应当及时采集 DNA 信息入库比对查找其生父母，相关费用由公安机关承担，社会福利机构应当协助配合。对于采集了 DNA 信息、并在本通知实行前已经查找其生父母或其他监护人满 12 个月的儿童，公安机关应当直接向社会福利机构出具查找不到生父母或其他监护人的证明。社会福利机构或者救助保护机构应当及时在报纸和全国打拐解救儿童寻亲公告平台上发布寻亲公告，公告期满后救助保护机构应当在 7 日内将儿童及相关材料移交当地社会福利机构。社会福利机构应当在公安机关配合下尽快办理落户等手续，对于符合收养条件的儿童，按照本通知要求及时送养。

（三）着力做好宣传引导。各地要通过多种渠道主动做好政策宣传工作，特别是做好与新闻媒体的沟通，使群众充分了解相关法律规定和打拐解救儿童的生活状况，知晓办理收养登记对于保护打拐解救儿童权益和打击拐卖儿童犯罪的重要意义，营造良好的社会舆论氛围。

民政部

公安部

2015 年 8 月 20 日

民政部关于印发《生活无着的流浪乞讨人员救助管理机构工作规程》的通知

(民发〔2014〕132号)

各省、自治区、直辖市民政厅（局），各计划单列市民政局，新疆生产建设兵团民政局：

为进一步规范生活无着的流浪、乞讨人员救助管理工作，维护受助人员合法权益，根据有关政策法规，我部制定了《生活无着的流浪乞讨人员救助管理机构工作规程》。现印发给你们，请加强学习培训，认真贯彻执行。

附件：

1. 求助登记表
2. 不予救助通知书
3. 自行离站声明书
4. 在站服务及离站登记表
5. 终止救助通知书
6. 有关法律法规、政策文件规定

民政部

2014年6月22日

生活无着的流浪乞讨人员
救助管理机构工作规程

第一章　总　　则

第一条　为规范生活无着的流浪、乞讨人员救助管理工作，维护受助人员合法权益，保障生活无着的流浪、乞讨人员救助管理机构（以下简称救助管理机构）工作秩序，根据《城市生活无着的流浪乞讨人员救助管理办法》、《社会救助暂行办法》等规定，制定本规程。

第二条　本规程所称的生活无着的流浪、乞讨人员是指离家在外、自身无力解决食宿、正在或即将处于流浪或乞讨状态的人员，包括生活无着的流浪人员和生活无着的乞讨人员（以下简称流浪乞讨人员）。

第三条　本规程所称的救助管理机构包括县级以上人民政府设立的救助管理站、未成年人救助保护中心等专门机构。救助管理机构应当为流浪乞讨人员提供临时性救助服务。

第二章　接待服务

第一节　求助接待

第四条　救助管理机构实行 24 小时接待服务，工作人员应当言语文明，态度友善，并告知救助政策及入站须知。

第五条　救助管理机构应当开通救助热线，救助热线实行 24 小时服务，热线号码应当向社会公开并在当地 114 查询台登记。救助热线电话录音保存时间不少于 3 个月。

第六条　救助管理机构的引导标志应当醒目、容易识别，设置在人流量较大的交通要道、繁华地段。救助管理机构应当将机构名称牌匾等标志悬挂在楼院门外醒目位置。

第七条 救助管理机构应当对来站求助人员身体状况和精神状况进行初步检视。

第八条 求助人员为疑似精神障碍患者、疑似传染病人、危重病人或有明显外伤人员的，救助管理机构应当联系医疗急救机构或安排工作人员将其送医救治、诊断。

第九条 求助人员在醉酒状态中，对本人有危险或者对他人的人身、财产或者公共安全有威胁的，救助管理机构应当报警，由公安机关依法处置。

第十条 求助人员为疑似吸毒人员或疑似在逃人员的，救助管理机构应当报请公安机关处置。

第十一条 救助管理机构应当对公安机关护送来站的被拐卖受害人实施救助。

第二节 安检登记

第十二条 求助人员应当按照救助管理机构要求，接受安全检查。女性求助人员应当由女性工作人员检查。安全检查发现有异常的，求助人员应当出示随身物品或开包接受检查。

第十三条 动物或可能造成人员伤害或财产安全的物品不得被携带进入站内。对在安全检查中发现的易爆、腐蚀、管制刀具等危险物品，救助管理机构应当及时报请公安机关处置；对在安全检查中发现的锐（利）器、打火器具等物品，求助人员应当自行丢弃或交由救助管理机构代为保管。

第十四条 求助人员应当配合救助管理机构开展安全检查，并遵守物品管理规定。

第十五条 求助人员应当向救助管理机构说明求助原因和需求，出示本人身份证件；无法出示身份证件的，应当如实提供本人姓名、身份证件号、户籍地等基本信息。有条件的救助管理机构可以通过公安机关核实求助人员身份信息。

第十六条　求助人员因年老、年幼、残疾等原因不能提供个人信息的，救助管理机构应当先行救助。

第十七条　救助管理机构应当留存求助人员指纹和电子照片，将安全检查、证件材料、检视询问等情况录入全国救助管理信息系统，生成《求助登记表》（附件1）。

第十八条　求助人员有携带未成年人流浪乞讨行为，或疑似胁迫、诱骗、利用未成年人乞讨或者组织未成年人进行有害身心健康的表演等活动的，救助管理机构应当及时报请公安机关调查、甄别。

第十九条　求助人员为疑似境外人员的，救助管理机构应当及时报请公安机关确认求助人员身份。属于非法入境、居留的，应当将其交由公安机关处置。属于合法入境、居留的，应当及时向当地外办、港澳办或台办通报，并可受当地外办、港澳办或台办的委托提供临时服务。

第二十条　在安全检查登记中发现求助人员有以下情形之一的，救助管理机构应当向求助人员解释不予救助的原因，并出具《不予救助通知书》（附件2，一式两份）：

（一）拒不配合安全检查；

（二）拒不遵守物品管理规定；

（三）自身有能力解决食宿；

（四）索要现金，拒不接受其他救助方式；

（五）拒不提供或拒不如实提供个人信息；

（六）其他不符合救助条件的情形。

第三章　在站服务

第一节　生活服务

第二十一条　求助人员应当将随身携带的物品进行寄存，救助管理机构应当妥善保管。

第二十二条 救助管理机构应当按照受助人员性别、年龄、身心状况安排分区居住、单人单床，并为受助人员发放必要的生活用品。

女性受助人员应当安排女性工作人员管理。

第二十三条 成年女性携带6周岁以下未成年人的，救助管理机构应当为其共同在成人区生活提供便利。

第二十四条 救助管理机构应当对受助人员进行安全教育，告知其生活起居、注意事项及站内管理要求。

第二十五条 救助管理机构应当及时清洗、消毒餐具、炊具，提供符合卫生要求的饮食并实行分餐制。对于未成年人、老年人、少数民族人员和患病人员，应当照顾其特殊饮食需求。

第二十六条 救助管理机构应当对受助人员居室及活动区域经常清理、消毒，对受助人员床上用品每周至少清洗、消毒一次。受助人员离站后，应当对其床上用品及时更换、清洗、消毒。

第二十七条 救助管理机构应当为生活不能自理的受助人员用餐、住宿、穿衣、入厕、洗浴等提供相应的生活照顾和便利条件。

第二十八条 受助人员应当遵守救助管理机构各项内部管理规定，配合救助管理机构保持环境卫生和个人卫生，参加有益于身心健康的文体活动和教育辅导等活动。救助管理机构可以视情为受助人员提供心理辅导、行为矫治等服务。

第二十九条 受助人员因年老、残疾等原因暂时无法查明家庭情况或暂时无法离站的，救助管理机构可以委托相关机构托养。办理机构托养服务手续，应当符合相关规定。

第二节 寻亲服务

第三十条 受助人员有疑似走失、被遗弃或被拐卖情形的，救助管理机构应当及时向公安机关报案。

第三十一条 受助人员因年老、年幼、残疾等原因不能提供个人信息的，救助管理机构应当及时报请公安机关协助核查求助人员身份，并在其入站后 24 小时内以适当形式发布寻亲公告。

第三十二条 救助管理机构应当充分利用现有工作信息和工作渠道，为前来寻亲人员提供便利和帮助。

第三节 医疗服务

第三十三条 救助管理机构应当做好卫生保健、防疫工作，配备体温计、血压计等基本设备。有条件的救助管理机构可以依法内设医务室或与专业医疗机构合作开展医疗服务。

第三十四条 救助管理机构应当严格按照医嘱，对患病受助人员按时按量发放药品，做好服药情况记录。

第三十五条 救助管理机构发现受助人员突发急病、精神异常或有疑似传染病的，应当及时送往医疗机构或联系医疗急救机构救治、诊断；对有疑似传染病的，还应当及时向疾病预防控制机构报告，建议采取必要的卫生处理措施；发现有疑似吸毒情形的，应当报请公安机关处置。

第三十六条 由公安、城管等单位公务人员直接护送疑似精神障碍患者、危重病人或有明显外伤人员到医疗机构救治的，救助管理机构应当在接到通知后及时到医疗机构甄别和确认病人身份。经甄别符合生活无着的流浪、乞讨人员救助条件的，救助管理机构应当及时为其办理救助登记手续。

第三十七条 因抢救生命垂危的受助人员等紧急情况，不能取得受助人员或者与其一同受助的近亲属意见，医疗机构征求救助管理机构意见的，救助管理机构应当建议医疗机构按照《中华人民共和国侵权责任法》规定处置。

需要对受助人员施行手术、特殊检查或者特殊治疗时，受助人员可以表达意见的，应当由受助人员自行决定；受助人员不同意的，救助管理机构可以做好记录并妥善保存。

在对受助未成年人实施医疗措施过程中，救助管理机构应当尊重医疗机构意见。

第三十八条　受助人员属于诊断结论表明需要住院治疗的精神障碍患者的，由送诊的有关部门办理住院治疗手续。

第三十九条　救助管理机构应当根据医疗机构出具的可以出院的证明材料为受助人员办理出院手续。受助人员无故拒不出院的，救助管理机构应当终止对其救助。

第四十条　救助管理机构应当按照当地物价和卫生计生部门制定的医疗服务收费标准、国家基本药物目录与医疗机构核定受助人员医疗收费和用药范围。受助人员需要超范围用药或进行大型器械检查的，须经救助管理机构审查同意后方可实施。

第四节　未成年人教育服务

第四十一条　救助管理机构应当为受助未成年人提供关爱型服务和保护性措施，及时与受助未成年人沟通，了解其思想状况和遇困原因，经常组织受助未成年人参加有益于身心健康的文体活动、公益活动和社会实践活动，帮助受助未成年人树立正确的价值观、人生观。

第四十二条　救助管理机构应当对受助未成年人开展心理咨询和需求评估。受助未成年人存在心理和行为偏差的，救助管理机构应当进行有针对性的心理辅导和行为矫治。对于重复流浪或经评估发现不宜返回家庭的受助未成年人，救助管理机构可以延长救助期限。

第四十三条　流出地救助管理机构应当对受助未成年人的家庭监护情况进行调查评估；对确无监护能力的，由救助管理机构协助监护人及时委托其他人员代为监护；对拒不履行监护责任、经反复教育不改的，由救助管理机构向人民法院提出申请撤销其监护人资格，依法另行指定监护人。

第四十四条　救助管理机构应当区分受助未成年人年龄、文化程度、身体、精神状况和智力发展水平、滞留时间等不同情况，协助提供义务教育、替代教育等服务。

第四十五条 救助管理机构应当主动联系当地人力资源和社会保障等部门，协助年满 14 周岁、不宜接受义务教育且有职业技能培训意愿的受助未成年人接受免费职业技能培训。

第四十六条 受助未成年人在机构内接受教育培训的，救助管理机构应当制定适宜的教学计划，并对日常教学培训做好监督、检查工作。

第四十七条 受助未成年人有严重不良行为的，救助管理机构可以依法送其到专门学校进行矫治和接受教育。

第四十八条 受助未成年人暂时无法查明家庭情况或暂时无法离站的，救助管理机构可以为其办理家庭寄养、类家庭养育、机构托养等服务。安排具有意思表达能力的受助未成年人寄养托养的，应当征得其本人同意。办理寄养托养手续，应当符合相关标准要求。

第四章　离站服务

第一节　离站准备

第四十九条 救助管理机构应当根据受助人员需求，帮助其联系亲友，并为受助人员提取亲友汇款提供帮助。

第五十条 对年满 16 周岁、无精神障碍或智力残疾迹象的受助人员，救助管理机构救助期限一般不超过 10 天。受助人员临时生活困难已经解决的，救助管理机构应当协助其做好离站前准备并适时安排离站。

第五十一条 受助人员在医疗机构接受救治的，救助管理机构应当根据医疗机构出具的出院证明适时安排离站。

第二节　自行离站

第五十二条 年满 16 周岁、无精神障碍或智力残疾迹象的受助人员主动要求自行离站的，应当填写《自行离站声明书》（附件

3）。救助管理机构应当为其办理离站手续，清点交接寄存物品，完成《在站服务及离站登记表》（附件4）。

第五十三条 自行离站人员没有交通费的，救助管理机构应当根据其实际需求提供乘车凭证和必要的饮食。

第五十四条 救助管理机构应当与当地（火）车站、港口协商购买、印制、查验及退返乘车凭证的具体方式，加强对受助人员乘车凭证的管理。

乘车凭证应当方便受助人员到达目的地，流入地到流出地有直达车、船交通工具的，应当提供直达乘车凭证。确需中转的，应当告知受助人员中转地站名、中转地救助管理机构地址及联系方式。

第五十五条 救助管理机构原则上不得为受助人员提供现金。因特殊情况需要提供短途公共交通费的，一般不超过20元，救助管理机构应当留存受助人员签收字据。

第五十六条 受助人员未办理离站手续、擅自离开救助管理机构或医疗机构的，视为主动放弃救助，救助管理机构应当做好文字记录并保存相关资料。

第三节 接送返回

第五十七条 不满16周岁的未成年人、行动不便的残疾人和其他特殊困难受助人员（以下简称"特殊困难受助人员"），应当由其亲属接领返回。

第五十八条 救助管理机构应当查验接领人身份证件，保留其身份证件复印件及有关证明材料，同时清点交接寄存物品，完成《在站服务及离站登记表》，办理交接手续。接领人拒不提供身份证件、证明材料或拒不签字确认的，不得移交受助人员。受助人员患病的，救助管理机构应当将受助人员病情信息告知接领人。

第五十九条 亲属不能接领特殊困难受助人员返回的，救助管理机构应当在核实情况后安排接送返回。

第六十条 流入地救助管理机构应当向流出地救助管理机构通

报特殊困难受助人员人数、健康状况、家庭信息等基本情况，就接送方式、交接时间和地点等具体事项进行协商，并在交接时办理交接手续。

第六十一条 由流入地救助管理机构乘坐公共交通工具护送特殊困难受助人员返回的，流出地救助管理机构应当安排车辆到（火）车站、码头等到达地点接应。

第六十二条 流入地、流出地救助管理机构就接送事项不能达成一致意见的，应当报上级民政部门协调解决。

第六十三条 救助管理机构应当根据接送特殊困难受助人员人数、健康状况、风险隐患等情况合理安排工作人员人数及交通方式，必要时应当安排医护人员随行。接送途中发生意外情况的，工作人员应当及时妥善处置并向救助管理机构报告。

第六十四条 护送特殊困难受助人员返家前，流出地救助管理机构应当告知受助人员亲属做好接收准备，并在交接时办理交接手续。

第六十五条 联系受助人员返家时，其家人明确表示不接收的，流出地救助管理机构应当提前联系当地乡镇政府（街道办事处）、公安机关和居（村）民委员会到场，请其依法维护返家人员权益。

第六十六条 受助人员确已无家可归的，其户籍所在地的救助管理机构应当接收受助人员，并协调当地人民政府予以妥善安置。受助人员因长期流浪被注销户籍的，其户籍注销地的救助管理机构应当接收受助人员，并协调公安机关办理恢复户籍手续。

第六十七条 省级民政部门应当加强对跨省接送返回工作的指导，根据各救助管理机构自身条件、地理位置等情况，确定跨省接送单位，及时更新、发布并上报本省具备跨省接送条件的救助管理机构名单。

第四节 终止救助

第六十八条 受助人员有以下情形之一的，救助管理机构可以终止救助：

（一）无正当理由拒不离站或出院；

（二）拒不提供或拒不如实提供家庭信息；

（三）违法违纪、扰乱救助管理秩序；

（四）其他不符合继续救助的情形。

第六十九条 救助管理机构应当向受助人员解释终止救助的原因，清点交接寄存物品，完成《在站服务及离站登记表》，并向受助人员出具《终止救助通知书》（附件5，一式两份）。

第五节 其他情形

第七十条 经当地人民政府或民政部门批准，受助人员移送至有关机构长期安置的，救助管理机构应当清点交接寄存物品，完成《在站服务及离站登记表》，与相关机构办理交接手续。

第七十一条 受助人员被司法机关带离的，救助管理机构应当查验司法机关工作人员身份证件或执法证件，保留司法机关出具的有关证明材料及工作人员身份证件或执法证件复印件，清点交接寄存物品，完成《在站服务及离站登记表》，办理交接手续。

第七十二条 受助人员在医疗机构内死亡的，救助管理机构应当取得医疗机构出具的死亡证明书。受助人员在救助管理机构内因突发急病等原因经急救机构确认死亡的，救助管理机构应当及时报请公安机关到场处置并出具死亡原因鉴定书。

第七十三条 救助管理机构应当协助死亡受助人员亲属处理好后事，清点交接寄存物品，完成《在站服务及离站登记表》。亲属不能前来的，应当取得其同意火化的书面证明材料或电话录音、视频录像等资料。亲属明确拒绝前来的，应当留存其电话录音、视频录像等资料，由救助管理机构妥善处理后事，办理火化手续，骨灰及相关物品留存三年。

第七十四条 无法查明死亡受助人员身份或无法联系到其亲属的，救助管理机构应当在市级以上报刊上刊登公告，公告期 30 天（当地对无主尸体处置有规定的，依照当地规定处置）。公告期满后仍无人认领的，由救助管理机构妥善处理后事，办理火化手续，骨灰及相关物品留存三年。

第五章　机构管理

第七十五条 救助管理机构应当严格遵守相关法律法规，建立健全内部管理制度，明确岗位职责，规范工作流程，完善绩效评价，实行规范化管理。

第七十六条 救助管理机构应当建立岗位培训制度，工作人员应当经培训合格后上岗。工作人员上岗应当统一着装并佩戴工作标识。

第七十七条 救助管理机构应当建立安全保卫制度，在接待大厅配备安全检查门或金属探测器等安全检查设备，在楼院门外、接待大厅、楼道、食堂等公共区域及观察室等特殊区域安装具有存储功能的视频监控系统。监控录像资料保存期不少于 3 个月，特殊、重要资料以实物方式交存档案室。

第七十八条 救助管理机构应当建立值班巡查制度，值班人员应当熟知机构内受助人员情况，加强夜班巡查并做好巡查记录。值班人员应当在交接班时对患病、情绪异常等特殊受助人员重点交接。

第七十九条 救助管理机构应当建立信息管理制度，配备必要的工作电脑及相关设备，通过全国救助管理信息系统及时办理入站、离站等手续，信息录入应当真实、完整。

第八十条 救助管理机构应当建立财务管理制度，规范流浪乞讨人员救助资金支出标准、报销凭证及审批程序，健全内部控制流程。

第八十一条 救助管理机构应当建立宣传、引导社会组织、社会公众、志愿者等社会力量参与救助服务的工作制度，委托具有相应从业资质的机构开展心理辅导、教育培训、监护评估、寄养托养等救助服务。

第八十二条 救助管理机构应当建立消防安全制度，配备必要的消防设施，定期开展消防演练。

第八十三条 救助管理机构应当建立突发事件处置制度，制订针对极端天气、自然灾害、群体性事件等突发事件的应急预案，发生突发事件时应当迅速启动预案，采取有效措施予以处置，并及时向上级民政部门报告。

第八十四条 救助管理机构应当建立救助管理工作档案管理制度，做好纸质材料、电子文件的收集、整理和存档保管工作。

第八十五条 救助管理机构应当依法落实工作人员休假制度，每年至少开展一次全面的身体检查，保障工作人员身心健康。

第六章 附 则

第八十六条 在极端天气或遭受自然灾害情况下，救助管理机构可以开设临时避寒、避暑或庇护场所，简化救助流程，为求助人员提供饭菜和住宿等基本服务。

第八十七条 求助人员或受助人员扰乱救助管理机构正常工作秩序的，救助管理机构应当报请公安机关到场处置。

第八十八条 没有设立救助管理机构的民政部门，可以参照本规程开展救助管理工作。

第八十九条 本规程由民政部负责解释，自 2014 年 8 月 1 日起实施。《民政部关于印发〈救助管理机构基本规范〉和〈流浪未成年人救助保护机构基本规范〉的通知》（民发〔2006〕118 号）自本规程实施之日起废止。

民政部关于印发
《收养登记工作规范》的通知

（民发〔2008〕118 号）

各省、自治区、直辖市民政厅（局），计划单列市民政局，新疆生产建设兵团民政局：

为切实保证《中华人民共和国收养法》、《外国人在中华人民共和国收养子女登记办法》、《中国公民收养子女登记办法》和《华侨以及居住在香港、澳门、台湾地区的中国公民办理收养登记的管辖以及所需要出具的证件和证明材料的规定》的实施，进一步规范收养登记工作，我部制定了《收养登记工作规范》（以下简称《规范》）。现将《规范》印发你们，请认真贯彻执行。

《规范》对于收养登记机关的设置、收养登记和解除登记的程序、撤销收养和补领收养证件的要求以及收养登记机关和收养登记员的监督与管理等问题作了具体规定。请将在贯彻实施《规范》的过程中遇到的重要情况，及时报部社会事务局。

民政部

二〇〇八年八月二十五日

收养登记工作规范

为了规范收养登记工作，根据《中华人民共和国收养法》、《外国人在中华人民共和国收养子女登记办法》、《中国公民收养子女登记办法》和《华侨以及居住在香港、澳门、台湾地区的中国公民办理收养登记的管辖以及所需要出具的证件和证明材料的规定》，制定本规范。

第一章　收养登记机关和登记员

第一条　收养登记机关是依法履行收养登记行政职能的各级人民政府民政部门。

收养登记机关应当依照法律、法规及本规范，认真履行职责，做好收养登记工作。

第二条　收养登记机关的职责：

（一）办理收养登记；

（二）办理解除收养登记；

（三）撤销收养登记；

（四）补发收养登记证和解除收养关系证明；

（五）出具收养关系证明；

（六）办理寻找弃婴（弃儿）生父母公告；

（七）建立和保管收养登记档案；

（八）宣传收养法律法规。

第三条　收养登记的管辖按照《外国人在中华人民共和国收养子女登记办法》、《中国公民收养子女登记办法》和《华侨以及居住在香港、澳门、台湾地区的中国公民办理收养登记的管辖以及所需要出具的证件和证明材料的规定》的有关规定确定。

第四条　收养登记机关办理收养登记应当使用民政厅或者民政局公章。

收养登记机关应当按照有关规定刻制收养登记专用章。

第五条　收养登记机关应当设置有专门的办公场所，并在醒目位置悬挂收养登记处（科）标识牌。

收养登记场所应当庄严、整洁，设有收养登记公告栏。

第六条　收养登记实行政务公开，应当在收养登记场所公开展示下列内容：

（一）本收养登记机关的管辖权及依据；

（二）收养法的基本原则以及父母和子女的权利、义务；

（三）办理收养登记、解除收养登记的条件与程序；

（四）补领收养登记证的条件与程序；

（五）无效收养及可撤销收养的规定；

（六）收费项目与收费标准、依据；

（七）收养登记员职责及其照片、编号；

（八）办公时间和服务电话（电话号码在当地 114 查询台登记）；

（九）监督电话。

收养登记场所应当备有《中华人民共和国收养法》、《外国人在中华人民共和国收养子女登记办法》、《中国公民收养子女登记办法》和《华侨以及居住在香港、澳门、台湾地区的中国公民办理收养登记的管辖以及所需要出具的证件和证明材料的规定》，及其他有关文件供收养当事人免费查阅。

收养登记机关对外办公时间应当为国家法定办公时间。

第七条 收养登记机关应当实行计算机管理。各级民政部门应当为本行政区域内收养登记管理信息化建设创造条件。

第八条 收养登记机关应当配备收养登记员。收养登记员由本级民政部门考核、任免。

第九条 收养登记员的主要职责：

（一）解答咨询；

（二）审查当事人是否具备收养登记、解除收养登记、补发收养登记证、撤销收养登记的条件；

（三）颁发收养登记证；

（四）出具收养登记证明；

（五）及时将办理完毕的收养登记材料收集、整理、归档。

第十条 收养登记员应当熟练掌握相关法律法规和计算机操作，依法行政，热情服务，讲求效率。

收养登记员应当尊重当事人的意愿，保守收养秘密。

第十一条 收养登记员办理收养登记及相关业务应当按照申请—受理—审查—报批—登记—颁证的程序办理。

第十二条 收养登记员在完成表格和证书、证明填写后，应当进行认真核对、检查，并复印存档。对打印或者书写错误、证件被污染或者损坏的，应当作废处理，重新填写。

第二章 收养登记

第十三条 受理收养登记申请的条件是：

（一）收养登记机关具有管辖权；

（二）收养登记当事人提出申请；

（三）当事人持有的证件、证明材料符合规定。

收养人和被收养人应当提交 2 张 2 寸近期半身免冠合影照片。送养人应当提交 2 张 2 寸近期半身免冠合影或者单人照片，社会福利机构送养的除外。

第十四条 收养登记员受理收养登记申请，应当按照下列程序进行：

（一）区分收养登记类型，查验当事人提交的证件和证明材料、照片是否符合此类型的要求；

（二）询问或者调查当事人的收养意愿、目的和条件，告知收养登记的条件和弄虚作假的后果；

（三）见证当事人在《收养登记申请书》（附件 1）上签名；

（四）将当事人的信息输入计算机应当用程序，并进行核查；

（五）复印当事人的身份证件、户口簿。单身收养的应当复印无婚姻登记记录证明、离婚证或者配偶死亡证明；夫妻双方共同收养的应当复印结婚证。

第十五条 《收养登记申请书》的填写：

（一）当事人"姓名"：当事人是中国公民的，使用中文填写；当事人是外国人的，按照当事人护照上的姓名填写；

（二）"出生日期"：使用阿拉伯数字，按照身份证件上的出生日期填写为"××××年××月××日"；

（三）"身份证件号"：当事人是内地居民的，填写公民身份号码；当事人是香港、澳门、台湾居民中的中国公民的，填写香港、澳门、台湾居民身份证号，并在号码后加注"（香港）"、"（澳门）"或者"（台湾）"；当事人是华侨的，填写护照号；当事人是外国人的，填写护照号。

证件号码前面有字符的，应当一并填写；

（四）"国籍"：当事人是内地居民、华侨以及居住在香港、澳门、台湾地区的中国公民的，填写"中国"；当事人是外国人的，按照护照上的国籍填写；

（五）"民族"、"职业"和"文化程度"，按照《中华人民共和国国家标准》填写；

（六）"健康状况"填写"健康"、"良好"、"残疾"或者其他疾病；

（七）"婚姻状况"填写"未婚"、"已婚"、"离婚"、"丧偶"；

（八）"家庭收入"填写家庭年收入总和；

（九）"住址"填写户口簿上的家庭住址；

（十）送养人是社会福利机构的，填写"送养人情况（1）"，经办人应当是社会福利机构工作人员。送养人是非社会福利机构的，填写"送养人情况（2）"，"送养人和被收养人关系"是亲属关系的，应当写明具体亲属关系；不是亲属关系的，应当写明"非亲属"。

收养非社会福利机构抚养的查找不到生父母的儿童的，送养人有关内容不填；

（十一）"被收养后改名为"填写被收养人被收养后更改的姓名。未更改姓名的，此栏不填；

（十二）被收养人"身份类别"分别填写"孤儿"、"社会福利机构抚养的查找不到生父母的儿童"、"非社会福利机构抚养的查找不到生父母的儿童"、"生父母有特殊困难无力抚养的子女"、"继子女"。收养三代以内同辈旁系血亲的子女，应当写明具体亲属关系；

（十三）继父母收养继子女的，要同时填写收养人和送养人有关内容。单身收养后，收养人结婚，其配偶要求收养继子女的；送养人死亡或者被人民法院宣告死亡的，送养人有关内容不填；

（十四）《收养登记申请书》中收养人、被收养人和送养人（送养人是社会福利机构的经办人）的签名必须由当事人在收养登记员当面完成；

当事人没有书写能力的，由当事人口述，收养登记员代为填写。收养登记员代当事人填写完毕后，应当宣读，当事人认为填写内容无误，在当事人签名处按指纹。当事人签名一栏不得空白，也不得由他人代为填写、代按指纹。

第十六条 收养登记员要分别询问或者调查收养人、送养人、年满 10 周岁以上的被收养人和其他应当询问或者调查的人。

询问或者调查的重点是被询问人或者被调查人的姓名、年龄、健康状况、经济和教育能力、收养人、送养人和被收养人之间的关系、收养的意愿和目的。特别是对年满 10 周岁以上的被收养人应当询问是否同意被收养和有关协议内容。

询问或者调查结束后，要将笔录给被询问人或者被调查人阅读。被询问人或者被调查人要写明"已阅读询问（或者调查）笔录，与本人所表示的意思一致（或者调查情况属实）"，并签名。被询问人或者被调查人没有书写能力的，可由收养登记员向被询问或者被调查人宣读所记录的内容，并注明"由收养登记员记录，并向当事人宣读，被询问人（被调查人）在确认所记录内容正确无误后按指纹。"然后请被询问人或者被调查人在注明处按指纹。

第十七条 收养查找不到生父母的弃婴、弃儿的，收养登记机关应当根据《中国公民收养子女登记办法》第七条的规定，在登记前公告查找其生父母（附件2）。

公告应当刊登在收养登记机关所在地设区的市（地区）级以上地方报纸上。公告要有查找不到生父母的弃婴、弃儿的照片。办理公告时收养登记员要保存捡拾证明和捡拾地派出所出具的报案证明。派出所出具的报案证明应当有出具该证明的警员签名和警号。

第十八条 办理内地居民收养登记和华侨收养登记，以及香港、澳门、台湾居民中的中国公民的收养登记，收养登记员收到当事人提交的申请书及有关材料后，应当自次日起30日内进行审查。对符合收养条件的，为当事人办理收养登记，填写《收养登记审查处理表》（附件3），报民政局主要领导或者分管领导批准，并填发收养登记证。

办理涉外收养登记，收养登记员收到当事人提交的申请书及有关材料后，应当自次日起7日内进行审查。对符合收养条件的，为当事人办理收养登记，填写《收养登记审查处理表》，报民政厅（局）主要领导或者分管领导批准，并填发收养登记证。

第十九条 《收养登记审查处理表》和收养登记证由计算机打印，未使用计算机进行收养登记的，应当使用蓝黑、黑色墨水的钢笔或者签字笔填写。

第二十条 《收养登记审查处理表》的填写：

（一）"提供证件情况"：应当对当事人提供的证件、证明材料核实后填写"齐全"；

（二）"审查意见"：填写"符合收养条件，准予登记"；

（三）"主要领导或者分管领导签名"：由批准该收养登记的民政厅（局）主要领导或者分管领导亲笔签名，不得使用个人印章或者计算机打印；

（四）"收养登记员签名"：由办理该收养登记的收养登记员亲笔签名，不得使用个人印章或者计算机打印；

（五）"收养登记日期"：使用阿拉伯数字，填写为："××××年××月××日"。填写的日期应当与收养登记证上的登记日期一致；

（六）"承办机关名称"：填写承办单位名称；

（七）"收养登记证字号"填写式样为"（XXXX）AB收字YYYYY"（AB为收养登记机关所在省级和县级或者市级和区级的行政区域简称，XXXX为年号，YYYYY为当年办理收养登记的序号）；

（八）"收养登记证印制号"填写颁发给当事人的收养登记证上印制的号码。

第二十一条 收养登记证的填写按照《民政部办公厅关于启用新式〈收养登记证〉的通知》（民办函〔2006〕203号）的要求填写。

收养登记证上收养登记字号、姓名、性别、国籍、出生日期、身份证件号、住址、被收养人身份、更改的姓名，以及登记日期应当与《收养登记申请书》和《收养登记审查处理表》中相应项目一致。

无送养人的，"送养人姓名（名称）"一栏不填。

第二十二条 颁发收养登记证，应当在当事人在场时按照下列步骤进行：

（一）核实当事人姓名和收养意愿；

（二）告知当事人领取收养登记证后的法律关系以及父母和子女的权利、义务；

（三）见证当事人本人亲自在附件3上的"当事人领证签名或者按指纹"一栏中签名；当事人没有书写能力的，应当按指纹。

"当事人领证签名或者按指纹"一栏不得空白，不得由他人代为填写、代按指纹；

（四）将收养登记证颁发给收养人，并向当事人宣布：取得收养登记证，确立收养关系。

第二十三条 收养登记机关对不符合收养登记条件的，不予受理，但应当向当事人出具《不予办理收养登记通知书》（附件4），并将当事人提交的证件和证明材料全部退还当事人。对于虚假证明材料，收养登记机关予以没收。

第三章　解除收养登记

第二十四条　受理解除收养关系登记申请的条件是：

（一）收养登记机关具有管辖权；

（二）收养人、送养人和被收养人共同到被收养人常住户口所在地的收养登记机关提出申请；

（三）收养人、送养人自愿解除收养关系并达成协议。被收养人年满 10 周岁的，已经征得其同意；

（四）持有收养登记机关颁发的收养登记证。经公证机构公证确立收养关系的，应当持有公证书；

（五）收养人、送养人和被收养人各提交 2 张 2 寸单人近期半身免冠照片，社会福利机构送养的除外；

（六）收养人、送养人和被收养人持有身份证件、户口簿。

送养人是社会福利机构的，要提交社会福利机构法定代表人居民身份证复印件。

养父母与成年养子女协议解除收养关系的，无需送养人参与。

第二十五条　收养登记员受理解除收养关系登记申请，应当按照下列程序进行：

（一）查验当事人提交的照片、证件和证明材料。

当事人提供的收养登记证上的姓名、出生日期、公民身份号码与身份证、户口簿不一致的，当事人应当书面说明不一致的原因；

（二）向当事人讲明收养法关于解除收养关系的条件；

（三）询问当事人的解除收养关系意愿以及对解除收养关系协议内容的意愿；

（四）收养人、送养人和被收养人参照本规范第十五条的相关内容填写《解除收养登记申请书》（附件 5）；

（五）将当事人的信息输入计算机应当用程序，并进行核查；

（六）复印当事人的身份证件、户口簿。

第二十六条 收养登记员要分别询问收养人、送养人、年满10周岁以上的被收养人和其他应当询问的人。

询问的重点是被询问人的姓名、年龄、健康状况、民事行为能力、收养人、送养人和被收养人之间的关系、解除收养登记的意愿。对年满10周岁以上的被收养人应当询问是否同意解除收养登记和有关协议内容。

对未成年的被收养人，要询问送养人同意解除收养登记后接纳被收养人和有关协议内容。

询问结束后，要将笔录给被询问人阅读。被询问人要写明"已阅读询问笔录，与本人所表示的意思一致"，并签名。被询问人没有书写能力的，可由收养登记员向被询问人宣读所记录的内容，并注明"由收养登记员记录，并向当事人宣读，被询问人在确认所记录内容正确无误后按指纹。"然后请被询问人在注明处按指纹。

第二十七条 收养登记员收到当事人提交的证件、申请解除收养关系登记申请书、解除收养关系协议书后，应当自次日起30日内进行审查。对符合解除收养条件的，为当事人办理解除收养关系登记，填写《解除收养登记审查处理表》（附件6），报民政厅（局）主要领导或者分管领导批准，并填发《解除收养关系证明》。

"解除收养关系证明字号"填写式样为"（XXXX）AB解字YYYYY"（AB为收养登记机关所在省级和县级或者市级和区级的行政区域简称，XXXX为年号，YYYYY为当年办理解除收养登记的序号）。

第二十八条 颁发解除收养关系证明，应当在当事人均在场时按照下列步骤进行：

（一）核实当事人姓名和解除收养关系意愿；

（二）告知当事人领取解除收养关系证明后的法律关系；

（三）见证当事人本人亲自在《解除收养登记审查处理表》"领证人签名或者按指纹"一栏中签名；当事人没有书写能力的，

应当按指纹。

"领证人签名或者按指纹"一栏不得空白，不得由他人代为填写、代按指纹；

（四）收回收养登记证，收养登记证遗失应当提交查档证明；

（五）将解除收养关系证明一式两份分别颁发给解除收养关系的收养人和被收养人，并宣布：取得解除收养关系证明，收养关系解除。

第二十九条　收养登记机关对不符合解除收养关系登记条件的，不予受理，但应当向当事人出具《不予办理解除收养登记通知书》（附件7），将当事人提交的证件和证明材料全部退还当事人。对于虚假证明材料，收养登记机关予以没收。

第四章　撤销收养登记

第三十条　收养关系当事人弄虚作假骗取收养登记的，按照《中国公民收养子女登记办法》第十二条的规定，由利害关系人、有关单位或者组织向原收养登记机关提出，由收养登记机关撤销登记，收缴收养登记证。

第三十一条　收养登记员受理撤销收养登记申请，应当按照下列程序进行：

（一）查验申请人提交的证件和证明材料；

（二）申请人在收养登记员面前亲自填写《撤销收养登记申请书》（附件8），并签名。

申请人没有书写能力的，可由当事人口述，第三人代为填写，当事人在"申请人"一栏按指纹。

第三人应当在申请书上注明代写人的姓名、公民身份号码、住址、与申请人的关系。

收养登记机关工作人员不得作为第三人代申请人填写；

（三）申请人宣读本人的申请书，收养登记员作见证人并在见证人一栏签名；

（四）调查涉案当事人的收养登记情况。

第三十二条 符合撤销条件的，收养登记机关拟写《关于撤销×××与×××收养登记决定书》（附件9），报民政厅（局）主要领导或者分管领导批准，并印发撤销决定。

第三十三条 收养登记机关应当将《关于撤销×××与×××收养登记决定书》送达每位当事人，收缴收养登记证，并在收养登记机关的公告栏公告30日。

第三十四条 收养登记机关对不符合撤销收养条件的，应当告知当事人不予撤销的原因，并告知当事人可以向人民法院起诉。

第五章 补领收养登记证、解除收养关系证明

第三十五条 当事人遗失、损毁收养证件，可以向原收养登记机关申请补领。

第三十六条 受理补领收养登记证、解除收养关系证明申请的条件是：

（一）收养登记机关具有管辖权；

（二）依法登记收养或者解除收养关系，目前仍然维持该状况；

（三）收养人或者被收养人亲自到收养登记机关提出申请。

收养人或者被收养人因故不能到原收养登记机关申请补领收养登记证的，可以委托他人办理。委托办理应当提交经公证机关公证的当事人的身份证件复印件和委托书。委托书应当写明当事人办理收养登记的时间及承办机关、目前的收养状况、委托事由、受委托人的姓名和身份证件号码。受委托人应当同时提交本人的身份证件。

夫妻双方共同收养子女的，应当共同到收养登记机关提出申请，一方不能亲自到场的，应当书面委托另一方，委托书应当经过村（居）民委员会证明或者经过公证。外国人的委托书应当经所在国公证和认证。夫妻双方一方死亡的，另一方应当出具配偶死亡

的证明；离婚的出具离婚证件，可以一方提出申请。

被收养人未成年的，可由监护人提出申请。监护人要提交监护证明；

（四）申请人持有身份证件、户口簿；

（五）申请人持有查档证明。

收养登记档案遗失的，申请人应当提交能够证明其收养状况的证明。户口本上父母子女关系的记载，单位、村（居）民委员会或者近亲属出具的写明当事人收养状况的证明可以作为当事人收养状况证明使用；

（六）收养人和被收养人的2张2寸合影或者单人近期半身免冠照片。

监护人提出申请的，要提交监护人1张2寸合影或者单人近期半身免冠照片。监护人为单位的，要提交单位法定代表人身份证件复印件和经办人1张2寸单人近期半身免冠照片。

第三十七条 收养登记员受理补领收养登记证、解除收养关系证明，应当按照下列程序进行：

（一）查验申请人提交的照片、证件和证明材料。

申请人出具的身份证、户口簿上的姓名、年龄、公民身份号码与原登记档案不一致的，申请人应当书面说明不一致的原因，收养登记机关可根据申请人出具的身份证件补发收养登记证；

（二）向申请人讲明补领收养登记证、解除收养关系证明的条件；

（三）询问申请人当时办理登记的情况和现在的收养状况。

对于没有档案可查的，收养登记员要对申请人进行询问。询问结束后，要将笔录给被询问人阅读。被询问人要写明"已阅读询问笔录，与本人所表示的意思一致"，并签名。被询问人没有书写能力的，可由收养登记员向被询问人宣读所记录的内容，并注明"由收养登记员记录，并向被询问人宣读，被询问人在确认所记录内容正确无误后按指纹。"然后请被询问人在注明处按指纹；

（四）申请人参照本规范第十五条相关规定填写《补领收养登记证申请书》（附件10）；

（五）将申请人的信息输入计算机应当用程序，并进行核查；

（六）向出具查档证明的机关进行核查；

（七）复印当事人的身份证件、户口簿。

第三十八条 收养登记员收到申请人提交的证件、证明后，应当自次日起30日内进行审查，符合补发条件的，填写《补发收养登记证审查处理表》（附件11），报民政厅（局）主要领导或者分管领导批准，并填发收养登记证、解除收养关系证明。

《补发收养登记证审查处理表》和收养登记证按照《民政部办公厅关于启用新式〈收养登记证〉的通知》（民办函〔2006〕203号）和本规范相关规定填写。

第三十九条 补发收养登记证、解除收养关系证明，应当在申请人或者委托人在场时按照下列步骤进行：

（一）向申请人或者委托人核实姓名和原登记日期；

（二）见证申请人或者委托人在《补发收养登记证审查处理表》"领证人签名或者按指纹"一栏中签名；申请人或者委托人没有书写能力的，应当按指纹。

"领证人签名或者按指纹"一栏不得空白，不得由他人代为填写、代按指纹；

（三）将补发的收养登记证、解除收养登记证发给申请人或者委托人，并告知妥善保管。

第四十条 收养登记机关对不具备补发收养登记证、解除收养关系证明受理条件的，不予受理，并告知原因和依据。

第四十一条 当事人办理过收养或者解除收养关系登记，申请补领时的收养状况因解除收养关系或者收养关系当事人死亡发生改变的，不予补发收养登记证，可由收养登记机关出具收养登记证明。

收养登记证明不作为收养人和被收养人现在收养状况的证明。

第四十二条 出具收养登记证明的申请人范围和程序与补领收养登记证相同。申请人向原办理该收养登记的机关提出申请，并填写《出具收养登记证明申请书》（附件 12）。收养登记员收到当事人提交的证件、证明后，应当自次日起 30 日内进行审查，符合出证条件的，填写《出具收养登记证明审查处理表》（附件 13），报民政厅（局）主要领导或者分管领导批准，并填写《收养登记证明书》（附件 14），发给申请人。

第四十三条 "收养登记证明字号"填写式样为"（XXXX）AB 证字 YYYYY"（AB 为收养登记机关所在省级和县级或者市级和区级的行政区域简称，XXXX 为年号，YYYYY 为当年出具收养登记证明的序号）。

第六章 收养档案和证件管理

第四十四条 收养登记机关应当按照《收养登记档案管理暂行办法》（民发〔2003〕181 号）的规定，制定立卷、归档、保管、移交和使用制度，建立和管理收养登记档案，不得出现原始材料丢失、损毁情况。

第四十五条 收养登记机关不得购买非上级民政部门提供的收养证件。各级民政部门发现本行政区域内有购买、使用非上级民政部门提供的收养证件的，应当予以没收，并追究相关责任人的法律责任和行政责任。

收养登记机关已将非法购制的收养证件颁发给收养当事人的，应当追回，并免费为当事人换发符合规定的收养登记证、解除收养关系证明。

报废的收养证件由收养登记机关登记造册，统一销毁。

收养登记机关发现收养证件有质量问题时，应当及时书面报告省（自治区、直辖市）人民政府民政部门。

第七章　监督与管理

第四十六条　各级民政部门应当建立监督检查制度，定期对本级民政部门设立的收养登记处（科）和下级收养登记机关进行监督检查，发现问题，及时纠正。

第四十七条　收养登记机关应当按规定到指定的物价部门办理收费许可证，按照国家规定的标准收取收养登记费，并使用财政部门统一制定的收费票据。

第四十八条　收养登记机关及其收养登记员有下列行为之一的，对直接负责的主管人员和其他直接责任人员依法给予行政处分：

（一）为不符合收养登记条件的当事人办理收养登记的；

（二）依法应当予以登记而不予登记的；

（三）违反程序规定办理收养登记、解除收养关系登记、撤销收养登记及其他证明的；

（四）要求当事人提交《中华人民共和国收养法》、《中国公民收养子女登记办法》、《华侨以及居住在香港、澳门、台湾地区的中国公民办理收养登记的管辖以及所需要出具的证件和证明材料的规定》、《外国人在中华人民共和国收养子女登记办法》和本规范规定以外的证件和证明材料的；

（五）擅自提高收费标准、增加收费项目或者不使用规定收费票据的；

（六）玩忽职守造成收养登记档案损毁的；

（七）泄露当事人收养秘密并造成严重后果的；

（八）购买使用伪造收养证书的。

第四十九条　收养登记员违反规定办理收养登记，给当事人造成严重后果的，应当由收养登记机关承担对当事人的赔偿责任，并对承办人员进行追偿。

第八章　附　　则

第五十条　收养查找不到生父母的弃婴、儿童的公告费，由收养人缴纳。

第五十一条　收养登记当事人提交的居民身份证与常住户口簿上的姓名、性别、出生日期应当一致；不一致的，当事人应当先到公安部门更正。

居民身份证或者常住户口簿丢失，当事人应当先到公安户籍管理部门补办证件。当事人无法提交居民身份证的，可提交有效临时身份证办理收养登记。当事人无法提交居民户口簿的，可提交公安部门或者有关户籍管理机构出具的加盖印章的户籍证明办理收养登记。

第五十二条　收养登记当事人提交的所在单位或者村民委员会、居民委员会、县级以上医疗机构、人口计生部门出具的证明，以及本人的申请，有效期6个月。

第五十三条　人民法院依法判决或者调解结案的收养案件，确认收养关系效力或者解除收养关系的，不再办理收养登记或者解除收养登记。

第五十四条　《中华人民共和国收养法》公布施行以前所形成的收养关系，收养关系当事人申请办理收养登记的，不予受理。

公安部关于妥善处置自愿留在现住地生活的被拐外国籍妇女有关问题的批复

(公复字 [2011] 4 号)

福建省公安厅:

你厅《关于妥善处置自愿留在现住地生活的被拐缅甸籍妇女有关问题的请示》(闽公综 [2010] 729 号) 收悉。根据公安部《关于打击拐卖妇女儿童犯罪适用法律和政策有关问题的意见》(公通字 [2000] 25 号) 第五条第三款,公安部、司法部、民政部、全国妇联《关于做好解救被拐卖妇女儿童工作的几点意见的通知》([88] 公发 23 号文件) 第二条第一、二款,《联合国打击跨国有组织犯罪公约关于预防禁止和惩治贩运人口特别是妇女和儿童行为的补充议定书》第七条的规定,经征求民政部、全国妇联意见,现批复如下:

一、对于自愿继续留在现住地生活的被拐卖的成年外国籍妇女,可以尊重本人及与其共同生活的中国公民的意愿。对愿在现住地结婚且符合法定结婚条件,持有合法有效身份证件的外国籍妇女,应当告知其可以依法办理结婚登记手续和在华居留手续。但是,对无合法有效身份证件的外国籍妇女,应当告知其回国补办合法有效身份证件,申办来华签证入境后,才能依法办理结婚登记手续和在华居留手续。对不能回国补办合法有效身份证件的外国籍妇女,应当登记造册,纳入实有人口管理。

对被拐卖时不满十八周岁,现已达到我国法定结婚年龄,本人又愿意与买主继续共同生活的外国籍妇女,可以告知其按上述第一款要求补办结婚登记手续和在华居留手续。

对被拐卖时不满十八周岁,现已满十八周岁但未达到我国法定结婚年龄的外国籍妇女,本人愿意与买主结合的,可以告知其按上述第一款要求办理在华居留手续，待其达到我国法定结婚年龄时，再依法补办结婚登记手续。

对被拐卖的外国籍未成年女性，被解救时仍不满十八周岁的，必须送返其国籍国。

二、被拐卖的外国籍妇女系拐卖犯罪的受害者，在处理上应当区别于"非法入境、非法居留"的外国人，且不得羁押。

公安部

二〇一一年十月二十七日

公安部关于打击拐卖妇女儿童犯罪适用法律和政策有关问题的意见

(二〇〇〇年三月二十四日 公通字〔2000〕25号)

一、关于立案、管辖问题

(一)对发现的拐卖妇女、儿童案件,拐出地(即妇女、儿童被拐骗地)、拐入地或者中转地公安机关应当立案管辖。两个以上公安机关都有管辖权的,由最先立案的公安机关侦查。必要时,可以由主要犯罪地或者主要犯罪嫌疑人居住地公安机关管辖。有关公安机关不得相互推诿。对管辖有争议的案件,应报请争议双方共同的上一级公安机关指定管辖。

铁路、交通、民航公安机关按照《公安机关办理刑事案件程序规定》第20条的规定立案侦查拐卖妇女、儿童案件。在运输途中查获的拐卖妇女、儿童案件,可以直接移送拐出地公安机关处理。

(二)对于公民报案、控告、举报的与拐卖妇女、儿童有关的犯罪嫌疑人、犯罪线索或者材料,扭送的犯罪嫌疑人,或者犯罪嫌疑人自首的,公安机关都应当接受。对于接受的案件或者发现的犯罪线索,应当迅速进行审查。对于需要采取解救被拐卖的妇女、儿童等紧急措施的,应当先采取紧急措施。

(三)经过审查,认为有犯罪事实,需要追究刑事责任的,应当区别情况,作出如下处理:

1.属于本公安机关管辖的案件,应当及时立案侦查。

2.属于其他公安机关管辖的案件,应当在二十四小时内移送有管辖权的公安机关办理。

3. 不属于公安机关管辖的案件，如属于人民检察院管辖的不解救被拐卖、绑架妇女、儿童案和阻碍解救被拐卖、绑架妇女、儿童案等，属于人民法院管辖的重婚案等，应当及时将案件材料和有关证据送交有管辖权的人民检察院、人民法院，并告知报案人、控告人、举报人到人民检察院、人民法院报案、控告、举报或者起诉。

二、关于拐卖妇女、儿童犯罪

（一）要正确认定拐卖妇女、儿童罪。凡是拐卖妇女、儿童的，不论是哪个环节，只要是以出卖为目的，有拐骗、绑架、收买、贩卖、接送、中转妇女、儿童的行为之一的，均以拐卖妇女、儿童罪立案侦查。

（二）在办理拐卖妇女、儿童案件中，不论拐卖人数多少，是否获利，只要实施拐卖妇女、儿童行为的，均应当以拐卖妇女、儿童罪立案侦查。

（三）明知是拐卖妇女、儿童的犯罪分子而事先通谋，为其拐卖行为提供资助或者其他便利条件的，应当以拐卖妇女、儿童罪的共犯立案侦查。

（四）对拐卖过程中奸淫被拐卖妇女的；诱骗、强迫被拐卖的妇女卖淫或者将被拐卖的妇女卖给他人迫使其卖淫的；以出卖为目的使用暴力、胁迫、麻醉等方法绑架妇女、儿童的；以出卖为目的，偷盗婴幼儿的；造成被拐卖的妇女、儿童或者其亲属重伤、死亡或者其他严重后果的，均以拐卖妇女、儿童罪立案侦查。

（五）教唆他人实施拐卖妇女、儿童犯罪的，以拐卖妇女、儿童罪的共犯立案侦查。向他人传授拐卖妇女、儿童的犯罪方法的，以传授犯罪方法罪立案侦查。明知是拐卖妇女、儿童的犯罪分子，而在其实施犯罪后为其提供隐藏处所、财物，帮助其逃匿或者作假证明包庇的，以窝藏、包庇罪立案侦查。

（六）出卖亲生子女的，由公安机关依法没收非法所得，并处以罚款；以营利为目的，出卖不满十四周岁子女，情节恶劣的，以拐卖儿童罪立案侦查。

（七）出卖十四周岁以上女性亲属或者其他不满十四周岁亲属的，以拐卖妇女、儿童罪立案侦查。

（八）借收养名义拐卖儿童的，出卖捡拾的儿童的，均以拐卖儿童罪立案侦查。

（九）以勒索财物为目的，偷盗婴幼儿的，以绑架罪立案侦查。

（十）犯组织他人偷越国（边）境罪，对被组织的妇女、儿童有拐卖犯罪行为的，以组织他人偷越国（边）境罪和拐卖妇女、儿童罪立案侦查。

（十一）非以出卖为目的，拐骗不满十四周岁的未成年人脱离家庭或者监护人的，以拐骗儿童罪立案侦查。

（十二）教唆被拐卖、拐骗、收买的未成年人实施盗窃、诈骗等犯罪行为的，应当以盗窃罪、诈骗罪等犯罪的共犯立案侦查。

办案中，要正确区分罪与非罪、罪与罪的界限，特别是拐卖妇女罪与介绍婚姻收取钱物行为、拐卖儿童罪与收养中介行为、拐卖儿童罪与拐骗儿童罪，以及绑架儿童罪与拐卖儿童罪的界限，防止扩大打击面或者放纵犯罪。

三、关于收买被拐卖的妇女、儿童犯罪

（一）收买被拐卖的妇女、儿童的，以收买被拐卖的妇女、儿童罪立案侦查。

（二）收买被拐卖的妇女、儿童，并有下列犯罪行为的，同时以收买被拐卖的妇女、儿童罪和下列罪名立案侦查：

1. 违背被拐卖妇女的意志，强行与其发生性关系的，以强奸罪立案侦查。

2. 明知收买的妇女是精神病患者（间歇性精神病患者在发病期间）或者痴呆者（程度严重的）而与其发生性关系的，以强奸

罪立案侦查。

3. 与收买的不满十四周岁的幼女发生性关系的，不论被害人是否同意，均以奸淫幼女罪立案侦查。

4. 非法剥夺、限制被拐卖的妇女、儿童人身自由的，或者对其实施伤害、侮辱、猥亵等犯罪行为的，以非法拘禁罪，或者伤害罪、侮辱罪、强制猥亵妇女罪、猥亵儿童罪等犯罪立案侦查。

5. 明知被拐卖的妇女是现役军人的妻子而与之同居或者结婚的，以破坏军婚罪立案侦查。

（三）收买被拐卖的妇女、儿童后又出卖的，以拐卖妇女、儿童罪立案侦查。

（四）凡是帮助买主实施强奸、伤害、非法拘禁被拐卖的妇女、儿童等犯罪行为的，应当分别以强奸罪、伤害罪、非法拘禁罪等犯罪的共犯立案侦查。

（五）收买被拐卖的妇女、儿童，按照被买妇女的意愿，不阻碍其返回原居住地的，对被买儿童没有虐待行为，不阻碍对其进行解救的，可以不追究刑事责任。

四、关于自首和立功

（一）要采取多种形式，广泛宣传刑法关于自首、立功等从宽处理的刑事政策。各地可选择一些因主动投案自首或者有立功表现而给予从轻、减轻、免除处罚的典型案件，公开宣传报道，敦促在逃的犯罪分子尽快投案自首，坦白交待罪行，检举、揭发他人的犯罪行为，提供破案线索，争取立功表现。

（二）要做好对犯罪分子家属、亲友的政策宣传工作，动员他们规劝、陪同有拐卖妇女、儿童犯罪行为的亲友投案自首，或者将犯罪嫌疑人送往司法机关投案。对窝藏、包庇犯罪分子、阻碍解救、妨害公务，构成犯罪的，要依法追究刑事责任。

（三）对于投案自首、坦白交待罪行、有立功表现的犯罪嫌疑人，公安机关在移送人民检察院审查起诉时应当依法提出从轻、减轻、免除处罚的意见。

五、关于解救工作

（一）解救妇女、儿童工作由拐入地公安机关负责。对于拐出地公安机关主动派工作组到拐入地进行解救的，也要以拐入地公安机关为主开展工作。对解救的被拐卖妇女，由其户口所在地公安机关负责接回；对解救的被拐卖儿童，由其父母或者其他监护人户口所在地公安机关负责接回。拐出地、拐入地、中转地公安机关应当积极协作配合，坚决杜绝地方保护主义。

（二）要充分依靠当地党委、政府的支持，做好对基层干部和群众的法制宣传和说服教育工作，注意方式、方法，慎用警械、武器，避免激化矛盾，防止出现围攻执法人员、聚众阻碍解救等突发事件。

以暴力、威胁方法阻碍国家机关工作人员解救被收买的妇女、儿童的，以妨害公务罪立案侦查。对聚众阻碍国家机关工作人员解救被收买的妇女、儿童的首要分子，以聚众阻碍解救被收买的妇女、儿童罪立案侦查。其他使用暴力、威胁方法的参与者，以妨害公务罪立案侦查。阻碍解救被收买的妇女、儿童，没有使用暴力、威胁方法的，依照《中华人民共和国治安管理处罚条例》的有关规定处罚。

（三）对于被拐卖的未成年女性、现役军人配偶、受到买主摧残虐待的、被强迫卖淫或从事其他色情服务的妇女，以及本人要求解救的妇女，要立即解救。

对于自愿继续留在现住地生活的成年女性，应当尊重本人意愿，愿在现住地结婚且符合法定结婚条件的，应当依法办理结婚登记手续。被拐卖妇女与买主所生子女的抚养问题，可由双方协商解决或者由人民法院裁决。

（四）对于遭受摧残虐待的、被强迫乞讨或从事违法犯罪活动的，以及本人要求解救的被拐卖儿童，应当立即解救。

对于被解救的儿童，暂时无法查明其父母或者其他监护人的，依法交由民政部门收容抚养。

对于被解救的儿童，如买主对该儿童既没有虐待行为又不阻碍解救，其父母又自愿送养，双方符合收养和送养条件的，可依法办理收养手续。

（五）任何个人或者组织不得向被拐卖的妇女、儿童及其家属索要收买妇女、儿童的费用和生活费用；已经索取的，应当予以返还。

（六）被解救的妇女、儿童户口所在地公安机关应当协助民政等有关部门妥善安置其生产和生活。

六、关于不解救或者阻碍解救被拐卖的妇女、儿童等渎职犯罪

对被拐卖的妇女、儿童负有解救职责的国家机关工作人员不履行解救职责，或者袒护、纵容甚至支持买卖妇女、儿童，为买卖妇女、儿童人员通风报信，或者以其他方法阻碍解救工作的，要依法处理：

（一）对被拐卖的妇女、儿童负有解救职责的公安、司法等国家机关工作人员接到被拐卖的妇女、儿童及其家属的解救要求或者接到其他人的举报，而对被拐卖的妇女、儿童不进行解救的，要交由其主管部门进行党纪、政纪、警纪处分；构成犯罪的，应当以不解救被拐卖妇女、儿童罪移送人民检察院追究刑事责任。

（二）对被拐卖的妇女、儿童负有解救职责的公安、司法等国家机关工作人员利用职务阻碍解救被拐卖的妇女、儿童，构成犯罪的，应当以阻碍解救被拐卖妇女、儿童罪移送人民检察院追究刑事责任。

（三）行政执法人员徇私情、私利，伪造材料，隐瞒情况，弄虚作假，对依法应当移交司法机关追究刑事责任的拐卖妇女、儿童犯罪案件不移交司法机关处理，构成犯罪的，以徇私舞弊不移交刑事案件罪移送人民检察院追究刑事责任。

（四）有查禁拐卖妇女、儿童犯罪活动职责的国家机关工作人员，向拐卖妇女、儿童的犯罪分子通风报信、提供便利，帮助犯罪分子逃避处罚，构成犯罪的，以帮助犯罪分子逃避处罚罪移送人民检察院追究刑事责任。

七、关于严格执法、文明办案

（一）各级公安机关必须严格依照《刑法》《刑事诉讼法》和《公安机关办理刑事案件程序规定》以及其他有关规定，严格执法，文明办案，防止滥用强制措施、超期羁押，严禁刑讯逼供和以威胁、引诱、欺骗以及其他非法的方法收集证据。

（二）依法保障律师在侦查阶段参与刑事诉讼活动，保障犯罪嫌疑人聘请律师提供法律帮助的权利。对于律师提出会见犯罪嫌疑人的，公安机关应当依法及时安排会见，不得借故阻碍、拖延。

（三）对犯罪分子违法所得的一切财物及其产生的孳息，应当依法追缴。对依法扣押的犯罪工具及犯罪嫌疑人的财物及其孳息，应当妥为保管，不得挪用、毁损和自行处理。对作为证据使用的实物，应当随案移送；对不宜移送的，应当将其清单、照片或者其他证明文件随案移送，待人民法院作出生效判决后，由扣押的公安机关按照人民法院的通知，上缴国库或者返还受害人。

（四）认真做好办案协作工作。需要异地公安机关协助调查、执行强制措施的，要及时向有关地区公安机关提出协作请求。接受请求的公安机关应当及时予以协作配合，并尽快回复。对不履行办案协作职责造成严重后果的，对直接负责的主管人员和其他直接责任人员，应当给予行政处分；构成犯罪的，依法追究刑事责任。对在逃的拐卖妇女、儿童的犯罪分子，有关公安机关应密切配合，及时通缉，追捕归案。

八、关于办理涉外案件

（一）外国人或者无国籍人拐卖外国妇女、儿童到我国境内被查获的，应当适用我国刑法，以拐卖妇女、儿童罪立案侦查。

（二）拐卖妇女犯罪中的"妇女"，既包括具有中国国籍的妇女，也包括具有外国国籍和无国籍的妇女。被拐卖的外国妇女没有身份证明的，不影响对犯罪分子的立案侦查。

（三）对外国人依法作出取保候审、监视居住决定或者执行拘留、逮捕后，由有关省、自治区、直辖市公安厅、局在规定的期限内，将外国人的有关情况、涉嫌犯罪的主要事实、已采取的强制措施及其法律依据，通知该外国人所属国家的驻华使、领馆，同时报告公安部。

（四）对于外国籍犯罪嫌疑人身份无法查明或者其国籍国拒绝提供有关身份证明的，也可以按其自报的姓名依法提请人民检察院批准逮捕、移送审查起诉。

（五）对非法入出我国国境、非法居留的外国人，应当依照《中华人民共和国外国人入境出境管理法》及其实施细则进行处罚；情节严重，构成犯罪的，依法追究刑事责任。

九、关于法制宣传工作

各地公安机关要与司法行政、宣传、广播电视、民政、妇联、共青团等有关部门和组织密切配合，利用广播、电视、报刊、网络等媒体，结合打击人贩子、处理买主、解救被拐卖的妇女、儿童的典型案例，大张旗鼓地开展法制宣传教育活动。要大力宣传党和政府打击拐卖妇女、儿童犯罪的态度和决心，宣传拐卖妇女、儿童犯罪的严重危害，宣传国家禁止买卖妇女、儿童和惩处人贩子、买主的法律规定，宣传专项斗争中涌现出的不怕牺牲、不辞劳苦打击人贩子、解救被拐卖的妇女、儿童的英雄模范事迹，形成宣传攻势，提高广大人民群众的法制观念，教育群众自觉守法。特别是在拐卖妇女、儿童以及收买被拐卖的妇女、儿童情况较严重的地区，要深入村村户户进行法制宣传教育，真正做到家喻户晓、人人皆知。要以案说法，使广大干部和群众能够认识到拐卖妇女、儿童，收买被拐卖的妇女、儿童，阻碍解救被拐卖的妇女、儿童都是违法犯罪行为，都要受到法律制裁。在不通广播、电视的贫困、边远地区，要采取印发宣传材料、召开座谈会等多种形式进行宣传。

要广泛发动社会各界以及基层干部、群众，积极投入"打拐"专项斗争，主动配合、协助有关部门做好解救被拐卖妇女、儿童的工作，号召群众检举、揭发拐卖、收买妇女、儿童的犯罪行为，自觉同拐卖妇女、儿童犯罪活动作斗争。各地公安机关要设立"打拐"热线电话，接受群众举报，对提供重要犯罪线索、协助抓获重大犯罪嫌疑人的人员，要给予奖励。

公安部关于加强打击拐卖
妇女儿童犯罪活动宣传工作的通知

（公通字〔1992〕57号）

各省、自治区、直辖市公安厅、局：

去年以来，各地公安机关在党委、政府的统一领导下，积极组织开展"打拐"专项斗争，取得很大成绩。但是，拐卖妇女儿童犯罪活动的上升势头还没有得到有效遏制，其中一个重要原因就是宣传群众和发动群众很不够。为在今后斗争中大力加强宣传工作，使广大干部和人民群众真正认识当前拐卖妇女儿童犯罪活动的严重性和危害性，积极地同这类丑恶现象作斗争，经征得中央宣传部同意，现就"打拐"宣传工作的有关问题通知如下：

一、重点抓好有关法律的宣传。各重点地区公安机关要在党委政府的统一领导下，积极会同妇联、司法、宣传等有关部门，着重宣传全国人大常委会《关于严惩拐卖、绑架妇女、儿童的犯罪分子的决定》以及《宪法》、《刑法》、《婚姻法》、《妇女权益保障法》等有关法律中关于保护妇女儿童合法权益的内容。通过宣传，使拐出地妇女和儿童家属增强防骗防拐意识和自我保护能力，使拐入地广大干部、群众提高法制观念，真正认识到买人是犯罪行为，并自觉地同拐卖妇女儿童犯罪活动作斗争。

二、要采取多种形式多种方法进行宣传，讲求实效。重点地区可将全国人大常委会《决定》张贴到村村寨寨，印发到千家万户，真正做到家喻户晓，人人皆知。可采取编写宣传提纲，印发宣传手册，张贴标语、宣传画，开辟宣传栏、墙报，举办法律讲座等，广泛进行宣传。也可在一定范围内请受害妇女现身说法或会同法院、检察院召开宣判大会，增强宣传效果。拐卖妇女儿童犯罪活动严重的农村，要把"打拐"宣传工作贯穿于当前正在开展的农村社会主义思想教育工作和普法教育第二个五年计划中去，深入开展法制宣传教育，彻底铲除拐卖妇女儿童犯罪活动赖以滋生繁衍的土壤。各地公安机关要在党委、政府领导下，主动会同有关部门，根据本地实际情况，集中一段时间，运用各种手段，大张旗鼓地开展宣传，形成强大的声势。

三、关于新闻宣传工作中应注意的问题。鉴于拐卖妇女儿童犯罪活动是个很敏感的问题，根据各地的做法和经验，当前应当注意以下几点：

（一）坚持正面宣传为主。重点宣传我国党和政府在打击拐卖妇女儿童犯罪活动问题上的一贯立场，各地公安机关打击的成果和破得好的成功案例，人民群众同人贩子作斗争的典型事例，落实综合治理措施的经验等。对全国以及省、自治区、直辖市历年发案数和被拐卖妇女儿童数，拐卖少数民族妇女儿童情况，涉外案件和严重威胁群众安全感的案件，聚众阻挠解救受害妇女儿童的事件，以及犯罪分子的作案手段、涉及受害人的隐私等，不公开宣传报道。对于我国妇女儿童被拐卖到国（境）外的案件，必要时可选择典型案例进行报道，但事实必须准确无误。

（二）对外国记者的采访，原则上不接待。对外国记者提出的实地采访，包括采访受害人及其亲属、买主、人贩子、基层干部群众、直接办案人员等要求，应予以婉言谢绝。

（三）"打拐"工作的宣传报道主要在重点地区。这些重点地区的宣传报道应以当地的宣传舆论工具为主，传播的范围原则上不超出本地。

（四）记者所写的报道稿，由接待采访的公安机关负责把关。必要时，可报党委、政府审批。

执行中有何问题，请及时报部。

1992 年 5 月 20 日

公安部关于认真贯彻执行
全国人大常委会《关于严惩拐卖、绑架
妇女、儿童的犯罪分子的决定》的通知

（1991 年 10 月 5 日）

各省、自治区、直辖市公安厅、局：

9 月 4 日，全国人民代表大会常务委员会审议通过了《关于严惩拐卖、绑架妇女、儿童的犯罪分子的决定》，这是我们深入开展打击拐卖妇女、儿童犯罪活动斗争有力的法律武器，各地公安机关要认真执行，并以此为依据，按照公安部《关于进一步开展集中打击拐卖妇女儿童犯罪斗争的通知》（公通字〔1991〕62 号）的要求，在各级党委、政府领导下，依靠各有关部门的支持，广泛深入发动群众，进一步开展打击拐卖妇女、儿童犯罪的斗争。现将贯彻执行《决定》的有关问题通知如下：

一、大力加强侦察破案工作。对《决定》公布以前未破的拐卖、绑架妇女、儿童案件，各地公安机关要进行一次全面清理查核，注意从群众来信来访、检举揭发和犯罪分子交代的材料中发掘案件线索，逐案落实侦破措施。特别是对拐卖妇女、儿童团伙案件和使用暴力手段等情节严重的案件，一定要抓住不放，下大力进行侦破。对《决定》公布以后发生的拐卖妇女、儿童案件，都要作为重大案件立案侦查，其中一次拐卖妇女、儿童三人以上的和具有《决定》第一条第三、四、五、六项情节的案件以及绑架妇女、儿童，偷盗婴幼儿后出卖的案件，要立为特大案件，落实专案人员，加强侦察措施，力争尽快破获。

二、依法从重从快打击人贩子。根据《决定》的规定，凡是"以出卖为目的，有拐骗、收买、贩卖、接送、中转妇女、儿童行为之一的"，均构成拐卖妇女、儿童罪，各地公安机关对这类犯罪分子要采取坚决有力措施，尽快缉捕归案，不管是一道贩子，还是二、三道贩子或者是中转、接送受害妇女、儿童的犯罪分子，都要及时查清罪行，依法惩处。

三、依法处理"买主"。对《决定》公布以后收买被拐卖妇女、儿童的人，要认真查明情况，依法追究其刑事责任。收买被拐卖、绑架的妇女、儿童案件由"买主"常住地（户口所在地）公安机关立案查处。其中需要数罪并罚的，要及时查清其罪行，在提请逮捕的同时，提出数罪并罚的起诉意见。对《决定》公布以前收买妇女、儿童的"买主"，要责令其无条件交出收买的妇女、儿童，并进行严肃的批评教育，其中对受害妇女、儿童有强奸、伤害、侮辱、虐待、非法剥夺、限制人身自由等行为的，也应酌情依照刑法的有关规定予以惩治。

四、认真做好解救被拐卖妇女、儿童的工作。各级公安机关要在党委、政府的统一领导下，积极会同有关部门，以高度的政治责任感做好此项工作。要严格执行既定的政策界线，对应当解救的被拐卖妇女、儿童，要排除各种阻力，坚决解救出来；对其中在拐卖前系成年未婚妇女，按照其本人意愿要求留下的，可依照婚姻法有关规定处理。对于阻挠解救受害妇女、儿童工作的，要严格按照《决定》第五条的规定予以处罚。必须再次强调，解救被拐卖妇女、儿童工作由拐入地负责，拐入地要积极主动做好工作，绝不允许搞地方保护主义。对于拐出地主动派工作组到拐入地进行解救的，也要以拐入地为主开展工作。妇女、儿童被解救出来后，由拐出地负责组织接回原地，送回家中。

五、积极配合有关部门开展法制宣传教育工作。要教育广大干部群众增强法制观念，认识买、卖人口都是犯罪行为，动员群众自觉抵制拐卖妇女、儿童犯罪活动，彻底消除"买方市场"。要以

《决定》为武器，开展强大的政治攻势，震慑和瓦解犯罪分子，敦促犯罪分子坦白交代，投案自首。

各地公安机关在贯彻执行《决定》中有何问题，请及时报部。

公安部关于做好群众来信来访中
有关拐卖人口案件的查办工作的通知

(公通字［1990］51号)

各省、自治区、直辖市公安厅、局:

据各地公安机关报告,近几年,特别是开展除"六害"斗争以来,群众投书公安机关或直接来访控告犯罪分子拐卖妇女、儿童的案件有较大幅度的增加。各地公安机关信访部门按照"分级负责,归口办案"的原则,将大部分这类信访案件和有关材料转请有关地方公安机关或者本机关的主管业务部门查明办理;对少量的需要信访部门协调各方意见办理的案件,则由信访部门按照领导的批示意见自行办理。各地对于通过信访渠道反映上来的拐卖妇女、儿童犯罪活动的信息是重视的,查处这类信访案件是积极的,从而惩治了犯罪分子,保护了人民的利益,进一步密切了公安机关同人民群众的联系。但是,工作中也存在一些问题。主要是,在处理这类信访案件中的某些环节上,职责划分不太明确,工作关系不太顺当,出现了积压重要案件和办事互相推诿的现象。这样,既影响公安机关职能的充分发挥,也招致了当事群众的不满。为此,特就有关问题通知如下:

一、认真做好涉及拐卖人口问题的来信来访工作,直接关系到除"六害"斗争的深入发展。各级公安机关的信访部门和主管业务部门要通力合作,忠实履行自己的职责。应该自己办的事,都应负责到底,决不推诿、搪塞。涉及诸多部门办的事,信访部门要主动协调各方,做好协办协查工作,并协助领导进行检查、督办,务求件件落实。

二、对于来信来访中反映局部地区拐卖人口情况、提出工作建议的材料，有关公公机关的综合研究部门或主管业务部门要作为分析斗争形势、研究工作对策的参考资料。其中重要情况和工作建议，有关领导同志应亲自阅看，以利了解情况，指导工作。

三、上级公安机关受理的控告犯罪分子拐卖妇女、儿童的信访案件、线索，以及需要采取解救措施的有关事宜，原则上转请发生地的公安机关为主安排办理；如果已查明受害人落脚的确切地点，其解救事宜由该地公安机关负责。

四、对于公安干警在查处拐卖人口工作中违法违纪问题，上级公安机关信访部门在群众控告后，一般可直接将控告材料转请有关公安机关核查处理。其中监察、纪检部门明确规定要请有关公安机关核查处理。其中监察、纪检部门明确规定要直接过问的重大案件，则应转请本机关的监察或纪检部门处理。今后，凡向上级公安机关信访部门报告这类信访案件的查处结果时，应同时抄告该机关的监察或纪检部门；向上级公安机关的监察、纪检部门报告查处违纪信访案件结果时，也应同时抄告该机关的信访部门。

五、鉴于各地公安机关信访部门需要协调办理或自行办理的信访案件日渐增多，应解决其办案经费问题。今后公安机关信访部门所需的办案经费，统由业务费中开支。

一九九〇年五月二十五日

公安部关于切实抓好打击拐卖
儿童犯罪活动的工作的通知

（公通字〔1990〕15号）

各省、自治区、直辖市公安厅、局：

近两年来，一些地方拐卖儿童的犯罪活动日益突出。犯罪分子往往在公共场所或儿童家居地附近，乘家长不备将孩子拐走，有的甚至入室拐盗儿童出卖。被拐卖儿童的家长和亲属外出寻找，花费很大，有的甚至变卖了家产；有的相互串联，四处上访求助，影响社会安定。最近陕西省出现了一个由被拐卖和失踪儿童家长亲属组成的"难友协会"（据了解，一九八八年十二月以来，有六十多人参加），他们派人到国务院、公安部上访，要求公安机关帮助查找亲生骨肉。并有更多的人来京上访的迹象。

对这种情况，各地公安机关应当予以充分重视，要提高对拐卖儿童犯罪活动严重性、危害性的认识，把打击拐卖儿童的犯罪分子作为为民除害，密切党群警民关系，保持社会安定的一项重要工作，切实抓好。在当前的扫除"六害"工作中，要认真注意发现被拐卖和失踪儿童的线索，并及时通报有关地区。对抓获的拐卖儿童的犯罪分子，要加强审讯，审查、扩大战果。在日常工作中，对群众报失儿童，要热情接待，细致听取情况，认真负责地迅速组织查找，有下落的尽快解救。经工作无下落的，要立案侦查，不能不了了之。在车站、码头、集贸市场等公共场所，要布置治安保卫人员、秘密力量注意发现和查缉拐卖儿童的犯罪分子。

对失踪和被拐卖儿童的亲属，有关地区要积极做好安慰和疏导工作，对成立组织或来京上访的要予以劝阻。

一九九〇年一月二十六日

公安部关于加强打击拐卖妇女
儿童犯罪活动的协查工作的通知

（［88］公刑字 14 号　1988 年 2 月 25 日）

各省、自治区、直辖市公安厅、局：

拐卖妇女儿童案件牵涉面广，情况复杂，犯罪分子多跨省（区）、市流窜作案。有些犯罪团伙，在拐骗、接送、中转、出卖等环节上，其成员都有具体分工。侦查拐卖妇女儿童案件，打击处理拐卖妇女儿童的犯罪分子，需要在拐骗地和卖出地深入调查取证，有关地区公安机关应当密切配合，积极做好协查工作。现就此项工作通知如下：

一、对查处拐卖妇女儿童的案件，原则上以拐骗地（被拐卖者原所在地）公安机关为主立案侦查，卖出地（买主所在地）积极配合；也可以由卖出地或主要犯罪地公安机关立案侦查，有关地区积极配合。对于抓获的拐卖妇女儿童的犯罪分子，可由立案单位处理，也可以由抓获地公安机关处理。赃款赃物由负责处理的公安机关随案移交。

二、被拐卖妇女儿童原所在地公安机关，要主动将被拐卖的妇女、儿童的姓名、年龄、体貌特征、失踪时间、接触人员和已掌握的拐卖人口犯罪分子的线索等情况，通报卖出地公安机关。

三、卖出地公安机关，要认真负责地摸清流入本地的妇女、儿童的姓名、年龄、籍贯、住址、流入原因等，并将已掌握的被拐卖妇女、儿童的情况及时通报拐卖地公安机关。

四、各级公安机关，要指定专人办理通报协查工作。对外地发来的协查拐卖妇女、儿童的函件，必须认真办理，做到件件落实，及时函复，最迟不得超过十五天。

五、各地公安机关需要派人到有关地区调查取证和解救被拐卖妇女、儿童的，应事先同当地公安机关联系，主动介绍情况，取得支持。有关地区公安机关应积极提供情况和方便，密切配合查证和解救工作。

六、对跨省（自治区、直辖市）的拐卖妇女、儿童的重大犯罪团伙案件，以主要犯罪地的省（自治区、直辖市）公安机关为主组织联合侦破；发现作案手段相似的重大拐卖人口案件，可由主要犯罪地的省（自治区、直辖市）公安机关牵头或由公安部指定牵头单位，组织串案、并案侦查。

七、拐卖妇女儿童集散转运地的公安机关，发现本地转运、倒卖妇女儿童犯罪活动的窝点，应及时取缔，并将掌握的情况通报拐骗地和卖出地公安机关。拐骗地、卖出地、集散转运地的公安机关，要相互支持配合，查破有关拐卖人口案件。

八、需要有关公安机关对重大拐卖人口案犯采取拘捕或收审措施的，必须提供相应的法律文书；情况紧急的，可通过省、自治区、直辖市公安机关先电话通知，随即将办好的法律文书电传给对方。案犯抓获后，主办单位应及时带回处理。

卫生部关于规范活体器官移植的若干规定

（卫医管发〔2009〕126 号）

为加强活体器官移植管理，确保活体器官捐献人和接受人的生命安全，根据《人体器官移植条例》，现将有关事项规定如下：

一、活体器官捐献应当遵循自愿、无偿的原则。公民享有捐献或者不捐献其人体器官的权利，对已经表示捐献其人体器官的意愿，有权予以撤销。任何组织或者个人不得强迫、欺骗或者利诱他人捐献人体器官。捐献人体器官的公民应当年满 18 周岁且具有完全民事行为能力。

二、活体器官捐献人与接受人仅限于以下关系：

（一）配偶：仅限于结婚 3 年以上或者婚后已育有子女的；

（二）直系血亲或者三代以内旁系血亲；

（三）因帮扶等形成亲情关系：仅限于养父母和养子女之间的关系、继父母与继子女之间的关系。

三、从事活体器官移植的医疗机构应当要求申请活体器官移植的捐献人与接受人提交以下相关材料：

（一）由活体器官捐献人及其具有完全民事行为能力的父母、成年子女（已结婚的捐献人还应当包括其配偶）共同签署的捐献人自愿、无偿捐献器官的书面意愿和活体器官接受人同意接受捐献人捐献器官的书面意愿；

（二）由户籍所在地公安机关出具的活体器官捐献人与接受人的身份证明以及双方第二代居民身份证、户口本原件；

（三）由户籍所在地公安机关出具的能反映活体器官捐献人与接受人亲属关系的户籍证明；

（四）活体器官捐献人与接受人属于配偶关系，应当提交结婚证原件或者已有生育子女的证明；

（五）省级卫生行政部门要求的其他证明材料。

从事活体器官移植的医疗机构应当配备身份证鉴别仪器并留存上述证明材料原件和相关证件的复印件备查。

四、从事活体器官移植的医疗机构及其医务人员在摘取活体器官前，应当履行下列义务：

（一）查验活体器官捐献人与接收人按照本规定第三条要求提交的相关材料的真实性，并确认其关系符合本通知第二条规定；

（二）评估接受人是否有接受活体器官移植手术的必要性、适应证；

（三）评估活体器官捐献人的健康状况是否适合捐献器官；

（四）评估摘取器官可能对活体器官捐献人健康产生的影响，确认不会因捐献活体器官而损害捐献者正常的生理功能；

（五）评估接受人因活体器官移植传播疾病的风险；

（六）根据医学及伦理学原则需要进行的其他评估；

（七）向医疗机构人体器官移植技术临床应用与伦理委员会（以下简称伦理委员会）提出摘取活体器官申请。

五、伦理委员会在收到摘取活体器官审查申请后，应当召集由伦理委员会全体成员参加的专门会议，对下列事项进行审查和讨论，在全体委员一致同意并签名确认后，伦理委员会方可出具同意摘取活体器官的书面意见：

（一）活体器官捐献人和接受人按照本规定第三条要求提供的材料是否真实、合法，其关系是否符合本规定第二条要求；

（二）活体器官捐献人的捐献意愿是否真实；

（三）有无买卖人体器官的情形；

（四）器官的配型和接受人的适应证是否符合人体器官移植技术管理规范；

（五）活体器官捐献人的身体和心理状况是否适宜捐献器官；

（六）对本通知第四条第（四）项的评估是否全面、科学；

（七）捐献是否符合医学和伦理学原则。

医疗机构应当存留完整的伦理委员会会议记录备查。

六、从事活体器官移植的医疗机构在伦理委员会出具同意摘取活体器官的书面意见后，应将相关材料上报省级卫生行政部门，根据回复意见实施。

七、在实施活体器官摘取手术前，应当由主管医师协助手术室工作人员再次确认活体器官捐献人身份。

八、完成活体器官摘取和器官移植手术后，负责活体器官移植的医务人员应当在72小时内完成以下工作：

（一）向伦理委员会提交手术报告，包括活体器官摘取和移植简要过程、术中和术后是否发生不良事件或者并发症及处理措施等；

（二）按照要求向相应的移植数据中心上报人体器官移植数据。

九、从事活体器官移植的医疗机构应当保存活体器官捐献人的医学资料，并定期对其随访。

十、医疗机构及其医务人员有下列情形之一的，由所在地省级卫生行政部门依照《中华人民共和国执业医师法》、《医疗机构管理条例》、《人体器官移植条例》的规定，对医疗机构及相关责任人予以处罚；涉嫌犯罪的，移交司法机关查处：

（一）摘取未满18周岁公民活体器官用于移植的；

（二）为不符合本规定第二条要求的捐献人与接受人进行活体器官摘取、移植手术的；

（三）摘取活体器官前未按照本规定第四、五条要求履行查验、评估、说明、确认义务的；

（四）未经省级卫生行政部门及医疗机构伦理委员会审查同意，擅自开展活体器官摘取、移植手术的；

（五）完成活体器官摘取、移植手术后，未按照本规定第八条要求报告的；

（六）买卖活体器官或者从事与买卖活体器官有关活动的。

十一、各级卫生行政部门要严格按照本规定及有关文件要求，进一步加强本辖区内医疗机构开展活体器官移植工作的监督管理；对于未能依法履行职责、监管不力，导致辖区内器官移植工作管理混乱的卫生行政部门，将依法追究直接责任人及相关责任人的责任，并予以通报。

十二、本规定自印发之日起施行。

教育部、公安部、司法部
关于辽宁等地相继发生教师强奸猥亵
学生事件的情况通报

（教师〔2003〕1号）

各省、自治区、直辖市教育厅（教委）、公安厅（局）、司法厅（局），新疆生产建设兵团教委、公安局、司法局：

最近陆续发生了多起教师强奸学生的恶性犯罪事件。辽宁省沈阳市苏家屯区八一镇武镇营子村小学教师程世俊在2001年3月至2002年11月期间，以辅导批改作业为名，在教室对班级中的6名女学生进行多次猥亵、强奸。2002年11月案发被公安部门依法逮捕，2003年5月程世俊被依法判处死刑。辽宁省教育厅责成沈阳市有关部门对相关责任人作了严肃处理，免去了沈阳市苏家屯区教育局党委书记、局长职务，八一镇镇党委书记职务，撤销了区教育局人事科科长、中心小学校长、分校主任职务。吉林省通化市二道江区二道江乡中心校教师栗锋在1998年8月至2002年8月期间，强奸、猥亵女学生19人。2002年9月案发被公安部门依法逮捕，同月栗锋被依法判处死刑。吉林省教育厅责成通化市教育局对相关责任人作了严肃处理，免去了二道江乡中心校校长兼党支部书记职务，中心校副校长职务。

程世俊、栗锋等败类虽属教师队伍中的极少数，但犯罪性质严重，社会影响恶劣，危害学生终身，严重损害人民教师的社会形象，应当引起我们的高度重视。据了解，类似的犯罪事件在其他一些地方也有发生。各地对已经发生的教师性犯罪事件一定要从速处理，严厉打击罪犯，严肃处理相关责任人。为了坚决杜绝此类事件的再度发生，纯洁教师队伍，切实保护学生的合法权益，特此予以通报，并提出要求如下：

一、坚决依法打击教师队伍中的性犯罪分子，严惩不贷。根据《中华人民共和国刑法》第 236 条和第 237 条的规定，奸淫不满十四周岁幼女的，以强奸论，从重处罚；猥亵儿童的，依照强制猥亵、侮辱妇女罪的规定从重处罚。中国具有尊师重教的优良传统，家长和学生对教师怀有善良的崇敬心情，教师利用这种条件，利用职务之便，强奸猥亵女学生，尤其令人不能容忍。对于像程世骏、栗锋之类的犯罪分子，要坚决依法从重、从快打击，严惩不贷。

二、对事件相关责任人要严肃处理，决不姑息。学校对学生负有保护责任。校长是学校的第一责任人，负领导责任。学校管理松懈，发生教师性犯罪事件的，要坚决依法追究校长、教育行政部门领导和相关管理人员的责任，严重的要撤销行政职务和开除公职。学校发生危害学生的性犯罪案件时，要立即向上级和公安部门报告，积极协助公安、司法部门尽快侦破案件，惩办罪犯。对推卸责任、延缓上报的要追究学校领导的行政责任，对包庇罪犯、隐瞒不报的要坚决依法追究有关领导及相关责任人的法律责任。

对于违反教师资格制度，造成被录用的不具备教师资格的人对学生进行性犯罪的，要从严从重查处徇私舞弊的相关责任人。

学校每个教职工对学生人身安全都负有保护责任。对教师性犯罪知情不报的教师，丧失了作为教师的基本职业道德，要开除出教师队伍，永不录用。

三、严格管理，从严治教，从制度上杜绝教师性犯罪伤害学生案件的发生。各级教育行政部门和学校要建立严格的考核、责任制度，加强对学校工作和校园安全的日常管理和检查，并使之规范化、经常化；建立学校性犯罪案件报告制度，学校要定期向主管教育行政部门报告；各省级教育行政部门每年向教育部报告本地当年学校教师性犯罪案件情况；建立健全家长、社区对学校的监督制度。学校要加强与家长、社区的联系，建立家长委员会，与他们共商防范措施，将问题消灭在萌芽状态。教育行政部门要将家长委员会和社区的意见作为对学校工作考核的重要依据；健全法制副校长制度，将学校的法制副校长制度落实到位。加强教育部门与公安部门的合作，加大工作力度，通过警民共建，切实保障校园及周边安全和师生安全。

四、加强法制教育和师德教育。各级教育行政部门要进一步提高认识，与公安、司法行政部门密切配合，加大对全社会，特别是教师、学生和家长的法制宣传教育工作力度。要结合落实法制副校长制度，把法制教育放在学校工作的突出位置，要按照教育部等4部委下发的《关于加强青少年学生法制教育工作的若干意见》的有关要求，对教师的普法教育坚持常抓不懈，做到有标准、有要求、有措施、有考核。新任教师上岗前必须接受法制教育，使广大教师在学法、守法、用法等各个方面都能为人师表。每一个教育工作者，都要充分认识到保护青少年健康成长的责任和义务。学校要通过多种方式开展对学生及其家长的法制教育，使学生和家长了解《未成年人保护法》及有关保护青少年学生的相关法规的内容，要根据不同学龄阶段学生的生理、心理特点和接受能力，进一步加强青少年学生的法制教育和性教育，增强他们的法律意识和法制观念，敢于揭发性犯罪行为，提高学生的自我保护意识和抵御不法侵害、依法维护自身合法权益的能力。各地要结合实际，利用广播、电视、报刊、网络等各种媒体，在教育系统广泛开展法制宣传教育，提高全体教师、学生和教育行政干部的法律意识，为从根本上预防和消除教师性犯罪现象营造良好的社会环境。

各级教育行政部门和中小学校要建立健全师德建设的各项规章制度，根据本地、本校的实际，提出师德建设的目标、要求及有效措施。建立以教育为基础，以制度建设为核心，以督导评估为手段的师德建设工作机制，使师德建设工作步入经常化、制度化轨道，大力提高教师队伍的师德水平。

五、结合本通报，集中进行一次学习和教育活动。在今年秋季开学前，各中小学校要组织全体教师学习本通报和《未成年人保护法》，对教师集中进行一次法制学习和教育活动，增强广大教师保护学生的责任感和使命感。

各省级教育行政部门要根据本通报的要求，认真做好本地区教师学习和教育的落实工作，并于 2003 年 9 月底之前，将本地区组织落实教师学习和教育活动的情况上报教育部。

教育部

公安部

司法部

二〇〇三年七月二十八日

程 序 法

一、法律

中华人民共和国刑事诉讼法（节录）

(1979 年 7 月 1 日第五届全国人民代表大会第二次会议通过　根据 1996 年 3 月 17 日第八届全国人民代表大会第四次会议《关于修改〈中华人民共和国刑事诉讼法〉的决定》第一次修正　根据 2012 年 3 月 14 日第十一届全国人民代表大会第五次会议《关于修改〈中华人民共和国刑事诉讼法〉的决定》第二次修正)

第一编　总　　则

第一章　任务和基本原则

第一条　为了保证刑法的正确实施，惩罚犯罪，保护人民，保障国家安全和社会公共安全，维护社会主义社会秩序，根据宪法，制定本法。

第二条　中华人民共和国刑事诉讼法的任务，是保证准确、及时地查明犯罪事实，正确应用法律，惩罚犯罪分子，保障无罪的人不受刑事追究，教育公民自觉遵守法律，积极同犯罪行为作斗争，维护社会主义法制，尊重和保障人权，保护公民的人身权利、财产权利、民主权利和其他权利，保障社会主义建设事业的顺利进行。

第三条　对刑事案件的侦查、拘留、执行逮捕、预审，由公安机关负责。检察、批准逮捕、检察机关直接受理的案件的侦查、提起公诉，由人民检察院负责。审判由人民法院负责。除法律特别规定的以外，其他任何机关、团体和个人都无权行使这些权力。

人民法院、人民检察院和公安机关进行刑事诉讼，必须严格遵守本法和其他法律的有关规定。

第四条 国家安全机关依照法律规定，办理危害国家安全的刑事案件，行使与公安机关相同的职权。

第五条 人民法院依照法律规定独立行使审判权，人民检察院依照法律规定独立行使检察权，不受行政机关、社会团体和个人的干涉。

第六条 人民法院、人民检察院和公安机关进行刑事诉讼，必须依靠群众，必须以事实为根据，以法律为准绳。对于一切公民，在适用法律上一律平等，在法律面前，不允许有任何特权。

第七条 人民法院、人民检察院和公安机关进行刑事诉讼，应当分工负责，互相配合，互相制约，以保证准确有效地执行法律。

第八条 人民检察院依法对刑事诉讼实行法律监督。

第九条 各民族公民都有用本民族语言文字进行诉讼的权利。人民法院、人民检察院和公安机关对于不通晓当地通用的语言文字的诉讼参与人，应当为他们翻译。

在少数民族聚居或者多民族杂居的地区，应当用当地通用的语言进行审讯，用当地通用的文字发布判决书、布告和其他文件。

第十条 人民法院审判案件，实行两审终审制。

第十一条 人民法院审判案件，除本法另有规定的以外，一律公开进行。被告人有权获得辩护，人民法院有义务保证被告人获得辩护。

第十二条 未经人民法院依法判决，对任何人都不得确定有罪。

第十三条 人民法院审判案件，依照本法实行人民陪审员陪审的制度。

第十四条 人民法院、人民检察院和公安机关应当保障犯罪嫌疑人、被告人和其他诉讼参与人依法享有的辩护权和其他诉讼权利。

诉讼参与人对于审判人员、检察人员和侦查人员侵犯公民诉讼权利和人身侮辱的行为，有权提出控告。

第十五条 有下列情形之一的，不追究刑事责任，已经追究的，应当撤销案件，或者不起诉，或者终止审理，或者宣告无罪：

（一）情节显著轻微、危害不大，不认为是犯罪的；

（二）犯罪已过追诉时效期限的；

（三）经特赦令免除刑罚的；

（四）依照刑法告诉才处理的犯罪，没有告诉或者撤回告诉的；

（五）犯罪嫌疑人、被告人死亡的；

（六）其他法律规定免予追究刑事责任的。

第十六条 对于外国人犯罪应当追究刑事责任的，适用本法的规定。

对于享有外交特权和豁免权的外国人犯罪应当追究刑事责任的，通过外交途径解决。

第十七条 根据中华人民共和国缔结或者参加的国际条约，或者按照互惠原则，我国司法机关和外国司法机关可以相互请求刑事司法协助。

第二章 管 辖

第十八条 刑事案件的侦查由公安机关进行，法律另有规定的除外。

贪污贿赂犯罪，国家工作人员的渎职犯罪，国家机关工作人员利用职权实施的非法拘禁、刑讯逼供、报复陷害、非法搜查的侵犯公民人身权利的犯罪以及侵犯公民民主权利的犯罪，由人民检察院立案侦查。对于国家机关工作人员利用职权实施的其他重大的犯罪案件，需要由人民检察院直接受理的时候，经省级以上人民检察院决定，可以由人民检察院立案侦查。

自诉案件，由人民法院直接受理。

第十九条 基层人民法院管辖第一审普通刑事案件，但是依照本法由上级人民法院管辖的除外。

第二十条 中级人民法院管辖下列第一审刑事案件：

（一）危害国家安全、恐怖活动案件；

（二）可能判处无期徒刑、死刑的案件。

第二十一条 高级人民法院管辖的第一审刑事案件，是全省（自治区、直辖市）性的重大刑事案件。

第二十二条 最高人民法院管辖的第一审刑事案件，是全国性的重大刑事案件。

第二十三条 上级人民法院在必要的时候，可以审判下级人民法院管辖的第一审刑事案件；下级人民法院认为案情重大、复杂需要由上级人民法院审判的第一审刑事案件，可以请求移送上一级人民法院审判。

第二十四条 刑事案件由犯罪地的人民法院管辖。如果由被告人居住地的人民法院审判更为适宜的，可以由被告人居住地的人民法院管辖。

第二十五条 几个同级人民法院都有权管辖的案件，由最初受理的人民法院审判。在必要的时候，可以移送主要犯罪地的人民法院审判。

第二十六条 上级人民法院可以指定下级人民法院审判管辖不明的案件，也可以指定下级人民法院将案件移送其他人民法院审判。

第二十七条 专门人民法院案件的管辖另行规定。

第三章 回　避

第二十八条 审判人员、检察人员、侦查人员有下列情形之一的，应当自行回避，当事人及其法定代理人也有权要求他们回避：

（一）是本案的当事人或者是当事人的近亲属的；

（二）本人或者他的近亲属和本案有利害关系的；

（三）担任过本案的证人、鉴定人、辩护人、诉讼代理人的；

（四）与本案当事人有其他关系，可能影响公正处理案件的。

第二十九条 审判人员、检察人员、侦查人员不得接受当事人及其委托的人的请客送礼，不得违反规定会见当事人及其委托的人。

审判人员、检察人员、侦查人员违反前款规定的，应当依法追究法律责任。当事人及其法定代理人有权要求他们回避。

第三十条 审判人员、检察人员、侦查人员的回避，应当分别由院长、检察长、公安机关负责人决定；院长的回避，由本院审判委员会决定；检察长和公安机关负责人的回避，由同级人民检察院检察委员会决定。

对侦查人员的回避作出决定前，侦查人员不能停止对案件的侦查。

对驳回申请回避的决定，当事人及其法定代理人可以申请复议一次。

第三十一条 本章关于回避的规定适用于书记员、翻译人员和鉴定人。

辩护人、诉讼代理人可以依照本章的规定要求回避、申请复议。

第四章 辩护与代理

第三十二条 犯罪嫌疑人、被告人除自己行使辩护权以外，还可以委托一至二人作为辩护人。下列的人可以被委托为辩护人：

（一）律师；

（二）人民团体或者犯罪嫌疑人、被告人所在单位推荐的人；

（三）犯罪嫌疑人、被告人的监护人、亲友。

正在被执行刑罚或者依法被剥夺、限制人身自由的人，不得担任辩护人。

第三十三条 犯罪嫌疑人自被侦查机关第一次讯问或者采取强制措施之日起，有权委托辩护人；在侦查期间，只能委托律师作为辩护人。被告人有权随时委托辩护人。

侦查机关在第一次讯问犯罪嫌疑人或者对犯罪嫌疑人采取强制措施的时候，应当告知犯罪嫌疑人有权委托辩护人。人民检察院自收到移送审查起诉的案件材料之日起三日以内，应当告知犯罪嫌疑人有权委托辩护人。人民法院自受理案件之日起三日以内，应当告知被告人有权委托辩护人。犯罪嫌疑人、被告人在押期间要求委托辩护人的，人民法院、人民检察院和公安机关应当及时转达其要求。

犯罪嫌疑人、被告人在押的，也可以由其监护人、近亲属代为委托辩护人。

辩护人接受犯罪嫌疑人、被告人委托后，应当及时告知办理案件的机关。

第三十四条 犯罪嫌疑人、被告人因经济困难或者其他原因没有委托辩护人的，本人及其近亲属可以向法律援助机构提出申请。对符合法律援助条件的，法律援助机构应当指派律师为其提供辩护。

犯罪嫌疑人、被告人是盲、聋、哑人，或者是尚未完全丧失辨认或者控制自己行为能力的精神病人，没有委托辩护人的，人民法院、人民检察院和公安机关应当通知法律援助机构指派律师为其提供辩护。

犯罪嫌疑人、被告人可能被判处无期徒刑、死刑，没有委托辩护人的，人民法院、人民检察院和公安机关应当通知法律援助机构指派律师为其提供辩护。

第三十五条 辩护人的责任是根据事实和法律，提出犯罪嫌疑人、被告人无罪、罪轻或者减轻、免除其刑事责任的材料和意见，维护犯罪嫌疑人、被告人的诉讼权利和其他合法权益。

第三十六条　辩护律师在侦查期间可以为犯罪嫌疑人提供法律帮助；代理申诉、控告；申请变更强制措施；向侦查机关了解犯罪嫌疑人涉嫌的罪名和案件有关情况，提出意见。

第三十七条　辩护律师可以同在押的犯罪嫌疑人、被告人会见和通信。其他辩护人经人民法院、人民检察院许可，也可以同在押的犯罪嫌疑人、被告人会见和通信。

辩护律师持律师执业证书、律师事务所证明和委托书或者法律援助公函要求会见在押的犯罪嫌疑人、被告人的，看守所应当及时安排会见，至迟不得超过四十八小时。

危害国家安全犯罪、恐怖活动犯罪、特别重大贿赂犯罪案件，在侦查期间辩护律师会见在押的犯罪嫌疑人，应当经侦查机关许可。上述案件，侦查机关应当事先通知看守所。

辩护律师会见在押的犯罪嫌疑人、被告人，可以了解案件有关情况，提供法律咨询等；自案件移送审查起诉之日起，可以向犯罪嫌疑人、被告人核实有关证据。辩护律师会见犯罪嫌疑人、被告人时不被监听。

辩护律师同被监视居住的犯罪嫌疑人、被告人会见、通信，适用第一款、第三款、第四款的规定。

第三十八条　辩护律师自人民检察院对案件审查起诉之日起，可以查阅、摘抄、复制本案的案卷材料。其他辩护人经人民法院、人民检察院许可，也可以查阅、摘抄、复制上述材料。

第三十九条　辩护人认为在侦查、审查起诉期间公安机关、人民检察院收集的证明犯罪嫌疑人、被告人无罪或者罪轻的证据材料未提交的，有权申请人民检察院、人民法院调取。

第四十条　辩护人收集的有关犯罪嫌疑人不在犯罪现场、未达到刑事责任年龄、属于依法不负刑事责任的精神病人的证据，应当及时告知公安机关、人民检察院。

第四十一条　辩护律师经证人或者其他有关单位和个人同意，可以向他们收集与本案有关的材料，也可以申请人民检察院、人民法院收集、调取证据，或者申请人民法院通知证人出庭作证。

辩护律师经人民检察院或者人民法院许可，并且经被害人或者其近亲属、被害人提供的证人同意，可以向他们收集与本案有关的材料。

第四十二条 辩护人或者其他任何人，不得帮助犯罪嫌疑人、被告人隐匿、毁灭、伪造证据或者串供，不得威胁、引诱证人作伪证以及进行其他干扰司法机关诉讼活动的行为。

违反前款规定的，应当依法追究法律责任，辩护人涉嫌犯罪的，应当由办理辩护人所承办案件的侦查机关以外的侦查机关办理。辩护人是律师的，应当及时通知其所在的律师事务所或者所属的律师协会。

第四十三条 在审判过程中，被告人可以拒绝辩护人继续为他辩护，也可以另行委托辩护人辩护。

第四十四条 公诉案件的被害人及其法定代理人或者近亲属，附带民事诉讼的当事人及其法定代理人，自案件移送审查起诉之日起，有权委托诉讼代理人。自诉案件的自诉人及其法定代理人，附带民事诉讼的当事人及其法定代理人，有权随时委托诉讼代理人。

人民检察院自收到移送审查起诉的案件材料之日起三日以内，应当告知被害人及其法定代理人或者其近亲属、附带民事诉讼的当事人及其法定代理人有权委托诉讼代理人。人民法院自受理自诉案件之日起三日以内，应当告知自诉人及其法定代理人、附带民事诉讼的当事人及其法定代理人有权委托诉讼代理人。

第四十五条 委托诉讼代理人，参照本法第三十二条的规定执行。

第四十六条 辩护律师对在执业活动中知悉的委托人的有关情况和信息，有权予以保密。但是，辩护律师在执业活动中知悉委托人或者其他人，准备或者正在实施危害国家安全、公共安全以及严重危害他人人身安全的犯罪的，应当及时告知司法机关。

第四十七条 辩护人、诉讼代理人认为公安机关、人民检察院、人民法院及其工作人员阻碍其依法行使诉讼权利的，有权向同级或者上一级人民检察院申诉或者控告。人民检察院对申诉或者控告应当及时进行审查，情况属实的，通知有关机关予以纠正。

第五章 证 据

第四十八条 可以用于证明案件事实的材料，都是证据。

证据包括：

（一）物证；

（二）书证；

（三）证人证言；

（四）被害人陈述；

（五）犯罪嫌疑人、被告人供述和辩解；

（六）鉴定意见；

（七）勘验、检查、辨认、侦查实验等笔录；

（八）视听资料、电子数据。

证据必须经过查证属实，才能作为定案的根据。

第四十九条 公诉案件中被告人有罪的举证责任由人民检察院承担，自诉案件中被告人有罪的举证责任由自诉人承担。

第五十条 审判人员、检察人员、侦查人员必须依照法定程序，收集能够证实犯罪嫌疑人、被告人有罪或者无罪、犯罪情节轻重的各种证据。严禁刑讯逼供和以威胁、引诱、欺骗以及其他非法方法收集证据，不得强迫任何人证实自己有罪。必须保证一切与案件有关或者了解案情的公民，有客观地充分地提供证据的条件，除特殊情况外，可以吸收他们协助调查。

第五十一条 公安机关提请批准逮捕书、人民检察院起诉书、人民法院判决书，必须忠实于事实真象。故意隐瞒事实真象的，应当追究责任。

第五十二条 人民法院、人民检察院和公安机关有权向有关单位和个人收集、调取证据。有关单位和个人应当如实提供证据。

行政机关在行政执法和查办案件过程中收集的物证、书证、视听资料、电子数据等证据材料，在刑事诉讼中可以作为证据使用。

对涉及国家秘密、商业秘密、个人隐私的证据，应当保密。

凡是伪造证据、隐匿证据或者毁灭证据的，无论属于何方，必须受法律追究。

第五十三条　对一切案件的判处都要重证据，重调查研究，不轻信口供。只有被告人供述，没有其他证据的，不能认定被告人有罪和处以刑罚；没有被告人供述，证据确实、充分的，可以认定被告人有罪和处以刑罚。

证据确实、充分，应当符合以下条件：

（一）定罪量刑的事实都有证据证明；

（二）据以定案的证据均经法定程序查证属实；

（三）综合全案证据，对所认定事实已排除合理怀疑。

第五十四条　采用刑讯逼供等非法方法收集的犯罪嫌疑人、被告人供述和采用暴力、威胁等非法方法收集的证人证言、被害人陈述，应当予以排除。收集物证、书证不符合法定程序，可能严重影响司法公正的，应当予以补正或者作出合理解释；不能补正或者作出合理解释的，对该证据应当予以排除。

在侦查、审查起诉、审判时发现有应当排除的证据的，应当依法予以排除，不得作为起诉意见、起诉决定和判决的依据。

第五十五条　人民检察院接到报案、控告、举报或者发现侦查人员以非法方法收集证据的，应当进行调查核实。对于确有以非法方法收集证据情形的，应当提出纠正意见；构成犯罪的，依法追究刑事责任。

第五十六条　法庭审理过程中，审判人员认为可能存在本法第五十四条规定的以非法方法收集证据情形的，应当对证据收集的合法性进行法庭调查。

当事人及其辩护人、诉讼代理人有权申请人民法院对以非法方法收集的证据依法予以排除。申请排除以非法方法收集的证据的，应当提供相关线索或者材料。

第五十七条 在对证据收集的合法性进行法庭调查的过程中，人民检察院应当对证据收集的合法性加以证明。

现有证据材料不能证明证据收集的合法性的，人民检察院可以提请人民法院通知有关侦查人员或者其他人员出庭说明情况；人民法院可以通知有关侦查人员或者其他人员出庭说明情况。有关侦查人员或者其他人员也可以要求出庭说明情况。经人民法院通知，有关人员应当出庭。

第五十八条 对于经过法庭审理，确认或者不能排除存在本法第五十四条规定的以非法方法收集证据情形的，对有关证据应当予以排除。

第五十九条 证人证言必须在法庭上经过公诉人、被害人和被告人、辩护人双方质证并且查实以后，才能作为定案的根据。法庭查明证人有意作伪证或者隐匿罪证的时候，应当依法处理。

第六十条 凡是知道案件情况的人，都有作证的义务。

生理上、精神上有缺陷或者年幼，不能辨别是非、不能正确表达的人，不能作证人。

第六十一条 人民法院、人民检察院和公安机关应当保障证人及其近亲属的安全。

对证人及其近亲属进行威胁、侮辱、殴打或者打击报复，构成犯罪的，依法追究刑事责任；尚不够刑事处罚的，依法给予治安管理处罚。

第六十二条 对于危害国家安全犯罪、恐怖活动犯罪、黑社会性质的组织犯罪、毒品犯罪等案件，证人、鉴定人、被害人因在诉讼中作证，本人或者其近亲属的人身安全面临危险的，人民法院、人民检察院和公安机关应当采取以下一项或者多项保护措施：

（一）不公开真实姓名、住址和工作单位等个人信息；

（二）采取不暴露外貌、真实声音等出庭作证措施；

（三）禁止特定的人员接触证人、鉴定人、被害人及其近亲属；

（四）对人身和住宅采取专门性保护措施；

（五）其他必要的保护措施。

证人、鉴定人、被害人认为因在诉讼中作证，本人或者其近亲属的人身安全面临危险的，可以向人民法院、人民检察院、公安机关请求予以保护。

人民法院、人民检察院、公安机关依法采取保护措施，有关单位和个人应当配合。

第六十三条 证人因履行作证义务而支出的交通、住宿、就餐等费用，应当给予补助。证人作证的补助列入司法机关业务经费，由同级政府财政予以保障。

有工作单位的证人作证，所在单位不得克扣或者变相克扣其工资、奖金及其他福利待遇。

第六章　强制措施

第六十四条 人民法院、人民检察院和公安机关根据案件情况，对犯罪嫌疑人、被告人可以拘传、取保候审或者监视居住。

第六十五条 人民法院、人民检察院和公安机关对有下列情形之一的犯罪嫌疑人、被告人，可以取保候审：

（一）可能判处管制、拘役或者独立适用附加刑的；

（二）可能判处有期徒刑以上刑罚，采取取保候审不致发生社会危险性的；

（三）患有严重疾病、生活不能自理，怀孕或者正在哺乳自己婴儿的妇女，采取取保候审不致发生社会危险性的；

（四）羁押期限届满，案件尚未办结，需要采取取保候审的。

取保候审由公安机关执行。

第六十六条 人民法院、人民检察院和公安机关决定对犯罪嫌疑人、被告人取保候审，应当责令犯罪嫌疑人、被告人提出保证人或者交纳保证金。

第六十七条 保证人必须符合下列条件：

（一）与本案无牵连；

（二）有能力履行保证义务；

（三）享有政治权利，人身自由未受到限制；

（四）有固定的住处和收入。

第六十八条 保证人应当履行以下义务：

（一）监督被保证人遵守本法第六十九条的规定；

（二）发现被保证人可能发生或者已经发生违反本法第六十九条规定的行为的，应当及时向执行机关报告。

被保证人有违反本法第六十九条规定的行为，保证人未履行保证义务的，对保证人处以罚款，构成犯罪的，依法追究刑事责任。

第六十九条 被取保候审的犯罪嫌疑人、被告人应当遵守以下规定：

（一）未经执行机关批准不得离开所居住的市、县；

（二）住址、工作单位和联系方式发生变动的，在二十四小时以内向执行机关报告；

（三）在传讯的时候及时到案；

（四）不得以任何形式干扰证人作证；

（五）不得毁灭、伪造证据或者串供。

人民法院、人民检察院和公安机关可以根据案件情况，责令被取保候审的犯罪嫌疑人、被告人遵守以下一项或者多项规定：

（一）不得进入特定的场所；

（二）不得与特定的人员会见或者通信；

（三）不得从事特定的活动；

（四）将护照等出入境证件、驾驶证件交执行机关保存。

被取保候审的犯罪嫌疑人、被告人违反前两款规定，已交纳保证金的，没收部分或者全部保证金，并且区别情形，责令犯罪嫌疑人、被告人具结悔过、重新交纳保证金、提出保证人，或者监视居住、予以逮捕。

对违反取保候审规定，需要予以逮捕的，可以对犯罪嫌疑人、被告人先行拘留。

第七十条　取保候审的决定机关应当综合考虑保证诉讼活动正常进行的需要，被取保候审人的社会危险性，案件的性质、情节，可能判处刑罚的轻重，被取保候审人的经济状况等情况，确定保证金的数额。

提供保证金的人应当将保证金存入执行机关指定银行的专门账户。

第七十一条　犯罪嫌疑人、被告人在取保候审期间未违反本法第六十九条规定的，取保候审结束的时候，凭解除取保候审的通知或者有关法律文书到银行领取退还的保证金。

第七十二条　人民法院、人民检察院和公安机关对符合逮捕条件，有下列情形之一的犯罪嫌疑人、被告人，可以监视居住：

（一）患有严重疾病、生活不能自理的；

（二）怀孕或者正在哺乳自己婴儿的妇女；

（三）系生活不能自理的人的唯一扶养人；

（四）因为案件的特殊情况或者办理案件的需要，采取监视居住措施更为适宜的；

（五）羁押期限届满，案件尚未办结，需要采取监视居住措施的。

对符合取保候审条件，但犯罪嫌疑人、被告人不能提出保证人，也不交纳保证金的，可以监视居住。

监视居住由公安机关执行。

第七十三条　监视居住应当在犯罪嫌疑人、被告人的住处执行；无固定住处的，可以在指定的居所执行。对于涉嫌危害国家安全犯罪、恐怖活动犯罪、特别重大贿赂犯罪，在住处执行可能有碍侦查的，经上一级人民检察院或者公安机关批准，也可以在指定的居所执行。但是，不得在羁押场所、专门的办案场所执行。

指定居所监视居住的，除无法通知的以外，应当在执行监视居住后二十四小时以内，通知被监视居住人的家属。

被监视居住的犯罪嫌疑人、被告人委托辩护人，适用本法第三十三条的规定。

人民检察院对指定居所监视居住的决定和执行是否合法实行监督。

第七十四条 指定居所监视居住的期限应当折抵刑期。被判处管制的，监视居住一日折抵刑期一日；被判处拘役、有期徒刑的，监视居住二日折抵刑期一日。

第七十五条 被监视居住的犯罪嫌疑人、被告人应当遵守以下规定：

（一）未经执行机关批准不得离开执行监视居住的处所；

（二）未经执行机关批准不得会见他人或者通信；

（三）在传讯的时候及时到案；

（四）不得以任何形式干扰证人作证；

（五）不得毁灭、伪造证据或者串供；

（六）将护照等出入境证件、身份证件、驾驶证件交执行机关保存。

被监视居住的犯罪嫌疑人、被告人违反前款规定，情节严重的，可以予以逮捕；需要予以逮捕的，可以对犯罪嫌疑人、被告人先行拘留。

第七十六条 执行机关对被监视居住的犯罪嫌疑人、被告人，可以采取电子监控、不定期检查等监视方法对其遵守监视居住规定的情况进行监督；在侦查期间，可以对被监视居住的犯罪嫌疑人的通信进行监控。

第七十七条 人民法院、人民检察院和公安机关对犯罪嫌疑人、被告人取保候审最长不得超过十二个月，监视居住最长不得超过六个月。

在取保候审、监视居住期间，不得中断对案件的侦查、起诉和审理。对于发现不应当追究刑事责任或者取保候审、监视居住期限届满的，应当及时解除取保候审、监视居住。解除取保候审、监视居住，应当及时通知被取保候审、监视居住人和有关单位。

第七十八条 逮捕犯罪嫌疑人、被告人，必须经过人民检察院批准或者人民法院决定，由公安机关执行。

第七十九条 对有证据证明有犯罪事实，可能判处徒刑以上刑罚的犯罪嫌疑人、被告人，采取取保候审尚不足以防止发生下列社会危险性的，应当予以逮捕：

（一）可能实施新的犯罪的；

（二）有危害国家安全、公共安全或者社会秩序的现实危险的；

（三）可能毁灭、伪造证据，干扰证人作证或者串供的；

（四）可能对被害人、举报人、控告人实施打击报复的；

（五）企图自杀或者逃跑的。

对有证据证明有犯罪事实，可能判处十年有期徒刑以上刑罚的，或者有证据证明有犯罪事实，可能判处徒刑以上刑罚，曾经故意犯罪或者身份不明的，应当予以逮捕。

被取保候审、监视居住的犯罪嫌疑人、被告人违反取保候审、监视居住规定，情节严重的，可以予以逮捕。

第八十条 公安机关对于现行犯或者重大嫌疑分子，如果有下列情形之一的，可以先行拘留：

（一）正在预备犯罪、实行犯罪或者在犯罪后即时被发觉的；

（二）被害人或者在场亲眼看见的人指认他犯罪的；

（三）在身边或者住处发现有犯罪证据的；

（四）犯罪后企图自杀、逃跑或者在逃的；

（五）有毁灭、伪造证据或者串供可能的；

（六）不讲真实姓名、住址，身份不明的；

（七）有流窜作案、多次作案、结伙作案重大嫌疑的。

第八十一条 公安机关在异地执行拘留、逮捕的时候，应当通知被拘留、逮捕人所在地的公安机关，被拘留、逮捕人所在地的公安机关应当予以配合。

第八十二条 对于有下列情形的人，任何公民都可以立即扭送公安机关、人民检察院或者人民法院处理：

（一）正在实行犯罪或者在犯罪后即时被发觉的；

（二）通缉在案的；

（三）越狱逃跑的；

（四）正在被追捕的。

第八十三条 公安机关拘留人的时候，必须出示拘留证。

拘留后，应当立即将被拘留人送看守所羁押，至迟不得超过二十四小时。除无法通知或者涉嫌危害国家安全犯罪、恐怖活动犯罪通知可能有碍侦查的情形以外，应当在拘留后二十四小时以内，通知被拘留人的家属。有碍侦查的情形消失以后，应当立即通知被拘留人的家属。

第八十四条 公安机关对被拘留的人，应当在拘留后的二十四小时以内进行讯问。在发现不应当拘留的时候，必须立即释放，发给释放证明。

第八十五条 公安机关要求逮捕犯罪嫌疑人的时候，应当写出提请批准逮捕书，连同案卷材料、证据，一并移送同级人民检察院审查批准。必要的时候，人民检察院可以派人参加公安机关对于重大案件的讨论。

第八十六条 人民检察院审查批准逮捕，可以讯问犯罪嫌疑人；有下列情形之一的，应当讯问犯罪嫌疑人：

（一）对是否符合逮捕条件有疑问的；

（二）犯罪嫌疑人要求向检察人员当面陈述的；

（三）侦查活动可能有重大违法行为的。

人民检察院审查批准逮捕，可以询问证人等诉讼参与人，听取辩护律师的意见；辩护律师提出要求的，应当听取辩护律师的意见。

第八十七条 人民检察院审查批准逮捕犯罪嫌疑人由检察长决

定。重大案件应当提交检察委员会讨论决定。

第八十八条 人民检察院对于公安机关提请批准逮捕的案件进行审查后，应当根据情况分别作出批准逮捕或者不批准逮捕的决定。对于批准逮捕的决定，公安机关应当立即执行，并且将执行情况及时通知人民检察院。对于不批准逮捕的，人民检察院应当说明理由，需要补充侦查的，应当同时通知公安机关。

第八十九条 公安机关对被拘留的人，认为需要逮捕的，应当在拘留后的三日以内，提请人民检察院审查批准。在特殊情况下，提请审查批准的时间可以延长一日至四日。

对于流窜作案、多次作案、结伙作案的重大嫌疑分子，提请审查批准的时间可以延长至三十日。

人民检察院应当自接到公安机关提请批准逮捕书后的七日以内，作出批准逮捕或者不批准逮捕的决定。人民检察院不批准逮捕的，公安机关应当在接到通知后立即释放，并且将执行情况及时通知人民检察院。对于需要继续侦查，并且符合取保候审、监视居住条件的，依法取保候审或者监视居住。

第九十条 公安机关对人民检察院不批准逮捕的决定，认为有错误的时候，可以要求复议，但是必须将被拘留的人立即释放。如果意见不被接受，可以向上一级人民检察院提请复核。上级人民检察院应当立即复核，作出是否变更的决定，通知下级人民检察院和公安机关执行。

第九十一条 公安机关逮捕人的时候，必须出示逮捕证。

逮捕后，应当立即将被逮捕人送看守所羁押。除无法通知的以外，应当在逮捕后二十四小时以内，通知被逮捕人的家属。

第九十二条 人民法院、人民检察院对于各自决定逮捕的人，公安机关对于经人民检察院批准逮捕的人，都必须在逮捕后的二十四小时以内进行讯问。在发现不应当逮捕的时候，必须立即释放，发给释放证明。

第九十三条 犯罪嫌疑人、被告人被逮捕后，人民检察院仍应当对羁押的必要性进行审查。对不需要继续羁押的，应当建议予以释放或者变更强制措施。有关机关应当在十日以内将处理情况通知人民检察院。

第九十四条　人民法院、人民检察院和公安机关如果发现对犯罪嫌疑人、被告人采取强制措施不当的，应当及时撤销或者变更。公安机关释放被逮捕的人或者变更逮捕措施的，应当通知原批准的人民检察院。

第九十五条　犯罪嫌疑人、被告人及其法定代理人、近亲属或者辩护人有权申请变更强制措施。人民法院、人民检察院和公安机关收到申请后，应当在三日以内作出决定；不同意变更强制措施的，应当告知申请人，并说明不同意的理由。

第九十六条　犯罪嫌疑人、被告人被羁押的案件，不能在本法规定的侦查羁押、审查起诉、一审、二审期限内办结的，对犯罪嫌疑人、被告人应当予以释放；需要继续查证、审理的，对犯罪嫌疑人、被告人可以取保候审或者监视居住。

第九十七条　人民法院、人民检察院或者公安机关对被采取强制措施法定期限届满的犯罪嫌疑人、被告人，应当予以释放、解除取保候审、监视居住或者依法变更强制措施。犯罪嫌疑人、被告人及其法定代理人、近亲属或者辩护人对于人民法院、人民检察院或者公安机关采取强制措施法定期限届满的，有权要求解除强制措施。

第九十八条　人民检察院在审查批准逮捕工作中，如果发现公安机关的侦查活动有违法情况，应当通知公安机关予以纠正，公安机关应当将纠正情况通知人民检察院。

第七章　附带民事诉讼

第九十九条　被害人由于被告人的犯罪行为而遭受物质损失的，在刑事诉讼过程中，有权提起附带民事诉讼。被害人死亡或者丧失行为能力的，被害人的法定代理人、近亲属有权提起附带民事诉讼。

如果是国家财产、集体财产遭受损失的，人民检察院在提起公诉的时候，可以提起附带民事诉讼。

第一百条　人民法院在必要的时候，可以采取保全措施，查封、扣押或者冻结被告人的财产。附带民事诉讼原告人或者人民检察院可以申请人民法院采取保全措施。人民法院采取保全措施，适用民事诉讼法的有关规定。

第一百零一条　人民法院审理附带民事诉讼案件，可以进行调解，或者根据物质损失情况作出判决、裁定。

第一百零二条　附带民事诉讼应当同刑事案件一并审判，只有为了防止刑事案件审判的过分迟延，才可以在刑事案件审判后，由同一审判组织继续审理附带民事诉讼。

第八章　期间、送达

第一百零三条　期间以时、日、月计算。

期间开始的时和日不算在期间以内。

法定期间不包括路途上的时间。上诉状或者其他文件在期满前已经交邮的，不算过期。

期间的最后一日为节假日的，以节假日后的第一日为期满日期，但犯罪嫌疑人、被告人或者罪犯在押期间，应当至期满之日为止，不得因节假日而延长。

第一百零四条　当事人由于不能抗拒的原因或者有其他正当理由而耽误期限的，在障碍消除后五日以内，可以申请继续进行应当在期满以前完成的诉讼活动。

前款申请是否准许，由人民法院裁定。

第一百零五条　送达传票、通知书和其他诉讼文件应当交给收件人本人；如果本人不在，可以交给他的成年家属或者所在单位的负责人员代收。

收件人本人或者代收人拒绝接收或者拒绝签名、盖章的时候，送达人可以邀请他的邻居或者其他见证人到场，说明情况，把文件留在他的住处，在送达证上记明拒绝的事由、送达的日期，由送达人签名，即认为已经送达。

第九章　其他规定

第一百零六条　本法下列用语的含意是：

（一）"侦查"是指公安机关、人民检察院在办理案件过程中，依照法律进行的专门调查工作和有关的强制性措施；

（二）"当事人"是指被害人、自诉人、犯罪嫌疑人、被告人、附带民事诉讼的原告人和被告人；

（三）"法定代理人"是指被代理人的父母、养父母、监护人和负有保护责任的机关、团体的代表；

（四）"诉讼参与人"是指当事人、法定代理人、诉讼代理人、辩护人、证人、鉴定人和翻译人员；

（五）"诉讼代理人"是指公诉案件的被害人及其法定代理人或者近亲属、自诉案件的自诉人及其法定代理人委托代为参加诉讼的人和附带民事诉讼的当事人及其法定代理人委托代为参加诉讼的人；

（六）"近亲属"是指夫、妻、父、母、子、女、同胞兄弟姊妹。

第二编　立案、侦查和提起公诉

第一章　立　案

第一百零七条　公安机关或者人民检察院发现犯罪事实或者犯罪嫌疑人，应当按照管辖范围，立案侦查。

第一百零八条　任何单位和个人发现有犯罪事实或者犯罪嫌疑人，有权利也有义务向公安机关、人民检察院或者人民法院报案或者举报。

被害人对侵犯其人身、财产权利的犯罪事实或者犯罪嫌疑人，有权向公安机关、人民检察院或者人民法院报案或者控告。

公安机关、人民检察院或者人民法院对于报案、控告、举报，都应当接受。对于不属于自己管辖的，应当移送主管机关处理，并且通知报案人、控告人、举报人；对于不属于自己管辖而又必须采取紧急措施的，应当先采取紧急措施，然后移送主管机关。

犯罪人向公安机关、人民检察院或者人民法院自首的，适用第三款规定。

第一百零九条 报案、控告、举报可以用书面或者口头提出。接受口头报案、控告、举报的工作人员，应当写成笔录，经宣读无误后，由报案人、控告人、举报人签名或者盖章。

接受控告、举报的工作人员，应当向控告人、举报人说明诬告应负的法律责任。但是，只要不是捏造事实，伪造证据，即使控告、举报的事实有出入，甚至是错告的，也要和诬告严格加以区别。

公安机关、人民检察院或者人民法院应当保障报案人、控告人、举报人及其近亲属的安全。报案人、控告人、举报人如果不愿公开自己的姓名和报案、控告、举报的行为，应当为他保守秘密。

第一百一十条 人民法院、人民检察院或者公安机关对于报案、控告、举报和自首的材料，应当按照管辖范围，迅速进行审查，认为有犯罪事实需要追究刑事责任的时候，应当立案；认为没有犯罪事实，或者犯罪事实显著轻微，不需要追究刑事责任的时候，不予立案，并且将不立案的原因通知控告人。控告人如果不服，可以申请复议。

第一百一十一条 人民检察院认为公安机关对应当立案侦查的案件而不立案侦查的，或者被害人认为公安机关对应当立案侦查的案件而不立案侦查，向人民检察院提出的，人民检察院应当要求公安机关说明不立案的理由。人民检察院认为公安机关不立案理由不能成立的，应当通知公安机关立案，公安机关接到通知后应当立案。

第一百一十二条　对于自诉案件，被害人有权向人民法院直接起诉。被害人死亡或者丧失行为能力的，被害人的法定代理人、近亲属有权向人民法院起诉。人民法院应当依法受理。

第二章　侦　　查

第一节　一般规定

第一百一十三条　公安机关对已经立案的刑事案件，应当进行侦查，收集、调取犯罪嫌疑人有罪或者无罪、罪轻或者罪重的证据材料。对现行犯或者重大嫌疑分子可以依法先行拘留，对符合逮捕条件的犯罪嫌疑人，应当依法逮捕。

第一百一十四条　公安机关经过侦查，对有证据证明有犯罪事实的案件，应当进行预审，对收集、调取的证据材料予以核实。

第一百一十五条　当事人和辩护人、诉讼代理人、利害关系人对于司法机关及其工作人员有下列行为之一的，有权向该机关申诉或者控告：

（一）采取强制措施法定期限届满，不予以释放、解除或者变更的；

（二）应当退还取保候审保证金不退还的；

（三）对与案件无关的财物采取查封、扣押、冻结措施的；

（四）应当解除查封、扣押、冻结不解除的；

（五）贪污、挪用、私分、调换、违反规定使用查封、扣押、冻结的财物的。

受理申诉或者控告的机关应当及时处理。对处理不服的，可以向同级人民检察院申诉；人民检察院直接受理的案件，可以向上一级人民检察院申诉。人民检察院对申诉应当及时进行审查，情况属实的，通知有关机关予以纠正。

第二节　讯问犯罪嫌疑人

第一百一十六条　讯问犯罪嫌疑人必须由人民检察院或者公安机关的侦查人员负责进行。讯问的时候，侦查人员不得少于二人。

犯罪嫌疑人被送交看守所羁押以后，侦查人员对其进行讯问，应当在看守所内进行。

第一百一十七条　对不需要逮捕、拘留的犯罪嫌疑人，可以传唤到犯罪嫌疑人所在市、县内的指定地点或者到他的住处进行讯问，但是应当出示人民检察院或者公安机关的证明文件。对在现场发现的犯罪嫌疑人，经出示工作证件，可以口头传唤，但应当在讯问笔录中注明。

传唤、拘传持续的时间不得超过十二小时；案情特别重大、复杂，需要采取拘留、逮捕措施的，传唤、拘传持续的时间不得超过二十四小时。

不得以连续传唤、拘传的形式变相拘禁犯罪嫌疑人。传唤、拘传犯罪嫌疑人，应当保证犯罪嫌疑人的饮食和必要的休息时间。

第一百一十八条　侦查人员在讯问犯罪嫌疑人的时候，应当首先讯问犯罪嫌疑人是否有犯罪行为，让他陈述有罪的情节或者无罪的辩解，然后向他提出问题。犯罪嫌疑人对侦查人员的提问，应当如实回答。但是对与本案无关的问题，有拒绝回答的权利。

侦查人员在讯问犯罪嫌疑人的时候，应当告知犯罪嫌疑人如实供述自己罪行可以从宽处理的法律规定。

第一百一十九条　讯问聋、哑的犯罪嫌疑人，应当有通晓聋、哑手势的人参加，并且将这种情况记明笔录。

第一百二十条　讯问笔录应当交犯罪嫌疑人核对，对于没有阅读能力的，应当向他宣读。如果记载有遗漏或者差错，犯罪嫌疑人可以提出补充或者改正。犯罪嫌疑人承认笔录没有错误后，应当签名或者盖章。侦查人员也应当在笔录上签名。犯罪嫌疑人请求自行书写供述的，应当准许。必要的时候，侦查人员也可以要犯罪嫌疑人亲笔书写供词。

第一百二十一条 侦查人员在讯问犯罪嫌疑人的时候，可以对讯问过程进行录音或者录像；对于可能判处无期徒刑、死刑的案件或者其他重大犯罪案件，应当对讯问过程进行录音或者录像。

录音或者录像应当全程进行，保持完整性。

第三节 询问证人

第一百二十二条 侦查人员询问证人，可以在现场进行，也可以到证人所在单位、住处或者证人提出的地点进行，在必要的时候，可以通知证人到人民检察院或者公安机关提供证言。在现场询问证人，应当出示工作证件，到证人所在单位、住处或者证人提出的地点询问证人，应当出示人民检察院或者公安机关的证明文件。

询问证人应当个别进行。

第一百二十三条 询问证人，应当告知他应当如实地提供证据、证言和有意作伪证或者隐匿罪证要负的法律责任。

第一百二十四条 本法第一百二十条的规定，也适用于询问证人。

第一百二十五条 询问被害人，适用本节各条规定。

第四节 勘验、检查

第一百二十六条 侦查人员对于与犯罪有关的场所、物品、人身、尸体应当进行勘验或者检查。在必要的时候，可以指派或者聘请具有专门知识的人，在侦查人员的主持下进行勘验、检查。

第一百二十七条 任何单位和个人，都有义务保护犯罪现场，并且立即通知公安机关派员勘验。

第一百二十八条 侦查人员执行勘验、检查，必须持有人民检察院或者公安机关的证明文件。

第一百二十九条 对于死因不明的尸体，公安机关有权决定解剖，并且通知死者家属到场。

第一百三十条 为了确定被害人、犯罪嫌疑人的某些特征、伤害情况或者生理状态，可以对人身进行检查，可以提取指纹信息，采集血液、尿液等生物样本。

犯罪嫌疑人如果拒绝检查，侦查人员认为必要的时候，可以强制检查。

检查妇女的身体，应当由女工作人员或者医师进行。

第一百三十一条 勘验、检查的情况应当写成笔录，由参加勘验、检查的人和见证人签名或者盖章。

第一百三十二条 人民检察院审查案件的时候，对公安机关的勘验、检查，认为需要复验、复查时，可以要求公安机关复验、复查，并且可以派检察人员参加。

第一百三十三条 为了查明案情，在必要的时候，经公安机关负责人批准，可以进行侦查实验。

侦查实验的情况应当写成笔录，由参加实验的人签名或者盖章。

侦查实验，禁止一切足以造成危险、侮辱人格或者有伤风化的行为。

第五节 搜 查

第一百三十四条 为了收集犯罪证据、查获犯罪人，侦查人员可以对犯罪嫌疑人以及可能隐藏罪犯或者犯罪证据的人的身体、物品、住处和其他有关的地方进行搜查。

第一百三十五条 任何单位和个人，有义务按照人民检察院和公安机关的要求，交出可以证明犯罪嫌疑人有罪或者无罪的物证、书证、视听资料等证据。

第一百三十六条 进行搜查，必须向被搜查人出示搜查证。

在执行逮捕、拘留的时候，遇有紧急情况，不另用搜查证也可以进行搜查。

第一百三十七条 在搜查的时候，应当有被搜查人或者他的家属，邻居或者其他见证人在场。

搜查妇女的身体，应当由女工作人员进行。

第一百三十八条 搜查的情况应当写成笔录，由侦查人员和被搜查人或者他的家属，邻居或者其他见证人签名或者盖章。如果被搜查人或者他的家属在逃或者拒绝签名、盖章，应当在笔录上注明。

第六节 查封、扣押物证、书证

第一百三十九条 在侦查活动中发现的可用以证明犯罪嫌疑人有罪或者无罪的各种财物、文件，应当查封、扣押；与案件无关的财物、文件，不得查封、扣押。

对查封、扣押的财物、文件，要妥善保管或者封存，不得使用、调换或者损毁。

第一百四十条 对查封、扣押的财物、文件，应当会同在场见证人和被查封、扣押财物、文件持有人查点清楚，当场开列清单一式二份，由侦查人员、见证人和持有人签名或者盖章，一份交给持有人，另一份附卷备查。

第一百四十一条 侦查人员认为需要扣押犯罪嫌疑人的邮件、电报的时候，经公安机关或者人民检察院批准，即可通知邮电机关将有关的邮件、电报检交扣押。

不需要继续扣押的时候，应即通知邮电机关。

第一百四十二条 人民检察院、公安机关根据侦查犯罪的需要，可以依照规定查询、冻结犯罪嫌疑人的存款、汇款、债券、股票、基金份额等财产。有关单位和个人应当配合。

犯罪嫌疑人的存款、汇款、债券、股票、基金份额等财产已被冻结的，不得重复冻结。

第一百四十三条 对查封、扣押的财物、文件、邮件、电报或者冻结的存款、汇款、债券、股票、基金份额等财产，经查明确实与案件无关的，应当在三日以内解除查封、扣押、冻结，予以退还。

第七节 鉴 定

第一百四十四条 为了查明案情，需要解决案件中某些专门性问题的时候，应当指派、聘请有专门知识的人进行鉴定。

第一百四十五条 鉴定人进行鉴定后，应当写出鉴定意见，并且签名。

鉴定人故意作虚假鉴定的，应当承担法律责任。

第一百四十六条 侦查机关应当将用作证据的鉴定意见告知犯罪嫌疑人、被害人。如果犯罪嫌疑人、被害人提出申请，可以补充鉴定或者重新鉴定。

第一百四十七条 对犯罪嫌疑人作精神病鉴定的期间不计入办案期限。

第八节 技术侦查措施

第一百四十八条 公安机关在立案后，对于危害国家安全犯罪、恐怖活动犯罪、黑社会性质的组织犯罪、重大毒品犯罪或者其他严重危害社会的犯罪案件，根据侦查犯罪的需要，经过严格的批准手续，可以采取技术侦查措施。

人民检察院在立案后，对于重大的贪污、贿赂犯罪案件以及利用职权实施的严重侵犯公民人身权利的重大犯罪案件，根据侦查犯罪的需要，经过严格的批准手续，可以采取技术侦查措施，按照规定交有关机关执行。

追捕被通缉或者批准、决定逮捕的在逃的犯罪嫌疑人、被告人，经过批准，可以采取追捕所必需的技术侦查措施。

第一百四十九条 批准决定应当根据侦查犯罪的需要，确定采取技术侦查措施的种类和适用对象。批准决定自签发之日起三个月以内有效。对于不需要继续采取技术侦查措施的，应当及时解除；对于复杂、疑难案件，期限届满仍有必要继续采取技术侦查措施的，经过批准，有效期可以延长，每次不得超过三个月。

第一百五十条 采取技术侦查措施，必须严格按照批准的措施种类、适用对象和期限执行。

侦查人员对采取技术侦查措施过程中知悉的国家秘密、商业秘密和个人隐私，应当保密；对采取技术侦查措施获取的与案件无关的材料，必须及时销毁。

采取技术侦查措施获取的材料，只能用于对犯罪的侦查、起诉和审判，不得用于其他用途。

公安机关依法采取技术侦查措施，有关单位和个人应当配合，并对有关情况予以保密。

第一百五十一条 为了查明案情，在必要的时候，经公安机关负责人决定，可以由有关人员隐匿其身份实施侦查。但是，不得诱使他人犯罪，不得采用可能危害公共安全或者发生重大人身危险的方法。

对涉及给付毒品等违禁品或者财物的犯罪活动，公安机关根据侦查犯罪的需要，可以依照规定实施控制下交付。

第一百五十二条 依照本节规定采取侦查措施收集的材料在刑事诉讼中可以作为证据使用。如果使用该证据可能危及有关人员的人身安全，或者可能产生其他严重后果的，应当采取不暴露有关人员身份、技术方法等保护措施，必要的时候，可以由审判人员在庭外对证据进行核实。

第九节 通 缉

第一百五十三条 应当逮捕的犯罪嫌疑人如果在逃，公安机关可以发布通缉令，采取有效措施，追捕归案。

各级公安机关在自己管辖的地区以内，可以直接发布通缉令；超出自己管辖的地区，应当报请有权决定的上级机关发布。

第十节 侦查终结

第一百五十四条 对犯罪嫌疑人逮捕后的侦查羁押期限不得超过二个月。案情复杂、期限届满不能终结的案件，可以经上一级人民检察院批准延长一个月。

第一百五十五条 因为特殊原因，在较长时间内不宜交付审判的特别重大复杂的案件，由最高人民检察院报请全国人民代表大会常务委员会批准延期审理。

第一百五十六条 下列案件在本法第一百五十四条规定的期限届满不能侦查终结的，经省、自治区、直辖市人民检察院批准或者决定，可以延长二个月：

（一）交通十分不便的边远地区的重大复杂案件；

（二）重大的犯罪集团案件；

（三）流窜作案的重大复杂案件；

（四）犯罪涉及面广，取证困难的重大复杂案件。

第一百五十七条 对犯罪嫌疑人可能判处十年有期徒刑以上刑罚，依照本法第一百五十六条规定延长期限届满，仍不能侦查终结的，经省、自治区、直辖市人民检察院批准或者决定，可以再延长二个月。

第一百五十八条 在侦查期间，发现犯罪嫌疑人另有重要罪行的，自发现之日起依照本法第一百五十四条的规定重新计算侦查羁押期限。

犯罪嫌疑人不讲真实姓名、住址，身份不明的，应当对其身份进行调查，侦查羁押期限自查清其身份之日起计算，但是不得停止对其犯罪行为的侦查取证。对于犯罪事实清楚，证据确实、充分，确实无法查明其身份的，也可以按其自报的姓名起诉、审判。

第一百五十九条 在案件侦查终结前，辩护律师提出要求的，侦查机关应当听取辩护律师的意见，并记录在案。辩护律师提出书面意见的，应当附卷。

第一百六十条　公安机关侦查终结的案件，应当做到犯罪事实清楚，证据确实、充分，并且写出起诉意见书，连同案卷材料、证据一并移送同级人民检察院审查决定；同时将案件移送情况告知犯罪嫌疑人及其辩护律师。

第一百六十一条　在侦查过程中，发现不应对犯罪嫌疑人追究刑事责任的，应当撤销案件；犯罪嫌疑人已被逮捕的，应当立即释放，发给释放证明，并且通知原批准逮捕的人民检察院。

第十一节　人民检察院对直接受理的案件的侦查

第一百六十二条　人民检察院对直接受理的案件的侦查适用本章规定。

第一百六十三条　人民检察院直接受理的案件中符合本法第七十九条、第八十条第四项、第五项规定情形，需要逮捕、拘留犯罪嫌疑人的，由人民检察院作出决定，由公安机关执行。

第一百六十四条　人民检察院对直接受理的案件中被拘留的人，应当在拘留后的二十四小时以内进行讯问。在发现不应当拘留的时候，必须立即释放，发给释放证明。

第一百六十五条　人民检察院对直接受理的案件中被拘留的人，认为需要逮捕的，应当在十四日以内作出决定。在特殊情况下，决定逮捕的时间可以延长一日至三日。对不需要逮捕的，应当立即释放；对需要继续侦查，并且符合取保候审、监视居住条件的，依法取保候审或者监视居住。

第一百六十六条　人民检察院侦查终结的案件，应当作出提起公诉、不起诉或者撤销案件的决定。

第三章　提起公诉

第一百六十七条　凡需要提起公诉的案件，一律由人民检察院审查决定。

第一百六十八条　人民检察院审查案件的时候，必须查明：

（一）犯罪事实、情节是否清楚，证据是否确实、充分，犯罪性质和罪名的认定是否正确；

（二）有无遗漏罪行和其他应当追究刑事责任的人；

（三）是否属于不应追究刑事责任的；

（四）有无附带民事诉讼；

（五）侦查活动是否合法。

第一百六十九条 人民检察院对于公安机关移送起诉的案件，应当在一个月以内作出决定，重大、复杂的案件，可以延长半个月。

人民检察院审查起诉的案件，改变管辖的，从改变后的人民检察院收到案件之日起计算审查起诉期限。

第一百七十条 人民检察院审查案件，应当讯问犯罪嫌疑人，听取辩护人、被害人及其诉讼代理人的意见，并记录在案。辩护人、被害人及其诉讼代理人提出书面意见的，应当附卷。

第一百七十一条 人民检察院审查案件，可以要求公安机关提供法庭审判所必需的证据材料；认为可能存在本法第五十四条规定的以非法方法收集证据情形的，可以要求其对证据收集的合法性作出说明。

人民检察院审查案件，对于需要补充侦查的，可以退回公安机关补充侦查，也可以自行侦查。

对于补充侦查的案件，应当在一个月以内补充侦查完毕。补充侦查以二次为限。补充侦查完毕移送人民检察院后，人民检察院重新计算审查起诉期限。

对于二次补充侦查的案件，人民检察院仍然认为证据不足，不符合起诉条件的，应当作出不起诉的决定。

第一百七十二条 人民检察院认为犯罪嫌疑人的犯罪事实已经查清，证据确实、充分，依法应当追究刑事责任的，应当作出起诉决定，按照审判管辖的规定，向人民法院提起公诉，并将案卷材料、证据移送人民法院。

第一百七十三条 犯罪嫌疑人没有犯罪事实，或者有本法第十五条规定的情形之一的，人民检察院应当作出不起诉决定。

对于犯罪情节轻微，依照刑法规定不需要判处刑罚或者免除刑罚的，人民检察院可以作出不起诉决定。

人民检察院决定不起诉的案件，应当同时对侦查中查封、扣押、冻结的财物解除查封、扣押、冻结。对被不起诉人需要给予行政处罚、行政处分或者需要没收其违法所得的，人民检察院应当提出检察意见，移送有关主管机关处理。有关主管机关应当将处理结果及时通知人民检察院。

第一百七十四条 不起诉的决定，应当公开宣布，并且将不起诉决定书送达被不起诉人和他的所在单位。如果被不起诉人在押，应当立即释放。

第一百七十五条 对于公安机关移送起诉的案件，人民检察院决定不起诉的，应当将不起诉决定书送达公安机关。公安机关认为不起诉的决定有错误的时候，可以要求复议，如果意见不被接受，可以向上一级人民检察院提请复核。

第一百七十六条 对于有被害人的案件，决定不起诉的，人民检察院应当将不起诉决定书送达被害人。被害人如果不服，可以自收到决定书后七日以内向上一级人民检察院申诉，请求提起公诉。人民检察院应当将复查决定告知被害人。对人民检察院维持不起诉决定的，被害人可以向人民法院起诉。被害人也可以不经申诉，直接向人民法院起诉。人民法院受理案件后，人民检察院应当将有关案件材料移送人民法院。

第一百七十七条 对于人民检察院依照本法第一百七十三条第二款规定作出的不起诉决定，被不起诉人如果不服，可以自收到决定书后七日以内向人民检察院申诉。人民检察院应当作出复查决定，通知被不起诉的人，同时抄送公安机关。

中华人民共和国引渡法

（2000 年 12 月 28 日第九届全国人民代表大会常务委员会第十九次会议通过　自 2000 年 12 月 28 日起施行）

第一章　总　　则

第一条　为了保障引渡的正常进行，加强惩罚犯罪方面的国际合作，保护个人和组织的合法权益，维护国家利益和社会秩序，制定本法。

第二条　中华人民共和国和外国之间的引渡，依照本法进行。

第三条　中华人民共和国和外国在平等互惠的基础上进行引渡合作。

引渡合作，不得损害中华人民共和国的主权、安全和社会公共利益。

第四条　中华人民共和国和外国之间的引渡，通过外交途径联系。中华人民共和国外交部为指定的进行引渡的联系机关。

引渡条约对联系机关有特别规定的，依照条约规定。

第五条　办理引渡案件，可以根据情况，对被请求引渡人采取引渡拘留、引渡逮捕或者引渡监视居住的强制措施。

第六条　本法下列用语的含义是：

（一）"被请求引渡人"是指请求国向被请求国请求准予引渡的人；

（二）"被引渡人"是指从被请求国引渡到请求国的人；

（三）"引渡条约"是指中华人民共和国与外国缔结或者共同参加的引渡条约或者载有引渡条款的其他条约。

第二章 向中华人民共和国请求引渡

第一节 引渡的条件

第七条 外国向中华人民共和国提出的引渡请求必须同时符合下列条件，才能准予引渡：

（一）引渡请求所指的行为，依照中华人民共和国法律和请求国法律均构成犯罪；

（二）为了提起刑事诉讼而请求引渡的，根据中华人民共和国法律和请求国法律，对于引渡请求所指的犯罪均可判处一年以上有期徒刑或者其他更重的刑罚；为了执行刑罚而请求引渡的，在提出引渡请求时，被请求引渡人尚未服完的刑期至少为六个月。

对于引渡请求中符合前款第一项规定的多种犯罪，只要其中有一种犯罪符合前款第二项的规定，就可以对上述各种犯罪准予引渡。

第八条 外国向中华人民共和国提出的引渡请求，有下列情形之一的，应当拒绝引渡：

（一）根据中华人民共和国法律，被请求引渡人具有中华人民共和国国籍的；

（二）在收到引渡请求时，中华人民共和国的司法机关对于引渡请求所指的犯罪已经作出生效判决，或者已经终止刑事诉讼程序的；

（三）因政治犯罪而请求引渡的，或者中华人民共和国已经给予被请求引渡人受庇护权利的；

（四）被请求引渡人可能因其种族、宗教、国籍、性别、政治见解或者身份等方面的原因而被提起刑事诉讼或者执行刑罚，或者被请求引渡人在司法程序中可能由于上述原因受到不公正待遇的；

（五）根据中华人民共和国或者请求国法律，引渡请求所指的犯罪纯属军事犯罪的；

（六）根据中华人民共和国或者请求国法律，在收到引渡请求时，由于犯罪已过追诉时效期限或者被请求引渡人已被赦免等原因，不应当追究被请求引渡人的刑事责任的；

（七）被请求引渡人在请求国曾经遭受或者可能遭受酷刑或者其他残忍、不人道或者有辱人格的待遇或者处罚的；

（八）请求国根据缺席判决提出引渡请求的。但请求国承诺在引渡后对被请求引渡人给予在其出庭的情况下进行重新审判机会的除外。

第九条 外国向中华人民共和国提出的引渡请求，有下列情形之一的，可以拒绝引渡：

（一）中华人民共和国对于引渡请求所指的犯罪具有刑事管辖权，并且对被请求引渡人正在进行刑事诉讼或者准备提起刑事诉讼的；

（二）由于被请求引渡人的年龄、健康等原因，根据人道主义原则不宜引渡的。

第二节 引渡请求的提出

第十条 请求国的引渡请求应当向中华人民共和国外交部提出。

第十一条 请求国请求引渡应当出具请求书，请求书应当载明：

（一）请求机关的名称；

（二）被请求引渡人的姓名、性别、年龄、国籍、身份证件的种类及号码、职业、外表特征、住所地和居住地以及其他有助于辨别其身份和查找该人的情况；

（三）犯罪事实，包括犯罪的时间、地点、行为、结果等；

（四）对犯罪的定罪量刑以及追诉时效方面的法律规定。

第十二条 请求国请求引渡，应当在出具请求书的同时，提供以下材料：

（一）为了提起刑事诉讼而请求引渡的，应当附有逮捕证或者其他具有同等效力的文件的副本；为了执行刑罚而请求引渡的，应当附有发生法律效力的判决书或者裁定书的副本，对于已经执行部分刑罚的，还应当附有已经执行刑期的证明；

（二）必要的犯罪证据或者证据材料。

请求国掌握被请求引渡人照片、指纹以及其他可供确认被请求引渡人的材料的，应当提供。

第十三条 请求国根据本节提交的引渡请求书或者其他有关文件，应当由请求国的主管机关正式签署或者盖章，并应当附有中文译本或者经中华人民共和国外交部同意使用的其他文字的译本。

第十四条 请求国请求引渡，应当作出如下保证：

（一）请求国不对被引渡人在引渡前实施的其他未准予引渡的犯罪追究刑事责任，也不将该人再引渡给第三国。但经中华人民共和国同意，或者被引渡人在其引渡罪行诉讼终结、服刑期满或者提前释放之日起三十日内没有离开请求国，或者离开后又自愿返回的除外；

（二）请求国提出请求后撤销、放弃引渡请求，或者提出引渡请求错误的，由请求国承担因请求引渡对被请求引渡人造成损害的责任。

第十五条 在没有引渡条约的情况下，请求国应当作出互惠的承诺。

第三节　对引渡请求的审查

第十六条 外交部收到请求国提出的引渡请求后，应当对引渡请求书及其所附文件、材料是否符合本法第二章第二节和引渡条约的规定进行审查。

最高人民法院指定的高级人民法院对请求国提出的引渡请求是否符合本法和引渡条约关于引渡条件等规定进行审查并作出裁定。最高人民法院对高级人民法院作出的裁定进行复核。

第十七条 对于两个以上国家就同一行为或者不同行为请求引渡同一人的，应当综合考虑中华人民共和国收到引渡请求的先后、中华人民共和国与请求国是否存在引渡条约关系等因素，确定接受引渡请求的优先顺序。

第十八条 外交部对请求国提出的引渡请求进行审查，认为不符合本法第二章第二节和引渡条约的规定的，可以要求请求国在三十日内提供补充材料。经请求国请求，上述期限可以延长十五日。

请求国未在上述期限内提供补充材料的，外交部应当终止该引渡案件。请求国可以对同一犯罪再次提出引渡该人的请求。

第十九条 外交部对请求国提出的引渡请求进行审查，认为符合本法第二章第二节和引渡条约的规定的，应当将引渡请求书及其所附文件和材料转交最高人民法院、最高人民检察院。

第二十条 外国提出正式引渡请求前被请求引渡人已经被引渡拘留的，最高人民法院接到引渡请求书及其所附文件和材料后，应当将引渡请求书及其所附文件和材料及时转交有关高级人民法院进行审查。

外国提出正式引渡请求前被请求引渡人未被引渡拘留的，最高人民法院接到引渡请求书及其所附文件和材料后，通知公安部查找被请求引渡人。公安机关查找到被请求引渡人后，应当根据情况对被请求引渡人予以引渡拘留或者引渡监视居住，由公安部通知最高人民法院。最高人民法院接到公安部的通知后，应当及时将引渡请求书及其所附文件和材料转交有关高级人民法院进行审查。

公安机关经查找后，确认被请求引渡人不在中华人民共和国境内或者查找不到被请求引渡人的，公安部应当及时通知最高人民法院。最高人民法院接到公安部的通知后，应当及时将查找情况通知外交部，由外交部通知请求国。

第二十一条 最高人民检察院经审查，认为对引渡请求所指的犯罪或者被请求引渡人的其他犯罪，应当由我国司法机关追诉，但尚未提起刑事诉讼的，应当自收到引渡请求书及其所附文件和材料之日起一个月内，将准备提起刑事诉讼的意见分别告知最高人民法院和外交部。

第二十二条 高级人民法院根据本法和引渡条约关于引渡条件等有关规定，对请求国的引渡请求进行审查，由审判员三人组成合议庭进行。

第二十三条 高级人民法院审查引渡案件，应当听取被请求引渡人的陈述及其委托的中国律师的意见。高级人民法院应当在收到最高人民法院转来的引渡请求书之日起十日内将引渡请求书副本发送被请求引渡人。被请求引渡人应当在收到之日起三十日内提出意见。

第二十四条 高级人民法院经审查后，应当分别作出以下裁定：

（一）认为请求国的引渡请求符合本法和引渡条约规定的，应当作出符合引渡条件的裁定。如果被请求引渡人具有本法第四十二条规定的暂缓引渡情形的，裁定中应当予以说明；

（二）认为请求国的引渡请求不符合本法和引渡条约规定的，应当作出不引渡的裁定。

根据请求国的请求，在不影响中华人民共和国领域内正在进行的其他诉讼，不侵害中华人民共和国领域内任何第三人的合法权益的情况下，可以在作出符合引渡条件的裁定的同时，作出移交与案件有关财物的裁定。

第二十五条 高级人民法院作出符合引渡条件或者不引渡的裁定后，应当向被请求引渡人宣读，并在作出裁定之日起七日内将裁定书连同有关材料报请最高人民法院复核。

被请求引渡人对高级人民法院作出符合引渡条件的裁定不服的，被请求引渡人及其委托的中国律师可以在人民法院向被请求引渡人宣读裁定之日起十日内，向最高人民法院提出意见。

第二十六条 最高人民法院复核高级人民法院的裁定，应当根据下列情形分别处理：

（一）认为高级人民法院作出的裁定符合本法和引渡条约规定的，应当对高级人民法院的裁定予以核准；

（二）认为高级人民法院作出的裁定不符合本法和引渡条约规定的，可以裁定撤销，发回原审人民法院重新审查，也可以直接作出变更的裁定。

第二十七条 人民法院在审查过程中，在必要时，可以通过外交部要求请求国在三十日内提供补充材料。

第二十八条 最高人民法院作出核准或者变更的裁定后，应当在作出裁定之日起七日内将裁定书送交外交部，并同时送达被请求引渡人。

最高人民法院核准或者作出不引渡裁定的，应当立即通知公安机关解除对被请求引渡人采取的强制措施。

第二十九条 外交部接到最高人民法院不引渡的裁定后，应当及时通知请求国。

外交部接到最高人民法院符合引渡条件的裁定后，应当报送国务院决定是否引渡。

国务院决定不引渡的，外交部应当及时通知请求国。人民法院应当立即通知公安机关解除对被请求引渡人采取的强制措施。

第四节 为引渡而采取的强制措施

第三十条 对于外国正式提出引渡请求前，因紧急情况申请对将被请求引渡的人采取羁押措施的，公安机关可以根据外国的申请采取引渡拘留措施。

前款所指的申请应当通过外交途径或者向公安部书面提出，并应当载明：

（一）本法第十一条、第十四条规定的内容；

（二）已经具有本法第十二条第一项所指材料的说明；

（三）即将正式提出引渡请求的说明。

对于通过外交途径提出申请的，外交部应当及时将该申请转送公安部。对于向公安部提出申请的，公安部应当将申请的有关情况通知外交部。

第三十一条 公安机关根据本法第三十条的规定对被请求人采取引渡拘留措施，对于向公安部提出申请的，公安部应当将执行情况及时通知对方，对于通过外交途径提出申请的，公安部将执行情况通知外交部，外交部应当及时通知请求国。通过上述途径通知时，对于被请求人已被引渡拘留的，应当同时告知提出正式引渡请求的期限。

公安机关采取引渡拘留措施后三十日内外交部没有收到外国正式引渡请求的，应当撤销引渡拘留，经该外国请求，上述期限可以延长十五日。

对根据本条第二款撤销引渡拘留的，请求国可以在事后对同一犯罪正式提出引渡该人的请求。

第三十二条 高级人民法院收到引渡请求书及其所附文件和材料后，对于不采取引渡逮捕措施可能影响引渡正常进行的，应当及时作出引渡逮捕的决定。对被请求引渡人不采取引渡逮捕措施的，应当及时作出引渡监视居住的决定。

第三十三条 引渡拘留、引渡逮捕、引渡监视居住由公安机关执行。

第三十四条 采取引渡强制措施的机关应当在采取引渡强制措施后二十四小时内对被采取引渡强制措施的人进行讯问。

被采取引渡强制措施的人自被采取引渡强制措施之日起，可以聘请中国律师为其提供法律帮助。公安机关在执行引渡强制措施时，应当告知被采取引渡强制措施的人享有上述权利。

第三十五条 对于应当引渡逮捕的被请求引渡人，如果患有严重疾病，或者是正在怀孕、哺乳自己婴儿的妇女，可以采取引渡监视居住措施。

第三十六条 国务院作出准予引渡决定后，应当及时通知最高人民法院。如果被请求引渡人尚未被引渡逮捕的，人民法院应当立即决定引渡逮捕。

第三十七条 外国撤销、放弃引渡请求的，应当立即解除对被请求引渡人采取的引渡强制措施。

第五节 引渡的执行

第三十八条 引渡由公安机关执行。对于国务院决定准予引渡的，外交部应当及时通知公安部，并通知请求国与公安部约定移交被请求引渡人的时间、地点、方式以及执行引渡有关的其他事宜。

第三十九条 对于根据本法第三十八条的规定执行引渡的，公安机关应当根据人民法院的裁定，向请求国移交与案件有关的财物。

因被请求引渡人死亡、逃脱或者其他原因而无法执行引渡时，也可以向请求国移交上述财物。

第四十条 请求国自约定的移交之日起十五日内不接收被请求引渡人的，应当视为自动放弃引渡请求。公安机关应当立即释放被请求引渡人，外交部可以不再受理该国对同一犯罪再次提出的引渡该人的请求。

请求国在上述期限内因无法控制的原因不能接收被请求引渡人的，可以申请延长期限，但最长不得超过三十日，也可以根据本法第三十八条的规定重新约定移交事宜。

第四十一条 被引渡人在请求国的刑事诉讼终结或者服刑完毕之前逃回中华人民共和国的，可以根据请求国再次提出的相同的引渡请求准予重新引渡，无需请求国提交本章第二节规定的文件和材料。

第六节 暂缓引渡和临时引渡

第四十二条 国务院决定准予引渡时，对于中华人民共和国司法机关正在对被请求引渡人由于其他犯罪进行刑事诉讼或者执行刑罚的，可以同时决定暂缓引渡。

第四十三条　如果暂缓引渡可能给请求国的刑事诉讼造成严重障碍，在不妨碍中华人民共和国领域内正在进行的刑事诉讼，并且请求国保证在完成有关诉讼程序后立即无条件送回被请求引渡人的情况下，可以根据请求国的请求，临时引渡该人。

临时引渡的决定，由国务院征得最高人民法院或者最高人民检察院的同意后作出。

第七节　引渡的过境

第四十四条　外国之间进行引渡需要经过中华人民共和国领域的，应当按照本法第四条和本章第二节的有关规定提出过境请求。

过境采用航空运输并且在中华人民共和国领域内没有着陆计划的，不适用前款规定；但发生计划外着陆的，应当依照前款规定提出过境请求。

第四十五条　对于外国提出的过境请求，由外交部根据本法的有关规定进行审查，作出准予过境或者拒绝过境的决定。

准予过境或者拒绝过境的决定应当由外交部通过与收到请求相同的途径通知请求国。

外交部作出准予过境的决定后，应当将该决定及时通知公安部。过境的时间、地点和方式等事宜由公安部决定。

第四十六条　引渡的过境由过境地的公安机关监督或者协助执行。

公安机关可以根据过境请求国的请求，提供临时羁押场所。

第三章　向外国请求引渡

第四十七条　请求外国准予引渡或者引渡过境的，应当由负责办理有关案件的省、自治区或者直辖市的审判、检察、公安、国家安全或者监狱管理机关分别向最高人民法院、最高人民检察院、公安部、国家安全部、司法部提出意见书，并附有关文件和材料及其经证明无误的译文。最高人民法院、最高人民检察院、公安部、国家安全部、司法部分别会同外交部审核同意后，通过外交部向外国提出请求。

第四十八条 在紧急情况下，可以在向外国正式提出引渡请求前，通过外交途径或者被请求国同意的其他途径，请求外国对有关人员先行采取强制措施。

第四十九条 引渡、引渡过境或者采取强制措施的请求所需的文书、文件和材料，应当依照引渡条约的规定提出；没有引渡条约或者引渡条约没有规定的，可以参照本法第二章第二节、第四节和第七节的规定提出；被请求国有特殊要求的，在不违反中华人民共和国法律的基本原则的情况下，可以按照被请求国的特殊要求提出。

第五十条 被请求国就准予引渡附加条件的，对于不损害中华人民共和国主权、国家利益、公共利益的，可以由外交部代表中华人民共和国政府向被请求国作出承诺。对于限制追诉的承诺，由最高人民检察院决定；对于量刑的承诺，由最高人民法院决定。

在对被引渡人追究刑事责任时，司法机关应当受所作出的承诺的约束。

第五十一条 公安机关负责接收外国准予引渡的人以及与案件有关的财物。

对于其他部门提出引渡请求的，公安机关在接收被引渡人以及与案件有关的财物后，应当及时转交提出引渡请求的部门；也可以会同有关部门共同接收被引渡人以及与案件有关的财物。

第四章 附 则

第五十二条 根据本法规定是否引渡由国务院决定的，国务院在必要时，得授权国务院有关部门决定。

第五十三条 请求国提出请求后撤销、放弃引渡请求，或者提出引渡请求错误，给被请求引渡人造成损害，被请求引渡人提出赔偿的，应当向请求国提出。

　　第五十四条　办理引渡案件产生的费用，依照请求国和被请求国共同参加、签订的引渡条约或者协议办理。

　　第五十五条　本法自公布之日起施行。

二、司法解释

最高人民法院、最高人民检察院、公安部、国家安全部、司法部、全国人大常委会法制工作委员会关于实施刑事诉讼法若干问题的规定

(2012 年 12 月 26 日发布　自 2013 年 1 月 1 日起施行)

一、管辖

1. 公安机关侦查刑事案件涉及人民检察院管辖的贪污贿赂案件时，应当将贪污贿赂案件移送人民检察院；人民检察院侦查贪污贿赂案件涉及公安机关管辖的刑事案件，应当将属于公安机关管辖的刑事案件移送公安机关。在上述情况中，如果涉嫌主罪属于公安机关管辖，由公安机关为主侦查，人民检察院予以配合；如果涉嫌主罪属于人民检察院管辖，由人民检察院为主侦查，公安机关予以配合。

2. 刑事诉讼法第二十四条中规定："刑事案件由犯罪地的人民法院管辖。"刑事诉讼法规定的"犯罪地"，包括犯罪的行为发生地和结果发生地。

3. 具有下列情形之一的，人民法院、人民检察院、公安机关可以在其职责范围内并案处理：

（一）一人犯数罪的；

（二）共同犯罪的；

（三）共同犯罪的犯罪嫌疑人、被告人还实施其他犯罪的；

（四）多个犯罪嫌疑人、被告人实施的犯罪存在关联，并案处理有利于查明案件事实的。

二、辩护与代理

4. 人民法院、人民检察院、公安机关、国家安全机关、监狱的现职人员，人民陪审员，外国人或者无国籍人，以及与本案有利害关系的人，不得担任辩护人。但是，上述人员系犯罪嫌疑人、被告人的监护人或者近亲属，犯罪嫌疑人、被告人委托其担任辩护人的，可以准许。无行为能力或者限制行为能力的人，不得担任辩护人。

一名辩护人不得为两名以上的同案犯罪嫌疑人、被告人辩护，不得为两名以上的未同案处理但实施的犯罪存在关联的犯罪嫌疑人、被告人辩护。

5. 刑事诉讼法第三十四条、第二百六十七条、第二百八十六条对法律援助作了规定。对于人民法院、人民检察院、公安机关根据上述规定，通知法律援助机构指派律师提供辩护或者法律帮助的，法律援助机构应当在接到通知后三日以内指派律师，并将律师的姓名、单位、联系方式书面通知人民法院、人民检察院、公安机关。

6. 刑事诉讼法第三十六条规定："辩护律师在侦查期间可以为犯罪嫌疑人提供法律帮助；代理申诉、控告；申请变更强制措施；向侦查机关了解犯罪嫌疑人涉嫌的罪名和案件有关情况，提出意见。"根据上述规定，辩护律师在侦查期间可以向侦查机关了解犯罪嫌疑人涉嫌的罪名及当时已查明的该罪的主要事实，犯罪嫌疑人被采取、变更、解除强制措施的情况，侦查机关延长侦查羁押期限等情况。

7. 刑事诉讼法第三十七条第二款规定："辩护律师持律师执业证书、律师事务所证明和委托书或者法律援助公函要求会见在押的犯罪嫌疑人、被告人的，看守所应当及时安排会见，至迟不得超过四十八小时。"根据上述规定，辩护律师要求会见在押的犯罪嫌疑人、被告人的，看守所应当及时安排会见，保证辩护律师在四十八小时以内见到在押的犯罪嫌疑人、被告人。

8. 刑事诉讼法第四十一条第一款规定："辩护律师经证人或者其他有关单位和个人同意，可以向他们收集与本案有关的材料，也可以申请人民检察院、人民法院收集、调取证据，或者申请人民法院通知证人出庭作证。"对于辩护律师申请人民检察院、人民法院收集、调取证据，人民检察院、人民法院认为需要调查取证的，应当由人民检察院、人民法院收集、调取证据，不得向律师签发准许调查决定书，让律师收集、调取证据。

9. 刑事诉讼法第四十二条第二款中规定："违反前款规定的，应当依法追究法律责任，辩护人涉嫌犯罪的，应当由办理辩护人所承办案件的侦查机关以外的侦查机关办理。"根据上述规定，公安机关、人民检察院发现辩护人涉嫌犯罪，或者接受报案、控告、举报、有关机关的移送，依照侦查管辖分工进行审查后认为符合立案条件的，应当按照规定报请办理辩护人所承办案件的侦查机关的上一级侦查机关指定其他侦查机关立案侦查，或者由上一级侦查机关立案侦查。不得指定办理辩护人所承办案件的侦查机关的下级侦查机关立案侦查。

10. 刑事诉讼法第四十七条规定："辩护人、诉讼代理人认为公安机关、人民检察院、人民法院及其工作人员阻碍其依法行使诉讼权利的，有权向同级或者上一级人民检察院申诉或者控告。人民检察院对申诉或者控告应当及时进行审查，情况属实的，通知有关机关予以纠正。"人民检察院受理辩护人、诉讼代理人的申诉或者控告后，应当在十日以内将处理情况书面答复提出申诉或者控告的辩护人、诉讼代理人。

三、证据

11. 刑事诉讼法第五十六条第一款规定："法庭审理过程中，审判人员认为可能存在本法第五十四条规定的以非法方法收集证据情形的，应当对证据收集的合法性进行法庭调查。"法庭经对当事人及其辩护人、诉讼代理人提供的相关线索或者材料进行审查后，认为可能存在刑事诉讼法第五十四条规定的以非法方法收集证据情形的，应当对证据收集的合法性进行法庭调查。法庭调查的顺序由法庭根据案件审理情况确定。

12. 刑事诉讼法第六十二条规定，对证人、鉴定人、被害人可以采取"不公开真实姓名、住址和工作单位等个人信息"的保护措施。人民法院、人民检察院和公安机关依法决定不公开证人、鉴定人、被害人的真实姓名、住址和工作单位等个人信息的，可以在判决书、裁定书、起诉书、询问笔录等法律文书、证据材料中使用化名等代替证人、鉴定人、被害人的个人信息。但是，应当书面说明使用化名的情况并标明密级，单独成卷。辩护律师经法庭许可，查阅对证人、鉴定人、被害人使用化名情况的，应当签署保密承诺书。

四、强制措施

13. 被取保候审、监视居住的犯罪嫌疑人、被告人无正当理由不得离开所居住的市、县或者执行监视居住的处所，有正当理由需要离开所居住的市、县或者执行监视居住的处所，应当经执行机关批准。如果取保候审、监视居住是由人民检察院、人民法院决定的，执行机关在批准犯罪嫌疑人、被告人离开所居住的市、县或者执行监视居住的处所前，应当征得决定机关同意。

14. 对取保候审保证人是否履行了保证义务，由公安机关认定，对保证人的罚款决定，也由公安机关作出。

15. 指定居所监视居住的，不得要求被监视居住人支付费用。

16. 刑事诉讼法规定，拘留由公安机关执行。对于人民检察院直接受理的案件，人民检察院作出的拘留决定，应当送达公安机关执行，公安机关应当立即执行，人民检察院可以协助公安机关执行。

17. 对于人民检察院批准逮捕的决定，公安机关应当立即执行，并将执行回执及时送达批准逮捕的人民检察院。如果未能执行，也应当将回执送达人民检察院，并写明未能执行的原因。对于人民检察院决定不批准逮捕的，公安机关在收到不批准逮捕决定书后，应当立即释放在押的犯罪嫌疑人或者变更强制措施，并将执行回执在收到不批准逮捕决定书后的三日内送达作出不批准逮捕决定的人民检察院。

五、立案

18. 刑事诉讼法第一百一十一条规定："人民检察院认为公安机关对应当立案侦查的案件而不立案侦查的，或者被害人认为公安机关对应当立案侦查的案件而不立案侦查，向人民检察院提出的，人民检察院应当要求公安机关说明不立案的理由。人民检察院认为公安机关不立案理由不能成立的，应当通知公安机关立案，公安机关接到通知后应当立案。"根据上述规定，公安机关收到人民检察院要求说明不立案理由通知书后，应当在七日内将说明情况书面答复人民检察院。人民检察院认为公安机关不立案理由不能成立，发出通知立案书时，应当将有关证明应当立案的材料同时移送公安机关。公安机关收到通知立案书后，应当在十五日内决定立案，并将立案决定书送达人民检察院。

六、侦查

19. 刑事诉讼法第一百二十一条第一款规定："侦查人员在讯问犯罪嫌疑人的时候，可以对讯问过程进行录音或者录像；对于可能判处无期徒刑、死刑的案件或者其他重大犯罪案件，应当对讯问过程进行录音或者录像。"侦查人员对讯问过程进行录音或者录像的，应当在讯问笔录中注明。人民检察院、人民法院可以根据需要调取讯问犯罪嫌疑人的录音或者录像，有关机关应当及时提供。

20. 刑事诉讼法第一百四十九条中规定："批准决定应当根据侦查犯罪的需要，确定采取技术侦查措施的种类和适用对象。"采取技术侦查措施收集的材料作为证据使用的，批准采取技术侦查措施的法律文书应当附卷，辩护律师可以依法查阅、摘抄、复制，在审判过程中可以向法庭出示。

21. 公安机关对案件提请延长羁押期限的，应当在羁押期限届满七日前提出，并书面呈报延长羁押期限案件的主要案情和延长羁押期限的具体理由，人民检察院应当在羁押期限届满前作出决定。

22. 刑事诉讼法第一百五十八条第一款规定："在侦查期间，发现犯罪嫌疑人另有重要罪行的，自发现之日起依照本法第一百五十四条的规定重新计算侦查羁押期限。"公安机关依照上述规定重新计算侦查羁押期限的，不需要经人民检察院批准，但应当报人民检察院备案，人民检察院可以进行监督。

七、提起公诉

23. 上级公安机关指定下级公安机关立案侦查的案件，需要逮捕犯罪嫌疑人的，由侦查该案件的公安机关提请同级人民检察院审查批准；需要提起公诉的，由侦查该案件的公安机关移送同级人民检察院审查起诉。

人民检察院对于审查起诉的案件，按照刑事诉讼法的管辖规定，认为应当由上级人民检察院或者同级其他人民检察院起诉的，应当将案件移送有管辖权的人民检察院。人民检察院认为需要依照刑事诉讼法的规定指定审判管辖的，应当协商同级人民法院办理指定管辖有关事宜。

24. 人民检察院向人民法院提起公诉时，应当将案卷材料和全部证据移送人民法院，包括犯罪嫌疑人、被告人翻供的材料，证人改变证言的材料，以及对犯罪嫌疑人、被告人有利的其他证据材料。

八、审判

25. 刑事诉讼法第一百八十一条规定："人民法院对提起公诉的案件进行审查后，对于起诉书中有明确的指控犯罪事实的，应当决定开庭审判。"对于人民检察院提起公诉的案件，人民法院都应当受理。人民法院对提起公诉的案件进行审查后，对于起诉书中有明确的指控犯罪事实并且附有案卷材料、证据的，应当决定开庭审判，不得以上述材料不充足为由而不开庭审判。如果人民检察院移送的材料中缺少上述材料的，人民法院可以通知人民检察院补充材料，人民检察院应当自收到通知之日起三日内补送。

人民法院对提起公诉的案件进行审查的期限计入人民法院的审理期限。

26. 人民法院开庭审理公诉案件时，出庭的检察人员和辩护人需要出示、宣读、播放已移交人民法院的证据的，可以申请法庭出示、宣读、播放。

27. 刑事诉讼法第三十九条规定："辩护人认为在侦查、审查起诉期间公安机关、人民检察院收集的证明犯罪嫌疑人、被告人无罪或者罪轻的证据材料未提交的，有权申请人民检察院、人民法院调取。"第一百九十一条第一款规定："法庭审理过程中，合议庭对证据有疑问的，可以宣布休庭，对证据进行调查核实。"第一百九十二条第一款规定："法庭审理过程中，当事人和辩护人、诉讼代理人有权申请通知新的证人到庭，调取新的物证，申请重新鉴定或者勘验。"根据上述规定，自案件移送审查起诉之日起，人民检察院可以根据辩护人的申请，向公安机关调取未提交的证明犯罪嫌疑人、被告人无罪或者罪轻的证据材料。在法庭审理过程中，人民法院可以根据辩护人的申请，向人民检察院调取未提交的证明被告人无罪或者罪轻的证据材料，也可以向人民检察院调取需要调查核实的证据材料。公安机关、人民检察院应当自收到要求调取证据材料决定书后三日内移交。

28. 人民法院依法通知证人、鉴定人出庭作证的，应当同时将证人、鉴定人出庭通知书送交控辩双方，控辩双方应当予以配合。

29. 刑事诉讼法第一百八十七条第三款规定："公诉人、当事人或者辩护人、诉讼代理人对鉴定意见有异议，人民法院认为鉴定人有必要出庭的，鉴定人应当出庭作证。经人民法院通知，鉴定人拒不出庭作证的，鉴定意见不得作为定案的根据。"根据上述规定，依法应当出庭的鉴定人经人民法院通知未出庭作证的，鉴定意见不得作为定案的根据。鉴定人由于不能抗拒的原因或者有其他正当理由无法出庭的，人民法院可以根据案件审理情况决定延期审理。

30. 人民法院审理公诉案件，发现有新的事实，可能影响定罪的，人民检察院可以要求补充起诉或者变更起诉，人民法院可以建议人民检察院补充起诉或者变更起诉。人民法院建议人民检察院补充起诉或者变更起诉的，人民检察院应当在七日以内回复意见。

31. 法庭审理过程中，被告人揭发他人犯罪行为或者提供重要线索，人民检察院认为需要进行查证的，可以建议补充侦查。

32. 刑事诉讼法第二百零三条规定："人民检察院发现人民法院审理案件违反法律规定的诉讼程序，有权向人民法院提出纠正意见。"人民检察院对违反法定程序的庭审活动提出纠正意见，应当由人民检察院在庭审后提出。

九、执行

33. 刑事诉讼法第二百五十四条第五款中规定："在交付执行前，暂予监外执行由交付执行的人民法院决定"。对于被告人可能被判处拘役、有期徒刑、无期徒刑，符合暂予监外执行条件的，被告人及其辩护人有权向人民法院提出暂予监外执行的申请，看守所可以将有关情况通报人民法院。人民法院应当进行审查，并在交付执行前作出是否暂予监外执行的决定。

34. 刑事诉讼法第二百五十七条第三款规定："不符合暂予监外执行条件的罪犯通过贿赂等非法手段被暂予监外执行的，在监外执行的期间不计入执行刑期。罪犯在暂予监外执行期间脱逃的，脱逃的期间不计入执行刑期。"对于人民法院决定暂予监外执行的罪犯具有上述情形的，人民法院在决定予以收监的同时，应当确定不计入刑期的期间。对于监狱管理机关或者公安机关决定暂予监外执行的罪犯具有上述情形的，罪犯被收监后，所在监狱或者看守所应当及时向所在地的中级人民法院提出不计入执行刑期的建议书，由人民法院审核裁定。

35. 被决定收监执行的社区矫正人员在逃的，社区矫正机构应当立即通知公安机关，由公安机关负责追捕。

十、涉案财产的处理

36. 对于依照刑法规定应当追缴的违法所得及其他涉案财产，除依法返还被害人的财物以及依法销毁的违禁品外，必须一律上缴国库。查封、扣押的涉案财产，依法不移送的，待人民法院作出生效判决、裁定后，由人民法院通知查封、扣押机关上缴国库，查封、扣押机关应当向人民法院送交执行回单；冻结在金融机构的违法所得及其他涉案财产，待人民法院作出生效判决、裁定后，由人民法院通知有关金融机构上缴国库，有关金融机构应当向人民法院送交执行回单。

对于被扣押、冻结的债券、股票、基金份额等财产，在扣押、冻结期间权利人申请出售，经扣押、冻结机关审查，不损害国家利益、被害人利益，不影响诉讼正常进行的，以及扣押、冻结的汇票、本票、支票的有效期即将届满的，可以在判决生效前依法出售或者变现，所得价款由扣押、冻结机关保管，并及时告知当事人或者其近亲属。

37. 刑事诉讼法第一百四十二条第一款中规定:"人民检察院、公安机关根据侦查犯罪的需要,可以依照规定查询、冻结犯罪嫌疑人的存款、汇款、债券、股票、基金份额等财产。"根据上述规定,人民检察院、公安机关不能扣划存款、汇款、债券、股票、基金份额等财产。对于犯罪嫌疑人、被告人死亡,依照刑法规定应当追缴其违法所得及其他涉案财产的,适用刑事诉讼法第五编第三章规定的程序,由人民检察院向人民法院提出没收违法所得的申请。

38. 犯罪嫌疑人、被告人死亡,现有证据证明存在违法所得及其他涉案财产应当予以没收的,公安机关、人民检察院可以进行调查。公安机关、人民检察院进行调查,可以依法进行查封、扣押、查询、冻结。

人民法院在审理案件过程中,被告人死亡的,应当裁定终止审理;被告人脱逃的,应当裁定中止审理。人民检察院可以依法另行向人民法院提出没收违法所得的申请。

39. 对于人民法院依法作出的没收违法所得的裁定,犯罪嫌疑人、被告人的近亲属和其他利害关系人或者人民检察院可以在五日内提出上诉、抗诉。

十一、其他

40. 刑事诉讼法第一百四十七条规定:"对犯罪嫌疑人作精神病鉴定的期间不计入办案期限。"根据上述规定,犯罪嫌疑人、被告人在押的案件,除对犯罪嫌疑人、被告人的精神病鉴定期间不计入办案期限外,其他鉴定期间都应当计入办案期限。对于因鉴定时间较长,办案期限届满仍不能终结的案件,自期限届满之日起,应当对被羁押的犯罪嫌疑人、被告人变更强制措施,改为取保候审或者监视居住。

国家安全机关依照法律规定,办理危害国家安全的刑事案件,适用本规定中有关公安机关的规定。

本规定自 2013 年 1 月 1 日起施行。1998 年 1 月 19 日发布的

《最高人民法院、最高人民检察院、公安部、国家安全部、司法部、全国人大常委会法制工作委员会关于刑事诉讼法实施中若干问题的规定》同时废止。

最高人民法院

最高人民检察院

公安部

国家安全部

司法部

全国人大常委会法制工作委员会

2012 年 12 月 26 日

最高人民法院关于适用《中华人民共和国刑事诉讼法》的解释（节录）

（法释〔2012〕21 号）

第一章 管 辖

第一条 人民法院直接受理的自诉案件包括：

（一）告诉才处理的案件：

1. 侮辱、诽谤案（刑法第二百四十六条规定的，但严重危害社会秩序和国家利益的除外）；

2. 暴力干涉婚姻自由案（刑法第二百五十七条第一款规定的）；

3. 虐待案（刑法第二百六十条第一款规定的）；

4. 侵占案（刑法第二百七十条规定的）。

（二）人民检察院没有提起公诉，被害人有证据证明的轻微刑事案件：

1. 故意伤害案（刑法第二百三十四条第一款规定的）；

2. 非法侵入住宅案（刑法第二百四十五条规定的）；

3. 侵犯通信自由案（刑法第二百五十二条规定的）；

4. 重婚案（刑法第二百五十八条规定的）；

5. 遗弃案（刑法第二百六十一条规定的）；

6. 生产、销售伪劣商品案（刑法分则第三章第一节规定的，但严重危害社会秩序和国家利益的除外）；

7. 侵犯知识产权案（刑法分则第三章第七节规定的，但严重危害社会秩序和国家利益的除外）；

8. 刑法分则第四章、第五章规定的，对被告人可能判处三年有期徒刑以下刑罚的案件。

本项规定的案件，被害人直接向人民法院起诉的，人民法院应当依法受理。对其中证据不足、可以由公安机关受理的，或者认为对被告人可能判处三年有期徒刑以上刑罚的，应当告知被害人向公安机关报案，或者移送公安机关立案侦查。

（三）被害人有证据证明对被告人侵犯自己人身、财产权利的行为应当依法追究刑事责任，且有证据证明曾经提出控告，而公安机关或者人民检察院不予追究被告人刑事责任的案件。

最高人民法院研究室关于重婚案件中
受骗的一方当事人能否作为被害人
向法院提起诉讼问题的电话答复

（1992 年 11 月 7 日）

广东省高级人民法院：

你院《关于重婚案件中受骗的一方当事人能否作为被害人向法院提起诉讼问题的请示》收阅。经研究，答复如下：

基本同意你院的第二种意见，即：重婚案件中的被害人，既包括重婚者在原合法婚姻关系中的配偶，也包括后来受欺骗而与重婚者结婚的人。鉴于受骗一方当事人在主观上不具有重婚的故意，因此，根据你院《请示》中介绍的案情，陈若容可以作为本案的被害人。根据最高人民法院、最高人民检察院 1983 年 7 月 26 日《关于重婚案件管辖问题的通知》中关于"由被害人提出控告的重婚案件……由人民法院直接受理"的规定，陈若容可以作为自诉人，直接向人民法院提起诉讼。

附：

广东省高级人民法院关于重婚案件中
受骗的一方当事人能否作为被害人
向法院提起诉讼问题的请示

（粤高法明传〔1992〕145 号）

最高人民法院：

我院受理广州市中级人民法院请示的何冠林重婚一案中，遇到以下问题：何冠林（男，34 岁，工人）于 1982 年 9 月与陈丽琦登记结婚，已生育一子。1989 年 3 月何冠林认识女青年陈若容（女，37 岁，工人）后，便隐瞒自己已结婚的事实，与陈若容恋爱。何冠林为达到与陈结婚的目的，使用涂改户口本及伪造证明等手段，于 1991 年 9 月 3 日骗得陈若容与其到街道办事处登记结婚。同年 10 月 10 日，陈若容到何冠林住处找何，何不在，其妻陈丽琦出来招呼陈，陈若容才知何冠林是有妇之夫。为此，陈若容向广州市白云区法院提起诉讼，诉何冠林犯重婚罪。

对陈若容被骗与何冠林结婚，陈若容是否属于重婚案件的被害人，可否作为自诉人向法院提起诉讼，因法律无明文规定，我院有两种意见：

一种意见认为：何冠林欺骗陈若容与其重婚，作为重婚这一行为，是何与陈构成的，只不过何是故意隐瞒真实情况和欺骗陈，而陈虽不知道，但确实在客观上构成了重婚主体之一。所以陈若容不是起诉重婚的主体，只能是被起诉的主体。起诉主体应是陈丽琦（即何冠林的配偶）。由于陈若容重婚不是"明知"，依法可不追究其刑事责任。本案应由检察院起诉。

另一种意见认为：何冠林已有配偶，又以欺骗手段，骗取陈若容与其结婚，其行为已构成重婚罪，依法应追究其刑事责任。陈若容是在受骗的情况下与何冠林结婚的，应属被害人。因为从审判实践看，刑事诉讼中的被害人，是指正当权利或合法权益遭受犯罪或其他不法行为侵犯的人。从刑事诉讼的立法精神来看，重婚案件中的被害人，既指重婚者的配偶，也包括后来受欺骗、胁迫而与重婚者结婚的人。何冠林的行为侵犯了陈若容的合法权益，所以，陈应是本案的被害人。根据最高人民法院、最高人民检察院 1983 年 7 月 26 日《关于重婚案件管辖问题的通知》规定，"由被害人提出控告的重婚案件……由人民法院直接受理。"陈若容是本案的被害人，可作为自诉人直接向法院提起诉讼。

我们倾向第一种意见，当否，请复示。

1992 年 7 月 28 日

最高人民检察院关于人民检察院直接受理立案侦查案件立案标准的规定（试行）（节录）

（1999 年 8 月 6 日最高人民检察院第九届检察委员会第四十一次会议通过 高检发释字 1999-2 号）

二、渎职犯罪案件

（十）徇私舞弊不移交刑事案件案（第 402 条）

徇私舞弊不移交刑事案件罪是指行政执法人员，徇私情、私利，伪造材料，隐瞒情况，弄虚作假，对依法应当移交司法机关追究刑事责任的刑事案件，不移交司法机关处理，情节严重的行为。

涉嫌下列情形之一的，应予立案：

1. 对依法可能判处 3 年以上有期徒刑、无期徒刑、死刑的犯罪案件不移交的；

2. 3 次以上不移交犯罪案件，或者一次不移交犯罪案件涉及 3 名以上犯罪嫌疑人的；

3. 司法机关发现并提出意见后，无正当理由仍然不予移交的；

4. 以罚代刑，放纵犯罪嫌疑人，致使犯罪嫌疑人继续进行违法犯罪活动的；

5. 行政执法部门主管领导阻止移交的；

6. 隐瞒、毁灭证据，伪造材料，改变刑事案件性质的；

7. 直接负责的主管人员和其他直接责任人员为牟取本单位私利而不移交刑事案件，情节严重的；

8. 其他情节严重的情形。

（二十九）不解救被拐卖、绑架妇女、儿童案（第 416 条第 1

款）

不解救被拐卖、绑架妇女、儿童罪是指对被拐卖、绑架的妇女、儿童负有解救职责的公安、司法等国家机关工作人员接到被拐卖、绑架的妇女、儿童及其家属的解救要求或者接到其他人的举报，而对被拐卖、绑架的妇女、儿童不进行解救，造成严重后果的行为。

涉嫌下列情形之一的，应予立案：

1. 因不进行解救，导致被拐卖、绑架的妇女、儿童及其亲属伤残、死亡、精神失常的；

2. 因不进行解救，导致被拐卖、绑架的妇女、儿童被转移、隐匿、转卖，不能及时解救的；

3. 3 次以上或者对 3 名以上被拐卖、绑架的妇女、儿童不进行解救的；

4. 对被拐卖、绑架的妇女、儿童不进行解救，造成恶劣社会影响的。

（三十）阻碍解救被拐卖、绑架妇女、儿童案（第 416 条第 2 款）

阻碍解救被拐卖、绑架妇女、儿童罪是指对被拐卖、绑架的妇女、儿童负有解救职责的公安、司法等国家机关工作人员利用职务阻碍解救被拐卖、绑架的妇女、儿童的行为。

涉嫌下列情形之一的，应当立案：

1. 利用职权，禁止、阻止或者妨碍有关部门、人员解救被拐卖、绑架的妇女、儿童的；

2. 利用职务上的便利，向拐卖、绑架者或者收买者通风报信，妨碍解救工作正常进行的；

3. 其他利用职务阻碍解救被拐卖、绑架的妇女、儿童的行为。

（三十一）帮助犯罪分子逃避处罚案（第 417 条）

帮助犯罪分子逃避处罚罪是指有查禁犯罪活动职责的司法及公安、国家安全、海关、税务等国家机关的工作人员向犯罪分子通风报信、提供便利，帮助犯罪分子逃避处罚的行为。

涉嫌下列情形之一的，应予立案：

1. 为使犯罪分子逃避处罚，向犯罪分子及其亲属泄漏有关部门查禁犯罪活动的部署、人员、措施、时间、地点等情况的；

2. 为使犯罪分子逃避处罚，向犯罪分子及其亲属提供交通工具、通讯设备、隐藏处所等便利条件的；

3. 为使犯罪分子逃避处罚，向犯罪分子及其亲属泄漏案情，帮助、指示其隐匿、毁灭、伪造证据及串供、翻供的；

4. 其他向犯罪分子通风报信、提供便利，帮助犯罪分子逃避处罚的行为。

三、部门规章

公安机关办理刑事案件程序规定

(修订后的《公安机关办理刑事案件程序规定》已经 2012 年 12 月 3 日公安部部长办公会议通过, 现予发布, 自 2013 年 1 月 1 日起施行)

第一章 任务和基本原则

第一条 为了保障《中华人民共和国刑事诉讼法》的贯彻实施, 保证公安机关在刑事诉讼中正确履行职权, 规范办案程序, 确保办案质量, 提高办案效率, 制定本规定。

第二条 公安机关在刑事诉讼中的任务, 是保证准确、及时地查明犯罪事实, 正确应用法律, 惩罚犯罪分子, 保障无罪的人不受刑事追究, 教育公民自觉遵守法律, 积极同犯罪行为作斗争, 维护社会主义法制, 尊重和保障人权, 保护公民的人身权利、财产权利、民主权利和其他权利, 保障社会主义建设事业的顺利进行。

第三条 公安机关在刑事诉讼中的基本职权, 是依照法律对刑事案件立案、侦查、预审; 决定、执行强制措施; 对依法不追究刑事责任的不予立案, 已经追究的撤销案件; 对侦查终结应当起诉的案件, 移送人民检察院审查决定; 对不够刑事处罚的犯罪嫌疑人需要行政处理的, 依法予以处理或者移送有关部门; 对被判处有期徒刑的罪犯, 在被交付执行刑罚前, 剩余刑期在三个月以下的, 代为执行刑罚; 执行拘役、剥夺政治权利、驱逐出境。

第四条 公安机关进行刑事诉讼, 必须依靠群众, 以事实为根据，以法律为准绳。对于一切公民，在适用法律上一律平等，在法律面前，不允许有任何特权。

第五条　公安机关进行刑事诉讼，同人民法院、人民检察院分工负责，互相配合，互相制约，以保证准确有效地执行法律。

第六条　公安机关进行刑事诉讼，依法接受人民检察院的法律监督。

第七条　公安机关进行刑事诉讼，应当建立、完善和严格执行办案责任制度、执法过错责任追究制度等内部执法监督制度。

在刑事诉讼中，上级公安机关发现下级公安机关作出的决定或者办理的案件有错误的，有权予以撤销或者变更，也可以指令下级公安机关予以纠正。

下级公安机关对上级公安机关的决定必须执行，如果认为有错误，可以在执行的同时向上级公安机关报告。

第八条　公安机关办理刑事案件，应当重证据，重调查研究，不轻信口供。严禁刑讯逼供和以威胁、引诱、欺骗以及其他非法方法收集证据，不得强迫任何人证实自己有罪。

第九条　公安机关在刑事诉讼中，应当保障犯罪嫌疑人、被告人和其他诉讼参与人依法享有的辩护权和其他诉讼权利。

第十条　公安机关办理刑事案件，应当向同级人民检察院提请批准逮捕、移送审查起诉。

第十一条　公安机关办理刑事案件，对不通晓当地通用的语言文字的诉讼参与人，应当为他们翻译。

在少数民族聚居或者多民族杂居的地区，应当使用当地通用的语言进行讯问。对外公布的诉讼文书，应当使用当地通用的文字。

第十二条　公安机关办理刑事案件，各地区、各部门之间应当加强协作和配合，依法履行协查、协办职责。

上级公安机关应当加强监督、协调和指导。

第十三条　根据中华人民共和国缔结或者参加的国际条约和公安部签订的双边、多边合作协议，或者按照互惠原则，我国公安机关可以和外国警察机关开展刑事司法协助和警务合作。

第二章 管 辖

第十四条 根据刑事诉讼法的规定，刑事案件由公安机关管辖，但下列刑事案件除外：

（一）贪污贿赂犯罪，国家工作人员的渎职犯罪，国家机关工作人员利用职权实施的非法拘禁、刑讯逼供、报复陷害、非法搜查的侵犯公民人身权利的犯罪以及侵犯公民民主权利的犯罪案件，经省级以上人民检察院决定立案侦查的国家机关工作人员利用职权实施的其他重大的犯罪案件；

（二）自诉案件，但对人民法院直接受理的被害人有证据证明的轻微刑事案件，因证据不足驳回起诉，人民法院移送公安机关或者被害人向公安机关控告的，公安机关应当受理；被害人直接向公安机关控告的，公安机关应当受理；

（三）军人违反职责的犯罪和军队内部发生的刑事案件；

（四）罪犯在监狱内犯的刑事案件；

（五）其他依照法律和规定应当由其他机关管辖的刑事案件。

第十五条 刑事案件由犯罪地的公安机关管辖。如果由犯罪嫌疑人居住地的公安机关管辖更为适宜的，可以由犯罪嫌疑人居住地的公安机关管辖。

犯罪地包括犯罪行为发生地和犯罪结果发生地。犯罪行为发生地，包括犯罪行为的实施地以及预备地、开始地、途经地、结束地等与犯罪行为有关的地点；犯罪行为有连续、持续或者继续状态的，犯罪行为连续、持续或者继续实施的地方都属于犯罪行为发生地。犯罪结果发生地，包括犯罪对象被侵害地、犯罪所得的实际取得地、藏匿地、转移地、使用地、销售地。

居住地包括户籍所在地、经常居住地。经常居住地是指公民离开户籍所在地最后连续居住一年以上的地方。

法律、司法解释或者其他规范性文件对有关犯罪案件的管辖作出特别规定的，从其规定。

第十六条　针对或者利用计算机网络实施的犯罪，用于实施犯罪行为的网站服务器所在地、网络接入地以及网站建立者或者管理者所在地，被侵害的计算机信息系统及其管理者所在地，以及犯罪过程中犯罪分子、被害人使用的计算机信息系统所在地公安机关可以管辖。

第十七条　行驶中的交通工具上发生的刑事案件，由交通工具最初停靠地公安机关管辖；必要时，交通工具始发地、途经地、到达地公安机关也可以管辖。

第十八条　几个公安机关都有权管辖的刑事案件，由最初受理的公安机关管辖。必要时，可以由主要犯罪地的公安机关管辖。

具有下列情形之一的，公安机关可以在职责范围内并案侦查：

（一）一人犯数罪的；

（二）共同犯罪的；

（三）共同犯罪的犯罪嫌疑人还实施其他犯罪的；

（四）多个犯罪嫌疑人实施的犯罪存在关联，并案处理有利于查明犯罪事实的。

第十九条　对管辖不明确或者有争议的刑事案件，可以由有关公安机关协商。协商不成的，由共同的上级公安机关指定管辖。

对情况特殊的刑事案件，可以由共同的上级公安机关指定管辖。

第二十条　上级公安机关指定管辖的，应当将指定管辖决定书分别送达被指定管辖的公安机关和其他有关的公安机关。

原受理案件的公安机关，在收到上级公安机关指定其他公安机关管辖的决定书后，不再行使管辖权，同时应当将案卷材料移送被指定管辖的公安机关。

对指定管辖的案件，需要逮捕犯罪嫌疑人的，由被指定管辖的公安机关提请同级人民检察院审查批准；需要提起公诉的，由该公安机关移送同级人民检察院审查决定。

第二十一条　县级公安机关负责侦查发生在本辖区内的刑事案件。

设区的市一级以上公安机关负责重大的危害国家安全犯罪、恐怖活动犯罪、涉外犯罪、经济犯罪、集团犯罪案件的侦查。

上级公安机关认为有必要的，可以侦查下级公安机关管辖的刑事案件；下级公安机关认为案情重大需要上级公安机关侦查的刑事案件，可以请求上一级公安机关管辖。

第二十二条　公安机关内部对刑事案件的管辖，按照刑事侦查机构的设置及其职责分工确定。

第二十三条　铁路公安机关管辖铁路系统的机关、厂、段、院、校、所、队、工区等单位发生的刑事案件，车站工作区域内、列车内发生的刑事案件，铁路沿线发生的盗窃或者破坏铁路、通信、电力线路和其他重要设施的刑事案件，以及内部职工在铁路线上工作时发生的刑事案件。

铁路系统的计算机信息系统延伸到地方涉及铁路业务的网点，其计算机信息系统发生的刑事案件由铁路公安机关管辖。

对倒卖、伪造、变造火车票的案件，由最初受理案件的铁路公安机关或者地方公安机关管辖。必要时，可以移送主要犯罪地的铁路公安机关或者地方公安机关管辖。

铁路建设施工工地发生的刑事案件由地方公安机关管辖。

第二十四条　交通公安机关管辖交通系统的机关、厂、段、院、校、所、队、工区等单位发生的刑事案件，港口、码头工作区域内、轮船内发生的刑事案件，水运航线发生的盗窃或者破坏水运、通信、电力线路和其他重要设施的刑事案件，以及内部职工在交通线上工作时发生的刑事案件。

第二十五条　民航公安机关管辖民航系统的机关、厂、段、院、校、所、队、工区等单位、机场工作区域内、民航飞机内发生的刑事案件。

重大飞行事故刑事案件由犯罪结果发生地机场公安机关管辖。

犯罪结果发生地未设机场公安机关或者不在机场公安机关管辖范围内的，由地方公安机关管辖，有关机场公安机关予以协助。

第二十六条 森林公安机关管辖破坏森林和野生动植物资源等刑事案件，大面积林区的森林公安机关还负责辖区内其他刑事案件的侦查。未建立专门森林公安机关的，由所在地公安机关管辖。

第二十七条 海关走私犯罪侦查机构管辖中华人民共和国海关关境内发生的涉税走私犯罪案件和发生在海关监管区内的非涉税走私犯罪案件。

第二十八条 公安机关侦查的刑事案件涉及人民检察院管辖的案件时，应当将属于人民检察院管辖的刑事案件移送人民检察院。涉嫌主罪属于公安机关管辖的，由公安机关为主侦查；涉嫌主罪属于人民检察院管辖的，公安机关予以配合。

公安机关侦查的刑事案件涉及其他侦查机关管辖的案件时，参照前款规定办理。

第二十九条 公安机关和军队互涉刑事案件的管辖分工按照有关规定办理。

公安机关和武装警察部队互涉刑事案件的管辖分工依照公安机关和军队互涉刑事案件的管辖分工的原则办理。列入武装警察部队序列的公安边防、消防、警卫部门人员的犯罪案件，由公安机关管辖。

第三章　回　　避

第三十条 公安机关负责人、侦查人员有下列情形之一的，应当自行提出回避申请，没有自行提出回避申请的，应当责令其回避，当事人及其法定代理人也有权要求他们回避：

（一）是本案的当事人或者是当事人的近亲属的；

（二）本人或者他的近亲属和本案有利害关系的；

（三）担任过本案的证人、鉴定人、辩护人、诉讼代理人的；

（四）与本案当事人有其他关系，可能影响公正处理案件的。

第三十一条 公安机关负责人、侦查人员不得有下列行为：

（一）违反规定会见本案当事人及其委托人；

（二）索取、接受本案当事人及其委托人的财物或者其他利益；

（三）接受本案当事人及其委托人的宴请，或者参加由其支付费用的活动；

（四）有其他不正当行为，可能影响案件公正办理。

违反前款规定的，应当责令其回避并依法追究法律责任。当事人及其法定代理人有权要求其回避。

第三十二条 公安机关负责人、侦查人员自行提出回避申请的，应当说明回避的理由；口头提出申请的，公安机关应当记录在案。

当事人及其法定代理人要求公安机关负责人、侦查人员回避，应当提出申请，并说明理由；口头提出申请的，公安机关应当记录在案。

第三十三条 侦查人员的回避，由县级以上公安机关负责人决定；县级以上公安机关负责人的回避，由同级人民检察院检察委员会决定。

第三十四条 当事人及其法定代理人对侦查人员提出回避申请的，公安机关应当在收到回避申请后二日以内作出决定并通知申请人；情况复杂的，经县级以上公安机关负责人批准，可以在收到回避申请后五日以内作出决定。

第三十五条 当事人及其法定代理人对驳回申请回避的决定不服的，可以在收到驳回申请回避决定书后五日以内向作出决定的公安机关申请复议。

公安机关应当在收到复议申请后五日以内作出复议决定并书面通知申请人。

第三十六条 在作出回避决定前，申请或者被申请回避的公安机关负责人、侦查人员不得停止对案件的侦查。

作出回避决定后，申请或者被申请回避的公安机关负责人、侦查人员不得再参与本案的侦查工作。

第三十七条 被决定回避的公安机关负责人、侦查人员在回避决定作出以前所进行的诉讼活动是否有效，由作出决定的机关根据案件情况决定。

第三十八条 本章关于回避的规定适用于记录人、翻译人员和鉴定人。

记录人、翻译人员和鉴定人需要回避的，由县级以上公安机关负责人决定。

第三十九条 辩护人、诉讼代理人可以依照本章的规定要求回避、申请复议。

第四章 律师参与刑事诉讼

第四十条 公安机关应当保障辩护律师在侦查阶段依法从事下列执业活动：

（一）向公安机关了解犯罪嫌疑人涉嫌的罪名和案件有关情况，提出意见；

（二）与犯罪嫌疑人会见和通信，向犯罪嫌疑人了解案件有关情况；

（三）为犯罪嫌疑人提供法律帮助、代理申诉、控告；

（四）为犯罪嫌疑人申请变更强制措施。

第四十一条 公安机关在第一次讯问犯罪嫌疑人或者对犯罪嫌疑人采取强制措施的时候，应当告知犯罪嫌疑人有权委托律师作为辩护人，并告知其如果因经济困难或者其他原因没有委托辩护律师的，可以向法律援助机构申请法律援助。告知的情形应当记录在案。

对于同案的犯罪嫌疑人委托同一名辩护律师的，或者两名以上未同案处理但实施的犯罪存在关联的犯罪嫌疑人委托同一名辩护律师的，公安机关应当要求其更换辩护律师。

第四十二条 犯罪嫌疑人可以自己委托辩护律师。犯罪嫌疑人在押的，也可以由其监护人、近亲属代为委托辩护律师。

犯罪嫌疑人委托辩护律师的请求可以书面提出，也可以口头提出。口头提出的，公安机关应当制作笔录，由犯罪嫌疑人签名、捺指印。

第四十三条 在押的犯罪嫌疑人向看守所提出委托辩护律师要求的，看守所应当及时将其请求转达给办案部门，办案部门应当及时向犯罪嫌疑人委托的辩护律师或者律师事务所转达该项请求。

在押的犯罪嫌疑人仅提出委托辩护律师的要求，但提不出具体对象的，办案部门应当及时通知犯罪嫌疑人的监护人、近亲属代为委托辩护律师。犯罪嫌疑人无监护人或者近亲属的，办案部门应当及时通知当地律师协会或者司法行政机关为其推荐辩护律师。

第四十四条 符合下列情形之一，犯罪嫌疑人没有委托辩护人的，公安机关应当及时通知法律援助机构为犯罪嫌疑人指派辩护律师：

（一）犯罪嫌疑人是盲、聋、哑人，或者是尚未完全丧失辨认或者控制自己行为能力的精神病人；

（二）犯罪嫌疑人可能被判处无期徒刑、死刑。

第四十五条 公安机关收到在押的犯罪嫌疑人提出的法律援助申请后，应当在二十四小时以内将其申请转交所在地的法律援助机构，并通知申请人的监护人、近亲属或者其委托的其他人员协助提供有关证件、证明等相关材料。犯罪嫌疑人的监护人、近亲属或者其委托的其他人员地址不详无法通知的，应当在转交申请时一并告知法律援助机构。

犯罪嫌疑人拒绝法律援助机构指派的律师作为辩护人或者自行委托辩护人的，公安机关应当在三日以内通知法律援助机构。

第四十六条 辩护律师接受犯罪嫌疑人委托或者法律援助机构的指派后，应当及时告知公安机关并出示律师执业证书、律师事务所证明和委托书或者法律援助公函。

第四十七条 辩护律师向公安机关了解案件有关情况的，公安机关应当依法将犯罪嫌疑人涉嫌的罪名以及当时已查明的该罪的主要事实，犯罪嫌疑人被采取、变更、解除强制措施，延长侦查羁押期限等案件有关情况，告知接受委托或者指派的辩护律师，并记录在案。

第四十八条 辩护律师可以同在押或者被监视居住的犯罪嫌疑人会见、通信。

第四十九条 对危害国家安全犯罪案件、恐怖活动犯罪案件，办案部门应当在将犯罪嫌疑人送看守所羁押时书面通知看守所；犯罪嫌疑人被监视居住的，应当在送交执行时书面通知执行机关。

辩护律师在侦查期间要求会见前款规定案件的在押或者被监视居住的犯罪嫌疑人，应当提出申请。

对辩护律师提出的会见申请，应当在收到申请后四十八小时以内，报经县级以上公安机关负责人批准，作出许可或者不许可的决定。除有碍侦查或者可能泄露国家秘密的情形外，应当作出许可的决定。

公安机关不许可会见的，应当书面通知辩护律师，并说明理由。有碍侦查或者可能泄露国家秘密的情形消失后，公安机关应当许可会见。

有下列情形之一的，属于本条规定的"有碍侦查"：

（一）可能毁灭、伪造证据，干扰证人作证或者串供的；

（二）可能引起犯罪嫌疑人自残、自杀或者逃跑的；

（三）可能引起同案犯逃避、妨碍侦查的；

（四）犯罪嫌疑人的家属与犯罪有牵连的。

第五十条 辩护律师要求会见在押的犯罪嫌疑人，看守所应当在查验其律师执业证书、律师事务所证明和委托书或者法律援助公函后，在四十八小时以内安排律师会见到犯罪嫌疑人，同时通知办案部门。

侦查期间，辩护律师会见危害国家安全犯罪案件、恐怖活动犯罪案件、特别重大贿赂犯罪案件在押或者被监视居住的犯罪嫌疑人时，看守所或者监视居住执行机关还应当查验侦查机关的许可决定文书。

第五十一条　辩护律师会见在押或者被监视居住的犯罪嫌疑人需要聘请翻译人员的，应当经公安机关审查。对于符合相关规定的，应当许可；对于不符合规定的，及时通知其更换。

翻译人员参与会见的，看守所或者监视居住执行机关应当查验公安机关的许可决定文书。

第五十二条　辩护律师会见在押或者被监视居住的犯罪嫌疑人时，看守所或者监视居住执行机关应当采取必要的管理措施，保障会见顺利进行，并告知其遵守会见的有关规定。辩护律师会见犯罪嫌疑人时，公安机关不得监听，不得派员在场。

辩护律师会见在押或者被监视居住的犯罪嫌疑人时，违反法律规定或者会见的规定，看守所或者监视居住执行机关应当制止。对于严重违反规定或者不听劝阻的，可以决定停止本次会见，并及时通报其所在的律师事务所或者所属的律师协会。

第五十三条　辩护人或者其他任何人在刑事诉讼中，违反法律规定，实施干扰诉讼活动行为的，应当依法追究法律责任。

辩护人实施干扰诉讼活动行为，涉嫌犯罪，属于公安机关管辖的，应当由办理辩护人所承办案件的公安机关报请上一级公安机关指定其他公安机关立案侦查，或者由上一级公安机关立案侦查。不得指定原承办案件公安机关的下级公安机关立案侦查。辩护人是律师的，立案侦查的公安机关应当及时通知其所在的律师事务所或者所属的律师协会。

第五十四条　辩护律师对在执业活动中知悉的委托人的有关情况和信息，有权予以保密。但是，辩护律师在执业活动中知悉委托人或者其他人，准备或者正在实施危害国家安全、公共安全以及严重危害他人人身安全的犯罪的，应当及时告知司法机关。

第五十五条　案件侦查终结前，辩护律师提出要求的，公安机关应当听取辩护律师的意见，根据情况进行核实，并记录在案。辩护律师提出书面意见的，应当附卷。

对辩护律师收集的犯罪嫌疑人不在犯罪现场、未达到刑事责任年龄、属于依法不负刑事责任的精神病人的证据，公安机关应当进行核实并将有关情况记录在案，有关证据应当附卷。

第五章　证　据

第五十六条　可以用于证明案件事实的材料，都是证据。

证据包括：

（一）物证；

（二）书证；

（三）证人证言；

（四）被害人陈述；

（五）犯罪嫌疑人供述和辩解；

（六）鉴定意见；

（七）勘验、检查、侦查实验、搜查、查封、扣押、提取、辨认等笔录；

（八）视听资料、电子数据。

证据必须经过查证属实，才能作为认定案件事实的根据。

第五十七条　公安机关必须依照法定程序，收集能够证实犯罪嫌疑人有罪或者无罪、犯罪情节轻重的各种证据。必须保证一切与案件有关或者了解案情的公民，有客观地充分地提供证据的条件，除特殊情况外，可以吸收他们协助调查。

第五十八条　公安机关向有关单位和个人收集、调取证据时，应当告知其必须如实提供证据。

对涉及国家秘密、商业秘密、个人隐私的证据，应当保密。

对于伪造证据、隐匿证据或者毁灭证据的，应当追究其法律责任。

第五十九条　公安机关向有关单位和个人调取证据，应当经办案部门负责人批准，开具调取证据通知书。被调取单位、个人应当在通知书上盖章或者签名，拒绝盖章或者签名的，公安机关应当注明。必要时，应当采用录音或者录像等方式固定证据内容及取证过程。

第六十条 公安机关接受或者依法调取的行政机关在行政执法和查办案件过程中收集的物证、书证、视听资料、电子数据、检验报告、鉴定意见、勘验笔录、检查笔录等证据材料，可以作为证据使用。

第六十一条 收集、调取的物证应当是原物。只有在原物不便搬运、不易保存或者依法应当由有关部门保管、处理或者依法应当返还时，才可以拍摄或者制作足以反映原物外形或者内容的照片、录像或者复制品。

物证的照片、录像或者复制品经与原物核实无误或者经鉴定证明为真实的，或者以其他方式确能证明其真实的，可以作为证据使用。原物的照片、录像或者复制品，不能反映原物的外形和特征的，不能作为证据使用。

第六十二条 收集、调取的书证应当是原件。只有在取得原件确有困难时，才可以使用副本或者复制件。

书证的副本、复制件，经与原件核实无误或者经鉴定证明为真实的，或者以其他方式确能证明其真实的，可以作为证据使用。书证有更改或者更改迹象不能作出合理解释的，或者书证的副本、复制件不能反映书证原件及其内容的，不能作为证据使用。

第六十三条 物证的照片、录像或者复制品，书证的副本、复制件，视听资料、电子数据的复制件，应当附有关制作过程及原件、原物存放处的文字说明，并由制作人和物品持有人或者物品持有单位有关人员签名。

第六十四条 公安机关提请批准逮捕书、起诉意见书必须忠实于事实真象。故意隐瞒事实真象的，应当依法追究责任。

第六十五条 需要查明的案件事实包括：

（一）犯罪行为是否存在；

（二）实施犯罪行为的时间、地点、手段、后果以及其他情节；

（三）犯罪行为是否为犯罪嫌疑人实施；

（四）犯罪嫌疑人的身份；

（五）犯罪嫌疑人实施犯罪行为的动机、目的；

（六）犯罪嫌疑人的责任以及与其他同案人的关系；

（七）犯罪嫌疑人有无法定从重、从轻、减轻处罚以及免除处罚的情节；

（八）其他与案件有关的事实。

第六十六条 公安机关移送审查起诉的案件，应当做到犯罪事实清楚，证据确实、充分。

证据确实、充分，应当符合以下条件：

（一）认定的案件事实都有证据证明；

（二）认定案件事实的证据均经法定程序查证属实；

（三）综合全案证据，对所认定事实已排除合理怀疑。

对证据的审查，应当结合案件的具体情况，从各证据与待证事实的关联程度、各证据之间的联系等方面进行审查判断。

只有犯罪嫌疑人供述，没有其他证据的，不能认定案件事实；没有犯罪嫌疑人供述，证据确实、充分的，可以认定案件事实。

第六十七条 采用刑讯逼供等非法方法收集的犯罪嫌疑人供述和采用暴力、威胁等非法方法收集的证人证言、被害人陈述，应当予以排除。

收集物证、书证违反法定程序，可能严重影响司法公正的，应当予以补正或者作出合理解释；不能补正或者作出合理解释的，对该证据应当予以排除。

在侦查阶段发现有应当排除的证据的，经县级以上公安机关负责人批准，应当依法予以排除，不得作为提请批准逮捕、移送审查起诉的依据。

人民检察院认为可能存在以非法方法收集证据情形，要求公安机关进行说明的，公安机关应当及时进行调查，并向人民检察院作出书面说明。

第六十八条 人民法院认为现有证据材料不能证明证据收集的合法性，通知有关侦查人员或者其他人员出庭说明情况的，有关侦查人员或者其他人员应当出庭。必要时，有关侦查人员或者其他人员也可以要求出庭说明情况。

经人民法院通知，人民警察应当就其执行职务时目击的犯罪情况出庭作证。

第六十九条 凡是知道案件情况的人，都有作证的义务。

生理上、精神上有缺陷或者年幼，不能辨别是非，不能正确表达的人，不能作证人。

对于证人能否辨别是非，能否正确表达，必要时可以进行审查或者鉴别。

第七十条 公安机关应当保障证人及其近亲属的安全。

对证人及其近亲属进行威胁、侮辱、殴打或者打击报复，构成犯罪的，依法追究刑事责任；尚不够刑事处罚的，依法给予治安管理处罚。

第七十一条 对危害国家安全犯罪、恐怖活动犯罪、黑社会性质的组织犯罪、毒品犯罪等案件，证人、鉴定人、被害人因在侦查过程中作证，本人或者其近亲属的人身安全面临危险的，公安机关应当采取以下一项或者多项保护措施：

（一）不公开真实姓名、住址和工作单位等个人信息；

（二）禁止特定的人员接触证人、鉴定人、被害人及其近亲属；

（三）对人身和住宅采取专门性保护措施；

（四）其他必要的保护措施。

证人、鉴定人、被害人认为因在侦查过程中作证，本人或者其近亲属的人身安全面临危险，向公安机关请求予以保护，公安机关经审查认为符合前款规定的条件，确有必要采取保护措施的，应当采取上述一项或者多项保护措施。

公安机关依法采取保护措施，可以要求有关单位和个人配合。

案件移送审查起诉时，应当将采取保护措施的相关情况一并移交人民检察院。

第七十二条 公安机关依法决定不公开证人、鉴定人、被害人的真实姓名、住址和工作单位等个人信息的，可以在起诉意见书、询问笔录等法律文书、证据材料中使用化名等代替证人、鉴定人、被害人的个人信息。但是，应当另行书面说明使用化名的情况并标明密级，单独成卷。

第七十三条 证人保护工作所必需的人员、经费、装备等，应当予以保障。

证人因履行作证义务而支出的交通、住宿、就餐等费用，应当给予补助。证人作证的补助列入公安机关业务经费。

第六章 强制措施

第一节 拘 传

第七十四条 公安机关根据案件情况对需要拘传的犯罪嫌疑人，或者经过传唤没有正当理由不到案的犯罪嫌疑人，可以拘传到其所在市、县内的指定地点进行讯问。

需要拘传的，应当填写呈请拘传报告书，并附有关材料，报县级以上公安机关负责人批准。

第七十五条 公安机关拘传犯罪嫌疑人应当出示拘传证，并责令其在拘传证上签名、捺指印。

犯罪嫌疑人到案后，应当责令其在拘传证上填写到案时间；拘传结束后，应当由其在拘传证上填写拘传结束时间。犯罪嫌疑人拒绝填写的，侦查人员应当在拘传证上注明。

第七十六条 拘传持续的时间不得超过十二小时；案情特别重

大、复杂，需要采取拘留、逮捕措施的，经县级以上公安机关负责人批准，拘传持续的时间不得超过二十四小时。不得以连续拘传的形式变相拘禁犯罪嫌疑人。

拘传期限届满，未作出采取其他强制措施决定的，应当立即结束拘传。

第二节　取保候审

第七十七条　公安机关对具有下列情形之一的犯罪嫌疑人，可以取保候审：

（一）可能判处管制、拘役或者独立适用附加刑的；

（二）可能判处有期徒刑以上刑罚，采取取保候审不致发生社会危险性的；

（三）患有严重疾病、生活不能自理，怀孕或者正在哺乳自己婴儿的妇女，采取取保候审不致发生社会危险性的；

（四）羁押期限届满，案件尚未办结，需要继续侦查的。

对拘留的犯罪嫌疑人，证据不符合逮捕条件，以及提请逮捕后，人民检察院不批准逮捕，需要继续侦查，并且符合取保候审条件的，可以依法取保候审。

第七十八条　对累犯，犯罪集团的主犯，以自伤、自残办法逃避侦查的犯罪嫌疑人，严重暴力犯罪以及其他严重犯罪的犯罪嫌疑人不得取保候审，但犯罪嫌疑人具有本规定第七十七条第一款第三项、第四项规定情形的除外。

第七十九条　需要对犯罪嫌疑人取保候审的，应当制作呈请取保候审报告书，说明取保候审的理由、采取的保证方式以及应当遵守的规定，经县级以上公安机关负责人批准，制作取保候审决定书。取保候审决定书应当向犯罪嫌疑人宣读，由犯罪嫌疑人签名、捺指印。

第八十条　公安机关决定对犯罪嫌疑人取保候审的，应当责令犯罪嫌疑人提出保证人或者交纳保证金。

对同一犯罪嫌疑人，不得同时责令其提出保证人和交纳保证金。

第八十一条 采取保证人保证的，保证人必须符合以下条件，并经公安机关审查同意：

（一）与本案无牵连；

（二）有能力履行保证义务；

（三）享有政治权利，人身自由未受到限制；

（四）有固定的住处和收入。

第八十二条 保证人应当履行以下义务：

（一）监督被保证人遵守本规定第八十五条、第八十六条的规定；

（二）发现被保证人可能发生或者已经发生违反本规定第八十五条、第八十六条规定的行为的，应当及时向执行机关报告。

保证人应当填写保证书，并在保证书上签名、捺指印。

第八十三条 犯罪嫌疑人的保证金起点数额为人民币一千元。具体数额应当综合考虑保证诉讼活动正常进行的需要、犯罪嫌疑人的社会危险性、案件的性质、情节、可能判处刑罚的轻重以及犯罪嫌疑人的经济状况等情况确定。

第八十四条 县级以上公安机关应当在其指定的银行设立取保候审保证金专门账户，委托银行代为收取和保管保证金。

提供保证金的人，应当一次性将保证金存入取保候审保证金专门账户。保证金应当以人民币交纳。

保证金应当由办案部门以外的部门管理。严禁截留、坐支、挪用或者以其他任何形式侵吞保证金。

第八十五条 公安机关在宣布取保候审决定时，应当告知被保候审人遵守以下规定：

（一）未经执行机关批准不得离开所居住的市、县；

（二）住址、工作单位和联系方式发生变动的，在二十四小时以内向执行机关报告；

（三）在传讯的时候及时到案；

（四）不得以任何形式干扰证人作证；

（五）不得毁灭、伪造证据或者串供。

第八十六条 公安机关在决定取保候审时，还可以根据案件情况，责令被取保候审人遵守以下一项或者多项规定：

（一）不得进入与其犯罪活动等相关联的特定场所；

（二）不得与证人、被害人及其近亲属、同案犯以及与案件有关联的其他特定人员会见或者以任何方式通信；

（三）不得从事与其犯罪行为等相关联的特定活动；

（四）将护照等出入境证件、驾驶证件交执行机关保存。

公安机关应当综合考虑案件的性质、情节、社会影响、犯罪嫌疑人的社会关系等因素，确定特定场所、特定人员和特定活动的范围。

第八十七条 公安机关决定取保候审的，应当及时通知被取保候审人居住地的派出所执行。必要时，办案部门可以协助执行。

采取保证人担保形式的，应当同时送交有关法律文书、被取保候审人基本情况、保证人基本情况等材料。采取保证金担保形式的，应当同时送交有关法律文书、被取保候审人基本情况和保证金交纳情况等材料。

第八十八条 人民法院、人民检察院决定取保候审的，负责执行的县级公安机关应当在收到法律文书和有关材料后二十四小时以内，指定被取保候审人居住地派出所核实情况后执行。

第八十九条 执行取保候审的派出所应当履行下列职责：

（一）告知被取保候审人必须遵守的规定，及其违反规定或者在取保候审期间重新犯罪应当承担的法律后果；

（二）监督、考察被取保候审人遵守有关规定，及时掌握其活动、住址、工作单位、联系方式及变动情况；

（三）监督保证人履行保证义务；

（四）被取保候审人违反应当遵守的规定以及保证人未履行保

证义务的，应当及时制止、采取紧急措施，同时告知决定机关。

第九十条　执行取保候审的派出所可以责令被取保候审人定期报告有关情况并制作笔录。

第九十一条　被取保候审人无正当理由不得离开所居住的市、县。有正当理由需要离开所居住的市、县的，应当经负责执行的派出所负责人批准。

人民法院、人民检察院决定取保候审的，负责执行的派出所在批准被取保候审人离开所居住的市、县前，应当征得决定机关同意。

第九十二条　被取保候审人在取保候审期间违反本规定第八十五条、第八十六条规定，已交纳保证金的，公安机关应当根据其违反规定的情节，决定没收部分或者全部保证金，并且区别情形，责令其具结悔过、重新交纳保证金、提出保证人，变更强制措施或者给予治安管理处罚；需要予以逮捕的，可以对其先行拘留。

人民法院、人民检察院决定取保候审的，被取保候审人违反应当遵守的规定，执行取保候审的县级公安机关应当及时告知决定机关。

第九十三条　需要没收保证金的，应当经过严格审核后，报县级以上公安机关负责人批准，制作没收保证金决定书。

决定没收五万元以上保证金的，应当经设区的市一级以上公安机关负责人批准。

第九十四条　没收保证金的决定，公安机关应当在三日以内向被取保候审人宣读，并责令其在没收保证金决定书上签名、捺指印；被取保候审人在逃或者具有其他情形不能到场的，应当向其成年家属、法定代理人、辩护人或者单位、居住地的居民委员会、村民委员会宣布，由其成年家属、法定代理人、辩护人或者单位、居住地的居民委员会或者村民委员会的负责人在没收保证金决定书上签名。

被取保候审人或者其成年家属、法定代理人、辩护人、单位、居民委员会、村民委员会负责人拒绝签名的，公安机关应当在没收保证金决定书上注明。

第九十五条 公安机关在宣读没收保证金决定书时，应当告知如果对没收保证金的决定不服，被取保候审人或者其法定代理人可以在五日以内向作出决定的公安机关申请复议。公安机关应当在收到复议申请后七日以内作出决定。

被取保候审人或者其法定代理人对复议决定不服的，可以在收到复议决定书后五日以内向上一级公安机关申请复核一次。上一级公安机关应当在收到复核申请后七日以内作出决定。对上级公安机关撤销或者变更没收保证金决定的，下级公安机关应当执行。

第九十六条 没收保证金的决定已过复议期限，或者经上级公安机关复核后维持原决定的，公安机关应当及时通知指定的银行将没收的保证金按照国家的有关规定上缴国库，并在三日以内通知决定取保候审的机关。

第九十七条 被取保候审人在取保候审期间，没有违反本规定第八十五条、第八十六条有关规定，也没有重新故意犯罪的，或者具有本规定第一百八十三条规定的情形之一的，在解除取保候审、变更强制措施的同时，公安机关应当制作退还保证金决定书，通知银行如数退还保证金。

被取保候审人或者其法定代理人可以凭退还保证金决定书到银行领取退还的保证金。

第九十八条 被取保候审人没有违反本规定第八十五条、第八十六条规定，但在取保候审期间涉嫌重新故意犯罪被立案侦查的，负责执行的公安机关应当暂扣其交纳的保证金，待人民法院判决生效后，根据有关判决作出处理。

第九十九条 被保证人违反应当遵守的规定，保证人未履行保证义务的，查证属实后，经县级以上公安机关负责人批准，对保证人处一千元以上二万元以下罚款；构成犯罪的，依法追究刑事责任。

第一百条 决定对保证人罚款的，应当报经县级以上公安机关负责人批准，制作对保证人罚款决定书，在三日以内向保证人宣布，告知其如果对罚款决定不服，可以在五日以内向作出决定的公安机关申请复议。公安机关应当在收到复议申请后七日以内作出决定。

保证人对复议决定不服的，可以在收到复议决定书后五日以内向上一级公安机关申请复核一次。上一级公安机关应当在收到复核申请后七日以内作出决定。对上级公安机关撤销或者变更罚款决定的，下级公安机关应当执行。

第一百零一条 对于保证人罚款的决定已过复议期限，或者经上级公安机关复核后维持原决定的，公安机关应当及时通知指定的银行将保证人罚款按照国家的有关规定上缴国库，并在三日以内通知决定取保候审的机关。

第一百零二条 对于犯罪嫌疑人采取保证人保证的，如果保证人在取保候审期间情况发生变化，不愿继续担保或者丧失担保条件，应当责令被取保候审人重新提出保证人或者交纳保证金，或者作出变更强制措施的决定。

负责执行的公安机关应当自发现保证人不愿继续担保或者丧失担保条件之日起三日以内通知决定取保候审的机关。

第一百零三条 公安机关在取保候审期间不得中断对案件的侦查，对取保候审的犯罪嫌疑人，根据案情变化，应当及时变更强制措施或者解除取保候审。

取保候审最长不得超过十二个月。

第一百零四条 需要解除取保候审的，由决定取保候审的机关制作解除取保候审决定书、通知书，送达负责执行的公安机关。负责执行的公安机关应当根据决定书及时解除取保候审，并通知被取保候审人、保证人和有关单位。

第三节 监视居住

第一百零五条 公安机关对符合逮捕条件，有下列情形之一的犯罪嫌疑人，可以监视居住：

（一）患有严重疾病、生活不能自理的；

（二）怀孕或者正在哺乳自己婴儿的妇女；

（三）系生活不能自理的人的唯一扶养人；

（四）因案件的特殊情况或者办理案件的需要，采取监视居住措施更为适宜的；

（五）羁押期限届满，案件尚未办结，需要采取监视居住措施的。

对人民检察院决定不批准逮捕的犯罪嫌疑人，需要继续侦查，并且符合监视居住条件的，可以监视居住。

对于符合取保候审条件，但犯罪嫌疑人不能提出保证人，也不交纳保证金的，可以监视居住。

对于被取保候审人违反本规定第八十五条、第八十六条规定的，可以监视居住。

第一百零六条 对犯罪嫌疑人监视居住，应当制作呈请监视居住报告书，说明监视居住的理由、采取监视居住的方式以及应当遵守的规定，经县级以上公安机关负责人批准，制作监视居住决定书。监视居住决定书应当向犯罪嫌疑人宣读，由犯罪嫌疑人签名、捺指印。

第一百零七条 监视居住应当在犯罪嫌疑人、被告人住处执行；无固定住处的，可以在指定的居所执行。对于涉嫌危害国家安全犯罪、恐怖活动犯罪，在住处执行可能有碍侦查的，经上一级公安机关批准，也可以在指定的居所执行。

有下列情形之一的，属于本条规定的"有碍侦查"：

（一）可能毁灭、伪造证据，干扰证人作证或者串供的；

（二）可能引起犯罪嫌疑人自残、自杀或者逃跑的；

（三）可能引起同案犯逃避、妨碍侦查的；

（四）犯罪嫌疑人、被告人在住处执行监视居住有人身危险的；

（五）犯罪嫌疑人、被告人的家属或者所在单位人员与犯罪有牵连的。

指定居所监视居住的，不得要求被监视居住人支付费用。

第一百零八条　固定住处，是指被监视居住人在办案机关所在的市、县内生活的合法住处；指定的居所，是指公安机关根据案件情况，在办案机关所在的市、县内为被监视居住人指定的生活居所。

指定的居所应当符合下列条件：

（一）具备正常的生活、休息条件；

（二）便于监视、管理；

（三）保证安全。

公安机关不得在羁押场所、专门的办案场所或者办公场所执行监视居住。

第一百零九条　指定居所监视居住的，除无法通知的以外，应当制作监视居住通知书，在执行监视居住后二十四小时以内，由决定机关通知被监视居住人的家属。

有下列情形之一的，属于本条规定的"无法通知"：

（一）不讲真实姓名、住址、身份不明的；

（二）没有家属的；

（三）提供的家属联系方式无法取得联系的；

（四）因自然灾害等不可抗力导致无法通知的。

无法通知的情形消失以后，应当立即通知被监视居住人的家属。

无法通知家属的，应当在监视居住通知书中注明原因。

第一百一十条　被监视居住人委托辩护律师，适用本规定第四十一条、第四十二条、第四十三条规定。

第一百一十一条　公安机关在宣布监视居住决定时，应当告知被监视居住人必须遵守以下规定：

（一）未经执行机关批准不得离开执行监视居住的处所；

（二）未经执行机关批准不得会见他人或者以任何方式通信；

（三）在传讯的时候及时到案；

（四）不得以任何形式干扰证人作证；

（五）不得毁灭、伪造证据或者串供；

（六）将护照等出入境证件、身份证件、驾驶证件交执行机关保存。

第一百一十二条　公安机关对被监视居住人，可以采取电子监控、不定期检查等监视方法对其遵守监视居住规定的情况进行监督；在侦查期间，可以对被监视居住的犯罪嫌疑人的电话、传真、信函、邮件、网络等通信进行监控。

第一百一十三条　公安机关决定监视居住的，由被监视居住人住处或者指定居所所在地的派出所执行，办案部门可以协助执行。必要时，也可以由办案部门负责执行，派出所或者其他部门协助执行。

第一百一十四条　人民法院、人民检察院决定监视居住的，负责执行的县级公安机关应当在收到法律文书和有关材料后二十四小时以内，通知被监视居住人住处或者指定居所所在地的派出所，核实被监视居住人身份、住处或者居所等情况后执行。必要时，可以由人民法院、人民检察院协助执行。

第一百一十五条　负责执行监视居住的派出所或者办案部门应当严格对被监视居住人进行监督考察，确保安全。

对于人民法院、人民检察院决定监视居住的，应当及时将监视居住的执行情况报告决定机关。

第一百一十六条　被监视居住人有正当理由要求离开住处或者指定的居所以及要求会见他人或者通信的，应当经负责执行的派出所或者办案部门负责人批准。

人民法院、人民检察院决定监视居住的，负责执行的派出所在批准被监视居住人离开住处或者指定的居所以及与他人会见或者通信前，应当征得决定机关同意。

第一百一十七条 被监视居住人违反应当遵守的规定，公安机关应当区分情形责令被监视居住人具结悔过或者给予治安管理处罚。情节严重的，可以予以逮捕；需要予以逮捕的，可以对其先行拘留。

人民法院、人民检察院决定监视居住的，被监视居住人违反应当遵守的规定，执行监视居住的县级公安机关应当及时告知决定机关。

第一百一十八条 在监视居住期间，公安机关不得中断案件的侦查，对被监视居住的犯罪嫌疑人，应当根据案情变化，及时解除监视居住或者变更强制措施。

监视居住最长不得超过六个月。

第一百一十九条 公安机关决定解除监视居住，应当经县级以上公安机关负责人批准，制作解除监视居住决定书，并及时通知执行的派出所或者办案部门、被监视居住人和有关单位。

人民法院、人民检察院作出解除、变更监视居住决定的，公安机关应当及时解除并通知被监视居住人和有关单位。

第四节 拘 留

第一百二十条 公安机关对于现行犯或者重大嫌疑分子，有下列情形之一的，可以先行拘留：

（一）正在预备犯罪、实行犯罪或者在犯罪后即时被发觉的；

（二）被害人或者在场亲眼看见的人指认他犯罪的；

（三）在身边或者住处发现有犯罪证据的；

（四）犯罪后企图自杀、逃跑或者在逃的；

（五）有毁灭、伪造证据或者串供可能的；

（六）不讲真实姓名、住址，身份不明的；

（七）有流窜作案、多次作案、结伙作案重大嫌疑的。

第一百二十一条 拘留犯罪嫌疑人，应当填写呈请拘留报告书，经县级以上公安机关负责人批准，制作拘留证。执行拘留时，必须出示拘留证，并责令被拘留人在拘留证上签名、捺指印，拒绝签名、捺指印的，侦查人员应当注明。

紧急情况下，对于符合本规定第一百二十条所列情形之一的，应当将犯罪嫌疑人带至公安机关后立即审查，办理法律手续。

第一百二十二条 拘留后，应当立即将被拘留人送看守所羁押，至迟不得超过二十四小时。

异地执行拘留的，应当在到达管辖地后二十四小时以内将犯罪嫌疑人送看守所羁押。

第一百二十三条 除无法通知或者涉嫌危害国家安全犯罪、恐怖活动犯罪通知可能有碍侦查的情形以外，应当在拘留后二十四小时以内制作拘留通知书，通知被拘留人的家属。拘留通知书应当写明拘留原因和羁押处所。

本条规定的"无法通知"的情形适用本规定第一百零九条第二款的规定。

有下列情形之一的，属于本条规定的"有碍侦查"：

（一）可能毁灭、伪造证据，干扰证人作证或者串供的；

（二）可能引起同案犯逃避、妨碍侦查的；

（三）犯罪嫌疑人的家属与犯罪有牵连的。

无法通知、有碍侦查的情形消失以后，应当立即通知被拘留人的家属。

对于没有在二十四小时以内通知家属的，应当在拘留通知书中注明原因。

第一百二十四条 对被拘留的人，应当在拘留后二十四小时以内进行讯问。发现不应当拘留的，应当经县级以上公安机关负责人批准，制作释放通知书，看守所凭释放通知书发给被拘留人释放证明书，将其立即释放。

第一百二十五条 对被拘留的犯罪嫌疑人，经过审查认为需要逮捕的，应当在拘留后的三日以内，提请人民检察院审查批准。在特殊情况下，经县级以上公安机关负责人批准，提请审查批准逮捕的时间可以延长一日至四日。

对流窜作案、多次作案、结伙作案的重大嫌疑分子，经县级以上公安机关负责人批准，提请审查批准逮捕的时间可以延长至三十日。

本条规定的"流窜作案"，是指跨市、县管辖范围连续作案，或者在居住地作案后逃跑到外市、县继续作案；"多次作案"，是指三次以上作案；"结伙作案"，是指二人以上共同作案。

第一百二十六条 犯罪嫌疑人不讲真实姓名、住址，身份不明的，应当对其身份进行调查。经县级以上公安机关负责人批准，拘留期限自查清其身份之日起计算，但不得停止对其犯罪行为的侦查取证。

对符合逮捕条件的犯罪嫌疑人，也可以按其自报的姓名提请批准逮捕。

第一百二十七条 对被拘留的犯罪嫌疑人审查后，根据案件情况报经县级以上公安机关负责人批准，分别作出如下处理：

（一）需要逮捕的，在拘留期限内，依法办理提请批准逮捕手续；

（二）应当追究刑事责任，但不需要逮捕的，依法直接向人民检察院移送审查起诉，或者依法办理取保候审或者监视居住手续后，向人民检察院移送审查起诉；

（三）拘留期限届满，案件尚未办结，需要继续侦查的，依法办理取保候审或者监视居住手续；

（四）具有本规定第一百八十三条规定情形之一的，释放被拘留人，发给释放证明书；需要行政处理的，依法予以处理或者移送有关部门。

第一百二十八条 人民检察院决定拘留犯罪嫌疑人的，由县级以上公安机关凭人民检察院送达的决定拘留的法律文书制作拘留证并立即执行。必要时，可以请人民检察院协助。拘留后，应当及时通知人民检察院。

公安机关未能抓获犯罪嫌疑人的，应当将执行情况和未能抓获犯罪嫌疑人的原因通知作出拘留决定的人民检察院。对于犯罪嫌疑人在逃的，在人民检察院撤销拘留决定之前，公安机关应当组织力量继续执行。

第五节 逮 捕

第一百二十九条 对有证据证明有犯罪事实，可能判处徒刑以上刑罚的犯罪嫌疑人，采取取保候审尚不足以防止发生下列社会危险性的，应当提请批准逮捕：

（一）可能实施新的犯罪的；

（二）有危害国家安全、公共安全或者社会秩序的现实危险的；

（三）可能毁灭、伪造证据，干扰证人作证或者串供的；

（四）可能对被害人、举报人、控告人实施打击报复的；

（五）企图自杀或者逃跑的。

对于有证据证明有犯罪事实，可能判处十年有期徒刑以上刑罚的，或者有证据证明有犯罪事实，可能判处徒刑以上刑罚，曾经故意犯罪或者身份不明的，应当提请批准逮捕。

公安机关在根据第一款的规定提请人民检察院审查批准逮捕时，应当对犯罪嫌疑人具有社会危险性说明理由。

第一百三十条 有证据证明有犯罪事实，是指同时具备下列情形：

（一）有证据证明发生了犯罪事实；

（二）有证据证明该犯罪事实是犯罪嫌疑人实施的；

（三）证明犯罪嫌疑人实施犯罪行为的证据已有查证属实的。

前款规定的"犯罪事实"既可以是单一犯罪行为的事实，也可以是数个犯罪行为中任何一个犯罪行为的事实。

第一百三十一条 被取保候审人违反取保候审规定，具有下列情形之一的，可以提请批准逮捕：

（一）涉嫌故意实施新的犯罪行为的；

（二）有危害国家安全、公共安全或者社会秩序的现实危险的；

（三）实施毁灭、伪造证据或者干扰证人作证、串供行为，足以影响侦查工作正常进行的；

（四）对被害人、举报人、控告人实施打击报复的；

（五）企图自杀、逃跑，逃避侦查的；

（六）未经批准，擅自离开所居住的市、县，情节严重的，或者两次以上未经批准，擅自离开所居住的市、县的；

（七）经传讯无正当理由不到案，情节严重的，或者经两次以上传讯不到案的；

（八）违反规定进入特定场所、从事特定活动或者与特定人员会见、通信两次以上的。

第一百三十二条 被监视居住人违反监视居住规定，具有下列情形之一的，可以提请批准逮捕：

（一）涉嫌故意实施新的犯罪行为的；

（二）实施毁灭、伪造证据或者干扰证人作证、串供行为，足以影响侦查工作正常进行的；

（三）对被害人、举报人、控告人实施打击报复的；

（四）企图自杀、逃跑，逃避侦查的；

（五）未经批准，擅自离开执行监视居住的处所，情节严重的，或者两次以上未经批准，擅自离开执行监视居住的处所的；

（六）未经批准，擅自会见他人或者通信，情节严重的，或者两次以上未经批准，擅自会见他人或者通信的；

（七）经传讯无正当理由不到案，情节严重的，或者经两次以上传讯不到案的。

第一百三十三条 需要提请批准逮捕犯罪嫌疑人的，应当经县级以上公安机关负责人批准，制作提请批准逮捕书，连同案卷材料、证据，一并移送同级人民检察院审查批准。

第一百三十四条 对于人民检察院不批准逮捕并通知补充侦查的，公安机关应当按照人民检察院的补充侦查提纲补充侦查。

公安机关补充侦查完毕，认为符合逮捕条件的，应当重新提请批准逮捕。

第一百三十五条 对于人民检察院不批准逮捕而未说明理由的，公安机关可以要求人民检察院说明理由。

第一百三十六条 对于人民检察院决定不批准逮捕的，公安机关在收到不批准逮捕决定书后，如果犯罪嫌疑人已被拘留的，应当立即释放，发给释放证明书，并将执行回执送达作出不批准逮捕决定的人民检察院。

第一百三十七条 对人民检察院不批准逮捕的决定，认为有错误需要复议的，应当在收到不批准逮捕决定书后五日以内制作要求复议意见书，报经县级以上公安机关负责人批准后，送交同级人民检察院复议。

如果意见不被接受，认为需要复核的，应当在收到人民检察院的复议决定书后五日以内制作提请复核意见书，报经县级以上公安机关负责人批准后，连同人民检察院的复议决定书，一并提请上一级人民检察院复核。

第一百三十八条 接到人民检察院批准逮捕决定书后，应当由县级以上公安机关负责人签发逮捕证，立即执行，并将执行回执送达作出批准逮捕决定的人民检察院。如果未能执行，也应当将回执送达人民检察院，并写明未能执行的原因。

第一百三十九条 执行逮捕时，必须出示逮捕证，并责令被逮捕人在逮捕证上签名、捺指印，拒绝签名、捺指印的，侦查人员应当注明。逮捕后，应当立即将被逮捕人送看守所羁押。

执行逮捕的侦查人员不得少于二人。

第一百四十条 对被逮捕的人，必须在逮捕后的二十四小时以内进行讯问。发现不应当逮捕的，经县级以上公安机关负责人批准，制作释放通知书，送看守所和原批准逮捕的人民检察院。看守所凭释放通知书立即释放被逮捕人，并发给释放证明书。

第一百四十一条 对犯罪嫌疑人执行逮捕后，除无法通知的情形以外，应当在逮捕后二十四小时以内，制作逮捕通知书，通知被逮捕人的家属。逮捕通知书应当写明逮捕原因和羁押处所。

本条规定的"无法通知"的情形适用本规定第一百零九条第二款的规定。

无法通知的情形消除后，应当立即通知被逮捕人的家属。

对于没有在二十四小时以内通知家属的，应当在逮捕通知书中注明原因。

第一百四十二条 人民法院、人民检察院决定逮捕犯罪嫌疑人、被告人的，由县级以上公安机关凭人民法院、人民检察院决定逮捕的法律文书制作逮捕证并立即执行。必要时，可以请人民法院、人民检察院协助执行。执行逮捕后，应当及时通知决定机关。

公安机关未能抓获犯罪嫌疑人、被告人的，应当将执行情况和未能抓获的原因通知决定逮捕的人民检察院、人民法院。对于犯罪嫌疑人、被告人在逃的，在人民检察院、人民法院撤销逮捕决定之前，公安机关应当组织力量继续执行。

第一百四十三条 人民检察院在审查批准逮捕工作中发现公安机关的侦查活动存在违法情况，通知公安机关予以纠正的，公安机关应当调查核实，对于发现的违法情况应当及时纠正，并将纠正情况书面通知人民检察院。

第六节 羁 押

第一百四十四条 对犯罪嫌疑人逮捕后的侦查羁押期限不得超过二个月。案情复杂、期限届满不能侦查终结的案件，应当制作提请批准延长侦查羁押期限意见书，经县级以上公安机关负责人批准后，在期限届满七日前送请同级人民检察院转报上一级人民检察院批准延长一个月。

第一百四十五条 下列案件在本规定第一百四十四条规定的期限届满不能侦查终结的，应当制作提请批准延长侦查羁押期限意见书，经县级以上公安机关负责人批准，在期限届满七日前送请同级人民检察院层报省、自治区、直辖市人民检察院批准，延长二个月：

（一）交通十分不便的边远地区的重大复杂案件；

（二）重大的犯罪集团案件；

（三）流窜作案的重大复杂案件；

（四）犯罪涉及面广，取证困难的重大复杂案件。

第一百四十六条 对犯罪嫌疑人可能判处十年有期徒刑以上刑罚，依照本规定第一百四十五条规定的延长期限届满，仍不能侦查终结的，应当制作提请批准延长侦查羁押期限意见书，经县级以上公安机关负责人批准，在期限届满七日前送请同级人民检察院层报省、自治区、直辖市人民检察院批准，再延长二个月。

第一百四十七条 在侦查期间，发现犯罪嫌疑人另有重要罪行的，应当自发现之日起五日以内报县级以上公安机关负责人批准后，重新计算侦查羁押期限，制作重新计算侦查羁押期限通知书，送达看守所，并报批准逮捕的人民检察院备案。

前款规定的"另有重要罪行"，是指与逮捕时的罪行不同种的重大犯罪以及同种犯罪并将影响罪名认定、量刑档次的重大犯罪。

第一百四十八条 犯罪嫌疑人不讲真实姓名、住址，身份不明的，应当对其身份进行调查。经县级以上公安机关负责人批准，侦查羁押期限自查清其身份之日起计算，但不得停止对其犯罪行为的侦查取证。

对于犯罪事实清楚，证据确实、充分，确实无法查明其身份的，按其自报的姓名移送人民检察院审查起诉。

第一百四十九条 看守所应当凭公安机关签发的拘留证、逮捕证收押被拘留、逮捕的犯罪嫌疑人、被告人。犯罪嫌疑人、被告人被送至看守所羁押时，看守所应当在拘留证、逮捕证上注明犯罪嫌疑人、被告人到达看守所的时间。

查获被通缉、脱逃的犯罪嫌疑人以及执行追捕、押解任务需要临时寄押的，应当持通缉令或者其他有关法律文书并经寄押地县级以上公安机关负责人批准，送看守所寄押。

临时寄押的犯罪嫌疑人出所时，看守所应当出具羁押该犯罪嫌疑人的证明，载明该犯罪嫌疑人基本情况、羁押原因、入所和出所时间。

第一百五十条 看守所收押犯罪嫌疑人、被告人和罪犯，应当进行健康和体表检查，并予以记录。

第一百五十一条 看守所收押犯罪嫌疑人、被告人和罪犯，应当对其人身和携带的物品进行安全检查。发现违禁物品、犯罪证据和可疑物品，应当制作笔录，由被羁押人签名、捺指印后，送办案机关处理。

对女性的人身检查，应当由女工作人员进行。

第一百五十二条 犯罪嫌疑人被送交看守所羁押以后，侦查人员对其进行讯问，应当在看守所讯问室内进行。

第七节　其他规定

第一百五十三条 继续盘问期间发现犯罪嫌疑人需要拘留、逮捕、取保候审或者监视居住的，应当立即办理法律手续。

第一百五十四条 对犯罪嫌疑人执行拘传、拘留、逮捕、押解过程中，应当依法使用约束性警械。遇有暴力性对抗或者暴力犯罪行为，可以依法使用制服性警械或者武器。

第一百五十五条 公安机关发现对犯罪嫌疑人采取强制措施不当的，应当及时撤销或者变更。犯罪嫌疑人在押的，应当及时释放。公安机关释放被逮捕的人或者变更逮捕措施的，应当通知批准逮捕的人民检察院。

第一百五十六条 犯罪嫌疑人被逮捕后，人民检察院经审查认为不需要继续羁押提出检察建议的，公安机关应当予以调查核实，认为不需要继续羁押的，应当予以释放或者变更强制措施；认为需要继续羁押的，应当说明理由。

公安机关应当在十日以内将处理情况通知人民检察院。

第一百五十七条 犯罪嫌疑人及其法定代理人、近亲属或者辩护人有权申请变更强制措施。公安机关应当在收到申请后三日以内作出决定；不同意变更强制措施的，应当告知申请人，并说明理由。

第一百五十八条 公安机关对被采取强制措施法定期限届满的犯罪嫌疑人，应当予以释放，解除取保候审、监视居住或者依法变更强制措施。

犯罪嫌疑人及其法定代理人、近亲属或者辩护人对于公安机关采取强制措施法定期限届满的，有权要求公安机关解除强制措施。公安机关应当进行审查，对于情况属实的，应当立即解除或者变更强制措施。

对于犯罪嫌疑人、被告人羁押期限即将届满的，看守所应当立即通知办案机关。

第一百五十九条 取保候审变更为监视居住的，取保候审、监视居住变更为拘留、逮捕的，对原强制措施不再办理解除法律手续。

第一百六十条 案件在取保候审、监视居住期间移送审查起诉后，人民检察院决定重新取保候审、监视居住或者变更强制措施的，对原强制措施不再办理解除法律手续。

第一百六十一条 公安机关依法对县级以上各级人民代表大会代表拘传、取保候审、监视居住、拘留或者提请批准逮捕的，应当书面报请该代表所属的人民代表大会主席团或者常务委员会许可。

第一百六十二条 公安机关对现行犯拘留的时候，发现其是县级以上人民代表大会代表的，应当立即向其所属的人民代表大会主席团或者常务委员会报告。

公安机关在依法执行拘传、取保候审、监视居住、拘留或者逮捕中，发现被执行人是县级以上人民代表大会代表的，应当暂缓执行，并报告决定或者批准机关。如果在执行后发现被执行人是县级以上人民代表大会代表的，应当立即解除，并报告决定或者批准机关。

第一百六十三条 公安机关依法对乡、民族乡、镇的人民代表大会代表拘传、取保候审、监视居住、拘留或者执行逮捕的，应当在执行后立即报告其所属的人民代表大会。

第一百六十四条 公安机关依法对政治协商委员会委员拘传、取保候审、监视居住的，应当将有关情况通报给该委员所属的政协组织。

第一百六十五条 公安机关依法对政治协商委员会委员执行拘留、逮捕前，应当向该委员所属的政协组织通报情况；情况紧急的，可在执行的同时或者执行以后及时通报。

第七章　立案、撤案

第一节　受　案

第一百六十六条 公安机关对于公民扭送、报案、控告、举报或者犯罪嫌疑人自动投案的，都应当立即接受，问明情况，并制作笔录，经核对无误后，由扭送人、报案人、控告人、举报人、自动投案人签名、捺指印。必要时，应当录音或者录像。

第一百六十七条 公安机关对扭送人、报案人、控告人、举报人、自动投案人提供的有关证据材料等应当登记，制作接受证据材料清单，并由扭送人、报案人、控告人、举报人、自动投案人签名。必要时，应当拍照或者录音、录像，并妥善保管。

第一百六十八条 公安机关接受案件时，应当制作受案登记表，并出具回执。

第一百六十九条 公安机关接受控告、举报的工作人员，应当向控告人、举报人说明诬告应负的法律责任。但是，只要不是捏造事实、伪造证据，即使控告、举报的事实有出入，甚至是错告的，也要和诬告严格加以区别。

第一百七十条 公安机关应当保障扭送人、报案人、控告人、举报人及其近亲属的安全。

扭送人、报案人、控告人、举报人如果不愿意公开自己的身份，应当为其保守秘密，并在材料中注明。

第一百七十一条 对接受的案件，或者发现的犯罪线索，公安机关应当迅速进行审查。

对于在审查中发现案件事实或者线索不明的，必要时，经办案部门负责人批准，可以进行初查。

初查过程中，公安机关可以依照有关法律和规定采取询问、查询、勘验、鉴定和调取证据材料等不限制被调查对象人身、财产权利的措施。

第一百七十二条 经过审查，认为有犯罪事实，但不属于自己管辖的案件，应当立即报经县级以上公安机关负责人批准，制作移送案件通知书，移送有管辖权的机关处理。

对于不属于自己管辖又必须采取紧急措施的，应当先采取紧急措施，然后办理手续，移送主管机关。

第一百七十三条 经过审查，对告诉才处理的案件，公安机关应当告知当事人向人民法院起诉。

对被害人有证据证明的轻微刑事案件，公安机关应当告知被害人可以向人民法院起诉；被害人要求公安机关处理的，公安机关应当依法受理。

人民法院审理自诉案件，依法调取公安机关已经收集的案件材料和有关证据的，公安机关应当及时移交。

第一百七十四条 经过审查，对于不够刑事处罚需要给予行政处理的，依法予以处理或者移送有关部门。

第二节　立　案

第一百七十五条　公安机关接受案件后，经审查，认为有犯罪事实需要追究刑事责任，且属于自己管辖的，经县级以上公安机关负责人批准，予以立案；认为没有犯罪事实，或者犯罪事实显著轻微不需要追究刑事责任，或者具有其他依法不追究刑事责任情形的，经县级以上公安机关负责人批准，不予立案。

对有控告人的案件，决定不予立案的，公安机关应当制作不予立案通知书，并在三日以内送达控告人。

第一百七十六条　控告人对不予立案决定不服的，可以在收到不予立案通知书后七日以内向作出决定的公安机关申请复议；公安机关应当在收到复议申请后七日以内作出决定，并书面通知控告人。

控告人对不予立案的复议决定不服的，可以在收到复议决定书后七日以内向上一级公安机关申请复核；上一级公安机关应当在收到复核申请后七日以内作出决定。对上级公安机关撤销不予立案决定的，下级公安机关应当执行。

第一百七十七条　对行政执法机关移送的案件，公安机关应当自接受案件之日起三日以内进行审查，认为有犯罪事实，需要追究刑事责任，依法决定立案的，应当书面通知移送案件的行政执法机关；认为没有犯罪事实，或者犯罪事实显著轻微，不需要追究刑事责任，依法不予立案的，应当说明理由，并将不予立案通知书送达移送案件的行政执法机关，相应退回案件材料。

第一百七十八条　移送案件的行政执法机关对不予立案决定不服的，可以在收到不予立案通知书后三日以内向作出决定的公安机关申请复议；公安机关应当在收到行政执法机关的复议申请后三日以内作出决定，并书面通知移送案件的行政执法机关。

第一百七十九条　对人民检察院要求说明不立案理由的案件，

公安机关应当在收到通知书后七日以内，对不立案的情况、依据和理由作出书面说明，回复人民检察院。公安机关作出立案决定的，应当将立案决定书复印件送达人民检察院。

人民检察院通知公安机关立案的，公安机关应当在收到通知书后十五日以内立案，并将立案决定书复印件送达人民检察院。

第一百八十条 人民检察院认为公安机关不应当立案而立案，提出纠正意见的，公安机关应当进行调查核实，并将有关情况回复人民检察院。

第一百八十一条 经立案侦查，认为有犯罪事实需要追究刑事责任，但不属于自己管辖或者需要由其他公安机关并案侦查的案件，经县级以上公安机关负责人批准，制作移送案件通知书，移送有管辖权的机关或者并案侦查的公安机关，并在移送案件后三日以内书面通知犯罪嫌疑人家属。

第一百八十二条 案件变更管辖或者移送其他公安机关并案侦查时，与案件有关的财物及其孳息、文件应当随案移交。

移交时，由接收人、移交人当面查点清楚，并在交接单据上共同签名。

第三节 撤 案

第一百八十三条 经过侦查，发现具有下列情形之一的，应当撤销案件：

（一）没有犯罪事实的；

（二）情节显著轻微、危害不大，不认为是犯罪的；

（三）犯罪已过追诉时效期限的；

（四）经特赦令免除刑罚的；

（五）犯罪嫌疑人死亡的；

（六）其他依法不追究刑事责任的。

对于经过侦查，发现有犯罪事实需要追究刑事责任，但不是被立案侦查的犯罪嫌疑人实施的，或者共同犯罪案件中部分犯罪嫌人不够刑事处罚的，应当对有关犯罪嫌疑人终止侦查，并对该案件继续侦查。

第一百八十四条　需要撤销案件或者对犯罪嫌疑人终止侦查的，办案部门应当制作撤销案件或者对犯罪嫌疑人终止侦查报告书，报县级以上公安机关负责人批准。

公安机关决定撤销案件或者对犯罪嫌疑人终止侦查时，原犯罪嫌疑人在押的，应当立即释放，发给释放证明书。原犯罪嫌疑人被逮捕的，应当通知原批准逮捕的人民检察院。对原犯罪嫌疑人采取其他强制措施的，应当立即解除强制措施；需要行政处理的，依法予以处理或者移交有关部门。

对查封、扣押的财物及其孳息、文件，或者冻结的财产，除按照法律和有关规定另行处理的以外，应当解除查封、扣押、冻结。

第一百八十五条　公安机关作出撤销案件决定后，应当在三日以内告知原犯罪嫌疑人、被害人或者其近亲属、法定代理人以及案件移送机关。

公安机关作出终止侦查决定后，应当在三日以内告知原犯罪嫌疑人。

第一百八十六条　公安机关撤销案件以后又发现新的事实或者证据，认为有犯罪事实需要追究刑事责任的，应当重新立案侦查。

对于犯罪嫌疑人终止侦查后又发现新的事实或者证据，认为有犯罪事实需要追究刑事责任的，应当继续侦查。

第八章　侦　　查

第一节　一般规定

第一百八十七条　公安机关对已经立案的刑事案件，应当及时进行侦查，全面、客观地收集、调取犯罪嫌疑人有罪或者无罪、罪轻或者罪重的证据材料。

第一百八十八条　公安机关经过侦查，对有证据证明有犯罪事实的案件，应当进行预审，对收集、调取的证据材料的真实性、合法性及证明力予以审查、核实。

第一百八十九条 公安机关侦查犯罪，应当严格依照法律规定的条件和程序采取强制措施和侦查措施，严禁在没有证据的情况下，仅凭怀疑就对犯罪嫌疑人采取强制措施和侦查措施。

第一百九十条 公安机关侦查犯罪，涉及国家秘密、商业秘密、个人隐私的，应当保密。

第一百九十一条 当事人和辩护人、诉讼代理人、利害关系人对于公安机关及其侦查人员有下列行为之一的，有权向该机关申诉或者控告：

（一）采取强制措施法定期限届满，不予以释放、解除或者变更的；

（二）应当退还取保候审保证金不退还的；

（三）对与案件无关的财物采取查封、扣押、冻结措施的；

（四）应当解除查封、扣押、冻结不解除的；

（五）贪污、挪用、私分、调换、违反规定使用查封、扣押、冻结的财物的。

受理申诉或者控告的公安机关应当及时进行调查核实，并在收到申诉、控告之日起三十日以内作出处理决定，书面回复申诉人、控告人。发现公安机关及其侦查人员有上述行为之一的，应当立即纠正。

第一百九十二条 上级公安机关发现下级公安机关存在本规定第一百九十一条第一款规定的违法行为或者对申诉、控告事项不按照规定处理的，应当责令下级公安机关限期纠正，下级公安机关应当立即执行。必要时，上级公安机关可以就申诉、控告事项直接作出处理决定。

第二节 讯问犯罪嫌疑人

第一百九十三条 公安机关对于不需要拘留、逮捕的犯罪嫌疑人，经办案部门负责人批准，可以传唤到犯罪嫌疑人所在市、县内的指定地点或者到他的住处进行讯问。

第一百九十四条 传唤犯罪嫌疑人时，应当出示传唤证和侦查人员的工作证件，并责令其在传唤证上签名、捺指印。

犯罪嫌疑人到案后，应当由其在传唤证上填写到案时间。传唤结束时，应当由其在传唤证上填写传唤结束时间。犯罪嫌疑人拒绝填写的，侦查人员应当在传唤证上注明。

对在现场发现的犯罪嫌疑人，侦查人员经出示工作证件，可以口头传唤，并将传唤的原因和依据告知被传唤人。在讯问笔录中应当注明犯罪嫌疑人到案方式，并由犯罪嫌疑人注明到案时间和传唤结束时间。

对自动投案或者群众扭送到公安机关的犯罪嫌疑人，可以依法传唤。

第一百九十五条 传唤持续的时间不得超过十二小时。案情特别重大、复杂，需要采取拘留、逮捕措施的，经办案部门负责人批准，传唤持续的时间不得超过二十四小时。不得以连续传唤的形式变相拘禁犯罪嫌疑人。

传唤期限届满，未作出采取其他强制措施决定的，应当立即结束传唤。

第一百九十六条 传唤、拘传、讯问犯罪嫌疑人，应当保证犯罪嫌疑人的饮食和必要的休息时间，并记录在案。

第一百九十七条 讯问犯罪嫌疑人，必须由侦查人员进行。讯问的时候，侦查人员不得少于二人。

讯问同案的犯罪嫌疑人，应当个别进行。

第一百九十八条 侦查人员讯问犯罪嫌疑人时，应当首先讯问犯罪嫌疑人是否有犯罪行为，并告知犯罪嫌疑人如实供述自己罪行可以从轻或者减轻处罚的法律规定，让他陈述有罪的情节或者无罪的辩解，然后向他提出问题。

犯罪嫌疑人对侦查人员的提问，应当如实回答。但是对与本案无关的问题，有拒绝回答的权利。

第一次讯问，应当问明犯罪嫌疑人的姓名、别名、曾用名、出生年月日、户籍所在地、现住地、籍贯、出生地、民族、职业、文化程度、家庭情况、社会经历、是否属于人大代表、政协委员、是否受过刑事处罚或者行政处理等情况。

第一百九十九条　讯问聋、哑的犯罪嫌疑人，应当有通晓聋、哑手势的人参加，并在讯问笔录上注明犯罪嫌疑人的聋、哑情况，以及翻译人员的姓名、工作单位和职业。

讯问不通晓当地语言文字的犯罪嫌疑人，应当配备翻译人员。

第二百条　侦查人员应当将问话和犯罪嫌疑人的供述或者辩解如实地记录清楚。制作讯问笔录应当使用能够长期保持字迹的材料。

第二百零一条　讯问笔录应当交犯罪嫌疑人核对或者向他宣读。如果记录有遗漏或者差错，应当允许犯罪嫌疑人补充或者更正，并捺指印。笔录经犯罪嫌疑人核对无误后，应当由其在笔录上逐页签名、捺指印，并在末页写明"以上笔录我看过（或向我宣读过），和我说的相符"。拒绝签名、捺指印的，侦查人员应当在笔录上注明。

讯问笔录上所列项目，应当按照规定填写齐全。侦查人员、翻译人员应当在讯问笔录上签名。

第二百零二条　犯罪嫌疑人请求自行书写供述的，应当准许；必要时，侦查人员也可以要求犯罪嫌疑人亲笔书写供词。犯罪嫌疑人应当在亲笔供词上逐页签名、捺指印。侦查人员收到后，应当在首页右上方写明"于某年某月某日收到"，并签名。

第二百零三条　讯问犯罪嫌疑人，在文字记录的同时，可以对讯问过程进行录音或者录像。对于可能判处无期徒刑、死刑的案件或者其他重大犯罪案件，应当对讯问过程进行录音或者录像。

前款规定的"可能判处无期徒刑、死刑的案件"，是指应当适用的法定刑或者量刑档次包含无期徒刑、死刑的案件。"其他重大犯罪案件"，是指致人重伤、死亡的严重危害公共安全犯罪、严重侵犯公民人身权利犯罪，以及黑社会性质组织犯罪、严重毒品犯罪等重大故意犯罪案件。

对讯问过程录音或者录像的，应当对每一次讯问全程不间断进行，保持完整性。不得选择性地录制，不得剪接、删改。

第二百零四条 对犯罪嫌疑人供述的犯罪事实、无罪或者罪轻的事实、申辩和反证，以及犯罪嫌疑人提供的证明自己无罪、罪轻的证据，公安机关应当认真核查；对有关证据，无论是否采信，都应当如实记录、妥善保管，并连同核查情况附卷。

第三节 询问证人、被害人

第二百零五条 询问证人、被害人，可以在现场进行，也可以到证人、被害人所在单位、住处或者证人、被害人提出的地点进行。在必要的时候，可以通知证人、被害人到公安机关提供证言。

询问证人、被害人应当个别进行。

在现场询问证人、被害人，侦查人员应当出示工作证件。到证人、被害人所在单位、住处或者证人、被害人提出的地点询问证人、被害人，应当经办案部门负责人批准，制作询问通知书。询问前，侦查人员应当出示询问通知书和工作证件。

第二百零六条 询问前，应当了解证人、被害人的身份，证人、犯罪嫌疑人、被害人之间的关系。询问时，应当告知证人、被害人必须如实地提供证据、证言和有意作伪证或者隐匿罪证应负的法律责任。

侦查人员不得向证人、被害人泄露案情或者表示对案件的看法，严禁采用暴力、威胁等非法方法询问证人、被害人。

第二百零七条 本规定第二百零一条、第二百零二条的规定，也适用于询问证人、被害人。

第四节　勘验、检查

第二百零八条　侦查人员对于与犯罪有关的场所、物品、人身、尸体应当进行勘验或者检查，及时提取、采集与案件有关的痕迹、物证、生物样本等。在必要的时候，可以指派或者聘请具有专门知识的人，在侦查人员的主持下进行勘验、检查。

第二百零九条　发案地派出所、巡警等部门应当妥善保护犯罪现场和证据，控制犯罪嫌疑人，并立即报告公安机关主管部门。

执行勘查的侦查人员接到通知后，应当立即赶赴现场；勘查现场，应当持有刑事犯罪现场勘查证。

第二百一十条　公安机关对案件现场进行勘查不得少于二人。勘查现场时，应当邀请与案件无关的公民作为见证人。

第二百一十一条　勘查现场，应当拍摄现场照片、绘制现场图，制作笔录，由参加勘查的人和见证人签名。对重大案件的现场，应当录像。

第二百一十二条　为了确定被害人、犯罪嫌疑人的某些特征、伤害情况或者生理状态，可以对人身进行检查，提取指纹信息，采集血液、尿液等生物样本。被害人死亡的，应当通过被害人近亲属辨认、提取生物样本鉴定等方式确定被害人身份。

犯罪嫌疑人如果拒绝检查、提取、采集的，侦查人员认为必要的时候，经办案部门负责人批准，可以强制检查、提取、采集。

检查妇女的身体，应当由女工作人员或者医师进行。

检查的情况应当制作笔录，由参加检查的侦查人员、检查人员、被检查人员和见证人签名。被检查人员拒绝签名的，侦查人员应当在笔录中注明。

第二百一十三条　为了确定死因，经县级以上公安机关负责人批准，可以解剖尸体，并且通知死者家属到场，让其在解剖尸体通知书上签名。

死者家属无正当理由拒不到场或者拒绝签名的，侦查人员应当在解剖尸体通知书上注明。对身份不明的尸体，无法通知死者家属的，应当在笔录中注明。

第二百一十四条 对已查明死因，没有继续保存必要的尸体，应当通知家属领回处理，对于无法通知或者通知后家属拒绝领回的，经县级以上公安机关负责人批准，可以及时处理。

第二百一十五条 公安机关进行勘验、检查后，人民检察院要求复验、复查的，公安机关应当进行复验、复查，并可以通知人民检察院派员参加。

第二百一十六条 为了查明案情，在必要的时候，经县级以上公安机关负责人批准，可以进行侦查实验。

对侦查实验的经过和结果，应当制作侦查实验笔录，由参加实验的人签名。必要时，应当对侦查实验过程进行录音或者录像。

进行侦查实验，禁止一切足以造成危险、侮辱人格或者有伤风化的行为。

第五节 搜 查

第二百一十七条 为了收集犯罪证据、查获犯罪人，经县级以上公安机关负责人批准，侦查人员可以对犯罪嫌疑人以及可能隐藏罪犯或者犯罪证据的人的身体、物品、住处和其他有关的地方进行搜查。

第二百一十八条 进行搜查，必须向被搜查人出示搜查证，执行搜查的侦查人员不得少于二人。

第二百一十九条 执行拘留、逮捕的时候，遇有下列紧急情况之一的，不用搜查证也可以进行搜查：

（一）可能随身携带凶器的；

（二）可能隐藏爆炸、剧毒等危险物品的；

（三）可能隐匿、毁弃、转移犯罪证据的；

（四）可能隐匿其他犯罪嫌疑人的；

（五）其他突然发生的紧急情况。

第二百二十条 进行搜查时，应当有被搜查人或者他的家属、邻居或者其他见证人在场。

公安机关可以要求有关单位和个人交出可以证明犯罪嫌疑人有罪或者无罪的物证、书证、视听资料等证据。遇到阻碍搜查的，侦查人员可以强制搜查。

搜查妇女的身体，应当由女工作人员进行。

第二百二十一条 搜查的情况应当制作笔录，由侦查人员和被搜查人或者他的家属，邻居或者其他见证人签名。

如果被搜查人拒绝签名，或者被搜查人在逃，他的家属拒绝签名或者不在场的，侦查人员应当在笔录中注明。

第六节 查封、扣押

第二百二十二条 在侦查活动中发现的可用以证明犯罪嫌疑人有罪或者无罪的各种财物、文件，应当查封、扣押；但与案件无关的财物、文件，不得查封、扣押。

持有人拒绝交出应当查封、扣押的财物、文件的，公安机关可以强制查封、扣押。

第二百二十三条 在侦查过程中需要扣押财物、文件的，应当经办案部门负责人批准，制作扣押决定书；在现场勘查或者搜查中需要扣押财物、文件的，由现场指挥人员决定；但扣押财物、文件价值较高或者可能严重影响正常生产经营的，应当经县级以上公安机关负责人批准，制作扣押决定书。

在侦查过程中需要查封土地、房屋等不动产，或者船舶、航空器以及其他不宜移动的大型机器、设备等特定动产的，应当经县级以上公安机关负责人批准并制作查封决定书。

第二百二十四条 执行查封、扣押的侦查人员不得少于二人，并出示本规定第二百二十三条规定的有关法律文书。

查封、扣押的情况应当制作笔录，由侦查人员、持有人和见证人签名。对于无法确定持有人或者持有人拒绝签名的，侦查人员应当在笔录中注明。

第二百二十五条 对查封、扣押的财物和文件，应当会同在场见证人和被查封、扣押财物、文件的持有人查点清楚，当场开列查封、扣押清单一式三份，写明财物或者文件的名称、编号、数量、特征及其来源等，由侦查人员、持有人和见证人签名，一份交给持有人，一份交给公安机关保管人员，一份附卷备查。

对于无法确定持有人的财物、文件或者持有人拒绝签名的，侦查人员应当在清单中注明。

依法扣押文物、金银、珠宝、名贵字画等贵重财物的，应当拍照或者录像，并及时鉴定、估价。

第二百二十六条 对作为犯罪证据但不便提取的财物、文件，经登记、拍照或者录像、估价后，可以交财物、文件持有人保管或者封存，并且开具登记保存清单一式两份，由侦查人员、持有人和见证人签名，一份交给财物、文件持有人，另一份连同照片或者录像资料附卷备查。财物、文件持有人应当妥善保管，不得转移、变卖、毁损。

第二百二十七条 扣押犯罪嫌疑人的邮件、电子邮件、电报，应当经县级以上公安机关负责人批准，制作扣押邮件、电报通知书，通知邮电部门或者网络服务单位检交扣押。

不需要继续扣押的时候，应当经县级以上公安机关负责人批准，制作解除扣押邮件、电报通知书，立即通知邮电部门或者网络服务单位。

第二百二十八条 对查封、扣押的财物、文件、邮件、电子邮件、电报，经查明确实与案件无关的，应当在三日以内解除查封、扣押，退还原主或者原邮电部门、网络服务单位；原主不明确的，应当采取公告方式告知原主认领。在通知原主或者公告后六个月以内，无人认领的，按照无主财物处理，登记后上缴国库。

第二百二十九条 对被害人的合法财产及其孳息权属明确无争议，并且涉嫌犯罪事实已经查证属实的，应当在登记、拍照或者录像、估价后及时返还，并在案卷中注明返还的理由，将原物照片、清单和被害人的领取手续存卷备查。

查找不到被害人，或者通知被害人后，无人领取的，应当将有关财产及其孳息随案移送。

第二百三十条 对查封、扣押的财物及其孳息、文件，公安机关应当妥善保管，以供核查。任何单位和个人不得使用、调换、损毁或者自行处理。

对容易腐烂变质及其他不易保管的财物，可以根据具体情况，经县级以上公安机关负责人批准，在拍照或者录像后委托有关部门变卖、拍卖，变卖、拍卖的价款暂予保存，待诉讼终结后一并处理。

对违禁品，应当依照国家有关规定处理；对于需要作为证据使用的，应当在诉讼终结后处理。

第七节 查询、冻结

第二百三十一条 公安机关根据侦查犯罪的需要，可以依照规定查询、冻结犯罪嫌疑人的存款、汇款、债券、股票、基金份额等财产，并可以要求有关单位和个人配合。

第二百三十二条 向金融机构等单位查询犯罪嫌疑人的存款、汇款、债券、股票、基金份额等财产，应当经县级以上公安机关负责人批准，制作协助查询财产通知书，通知金融机构等单位执行。

第二百三十三条 需要冻结犯罪嫌疑人在金融机构等单位的存款、汇款、债券、股票、基金份额等财产的，应当经县级以上公安机关负责人批准，制作协助冻结财产通知书，通知金融机构等单位执行。

第二百三十四条 不需要继续冻结犯罪嫌疑人存款、汇款、债券、股票、基金份额等财产时，应当经县级以上公安机关负责人批准，制作协助解除冻结财产通知书，通知金融机构等单位执行。

第二百三十五条 犯罪嫌疑人的存款、汇款、债券、股票、基金份额等财产已被冻结的，不得重复冻结，但可以轮候冻结。

第二百三十六条 冻结存款、汇款等财产的期限为六个月。冻结债券、股票、基金份额等证券的期限为二年。有特殊原因需要延长期限的，公安机关应当在冻结期限届满前办理继续冻结手续。每次续冻存款、汇款等财产的期限最长不得超过六个月；每次续冻债券、股票、基金份额等证券的期限最长不得超过二年。继续冻结的，应当按照本规定第二百三十三条的规定重新办理冻结手续。逾期不办理继续冻结手续的，视为自动解除冻结。

第二百三十七条 对冻结的债券、股票、基金份额等财产，应当告知当事人或者其法定代理人、委托代理人有权申请出售。

权利人书面申请出售被冻结的债券、股票、基金份额等财产，不损害国家利益、被害人、其他权利人利益，不影响诉讼正常进行的，以及冻结的汇票、本票、支票的有效期即将届满的，经县级以上公安机关负责人批准，可以依法出售或者变现，所得价款应当继续冻结在其对应的银行账户中；没有对应的银行账户的，所得价款由公安机关在银行指定专门账户保管，并及时告知当事人或者其近亲属。

第二百三十八条 对冻结的存款、汇款、债券、股票、基金份额等财产，经查明确实与案件无关的，应当在三日以内通知金融机构等单位解除冻结，并通知被冻结存款、汇款、债券、股票、基金份额等财产的所有人。

第八节　鉴　定

第二百三十九条 为了查明案情，解决案件中某些专门性问题，应当指派、聘请有专门知识的人进行鉴定。

需要聘请有专门知识的人进行鉴定，应当经县级以上公安机关负责人批准后，制作鉴定聘请书。

第二百四十条 公安机关应当为鉴定人进行鉴定提供必要的条件，及时向鉴定人送交有关检材和对比样本等原始材料，介绍与鉴定有关的情况，并且明确提出要求鉴定解决的问题。

禁止暗示或者强迫鉴定人作出某种鉴定意见。

第二百四十一条 侦查人员应当做好检材的保管和送检工作，并注明检材送检环节的责任人，确保检材在流转环节中的同一性和不被污染。

第二百四十二条 鉴定人应当按照鉴定规则，运用科学方法独立进行鉴定。鉴定后，应当出具鉴定意见，并在鉴定意见书上签名，同时附上鉴定机构和鉴定人的资质证明或者其他证明文件。

多人参加鉴定，鉴定人有不同意见的，应当注明。

第二百四十三条 对鉴定意见，侦查人员应当进行审查。

对经审查作为证据使用的鉴定意见，公安机关应当及时告知犯罪嫌疑人、被害人或者其法定代理人。

第二百四十四条 犯罪嫌疑人、被害人对鉴定意见有异议提出申请，以及办案部门或者侦查人员对鉴定意见有疑义的，可以将鉴定意见送交其他有专门知识的人员提出意见。必要时，询问鉴定人并制作笔录附卷。

第二百四十五条 经审查，发现有下列情形之一的，经县级以上公安机关负责人批准，应当补充鉴定：

（一）鉴定内容有明显遗漏的；

（二）发现新的有鉴定意义的证物的；

（三）对鉴定证物有新的鉴定要求的；

（四）鉴定意见不完整，委托事项无法确定的；

（五）其他需要补充鉴定的情形。

经审查，不符合上述情形的，经县级以上公安机关负责人批准，作出不准予补充鉴定的决定，并在作出决定后三日以内书面通知申请人。

第二百四十六条 经审查，发现有下列情形之一的，经县级以上公安机关负责人批准，应当重新鉴定：

（一）鉴定程序违法或者违反相关专业技术要求的；

（二）鉴定机构、鉴定人不具备鉴定资质和条件的；

（三）鉴定人故意作虚假鉴定或者违反回避规定的；

（四）鉴定意见依据明显不足的；

（五）检材虚假或者被损坏的；

（六）其他应当重新鉴定的情形。

重新鉴定，应当另行指派或者聘请鉴定人。

经审查，不符合上述情形的，经县级以上公安机关负责人批准，作出不准予重新鉴定的决定，并在作出决定后三日以内书面通知申请人。

第二百四十七条 公诉人、当事人或者辩护人、诉讼代理人对鉴定意见有异议，经人民法院依法通知的，公安机关鉴定人应当出庭作证。

鉴定人故意作虚假鉴定的，应当依法追究其法律责任。

第二百四十八条 对犯罪嫌疑人作精神病鉴定的时间不计入办案期限，其他鉴定时间都应当计入办案期限。

第九节 辨 认

第二百四十九条 为了查明案情，在必要的时候，侦查人员可以让被害人、证人或者犯罪嫌疑人对与犯罪有关的物品、文件、尸体、场所或者犯罪嫌疑人进行辨认。

第二百五十条 辨认应当在侦查人员的主持下进行。主持辨认的侦查人员不得少于二人。

几名辨认人对同一辨认对象进行辨认时，应当由辨认人个别进行。

第二百五十一条 辨认时，应当将辨认对象混杂在特征相类似的其他对象中，不得给辨认人任何暗示。辨认犯罪嫌疑人时，被辨认的人数不得少于七人；对犯罪嫌疑人照片进行辨认的，不得少于十人的照片；辨认物品时，混杂的同类物品不得少于五件。

对场所、尸体等特定辨认对象进行辨认，或者辨认人能够准确描述物品独有特征的，陪衬物不受数量的限制。

第二百五十二条　对犯罪嫌疑人的辨认，辨认人不愿意公开进行时，可以在不暴露辨认人的情况下进行，并应当为其保守秘密。

第二百五十三条　对辨认经过和结果，应当制作辨认笔录，由侦查人员、辨认人、见证人签名。必要时，应当对辨认过程进行录音或者录像。

第十节　技术侦查

第二百五十四条　公安机关在立案后，根据侦查犯罪的需要，可以对下列严重危害社会的犯罪案件采取技术侦查措施：

（一）危害国家安全犯罪、恐怖活动犯罪、黑社会性质的组织犯罪、重大毒品犯罪案件；

（二）故意杀人、故意伤害致人重伤或者死亡、强奸、抢劫、绑架、放火、爆炸、投放危险物质等严重暴力犯罪案件；

（三）集团性、系列性、跨区域性重大犯罪案件；

（四）利用电信、计算机网络、寄递渠道等实施的重大犯罪案件，以及针对计算机网络实施的重大犯罪案件；

（五）其他严重危害社会的犯罪案件，依法可能判处七年以上有期徒刑的。

公安机关追捕被通缉或者批准、决定逮捕的在逃的犯罪嫌疑人、被告人，可以采取追捕所必需的技术侦查措施。

第二百五十五条　技术侦查措施是指由设区的市一级以上公安机关负责技术侦查的部门实施的记录监控、行踪监控、通信监控、场所监控等措施。

技术侦查措施的适用对象是犯罪嫌疑人、被告人以及与犯罪活动直接关联的人员。

第二百五十六条　需要采取技术侦查措施的，应当制作呈请采取技术侦查措施报告书，报设区的市一级以上公安机关负责人批准，制作采取技术侦查措施决定书。

人民检察院等部门决定采取技术侦查措施，交公安机关执行的，由设区的市一级以上公安机关按照规定办理相关手续后，交负责技术侦查的部门执行，并将执行情况通知人民检察院等部门。

第二百五十七条 批准采取技术侦查措施的决定自签发之日起三个月以内有效。

在有效期限内，对不需要继续采取技术侦查措施的，办案部门应当立即书面通知负责技术侦查的部门解除技术侦查措施；负责技术侦查的部门认为需要解除技术侦查措施的，报批准机关负责人批准，制作解除技术侦查措施决定书，并及时通知办案部门。

对复杂、疑难案件，采取技术侦查措施的有效期限届满仍需要继续采取技术侦查措施的，经负责技术侦查的部门审核后，报批准机关负责人批准，制作延长技术侦查措施期限决定书。批准延长期限，每次不得超过三个月。

有效期限届满，负责技术侦查的部门应当立即解除技术侦查措施。

第二百五十八条 采取技术侦查措施，必须严格按照批准的措施种类、适用对象和期限执行。

在有效期限内，需要变更技术侦查措施种类或者适用对象的，应当按照本规定第二百五十六条规定重新办理批准手续。

第二百五十九条 采取技术侦查措施收集的材料在刑事诉讼中可以作为证据使用。使用技术侦查措施收集的材料作为证据时，可能危及有关人员的人身安全，或者可能产生其他严重后果的，应当采取不暴露有关人员身份和使用的技术设备、侦查方法等保护措施。

采取技术侦查措施收集的材料作为证据使用的，采取技术侦查措施决定书应当附卷。

第二百六十条 采取技术侦查措施收集的材料，应当严格依照有关规定存放，只能用于对犯罪的侦查、起诉和审判，不得用于其他用途。

采取技术侦查措施收集的与案件无关的材料，必须及时销毁，并制作销毁记录。

第二百六十一条　侦查人员对采取技术侦查措施过程中知悉的国家秘密、商业秘密和个人隐私，应当保密。

公安机关依法采取技术侦查措施，有关单位和个人应当配合，并对有关情况予以保密。

第二百六十二条　为了查明案情，在必要的时候，经县级以上公安机关负责人决定，可以由侦查人员或者公安机关指定的其他人员隐匿身份实施侦查。

隐匿身份实施侦查时，不得使用促使他人产生犯罪意图的方法诱使他人犯罪，不得采用可能危害公共安全或者发生重大人身危险的方法。

第二百六十三条　对涉及给付毒品等违禁品或者财物的犯罪活动，为查明参与该项犯罪的人员和犯罪事实，根据侦查需要，经县级以上公安机关负责人决定，可以实施控制下交付。

第二百六十四条　公安机关依照本节规定实施隐匿身份侦查和控制下交付收集的材料在刑事诉讼中可以作为证据使用。

使用隐匿身份侦查和控制下交付收集的材料作为证据时，可能危及隐匿身份人员的人身安全，或者可能产生其他严重后果的，应当采取不暴露有关人员身份等保护措施。

第十一节　通　缉

第二百六十五条　应当逮捕的犯罪嫌疑人如果在逃，公安机关可以发布通缉令，采取有效措施，追捕归案。

县级以上公安机关在自己管辖的地区内，可以直接发布通缉令；超出自己管辖的地区，应当报请有权决定的上级公安机关发布。

通缉令的发送范围，由签发通缉令的公安机关负责人决定。

第二百六十六条　通缉令中应当尽可能写明被通缉人的姓名、

别名、曾用名、绰号、性别、年龄、民族、籍贯、出生地、户籍所在地、居住地、职业、身份证号码、衣着和体貌特征、口音、行为习惯，并附被通缉人近期照片，可以附指纹及其他物证的照片。除了必须保密的事项以外，应当写明发案的时间、地点和简要案情。

第二百六十七条　通缉令发出后，如果发现新的重要情况可以补发通报。通报必须注明原通缉令的编号和日期。

第二百六十八条　公安机关接到通缉令后，应当及时布置查缉。抓获犯罪嫌疑人后，报经县级以上公安机关负责人批准，凭通缉令或者相关法律文书羁押，并通知通缉令发布机关进行核实，办理交接手续。

第二百六十九条　需要对犯罪嫌疑人在口岸采取边控措施的，应当按照有关规定制作边控对象通知书，经县级以上公安机关负责人审核后，层报省级公安机关批准，办理全国范围内的边控措施。需要限制犯罪嫌疑人人身自由的，应当附有关法律文书。

紧急情况下，需要采取边控措施的，县级以上公安机关可以出具公函，先向当地边防检查站交控，但应当在七日以内按照规定程序办理全国范围内的边控措施。

第二百七十条　为发现重大犯罪线索，追缴涉案财物、证据，查获犯罪嫌疑人，必要时，经县级以上公安机关负责人批准，可以发布悬赏通告。

悬赏通告应当写明悬赏对象的基本情况和赏金的具体数额。

第二百七十一条　通缉令、悬赏通告应当广泛张贴，并可以通过广播、电视、报刊、计算机网络等方式发布。

第二百七十二条　经核实，犯罪嫌疑人已经自动投案、被击毙或者被抓获，以及发现有其他不需要采取通缉、边控、悬赏通告的情形的，发布机关应当在原通缉、通知、通告范围内，撤销通缉令、边控通知、悬赏通告。

第二百七十三条　通缉越狱逃跑的犯罪嫌疑人、被告人或者罪犯，适用本节的有关规定。

第十二节　侦查终结

第二百七十四条　侦查终结的案件，应当同时符合以下条件：

（一）案件事实清楚；

（二）证据确实、充分；

（三）犯罪性质和罪名认定正确；

（四）法律手续完备；

（五）依法应当追究刑事责任。

第二百七十五条　侦查终结的案件，侦查人员应当制作结案报告。

结案报告应当包括以下内容：

（一）犯罪嫌疑人的基本情况；

（二）是否采取了强制措施及其理由；

（三）案件的事实和证据；

（四）法律依据和处理意见。

第二百七十六条　侦查终结案件的处理，由县级以上公安机关负责人批准；重大、复杂、疑难的案件应当经过集体讨论。

第二百七十七条　侦查终结后，应当将全部案卷材料按照要求装订立卷。

向人民检察院移送案件时，只移送诉讼卷，侦查卷由公安机关存档备查。

第二百七十八条　对查封、扣押的犯罪嫌疑人的财物及其孳息、文件或者冻结的财产，作为证据使用的，应当随案移送，并制作随案移送清单一式两份，一份留存，一份交人民检察院。

对于实物不宜移送的，应当将其清单、照片或者其他证明文件随案移送。待人民法院作出生效判决后，按照人民法院的通知，上缴国库或者依法予以返还，并向人民法院送交回执。人民法院未作出处理的，应当征求人民法院意见，并根据人民法院的决定依法作出处理。

第二百七十九条 对侦查终结的案件，应当制作起诉意见书，经县级以上公安机关负责人批准后，连同全部案卷材料、证据，以及辩护律师提出的意见，一并移送同级人民检察院审查决定；同时将案件移送情况告知犯罪嫌疑人及其辩护律师。

第二百八十条 共同犯罪案件的起诉意见书，应当写明每个犯罪嫌疑人在共同犯罪中的地位、作用、具体罪责和认罪态度，并分别提出处理意见。

第二百八十一条 被害人提出附带民事诉讼的，应当记录在案；移送审查起诉时，应当在起诉意见书末页注明。

第二百八十二条 人民检察院作出不起诉决定的，如果犯罪嫌疑人在押，公安机关应当立即办理释放手续，并根据人民检察院解除查封、扣押、冻结财物的书面通知，及时解除查封、扣押、冻结。

对人民检察院提出对被不起诉人给予行政处罚、行政处分或者没收其违法所得的检察意见，移送公安机关处理的，公安机关应当将处理结果及时通知人民检察院。

第二百八十三条 认为人民检察院作出的不起诉决定有错误的，应当在收到不起诉决定书后七日以内制作要求复议意见书，经县级以上公安机关负责人批准后，移送同级人民检察院复议。

要求复议的意见不被接受的，可以在收到人民检察院的复议决定书后七日以内制作提请复核意见书，经县级以上公安机关负责人批准后，连同人民检察院的复议决定书，一并提请上一级人民检察院复核。

第十三节　补充侦查

第二百八十四条 侦查终结，移送人民检察院审查起诉的案件，人民检察院退回公安机关补充侦查的，公安机关接到人民检察院退回补充侦查的法律文书后，应当按照补充侦查提纲在一个月以内补充侦查完毕。

补充侦查以二次为限。

第二百八十五条 对人民检察院退回补充侦查的案件，根据不同情况，报县级以上公安机关负责人批准，分别作如下处理：

（一）原认定犯罪事实清楚，证据不够充分的，应当在补充证据后，制作补充侦查报告书，移送人民检察院审查；对无法补充的证据，应当作出说明；

（二）在补充侦查过程中，发现新的同案犯或者新的罪行，需要追究刑事责任的，应当重新制作起诉意见书，移送人民检察院审查；

（三）发现原认定的犯罪事实有重大变化，不应当追究刑事责任的，应当重新提出处理意见，并将处理结果通知退查的人民检察院；

（四）原认定犯罪事实清楚，证据确实、充分，人民检察院退回补充侦查不当的，应当说明理由，移送人民检察院审查。

第二百八十六条 对于人民检察院在审查起诉过程中以及在人民法院作出生效判决前，要求公安机关提供法庭审判所必需的证据材料的，应当及时收集和提供。

第九章 执行刑罚

第一节 罪犯的交付

第二百八十七条 对被依法判处刑罚的罪犯，如果罪犯已被采取强制措施的，公安机关应当依据人民法院生效的判决书、裁定书以及执行通知书，将罪犯交付执行。

对人民法院作出无罪或者免除刑事处罚的判决，如果被告人在押，公安机关在收到相应的法律文书后应当立即办理释放手续；对人民法院建议给予行政处理的，应当依照有关规定处理或者移送有关部门。

第二百八十八条 对被判处死刑的罪犯，公安机关应当依据人民法院执行死刑的命令，将罪犯交由人民法院执行。

第二百八十九条 公安机关接到人民法院生效的判处死刑缓期二年执行、无期徒刑、有期徒刑的判决书、裁定书以及执行通知书后，应当在一个月以内将罪犯送交监狱执行。

对未成年犯应当送交未成年犯管教所执行刑罚。

第二百九十条 对被判处有期徒刑的罪犯，在被交付执行刑罚前，剩余刑期在三个月以下的，由看守所根据人民法院的判决代为执行。

对被判处拘役的罪犯，由看守所执行。

第二百九十一条 对被判处管制、宣告缓刑、假释或者暂予监外执行的罪犯，已被羁押的，由看守所将其交付社区矫正机构执行。

对被判处剥夺政治权利的罪犯，由罪犯居住地的派出所负责执行。

第二百九十二条 对被判处有期徒刑由看守所代为执行和被判处拘役的罪犯，执行期间如果没有再犯新罪，执行期满，看守所应当发给刑满释放证明书。

第二百九十三条 公安机关在执行刑罚中，如果认为判决有错误或者罪犯提出申诉，应当转请人民检察院或者原判人民法院处理。

第二节 减刑、假释、暂予监外执行

第二百九十四条 对依法留看守所执行刑罚的罪犯，符合减刑条件的，由看守所制作减刑建议书，经设区的市一级以上公安机关审查同意后，报请所在地中级以上人民法院审核裁定。

第二百九十五条 对依法留看守所执行刑罚的罪犯，符合假释条件的，由看守所制作假释建议书，经设区的市一级以上公安机关审查同意后，报请所在地中级以上人民法院审核裁定。

第二百九十六条 对依法留所执行刑罚的罪犯，有下列情形之

一的，可以暂予监外执行：

（一）有严重疾病需要保外就医的；

（二）怀孕或者正在哺乳自己婴儿的妇女；

（三）生活不能自理，适用暂予监外执行不致危害社会的。

对罪犯暂予监外执行的，看守所应当提出书面意见，报设区的市一级以上公安机关批准，同时将书面意见抄送同级人民检察院。

对适用保外就医可能有社会危险性的罪犯，或者自伤自残的罪犯，不得保外就医。

对罪犯确有严重疾病，必须保外就医的，由省级人民政府指定的医院诊断并开具证明文件。

第二百九十七条 公安机关决定对罪犯暂予监外执行的，应当将暂予监外执行决定书交被暂予监外执行的罪犯和负责监外执行的社区矫正机构，同时抄送同级人民检察院。

第二百九十八条 批准暂予监外执行的公安机关接到人民检察院认为暂予监外执行不当的意见后，应当立即对暂予监外执行的决定进行重新核查。

第二百九十九条 对暂予监外执行的罪犯，有下列情形之一的，批准暂予监外执行的公安机关应当作出收监执行决定：

（一）发现不符合暂予监外执行条件的；

（二）严重违反有关暂予监外执行监督管理规定的；

（三）暂予监外执行的情形消失后，罪犯刑期未满的。

对暂予监外执行的罪犯决定收监执行的，由暂予监外执行地看守所将罪犯收监执行。

不符合暂予监外执行条件的罪犯通过贿赂等非法手段被暂予监外执行的，或者罪犯在暂予监外执行期间脱逃的，罪犯被收监执行后，所在看守所应当提出不计入执行刑期的建议，经设区的市一级以上公安机关审查同意后，报请所在地中级以上人民法院审核裁定。

第三节　剥夺政治权利

第三百条　负责执行剥夺政治权利的派出所应当按照人民法院的判决，向罪犯及其所在单位、居住地基层组织宣布其犯罪事实、被剥夺政治权利的期限，以及罪犯在执行期间应当遵守的规定。

第三百零一条　被剥夺政治权利的罪犯在执行期间应当遵守下列规定：

（一）遵守国家法律、行政法规和公安部制定的有关规定，服从监督管理；

（二）不得享有选举权和被选举权；

（三）不得组织或者参加集会、游行、示威、结社活动；

（四）不得出版、制作、发行书籍、音像制品；

（五）不得接受采访，发表演说；

（六）不得在境内外发表有损国家荣誉、利益或者其他具有社会危害性的言论；

（七）不得担任国家机关职务；

（八）不得担任国有公司、企业、事业单位和人民团体的领导职务。

第三百零二条　被剥夺政治权利的罪犯违反本规定第三百零一条的规定，尚未构成新的犯罪的，公安机关依法可以给予治安管理处罚。

第三百零三条　被剥夺政治权利的罪犯，执行期满，公安机关应当书面通知本人及其所在单位、居住地基层组织。

第四节　对又犯新罪罪犯的处理

第三百零四条　对留看守所执行刑罚的罪犯，在暂予监外执行期间又犯新罪的，由犯罪地公安机关立案侦查，并通知批准机关。批准机关作出收监执行决定后，应当根据侦查、审判需要，由犯罪地看守所或者暂予监外执行地看守所收监执行。

第三百零五条　被剥夺政治权利、管制、宣告缓刑和假释的罪犯在执行期间又犯新罪的，由犯罪地公安机关立案侦查。

对留看守所执行刑罚的罪犯，因犯新罪被撤销假释的，应当根据侦查、审判需要，由犯罪地看守所或者原执行看守所收监执行。

第十章　特别程序

第一节　未成年人刑事案件诉讼程序

第三百零六条　公安机关办理未成年人刑事案件，实行教育、感化、挽救的方针，坚持教育为主、惩罚为辅的原则。

第三百零七条　公安机关办理未成年人刑事案件，应当保障未成年人行使其诉讼权利并得到法律帮助，依法保护未成年人的名誉和隐私，尊重其人格尊严。

第三百零八条　公安机关应当设置专门机构或者配备专职人员办理未成年人刑事案件。

未成年人刑事案件应当由熟悉未成年人身心特点，善于做未成年人思想教育工作，具有一定办案经验的人员办理。

第三百零九条　未成年犯罪嫌疑人没有委托辩护人的，公安机关应当通知法律援助机构指派律师为其提供辩护。

第三百一十条　公安机关办理未成年人刑事案件时，应当重点查清未成年犯罪嫌疑人实施犯罪行为时是否已满十四周岁、十六周岁、十八周岁的临界年龄。

第三百一十一条　公安机关办理未成年人刑事案件，根据情况可以对未成年犯罪嫌疑人的成长经历、犯罪原因、监护教育等情况进行调查并制作调查报告。

作出调查报告的，在提请批准逮捕、移送审查起诉时，应当结合案情综合考虑，并将调查报告与案卷材料一并移送人民检察院。

第三百一十二条　讯问未成年犯罪嫌疑人，应当通知未成年犯罪嫌疑人的法定代理人到场。无法通知、法定代理人不能到场或者法定代理人是共犯的，也可以通知未成年犯罪嫌疑人的其他成年亲属，所在学校、单位、居住地基层组织或者未成年人保护组织的代表到场，并将有关情况记录在案。到场的法定代理人可以代为行使未成年犯罪嫌疑人的诉讼权利。

到场的法定代理人或者其他人员提出办案人员在讯问中侵犯未成年人合法权益的，公安机关应当认真核查，依法处理。

第三百一十三条 讯问未成年犯罪嫌疑人应当采取适合未成年人的方式，耐心细致地听取其供述或者辩解，认真审核、查证与案件有关的证据和线索，并针对其思想顾虑、恐惧心理、抵触情绪进行疏导和教育。

讯问女性未成年犯罪嫌疑人，应当有女工作人员在场。

第三百一十四条 讯问笔录应当交未成年犯罪嫌疑人、到场的法定代理人或者其他人员阅读或者向其宣读；对笔录内容有异议的，应当核实清楚，准予更正或者补充。

第三百一十五条 询问未成年被害人、证人，适用本规定第三百一十二条、第三百一十三条、第三百一十四条的规定。

第三百一十六条 对未成年犯罪嫌疑人应当严格限制和尽量减少使用逮捕措施。

未成年犯罪嫌疑人被拘留、逮捕后服从管理、依法变更强制措施不致发生社会危险性，能够保证诉讼正常进行的，公安机关应当依法及时变更强制措施；人民检察院批准逮捕的案件，公安机关应当将变更强制措施情况及时通知人民检察院。

第三百一十七条 对被羁押的未成年人应当与成年人分别关押、分别管理、分别教育，并根据其生理和心理特点在生活和学习方面给予照顾。

第三百一十八条 人民检察院在对未成年人作出附条件不起诉的决定前，听取公安机关意见时，公安机关应当提出书面意见，经县级以上公安机关负责人批准，移送同级人民检察院。

第三百一十九条 认为人民检察院作出的附条件不起诉决定有

错误的，应当在收到不起诉决定书后七日以内制作要求复议意见书，经县级以上公安机关负责人批准，移送同级人民检察院复议。

要求复议的意见不被接受的，可以在收到人民检察院的复议决定书后七日以内制作提请复核意见书，经县级以上公安机关负责人批准后，连同人民检察院的复议决定书，一并提请上一级人民检察院复核。

第三百二十条 未成年人犯罪的时候不满十八周岁，被判处五年有期徒刑以下刑罚的，公安机关应当依据人民法院已经生效的判决书，将该未成年人的犯罪记录予以封存。

犯罪记录被封存的，除司法机关为办案需要或者有关单位根据国家规定进行查询外，公安机关不得向其他任何单位和个人提供。

被封存犯罪记录的未成年人，如果发现漏罪，合并被判处五年有期徒刑以上刑罚的，应当对其犯罪记录解除封存。

第三百二十一条 办理未成年人刑事案件，除本节已有规定的以外，按照本规定的其他规定进行。

第二节 当事人和解的公诉案件诉讼程序

第三百二十二条 下列公诉案件，犯罪嫌疑人真诚悔罪，通过向被害人赔偿损失、赔礼道歉等方式获得被害人谅解，被害人自愿和解的，经县级以上公安机关负责人批准，可以依法作为当事人和解的公诉案件办理：

（一）因民间纠纷引起，涉嫌刑法分则第四章、第五章规定的犯罪案件，可能判处三年有期徒刑以下刑罚的；

（二）除渎职犯罪以外的可能判处七年有期徒刑以下刑罚的过失犯罪案件。

犯罪嫌疑人在五年以内曾经故意犯罪的，不得作为当事人和解的公诉案件办理。

第三百二十三条 有下列情形之一的，不属于因民间纠纷引起的犯罪案件：

（一）雇凶伤害他人的；

（二）涉及黑社会性质组织犯罪的；

（三）涉及寻衅滋事的；

（四）涉及聚众斗殴的；

（五）多次故意伤害他人身体的；

（六）其他不宜和解的。

第三百二十四条　双方当事人和解的，公安机关应当审查案件事实是否清楚，被害人是否自愿和解，是否符合规定的条件。

公安机关审查时，应当听取双方当事人的意见，并记录在案；必要时，可以听取双方当事人亲属、当地居民委员会或者村民委员会人员以及其他了解案件情况的相关人员的意见。

第三百二十五条　达成和解的，公安机关应当主持制作和解协议书，并由双方当事人及其他参加人员签名。

当事人中有未成年人的，未成年当事人的法定代理人或者其他成年亲属应当在场。

第三百二十六条　和解协议书应当包括以下内容：

（一）案件的基本事实和主要证据；

（二）犯罪嫌疑人承认自己所犯罪行，对指控的犯罪事实没有异议，真诚悔罪；

（三）犯罪嫌疑人通过向被害人赔礼道歉、赔偿损失等方式获得被害人谅解；涉及赔偿损失的，应当写明赔偿的数额、方式等；提起附带民事诉讼的，由附带民事诉讼原告人撤回附带民事诉讼；

（四）被害人自愿和解，请求或者同意对犯罪嫌疑人依法从宽处罚。

和解协议应当及时履行。

第三百二十七条　对达成和解协议的案件，经县级以上公安机关负责人批准，公安机关将案件移送人民检察院审查起诉时，可以提出从宽处理的建议。

第三节　犯罪嫌疑人逃匿、死亡案件违法所得的没收程序

第三百二十八条　有下列情形之一，依照刑法规定应当追缴其违法所得及其他涉案财产的，经县级以上公安机关负责人批准，公安机关应当写出没收违法所得意见书，连同相关证据材料一并移送同级人民检察院：

（一）恐怖活动犯罪等重大犯罪案件，犯罪嫌疑人逃匿，在通缉一年后不能到案的；

（二）犯罪嫌疑人死亡的。

犯罪嫌疑人死亡，现有证据证明其存在违法所得及其他涉案财产应当予以没收的，公安机关可以进行调查。公安机关进行调查，可以依法进行查封、扣押、查询、冻结。

第三百二十九条　没收违法所得意见书应当包括以下内容：

（一）犯罪嫌疑人的基本情况；

（二）犯罪事实和相关的证据材料；

（三）犯罪嫌疑人逃匿、被通缉或者死亡的情况；

（四）犯罪嫌疑人的违法所得及其他涉案财产的种类、数量、所在地；

（五）查封、扣押、冻结的情况等。

第三百三十条　公安机关将没收违法所得意见书移送人民检察院后，在逃的犯罪嫌疑人自动投案或者被抓获的，公安机关应当及时通知同级人民检察院。

第四节　依法不负刑事责任的精神病人的强制医疗程序

第三百三十一条　公安机关发现实施暴力行为，危害公共安全或者严重危害公民人身安全的犯罪嫌疑人，可能属于依法不负刑事责任的精神病人的，应当对其进行精神病鉴定。

第三百三十二条　对经法定程序鉴定依法不负刑事责任的精神病人，有继续危害社会可能，符合强制医疗条件的，公安机关应当

在七日以内写出强制医疗意见书，经县级以上公安机关负责人批准，连同相关证据材料和鉴定意见一并移送同级人民检察院。

第三百三十三条 对实施暴力行为的精神病人，在人民法院决定强制医疗前，经县级以上公安机关负责人批准，公安机关可以采取临时的保护性约束措施。必要时，可以将其送精神病医院接受治疗。

第三百三十四条 采取临时的保护性约束措施时，应当对精神病人严加看管，并注意约束的方式、方法和力度，以避免和防止危害他人和精神病人的自身安全为限度。

对于精神病人已没有继续危害社会可能，解除约束后不致发生社会危险性的，公安机关应当及时解除保护性约束措施。

第十一章 办案协作

第三百三十五条 对异地公安机关提出协助调查、执行强制措施等协作请求，只要法律手续完备，协作地公安机关就应当及时无条件予以配合，不得收取任何形式的费用。

第三百三十六条 县级以上公安机关办理刑事案件需要异地公安机关协作的，应当制作办案协作函件。

负责协作的县级以上公安机关接到异地公安机关请求协作的函件后，应当指定主管业务部门办理。

第三百三十七条 对获取的犯罪线索，不属于自己管辖的，应当及时移交有管辖权的公安机关或者其他有关部门。

第三百三十八条 异地执行传唤、拘传，执行人员应当持传唤证、拘传证、办案协作函件和工作证件，与协作地县级以上公安机关联系，协作地公安机关应当协助将犯罪嫌疑人传唤、拘传到本市、县内的指定地点或者到犯罪嫌疑人的住处进行讯问。

第三百三十九条 异地执行拘留、逮捕的，执行人员应当持拘留证、逮捕证、办案协作函件和工作证件，与协作地县级以上公安机关联系，协作地公安机关应当派员协助执行。

第三百四十条　委托异地公安机关代为执行拘留、逮捕的，应当将拘留证、逮捕证、办案协作函件送达协作地公安机关。

已被决定拘留、逮捕的犯罪嫌疑人在逃的，可以通过网上工作平台发布犯罪嫌疑人相关信息、拘留证或者逮捕证。各地公安机关发现网上逃犯的，应当立即组织抓捕。

协作地公安机关抓获犯罪嫌疑人后，应当立即通知委托地公安机关。委托地公安机关应当立即携带法律文书及时提解，提解的侦查人员不得少于二人。

第三百四十一条　异地公安机关请求协查犯罪嫌疑人的身份、年龄、违法犯罪经历等情况的，协查地公安机关接到通知后应当在七日以内将协查结果通知请求协查的公安机关；交通十分不便的边远地区，应当在十五日以内将协查结果通知请求协查的公安机关。

异地公安机关请求协助调查取证或者查询犯罪信息、资料的，协作地公安机关应当及时协查并反馈。

第三百四十二条　需要异地办理查询、查封、扣押或者冻结与犯罪有关的财物、文件的，执行人员应当持相关的法律文书、办案协作函件和工作证件，与协作地县级以上公安机关联系，协作地公安机关应当协助执行。

在紧急情况下，可以将办案协作函件和相关的法律文书电传至协作地县级以上公安机关，协作地公安机关应当及时采取措施。委托地公安机关应当立即派员前往协作地办理。

第三百四十三条　对不履行办案协作职责造成严重后果的，对直接负责的主管人员和其他直接责任人员，应当给予行政处分；构成犯罪的，依法追究刑事责任。

第三百四十四条　协作地公安机关依照请求协作的公安机关的要求，履行办案协作职责所产生的法律责任，由请求协作的公安机关承担。

第十二章　外国人犯罪案件的办理

第三百四十五条　办理外国人犯罪案件，应当严格依照我国法律、法规、规章，维护国家主权和利益，并在对等互惠原则的基础上，履行我国所承担的国际条约义务。

第三百四十六条　外国籍犯罪嫌疑人在刑事诉讼中，享有我国法律规定的诉讼权利，并承担相应的义务。

第三百四十七条　外国籍犯罪嫌疑人的国籍，以其在入境时持用的有效证件予以确认；国籍不明的，由出入境管理部门协助予以查明。国籍确实无法查明的，以无国籍人对待。

第三百四十八条　确认外国籍犯罪嫌疑人身份，可以依照有关国际条约或者通过国际刑事警察组织、警务合作渠道办理。确实无法查明的，可以按其自报的姓名移送人民检察院审查起诉。

第三百四十九条　犯罪嫌疑人为享有外交或者领事特权和豁免权的外国人的，应当层报公安部，同时通报同级人民政府外事办公室，由公安部商请外交部通过外交途径办理。

第三百五十条　公安机关办理外国人犯罪案件使用中华人民共和国通用的语言文字。犯罪嫌疑人不通晓中国语言文字的，公安机关应当为他翻译。

第三百五十一条　外国人犯罪案件，由犯罪地的县级以上公安机关立案侦查。

第三百五十二条　外国人犯中华人民共和国缔结或者参加的国际条约规定的罪行后进入我国领域内的，由该外国人被抓获地的设区的市一级以上公安机关立案侦查。

第三百五十三条　外国人在中华人民共和国领域外的中国船舶或者航空器内犯罪的，由犯罪发生后该船舶或者航空器最初停泊或者降落地、目的地的中国港口的县级以上交通或民航公安机关或者该外国人居住地的县级以上公安机关立案侦查；未设交通或者民航公安机关的，由地方公安机关管辖。

第三百五十四条 外国人在国际列车上犯罪的,由犯罪发生后列车最初停靠的中国车站所在地、目的地的县级以上铁路公安机关或者该外国人居住地的县级以上公安机关立案侦查。

第三百五十五条 外国人在中华人民共和国领域外对中华人民共和国国家或者公民犯罪,应当受刑罚处罚的,由该外国人入境地或者入境后居住地的县级以上公安机关立案侦查;该外国人未入境的,由被害人居住地的县级以上公安机关立案侦查;没有被害人或者是对中华人民共和国国家犯罪的,由公安部指定管辖。

第三百五十六条 发生重大或者可能引起外交交涉的外国人犯罪案件的,有关省级公安机关应当及时将案件办理情况报告公安部,同时通报同级人民政府外事办公室。必要时,由公安部商外交部将案件情况通知我国驻外使馆、领事馆。

第三百五十七条 对外国籍犯罪嫌疑人依法作出取保候审、监视居住决定或者执行拘留、逮捕后,应当在四十八小时以内层报省级公安机关,同时通报同级人民政府外事办公室。

重大涉外案件应当在四十八小时以内层报公安部,同时通报同级人民政府外事办公室。

第三百五十八条 对外国籍犯罪嫌疑人依法作出取保候审、监视居住决定或者执行拘留、逮捕后,由省级公安机关根据有关规定,将其姓名、性别、入境时间、护照或者证件号码、案件发生的时间、地点,涉嫌犯罪的主要事实,已采取的强制措施及其法律依据等,通知该外国人所属国家的驻华使馆、领事馆,同时报告公安部。经省级公安机关批准,领事通报任务较重的副省级城市公安局可以直接行使领事通报职能。

外国人在公安机关侦查或者执行刑罚期间死亡的,有关省级公安机关应当通知该外国人国籍国的驻华使馆、领事馆,同时报告公安部。

未在华设立使馆、领事馆的国家,可以通知其代管国家的驻华使馆、领事馆;无代管国家或者代管国家不明的,可以不予通知。

第三百五十九条 外国籍犯罪嫌疑人委托辩护人的，应当委托在中华人民共和国的律师事务所执业的律师。

第三百六十条 公安机关侦查终结前，外国驻华外交、领事官员要求探视被监视居住、拘留、逮捕或者正在看守所服刑的本国公民的，应当及时安排有关探视事宜。犯罪嫌疑人拒绝其国籍国驻华外交、领事官员探视的，公安机关可以不予安排，但应当由其本人提出书面声明。

在公安机关侦查羁押期间，经公安机关批准，外国籍犯罪嫌疑人可以与其近亲属、监护人会见、与外界通信。

第三百六十一条 对判处独立适用驱逐出境刑罚的外国人，省级公安机关在收到人民法院的刑事判决书、执行通知书的副本后，应当指定该外国人所在地的设区的市一级公安机关执行。

被判处徒刑的外国人，主刑执行期满后应当执行驱逐出境附加刑的，省级公安机关在收到执行监狱的上级主管部门转交的刑事判决书、执行通知书副本或者复印件后，应当指定该外国人所在地的设区的市一级公安机关执行。

我国政府已按照国际条约或者《中华人民共和国外交特权与豁免条例》的规定，对实施犯罪，但享有外交或者领事特权和豁免权的外国人宣布为不受欢迎的人，或者不可接受并拒绝承认其外交或者领事人员身份，责令限期出境的人，无正当理由逾期不自动出境的，由公安部凭外交部公文指定该外国人所在地的省级公安机关负责执行或者监督执行。

第三百六十二条 办理外国人犯罪案件，本章未规定的，适用本规定其他各章的有关规定。

第三百六十三条 办理无国籍人犯罪案件，适用本章的规定。

第十三章　刑事司法协助和警务合作

第三百六十四条 公安部是公安机关进行刑事司法协助和警务合作的中央主管机关，通过有关国际条约、协议规定的联系途径、外交途径或者国际刑事警察组织渠道，接收或者向外国提出刑事司法协助或者警务合作请求。

地方各级公安机关依照职责分工办理刑事司法协助事务和警务合作事务。

其他司法机关在办理刑事案件中，需要外国警方协助的，由其中央主管机关与公安部联系办理。

第三百六十五条 公安机关进行刑事司法协助和警务合作的范围，主要包括犯罪情报信息的交流与合作，调查取证，送达刑事诉讼文书，移交物证、书证、视听资料或者电子数据等证据材料，引渡、缉捕和递解犯罪嫌疑人、被告人或者罪犯以及国际条约、协议规定的其他刑事司法协助和警务合作事宜。

第三百六十六条 在不违背有关国际条约、协议和我国法律的前提下，我国边境地区设区的市一级公安机关和县级公安机关与相邻国家的警察机关，可以按照惯例相互开展执法会晤、人员往来、边境管控、情报信息交流等警务合作，但应当报省级公安机关批准，并报公安部备案。

第三百六十七条 公安部收到外国的刑事司法协助或者警务合作请求后，应当依据我国法律和国际条约、协议的规定进行审查。对于符合规定的，交有关省级公安机关办理，或者移交其他有关中央主管机关；对于不符合条约或者协议规定的，通过接收请求的途径退回请求方。

第三百六十八条 负责执行刑事司法协助或者警务合作的公安机关收到请求书和所附材料后，应当按照我国法律和有关国际条约、协议的规定安排执行，并将执行结果及其有关材料报经省级公安机关审核后报送公安部。

在执行过程中，需要采取查询、查封、扣押、冻结等措施的，可以根据公安部的执行通知办理有关法律手续。

请求书提供的信息不准确或者材料不齐全难以执行的，应当立即通过省级公安机关报请公安部要求请求方补充材料；因其他原因无法执行或者具有应当拒绝协助、合作的情形等不能执行的，应当将请求书和所附材料，连同不能执行的理由通过省级公安机关报送公安部。

第三百六十九条 执行刑事司法协助和警务合作，请求书中附有办理期限的，应当按期完成。未附办理期限的，调查取证应当在三个月以内完成；送达刑事诉讼文书，应当在十日以内完成。不能按期完成的，应当说明情况和理由，层报公安部。

第三百七十条 需要请求外国警方提供刑事司法协助或者警务合作的，应当按照有关国际条约、协议的规定提出刑事司法协助或者警务合作请求书，所附文件及相应译文，经省级公安机关审核后报送公安部。

第三百七十一条 需要通过国际刑事警察组织缉捕犯罪嫌疑人、被告人或者罪犯、查询资料、调查取证的，应当提出申请层报国际刑事警察组织中国国家中心局。

第三百七十二条 公安机关提供或者请求外国提供刑事司法协助或者警务合作，应当收取或者支付费用的，根据有关国际条约、协议的规定，或者按照对等互惠的原则协商办理。

第三百七十三条 办理引渡案件，依照法律规定和有关条约执行。

第十四章 附 则

第三百七十四条 本规定所称"危害国家安全犯罪"，包括刑法分则第一章规定的危害国家安全罪以及危害国家安全的其他犯罪；"恐怖活动犯罪"，包括以制造社会恐慌、危害公共安全或者胁迫国家机关、国际组织为目的，采取暴力、破坏、恐吓等手段，造成或者意图造成人员伤亡、重大财产损失、公共设施损坏、社会秩序混乱等严重社会危害的犯罪，以及煽动、资助或者以其他方式协助实施上述活动的犯罪。

第三百七十五条 当事人及其法定代理人、诉讼代理人、辩护律师提出的复议复核请求，由公安机关法制部门办理。

　　第三百七十六条　本规定自 2013 年 1 月 1 日起施行。1998 年 5 月 14 日发布的《公安机关办理刑事案件程序规定》（公安部令第 35 号）和 2007 年 10 月 25 日发布的《公安机关办理刑事案件程序规定修正案》（公安部令第 95 号）同时废止。

公安部关于印发《公安部刑事案件管辖分工规定》的通知

（公通字〔1998〕80号）

各省、自治区、直辖市公安厅、局：

为了严格执行《刑法》和《刑事诉讼法》，明确公安机关各有关业务部门侦查犯罪的职责，准确、及时地打击犯罪，保护公民的合法权益，维护社会治安秩序，根据《刑法》和《刑事诉讼法》及其他有关规定，结合公安部的职责任务和部机关的机构设置情况，1998年10月26日部长办公会议审议通过了《公安部刑事案件管辖分工规定》。现将该《规定》印发给你们，并将确定公安机关内部案件管辖分工的原则和执行中的有关问题通知如下：

一、关于确定案件管辖分工的原则

公安部划分各有关业务部门案件管辖分工，主要遵循以下原则：

（一）办案权与事权相一致。各有关业务部门管辖的刑事案件与其职责权限相一致，与其管理职能相一致。

（二）明确责任，减少交叉，加强配合。各有关业务部门对各自管辖的刑事案件要按照侦审体制改革的要求，从立案、侦查、采取强制措施直至侦查终结、移送审查起诉，中间一般不再移送其他侦查部门，避免交叉扯皮、互相推诿，并应加强协作和配合。

（三）充分考虑各有关业务部门的实际情况。确定案件管辖分工，要综合考虑案件管辖的历史情况、机构设置以及各部门办案力量等实际情况，合理配置警力。

（四）充分发挥侦查部门和行政管理及技术部门的职能作用。

为避免案件管辖过于分散，确定管辖刑事案件的部门主要是国内安全保卫、经济犯罪侦查、刑事侦查和禁毒部门，治安、边防、消防和交通管理部门管辖与其行政管理职责相关的部分刑事案件。出入境管理、公共信息网络安全监察、行动技术、信息通信部门虽然不承担案件管辖的任务，但对职能管理中发现的犯罪线索要及时移送有关的侦查部门立案侦查，并积极协助、配合侦查工作，提供技术支持和服务，以充分发挥公安机关各业务部门的职能作用，增强在打击犯罪方面的整体作战能力。

二、关于几种特殊案件的管辖与协调问题

由于《刑法》中有关罪名的规定和公安部侦查部门设置及其职责任务的实际情况，在具体办理案件过程中必然产生部分案件的共同管辖问题，有必要对几种特殊案件的管辖进一步予以明确：

（一）《刑法》第 120 条规定的组织、领导、参加恐怖组织案由刑事侦查部门和国内安全保卫部门共同管辖。对于具体案件的立案，应当按照有利于维护国家安全、公共安全和社会秩序，有利于及时侦破案件的原则，根据案件的具体情况确定管辖部门。刑事侦查部门和国内安全保卫部门应当在立案查处工作中加强衔接和配合。

（二）《刑法》第 300 条规定的组织、利用会道门、邪教组织、利用迷信破坏法律实施案和组织、利用会道门、邪教组织、利用迷信致人死亡案中，利用迷信的犯罪案件由治安管理部门管辖，其他案件由国内安全保卫部门管辖。

（三）《刑法》第 125 条第 1 款规定的非法制造、买卖、运输、邮寄、储存枪支、弹药、爆炸物案由刑事侦查部门管辖，治安管理部门在治安管理过程中发现的，也可以立案侦查。

（四）《刑法》规定的生产、销售伪劣商品案由治安管理部门管辖，对特别重大案件或跨省、自治区、直辖市的案件，在侦查过程中需要经济侦查、刑事侦查部门配合的，经济侦查、刑事侦查部

门应当主动、积极配合。

（五）《刑法》规定的组织他人偷越国（边）境案、运送他人偷越国（边）境案、偷越国（边）境案和破坏界碑、界桩案由边防管理部门管辖，边境管理区和沿海地区以外发生的上述刑事案件由刑事侦查部门管辖。边防管理部门在边境管理区和沿海地区查获的走私、贩卖、运输毒品案和走私制毒物品案，由边防管理部门管辖。对其中跨省、自治区、直辖市和具有涉外因素的毒品犯罪案件，需要禁毒部门协助侦查的，禁毒部门应当主动、积极配合或移交禁毒部门处理。

（六）各侦查部门在办案过程中发现《刑法》第 280 条中规定的伪造、变造公文、证件、印章的犯罪，往往与其他犯罪相关联，应当一并立案侦查，不再移交。

（七）《刑法》第 305 条、第 306 条、第 307 条、第 308 条规定的妨害司法活动的案件由刑事侦查部门管辖，但各侦查部门在办理其他案件过程中发现此类犯罪的，应当一并立案侦查，不再移交。

（八）在看守所、拘役所服刑的罪犯又犯新罪的，由看守所、拘役所立案侦查；重大、复杂的案件由刑事侦查部门立案侦查。

（九）铁道、交通、民航、林业公安机关的案件管辖分工仍按现行规定执行。海关走私犯罪侦查局的案件管辖范围，按有关规定执行。

三、关于办案中的几个程序问题

（一）公安部各有关业务局在办案过程中需要发布通缉令的，由各局局长或者主管副局长批准，以公安部的名义发布，刑事侦查局统一归口管理通缉令，并负责办理有关手续。

（二）公安部各有关业务局在办案过程中需要采取边控措施的，由各局局长或者主管副局长批准，以公安部名义发布，出入境管理局统一归口管理边控工作，并负责办理有关手续。

（三）人民检察院、人民法院办理直接受理的案件时作出的拘留、逮捕决定，由刑事侦查部门负责执行；对于符合边控条件，请求公安机关协助采取边控措施的，由同级公安机关刑事侦查部门代为办理有关手续，出入境管理部门负责实施。

（四）公安机关各有关业务部门立案侦查的案件，需要采取拘留、逮捕强制措施的，依照法定程序报批后，可以直接执行。

（五）公安部各有关业务局在办案过程中需要国际刑警组织配合发布通缉令或者协助办理其他有关事宜的，由各局局长或者主管副局长批准，国际刑警组织中国中心局负责办理。

四、关于办案中的协作配合问题

为及时、有效地侦破案件，打击犯罪，必须建立以侦查部门为主，行政管理和技术部门支持、配合的协同办案机制，充分发挥行政管理和技术部门的作用，形成联合作战的格局。各有关侦查部门之间，为侦查办案工作提供技术支持和服务的部门与侦查部门之间，要加强协作配合，形成合力，以充分发挥公安机关打击犯罪的整体优势。

出入境管理部门应当充分发挥出入境监督管理和查处妨害国（边）境管理行为的职能作用，对管理中发现的妨害国（边）境管理的犯罪线索和案件，应当及时移交刑事侦查部门立案侦查，并积极协助、配合刑事侦查部门的侦查工作。公共信息网络安全监察部门应当在安全监察工作中充分发挥其职能作用，对计算机犯罪案件，积极配合、协助有关侦查部门工作，并对计算机犯罪案件的有关取证和鉴定，以及为侦查部门办理案件提供必要的技术支持。行动技术部门和信息通信等技术主管部门，应当密切配合侦查部门，充分发挥行动技术手段和信息通信等技术手段在侦破案件中的独特作用，为办案服务。侦查部门也应当加强与行动技术和信息通信等部门的联系与配合。

各侦查部门之间对案件管辖发生争议的，要从有利于打击犯罪和维护国家利益、保护公民的合法权益出发，通过协商，妥善解决；达不成一致意见的，要报请本级公安机关主管领导协调或者确定管辖。各侦查部门和技术等部门，对办案单位提出的协助、配合请求，要主动、积极办理。要做到分工不分家，正确处理管辖分工与相互配合的关系。

请各地严格按照《公安部刑事案件管辖分工规定》和本通知的要求，确定地方各级公安机关内部对刑事案件的管辖分工，并认真执行。

各地在执行中遇到的问题，请及时报部。

1998 年 11 月 23 日

公安部刑事案件管辖分工规定（节录）

（1998 年 11 月 23 日公安部公通字 [1998] 80 号通知印发）

三、刑事侦查局管辖《刑法》规定的下列案件：（共 114 种）

（一）《刑法》分则第二章危害公共安全罪中的下列案件：

1. 放火案（第 114 条、第 115 条第 1 款）

2. 决水案（第 114 条、第 115 条第 1 款）

3. 爆炸案（第 114 条、第 115 条第 1 款）

4. 投毒案（第 114 条、第 115 条第 1 款）

5. 以危险方法危害公共安全案（第 114 条、第 115 条第 1 款）

6. 过失决水案（第 115 条第 2 款）

7. 过失爆炸案（第 115 条第 2 款）

8. 过失投毒案（第 115 条第 2 款）

9. 过失以危险方法危害公共安全案（第 115 条第 2 款）

10. 破坏交通工具案（第 116 条、第 119 条第 1 款）

11. 破坏交通设施案（第 117 条、第 119 条第 1 款）

12. 破坏电力设备案（第 118 条、第 119 条第 1 款）

13. 破坏易燃易爆设备案（第 118 条、第 119 条第 1 款）

14. 过失损坏交通工具案（第 119 条第 2 款）

15. 过失损坏交通设施案（第 119 条第 2 款）

16. 过失损坏电力设备案（第 119 条第 2 款）

17. 过失损坏易燃易爆设备案（第 119 条第 2 款）

18. 组织、领导、参加恐怖组织案（第 120 条）

19. 劫持航空器案（第 121 条）

20. 劫持船只、汽车案（第 122 条）

21. 暴力危及飞行安全案（第 123 条）

22. 破坏广播电视设施、公用电信设施案（第 124 条第 1 款）

23. 过失损坏广播电视设施、公用电信设施案（第 124 条第 2 款）

24. 非法制造、买卖、运输、邮寄、储存枪支、弹药、爆炸物案（第 125 条第 1 款）

25. 盗窃、抢夺枪支、弹药、爆炸物案（第 127 条第 1 款、第 2 款）

26. 抢劫枪支、弹药、爆炸物案（第 127 条第 2 款）

（二）《刑法》分则第三章破坏社会主义市场经济秩序罪中的下列案件：

第二节走私罪中的下列案件：

27. 走私武器、弹药案（第 151 条第 1 款）

28. 走私核材料案（第 151 条第 1 款）

29. 走私文物案（第 151 条第 2 款）

30. 走私贵重金属案（第 151 条第 2 款）

31. 走私珍贵动物、珍贵动物制品案（第 151 条第 2 款）

32. 走私珍稀植物、珍稀植物制品案（第 151 条第 3 款）

33. 走私固体废物案（第 155 条第 3 项）

（三）《刑法》分则第四章侵犯公民人身权利、民主权利罪中的下列案件：

34. 故意杀人案（第 232 条）

35. 过失致人死亡案（第 233 条）

36. 故意伤害案（第 234 条）

37. 过失致人重伤案（第 235 条）

38. 强奸案（第 236 条第 1 款）

39. 奸淫幼女案（第 236 条第 2 款）

40. 强制猥亵、侮辱妇女案（第 237 条第 1 款）

41. 猥亵儿童案（第 237 条第 3 款）

42. 非法拘禁案（国家机关工作人员利用职权犯本罪的除外）（第 238 条）

43. 绑架案（第 239 条）

44. 拐卖妇女、儿童案（第 240 条、第 241 条第 5 款）

45. 收买被拐卖的妇女、儿童案（第 241 条第 1 款）

46. 聚众阻碍解救被收买的妇女、儿童案（第 242 条）

47. 诬告陷害案（国家机关工作人员利用职权犯本罪的除外）（第 243 条）

48. 非法搜查案（司法工作人员利用职权犯本罪的除外）（第 245 条）

49. 非法侵入住宅案（第 245 条）

50. 侮辱案（告诉才处理的除外）（第 246 条）

51. 侵犯通信自由案（第 252 条）

52. 私自开拆、隐匿、毁弃邮件、电报案（第 253 条第 1 款）

53. 打击报复会计、统计人员案（第 255 条）

54. 破坏选举案（国家机关工作人员利用职权犯本罪的除外）（第 256 条）

55. 暴力干涉婚姻自由案（告诉才处理的除外）（第 257 条）

56. 重婚案（第 258 条）

57. 破坏军婚案（第 259 第 1 款）

58. 虐待案（告诉才处理的除外）（第 260 条）

59. 遗弃案（第 261 条）

60. 拐骗儿童案（第 262 条）

（四）《刑法》分则第五章侵犯财产罪中的下列案件：

61. 抢劫案（第 263 条）

62. 盗窃案（第 264 条）

63. 诈骗案（第 266 条）

64. 抢夺案（第 267 条第 1 款）

65. 聚众哄抢案（第 268 条）

66. 敲诈勒索案（第 274 条）

（五）《刑法》分则第六章妨害社会管理秩序罪中的下列案件：

第一节扰乱公共秩序罪中的下列案件：

67. 妨害公务案（第 277 条）

68. 煽动暴力抗拒法律实施案（第 278 条）

69. 招摇撞骗案（第 279 条）

70. 伪造、变造、买卖国家机关公文、证件、印章案（第 280 条第 1 款）

71. 盗窃、抢夺、毁灭国家机关公文、证件、印章案（第 280 条第 1 款）

72. 伪造公司、企业、事业单位、人民团体印章案（第 280 条第 2 款）

73. 伪造、变造居民身份证案（第 280 条第 3 款）

74. 非法侵入计算机信息系统案（第 285 条）

75. 破坏计算机信息系统案（第 286 条）

76. 扰乱无线电通讯管理秩序案（第 288 条）

77. 组织、领导、参加黑社会性质组织案（第 294 条第 1 款）

78. 入境发展黑社会组织案（第 294 条第 2 款）

79. 包庇、纵容黑社会性质组织案（第 294 条第 4 款）

80. 传授犯罪方法案（第 295 条）

81. 盗窃、侮辱尸体案（第 302 条）

第二节妨害司法罪中的下列案件：

82. 伪证案（第 305 条）

83. 辩护人、诉讼代理^毁灭证据、伪造证据、妨害作证案（第 306 条）

84. 妨害作证案（第 307 条第 1 款）

85. 帮助毁灭、伪造证据案（第 307 条第 2 款）

86. 打击报复证人案（第 308 条）

87. 扰乱法庭秩序案（第 309 条）

88. 窝藏、包庇案（第 310 条、第 362 条）

89. 窝藏、转移、收购、销售赃物案（第 312 条）

90. 拒不执行判决、裁定案（第 313 条）

91. 非法处置查封、扣押、冻结的财产案（第 314 条）

92. 破坏监管秩序案（看守所、拘役所内发生的案件）（第 315 条）

93. 脱逃案（看守所、拘役所内发生的案件）（第 316 条第 1 款）

94. 劫夺被押解人员案（第 316 条第 2 款）

95. 组织越狱案（看守所、拘役所内发生的案件）（第 317 条第 1 款）

96. 暴动越狱案（看守所、拘役所内发生的案件）（第 317 条第 2 款）

97. 聚众持械劫狱案（看守所、拘役所内发生的案件）（第 317 条第 2 款）

第三节妨害国（边）境管理罪中的下列案件：

98. 骗取出境证件案（第 319 条）

99. 提供伪造、变造的出入境证件案（第 320 条）

100. 出售出入境证件案（第 320 条）

101. 破坏永久性测量标志案（第 323 条）

第四节妨害文物管理罪中的下列案件：

102. 非法向外国人出售、赠送珍贵文物案（第 325 条）

103. 倒卖文物案（第 326 条）

104. 非法出售、私赠文物藏品案（第 327 条）

105. 盗掘古文化遗址、古墓葬案（第 328 条第 1 款）

106. 盗掘古人类化石、古脊椎动物化石案（第 328 条第 2 款）

107. 抢夺、窃取国有档案案（第 329 条第 1 款）

108. 擅自出卖、转让国有档案案（第 329 条第 2 款）

（六）《刑法》分则第七章危害国防利益罪中的下列案件：

公安部刑事案件管辖分工补充规定（节录）

（公通字〔2008〕9号）

三、刑事侦查局管辖下列案件：

1. 投放危险物质案（《刑法》第114条、第115条第1款，《修正案（三）》第1条、第2条，取消投毒罪罪名）

2. 过失投放危险物质案（《刑法》第115条第2款，《修正案（三）》第1条、第2条，取消过失投毒罪罪名）

3. 盗窃、抢夺枪支、弹药、爆炸物、危险物质案（《刑法》第127条第1款、第2款，《修正案（三）》第6条第1款、第2款）

4. 抢劫枪支、弹药、爆炸物、危险物质案（《刑法》第127条第2款，《修正案（三）》第6条第2款）

5. 走私废物案（《刑法》第152条第2款，《修正案（四）》第2条，取消走私固体废物罪罪名）

6. 组织残疾人、儿童乞讨案（《刑法》第262条之一，《修正案（六）》第17条）

治安管理部门在办理妨害社会管理秩序案件工作中，发现组织残疾人、儿童乞讨案的，应当一并办理，不再移交，刑事侦查部门应当积极协助、配合。

7. 投放虚假危险物质案（《刑法》第291条之一，《修正案（三）》第8条）

8. 编造、故意传播虚假恐怖信息案（《刑法》第291条之一，《修正案（三）》第8条）

9. 掩饰、隐瞒犯罪所得、犯罪所得收益案（《刑法》第312条，《修正案（六）》第19条，取消窝藏、转移、收购、销售赃物罪罪名）

10. 过失损坏武器装备、军事设施、军事通信案（《刑法》第369条第2款，《修正案（五）》第3条第2款）

公安部刑事案件管辖分工补充规定（二）（节录）

（2012 年 2 月 20 日印发）

二、治安管理局管辖下列案件：

1. 生产、销售不符合安全标准的食品案（《刑法》第 143 条，《修正案（八）》第 24 条，取消生产、销售不符合卫生标准的食品罪罪名）

2. 强迫劳动案（《刑法》第 244 条，《修正案（八）》第 38 条，取消强迫职工劳动罪罪名）

3. 拒不支付劳动报酬案（《刑法》第 276 条之一，《修正案（八）》第 41 条）

4. 妨害动植物防疫、检疫案（《刑法》第 337 条第 1 款，《修正案（七）》第 11 条，取消逃避动植物检疫罪罪名）

5. 污染环境案（《刑法》第 338 条，《修正案（八）》第 46 条，取消重大环境污染事故罪罪名）

6. 非法生产、买卖武装部队制式服装案（《刑法》第 375 条第 2 款，《修正案（七）》第 12 条第 1 款，取消非法生产、买卖军用标志罪罪名）

7. 伪造、盗窃、买卖、非法提供、非法使用武装部队专用标志案（《刑法》第 375 条第 3 款，《修正案（七）》第 12 条第 2 款）

经济犯罪侦查部门在办理破坏社会主义市场经济秩序案件中，发现拒不支付劳动报酬案的，应当一并办理，不再移交，治安管理部门应当积极协助、配合。

三、刑事侦查局管辖下列案件：

1. 走私国家禁止进出口的货物、物品案（《刑法》第 151 条第 3 款，《修正案（七）》第 1 条，取消走私珍稀植物、珍稀植物制品罪罪名）

2. 组织出卖人体器官案（《刑法》第 234 条之一第 1 款，《修正案（八）》第 37 条第 1 款）

3. 出售、非法提供公民个人信息案（《刑法》第 253 条之一第 1 款，《修正案（七）》第 7 条第 1 款）

4. 非法获取公民个人信息案（《刑法》第 253 条之一第 2 款，《修正案（七）》第 7 条第 2 款）

5. 组织未成年人进行违反治安管理活动案（《刑法》第 262 条之二，《修正案（七）》第 8 条）

经济犯罪侦查部门、治安管理部门在办理案件中，发现出售、非法提供公民个人信息案以及非法获取公民个人信息案的，应当一并办理，不再移交，刑事侦查部门应当积极协助、配合。

治安管理部门在办理妨害社会管理秩序案件中，发现组织未成年人进行违反治安管理活动案的，应当一并办理，不再移交，刑事侦查部门应当积极协助、配合。

四、网络安全保卫局管辖下列案件：

1. 非法获取计算机信息系统数据、非法控制计算机信息系统案（《刑法》第 285 条第 2 款，《修正案（七）》第 9 条第 1 款）

2. 提供侵入、非法控制计算机信息系统程序、工具案（《刑法》第 285 条第 3 款，《修正案（七）》第 9 条第 2 款）

公安部关于印发《公安部刑事案件管辖分工补充规定（三）》的通知

（公通字［2015］36号）

各省、自治区、直辖市公安厅、局，新疆生产建设兵团公安局：

为了明确《刑法修正案（九）》新增加以及改变罪名的有关刑事案件的管辖问题，结合各有关部门的职责分工，公安部制定了《公安部刑事案件管辖分工补充规定（三）》，现印发给你们，请认真执行。各地在执行中遇到的问题，请及时报部。

公安部

2015 年 12 月 17 日

公安部刑事案件管辖分工补充规定（三）

根据《中华人民共和国刑法》（以下简称《刑法》）、《中华人民共和国刑事诉讼法》、《中华人民共和国刑法修正案（九）》（以下简称《修正案（九）》）以及最高人民法院、最高人民检察院《关于执行〈中华人民共和国刑法〉确定罪名的补充规定（六）》，对公安部刑事案件管辖分工作如下补充规定：

一、国内安全保卫局、反邪教局管辖下列案件

1. 宣扬极端主义案（《刑法》第 120 条之三，《修正案（九）》第 7 条）

2. 利用极端主义破坏法律实施案（《刑法》第 120 条之四，

《修正案（九）》第 7 条)

3. 强制穿戴宣扬极端主义服饰、标志案（《刑法》第 120 条之五，《修正案（九）》第 7 条)

4. 非法持有宣扬极端主义物品案（《刑法》第 120 条之六，《修正案（九）》第 7 条)

5. 组织、利用会道门、邪教组织、利用迷信致人重伤、死亡案（《刑法》第 300 条第 2 款，《修正案（九）》第 33 条第 2 款，取消组织、利用会道门、邪教组织、利用迷信致人死亡案)

6. 拒绝提供极端主义犯罪证据案（《刑法》第 311 条，《修正案（九）》第 38 条)

二、经济犯罪侦查局管辖下列案件

帮助恐怖活动案（以资助方式实施的帮助行为，《刑法》第 120 条之一第 1 款，《修正案（九）》第 6 条，取消资助恐怖活动案)

三、治安管理局管辖下列案件

1. 组织考试作弊案（《刑法》第 284 条之一第 1 款、第 2 款，《修正案（九）》第 25 条第 1 款、第 2 款)

2. 非法出售、提供试题、答案案（《刑法》第 284 条之一第 3 款，《修正案（九）》第 25 条第 3 款)

3. 代替考试案（《刑法》284 条之一第 4 款，《修正案（九）》第 25 条第 4 款)

4. 扰乱国家机关工作秩序案（《刑法》290 条第 3 款，《修正案（九）》第 31 条第 2 款)

5. 组织、资助非法聚集案（《刑法》第 290 条第 4 款，《修正案（九）》第 31 条第 3 款)

6. 战时拒绝军事征收、征用案（《刑法》第 381 条，《全国人民代表大会常务委员会关于修改部分法律的决定》第 2 条，取消

战时拒绝军事征用案）

取消原由治安管理部门管辖的嫖宿幼女案（《修正案（九）》第43条，取消嫖宿幼女案）。

四、刑事侦查局管辖下列案件

1. 强制猥亵、侮辱案（《刑法》第237条第1款、第2款，《修正案（九）》第13条第1款、第2款，取消强制猥亵、侮辱妇女案）

2. 侵犯公民个人信息案（《刑法》第253条之一，《修正案（九）》第17条，取消出售、非法提供公民个人信息案和非法获取公民个人信息案）

3. 虐待被监护、看护人案（《刑法》第260条之一，《修正案（九）》第19条）

4. 伪造、变造、买卖身份证件案（《刑法》第280条第3款，《修正案（九）》第22条第3款，取消伪造、变造居民身份证案）

5. 使用虚假身份证件、盗用身份证件案（《刑法》第280条之一，《修正案（九）》第23条）

6. 非法生产、销售窃听、窃照专用器材案（《刑法》第283条，《修正案（九）》第24条）

7. 编造、故意传播虚假信息案（《刑法》第291条之一第2款，《修正案（九）》第32条）

8. 盗窃、侮辱、故意毁坏尸体、尸骨、骨灰案（《刑法》第302条，《修正案（九）》第34条，取消盗窃、侮辱尸体案）

9. 虚假诉讼案（《刑法》第307条之一，《修正案（九）》第35条）

10. 泄露不应公开的案件信息案（《刑法》308条之一第1款，《修正案（九）》第36条第1款）

11. 披露、报道不应公开的案件信息案（《刑法》第308条之一第3款，《修正案（九）》第36条第3款）

五、网络安全保卫局管辖下列案件

1. 拒不履行信息网络安全管理义务案（《刑法》第286条之一，《修正案（九）》第28条）

2. 非法利用信息网络案（《刑法》第287条之一，《修正案（九）》第29条）

3. 帮助信息网络犯罪活动案（《刑法》第287条之二，《修正案（九）》第29条）

六、禁毒局管辖下列案件

非法生产、买卖、运输制毒物品、走私制毒物品案（《刑法》第350条，《修正案（九）》第41条，取消走私制毒物品案和非法买卖制毒物品案）

边防管理部门在边境管理区和沿海地区查获的非法生产、买卖、运输制毒物品、走私制毒物品案，由边防管理部门办理。

七、反恐怖局管辖下列案件

1. 帮助恐怖活动案（以培训招募、运送人员方式实施的帮助行为，《刑法》第120条之一第2款，《修正案（九）》第6条）

2. 准备实施恐怖活动案（《刑法》第120条之二，《修正案（九）》第7条）

3. 宣扬恐怖主义、煽动实施恐怖活动案（《刑法》第120条之三，《修正案（九）》第7条）

4. 强制穿戴宣扬恐怖主义服饰、标志案（《刑法》第120条之五，《修正案（九）》第7条）

5. 非法持有宣扬恐怖主义物品案（《刑法》第120条之六，《修正案（九）》第7条）

6. 拒绝提供恐怖主义犯罪证据案（《刑法》第311条，《修正案（九）》第38条）

原由刑事侦查部门管辖的组织、领导、参加恐怖组织案（《刑法》第 120 条），一并交由反恐怖部门管辖。

办案部门在办理案件过程中，发现由其他部门管辖的案件，符合《公安机关办理刑事案件程序规定》第 18 条第 2 款规定的并案侦查情形的，可以一并办理，不再移交，其他有关办案部门应当积极协助、配合。

网络安全保卫部门发现主要犯罪行为通过网络实施的宣扬恐怖主义、极端主义、煽动实施恐怖活动案，非法持有宣扬恐怖主义、极端主义物品案，组织考试作弊案，非法出售、提供试题、答案案，代替考试案，编造、故意传播虚假信息案，侵犯公民个人信息案以及非法生产、销售窃听、窃照专用器材案的，可以立案侦查，其他有关办案部门应当积极协助、配合。

各地公安机关应当按照《公安部刑事案件管辖分工规定》、《公安部刑事案件管辖分工补充规定》、《公安部刑事案件管辖分工补充规定（二）》和本规定的要求，确定本级公安机关内部对刑事案件的管辖分工；对情况特殊的案件，可以综合考虑当地有关部门办案力量、机构设置等实际情况，合理确定案件的管辖部门。

公安部关于办理弃婴和出卖亲生子女
案件内部管辖分工问题的通知

《公通字〔1992〕123号）

各省、自治区、直辖市公安厅、局：

办了保证《中华人民共和国收养法》的贯彻实施，现就公安机关办理有关案件的内部管辖分工问题通知如下：

对不构成犯罪的弃婴和出卖亲生子女案件，由治安部门管辖。县（市）公安局、市辖区公安分局和公安派出所，可参照现行办理治安案件的程序办理弃婴和出卖亲生子女案件；需要给予处罚的，由县（市）公安局、市辖区公安分局裁决。

对构成犯罪的，由刑侦部门办理。

1992年10月7日

公安部关于调整部分妨害国（边）境
管理犯罪案件管辖分工的通知

（公通字〔2002〕7号）

各省、自治区、直辖市公安厅、局，新疆生产建设兵团公安局：

为了充分发挥公安机关出入境管理部门的职能作用和管理优势，加强国际执法合作，加强刑事侦查和出入境管理部门的配合，更加及时、有效地打击和预防妨害国（边）境管辖秩序的违法犯罪活动，公安部决定对部分妨害国（边）境管理秩序犯罪案件管辖分工进行调整，将《公安部关于印发〈公安部刑事案件管辖分工规定〉的通知》（公通字〔1998〕80号）规定的由公安部刑事侦查局管辖的《刑法》规定的骗取出境证件案（第319条），提供伪造、变造的出入境证件案（第320条），出售出入境证件案（第320条），边境地区和沿海地区（限于地、市行政辖区）以外发生的组织他人偷越国（边）境案（第318条），运送他人偷越国（边）境案（第321条）调整为由公安刑事侦查局和出入境管理局共同管辖。

出入境管理工作任务和非法移民问题突出的省、自治区、直辖市公安机关应当在省、地级公安机关出入境管理部门组建办案机构，充实办案力量。在出入境管理部门组建办案机构前，上述案件仍由刑事侦查部门负责侦办；出入境管理部门组建专门办案机构后，上述案件由出入境管理部门负责侦办。对上述案件的侦办，应当按照"谁立案、谁负责"的原则，一查到底。重大案件由省级公安机关统一组织侦办。在办理上述案件中，出入境管理部门和刑事侦查部门要紧密配合、互相协作，形成合力，切实加强打击出入境违法犯罪活动的工作力度。

各地在执行中遇到的问题，请及时报部。

狱内刑事案件立案标准（节录）

（2001 年 3 月 9 日司法部令第 64 号发布）

第二条 监狱发现罪犯有下列犯罪情形的应当立案侦查：

（十三）以暴力、胁迫或者其他手段强奸妇女的（强奸案）。

（十四）奸淫不满 14 周岁幼女的（奸淫幼女案）。

（十五）以暴力、胁迫或者其他方法强制猥亵妇女或者侮辱妇女的（强制猥亵、侮辱妇女案）。

最高人民法院、最高人民检察院、公安部关于旅客列车上发生的刑事案件管辖问题的通知

（公通字〔2001〕70号）

各省、自治区、直辖市高级人民法院，人民检察院，公安厅、局，新疆维吾尔自治区高级人民法院生产建设兵团分院、新疆生产建设兵团人民检察院、公安局：

为维护旅客列车的治安秩序，及时、有效地处理发生在旅客列车上的刑事案件，现对旅客列车上发生的刑事案件的管辖问题规定如下：

一、旅客列车上发生的刑事案件，由负责该车乘务的乘警队所属的铁路公安机关立案，列车乘警应及时收集案件证据，填写有关法律文书。对于已经查获犯罪嫌疑人的，列车乘警应对犯罪嫌疑人认真盘查，制作盘查笔录。对被害人、证人要进行询问，制作询问笔录，或者由被害人、证人书写被害经过、证言。取证结束后，列车乘警应当将犯罪嫌疑人及盘查笔录、被害人、证人的证明材料以及其他与案件有关证据一并移交前方停车站铁路公安机关。对于未查获犯罪嫌疑人的案件，列车乘警应当及时收集案件线索及证据，并由负责该车乘务的乘警队所属的铁路公安机关继续侦查。

二、车站铁路公安机关对于法律手续齐全并附有相关证据材料的交站处理案件应当受理。经审查和进一步侦查，认为需要逮捕犯罪嫌疑人或者移送审查起诉的，应当依法向同级铁路运输检察院提请批准逮捕或者移送审查起诉。

三、铁路运输检察院对同级公安机关提请批准逮捕或者移送审

查起诉的交站处理案件应当受理。经审查符合逮捕条件的，应当依法批准逮捕；符合起诉条件的，应当依法提起公诉或者将案件移送有管辖权的铁路运输检察院审查起诉。

四、铁路运输法院对铁路运输检察院提起公诉的交站处理案件，经审查认为符合受理条件的，应当受理并依法审判。

各地接本通知后，请认真贯彻执行。执行中遇到的问题，请及时分别报告最高人民法院、最高人民检察院、公安部。

中华人民共和国最高人民法院
中华人民共和国最高人民检察院
中华人民共和国公安部
二〇〇一年八月二十三日

国 际 公 约

联合国打击跨国有组织犯罪公约

(2000 年 11 月 15 日第五十五届联合国大会通过　中华人民共和国政府代表于 2000 年 12 月 12 日签署本公约)

第 1 条　宗旨

本公约的宗旨是促进合作，以便更有效地预防和打击跨国有组织犯罪。

第 2 条　术语的使用

在本公约中：

（a）"有组织犯罪集团"系指由三人或多人所组成的、在一定时期内存在的、为了实施一项或多项严重犯罪或根据本公约确立的犯罪以直接或间接获得金钱或其他物质利益而一致行动的有组织结构的集团；

（b）"严重犯罪"系指构成可受到最高刑至少四年的剥夺自由或更严厉处罚的犯罪的行为；

（c）"有组织结构的集团"系指并非为了立即实施一项犯罪而随意组成的集团，但不必要求确定成员职责，也不必要求成员的连续性或完善的组织结构；

（d）"财产"系指各种资产，不论其为物质的或非物质的、动产或不动产、有形的或无形的，以及证明对这些资产所有权或权益的法律文件或文书；

（e）"犯罪所得"系指直接或间接地通过犯罪而产生或获得的任何财产；

（f）"冻结"或"扣押"系指根据法院或其他主管当局的命令暂时禁止财产转移、转换、处置或移动或对之实行暂时性扣留或控制；

（g）"没收"，在适用情况下还包括"充公"，系指根据法院或其他主管当局的命令对财产实行永久剥夺；

（h）"上游犯罪"系指由其产生的所得可能成为本公约第6条所定义的犯罪的对象的任何犯罪；

（i）"控制下交付"系指在主管当局知情并由其进行监测的情况下允许非法或可疑货物运出、通过或运入一国或多国领土的一种做法，其目的在于侦查某项犯罪并辨认参与该项犯罪的人员；

（j）"区域经济一体化组织"系指由某一区域的一些主权国家组成的组织，其成员国已将处理本公约范围内事务的权限转交该组织，而且该组织已按照其内部程序获得签署、批准、接受、核准或加入本公约的正式授权；本公约所述"缔约国"应在这类组织的权限范围内适用于这些组织。

第3条　适用范围

1. 本公约除非另有规定，应适用于对下述跨国的且涉及有组织犯罪集团的犯罪的预防、侦查和起诉：

（a）依照本公约第5条、第6条、第8条和第23条确立的犯罪；

（b）本公约第2条所界定的严重犯罪。

2. 就本条第一款而言，有下列情形之一的犯罪属跨国犯罪：

（a）在一个以上国家实施的犯罪；

（b）虽在一国实施，但其准备、筹划、指挥或控制的实质性部分发生在另一国的犯罪；

（c）犯罪在一国实施，但涉及在一个以上国家从事犯罪活动的有组织犯罪集团；

（d）犯罪在一国实施，但对于另一国有重大影响。

第4条　保护主权

1. 在履行其根据本公约所承担的义务时，缔约国应恪守各国主权平等和领土完整原则和不干涉别国内政原则。

2. 本公约的任何规定均不赋予缔约国在另一国领土内行使管辖权和履行该另一国本国法律规定的专属于该国当局的职能的权利。

第 5 条 参加有组织犯罪集团行为的刑事定罪

1. 各缔约国均应采取必要的立法和其他措施，将下列故意行为规定为刑事犯罪：

（a）下列任何一种或两种有别于未遂或既遂的犯罪的行为：

（一）为直接或间接获得金钱或其他物质利益而与一人或多人约定实施严重犯罪，如果本国法律要求，还须有其中一名参与者为促进上述约定的实施的行为或涉及有组织犯罪集团；

（二）明知有组织犯罪集团的目标和一般犯罪活动或其实施有关犯罪的目的而积极参与下述活动的行为：

a. 有组织犯罪集团的犯罪活动；

b. 明知其本人的参与将有助于实现上述犯罪目标的该有组织犯罪集团的其他活动；

（b）组织、指挥、协助、教唆、促使或参谋实施涉及有组织犯罪集团的严重犯罪。

2. 本条第 1 款所指的明知、故意、目标、目的或约定可以从客观实际情况推定。

3. 其本国法律要求根据本条第 1 款（a）项（一）目确立的犯罪须涉及有组织犯罪集团方可成立的缔约国，应确保其本国法律涵盖所有涉及有组织犯罪集团的严重犯罪。这些缔约国以及其法律要求根据本条第 1 款（a）项（一）目确立的犯罪须有促进约定的实施的行为方可成立的缔约国，应在其签署本公约或交存其批准、接受、核准或加入本公约的文书时将此情况通知联合国秘书长。

第 6 条 洗钱行为的刑事定罪

1. 各缔约国均应依照其本国法律基本原则采取必要的立法及其他措施，将下列故意行为规定为刑事犯罪：

（a）（一）明知财产为犯罪所得，为隐瞒或掩饰该财产的非法来源，或为协助任何参与实施上游犯罪者逃避其行为的法律后果而转换或转让财产；

（二）明知财产为犯罪所得而隐瞒或掩饰该财产的真实性质来源、所在地、处置、转移、所有权或有关的权利；

（b）在符合其本国法律制度基本概念的情况下：

（一）在得到财产时，明知其为犯罪所得而仍获取、占有或使用；

（二）参与、合伙或共谋实施，实施未遂，以及协助、教唆、促使和参谋实施本条所确立的任何犯罪。

2. 为实施或适用本条第 1 款：

（a）各缔约国均应寻求将本条第 1 款适用于范围最为广泛的上游犯罪；

（b）各缔约国均应将本公约第 2 条所界定的所有严重犯罪和根据本公约第 5 条、第 8 条和第 23 条确立的犯罪列为上游犯罪。缔约国立法中如果明确列出上游犯罪清单，则至少应在这类清单中列出与有组织犯罪集团有关的范围广泛的各种犯罪；

（c）就（b）项而言，上游犯罪应包括在有关缔约国刑事管辖权范围之内和之外发生的犯罪。但是，如果犯罪发生在一缔约国刑事管辖权范围以外，则只有该行为根据其发生时所在国本国法律为刑事犯罪，而且若发生在实施或适用本条的缔约国时根据该国法律也构成刑事犯罪时才构成上游犯罪；

（d）各缔约国均应向联合国秘书长提供其实施本条的法律以及这类法律随后的任何修改的副本或说明；

（e）如果缔约国本国法律基本原则要求，则可以规定本条第 1 款所列犯罪不适用于实施上游犯罪的人；

（f）本条第 1 款所规定的作为犯罪要素的明知、故意或目的可根据客观实际情况推定。

第 7 条　打击洗钱活动的措施

1. 各缔约国均应：

（a）在其力所能及的范围内，建立对银行和非银行金融机构及在适当情况下对其他特别易被用于洗钱的机构的综合性国内管理和监督制度，以便制止并查明各种形式的洗钱。这种制度应强调验证客户身份、保持记录和报告可疑的交易等项规定；

（b）在不影响本公约第18条和第27条的情况下，确保行政、管理、执法和其他负责打击洗钱的当局（本国法律许可时可包括司法当局）能够根据其本国法律规定的条件，在国家和国际一级开展合作和交换信息，并应为此目的考虑建立作为国家级中心的金融情报机构，以收集、分析和传播有关潜在的洗钱活动的信息。

2. 缔约国应考虑采取切实可行的措施调查和监督现金和有关流通票据出入本国国境的情况，但须有保障措施以确保情报的妥善使用且不致以任何方式妨碍合法资本的流动。这类措施可包括要求个人和企业报告大额现金和有关流通票据的跨境划拨。

3. 在建立本条所规定的国内管理和监督制度时，吁请缔约国在不影响本公约的任何其他条款的情况下将各种区域、区域间和多边组织的有关反洗钱倡议作为指南。

4. 缔约国应努力为打击洗钱而发展和促进司法、执法和金融管理当局间的全球、区域、分区域和双边合作。

第8条 腐败行为的刑事定罪

1. 各缔约国均应采取必要的立法和其他措施，将下列故意行为规定为刑事犯罪：

（a）直接或间接向公职人员许诺、提议给予或给予该公职人员或其他人员或实体不应有的好处，以使该公职人员在执行公务时作为或不作为；

（b）公职人员为其本人或其他人员或实体直接或间接索取或接受不应有的好处，以作为其在执行公务时作为或不作为的条件。

2. 各缔约国均应考虑采取必要的立法和其他措施，以便将本条第1款所述涉及外国公职人员或国际公务员的行为规定为刑事犯罪。各缔约国同样也应考虑将其他形式的腐败行为规定为刑事犯罪。

3. 各缔约国还应采取必要的措施，将作为共犯参与根据本条所确立的犯罪规定为刑事犯罪。

4. 本公约本条第1款和第9条中的"公职人员"，系指任职者任职地国法律所界定的且适用于该国刑法的公职人员或提供公共服务的人员。

第9条　反腐败措施

1. 除本公约第8条所列各项措施外，各缔约国均应在适当时并在符合其法律制度的情况下，采取立法、行政或其他有效措施，以促进公职人员廉洁奉公，并预防、调查和惩治腐败行为。

2. 各缔约国均应采取措施，确保本国当局在预防、调查和惩治公职人员腐败行为方面采取有效行动，包括使该当局具备适当的独立性，以免其行动受到不适当的影响。

第10条　法人责任

1. 各缔约国均应采取符合其法律原则的必要措施，确定法人参与涉及有组织犯罪集团的严重犯罪和实施根据本公约第5条、第6条、第8条和第23条确立的犯罪时应承担的责任。

2. 在不违反缔约国法律原则的情况下，法人责任可包括刑事、民事或行政责任。

3. 法人责任不应影响实施此种犯罪的自然人的刑事责任。

4. 各缔约国均应特别确保使根据本条负有责任的法人受到有效、适度和劝阻性的刑事或非刑事制裁，包括金钱制裁。

第11条　起诉、判决和制裁

1. 各缔约国均应使根据本公约第5条、第6条、第8条和第23条确立的犯罪受到与其严重性相当的制裁。

2. 为因本公约所涵盖的犯罪起诉某人而行使本国法律规定的法律裁量权时，各缔约国均应努力确保针对这些犯罪的执法措施取得最大成效，并适当考虑到震慑此种犯罪的必要性。

3. 就根据本公约第5条、第6条、第8条和第23条确立的犯罪而言，各缔约国均应根据其本国法律并在适当考虑到被告方权利的情况下采取适当措施，力求确保所规定的与审判或上诉前释放的裁决有关的条件考虑到确保被告人在其后的刑事诉讼中出庭的需要。

4. 各缔约国均应确保其法院和其他有关当局在考虑早释或假释已被判定犯有本公约所涵盖的犯罪者的可能性时，顾及此种犯罪的严重性。

5. 各缔约国均应在适当情况下在其本国法律中对于本公约所涵盖的任何犯罪规定一个较长的追诉时效期限，并在被指控犯罪的人逃避司法处置时规定更长的期限。

6. 本公约的任何规定，概不影响根据本公约确立的犯罪和适用的法律辩护理由或决定行为合法性的其他法律原则只应由缔约国本国法律加以阐明，而且此种犯罪应根据该法律予以起诉和处罚的原则。

第 12 条　没收和扣押

1. 缔约国应在本国法律制度的范围内尽最大可能采取必要措施，以便能够没收：

（a）来自本公约所涵盖的犯罪的犯罪所得或价值与其相当的财产；

（b）用于或拟用于本公约所涵盖的犯罪的财产、设备或其他工具。

2. 缔约国应采取必要措施，辨认、追查、冻结或扣押本条第 1 款所述任何物品，以便最终予以没收。

3. 如果犯罪所得已经部分或全部转变或转化为其他财产，则应对此类财产适用本条所述措施。

4. 如果犯罪所得已与从合法来源获得的财产相混合，则应在不影响冻结权或扣押权的情况下没收这类财产，没收价值可达混合于其中的犯罪所得的估计价值。

5. 对于来自犯罪所得、来自由犯罪所得转变或转化而成的财产或已与犯罪所得相混合的财产所产生的收入或其他利益，也应适用本条所述措施，其方式和程度与处置犯罪所得相同。

6. 为本公约本条和第 13 条的目的，各缔约国均应使其法院或其他主管当局有权下令提供或扣押银行、财务或商务记录。缔约国不得以银行保密为由拒绝按照本款规定采取行动。

7. 缔约国可考虑要求由犯罪的人证明应予没收的涉嫌犯罪所得或其他财产的合法来源，但此种要求应符合其本国法律原则和司法及其他程序的性质。

8. 不得对本条规定作损害善意第三人权利的解释。

9. 本条任何规定均不得影响本条所述措施应根据缔约国本国法律规定予以确定和实施的原则。

第 13 条　没收事宜的国际合作

1. 缔约国在收到对本公约所涵盖的一项犯罪拥有管辖权的另一缔约国关于没收本公约第 12 条第 1 款所述的、位于被请求国领土内的犯罪所得、财产、设备或其他工具的请求后，应在本国国内法律制度的范围内尽最大可能：

（a）将此种请求提交其主管当局，以便取得没收令并在取得没收令时予以执行；

（b）将请求缔约国领土内的法院根据本公约第 12 条第 1 款签发的没收令提交主管当局，以便按请求的范围予以执行，只要该没收令涉及第 12 条第 1 款所述的、位于被请求缔约国领土内的犯罪所得、财产、设备或其他工具。

2. 对本公约所涵盖的一项犯罪拥有管辖权的另一缔约国提出请求后，被请求缔约国应采取措施，辨认、追查和冻结或扣押本公约第 12 条第 1 款所述犯罪所得、财产、设备或其他工具，以便由请求缔约国或根据本条第 1 款所述请求由被请求缔约国下令最终予以没收。

3. 本公约第 18 条的规定可经适当变通适用于本条。除第 18 条第 15 款规定提供的资料以外，根据本条所提出的请求还应包括：

（a）与本条第 1 款（a）项有关的请求，应有关于拟予没收的财产的说明以及关于请求缔约国所依据的事实的充分陈述，以便被请求缔约国能够根据本国法律取得没收令；

（b）与本条第 1 款（b）项有关的请求，应有请求缔约国据以签发请求的、法律上可接受的没收令副本、事实陈述和关于请求执行没收令的范围的资料；

（c）与本条第 2 款有关的请求，应有请求缔约国所依据的事实陈述以及对请求采取的行动的说明。

4. 被请求缔约国根据本条第 1 款和第 2 款作出的决定或采取的行动，应符合并遵循其本国法律及程序规则的规定或可能约束其与请求缔约国关系的任何双边或多边条约、协定或安排的规定。

5. 各缔约国均应向联合国秘书长提供有关实施本条的任何法律和法规以及这类法律和法规随后的任何修改的副本或说明。

6. 如果某一缔约国以存在有关条约作为采取本条第 1 款和第 2 款所述措施的条件，则该缔约国应将本公约视为必要而充分的条约依据。

7. 如果请求中所涉犯罪并非本公约所涵盖的犯罪，缔约国可拒绝提供本条所规定的合作。

8. 不得对本条规定作损害善意第三人权利的解释。

9. 缔约国应考虑缔结双边或多边条约、协定或安排，以增强根据本条开展的国际合作的有效性。

第 14 条　没收的犯罪所得或财产的处置

1. 缔约国依照本公约第 12 条或第 13 条第 1 款没收的犯罪所得或财产应由该缔约国根据其本国法律和行政程序予以处置。

2. 根据本公约第 13 条的规定应另一缔约国请求采取行动的缔约国，应在本国法律许可的范围内，根据请求优先考虑将没收的犯罪所得或财产交还请求缔约国，以便其对犯罪被害人进行赔偿，或者将这类犯罪所得或财产归还合法所有人。

3. 一缔约国应另一缔约国请求按照本公约第 12 条和第 13 条

规定采取行动时，可特别考虑就下述事项缔结协定或安排：

（a）将与这类犯罪所得或财产价值相当的款项，或变卖这类犯罪所得或财产所获款项，或这类款项的一部分捐给根据本公约第30条第2款（c）项所指定的账户和专门从事打击有组织犯罪工作的政府间机构；

（b）根据本国法律或行政程序，经常地或逐案地与其他缔约国分享这类犯罪所得或财产或变卖这类犯罪所得或财产所获款项。

第15条　管辖权

1. 各缔约国在下列情况下应采取必要措施，以确立对根据本公约第5条、第6条、第8条和第23条确立犯罪的管辖权：

（a）犯罪发生在该缔约国领域内；

（b）犯罪发生在犯罪时悬挂该缔约国国旗的船只或已根据该缔约国法律注册的航空器内。

2. 在不违反本公约第4条规定的情况下，缔约国在下列情况下还可对任何此种犯罪确立其管辖权：

（a）犯罪系针对该缔约国国民；

（b）犯罪者为该缔约国国民或在其境内有惯常居所的无国籍人；

（c）该犯罪系：

（一）发生在本国领域以外的、根据本公约第5条第1款确立的犯罪，目的是在本国领域内实施严重犯罪；

（二）发生在本国领域以外的、根据本公约第6条第1款（b）项（二）目确立的犯罪，目的是在其领域内进行本公约第6条第1款（a）项（一）目或（二）目或（b）项（一）目确立的犯罪。

3. 为了本公约第16条第10款的目的，各缔约国应采取必要措施，在被指控人在其领域内而其仅因该人系其本国国民而不予引渡时，确立其对本公约所涵盖的犯罪的管辖权。

4. 各缔约国还可采取必要措施，在被指控人在其领域内而其不引渡该人时确立其对本公约所涵盖的犯罪的管辖权。

5. 如果根据本条第 1 款或第 2 款行使其管辖权的缔约国被告知或通过其他途径获悉另一个或数个缔约国正在对同一行为进行侦查、起诉或审判程序，这些国家的主管当局应酌情相互磋商，以便协调行动。

6. 在不影响一般国际法准则的情况下，本公约不排除缔约国行使其依据本国法律确立的任何刑事管辖权。

第 16 条 引渡

1. 本条应适用于本公约所涵盖的犯罪，或第 3 条第 1 款（a）项或（b）项所述犯罪涉及有组织犯罪集团且被请求引渡人位于被请求缔约国境内的情况，条件是引渡请求所依据的犯罪是按请求缔约国和被请求缔约国本国法律均应受到处罚的犯罪。

2. 如果引渡请求包括几项独立的严重犯罪，其中某些犯罪不在本条范围之内，被请求缔约国也可对这些犯罪适用本条的规定。

3. 本条适用的各项犯罪均应视为缔约国之间现行的任何引渡条约中的可引渡的犯罪。各缔约国承诺将此种犯罪作为可引渡的犯罪列入它们之间拟缔结的每一项引渡条约。

4. 以订有条约为引渡条件的缔约国如接到未与之订有引渡条约的另一缔约国的引渡请求，可将本公约视为对本条所适用的任何犯罪予以引渡的法律依据。

5. 以订有条约为引渡条件的缔约国应：

（a）在交存本公约批准书、接受书、核准书或加入书时通知联合国秘书长，说明其是否将把本公约作为与本公约其他缔约国进行引渡合作的法律依据；

（b）如其不以本公约作为引渡合作的法律依据，则在适当情况下寻求与本公约其他缔约国缔结引渡条约，以执行本条规定。

6. 不以订有条约为引渡条件的缔约国应承认本条所适用的犯罪为它们之间可相互引渡的犯罪。

7. 引渡应符合被请求缔约国本国法律或适用的引渡条约所规定的条件，其中特别包括关于引渡的最低限度刑罚要求和被请求缔约国可据以拒绝引渡的理由等条件。

8. 对于本条所适用的任何犯罪，缔约国应在符合本国法律的情况下，努力加快引渡程序并简化与之有关的证据要求。

9. 在不违背本国法律及其引渡条约规定的情况下，被请求缔约国可在认定情况必要而且紧迫时，应请求缔约国的请求，拘留其境内的被请求引渡人或采取其他适当措施，以确保该人在进行引渡程序时在场。

10. 被指控人所在的缔约国如果仅以罪犯系本国国民为由不就本条所适用的犯罪将其引渡，则有义务在要求引渡的缔约国提出请求时，将该案提交给其主管当局以便起诉，而不得有任何不应有的延误。这些当局应以与根据本国法律针对性质严重的其他任何犯罪所采用的方式相同的方式作出决定和进行诉讼程序。有关缔约国应相互合作，特别是在程序和证据方面，以确保这类起诉的效果。

11. 如果缔约国本国法律规定，允许引渡或移交其国民须以该人将被送还本国，就引渡或移交请求所涉审判、诉讼中作出的判决服刑为条件，且该缔约国和寻求引渡该人的缔约国也同意这一选择以及可能认为适宜的其他条件，则此种有条件引渡或移交即足以解除该缔约国根据本条第 10 款所承担的义务。

12. 如为执行判决而提出的引渡请求由于被请求引渡人为被请求缔约国的国民而遭到拒绝，被请求国应在其本国法律允许并且符合该法律的要求的情况下，根据请求国的请求，考虑执行按请求国本国法律作出的判刑或剩余刑期。

13. 在对任何人就本条所适用的犯罪进行诉讼时，应确保其在诉讼的所有阶段受到公平待遇，包括享有其所在国本国法律所提供的一切权利和保障。

14. 如果被请求缔约国有充分理由认为提出该请求是为了以某人的性别、种族、宗教、国籍、族裔或政治观点为由对其进行起诉或处罚，或按该请求行事将使该人的地位因上述任一原因而受到损害，则不得对本公约的任何规定作规定了被请求国的引渡义务的解释。

15. 缔约国不得仅以犯罪也被视为涉及财政事项为由而拒绝引渡。

16. 被请求缔约国在拒绝引渡前应在适当情况下与请求缔约国磋商，以使其有充分机会陈述自己的意见和介绍与其指控有关的资料。

17. 各缔约国均应寻求缔结双边和多边协定或安排，以执行引渡或加强引渡的有效性。

第 17 条 被判刑人员的移交

缔约国可考虑缔结双边或多边协定或安排，将因犯有本公约所涉犯罪而被判监禁或其他形式剥夺自由的人员移交其本国服满刑期。

第 18 条 司法协助

1. 缔约国应在对第 3 条规定的本公约所涵盖的犯罪进行的侦查、起诉和审判程序中相互提供最大程度的司法协助；在请求缔约国有合理理由怀疑第 3 条第 1 款（a）项或（b）项所述犯罪具有跨国性时，包括怀疑此种犯罪的被害人、证人、犯罪所得、工具或证据位于被请求缔约国而且该项犯罪涉及一有组织犯罪集团时，还应对等地相互给予类似协助。

2. 对于请求缔约国根据本公约第 10 条可能追究法人责任的犯罪所进行的侦查、起诉和审判程序，应当根据被请求缔约国的有关的法律、条约、协定和安排，尽可能充分地提供司法协助。

3. 可为下列任何目的请求依据本条给予司法协助：

（a）向个人获取证据或陈述；

（b）送达司法文书；

（c）执行搜查和扣押并实行冻结；

（d）检查物品和场所；

（e）提供资料、物证以及鉴定结论；

（f）提供有关文件和记录的原件或经核证的副本，其中包括政府、银行、财务、公司或营业记录；

（g）为取证目的而辨认或追查犯罪所得、财产、工具或其他物品；

（h）为有关人员自愿在请求缔约国出庭提供方便；

（i）不违反被请求缔约国本国法律的任何其他形式的协助。

4. 缔约国主管当局如认为与刑事事项有关的资料可能有助于另一国主管当局进行或顺利完成调查和刑事诉讼程序，或可促成其根据本公约提出请求，则在不影响本国法律的情况下，可无须事先请求而向该另一国主管当局提供这类资料。

5. 根据本条第 4 款提供这类资料，不应影响提供资料的主管当局本国所进行的调查和刑事诉讼程序。接收资料的主管当局应遵守对资料保密的要求，即使是暂时保密的要求，或对资料使用的限制。但是，这不应妨碍接收缔约国在其诉讼中披露可证明被控人无罪或罪轻的资料。在这种情况下，接收缔约国应在披露前通知提供缔约国，而且如果提供缔约国要求，还应与其磋商。如果在例外情况下不可能事先通知，接收缔约国应毫不迟延地将披露一事通告提供缔约国。

6. 本条各项规定概不影响任何其他规范或将要规范整个或部分司法协助问题的双边或多边条约所规定的义务。

7. 如果有关缔约国无司法协助条约的约束，则本条第 9 至 29款应适用于根据本条提出的请求。如果有关缔约国有这类条约的约束，则适用条约的相应条款，除非这些缔约国同意代之以适用本条第 9 至 29 款。大力鼓励缔约国在这些款有助于合作时予以适用。

8. 缔约国不得以银行保密为由拒绝提供本条所规定的司法协助。

9. 缔约国可以并非双重犯罪为由拒绝提供本条所规定的司法协助。但是，被请求缔约国可在其认为适当时在其斟酌决定的范围内提供协助，而不论该行为按被请求缔约国本国法律是否构成犯罪。

10. 在一缔约国境内羁押或服刑的人，如果被要求到另一缔约国进行辨认、作证或提供其他协助，以便为就与本公约所涵盖的犯罪有关的侦查、起诉或审判程序取得证据，在满足以下条件的情况下，可予移送：

（a）该人在知情后自由表示同意；

（b）双方缔约国主管当局同意，但须符合这些缔约国认为适当的条件。

11. 就本条第10款而言：

（a）该人被移送前往的缔约国应有权力和义务羁押被移送人，除非移送缔约国另有要求或授权；

（b）该人被移送前往的缔约国应毫不迟延地履行义务，按照双方缔约国主管当局事先达成的协议或其他协议，将该人交还移送缔约国羁押；

（c）该人被移送前往的缔约国不得要求移送缔约国为该人的交还启动引渡程序；

（d）该人在被移送前往的国家的羁押时间应折抵在移送缔约国执行的刑期。

12. 除非按照本条第10款和第11款移送该人的缔约国同意，无论该人国籍为何，均不得因其在离开移送国国境前的作为、不作为或定罪而在被移送前往的国家境内使其受到起诉、羁押、处罚或对其人身自由实行任何其他限制。

13. 各缔约国均应指定一中心当局，使其负责和有权接收司法协助请求并执行请求或将请求转交主管当局执行。如缔约国有实行单独司法协助制度的特区或领土，可另指定一个对该特区或领土具有同样职能的中心当局。中心当局应确保所收到的请求的迅速而妥善执行或转交。中心当局在将请求转交某一主管当局执行时，应鼓励该主管当局迅速而妥善地执行请求。各缔约国应在交存本公约批准书、接受书、核准书或加入书时将为此目的指定的中心当局通知联合国秘书长。司法协助请求以及与之有关的任何联系文件均应递交缔约国指定的中心当局。此项规定不得损害缔约国要求通过外交渠道以及在紧急和可能的情况下经有关缔约国同意通过国际刑事警察组织向其传递这种请求和联系文件的权利。

14. 请求应以被请求缔约国能接受的语文以书面形式提出，或在可能情况下以能够生成书面记录的任何形式提出，但须能使该缔约国鉴定其真伪。各缔约国应在其交存本公约批准书、接受书、核准书或加入书时将其所能接受的语文通知联合国秘书长。在紧急情况下，如经有关缔约国同意，请求可以口头方式提出，但应立即加以书面确认。

15. 司法协助请求书应载有：

（a）提出请求的当局；

（b）请求所涉的侦查、起诉或审判程序的事由和性质，以及进行此项侦查、起诉或审判程序的当局的名称和职能；

（c）有关事实的概述，但为送达司法文书提出的请求例外；

（d）对请求协助的事项和请求缔约国希望遵循的特定程序细节的说明；

（e）可能时，任何有关人员的身份、所在地和国籍；

（f）索取证据、资料或要求采取行动的目的。

16. 被请求缔约国可要求提供按照其本国法律执行该请求所必需或有助于执行该请求的补充资料。

17. 请求应根据被请求缔约国本国法律执行。在不违反被请求缔约国本国法律的情况下，如有可能，应遵循请求书中列明的程序执行。

18. 当在某一缔约国境内的某人需作为证人或鉴定人接受另一缔约国司法当局询问，且该人不可能或不愿到请求国出庭，则前一个缔约国可应该另一缔约国的请求，在可能且符合本国法律基本原则的情况下，允许以电视会议方式进行询问，缔约国可商定由请求缔约国司法当局进行询问且询问时应有被请求缔约国司法当局在场。

19. 未经被请求缔约国事先同意，请求缔约国不得将被请求缔约国提供的资料或证据转交或用于请求书所述以外的侦查、起诉或审判程序。本款规定不妨碍请求缔约国在其诉讼中披露可证明被告人无罪或罪轻的资料或证据。就后一种情形而言，请求缔约国应在披露之前通知被请求缔约国，并依请求与被请求缔约国磋商。如在例外情况下不可能事先通知时，请求缔约国应毫不迟延地将披露一事通告被请求缔约国。

20. 请求缔约国可要求被请求缔约国对其提出的请求及其内容保密，但为执行请求所必需时除外。如果被请求缔约国不能遵守保密要求，应立即通知请求缔约国。

21. 在下列情况下可拒绝提供司法协助：

（a）请求未按本条的规定提出；

（b）被请求缔约国认为执行请求可能损害其主权、安全、公共秩序或其他基本利益；

（c）假如被请求缔约国当局依其管辖权对任何类似犯罪进行侦查、起诉或审判程序时，其本国法律将会禁止其对此类犯罪采取被请求的行动；

（d）同意此项请求将违反被请求国关于司法协助的法律制度。

22. 缔约国不得仅以犯罪又被视为涉及财政事项为由拒绝司法协助请求。

23. 拒绝司法协助时应说明理由。

24. 被请求缔约国应尽快执行司法协助请求，并应尽可能充分地考虑到请求缔约国提出的、最好在请求中说明了理由的任何最后期限。被请求缔约国应依请求缔约国的合理要求就其处理请求的进展情况作出答复。请求国应在其不再需要被请求国提供所寻求的协助时迅速通知被请求缔约国。

25. 被请求缔约国可以司法协助妨碍正在进行的侦查、起诉或审判为由而暂缓进行。

26. 在根据本条第 21 款拒绝某项请求或根据本条第 25 款暂缓

执行请求事项之前，被请求缔约国应与请求缔约国协商，以考虑是否可在其认为必要的条件下给予协助。请求缔约国如果接受附有条件限制的协助，则应遵守有关的条件。

27. 在不影响本条第 12 款的适用的情况下，应请求缔约国请求而同意到请求缔约国就某项诉讼作证或为某项侦查、起诉或审判程序提供协助的证人、鉴定人或其他人员，不应因其离开被请求缔约国领土之前的作为、不作为或定罪而在请求缔约国领土内被起诉、羁押、处罚，或在人身自由方面受到任何其他限制。如该证人、鉴定人或其他人员已得到司法当局不再需要其到场的正式通知，在自通知之日起连续 15 天内或在缔约国所商定的任何期限内，有机会离开但仍自愿留在请求缔约国境内，或在离境后又自愿返回，则此项安全保障即不再有效。

28. 除非有关缔约国另有协议，执行请求的一般费用应由被请求缔约国承担。如执行请求需要或将需要支付巨额或特殊性质的费用，则应由有关缔约国进行协商，以确定执行该请求的条件以及承担费用的办法。

29. 被请求缔约国：

（a）应向请求缔约国提供其所拥有的根据其本国法律可向公众公开的政府记录、文件或资料的副本；

（b）可自行斟酌决定全部或部分地或按其认为适当的条件向请求缔约国提供其所拥有的根据其本国法律不向公众公开的任何政府记录、文件或资料的副本。

30. 缔约国应视需要考虑缔结有助于实现本条目的、具体实施或加强本条规定的双边或多边协定或安排的可能性。

第 19 条　联合调查

缔约国应考虑缔结双边或多边协定或安排，以便有关主管当局可据以就涉及一国或多国刑事侦查、起诉或审判程序事由的事宜建立联合调查机构。如无这类协定或安排，则可在个案基础上商定进行这类联合调查。有关缔约国应确保拟在其境内进行该项调查的缔约国的主权受到充分尊重。

第20条　特殊侦查手段

1. 各缔约国均应在其本国法律基本原则许可的情况下，视可能并根据本国法律所规定的条件采取必要措施，允许其主管当局在其境内适当使用控制下交付并在其认为适当的情况下使用其他特殊侦查手段，如电子或其他形式的监视和特工行动，以有效地打击有组织犯罪。

2. 为侦查本公约所涵盖的犯罪，鼓励缔约国在必要时为在国际一级合作时使用这类特殊侦查手段而缔结适当的双边或多边协定或安排。此类协定或安排的缔结和实施应充分遵循各国主权平等原则，执行时应严格遵守这类协定或安排的条件。

3. 在无本条第2款所列协定或安排的情况下，关于在国际一级使用这种特殊侦查手段的决定，应在个案基础上作出，必要时还可考虑到有关缔约国就行使管辖权所达成的财务安排或谅解。

4. 经各有关缔约国同意，关于在国际一级使用控制下交付的决定，可包括诸如拦截货物后允许其原封不动地或将其全部或部分取出替换后继续运送之类的办法。

第21条　刑事诉讼的移交

缔约国如认为相互移交诉讼有利于正当司法，特别是在涉及数国管辖权时，为了使起诉集中，应考虑相互移交诉讼的可能性，以便对本公约所涵盖的某项犯罪进行刑事诉讼。

第22条　建立犯罪记录

各缔约国均可采取必要的立法或其他措施，按其认为适宜的条件并为其认为适宜的目的，考虑到另一个国家以前对被指控人作出的任何有罪判决，以便在涉及本公约所涵盖的犯罪的刑事诉讼中加以利用。

第23条　妨害司法的刑事定罪

各缔约国均应采取必要的立法和其他措施，将下列故意行为规定为刑事犯罪：

（a）在涉及本公约所涵盖的犯罪的诉讼中使用暴力、威胁或恐吓，或许诺、提议给予或给予不应有的好处，以诱使提供虚假证言或干扰证言或证据的提供；

（b）使用暴力、威胁或恐吓，干扰司法或执法人员针对本公约所涵盖的犯罪执行公务。本项规定概不应影响缔约国制定保护其他类别公职人员的立法的权利。

第 24 条　保护证人

1. 各缔约国均应在其力所能及的范围内采取适当的措施，为刑事诉讼中就本公约所涵盖的犯罪作证的证人并酌情为其亲属及其他与其关系密切者提供有效的保护，使其免遭可能的报复或恐吓。

2. 在不影响被告人的权利包括正当程序权的情况下，本条第 1 款所述措施可包括：

（a）制定向此种人提供人身保护的程序，例如，在必要和可行的情况下将其转移，并在适当情况下允许不披露或限制披露有关其身份和下落的情况；

（b）规定可允许以确保证人安全的方式作证的证据规则，例如，允许借助于诸如视像连接之类的通信技术或其他适当手段提供证言。

3. 缔约国应考虑与其他国家订立有关转移本条第 1 款所述人员的安排。

4. 本条的规定也应适用于作为证人的被害人。

第 25 条　帮助和保护被害人

1. 各缔约国均应在其力所能及的范围内采取适当的措施，以便向本公约所涵盖的犯罪的被害人提供帮助和保护，尤其是在其受到报复威胁或恐吓的情况下。

2. 各缔约国均应制定适当的程序，使本公约所涵盖的犯罪的被害人有机会获得赔偿和补偿。

3. 各缔约国均应在符合其本国法律的情况下，在对犯罪的人提起的刑事诉讼的适当阶段，以不损害被告人权利的方式使被害人的意见和关切得到表达和考虑。

第26条　加强与执法当局合作的措施

1. 各缔约国均应采取适当措施，鼓励参与或曾参与有组织犯罪集团的个人：

（a）为主管当局的侦查和取证提供有用信息，例如：

（一）有组织犯罪集团的身份、性质、组成情况、结构、所在地或活动；

（二）与其他有组织犯罪集团之间的联系，包括国际联系；

（三）有组织犯罪集团所实施或可能实施的犯罪；

（b）为主管当局提供可能有助于剥夺有组织犯罪集团的资源或犯罪所得的切实而具体的帮助。

2. 对于在本公约所涵盖的任何犯罪的侦查或起诉中提供了实质性配合的被指控者，各缔约国均应考虑规定在适当情况下减轻处罚的可能性。

3. 对于本公约所涵盖的犯罪的侦查或起诉中予以实质性配合者，各缔约国均应考虑根据其本国法律基本原则规定允许免予起诉的可能性。

4. 应按本公约第24条的规定为此类人员提供保护。

5. 如果本条第1款所述的、位于一缔约国的人员能给予另一缔约国主管当局以实质性配合，有关缔约国可考虑根据其本国法律订立关于由对方缔约国提供本条第2款和第3款所列待遇的协定或安排。

第27条　执法合作

1. 缔约国应在符合本国法律和行政管理制度的情况下相互密切合作，以加强打击本公约所涵盖的犯罪的执法行动的有效性。各缔约国尤其应采取有效措施，以便：

（a）加强并在必要时建立各国主管当局、机构和部门之间的联系渠道，以促进安全、迅速地交换有关本公约所涵盖犯罪的各个方面的情报，有关缔约国认为适当时还可包括与其他犯罪活动的联系的有关情报；

（b）同其他缔约国合作，就以下与本公约所涵盖的犯罪有关的事项进行调查：

（一）涉嫌这类犯罪的人的身份、行踪和活动，或其他有关人员的所在地点；

（二）来自这类犯罪的犯罪所得或财产的去向；

（三）用于或企图用于实施这类犯罪的财产、设备或其他工具的去向；

（c）在适当情况下提供必要数目或数量的物品以供分析或调查之用；

（d）促进各缔约国主管当局、机构和部门之间的有效协调，并加强人员和其他专家的交流，包括根据有关缔约国之间的双边协定和安排派出联络官员；

（e）与其他缔约国交换关于有组织犯罪集团采用的具体手段和方法的资料，视情况包括关于路线和交通工具，利用假身份、经变造或伪造的证件或其他掩盖其活动的手段的资料；

（f）交换情报并协调为尽早查明本公约所涵盖的犯罪而酌情采取的行政和其他措施。

2. 为实施本公约，缔约国应考虑订立关于其执法机构间直接合作的双边或多边协定或安排，并在已有这类协定或安排的情况下考虑对其进行修正。如果有关缔约国之间尚未订立这类协定或安排，缔约国可考虑以本公约为基础，进行针对本公约所涵盖的任何犯罪的相互执法合作。缔约国应在适当情况下充分利用各种协定或安排，包括国际或区域组织，以加强缔约国执法机构之间的合作。

3. 缔约国应努力在力所能及的范围内开展合作，以便对借助现代技术实施的跨国有组织犯罪作出反应。

第 28 条　收集、交流和分析关于有组织犯罪的性质的资料

1. 各缔约国均应考虑在同科技和学术界协商的情况下，分析其领域内的有组织犯罪的趋势、活动环境以及所涉及的专业团体和技术。

2. 缔约国应考虑相互并通过国际和区域组织研究和分享与有组织犯罪活动有关的分析性专门知识。为此目的，应酌情制定和适用共同的定义、标准和方法。

3. 各缔约国均应考虑对其打击有组织犯罪的政策和实际措施进行监测，并对这些政策和措施的有效性和效果进行评估。

第 29 条 培训和技术援助

1. 各缔约国均应在必要时为其执法人员，包括检察官、进行调查的法官和海关人员及其他负责预防、侦查和控制本公约所涵盖的犯罪的人员开展、拟订或改进具体的培训方案。这类方案可包括人员借调和交流。这类方案应在本国法律所允许的范围内特别针对以下方面：

（a）预防、侦查和控制本公约所涵盖的犯罪的方法；

（b）涉嫌参与本公约所涵盖的犯罪的人所使用的路线和手段，包括在过境国使用的路线和手段，以及适当的对策；

（c）对违禁品走向的监测；

（d）侦查和监测犯罪所得、财产、设备或其他工具的去向和用于转移、隐瞒或掩饰此种犯罪所得、财产、设备或其他工具的手法，以及用以打击洗钱和其他金融犯罪的方法；

（e）收集证据；

（f）自由贸易区和自由港中的控制手段；

（g）现代化执法设备和技术，包括电子监视、控制下交付和特工行动；

（h）打击借助于计算机、电信网络或其他形式现代技术所实施的跨国有组织犯罪的方法；

（i）保护被害人和证人的方法。

2. 缔约国应相互协助，规划并实施旨在分享本条第 1 款所提及领域专门知识的研究和培训方案，并应为此目的酌情利用区域和国际会议和研讨会，促进对共同关心的问题，包括过境国的特殊问题和需要的合作和讨论。

3. 缔约国应促进有助于引渡和司法协助的培训和技术援助。这种培训和技术援助可包括对中心当局或负有相关职责的机构的人员进行语言培训、开展借调和交流。

4. 在有双边和多边协定的情况下，缔约国应加强必要的努力，在国际组织和区域组织的范围内以及其他有关的双边和多边协定或安排的范围内，最大限度地开展业务及培训活动。

第 30 条　其他措施：通过经济发展和技术援助执行公约

1. 缔约国应通过国际合作采取有助于最大限度优化本公约执行的措施，同时应考虑到有组织犯罪对社会，尤其是对可持续发展的消极影响。

2. 缔约国应相互协调并同国际和区域组织协调，尽可能作出具体努力：

（a）加强其同发展中国家在各级的合作，以提高发展中国家预防和打击跨国有组织犯罪的能力；

（b）加强财政和物质援助，支持发展中国家同跨国有组织犯罪作有效斗争的努力，并帮助它们顺利执行本公约；

（c）向发展中国家和经济转型期国家提供技术援助，以协助它们满足在执行本公约方面的需要。为此，缔约国应努力向联合国筹资机制中为此目的专门指定的账户提供充分的经常性自愿捐款。缔约国还可根据其本国法律和本公约规定，特别考虑向上述账户捐出根据本公约规定没收的犯罪所得或财产中一定比例的金钱或相应的价值；

（d）根据本条规定视情况鼓励和争取其他国家和金融机构与其一道共同努力，特别是向发展中国家提供更多的培训方案和现代化设备，以协助它们实现本公约的各项目标。

3. 这些措施应尽量不影响现有对外援助承诺或其他多边、区域或国际一级的财政合作安排。

4. 缔约国可缔结关于物资和后勤援助的双边或多边协议或安

排，同时考虑到为使本公约所规定的国际合作方式行之有效和预防、侦查与控制跨国有组织犯罪所必需的各种财政安排。

第31条 预防

1. 缔约国应努力开发和评估各种旨在预防跨国有组织犯罪的国家项目，并制订和促进这方面的最佳做法和政策。

2. 缔约国应根据其本国法律基本原则，利用适当的立法、行政或其他措施努力减少有组织犯罪集团在利用犯罪所得参与合法市场方面的现有或未来机会。这些措施应着重于：

（a）加强执法机构或检察官同包括企业界在内的有关私人实体之间的合作；

（b）促进制定各种旨在维护公共和有关私人实体廉洁性的标准和程序，以及有关职业，特别是律师、公证人、税务顾问和会计师的行为准则；

（c）防止有组织犯罪集团对公共当局实行的招标程序以及公共当局为商业活动所提供的补贴和许可证作不正当利用；

（d）防止有组织犯罪集团对法人作不正当利用，这类措施可包括：

（一）建立关于法人的设立、管理和筹资中所涉法人和自然人的公共记录；

（二）宣布有可能通过法院命令或任何适宜手段，在一段合理的期间内剥夺被判定犯有本公约所涵盖的犯罪的人担任在其管辖范围内成立的法人的主管的资格；

（三）建立关于被剥夺担任法人主管资格的人的国家记录；

（四）与其他缔约国主管当局交流本款（d）项（一）目和（三）目所述记录中所载的资料。

3. 缔约国应努力促进被判犯有本公约所涵盖的犯罪的人重新融入社会。

4. 缔约国应努力定期评价现有有关法律文书和行政管理办法，以发现其中易被有组织犯罪集团作不正当利用之处。

5. 缔约国应努力提高公众对跨国有组织犯罪的存在、原因和严重性及其所构成的威胁的认识。可在适当情况下通过大众传播媒介传播信息，其中应包括促进公众参与预防和打击这类犯罪的措施。

6. 各缔约国均应将可协助其他缔约国制订预防跨国有组织犯罪的措施的一个或多个当局的名称和地址通知联合国秘书长。

7. 缔约国应酌情彼此合作和同有关国际和区域组织合作，以促进和制订本条所述措施，其办法包括参与各种旨在预防跨国有组织犯罪的国际项目，例如改善环境，以使处于社会边缘地位的群体不易受跨国有组织犯罪行动的影响。

第 32 条　公约缔约方会议

1. 兹设立本公约缔约方会议，以提高缔约国打击跨国有组织犯罪的能力，并促进和审查公约的实施。

2. 联合国秘书长应在不晚于本公约生效之后一年的时间内召集缔约方会议。缔约方会议应通过议事规则和关于开展本条第 3 款和第 4 款所列活动的规则（包括关于支付这些活动费用的规则）。

3. 缔约方会议应议定实现本条第 1 款所述各项目标的机制，其中包括：

（a）促进缔约国按照本公约第 29 条、第 30 条和第 31 条所开展的活动，其办法包括鼓励调动自愿捐助；

（b）促进缔约国间交流关于跨国有组织犯罪的模式和趋势以及同其作斗争的成功做法的信息；

（c）同有关国际和区域组织和非政府组织开展合作；

（d）定期审查本公约的执行情况；

（e）为改进本公约及其实施而提出建议。

4. 为了本条第 3 款（d）项和（e）项的目的，缔约方会议应通过缔约国提供的资料和缔约方会议可能建立的补充审查机制，对缔约国为实施公约所采取的措施以及实施过程中所遇到的困难获得必要的了解。

5. 各缔约国均应按照缔约方会议的要求，向其提供有关本国实施本公约的方案、计划和做法以及立法和行政措施的资料。

第 33 条　秘书处

1. 联合国秘书长应为公约缔约方会议提供必要的秘书处服务。

2. 秘书处应：

（a）协助缔约方会议开展本公约第 32 条所列各项活动，并为各届缔约方会议作出安排和提供必要的服务；

（b）依请求协助缔约国向缔约方会议提交本公约第 32 条第五款提及的资料；

（c）确保与其他有关国际和区域组织秘书处的必要协调。

第 34 条　公约的实施

1. 各缔约国均应根据其本国法律制度基本原则采取必要的措施，包括立法和行政措施，以切实履行其根据本公约所承担的义务。

2. 各缔约国均应在本国法律中将根据本公约第 5 条、第 6 条、第 8 条和第 23 条确立的犯罪规定为犯罪，而不论其是否如本公约第 3 条第 1 款所述具有跨国性或是否涉及有组织犯罪集团，但本公约第 5 条要求涉及有组织犯罪集团的情况除外。

3. 为预防和打击跨国有组织犯罪，各缔约国均可采取比本公约的规定更为严格或严厉的措施。

第 35 条　争端的解决

1. 缔约国应努力通过谈判解决与本公约的解释或适用有关的争端。

2. 两个或两个以上缔约国对于本公约的解释或适用发生任何争端，在合理时间内不能通过谈判解决的，应按其中一方请求交付仲裁。如果自请求交付仲裁之日起六个月后这些缔约国不能就仲裁安排达成协议，则其中任何一方均可根据《国际法院规约》请求将争端提交国际法院。

3. 各缔约国在签署、批准、接受、核准或加入本公约时，均可声明不受本条第 2 款的约束。其他缔约国对于作出此种保留的任何缔约国，不应受本条第 2 款的约束。

4. 凡根据本条第 3 款作出保留的缔约国，均可随时通知联合国秘书长撤销该项保留。

第 36 条　签署、批准、接受、核准和加入

1. 本公约自 2000 年 12 月 12 日至 15 日在意大利巴勒莫开放供各国签署，随后直至 2002 年 12 月 12 日在纽约联合国总部开放供各国签署。

2. 本公约还应开放供区域经济一体化组织签署，条件是该组织至少有一个成员国已按照本条第 1 款规定签署本公约。

3. 本公约须经批准、接受或核准。批准书、接受书或核准书应交存联合国秘书长。如果某一区域经济一体化组织至少有一个成员国已交存批准书、接受书或核准书，该组织可照样办理。该组织应在该项批准书、接受书或核准书中宣布其在本公约管辖事项方面的权限范围。该组织还应将其权限范围的任何有关变动情况通知保存人。

4. 任何国家或任何至少已有一个成员国加入本公约的区域经济一体化组织均可加入本公约。加入书应交存联合国秘书长。区域经济一体化组织加入本公约时应宣布其在本公约管辖事项方面的权限范围。该组织还应将其权限范围的任何有关变动情况通知保存人。

第 37 条　同议定书的关系

1. 本公约可由一项或多项议定书予以补充。

2. 只有成为本公约缔约方的国家或区域经济一体化组织方可成为议定书缔约方。

3. 本公约缔约方不受议定书约束，除非其已根据议定书规定成为议定书缔约方。

4. 本公约的任何议定书均应结合本公约予以解释，并考虑到该议定书的宗旨。

第 38 条 生效

1. 本公约应自第四十份批准书、接受书、核准书或加入书交存联合国秘书长之日后第九十天起生效。为本款的目的，区域经济一体化组织交存的任何文书均不得在该组织成员国所交存文书以外另行计算。

2. 对于在第四十份批准书、接受书、核准书或加入书交存后批准、接受、核准或加入公约的国家或区域经济一体化组织，本公约应自该国或组织交存有关文书之日后第三十天起生效。

第 39 条 修正

1. 缔约国可在本公约生效已满五年后提出修正案并将其送交联合国秘书长。秘书长应立即将所提修正案转发缔约国和缔约方会议，以进行审议并作出决定。缔约方会议应尽力就每项修正案达成协商一致。如果已为达成协商一致作出一切努力而仍未达成一致意见，作为最后手段，该修正案须有出席缔约方会议并参加表决的缔约国的三分之二多数票方可通过。

2. 区域经济一体化组织对属于其权限的事项依本条行使表决权时，其票数相当于其作为本公约缔约国的成员国数目。如果这些组织的成员国行使表决权，则这些组织便不得行使表决权，反之亦然。

3. 根据本条第 1 款通过的修正案，须经缔约国批准、接受或核准。

4. 根据本条第 1 款通过的修正案，应自缔约国向联合国秘书长交存一份批准、接受或核准该修正案的文书之日起九十天之后对该缔约国生效。

5. 修正案一经生效，即对已表示同意受其约束的缔约国具有约束力。其他缔约国则仍受本公约原条款和其以前批准、接受或核准的任何修正案的约束。

第 40 条 退约

1. 缔约国可书面通知联合国秘书长退出本公约。此项退约应自秘书长收到上述通知之日起一年后生效。

2. 区域经济一体化组织在其所有成员国均已退出本公约时即不再为本公约缔约方。

3. 根据本条第 1 款规定退出本公约，即自然退出其任何议定书。

第 41 条　保存人和语文

1. 联合国秘书长应为本公约指定保存人。

2. 本公约原件应交存联合国秘书长，公约的阿拉伯文、中文、英文、法文、俄文和西班牙文文本同为作准文本。

兹由经各自政府正式授权的下列署名全权代表签署本公约，以昭信守。

联合国打击跨国有组织犯罪公约
关于预防禁止和惩治贩运人口
特别是妇女和儿童行为的补充议定书

（2000 年 11 月 15 日由第 55 届联合国大会通过，2003 年 9 月 29 日生效；2009 年 12 月 26 日第十一届全国人大常委会第 12 次会议决定批准加入，同时声明：中华人民共和国不受《补充议定书》第十五条第二款规定的约束；在中华人民共和国政府另行通知前，《补充议定书》暂不适用于中华人民共和国香港特别行政区。自 2010 年 3 月 10 日起对我国生效）

序　言

本议定书缔约国，

宣布采取有效行动预防和打击国际贩运人口特别是妇女和儿童，必须在原住地国、过境国和目的地国采取综合性国际做法，包括预防这种贩运、惩治贩运者和保护这种贩运活动被害人的措施，包括通过保护被害人国际公认的人权对他们进行保护，

考虑到虽有各项载有打击剥削人特别是剥削妇女和儿童行为的规则和实际措施的国际文书，但尚无一项处理人口贩运问题所有方面的国际文书，

关注如果没有这样一项文书，易遭受贩运的人将不可能得到充分的保护，

回顾大会 1998 年 12 月 9 日第 53/111 号决议，其中大会决定设立一个开放的政府间特设委员会，负责拟订一项打击跨国有组织犯罪的综合性国际公约，并就拟订一项处理贩运妇女儿童问题的国际文书等进行讨论，

深信以一项预防、禁止和惩治贩运人口特别是妇女和儿童行为的国际文书补充联合国打击跨国有组织犯罪公约，将有助于预防和打击这种犯罪，

兹商定如下：

一、总则

第 1 条　与联合国打击跨国有组织犯罪公约的关系

1. 本议定书是对联合国打击跨国有组织犯罪公约的补充。本议定书应连同公约一并予以解释。

2. 除非本议定书中另有规定，公约的规定应经适当变通后适用于本议定书。

3. 根据本议定书第 5 条确立的犯罪应视为根据公约确立的犯罪。

第 2 条　宗旨

本议定书的宗旨是：

（a）预防和打击贩运人口，特别是贩运妇女和儿童；

（b）在充分尊重其人权的情况下保护和帮助此种贩运活动的被害人；

（c）为实现上述目标而促进缔约国之间的合作。

第 3 条　术语的使用

在本议定书中：

（a）"人口贩运"系指为剥削目的而通过暴力威胁或使用暴力手段，或通过其他形式的胁迫，通过诱拐、欺诈、欺骗、滥用权力或滥用脆弱境况，或通过授受酬金或利益取得对另一人有控制权的某人的同意等手段招募、运送、转移、窝藏或接收人员。剥削应至少包括利用他人卖淫进行剥削或其他形式的性剥削、强迫劳动或服务、奴役或类似奴役的做法、劳役或切除器官；

（b）如果已使用本条（a）项所述任何手段，则人口贩运活动被害人对（a）项所述的预谋进行的剥削所表示的同意并不相干；

（c）为剥削目的而招募、运送、转移、窝藏或接收儿童，即使并不涉及本条（a）项所述任何手段，也应视为"人口贩运"；

（d）"儿童"系指任何 18 岁以下者。

第 4 条　适用范围

本议定书除非另有规定，应适用于预防、侦查和起诉根据本议定书第 5 条所确立的、具有跨国性且涉及有组织犯罪集团的犯罪，并应适用于对此种犯罪的被害人的保护。

第 5 条　刑事定罪

1. 各缔约国均应采取必要的立法和其他措施，将本议定书第 3 条所列故意行为规定为刑事犯罪。

2. 各缔约国还均应采取必要的立法和其他措施：

（a）在符合本国法律制度基本概念的情况下，把实施根据本条第 1 款所确立的犯罪未遂定为刑事犯罪；

（b）把作为共犯参与根据本条第 1 款所确立的犯罪定为刑事犯罪；以及

（c）把组织或指挥他人实施根据本条第 1 款所确立的犯罪定为刑事犯罪。

二、对人口贩运活动被害人的保护

第 6 条　对人口贩运活动被害人的帮助和保护

1. 各缔约国均应在适当情况下并根据本国法律尽量保护人口贩运活动被害人的隐私和身份，尤其包括对审理这类贩运活动案件的法律程序予以保密。

2. 各缔约国均应确保本国法律或行政制度中包括各种必要措施，以便在适当情况下向人口贩运活动被害人提供：

（a）有关法院程序和行政程序的信息；

（b）帮助被害人，从而使其意见和关切在对犯罪的人提起的刑事诉讼的适当阶段以不损害被告方权利的方式得到表达和考虑。

3. 各缔约国均应考虑采取措施，为人口贩运活动被害人的身心康复和重返社会提供条件，包括在适当情况下同非政府组织、其他有关组织和民间社会其他方面开展合作，特别是：

（a）提供适当的住房；

（b）以人口贩运活动被害人懂得的语文提供咨询和信息，特别是有关其法律权利的咨询和信息；

（c）提供医疗、心理和物质帮助；

（d）提供就业、教育和培训机会。

4. 各缔约国在执行本条规定时，均应考虑到人口贩运活动被害人的年龄、性别和特殊需要，特别是儿童的特殊需要，其中包括适当的住房、教育和照料。

5. 各缔约国均应努力保护在本国境内的人口贩运活动被害人的人身安全。

6. 各缔约国均应确保本国的法律制度包括各项必要措施，使人口贩运活动被害人可以就所受损害获得赔偿。

第7条　人口贩运活动被害人在接收国的地位

1. 除根据本议定书第6条采取措施外，各缔约国还均应考虑采取立法或其他适当措施，允许人口贩运活动被害人在适当情况下在本国境内临时或永久居留。

2. 各缔约国在执行本条第1款所载规定时，均应适当考虑到人道主义和照顾性因素。

第8条　人口贩运活动被害人的遣返

1. 人口贩运活动被害人为本国国民或其在进入接收缔约国领土时尚拥有本国永久居留权的缔约国，应在适当顾及其安全的情况下，便利和接受其返还而不应有不适当或不合理的迟延。

2. 当一缔约国将身为另一缔约国国民或在进入接收缔约国领土时尚拥有该另一缔约国永久居留权的人口贩运活动被害人送还该缔约国时，这种送还应适当顾及被害人的安全和与其身为贩运活动被害人有关的任何法律程序的状况，并应最好出于自愿。

3. 根据接收缔约国提出的请求，被请求缔约国应核查人口贩运活动被害人是否为本国国民或其在进入接收缔约国领土时是否拥有本国境内的永久居留权而不应有不适当或不合理的迟延。

4. 为便于无适当证件的人口贩运活动被害人的返还，缔约国应根据接收缔约国提出的请求，同意向身为本国国民或在进入接收缔约国领土时拥有本国永久居留权的该人签发必要的旅行证件或其他许可文件，以使其得以前往并重新入境。

5. 本条概不影响接收缔约国本国任何法律赋予人口贩运活动被害人的任何权利。

6. 本条概不影响任何可适用的全部或部分管辖人口贩运活动被害人返还问题的双边或多边协定或安排。

三、预防、合作和其他措施

第 9 条　预防贩运人口

1. 缔约国应制定综合政策、方案和其他措施，以便：

（a）预防和打击人口贩运；

（b）保护人口贩运活动被害人特别是妇女和儿童免于再度受害。

2. 缔约国应努力采取诸如研究、宣传和新闻媒体运动等措施并实行种种社会和经济举措，以预防和打击人口贩运。

3. 根据本条制定的政策、方案和其他措施，应酌情包括与非政府组织、其他有关组织和民间社会其他方面的合作。

4. 缔约国应采取或加强措施，包括通过双边或多边合作，以减缓使人特别是使妇女和儿童易遭贩运之害的各种因素，例如贫困、不发达和缺乏平等机会等。

5. 缔约国应采取或加强立法或其他措施，例如教育、社会或文化措施，包括通过双边或多边合作，以抑制那种助长对人特别是对妇女和儿童的剥削从而导致贩运的需求。

第 10 条　信息交换和培训

1. 缔约国执法、移民或其他有关当局应酌情根据本国法律相互合作，交换信息，以便能够确定：

（a）持有他人旅行证件或无旅行证件跨越或企图跨越国际边界者是人口贩运活动的实施者还是被害人；

（b）为人口贩运目的跨越国际边界者所使用或企图使用的证件种类；

（c）有组织犯罪集团为贩运人口目的而使用的手段和方法，包括对被害人的招募和运送、从事这类贩运活动的个人和集团之间的路线和联系，以及为侦破这些活动而可能采取的措施。

2. 缔约国应向执法人员、移民官员和其他有关官员提供或加强预防贩运人口的培训。培训的重点应是用于预防这种贩运、起诉贩运者和保护被害人权利，包括保护被害人免遭贩运者迫害的方法。培训还应顾及对人权和儿童及性别敏感问题予以考虑的必要，并应鼓励与非政府组织、其他有关组织和民间社会其他方面的合作。

3. 收到信息的缔约国应遵守发送信息的缔约国提出的关于信息使用限制的任何要求。

第 11 条　边界措施

1. 在不影响关于人员自由流动的国际承诺情况下，缔约国应尽量加强可能必要的边界管制，以预防和侦查人口贩运活动。

2. 各缔约国均应采取立法或其他适当措施，尽量防止商业承运人经营的运输工具被用于实施根据本议定书第 5 条确立的犯罪。

3. 在适当且不影响适用的国际公约的情况下，这类措施应包括规定商业承运人，包括任何运输公司或任何运输工具的拥有人或经营人有义务查明所有旅客都持有进入接收国所需的旅行证件。

4. 各缔约国均应根据本国法律采取必要的措施，对违反本条第 3 款所规定义务的情形予以制裁。

5. 各缔约国均应考虑采取措施，以便根据本国法律法拒绝与根据本议定书所确立的犯罪行为有牵连的人员入境或吊销其签证。

6. 在不影响公约第 27 条的情况下，缔约国应考虑通过建立和保持直接联系渠道等办法加强边境管制机构间的合作。

第 12 条　证件安全与管制

各缔约国均应在力所能及的范围内采取必要的措施，以便：

（a）确保由其签发的旅行或身份证件具有不易滥用和不便伪造或非法变造、复制或签发的特点；

（b）确保由其或其代表机构签发的旅行或身份证件的完整和安全，并防止证件的非法印制、签发和使用。

第 13 条　证件的合法性和有效性

缔约国应根据另一缔约国提出的请求，根据本国法律，在合理的时间内对以或似以本国名义签发的、涉嫌为人口贩运活动而使用的旅行或身份证件的合法性和有效性进行核查。

四、最后条款

第 14 条　保留条款

1. 本议定书任何规定概不影响各国和个人根据国际法，包括国际人道主义法和国际人权法，以及特别是在适用的情况下，根据关于难民地位的 1951 年公约和 1967 年议定书以及其中所载不驱回原则而享有的权利和承担的义务和责任。

2. 本议定书规定的各项措施在解释和适用上不应以该人系人口贩运活动被害人为由而对其加以歧视。对这些措施的解释和适用应符合国际公认的不歧视原则。

第 15 条　争端的解决

1. 缔约国应努力通过谈判解决与本议定书的解释或适用有关的争端。

2. 两个或两个以上缔约国对于本议定书的解释或适用发生的任何争端，在合理时间内不能通过谈判解决的，应按其中一方的请求交付仲裁。如果自请求交付仲裁之日起六个月后这些缔约国不能就仲裁安排达成协议，则其中任何一方均可根据《国际法院规约》请求将争端提交国际法院。

3. 各缔约国在签署、批准、接受、核准或加入本议定书时，可声明不受本条第 2 款的约束。对于作出此种保留的任何缔约国而言，其他缔约国应不受本条第 2 款的约束。

4. 根据本条第 3 款作出保留的任何缔约国，均可随时通知联合国秘书长撤销该项保留。

第 16 条　签署、批准、接受、核准和加入

1. 本议定书自 2000 年 12 月 12 日至 15 日在意大利巴勒莫开放供各国签署，随后直至 2002 年 12 月 12 日在纽约联合国总部开放供各国签署。

2. 本议定书还应开放供区域经济一体化组织签署，条件是该组织至少有一个成员国已按照本条第 1 款规定签署本议定书。

3. 本议定书须经批准、接受或核准。批准书、接受书或核准书应交存联合国秘书长。如果某一区域经济一体化组织至少有一个成员国已交存批准书、接受书或核准书，该组织也可照样办理。该组织应在该批准书、接受书或核准书中宣布其在本议定书管辖事项方面的权限范围。该组织还应将其权限范围的任何有关变动情况通知保存人。

4. 任何国家或任何至少已有一个成员国加入本议定书的区域经济一体化组织均可加入本议定书。加入书应交存联合国秘书长。区域经济一体化组织加入本议定书时应宣布其在本议定书管辖事项方面的权限范围。该组织还应将其权限范围的任何有关变动情况通知保存人。

第 17 条　生效

1. 本议定书应自第四十份批准书、接受书、核准书或加入书交存联合国秘书长之日后第九十天起生效，但不得在公约生效前生效。为本款的目的，区域经济一体化组织交存的任何文书均不得在该组织成员国所交存文书以外另行计算。

2. 对于在第四十份批准书、接受书、核准书或加入书交存后批准、接受、核准或加入本议定书的国家或区域经济一体化组织，本议定书应自该国或该组织交存该有关文书之日后第三十天起生效，或自本议定书根据本条第 1 款生效之日起生效，以时间较后者为准。

第 18 条　修正

1. 本议定书缔约国可在本议定书生效已满五年后提出修正案并将其送交联合国秘书长，秘书长应立即将所提修正案转发缔约国和公约缔约方会议，以进行审议并作出决定。参加缔约方会议的本议定书缔约国应尽力就每项修正案达成协商一致。如果已为达成协商一致作出一切努力而仍未达成一致意见，作为最后手段，该修正案须有出席缔约方会议并参加表决的本议定书缔约国的三分之二多数票方可通过。

2. 区域经济一体化组织对属于其权限的事项依本条行使表决权时，其票数相当于其作为本议定书缔约国的成员国数目。如果这些组织的成员国行使表决权，则这些组织便不得行使表决权，反之亦然。

3. 根据本条第 1 款通过的修正案，须经缔约国批准、接受或核准。

4. 根据本条第 1 款通过的修正案，应自缔约国向联合国秘书长交存一份批准、接受或核准该修正案的文书之日起九十天之后对该缔约国生效。

5. 修正案一经生效，即对已表示同意受其约束的缔约国具有约束力。其他缔约国则仍受本议定书原条款和其以前批准、接受或核准的任何修正案的约束。

第 19 条　退约

1. 缔约国可书面通知联合国秘书长退出本议定书。此项退约应自秘书长收到上述通知之日起一年后生效。

2. 区域经济一体化组织在其所有成员国均已退出本议定书时即不再为本议定书缔约方。

第 20 条　保存人和语文

1. 联合国秘书长应为本议定书指定保存人。

2. 本议定书原件应交存联合国秘书长，议定书的阿拉伯文、中文、英文、法文、俄文和西班牙文文本同为作准文本。

兹由经各自政府正式授权的下列署名全权代表签署本议定书，以昭信守。

儿童权利公约①

（1989 年 11 月 20 日订于纽约，本公约于 1990 年 9 月 2 日生效。中华人民共和国政府代表于 1990 年 8 月 29 日签署。1991 年 12 月 29 日第七届全国人民代表大会常务委员会第二十三次会议决定批准。本公约于 1992 年 4 月 2 日对我国生效）

序 言

本公约缔约国，

考虑到按照《联合国宪章》所宣布的原则，对人类家庭所有成员的固有尊严及其平等和不移的权利的承认，乃是世界自由、正义与和平的基础。

铭记联合国人民在《宪章》中重申对基本人权和人格尊严与价值的信念，并决心促成更广泛自由中的社会进步及更高的生活水平，

认识到联合国在《世界人权宣言》和关于人权的两项国际公约中宣布和同意：人人有资格享受这些文书中所载的一切权利和自由，不因种族、肤色、性别、语言、宗教、政治或其他见解、国籍或社会出身、财产、出生或其他身份等而有任何区别，

回顾联合国在《世界人权宣言》中宣布：儿童有权享受特别照料和协助，

---

① 第七届全国人民代表大会常务委员会第二十三次会议决定：批准 1989 年 11 月 20 日由联合国大会通过的《儿童权利公约》，同时声明：中华人民共和国将在符合其宪法第二十五条关于计划生育的规定的前提下，并根据《中华人民共和国未成年人保护法》第二条的规定，履行《儿童权利公约》第六条所规定的义务。

深信家庭作为社会的基本单元，作为家庭的所有成员、特别是儿童的成长和幸福的自然环境，应获得必要的保护和协助，以充分负起它在社会上的责任，

确认为了充分而和谐地发展其个性，应让儿童在家庭环境里，在幸福、亲爱和谅解的气氛中成长，

考虑到应充分培养儿童可在社会上独立生活，并在《联合国宪章》宣布的理想的精神下，特别是在和平、尊严、宽容、自由、平等和团结的精神下，抚养他们成长，

铭记给予儿童特殊照料的需要已在 1924 年《日内瓦儿童权利宣言》和在大会 1959 年 11 月 20 日通过的《儿童权利宣言》中予以申明，并在《世界人权宣言》、《公民权利和政治权利国际公约》（特别是第 23 条和第 24 条）、《经济、社会、文化权利国际公约》（特别是第 10 条）以及关心儿童福利的各专门结构和国际组织的章程及有关文书中得到确认，

铭记如《儿童权利宣言》所示，"儿童因身心尚未成熟，在其出生以前和以后均需要特殊的保护和照料，包括法律上的适当保护"，

回顾《关于儿童保护和儿童福利、特别是国内和国际寄养和收养办法的社会和法律原则宣言》、《联合国少年司法最低限度标准规则》（北京规则）以及《在非常状态和武装冲突中保护妇女和儿童宣言》，

确认世界各国都有生活在极端困难下的儿童，对这些儿童需要给予特别的照顾，

适当考虑到每一民族的传统及文化价值对儿童保护及和谐发展的重要性，

确认国际合作对于改善每一国家、特别是发展中国家儿童的生活条件的重要性，

兹协议如下：

第一部分

第一条

为本公约之目的，儿童系指 18 岁以下的任何人，除非对其适用之法律规定成年年龄低于 18 岁。

第二条

1. 缔约国应尊重本公约所载列的权利，并确保其管辖范围内的每一儿童均享受此种权利，不因儿童或其父母或法定监护人的种族、肤色、性别、语言、宗教、政治或其他见解、民族、族裔或社会出身、财产、伤残、出生或其他身份而有任何差别。

2. 缔约国应采取一切适当措施确保儿童得到保护，不受基于儿童父母、法定监护人或家庭成员的身份、活动、所表达的观点或信仰而加诸的一切形式的歧视或惩罚。

第三条

1. 关于儿童的一切行为，不论是由公私社会福利机构、法院、行政当局或立法机构执行，均应以儿童的最大利益为一种首要考虑。

2. 缔约国承担确保儿童享有其幸福所必需的保护和照料，考虑到其父母、法定监护人或任何对其负有法律责任的个人的权利和义务，并为此采取一切适当的立法和行政措施。

3. 缔约国应确保负责照料或保护儿童的机构、服务部门及设施符合主管当局规定的标准，尤其是安全、卫生、工作人员数目和资格以及有效监督方面的标准。

第四条

缔约国应采取一切适当的立法、行政和其他措施以实现本公约所确认的权利。关于经济、社会及文化权利，缔约国应根据其现有资源所允许的最大限度并视需要在国际合作范围内采取此类措施。

第五条

缔约国应尊重父母或于适用时尊重当地习俗认定的大家庭或社

会成员、法定监护人或其他对儿童负有法律责任的人以下的责任、权利和义务，以符合儿童不同阶段接受能力的方式适当指导和指引儿童行使本公约所确认的权利。

第六条

1. 缔约国确认每个儿童均有固有的生命权。

2. 缔约国应最大限度地确保儿童的存活与发展。

第七条

1. 儿童出生后应立即登记，并有自出生起获得姓名的权利，有获得国籍的权利，以及尽可能知道谁是其父母并受其父母照料的权利。

2. 缔约国应确保这些权利按照本国法律及其根据有关国际文书在这一领域承担的义务予以实施，尤应注意不如此儿童即无国籍之情形。

第八条

1. 缔约国承担尊重儿童维护其身份包括法律所承认的国籍、姓名及家庭关系而不受非法干扰的权利。

2. 如有儿童被非法剥夺其身份方面的部分或全部要素，缔约国应提供适当协助和保护，以便迅速重新确立其身份。

第九条

1. 缔约国应确保不违背儿童父母的意愿使儿童和父母分离，除非主管当局按照适用的法律和程序，经法院的审查，判定这样的分离符合儿童的最大利益而确有必要。在诸如由于父母的虐待或忽视、或父母分居而必须确定儿童居住地点的特殊情况下，这种裁决可能有必要。

2. 凡按本条第 1 款进行诉讼，均应给予所有有关方面以参加诉讼并阐明自己意见之机会。

3. 缔约国应尊重与父母一方或双方分离的儿童同父母经常保持个人关系及直接联系的权利，但违反儿童最大利益者除外。

4. 如果这种分离是因缔约国对父母一方或双方或对儿童所采

取的任何行动，诸如拘留、监禁、流放、驱逐或死亡（包括该人在该国拘禁中因任何原因而死亡）所致，该缔约国应按请求将该等家庭成员下落的基本情况告知父母、儿童或适当时告知另一家庭成员，除非提供这类情况会有损儿童的福祉，缔约国还应确保有关人员不致因提出这类请求而承受不利后果。

第十条

1. 按照第 9 条第 1 款所规定的缔约国的义务，对于儿童或其父母要求进入或离开一缔约国以便与家人团聚的申请，缔约国应以积极的人道主义态度迅速予以办理。缔约国还应确保申请人及其家庭成员不致因提出这类请求而承受不利后果。

2. 父母居住在不同国家的儿童，除特殊情况以外，应有权同父母双方经常保持个人关系和直接关系。为此目的，并按照第 9 条第 1 款所规定的缔约国的义务，缔约国应尊重儿童及其父母离开包括其本国在内的任何国家和进入其本国的权利。离开任何国家的权利只应受法律所规定并为保护国家安全、公共秩序、公共卫生或道德、或他人的权利和自由所必需且与本公约所承认的其他权利不相抵触的限制约束。

第十一条

1. 缔约国应采取措施制止非法将儿童转移国外和不使返回本国的行为。

2. 为此目的，缔约国应致力缔结双边或多边协定或加入现有协定。

第十二条

1. 缔约国应确保有主见能力的儿童有权对影响到其本人的一切事项自由发表自己的意见，对儿童的意见应按照其年龄和成熟程度给以适当的看待。

2. 为此目的，儿童特别应有机会在影响到儿童的任何司法和行政诉讼中，以符合国家法律的诉讼规则的方式，直接或通过代表或适当机构陈述意见。

第十三条

1. 儿童应有自由发表言论的权利：此项权利应包括通过口头、书面或印刷、艺术形成或儿童所选择的任何其他媒介，寻求、接受和传递各种信息和思想的自由，而不论国界。

2. 此项权利的行使可受某些限制约束，但这些限制仅限于法律所规定并为以下目的所必需：

（a）尊重他人的权利和名誉；

（b）保护国家安全或公共秩序或公共卫生或道德。

第十四条

1. 缔约国应尊重儿童享有思想、信仰和宗教自由的权利。

2. 缔约国应尊重父母并于适用时尊重法定监护人以下的权利和义务，以符合儿童不同阶段接受能力的方式指导儿童行使其权利。

3. 表明个人宗教或信仰的自由，仅受法律所规定并为保护公共安全、秩序、卫生或道德或他人之基本权利和自由所必需的这类限制约束。

第十五条

1. 缔约国确认儿童享有结社自由及和平集会自由的权利。

2. 对此项权利的行使不得加以限制，除非符合法律所规定并在民主社会中为国家安全或公共安全、公共秩序、保护公共卫生或道德或保护他人的权利和自由所必需。

第十六条

1. 儿童的隐私、家庭、住宅或通信不受任意或非法干涉，其荣誉和名誉不受非法攻击。

2. 儿童有权享受法律保护，以免受这类干涉或攻击。

第十七条

缔约国确认大众传播媒介的重要作用，并应确保儿童能够从多种的国家和国际来源获得信息和资料，尤其是旨在促进其社会、精神和道德福祉和身心健康的信息和资料。为此目的，缔约国应：

（a）鼓励大众传播媒介本着第29条的精神散播在社会和文化方面有益于儿童的信息和资料；

（b）鼓励在编制、交流和散播来自不同文化、国家和国际来源的这类信息和资料方面进行国际合作；

（c）鼓励儿童读物的著作和普及；

（d）鼓励大众传播媒介特别注意属于少数群体或土著居民的儿童在语言方面的需要；

（e）鼓励根据第13条和第18条的规定制定适当的准则，保护儿童不受可能损害其福祉的信息和资料之害。

第十八条

1. 缔约国应尽其最大努力，确保父母双方对儿童的养育和发展负有共同责任的原则得到确认。父母、或视具体情况而定的法定监护人对儿童的养育和发展负有首要责任。儿童的最大利益将是他们主要关心的事。

2. 为保证和促进本公约所列举的权利，缔约国应在父母和法定监护人履行其抚养儿童的责任方面给予适当协助，并应确保发展育儿机构、设施和服务。

3. 缔约国应采取一切适当措施确保就业父母的子女有权享受他们有资格得到的托儿服务和设施。

第十九条

1. 缔约国应采取一切适当的立法、行政、社会和教育措施，保护儿童在受父母；法定监护人或其他任何负责照管儿童的人的照料时，不致受到任何形式的身心摧残、伤害或凌辱，忽视或照料不周，虐待或剥削，包括性侵犯。

2. 这类保护性措施应酌情包括采取有效程序以建立社会方案，向儿童和负责照管儿童的人提供必要的支助，采取其他预防形式，查明、报告、查询、调查、处理和追究前述的虐待儿童事件，以及在适当时进行司法干预。

第二十条

1. 暂时或永久脱离家庭环境的儿童，或为其最大利益不得在这种环境中继续生活的儿童，应有权得到国家的特别保护和协助。

2. 缔约国应按照本国法律确保此类儿童得到其他方式的照顾。

3. 这种照顾除其他外，包括寄养、伊斯兰法的"卡法拉"（监护）、收养或者必要时安置在适当的育儿机构中。在考虑解决办法时，应适当注意有必要使儿童的培养教育具有连续性和注意儿童的族裔、宗教、文化和语言背景。

第二十一条

凡承认和（或）许可收养制度的国家应确保以儿童的最大利益为首要考虑并应：

（a）确保只有经主管当局按照适用的法律和程序并根据所有有关可靠的资料，判定鉴于儿童有关父母、亲属和法定监护人方面的情况可允许收养，并且判定必要时有关人士已根据可能必要的辅导对收养表示知情的同意，方可批准儿童的收养；

（b）确认如果儿童不能安置于寄养或收养家庭，或不能以任何适当方式在儿童原籍国加以照料，跨国收养可视为照料儿童的一个替代办法；

（c）确保得到跨国收养的儿童享有与本国收养相当的保障和标准；

（d）采取一切适当措施确保跨国收养的安排不致使所涉人士获得不正当的财务收益；

（e）在适当时通过缔结双边或多边安排或协定促成本条的目标，并在这一范围内努力确保由主管当局或机构负责安排儿童在另一国收养的事宜。

第二十二条

1. 缔约国应采取适当措施，确保申请难民身份的儿童或按照适用的国际法或国内法及程序可视为难民的儿童，不论有无父母或其他任何人的陪同，均可得到适当的保护和人道主义援助，以享有

本公约和该有关国家为其缔约国的其他国际人权和或人道主义文书
所规定的可适用权利。

2. 为此目的，缔约国应对联合国和与联合国合作的其他主管
的政府间组织或非政府组织所作的任何努力提供其认为适当的合
作，以保护和援助这类儿童，并为只身的难民儿童追寻其父母或其
他家庭成员，以获得必要的消息使其家庭团聚。在寻不着父母或其
他家庭成员的情况下，也应使该儿童获得与其他任何由于任何原因
而永久或暂时脱离家庭环境的儿童按照本公约的规定所得到的同样
的保护。

第二十三条

1. 缔约国确认身心有残疾的儿童应能在确保其尊严、促进其
自立、有利于其积极参与社会生活的条件下享有充实而适当的
生活。

2. 缔约国确认残疾儿童有接受特别照顾的权利，应鼓励并确
保在现有资源范围内，依据申请，斟酌儿童的情况和儿童的父母或
其他照料人的情况，对合格儿童及负责照料该儿童的人提供援助。

3. 鉴于残疾儿童的特殊需要，考虑到儿童的父母或其他照料
人的经济情况，在可能时应免费提供按照本条第 2 款给予的援助，
这些援助的目的应是确保残疾儿童能有效地获得和接受教育、培
训、保健服务、康复服务，就业准备和娱乐机会，其方式应有助于
该儿童尽可能充分地参与社会，实现个人发展，包括其文化和精神
方面的发展。

4. 缔约国应本着国际合作精神，在预防保健以及残疾儿童的
医疗、心理治疗和功能治疗领域促进交换适当资料，包括散播和获
得有关康复教育方法和职业服务方面的资料，以期使缔约国能够在
这些领域提高其能力和技术并扩大其经验。在这方面，应特别考虑
到发展中国家的需要。

第二十四条

1. 缔约国确认儿童有权享有可达到的最高标准的健康，并享

有医疗和康复设施。缔约国应努力确保没有任何儿童被剥夺获得这种保健服务的权利。

2. 缔约国应致力充分实现这一权利，特别是应采取适当措施，以

（a）降低婴幼儿死亡率；

（b）确保向所有儿童提供必要的医疗援助和保健，侧重发展初级保健；

（c）消除疾病和营养不良现象，包括在初级保健范围内利用现有可得的技术和提供充足的营养食品和清洁饮水，要考虑到环境污染的危险和风险；

（d）确保母亲得到适当的产前和产后保健；

（e）确保向社会各阶层、特别是向父母和儿童介绍有关儿童保健和营养、母乳育婴优点、个人卫生和环境卫生及防止意外事故的基本知识，使他们得到这方面的教育并帮助他们应用这种基本知识；

（f）开展预防保健、对父母的指导以及计划生育教育和服务。

3. 缔约国应致力采取一切有效和适当的措施，以期废除对儿童健康有害的传统习俗。

4. 缔约国承担促进和鼓励国际合作，以期逐步充分实现本条所确认的权利。在这方面，应特别考虑到发展中国家的需要。

第二十五条

缔约国确认在有关当局为照料、保护或治疗儿童身心健康的目的下受到安置的儿童，有权获得对给予的治疗以及与所受安置有关的所有其他情况进行定期审查。

第二十六条

1. 缔约国应确认每个儿童有权受益于社会保障，包括社会保险，并应根据其国内法律采取必要措施充分实现这一权利。

2. 提供福利时应酌情考虑儿童及负有赡养儿童义务的人的经济情况和环境，以及与儿童提出或代其提出的福利申请有关的其他

方面因素。

第二十七条

1. 缔约国确认每个儿童均有权享有足以促进其生理、心理、精神、道德和社会发展的生活水平。

2. 父母或其他负责照顾儿童的人负有在其能力和经济条件许可范围内确保儿童发展所需生活条件的首要责任。

3. 缔约国按照本国条件并其能力范围内，应采取适当措施帮助父母或其他负责照顾儿童的人实现此项权利，并在需要时提供物质援助和支助方案，特别是在营养、衣着和住房方面。

4. 缔约国应采取一切适当措施，向在本国境内或境外儿童的父母或其他对儿童负有经济责任的人追索儿童的赡养费。尤其是，遇对儿童负有经济责任的人住在与儿童不同的国家的情况时，缔约国应促进加入国际协定或缔结此类协定以及作出其他适当安排。

第二十八条

1. 缔约国确认儿童有受教育的权利，为在机会均等的基础上逐步实现此项权利，缔约国尤应：

（a）实现全面的免费义务小学教育；

（b）鼓励发展不同形式的中学教育、包括普通和职业教育，使所有儿童均能享有和接受这种教育，并采取适当措施，诸如实行免费教育和对有需要的人提供津贴；

（c）根据能力以一切适当方式使所有人均有受高等教育的机会；

（d）使所有儿童均能得到教育和职业方面的资料和指导；

（e）采取措施鼓励学生按时出勤和降低辍学率。

2. 缔约国应采取一切适当措施，确保学校执行纪律的方式符合儿童的人格尊严及本公约的规定。

3. 缔约国应促进和鼓励有关教育事项方面的国际合作，特别着眼于在全世界消灭愚昧与文盲，并便利获得科技知识和现代教学方法。在这方面，应特别考虑到发展中国家的需要。

第二十九条

1. 缔约国一致认为教育儿童的目的应是：

（a）最充分地发展儿童的个性、才智和身心能力；

（b）培养对人权和基本自由以及《联合国宪章》所载各项原则的尊重；

（c）培养对儿童的父母、儿童自身的文化认同、语言和价值观、儿童所居住国家的民族价值观、其原籍国以及不同于其本国的文明的尊重；

（d）培养儿童本着各国人民、族裔、民族和宗教群体以及原为土著居民的人之间谅解、和平、宽容、男女平等和友好的精神，在自由社会里过有责任感的生活；

（e）培养对自然环境的尊重。

2. 对本条或第 28 条任何部分的解释均不得干涉个人和团体建立和指导教育机构的自由，但须始终遵守本条第 1 款载列的原则，并遵守在这类机构中实行的教育应符合国家可能规定的最低限度标准的要求。

第三十条

在那些存在有族裔、宗教或语言方面属于少数人或原为土著居民的人的国家，不得剥夺属于这种少数人或原为土著居民的儿童与其群体的其他成员共同享有自己的文化、信奉自己的宗教并举行宗教仪式、使用自己的语言的权利。

第三十一条

1. 缔约国确认儿童有权享有休息和闲暇，从事与儿童年龄相宜的游戏和娱乐活动，以及自由参加文化生活和艺术活动。

2. 缔约国应尊重并促进儿童充分参加文化和艺术生活的权利，并应鼓励提供从事文化、艺术、娱乐和休闲活动的适当和均等的机会。

第三十二条

1. 缔约国确认儿童有权受到保护，以免受经济剥削和从事任何可能妨碍或影响儿童教育或有害儿童健康或身体、心理、精神、道德或社会发展的工作。

2. 缔约国应采取立法、行政、社会和教育措施确保本条得到执行。为此目的，并鉴于其他国际文书的有关规定，缔约国尤应：

（a）规定受雇的最低年龄；

（b）规定有关工作时间和条件的适当规则；

（c）规定适当的惩罚或其他制裁措施以确保本条得到有效执行。

第三十三条

缔约国应采取一切适当措施，包括立法、行政、社会和教育措施，保护儿童不致非法使用有关国际条约中界定的麻醉药品和精神药物，并防止利用儿童从事非法生产和贩运此类药物。

第三十四条

缔约国承担保护儿童免遭一切形式的色情剥削和性侵犯之害，为此目的，缔约国尤应采取一切适当的国家、双边和多边措施，以防止：

（a）引诱或强迫儿童从事任何非法的性生活；

（b）利用儿童卖淫或从事其他非法的性行为；

（c）利用儿童进行淫秽表演和充当淫秽题材。

第三十五条

缔约国应采取一切适当的国家、双边和多边措施，以防止为任何目的或以任何形式诱拐、买卖或贩运儿童。

第三十六条

缔约国应保护儿童免遭有损儿童福利的任何方面的一切其他形式的剥削之害。

第三十七条

缔约国应确保：

（a）任何儿童不受酷刑或其他形式的残忍、不人道成有辱人格的待遇或处罚。对未满 18 岁的人所犯罪行不得判以死刑或无释放可能的无期徒刑；

（b）不得非法或任意剥夺任何儿童的自由。对儿童的逮捕、拘留或监禁应符合法律规定并仅应作为最后手段，期限应为最短的适当时间；

（c）所有被剥夺自由的儿童应受到人道待遇，其人格固有尊严应受尊重，并应考虑到他们这个年龄的人的需要的方式加以对待。特别是，所有被剥夺自由的儿童应同成人隔开，除非认为反之最有利于儿童，并有权通过信件和探访同家人保持联系，但特殊情况除外；

（d）所有被剥夺自由的儿童均有权迅速获得法律及其他适当援助，并有权向法院或其他独立公正的主管当局就其被剥夺自由一事之合法性提出异议，并有权迅速就任何此类行动得到裁定。

第三十八条

1. 缔约国承担尊重并确保尊重在武装冲突中对其适用的国际人道主义法律中有关儿童的规则。

2. 缔约国应采取一切可行措施确保未满 15 岁的人不直接参加敌对行动。

3. 缔约国应避免招募任何未满 15 岁的人加入武装部队。在招募已满 15 岁但未满 18 岁的人时，缔约国应致力首先考虑年龄最大者。

4. 缔约国按照国际人道主义法律规定它们在武装冲突中保护平民人口的义务，应采取一切可行措施确保保护和照料受武装冲突影响的儿童。

第三十九条

缔约国应采取一切适当措施，促使遭受下述情况之害的儿童身心得以康复并重返社会：任何形式的忽视、剥削或凌辱虐待；酷刑或任何其他形式的残忍、不人道或有辱人格的待遇或处罚；或武装冲突。此种康复和重返社会应在一种能促进儿童的健康、自尊和尊严的环境中进行。

第四十条

1. 缔约国确认被指称、指控或认为触犯刑法的儿童有权得到符合以下情况方式的待遇，促进其尊严和价值感并增强其对他人的人权和基本自由的尊重。这种待遇应考虑到其年龄和促进其重返社会并在社会中发挥积极作用的愿望。

2. 为此目的，并鉴于国际文书的有关规定，缔约国尤应确保：

（a）任何儿童不得以行为或不行为之时本国法律或国际法不禁止的行为或不行为之理由被指称、指控或认为触犯刑法；

（b）所有被指称或指控触犯刑法的儿童至少应得到下列保证：

（一）在依法判定有罪之前应视为无罪；

（二）迅速直接地被告知其被控罪名，适当时应通过其父母或法定监护人告知，并获得准备和提出辩护所需的法律或其他适当协助；

（三）要求独立公正的主管当局或司法机构在其得到法律或其他适当协助的情况下，通过依法公正审理迅速作出判决，并且须有其父母或法定监护人在场，除非认为这样做不符合儿童的最大利益，特别要考虑到其年龄或状况；

（四）不得被迫作口供或认罪；应可盘问或要求盘问不利的证人，并在平等条件下要求证人为其出庭和接受盘问；

（五）若被判定触犯刑法，有权要求高一级独立公正的主管当局或司法机构依法复查此一判决及由此对之采取的任何措施；

（六）若儿童不懂或不会说所用语言，有权免费得到口译人员的协助；

（七）其隐私在诉讼的所有阶段均得到充分尊重。

3. 缔约国应致力于促进规定或建立专门适用于被指称、指控或确认为触犯刑法的儿童的法律、程序、当局和机构，尤应：

（a）规定最低年龄，在此年龄以下的儿童应视为无触犯刑法之行为能力；

（b）在适当和必要时，制订不对此类儿童诉诸司法程序的措施，但须充分尊重人权和法律保障。

4. 应采用多种处理办法，诸如照管、指导和监督令、辅导、察看、寄养、教育和职业培训方案及不交由机构照管的其他办法，以确保处理儿童的方式符合其福祉并与其情况和违法行为相称。

第四十一条

本公约的任何规定不应影响更有利于实现儿童权利且可能载于下述文件中的任何规定：

（a）缔约国的法律；

（b）对该国有效的国际法。

第二部分

第四十二条

缔约国承担以适当的积极手段，使成人和儿童均能普遍知晓本公约的原则和规定。

第四十三条

1. 为审查缔约国在履行根据本公约所承担的义务方面取得的进展，应设立儿童权利委员会，执行下文所规定的职能。

2. 委员会应由 10 名品德高尚并在本公约所涉领域具有公认能力的专家组成。委员会成员应由缔约国从其国民中选出，并应以个人身份任职，但须考虑到公平地域分配原则及主要法系。

3. 委员合成员应以无记名表决方式从缔约国提名的人选名单中选举产生，每一缔约国可从其本国国民中提名一位人选。

4. 委员会的初次选举应最迟不晚于本公约生效之日后的六个月进行，此后每两年举行一次。联合国秘书长应至少在选举之日前四个月函请缔约国在两个月内提出其提名的人选。秘书长随后应将已提名的所有人选按字母顺序编成名单，注明提名此等人选的缔约国，分送本公约缔约国。

5. 选举应在联合国总部由秘书长召开的缔约国会议上进行。在此等会议上，应以三分之二缔约国出席作为会议的法定人数，得票最多且占出席并参加表决缔约国代表绝对多数票者，当选为委员会成员。

6. 委员会成员任期四年。成员如获再次提名，应可连选连任。在第一次选举产生的成员中，有 5 名成员的任期应在两年结束时届满；会议主席应在第一次选举之后立即以抽签方式选定这 5 名成员。

7. 如果委员会某一成员死亡或辞职或宣称因任何其他原因不再能履行委员会的职责，提名该成员的缔约国应从其国民中指定另一名专家接替余下的任期，但须经委员会批准。

8. 委员会应自行制订其议事规则。

9. 委员会应自行选举其主席团成员，任期两年。

10. 委员会会议通常应在联合国总部或在委员会决定的任何其他方便地点举行。委员会通常应每年举行一次会议。委员会的会期应由本公约缔约国会议决定并在必要时加以审查，但需经大会核准。

11. 联合国秘书长应为委员会有效履行本公约所规定的职责提供必要的工作人员和设施。

12. 根据本公约设立的委员会的成员，经大会核可，得从联合国资源领取薪酬，其条件由大会决定。

第四十四条

1. 缔约国承担按下述办法，通过联合国秘书长，向委员会提交关于它们为实现本公约确认的权利所采取的措施以及关于这些权利的享有方面的进展情况的报告：

（a）在本公约对有关缔约国生效后两年内；

（b）此后每五年一次。

2. 根据本条提交的报告应指明可能影响本公约规定的义务履行程度的任何因素和困难。报告还应载有充分的资料，以使委员会全面了解本公约在该国的实施情况。

3. 缔约国若已向委员会提交全面的初次报告，就无须在其以后按照本条第 1 款（b）项提交的报告中重复原先已提供的基本资料。

4. 委员会可要求缔约国进一步提供与本公约实施情况有关的资料。

5. 委员会应通过经济及社会理事会每两年向大会提交一次关于其活动的报告。

6. 缔约国应向其本国的公众广泛供应其报告。

第四十五条

为促进本公约的有效实施和鼓励在本公约所涉领域进行国际合作：

（a）各专门机构、联合国儿童基金会和联合国其他机构应有权派代表列席对本公约中属于它们职责范围内的条款的实施情况的审议。委员会可邀请各专门机构、联合国儿童基金会以及它可能认为合适的其他有关机关就本公约在属于它们各自职责范围内的领域的实施问题提供专家意见。委员会可邀请各专门机构、联合国儿童基金会和联合国其他机构就本公约在属于它们活动范围内的领域的实施情况提交报告；

（b）委员会在其可能认为适当时应向各专门机构、联合国儿童基全会和其他有关机构转交缔约国要求或说明需要技术咨询或援助的任何报告以及委员会就此类要求或说明提出的任何意见和建议；

（c）委员会可建议大会请秘书长代表委员会对有关儿童权利的具体问题进行研究；

（d）委员会可根据依照本公约第四十四条和四十五条收到的资料提出提议和一般性建议。此类提议和一般性建议应转交有关的任何缔约国并连同缔约国作出的任何评论一并报告大会。

第三部分

第四十六条

本公约应向所有国家开放供签署。

第四十七条

本公约须经批准。批准书应交存联合国秘书长。

第四十八条

本公约应向所有国家开放供加入。加入书应交存于联合国秘书长。

第四十九条

1. 本公约自第二十份批准书或加入书交存联合国秘书长之日后的第三十天生效。

2. 本公约对于在第二十份批准书或加入书交存之后批准或加入本公约的国家，自其批准书或加入书交存之日后的第三十天生效。

第五十条

1. 任何缔约国均可提出修正案，提交给联合国秘书长。秘书长应立即将提议的修正案通知缔约国，并请它们表明是否赞成召开缔约国会议以审议提案并进行表决。如果在此类通知发出之日后的四个月内，至少有三分之一的缔约国赞成召开这样的会议，秘书长应在联合国主持下召开会议。经出席会议并参加表决的缔约国多数通过的任何修正案应提交大会批准。

2. 根据本条第 1 款通过的修正案若获大会批准并为缔约国三分之二多数所接受，即行生效。

3. 修正案一旦生效，即应对接受该项修正案的缔约国具有约束力，其他缔约国则仍受本公约各项条款和它们已接受的任何早先的修正案的约束。

第五十一条

1. 联合国秘书长应接受各国在批准或加入时提出的保留，并分发给所有国家。

2. 不得提出内容与本公约目标和宗旨相抵触的保留。

3. 缔约国可随时向联合国秘书长提出通知，请求撤销保留，并由他将此情况通知所有国家。通知于秘书长收到当日起生效。

第五十二条

缔约国可以书面通知联合国秘书长退出本公约。秘书长收到通知之日起一年后退约即行生效。

第五十三条

指定联合国秘书长为本公约的保管人。

第五十四条

本公约的阿拉伯文、中文、英文、法文、俄文和西班牙文文本具有同等效力，应交存联合国秘书长。

下列全权代表，经各自政府正式授权，在本公约上签字，以资证明。

《儿童权利公约》关于买卖儿童、儿童卖淫和儿童色情制品问题的任择议定书

(第九届全国人民代表大会常务委员会第二十九次会议决定：批准于2000年5月25日经联合国大会通过、同年9月6日我国政府签署的《〈儿童权利公约〉关于买卖儿童、儿童卖淫和儿童色情制品问题的任择议定书》)

本议定书各缔约国，

考虑到为了进一步实现《儿童权利公约》的宗旨并执行其各项规定，特别是第一条、第十一条、第二十一条、第三十二条、第三十三条、第三十四条、第三十五条和第三十六条，应当扩大各缔约国为确保对儿童的保护、使其不受买卖儿童、儿童卖淫和儿童色情制品的影响而采取的各项措施，

还考虑到《儿童权利公约》承认儿童有权受到保护，不受经济剥削，不从事有危害性的或可能影响其教育或有害于儿童的健康或身心、精神、道德或社会发展的任何工作，

深切关注十分猖獗且日益严重的出于买卖儿童、儿童卖淫和儿童色情制品目的的国际儿童贩运，

深切关注仍然广泛存在着特别容易侵害儿童的性旅游，因为它直接助长了买卖儿童、儿童卖淫和儿童色情制品，

认识到一些尤其脆弱的群体，其中包括女童受到了性剥削的极大危险，而且女童在遭受性剥削的群体中占有很大的比例，

关注互联网和其他不断发展的技术提供了越来越多的儿童色情制品并回顾打击互联网上的儿童色情制品国际会议（维也纳，一

九九九年），特别是它作出的要求在全世界范围内对儿童色情材料的制作、传播、出口、播送、进口、蓄意占有和宣传予以刑事处罚，并强调各国政府与互联网工业间建立更加密切的合作与伙伴关系的重要性，

认为应采用一种全面的方法来消除引发性因素，其中包括发展不足、贫困、经济失衡、社会经济结构不公平、家庭瘫痪、缺乏教育、城市——农村移徙、性别歧视、不负责任的成人性行为、有害的传统作法、武装冲突和贩卖儿童，从而有助于消除买卖儿童、儿童卖淫和儿童色情制品，

认为需要努力提高公众意识，以减少消费者对买卖儿童、儿童卖淫和儿童色情制品的需求，并还认为需要加强各方的全球合作以及在国家一级改善执法行动的重要性，

注意到关于保护儿童的国际法律文书的各项规定，其中包括《关于在跨国收养方面保护儿童和进行合作的海牙公约》、《儿童拐骗事件的民事问题海牙公约》、《有关父母责任和保护儿童的措施方面的管辖权、适用法、承认、实施与合作的海牙公约》以及国际劳工组织《关于禁止和立即采取行动消除最恶劣童工形式的第一百八十二号公约》，

对《儿童权利公约》获得广泛支持感到鼓舞，这表明各方均广泛致力于促进和保护儿童权利，

认识到实施《预防买卖儿童、儿童卖淫和儿童色情制品的行动纲领》和一九九六年八月二十七日至三十一日在斯德哥尔摩举行的反对利用儿童从事商业色情活动大会的《宣言和行动议程》的规定以及有关国际组织的其他有关决定和建议，

充分重视各国人民保护儿童和促进儿童协调发展的传统及文化价值的重要性，

兹商定如下：

第一条

缔约国应根据本议定书的规定，禁止买卖儿童、儿童卖淫和儿

童色情制品。

第二条

为了本议定书的目的：

（一）买卖儿童系指任何人或群体为了报酬或出于其他考虑将儿童转让给另一个人的任何行为或交易；

（二）儿童卖淫系指为了报酬或出于任何其他形式的考虑而在性活动中利用儿童；

（三）儿童色情制品系指以任何方式表现儿童正在进行真实或模拟的直露的性活动或主要为取得性满足而以任何方式表现儿童身体的一部分的制品。

第三条

一、每一缔约国应确保下列行为和活动按照其刑事法或刑法起码将被定为犯罪行为，而不论这些行为是在国内还是在国际上犯下的，也不论是个人还是有组织地犯下的：

（一）根据第二条确定的买卖儿童的定义：

1. 为下述目的以任何方式提供、送交或接受儿童：

（1）对儿童进行性剥削；

（2）为获取利润而转让儿童器官；

（3）使用儿童从事强迫性劳动。

2. 作为中间人以不正当方式诱惑同意，以达到用违反适用的有关收养的国际法律文书的方式收养儿童的目的；

（二）主动表示愿意提供、获取、诱使或提供儿童，进行第二条所指的儿童卖淫活动；和

（三）为了上述目的生产、发售、传播、进口、出口、主动提供、销售或拥有第二条所指的儿童色情制品。

二、在不影响缔约国的国内法规定的情况下，上述规定应适用于采取任何这些行为的企图和对任何这些行为的协助或参与。

三、每一缔约国应规定这些罪行将按照其严重程度受到相应惩罚。

四、在不违反其国内法规定的情况下，每一缔约国应采取适当措施确定法人对本条第一款中规定的罪行的责任。在不影响缔约国的法律原则的情况下，可将法人的这一责任定为刑事、民事或行政责任。

五、缔约国应采取一切适当的法律和行政措施，确保参与儿童收养的所有人均按照适用的国际法律文书行事。

第四条

一、当第三条第一款所列罪行在其领土上或在该国注册的船只或飞机上犯下时，每一缔约国均应采取必要的措施，确立它对这些罪行的管辖权。

二、每一缔约国可在下列情况下采取必要的措施，确立它对第三条第一款所列罪行的管辖权：

（一）当嫌疑人为该国国民或为在该国领土上拥有其惯常住址者时；

（二）当受害者为该国国民时。

三、当嫌疑人身在该国领土上而且该国因罪行系由该国国民所犯而不将他引渡至另一个缔约国时，每一缔约国也应采取必要的措施确立它对上述罪行的管辖权。

四、本议定书不排除根据国内法行使的任何刑事管辖权。

第五条

一、应当认为第三条第一款所列各项罪行已作为可引渡的罪行列入缔约国之间现有的任何引渡条约，而且应根据各缔约国之间后来缔结的每一项引渡条约所确定的条件将这些罪行作为可引渡罪行列入这些条约之中。

二、凡以订有条约为引渡条件的缔约国在接到未与其缔结任何引渡条约的另一个缔约国提出的引渡请求时，可将本议定书视为就这些罪行进行引渡的法律依据。引渡应当符合被请求国法律规定的条件。

三、凡不以订有条约作为引渡条件的缔约国应根据被请求国法律规定的条件将这类罪行视为在它们之间可进行引渡的罪行。

四、为了在缔约国之间进行引渡的目的，此类罪行不仅应当被当作是在它们发生的地点所犯下的罪行，而且应被当作是在必须根据第四条确立其管辖权的国家领土上犯下的罪行。

五、如果就第三条第一款所列的一项罪行提出了引渡要求，而被请求的缔约国基于罪犯的国籍不引渡或不愿意引渡，则该国应当采取适当措施将此案提交其主管当局进行起诉。

第六条

一、在对第三条第一款所列罪行进行调查或提起刑事或引渡程序时，各缔约国应当相互给予最大程度的协助。其中包括协助获取它们拥有的对进行这种程序所必要的证据。

二、各缔约国应当根据它们之间可能已存在的任何司法互助条约或其他安排履行它们在本条第一款之下承担的义务。在不存在这类条约或安排的情况下，各缔约国应根据其国内法提供互助。

第七条

各缔约国应根据其国内法的规定：

（一）采取措施，规定视情况扣押和没收：

1. 用于进行或方便进行本议定书所列犯罪的材料、资产和其他工具等物品；

2. 从这些犯罪中获得的收益。

（二）执行另一个缔约国提出的扣押或没收（一）1 小段中所列物品或收益的请求；

（三）采取措施临时性关闭或彻底关闭用于进行这种犯罪的场所。

第八条

一、各缔约国应当采取适当措施，在刑事司法程序的各个阶段保护本议定书所禁止的行为的儿童受害者的权益，特别应当：

（一）承认儿童受害者的脆弱性并对程序进行修改，从而承认他们的特别需求，其中包括他们作为证人的特别需求；

（二）向儿童受害者介绍其权利、其作用和司法程序的范围、时间和进度以及对其案件的处置；

（三）应按照国家法律的程序规则允许在影响到儿童受害者的个人利益的司法程序中提出和审议儿童受害者的意见、需求和问题；

（四）在整个司法程序中向儿童受害者提供适当的支助服务；

（五）适当保护儿童受害者的隐私和身份，并根据国家立法采取措施，避免错误发布可能导致泄露儿童受害者身份的消息；

（六）在适当情况下确保儿童受害者及其家庭和证人的安全，使他们不受恐吓和报复；

（七）避免在处理案件和执行向儿童受害者提供赔偿的命令或法令方面出现不必要的延误。

二、缔约国应当确保受害者实际年龄不详不会妨碍开展刑事调查，其中包括旨在查明受害者年龄的调查。

三、各缔约国应当确保刑事司法系统在处理作为本议定书所列罪行受害者的儿童时应以儿童的最佳利益为重。

四、各缔约国应当采取措施确保对从事照顾本议定书所禁止的罪行的儿童受害者的人员进行适当的培训，特别是法律和心理培训。

五、各缔约国应在适当情况下采取措施，保护从事预防和/或保护和帮助这种罪行的受害者康复的人士和/或组织的安全和完整。

六、本议定书的任何规定均不应解释为妨碍或违背被告人享有公平和公正审判的权利。

第九条

一、各缔约国应通过或加强、执行和宣传旨在预防本议定书所列各项罪行的法律、行政措施、社会政策和方案。应当特别重视保护特别容易遭受这些做法伤害的儿童。

二、各缔约国应当通过各种恰当手段对本议定书所列各项罪行的预防措施以及这些罪行的有害影响进行宣传、教育和培训，从而增进包括儿童在内的广大公众的认识。各缔约国在履行它们在本条款下的义务时应当鼓励社区、特别是儿童和儿童受害者参与包括在国际一级开展的这类宣传、教育和培训方案。

三、各缔约国应当采取一切可行的措施，以确保向这些罪行的受害者提供一切适当的援助，其中包括使他们完全重新融入社会并使他们身心得到完全康复。

四、各缔约国应当确保本议定书所列罪行的所有儿童受害者均有权提起适当法律程序，在不受歧视的情况下要求那些必须负法律责任者作出损害赔偿。

五、各缔约国应当采取适当措施，有效禁止生产和传播宣传本议定书所列的各项罪行的材料。

第十条

一、各缔约国应采取一切必要的步骤，通过旨在预防、侦查、调查、起诉和惩治涉及买卖儿童、儿童卖淫、儿童色情制品和狎童旅游行为的责任者的多边、区域和双边安排加强国际合作。各缔约国还应促进其当局与国家和国际非政府组织和国际组织的国际合作与协调。

二、各缔约国应当促进国际合作，协助儿童受害者实现身心康复、重新融入社会和重返家园。

三、各缔约国应当促进加强国际合作，消除贫困和发展不足等促使儿童易受买卖儿童、儿童卖淫、儿童色情制品和狎童旅游等行为之害的根源。

四、能够采取下述行动的缔约国应当通过现有的多边、区域、双边或其他方案提供财政、技术或其他援助。

第十一条

本议定书的任何规定均不影响更有利于实现儿童权利的任何规定和可能载于下述文书中的任何规定：

（一）缔约国的法律；或

（二）对该国有效的国际法。

第十二条

一、每一缔约国应在本议定书对该缔约国生效后的两年内向儿童权利委员会提交一份报告，提供它为实施本议定书的规定已采取的各项措施的全面情况。

二、在提交全面报告后，每一缔约国应在其根据《公约》第四十四条向儿童权利委员会递交的报告中进一步列入执行本议定书的任何其他情况。议定书的其他缔约国应每五年递交一份报告。

三、儿童权利委员会可要求各缔约国提供有关执行本议定书的进一步的情况。

第十三条

一、本议定书开放供已成为《公约》缔约国或已签署《公约》的任何国家签署。

二、本议定书需经各国批准并开放供任何国家加入。批准书或加入书应交存联合国秘书长。

第十四条

一、本议定书在交存第十份批准书或加入书后生效。

二、对每一个在生效后批准或加入本议定书的国家，本议定书在其交存批准书或加入书之日后一个月生效。

第十五条

一、任何缔约国可以在任何时候书面通知联合国秘书长退约，此后秘书长将告知《公约》的其他缔约国和签署《公约》的所有国家。退约在联合国秘书长收到通知之日后一年生效。

二、这种退约不具有解除缔约国依本议定书对退约生效之日前发生的任何罪行承担的义务。退约也不得以任何方式妨碍委员会继续审议在退约生效之日前已在审议的任何问题。

第十六条

一、任何缔约国均可提出修正案并将它提交联合国秘书长。秘书长随后应将提议的修正案通报各缔约国，请它们表明它们是否赞成召开一次缔约国会议对修正案进行审议和投票。如果在发出这一通报之日后的四个月内有至少三分之一的缔约国赞成召开这样一次会议，则秘书长应在联合国的主持下召开这一会议。任何修正案，凡经出席会议并投票的绝大多数缔约国通过，均应提交大会核准。

二、根据本条第一款通过的修正案在经联合国大会核准并得到三分之二的绝大多数缔约国接受后即刻生效。

三、一旦一项修正案生效，它将对已接受此项修正案的缔约国产生约束力，而其他缔约国则仍将受到本议定书以及它们已经接受的任何早先的修正案的约束。

第十七条

一、本议定书的阿拉伯文、中文、英文、法文、俄文和西班牙文文本具有同等效力，应交存于联合国档案馆。

二、联合国秘书长应将本议定书的正式副本送交《公约》的所有缔约方和签署《公约》的所有国家。

消除对妇女一切形式歧视公约①

（1979 年 12 月 18 日订于哥本哈根，本公约于 1981 年 9 月 3 日生效。中华人民共和国政府代表于 1980 年 7 月 17 日签署。1980 年 9 月 29 日第五届全国人民代表大会常务委员会第十六次会议决定批准，1980 年 11 月 4 日中华人民共和国政府向联合国秘书长交存批准书。本公约于 1981 年 9 月 3 日对我国生效）

本公约缔约各国，

注意到《联合国宪章》重申对基本人权、人身尊严和价值以及男女平等权利的信念；

注意到《世界人权宣言》申明不容歧视的原则，并宣布人人生而自由，在尊严和权利上一律平等，且人人都有资格享受该宣言所载的一切权利和自由，不得有任何区别，包括基于性别的区别；

注意到有关人权的各项国际公约的缔约国有义务使男女在权利平等的基础上享有一切经济、社会、文化、公民和政治权利；

考虑到在联合国及各专门机构主持下所签署的各项国际公约旨在促进男女权利平等；

还注意到联合国和各专门机构所通过旨在促进男女权利平等的决议、宣言和建议；

关心到尽管有这些不同的文件，歧视妇女的现象仍然普遍存在；

考虑到对妇女的歧视违反权利平等和尊重人格尊严的原则，阻

---

① 第五届全国人民代表大会常务委员会第十六次会议决定：批准康克清代表我国政府签署的联合国《消除对妇女一切形式歧视公约》；同时，确认康克清在签署公约时的声明：中华人民共和国不接受公约第二十九条第一款的约束。

碍妇女与男子在平等的条件上参加本国的政治、社会、经济和文化生活，妨碍社会和家庭的繁荣发展，并使妇女更难充分发展为国家和人类服务的潜力；

关心到在贫穷情况下，妇女在获得粮食、保健、教育、训练、就业和其他需要等方面，往往机会最少；

深信基于平等和公正的新的国际经济秩序的建立，将大有助于促进男女平等；

强调彻底消除种族隔离、一切形式的种族主义、种族歧视、新老殖民主义、侵略、外国占领和外国统治、对别国内政的干预，对于男女权利的充分享受是必不可少的；

申明国际和平与安全的加强，国际紧张局势的缓和，各国不论其社会和经济制度如何彼此之间的相互合作，在严格有效的国际管制下全面彻底裁军、特别是核裁军，国与国之间关系上公平、平等和互利原则的确认，在外国和殖民统治下和外国占领下的人民取得自决与独立权利的实现，以及对各国国家主权和领土完整的尊重，都将会促进社会进步和发展，从而有助于实现男女的完全平等；

确信一国的充分和完全的发展，世界的福利以及和平的事业，需要妇女与男子同样充分参加所有各方面的工作；

念及妇女对家庭的福利和社会的发展所作出的巨大贡献至今没有充分受到公认，又念及母性的社会意义以及父母在家庭中和在养育子女方面所负任务的社会意义，并理解到妇女不应因生育的任务而受到歧视，因为养育子女是男女和整个社会的共同责任；

认识到要同时改变男子和妇女在社会上和家庭中的传统任务，才能实现男女充分的平等；

决心执行《消除对妇女歧视宣言》内载的各项原则，并为此目的，采取一切必要措施，消除一切形式和表现的这种歧视；

兹协议如下：

第一部分

第一条

为本公约的目的，"对妇女的歧视"一词是指基于性别而作的任何区别、排除或限制其作用或目的是要妨碍或破坏对在政治、经济、社会、文化、公民或任何其他方面的人权和基本自由的承认以及妇女不论已婚未婚在男女平等的基础上享有或行使这些人权和基本自由。

第二条

缔约各国谴责对妇女一切形式的歧视，协议立即用一切适当办法，推行政策，消除对妇女的歧视。为此目的，承担：

（a）男女平等的原则如尚未列入本国宪法或其他有关法律者，应将其列入，并以法律或其他适当方法，保证实现这项原则；

（b）采取适当立法和其他措施，包括适当时采取制裁，禁止对妇女的一切歧视；

（c）为妇女与男子平等的权利确立法律保护，通过各国的主管法庭及其他公共机构，保证切实保护妇女不受任何歧视；

（d）不采取任何歧视妇女的行为或做法，并保证公共当局和公共机构的行动都不违背这项义务；

（e）应采取一切适当措施，消除任何个人、组织或企业对妇女的歧视；

（f）应采取一切适当措施，包括制定法律，以修改或废除构成对妇女歧视的现行法律、规章、习俗和惯例；

（g）同意废止本国刑法内构成对妇女歧视的一切规定。

第三条

缔约各国应承担在所有领域，特别是在政治、社会、经济、文化领域，采取一切适当措施，包括制定法律，力谋妇女的充分发展和进步，以保证她们在与男子平等的基础上，行使和享有人权和基本自由。

第四条

1. 缔约各国为加速实现男女事实上的平等而采取的暂行特别措施，不得视为本公约所指的歧视，亦不得因此导致维持不平等或分别的标准；这些措施应在男女机会和待遇平等的目的达到之后，停止采用。

2. 缔约各国为保护母性而采取的特别措施，包括本公约所列各项措施，不得视为歧视。

第五条

缔约各国应采取一切适当措施：

（a）改变男女的社会和文化行为模式，以消除基于性别而分尊卑观念或基于男女定型任务的偏见、习俗和一切其他方法；

（b）保证家庭教育应包括正确了解母性的社会功能和确认教养子女是父母的共同责任，但了解到在任何情况下应首先考虑子女的利益。

第六条

缔约各国同意采取一切适当措施，包括制定法律，以打击一切形式贩卖妇女和迫使妇女卖淫以进行剥削的行为。

第二部分

第七条

缔约各国应采取一切适当措施，消除在本国政治和公众事务中对妇女的歧视，特别应保证妇女在与男子平等的条件下：

（a）在一切选举和公民投票中有选举权，并在一切民选机构有被选举权；

（b）参加政府政策的制订及其执行，并担任各级政府公职，执行一切公务；

（c）参加有关本国公众和政治事务的非政府组织和协会。

第八条

缔约各国应采取一切适当措施，保证妇女在与男子平等不受任何歧视的条件下，有机会在国际上代表本国政府参加各国际组织的工件。

第九条

1. 缔约各国应给予妇女与男子相同的取得、改变或保留国籍的权利。它们应特别保证，与外国人结婚，或婚姻期间丈夫改变国籍，均不当然改变妻子的国籍，使她成为无国籍人，或把丈夫的国籍强加于她。

2. 缔约各国在关于子女的国籍方面，应给予妇女与男子平等的权利。

第三部分

第十条

缔约各国应采取一切适当措施，消除对妇女的歧视，并保证妇女在教育方面享有与男子平等的权利，特别是在男女平等的基础上保证：

（a）在各种教育机构，不论其在农村或城市，职业和行业辅导、学习的机会和文凭的取得，条件相同。在学前教育、普通教育、技术、专业和高等技术教育以及各种职业训练方面，都应保证这种平等；

（b）课程的选择、考试、师资的标准、校舍和设备的质量相同；

（c）为消除在各级和各种方式的教育中对男女任务的任何定型观念，应鼓励实行男女同校和其他有助于实现这个目的的教育形式，并特别应修订教科书和课程，修改教学方法；

（d）领受奖学金和其他研究补助金的机会相同；

（e）接受成人教育，包括成人识字和实用识字教育的机会相同，特别是为了尽早缩短男女之间存在的教育水平上的一切差距；

（f）减少女生退学率，并为离校过早的少女和妇女办理种种方案；

（g）积极参加运动和体育的机会相同；

（h）有接受特殊教育性辅导的机会，以保障家庭健康和幸福，包括关于计划生育的知识和辅导在内。

第十一条

1. 缔约各国应采取一切适当措施，消除在就业方面对妇女的歧视，以保证她们在男女平等的基础上享有相同的权利，特别是：

（a）人人有不可剥夺的工作权利；

（b）享有相同就业机会的权利，包括在就业方面相同的甄选标准；

（c）享有自由选择专业和职业，升级和工作保障，一切工作福利和服务条件，接受职业训练和再训练，包括实习训练、高等职业训练和经常训练的权利；

（d）同样价值的工作享有同等报酬（包括福利）、平等待遇的权利，在评定工作的表现方面，享有平等待遇的权利；

（e）享有社会保障的权利，特别是在退休、失业、疾病、残废和老年或其他丧失工作能力的情况下，以及享有带薪假的权利；

（f）在工作条件中享有健康和安全保障，包括保障生育机能的权利。

2. 缔约各国为使妇女不致因结婚或生育而受歧视，又为保障其有效的工作权利起见，应采取适当措施：

（a）禁止以怀孕或产假为理由予以解雇，以及以婚姻状况为理由予以解雇的歧视，违反规定者得受处分；

（b）实施带薪产假或具有同等社会福利的产假，不丧失原有工作、年资或社会津贴；

（c）鼓励提供必要的辅助性社会服务，特别是通过促进建立和发展托儿设施系统，使父母得以兼顾家庭义务和工作责任并参与公共生活；

（d）对于怀孕期间从事确实有害于健康的工作的妇女，给予特别保护。

3. 应参照科技知识，定期审查与本条所包含的内容有关的保护性法律，必要时应加以修订、废止或推广。

第十二条

1. 缔约各国应采取一切适当措施，消除在保健方面对妇女的歧视，以保证她们在男女平等的基础上取得各种保健服务，包括有关计划生育的保健服务。

2. 尽管有上面第 1 款的规定，缔约各国应保证为妇女提供有关怀孕、分娩和产后期间的适当服务，于必要时给予免费服务，并保证在怀孕和哺乳期间得到充分营养。

第十三条

缔约各国应采取一切适当措施，消除在经济和社会生活的其他方面对妇女的歧视，以保证她们在男女平等的基础上有相同权利，特别是：

（a）领取家属津贴的权利；

（b）银行贷款、抵押和其他形式的金融信贷的权利；

（c）参与娱乐活动、运动和文化生活所有各方面的权利。

第十四条

1. 缔约各国应考虑到农村妇女面对的特殊问题和她们对家庭生计包括她们在不具货币性质的经济部门的工作方面所发挥的重要作用；并应采取一切适当措施，保证对农村地区妇女适用本公约的各项规定。

2. 缔约各国应采取一切适当措施，消除对农村地区妇女的歧视，以保证她们在男女平等的基础上参与并受益于农村发展，尤其是保证她们有权：

（a）充分参与各级发展规划的拟订和执行工作；

（b）有权利用充分的保健设施，包括计划生育方面的知识、辅导和服务；

（c）从社会保障方案直接受益；

（d）接受各种正式和非正式的训练和教育，包括实用识字的训练和教育在内，以及除了别的以外，享受一切社区服务和推广服务的益惠，以提高她们的技术熟练程度；

（e）组织自助团体和合作社以通过受雇和自雇的途径取得平等的经济机会；

（f）参加一切社区活动；

（g）有机会取得农业信贷，利用销售设施，获得适当技术，并在土地改革和土地垦殖计划方面享有平等待遇；

（h）享受适当的生活条件，特别是在住房、卫生、水电供应、交通和通讯方面。

第四部分

第十五条

1. 缔约各国应给予男女在法律面前平等的地位。

2. 缔约各国应在公民事务上，给予妇女与男子同等的法律行为能力，以及行使这种行为能力的相同机会。特别应给予妇女签订合同和管理财产的平等权利，并在法院和法庭诉讼的各个阶段给予平等待遇。

3. 缔约各国同意，旨在限制妇女法律行为能力的所有合同和其他任何具有法律效力的私人文书，应一律视为无效。

4. 缔约各国在有关人身移动和自由择居的法律方面，应给予男女相同的权利。

第十六条

1. 缔约各国应采取一切适当措施，消除在有关婚姻和家庭关系的一切事项上对妇女的歧视，并特别应保证她们在男女平等的基础上：

（a）有相同的缔婚权利；

（b）有相同的自由选择配偶和非经本人自由表示、完全同意不缔婚约的权利；

（c）在婚姻存续期间以及解除婚姻关系时，有相同的权利和义务；

（d）不论婚姻状况如何，在有关子女的事务上，作为父母有相同的权利和义务。但在任何情形下，均应以子女的利益为重；

（e）有相同的权利，自由负责地决定子女人数和生育间隔，并有机会获得使她们能够行使这种权利的知识、教育和方法；

（f）在监护、看管、受托和收养子女或类似的社会措施（如果国家法规有这些观念）方面，有相同的权利的义务。但在任何情形下，均应以子女的利益为重；

（g）夫妻有相同的个人权利，包括选择姓氏、专业和职业的权利；

（h）配偶双方在财产的所有、取得、经营、管理、享有、处置方面，不论是免费的或是收取价值酬报，具有相同的权利。

2. 童年订婚和童婚应不具法律效力，并应采取一切必要行动，包括制订法律，规定结婚最低年龄，并规定婚姻必须向正式登记机构登记。

第五部分

第十七条

1. 为审查执行本公约所取得的进展起见，应设立一个消除对妇女歧视委员会（以下简称委员会），由在本公约所适用的领域方面有崇高道德地位和能力的专家组成，其人数在本公约开始生效时为十八人，到第三十五个缔约国批准或加入后为二十三人。这些专家应由缔约各国自其国民中选出，以个人资格任职，选举时须顾及公平地域分配原则及不同文明与各主要法系的代表性。

2. 委员会委员应以无记名投票方式自缔约各国提名的名单中选出。每一缔约国得自本国国民中提名一人候选。

3. 第一次选举应自本公约生效之日起六个月后举行，联合国秘书长应于每次选举日前至少三个月时函请缔约各国于两个月内提出其所提名之人的姓名。秘书长应将所有如此提名的人员依英文字母次序，编成名单，注明推荐此等人员的缔约国，分送缔约各国。

4. 委员会委员的选举应在秘书长于联合国总部召开的缔约国会议中举行，该会议以三分之二缔约国为法定人数，凡得票最多且占出席及投票缔约国代表绝对多数票者当选为委员会委员。

5. 委员会委员任期四年。但第一次选举产生的委员中，九人的任期应于两年终了时届满，第一次选举后，此九人的姓名应立即由委员会主席抽签决定。

6. 在第三十五个国家批准或加入本公约后，委员会将按照本条第 2、3、4 款增选五名委员。

其中两名任期为两年，其名单由委员会主席抽签决定。

7. 临时出缺时，其专家不复担任委员会委员的缔约国，应自其国民中指派另一专家，经委员会核可后，填补遗缺。

8. （a）鉴于委员会责任的重要性，委员会委员应经联合国大会批准后，从联合国资源中按照大会可能决定的规定和条件取得报酬。

（b）联合国秘书长应提供必需的工作人员和设备，以便委员会按本公约规定有效地履行其职责。

第十八条

1. 缔约各国应就本国为使本公约各项规定生效所通过的立法、司法、行政或其他措施以及所取得的进展，向联合国秘书长提出报告，供委员会审议：

（a）在公约对本国生效后一年内提出，并且

（b）自此以后，至少每四年并随时在委员会的请求下提出。

2. 报告中得指出影响本公约规定义务的履行受到影响的各种因素和困难。

第十九条

1. 委员会应自行制订其议事规则。

2. 委员会应自行选举主席团成员，任期两年。

第二十条

1. 委员会一般应每年开会为期不超过两星期，以审议按照本公约第十八条规定提出的报告。

2. 委员会会议通常应在联合国总部或在委员会决定的任何其他方便地点举行。

第二十一条

1. 委员会应就其活动，通过联合国经济及社会理事会，每年向联合国大会提出报告并可根据对所收到缔约各国的报告和资料的审查结果，提出意见和一般性建议。这些意见和一般性建议，应连同缔约各国可能提出的评论载入委员会所提出的报告中。

2. 秘书长应将委员会的报告转送妇女地位委员会，供其参考。

第二十二条

各专门机构对属于其工作范围内的本公约各项规定，有权派代表出席关于其执行情况的审议。委员会可邀请各专门机构就在其工作范围内各个领域对本公约的执行情况提出报告。

第六部分

第二十三条

（a）缔约各国的法律；或

（b）对该国生效的任何其他国际公约、条约或协定，如有对实现男女平等更为有利的任何规定，本公约的任何规定不得影响其效力。

第二十四条

缔约各国承担在国家一级采取一切必要措施，以充分实现本公约承认的各项权利。

第二十五条

1. 本公约开放给所有国家签署。

2. 指定联合国秘书长为本公约受托人。

3. 本公约须经批准，批准书交存联合国秘书长。

4. 本公约开放给所有国家加入，加入书交存联合国秘书长后开始生效。

第二十六条

1. 任何缔约国可以随时向联合国秘书长提出书面通知，请求修正本公约。

2. 联合国大会对此项请求，应决定所须采取的步骤。

第二十七条

1. 本公约自第二十份批准书或加入书交存联合国秘书长之日后第三十天开始生效。

2. 在第二十份批准书或加入书交存后，本公约对于批准或加入本公约的每一国家，自该国交存其批准书或加入书之日后第三十天开始生效。

第二十八条

1. 联合国秘书长应接受各国在批准或加入时提出的保留，并分发给所有国家。

2. 不得提出与本公约目的和宗旨抵触的保留。

3. 缔约国可以随时向联合国秘书长提出通知，请求撤销保留，并由他将此项通知通知全体国家。通知收到后，当日生效。

第二十九条

1. 两个或两个以上的缔约国之间关于本公约的解释或适用方面的任何争端，如不能谈判解决，经缔约国一方要求，应交付仲裁。如果自要求仲裁之日起六个月内，当事各方不能就仲裁的组成达成协议，任何一方得依照《国际法院规约》提出请求，将争端提交国际法院审理。

2. 每一个缔约国在签署或批准本公约或加入本公约时，得声明本国不受本条第 1 款的约束，其他缔约国对于作出这项保留的任何缔约国，也不受本条第 1 款的约束。

3. 依照本条第 2 款的规定作出保留的任何缔约国，得随时通知联合国秘书长撤回该项保留。

第三十条

本公约阿拉伯文、中文、英文、法文、俄文和西班牙文文本具有同等效力，均应交存联合国秘书长。

下列署名的全权代表，在本公约之末签名，以昭信守。

（签字代表略）

跨国收养方面保护儿童及合作公约

（第十届全国人民代表大会常务委员会第十五次会议决定：批准于 1993 年 5 月 29 日经海牙国际私法会议第 17 次外交大会通过的、2000 年 11 月 30 日由中华人民共和国政府代表签署的《跨国收养方面保护儿童及合作公约》；同时声明：一、中华人民共和国民政部为中华人民共和国履行《跨国收养方面保护儿童及合作公约》赋予职责的中央机关。二、《跨国收养方面保护儿童及合作公约》第十五条至第二十一条规定的中央机关职能由中华人民共和国政府委托的收养组织——中国收养中心履行；只有在收养国政府或政府委托的组织履行有关中央机关职能的情况下，该国公民才能收养惯常居住在中华人民共和国的中国儿童。三、中华人民共和国涉外收养证明的出具机关为被收养人常住户口所在地的省、自治区、直辖市人民政府民政部门，其出具的收养登记证为收养证明。四、中华人民共和国没有义务承认根据《跨国收养方面保护儿童及合作公约》第三十九条第二款所达成的协议而进行的收养）

本公约签字国，

认识到为了儿童人格的完整和协调发展，儿童应在一个充满幸福、慈爱和理解的家庭环境中成长，

呼吁每一国家应采取适当措施以使儿童能够持续地得到其出生家庭的照顾，并将此作为优先考虑事项，

认识到跨国收养可为在其原住国不能找到适当家庭的儿童提供永久家庭的优势，

确认有必要采取措施，确保跨国收养的实施符合儿童最佳利益并尊重其基本权利，防止诱拐、出卖和贩卖儿童，

希望为此制定共同规则，并顾及国际文件，尤其是 1989 年 11 月 20 日的联合国《儿童权利公约》以及联合国《关于儿童保护及福利、特别是国内和国际寄养和收养办法的社会和法律原则宣言》

（1986 年 12 月 3 日的第 41/85 号大会决议）中体现的原则，

兹议定下列条款：

第一章　公约的范围

第一条

本公约的宗旨为：

（一）制定保障措施，确保跨国收养的实施符合儿童最佳利益和尊重国际法所承认的儿童的基本权利；

（二）在缔约国之间建立合作制度，确保上述保障措施得到遵守，以防止诱拐、出卖和贩卖儿童；

（三）确保根据本公约所进行的收养得到缔约国承认。

第二条

一、本公约适用于惯常居住在一缔约国（原住国）的儿童在该国被惯常居住在另一缔约国（收养国）的夫妻或个人收养以后，或者为在原住国或收养国进行此收养的目的，已经、正在或将要被移送到收养国的案件。

二、本公约仅适用于产生永久的父母子女关系的收养。

第三条

如果在儿童年满 18 岁时，第十七条第（三）项提及的同意仍未作出，则本公约停止适用。

第二章　跨国收养的要件

第四条

原住国的主管机关只有在确认符合下列条件的情况下，才能进行本公约范围内的收养：

（一）确认该儿童适于被收养；

（二）在充分考虑了在原住国内安置该儿童的可能性后，确认跨国收养符合儿童的最佳利益；

（三）确保：

1. 已与须经其同意方可进行收养的个人、机构和机关，进行了必要的协商，且上述个人、机构和机关已被适当告知其同意收养的后果，特别是收养是否终止儿童与其出生家庭的法律关系；

2. 上述个人、机构和机关已经自主地按符合要求的法律形式表示了同意，该项同意应以书面方式作出或经书面证明；

3. 该项同意不是因给付了任何形式的报酬或补偿而获得，且没有被撤回；

4. 在要求征得母亲同意的情况下，该项同意是在儿童出生后作出；

（四）考虑到儿童年龄和成熟程度，确保：

1. 在要求征得儿童同意的情况下，已与该儿童商议并适当告知其收养的后果和其同意收养的后果；

2. 儿童的愿望和意见已给予考虑；

3. 在要求征得儿童同意的情况下，儿童已自主地按符合要求的法律形式表示了同意，该项同意应以书面形式作出或经书面证明；

4. 此项同意不是因给付了任何形式的报酬或补偿而获得。

第五条

收养国的主管机关只有在符合下列条件的情况下，才能进行本公约范围内的收养：

（一）确认预期养父母符合条件并适于收养儿童；

（二）确保已与预期养父母协商；

（三）确认该儿童已经或将要被批准进入该国并长期居住。

第三章　中央机关和委任机构

第六条

一、每一缔约国应指定一个中央机关，负责履行本公约赋予该机关的职责。

二、联邦国家，具有一个以上法律制度的国家，或拥有自治领土单位的国家，可以指定一个以上中央机关，并指明他们职权所及的领土或人员范围。当一国指定了一个以上中央机关时，应指定一个在任何情况下均可与其联系的中央机关，并由其向国内适当的中央机关转递有关信息。

第七条

一、中央机关应相互合作，并促进各自国家主管机关之间的合作，以保护儿童和实现本公约的其他宗旨。

二、中央机关应直接采取一切适当措施，以便：

（一）提供各自国家有关收养法律的资料以及其他一般资料，如统计数字、标准格式等；

（二）就本公约的执行情况经常互通信息，并尽力消除实施公约的任何障碍。

第八条

中央机关应当直接或通过公共机关采取一切适当措施，防止与收养有关的不适当的金钱或其他收益，并阻止违背本公约宗旨的一切活动。

第九条

中央机关应当直接或通过公共机关或在本国受到适当委任的其他机构，采取一切适当措施，特别是：

（一）收集、保存和交换完成收养所必需的有关儿童和预期养父母情况的资料；

（二）便利、跟进和加快收养的程序，以便实现收养；

（三）推进各自国家的收养咨询和收养后服务的发展；

（四）相互提供关于跨国收养经验的综合性评估报告；

（五）在本国法律允许的情况下，对其他中央机关或公共机关关于提供某项具体收养资料的正当请求作出答复。

第十条

委任只能赋予能够证明其有能力适当履行所交托的工作的机构，并由该机构保有这种资格。

第十一条

受委任机构应当：

（一）只能按照委任国主管机关所确定的条件和限制范围，追求非营利目标；

（二）由道德标准合格和在跨国收养领域受过培训或有过经验而能胜任其工作的人员指导，并配备此类人员；

（三）接受该国主管机关对其组成、业务和财务情况的监督。

第十二条

一缔约国的受委任机构只有在两国主管机关授权的情况下，才可以在另一缔约国活动。

第十三条

每一缔约国应将其所指定的中央机关，必要时将他们的职权范围，以及委任机构的名称和地址通知海牙国际私法会议常设局。

第四章　跨国收养的程序要件

第十四条

惯常居住在一缔约国的人，如希望收养惯常居住在另一缔约国的儿童，应向自己惯常居住国的中央机关提出申请。

第十五条

一、如果收养国中央机关认为申请人符合条件并适宜收养，则应准备一份报告，内容包括申请人身份，其收养的合格性和适当性，其背景、家庭史和病史、社会环境、收养原因、负担跨国收养的能力以及他们适合照顾的儿童的特点。

二、收养国的中央机关应将此报告转交原住国的中央机关。

第十六条

一、如果原住国中央机关认为该儿童可被收养，则应：

（一）准备一份报告，内容包括该儿童的身份、可被收养性、背景、社会环境、家庭史和包括儿童家庭成员在内的病史及儿童的任何特殊需要；

（二）充分考虑儿童的成长和其种族、宗教及文化背景；

（三）确保已经取得第四条规定的同意；

（四）以有关报告特别是关于儿童和预期养父母情况的报告为基础，确认所计划的安置是否符合该儿童的最佳利益。

二、原住国中央机关应向收养国中央机关转交关于儿童的报告，证明已经取得必需的同意和说明作出该项安置决定的原因。如果儿童父母的身份在原住国不能公开，则应注意不泄露该父母的身份。

第十七条

原住国将儿童托付给预期养父母的任何决定，只有在下列情况下才能作出：

（一）原住国中央机关已经确认预期养父母同意这种安置；

（二）收养国中央机关同意该决定，如果收养国法律或原住国中央机关要求此项同意；

（三）两国的中央机关都同意进行收养；

（四）已根据第五条的规定，确认预期养父母条件合格并适于收养，和确认该儿童已经或将被批准进入收养国并长期居住。

第十八条

两国中央机关都应采取一切必要措施使儿童获准离开原住国，进入收养国并长期居住。

第十九条

一、只有在满足第十七条要求的情况下，才能将儿童移送往收养国。

二、两国的中央机关应当确保此种移送在安全和适当的环境下进行，如有可能，由养父母或预期养父母陪同。

三、如果对儿童的移送没有成行，应将第十五条和第十六条所指的报告退还给发出报告的机关。

第二十条

中央机关应就收养程序和完成收养程序的措施经常互通信息。

如果有适应期的要求，应互相交换关于安置的进展情况的信息。

第二十一条

一、在儿童被送到收养国后才开始收养的情况下，收养国中央机关如果认为继续将儿童安置给该预期养父母不符合该儿童的最佳利益，则应采取必要措施保护该儿童，特别是：

（一）使该儿童脱离该预期养父母，并安排临时性照顾；

（二）与原住国中央机关协商，以便毫不延迟地为收养之目的重新安置该儿童，在不适宜这样做的情况下，应安排替代性的长期照顾；收养只有在原住国中央机关得到有关新的预期养父母情况的适当通报后才能进行；

（三）在符合儿童利益的条件下，作为最后措施，安排将儿童送回原住国。

二、特别是考虑到儿童的年龄和成熟程度，在根据本条采取措施时应与其协商，必要时应得到他们的同意。

第二十二条

一、在该国法律准许的范围内，第三章提到的公共机关或受委任机构可履行本章所述的中央机关的职能。

二、任一缔约国可向本公约保存机关声明，在该国法律准许的范围内并在其主管机关的监督下，可由该国符合下列条件的机构或个人履行第十五条至第二十一条规定的中央机关的职能：

（一）符合该国对诚实、专业能力、经验和责任感等方面的要求；

（二）道德标准合格和因在跨国收养领域受过培训或有过经验而能胜任其工作。

三、根据本条第二款规定作出声明的缔约国应将这些机构或个人的名称和地址通知海牙国际私法会议常设局。

四、任一缔约国可向本公约保存机关声明，只有有关中央机关的职能已根据本条第一款的规定得到履行的情况下，才能开始收养惯常居住在其领土上的儿童。

五、无论是否根据本条第二款作出声明，第十五条和第十六条中所指的报告在任何情况下均应由中央机关或符合本条第一款规定的其他机关或机构负责准备。

第五章　收养的承认及效力

第二十三条

一、经收养发生国主管机关证明的根据本公约所进行的收养，其他缔约国应依法给予承认。该证明应指明按照第十七条第（三）项达成协议的中央机关及达成协议的时间。

二、每一缔约国应在签署、批准、接受、核准或加入本公约时，将本国有权出具该证明的机关名称和职能以及任何对该指定机关的修改通知公约保存机关。

第二十四条

只有当对一项收养的承认明显违反一缔约国考虑到儿童最佳利益在内的公共政策时，该国才能拒绝承认。

第二十五条

任一缔约国可向公约保存机关声明，该国没有义务承认根据本公约第三十九条第二款所达成的协议而进行的收养。

第二十六条

一、对收养的承认包括：

（一）儿童与其养父母之间法律上的父母子女关系；

（二）养父母对儿童的父母责任；

（三）儿童与其父亲或母亲之间先前存在的法律关系的终止，如果在发生收养的缔约国收养具有此种效力。

二、如果收养终止先前存在的法律上的父母子女关系，在收养国及承认该收养的任何其他缔约国，该儿童应与各该国内具有同样效力的被收养儿童享有同等的权利。

三、前款规定不妨碍承认收养的缔约国适用其现行有效的对儿童更为有利的规定。

第二十七条

一、当在原住国成立的收养并不终止先前存在的法律上的父母子女关系时，可在根据本公约承认该收养的收养国内转换成具有此种效力的收养，如果：

（一）收养国法律允许；

（二）为此种收养的目的已经取得第四条第（三）项和第（四）项规定的同意。

二、第二十三条适用于转换该收养的决定。

第六章　一般规定

第二十八条

本公约不影响原住国法律规定应在其国内收养惯常居住在该国的儿童，或禁止在收养发生前将儿童安置或移送到收养国。

第二十九条

在满足了第四条第（一）项至第（三）项和第五条第（一）项的各项要求前，预期养父母、儿童的父母或照顾儿童的任何其他人不应进行联系，除非收养发生在一个家庭之内，或者其联系符合原住国主管机关规定的条件。

第三十条

一、缔约国的主管机关应确保其所掌握的有关儿童的出生，特别是有关儿童父母身份及其病史的资料得到保存。

二、上述主管机关应确保在该国法律允许的情况下，该儿童或其代理人有权在适当的指导下使用这些资料。

第三十一条

在不违背第三十条的情况下，根据本公约所收集或转递的个人资料，特别是第十五条和第十六条提及的资料，只能用于据以收集或转递这些资料的目的。

第三十二条

一、任何人不得从与跨国收养有关的活动中获取不适当的金钱或其他收益。

二、只有与收养有关的开支和花费，包括参与收养人员的合理的专业收费，可以收取或给付。

三、参与收养的机构的管理人员、行政人员和雇员，不得接受与其所提供的服务不相称的高额报酬。

第三十三条

主管机关如发现本公约的任何规定未被遵守或有不被遵守的严重危险，应立即通知本国的中央机关。该中央机关应负责确保采取适当措施。

第三十四条

如果文件目的国主管机关有此要求，必须提供经证明与原件相符的译文。除非另有规定，翻译的费用应由预期养父母承担。

第三十五条

缔约国的主管机关应快速办理有关收养程序。

第三十六条

对于在不同的领土单位适用两个或更多收养法律制度的国家：

（一）任何提及该国惯常居所的规定应被解释为提及在该国一个领土单位内的惯常居所；

（二）任何提及该国法律的规定应被解释为提及有关领土单位上已生效的法律；

（三）任何提及该国主管机关或公共机关的规定应被解释为提及有关领土单位上的有权机关；

（四）任何提及该国受委任机构的规定应被解释为提及有关领土单位的受委任机构。

第三十七条

对于对不同类别的人员适用两个或更多的收养法律制度的国家，任何提及关于该国法律的规定应被解释为提及该国法律中特定的法律制度。

第三十八条

如果具有统一法律制度的国家没有义务适用本公约，具有不同领土单位且各领土单位具有各自的收养法律规定的国家亦无义务适用。

第三十九条

一、本公约不影响缔约国参加的包含本公约调整事项的任何其他国际文书，除非该文书的成员国作出相反声明。

二、任何缔约国可与一个或更多的其他缔约国缔结协议，以在其相互关系中促进适用本公约。这些协议只能减损第十四条至第十六条和第十八条至第二十一条的规定。缔结此协议的国家应将其副本转交本公约保存机关。

第四十条

本公约不允许保留。

第四十一条

本公约适用于公约在收养国和原住国生效后收到的根据第十四条提出申请的任何案件。

第四十二条

海牙国际私法会议秘书长应定期召开特别委员会会议，以审查本公约的实际执行情况。

第七章　最后条款

第四十三条

一、本公约应向海牙国际私法会议召开第 17 次会议时的会员国和其他参加该次会议的国家开放签署。

二、本公约须经批准、接受或核准，批准书、接受书和核准书应交存本公约的保存机关——荷兰王国外交部。

第四十四条

一、任何其他国家可在本公约根据第四十六条第一款生效后加入本公约。

二、加入书应交存公约保存机关。

三、此项加入仅对加入国和接到第四十八条第（二）项所指通知后 6 个月内未对其加入表示异议的那些缔约国之间生效。其他国家可在批准、接受或核准本公约时对上述加入表示异议。任何此类异议应通知公约保存机关。

第四十五条

一、如果一个国家具有两个或更多的领土单位，且这些领土单位在处理与本公约有关的事务时适用不同法律制度，该国在签署、批准、接受、核准或加入时，可声明本公约适用于其全部领土，或其中之一部分或几部分，并可在任何时候通过提交另一项声明修改上述声明。

二、任何此项声明应通知公约保存机关，并应明确本公约对其适用的领土单位。

三、如果一个国家没有根据本条提出声明，则本公约将适用于该国的所有领土单位。

第四十六条

一、本公约自第四十三条规定的第三份批准书、接受书或核准书交存后 3 个月期间届满后的第 1 个月的第 1 天起生效。

二、此后，本公约的生效日期为：

（一）对嗣后批准、接受、核准或加入的每一国家，自其交存批准书、接受书、核准书或加入书后 3 个月期间届满后的第 1 个月的第 1 天起生效；

（二）对根据第四十五条扩展适用本公约的领土单位，自该条所指的通知后 3 个月期间届满后的第 1 个月的第 1 天起生效。

第四十七条

一、本公约成员国可以书面方式通知公约保存机关退出本公约。

二、退出在本公约保存机关收到退出通知后 12 个月期间届满后的第 1 个月的第 1 天起生效。当退出通知指明更长的生效期间时，退出在本公约保存机关收到通知后的该更长期间届满后生效。

第四十八条

本公约保存机关应向海牙国际私法会议成员国和参加第 17 次会议的其他国家以及根据第四十四条加入本公约的国家通知下列事项：

（一）第四十三条提及的签署、批准、接受和核准；

（二）第四十四条提及的加入和对加入提出的异议；

（三）本公约根据第四十六条的规定生效的日期；

（四）第二十二条、第二十三条、第二十五条和第四十五条提及的声明和指定；

（五）第三十九条提及的协议；

（六）第四十七条提及的退出。

下列经正式授权的代表在本公约上签署，以昭信守。

1993 年 5 月 29 日订于海牙，本公约仅一份，用英文和法文写成，两种文本同等作准。正本交荷兰王国政府档案库保存，其经核证无误的副本一份应通过外交途径分送海牙国际私法会议召开第 17 次会议时的会员国及参加该次会议的其他国家。

准予就业最低年龄公约

（第九届全国人民代表大会常务委员会第六次会议决定，批准《准予就业最低年龄公约》；同时，声明如下：一、在中华人民共和国领土内及中华人民共和国注册的运输工具上就业或者工作的最低年龄为16周岁；二、在中华人民共和国政府另行通知前，《准予就业最低年龄公约》暂不适用于中华人民共和国香港特别行政区）

国际劳工组织大会，经国际劳工局理事会召集，于1973年6月6日在日内瓦举行其第58届大会，并

经决定采纳本届会议议程第4项关于准予就业最低年龄的某些提议，并

注意到1919年（工业）最低年龄公约、1920年（海上）最低年龄公约、1921年（农业）最低年龄公约、1921年（扒炭工和司炉工）最低年龄公约、1932年（非工业就业）最低年龄公约、1936年（海上）最低年龄公约（修订）、1937年（工业）最低年龄公约（修订）、1937年（非工业就业）最低年龄公约（修订）、1959年（渔民）最低年龄公约和1965年（井下工作）最低年龄公约的条款，并

考虑到就此主题制订一个总文件的时机已到，这一文件将逐步替代现有的适用于有限经济部门的文件，以达到全部废除童工的目的，并

经确定这些提议应采取国际公约的形式，于1973年6月26日通过以下公约，引用时得称之为1973年准予就业最低年龄公约：

第一条

凡本公约对其生效的会员国，承诺执行一项国家政策，以保证

有效地废除童工并将准予就业或工作的最低年龄逐步提高到符合年轻人身心最充分发展的水平。

第二条

1. 凡批准本公约的会员国应在附于其批准书的声明中，详细说明准予在其领土内及在其领土注册的运输工具上就业或工作的最低年龄；除了符合本公约第 4 至第 8 条规定外，未满该年龄者不得允许其受雇于或从事任何职业。

2. 凡批准本公约的会员国得随后再以声明书通知国际劳工局长，告知其规定了高于以前规定的最低年龄。

3. 根据本条第 1 款规定的最低年龄应不低于完成义务教育的年龄，并在任何情况下不得低于 15 岁。

4. 尽管有本条第 3 款的规定，如会员国的经济和教育设施不够发达，得在与有关的雇主组织和工人组织（如存在此种组织）协商后，初步规定最低年龄为 14 岁。

5. 根据上款规定已定最低年龄为 14 岁的各会员国，应在其按照国际劳工组织章程第 22 条的规定提交的实施本公约的报告中说明：

（a）如此做的理由；或

（b）自某日起放弃其援用有关规定的权利。

第三条

1. 准予从事按其性质或其工作环境很可能有害年轻人健康、安全或道德的任何职业或工作类别，其最低年龄不得小于 18 岁。

2. 本条第 1 款适用的职业类别应由国家法律或条例，或由主管当局在与有关的雇主组织和工人组织（如存在此种组织）协商后确定。

3. 尽管有本条第 1 款的规定，国家法律或条例，或主管当局在与有关的雇主组织和工人组织（如存在此种组织）协商后可准予从 16 岁起就业或工作，条件是必须充分保护有关年轻人的健康、安全和道德，这些年轻人并须在有关的活动部门受过适当的专门指导或职业训练。

第四条

1. 如属必要，主管当局在与有关的雇主组织和工人组织（如存在此种组织）协商后，对运用本公约将产生特殊和重大问题的有限几种职业或工作得豁免其应用本公约。

2. 凡批准本公约的会员国应在其按照国际劳工组织章程第22条的规定提交的关于实施本公约的第一次报告中，列举按照本条第1款的规定得豁免于应用本公约的任何职业或工作类别，陈述豁免的理由，并应在以后的报告中说明该国法律和实践对豁免此类职业或工作所做规定的状况，并说明在何种程度上已经或建议对此类职业或工作实施本公约。

3. 本公约第3条所规定的职业或工作，不得按照本条规定而免于应用本公约。

第五条

1. 经济和行政设施不够发达的会员国在与有关的雇主组织和工人组织（如存在此种组织）协商后，得在开始时限制本公约的应用范围。

2. 凡援用本条第1款规定的会员国，应在附于其批准书的声明书中，详细说明哪些经济活动部门或企业类别将应用本公约的规定。

3. 本公约的规定至少应适用于下列行业：采矿和采石、制造、建筑、电、煤气和水、卫生服务、运输、仓储和交通，以及种植园和其他主要为商业目的而生产的农业企业，但不包括为当地消费而生产又不正式雇工的家庭企业和小型企业。

4. 任何会员国按照本条规定已限制应用本公约的范围者：

（a）应在其根据国际劳工组织章程第22条的规定提交的报告中，说明不包括在应用本公约范围内的经济活动部门中年轻人和儿童就业或工作的一般状况，以及为扩大应用本公约的规定所可能取得的任何进展；

（b）得在任何时候通过向国际劳工局长提交声明书，正式扩大应用范围。

第六条

本公约不适用于在普通学校、职业技术学校或其他培训机构中的儿童和年轻人所做的工作，或企业中年龄至少为 14 岁的人所做的工作，只要该工作符合主管当局在与有关的雇主组织和工人组织（如存在此种组织）协商后规定的条件，并是下列课程或计划不可分割的一部分：

（a）一所学校或一个培训机构主要负责的教育或培训课程；

（b）经主管当局批准，主要或全部在一个企业内实施的培训计划；或

（c）为便于选择一种职业或行业的培训指导或引导计划。

第七条

1. 国家法律或条例得允许年龄为 13 至 15 岁的人在从事轻工作的情况下就业或工作，这种工作是：

（a）大致不会危害他们的健康或发育；并

（b）不会妨碍他们上学、参加经主管当局批准的职业指导或培训计划或从所受教育中获益的能力。

2. 国家法律或条例还得允许年龄至少为 15 岁但还未完成其义务教育的人从事符合本条第 1 款（a）和（b）所要求的工作。

3. 主管当局应确定按照本条第 1 和 2 款的规定得被允许就业或工作的活动，并应规定从事此种就业或工作的工作小时数和工作条件。

4. 尽管有本条第 1 款和第 2 款的规定，已援用第 2 条第 4 款的会员国，只要其继续这样做，得以 12 岁和 14 岁取代本条第 1 款的 13 岁和 15 岁，并以 14 岁取代本条第 2 款的 15 岁。

第八条

1. 主管当局在与有关的雇主组织和工人组织（如存在此种组织）协商后，得在个别情况下，例如参加艺术表演，准许除外于

本公约第 2 条关于禁止就业或工作的规定。

2. 如此作出的准许应对准予就业或工作的小时数加以限制，并规定其条件。

第九条

1. 主管当局应采取一切必要措施，包括规定适当惩罚，以保证本公约诸条款的有效实施。

2. 国家法律或条例或主管当局应规定何种人员有责任遵守实施公约的条款。

3. 国家法律或条例或主管当局应规定雇主应保存登记册或其他文件并使其可资随时取用；这种登记册或文件应包括他所雇用或为他工作的不足 18 岁的人的姓名、年龄或出生日期，尽可能有正式证明。

第十条

1. 本公约按照本条条款修正 1919 年（工业）最低年龄公约、1920 年（海上）最低年龄公约、1921 年（农业）最低年龄公约、1921 年（扒炭工和司炉工）最低年龄公约、1932 年（非工业就业）最低年龄公约、1936 年（海上）最低年龄公约（修订）、1937 年（工业）最低年龄公约（修订）、1937 年（非工业就业）最低年龄公约（修订）、1959 年（渔民）最低年龄公约，以及 1965 年（井下工作）最低年龄公约。

2. 本公约生效不应停止接受下列公约的批准：1936 年（海上）最低年龄公约（修订）、1937 年（工业）最低年龄公约（修订）、1937 年（非工业就业）最低年龄公约（修订）、1959 年（渔民）最低年龄公约，或 1965 年（井下工作）最低年龄公约。

3. 如有关各方都以批准本公约或向国际劳工局长送达声明书表示同意停止对 1919 年（工业）最低年龄公约、1920 年（海上）最低年龄公约、1921 年（农业）最低年龄公约和 1921 年（扒炭工和司炉工）最低年龄公约的继续批准，则应停止其继续批准。

4. 如本公约生效或当其生效之时：

（a）一个已批准了 1937 年（工业）最低年龄公约（修订）的会员国承担本公约的义务且已遵照本公约第 2 条规定了最低年龄不低于 15 岁，则依法应为对该公约的立即解约；

（b）关于 1932 年（非工业就业）最低年龄公约所规定的非工业就业，如一个批准了该公约的会员国承担本公约的义务，则依法应为对该公约的立即解约；

（c）关于 1937 年（非工业就业）最低年龄公约（修订）所规定的非工业就业，如一个批准了该公约的会员国承担本公约的义务，并遵照本公约第 2 条规定了最低年龄不低于 15 岁，则依法应为对该公约的立即解约；

（d）关于海事就业，如一个批准了 1936 年（海上）最低年龄公约的会员国承担本公约的义务，并遵照本公约第 2 条规定了最低年龄不低于 15 岁或该会员国规定本公约第 3 条适用于海事就业，则依法应为对该公约的立即解约；

（e）关于海上捕鱼就业，如一个批准了 1959 年（渔民）最低年龄公约的会员国承担本公约的义务，并遵照本公约第 2 条规定了最低年龄不低于 15 岁或该会员国规定本公约第 3 条适用于海上捕鱼就业，则依法应为对该公约的立即解约；

（f）一个批准了 1965 年（井下工作）最低年龄公约的会员国承担本公约的义务，并遵照本公约第 2 条规定了不低于该公约规定的最低年龄或该会员国因本公约第 3 条而规定此年龄适用于井下就业时，则依法应为对该公约的立即解约。

5. 如本公约生效或当其生效之时：

（a）关于 1919 年（工业）最低年龄公约，承担本公约的义务应涉及根据该公约第 12 条对该公约解约；

（b）关于农业，承担本公约的义务应涉及根据 1921 年（农业）最低年龄公约第 9 条对该公约解约；

（c）关于海事就业，承担本公约的义务应涉及根据 1920 年

（海上）最低年龄公约第 10 条和 1921 年（扒炭工和司炉工）最低年龄公约第 12 条对该公约解约。

第十一条

本公约的正式批准书应送请国际劳工局长登记。

第十二条

1. 本公约应仅对其批准书已经国际劳工局长登记的会员国有约束力。

2. 本公约应自两个会员国的批准书已经登记之日起 12 个月后生效。

3. 此后对于任何会员国，本公约应自其批准书已经登记之日起 12 个月后生效。

第十三条

1. 凡批准本公约的会员国，自本公约初次生效之日起满 10 年后，得向国际劳工局长通知解约，并请其登记。此项解约通知书，自登记之日起满一年后，始得生效。

2. 凡批准本公约的会员国，在前款所述 10 年期满后的一年内未行使本条所规定的解约权利者，即须再遵守 10 年，此后每当 10 年期满，得依本条的规定通知解约。

第十四条

1. 国际劳工局长应将国际劳工组织各会员国所送达的一切批准书和解约通知书的登记情况，通知本组织的全体会员国。

2. 局长在将所送达的第 2 份批准书的登记通知本组织的各会员国时，应提请本组织各会员国注意本公约开始生效的日期。

第十五条

国际劳工局长应将他按照以上各条规定所登记的一切批准书和解约通知书的详细情况，按照联合国宪章第 102 条的规定，送请联合国秘书长进行登记。

第十六条

国际劳工局理事会在必要时，应将本公约的实施情况向大会提出报告，并审查应否将本公约的全部或部分修订问题列入大会议程。

第十七条

1. 如大会通过新公约对本公约做全部或部分修订时，除新公约另有规定外，应：

（a）如新修订公约生效和当其生效之时，会员国对于新修订公约的批准，不需按照上述第 13 条的规定，依法应为对本公约的立即解约。

（b）自新修订公约生效之日起，本公约应即停止接受会员国的批准。

2. 对于已批准本公约而未批准修订公约的会员国，本公约以其现有的形式和内容，在任何情况下仍应有效。

第十八条

本公约的英文本和法文本同等作准。

禁止和立即行动消除最恶劣形式的童工劳动公约

（第九届全国人民代表大会常务委员会第二十八次会议决定批准，于1999年6月17日经第87届国际劳工大会通过、2000年11月19日生效）

国际劳工组织大会，

经国际劳工局理事会召集，于1999年6月1日在日内瓦举行其第87届会议，并

考虑到需要通过新的文书，把禁止和消除最恶劣形式的童工劳动作为包括国际合作和援助在内的国家和国际行动的主要优先目标，以便补充依然是童工劳动方面基本文书的1973年准予就业最低年龄公约和建议书，并

考虑到立即采取全面行动切实消除最恶劣形式的童工劳动，既要关注免费基础教育的重要性，又要关注需要使有关儿童脱离所有此类工作以及为其康复和社会融合提供援助，还要同时解决其家庭需要问题，并

忆及1996年第83届国际劳工大会上通过的关于消除童工劳动的决议，并

认识到童工劳动在很大程度上是由于贫困造成的，长期的解决办法有赖于经济的持续增长带来的社会进步，特别是在消除贫困和普及教育方面，并

忆及联合国大会于1989年11月20日通过的《儿童权利公约》，并

忆及1998年第86届国际劳工大会上通过的《国际劳工组织关于工作中基本原则和权利的宣言及其后续措施》，并

忆及某些最恶劣形式的童工劳动已涵盖在其他国际文书中，特别是 1930 年《强迫劳动公约》和联合国 1956 年《废止奴隶制、奴隶贩卖及类似奴隶制的制度与习俗补充公约》，并

经决定采纳本届会议议程第四项关于童工劳动的若干提议，并

经确定这些提议应采取一项国际公约的形式，于 1999 年 6 月 17 日通过以下公约，引用时得称之为 1999 年《禁止和立即行动消除最恶劣形式的童工劳动公约》。

第一条 凡批准本公约的会员国应立即采取有效的措施，以保证将禁止和消除最恶劣形式的童工劳动作为一项紧迫事务。

第二条 就本公约而言，"儿童"一词适用于 18 岁以下的所有人员。

第三条 就本公约而言，"最恶劣形式的童工劳动"一词包括：

（a）所有形式的奴隶制或类似奴隶制的做法，如出售和贩卖儿童、债务劳役和奴役，以及强迫或强制劳动，包括强迫或强制招募儿童用于武装冲突；

（b）使用、招收或提供儿童卖淫、生产色情制品或进行色情表演；

（c）使用、招收或提供儿童从事非法活动，特别是生产和贩卖有关国际条约中界定的毒品；

（d）在可能对儿童健康、安全或道德有伤害性的环境中工作。

第四条

1. 第三条（d）项所指的工作类型应由国家法律或条例，或是主管当局，在同有关雇主组织和工人组织磋商之后，考虑有关国际标准，特别是 1999 年《禁止和立即行动消除最恶劣形式的童工劳动建议书》第 3 款、第 4 款的情况，然后确定。

2. 主管当局在同有关雇主组织和工人组织磋商之后，应查明所确定的工作类型存在场所。

3. 根据本条第 1 款确定的工作类型一览表，应同有关雇主组

织和工人组织磋商，进行定期审查并视需要予以修订。

第五条　凡批准本公约的会员国在同雇主组织和工人组织磋商之后，应建立或指定适当机构，监督实施使本公约发生效力的各项条款。

第六条

1. 凡批准本公约的会员国应将制定和实施行动计划，作为优先目标，以消除最恶劣形式的童工劳动。

2. 制定和实施此类行动计划，应同有关政府机构以及雇主组织和工人组织进行磋商，凡适宜时，考虑其他有关群体的意见。

第七条

1. 凡批准本公约的会员国应采取一切必要措施，包括规定和执行刑事制裁或其他必要制裁，以保证有效实施和强制执行使本公约发生效力的各项条款。

2. 考虑到教育对消除童工劳动的重要性，凡批准本公约的会员国应采取有效的和有时限的措施，以便：

（a）防止雇用儿童从事最恶劣形式的童工劳动；

（b）为使儿童脱离最恶劣形式的童工劳动，以及为其康复和社会融合，提供必要和适宜的直接援助；

（c）保证脱离了最恶劣形式的童工劳动的所有儿童，能享受免费基础教育，以及凡可能和适宜时，接受职业培训；

（d）查明和接触处于特殊危险境地的儿童；以及

（e）考虑女童的特殊情况。

3. 凡批准本公约的会员国应指定主管当局，负责实施使本公约发生效力的各项条款。

第八条　凡批准本公约的会员国应采取适宜步骤，通过加强国际合作和/或援助，包括支持社会与经济发展、消除贫困计划与普及教育，以相互帮助，落实本公约的条款。

第九条　本公约的正式批准书应送请国际劳工局长登记。

第十条

1. 本公约应仅对其批准书已经国际劳工局长登记的国际劳工组织会员国有约束力。

2. 本公约自两个会员国的批准书已经国际劳工局长登记之日起12个月后生效。

3. 此后，对于任何会员国，本公约应自其批准书已经登记之日起12个月后生效。

第十一条

1. 凡批准本公约的会员国，自本公约初次生效之日起满10年后得向国际劳工局长通知解约，并请其登记。此项解约通知书自登记之日起满1年后始得生效。

2. 凡批准本公约的会员国，在前款所述10年期满后的1年内未行使本条所规定的解约权利者，即须再遵守10年，此后每当10年期满，得依本条的规定通知解约。

第十二条

1. 国际劳工局长应将国际劳工组织各会员国所送达的一切批准书和解约通知书的登记情况，通知本组织的全体会员国。

2. 国际劳工局长在将所送达的第二份批准书的登记情况通知本组织全体会员国时，应提请本组织务会员国注意本公约开始生效的日期。

第十三条 国际劳工局长应将他按照以上各条规定所登记的一切批准书和解约通知书的详细情况，按照《联合国宪章》第102条的规定，送请联合国秘书长进行登记。

第十四条 国际劳工局理事会在必要时，应将本公约的实施情况向大会提出报告，并审查应否将本公约的全部或部分修订问题列入大会议程。

第十五条

1. 如大会通过新公约对本公约作全部或部分修订时，除新公约另有规定外，应：

（a）如新修订公约已生效，自其生效时，会员国对于新修订公约的批准，不需按照上述第 11 条的规定，即为依法对本公约的立即解约；

（b）自新修订公约生效之日起，本公约应即停止接受会员国的批准。

2. 对于已批准本公约而未批准修订公约的会员国，本公约以其现有的形式和内容，在任何情况下仍应有效。

第十六条 本公约的英文本和法文本同等作准。

湄公河次区域合作
反对拐卖人口进程联合宣言

我们，柬埔寨王国、中华人民共和国、老挝人民民主共和国、缅甸联邦、泰王国和越南社会主义共和国，作为湄公河次区域合作反对拐卖人口进程的创始国政府的部长和代表们，在《湄公河次区域合作反对拐卖人口谅解备忘录》签署三周年之际在北京相聚；

重申 2004 年 10 月 29 日在缅甸仰光签署的《湄公河次区域合作反对拐卖人口谅解备忘录》的承诺，体现了我们湄公河次区域国家间合作打击拐卖人口特别是儿童和妇女的强烈政治意愿；

重申我们将继续致力于推进我们的目标，即消除对人的交易、买卖、拐骗以及使其陷入被剥削境地等践踏人最基本和不可剥夺的人权的行为；

强调在反拐干预活动中以拐卖犯罪受害人为中心的重要性，在受害人完全自愿的基础上，使他（她）们参与制定、实施和评估反拐的干预措施，注重他（她）们在反拐活动中的作用，尊重他（她）们的人权；

进一步认识到拐卖人口犯罪现象的复杂性，需要更强有力的国家和区域的刑事司法措施，使人贩子受到应有惩罚和确保拐卖受害人获得公正；

重申反对拐卖人口部门间合作的重要性，高度肯定各国反拐核心领导小组为推进湄公河次区域合作反对拐卖人口进程所作的努力；

认识到自签署《湄公河次区域合作反对拐卖人口谅解备忘录》和通过实施第一阶段《湄公河次区域反拐行动计划》（2005—2007

年）后，湄公河次区域反对拐卖人口工作取得的进展，但铲除拐卖人口的障碍依然存在；

致力于有效应对拐卖人口及与之相关的虐待和剥削现象时我们所面临的困难和挑战，包括进一步加强对易受害群体的保护，这需要湄公河次区域各国以团结合作的精神继续采取及时的行动；

意识到所有其他国际和区域的法律文书、活动和承诺对打击拐卖人口的贡献；

特此联合宣言，进一步发扬湄公河次区域合作反对拐卖人口进程的精神，继续推进这一重要的区域合作机制，以成功地遏制对处于易受害及边缘群体的虐待和剥削。重申如下：

坚定承诺执行《世界人权宣言》和其他国际法律文书，反对一切形式的奴隶制，包括对儿童和成人的性剥削、强迫劳动、童工和强迫婚姻，并且认识到《湄公河次区域合作反对拐卖人口谅解备忘录》中所列举的国际法律文书的重要性；

重申联合国推荐的有关人权和反对拐卖人口原则和指导方针的重要性；

承诺进一步巩固根据《湄公河次区域合作反对拐卖人口谅解备忘录》实施的第一阶段《湄公河次区域反拐行动计划》（2005—2007年）所取得的成绩，实施第二阶段《湄公河次区域反拐行动计划》（2008—2010年）；

承诺为预防拐卖和防止对受害人造成伤害，政府采取的行动应以确认和保护拐卖受害人为宗旨，并在各个环节保护受害人的人身安全、尊严和权利；

坚定继续加强湄公河次区域国家双边和多边的磋商和合作（包括部门之间），加强与区域组织如东南亚国家联盟的合作；

坚定进一步加强湄公河次区域合作反拐进程中各国核心领导小组的能力建设，以便在湄公河次区域合作反拐进程框架下开展活动并得到政府最高层的坚定支持；

保证以真正合作的方式，积极寻求社会的各种组织、受害人援助机构、国际组织和被拐卖受害人不断参与反拐项目的实施，包括参与项目的设计、开发、监测和评估；

坚信在任何反对拐卖人口的法律、政策和干预措施中，注重拐卖受害者个人的权利具有实际和象征性的意义；

决不容忍任何政府部门从事或参与拐卖人口犯罪行为；

通过国际支持和合作，各自和联合地采取步骤，最大限度地利用可用资源，通过所有适当的手段逐步、充分地实现《湄公河次区域合作反对拐卖人口谅解备忘录》庄严承诺。鉴于此，我们赞赏湄公河次区域合作反对拐卖人口进程中的第一阶段《湄公河次区域反拐行动计划》的完成和继续 2008 年至 2010 年的第二阶段《湄公河次区域反拐行动计划》的制定。我们敦促联合国系统、合作伙伴、私营行业、非政府组织和各民间团体等所有人员与政府合作，充分地表达对湄公河次区域合作反对拐卖人口进程的承诺和为此作出贡献。

北京，2007 年 12 月 14 日

柬埔寨王国政府代表
妇女事务部部长莹·堪
（签字）

中华人民共和国政府代表
公安部副部长张新枫
（签字）

老挝人民民主共和国政府代表
公安部副部长图拉·英沙希莱
（签字）

缅甸联邦政府代表
内政部部长貌乌
（签字）

泰王国政府代表
社会发展与人口安全部副部长
颇遮·平湃提
（签字）

越南社会主义共和国政府代表
公安部副部长黎世渐
（签字）

湄公河次区域合作
反对拐卖人口进程第二个联合宣言

我们，柬埔寨王国、中华人民共和国、老挝人民民主共和国、缅甸联邦、泰王国和越南社会主义共和国，作为湄公河次区域合作反对拐卖人口进程的创始国政府的部长和代表们，在《湄公河次区域反对拐卖人口区域合作谅解备忘录》签署八周年暨第一个联合宣言签署五周年之际在河内聚首；

再次确认 2004 年 10 月 29 日在缅甸仰光签署的《湄公河次区域反对拐卖人口区域合作谅解备忘录》，2007 年 12 月 14 日在北京签署的 COMMIT 联合宣言，和湄公河次区域合作反对拐卖人口进程次区域行动计划 2005—2007，2008—2010 及其他相关决议，体现了我们湄公河次区域国家间合作打击拐卖人口特别是儿童和妇女的强烈的政治意愿；

再次确认我们将继续致力于推进我们的目标，即消除对人的交易、买卖、拐骗以及使其陷入被剥削的境地，从而践踏了人的最基本和不可剥夺的人权；

重申在反拐干预活动中重视被拐受害人的重要性，在受害人完全自愿的基础上，使他们参与制定、实施和评估反拐的干预措施，注重他们在反拐活动中的作用，尊重他们的人权；

认识到拐卖人口犯罪现象的复杂性，需要更强有力的国家和区域的刑事司法应对，使人贩子受到严厉惩处和确保公正对待拐卖受害者；

重申应对拐卖人口部门之间合作和开展多方面应对的重要性和赞扬各国反拐核心领导小组为推进湄公河次区域合作反对拐卖人口进程所作的努力；

认识到自签署了《湄公河次区域反对拐卖人口区域合作谅解备忘录》，签署和执行第一个联合宣言，以及通过实施湄公河次区域合作反对拐卖人口进程第一个和第二个次区域行动计划已取得显著成效，但铲除拐卖人口的困难依然存在；

认识到湄公河次区域合作反对拐卖人口进程的重要性，鼓励各成员国朝着可持续发展的方向采取措施保证其有效运行；

再次确认联合国推荐的有关人权和反对拐卖人口的原则和指导的重要性；

致力于有效应对拐卖人口及与之相关的虐待和剥削现象时，我们所面临的困难和挑战，包括进一步加强执法和对易受害群体的保护，这需要湄公河次区域各国在合作谅解备忘录及其他各国签署的国际条约框架下，以团结合作的精神继续采取及时的行动；

意识到所有其它国际和区域的法律文书、活动和承诺对打击拐卖人口的贡献；

特此联合宣言，进一步发扬湄公河次区域反对拐卖人口合作进程的团结一致精神和继续开展这一重要的区域合作机制，以期成功地减少乃至结束拐卖，并重申如下：

1. 在《世界人权宣言》和其他国际法律文书中打击一切形式的奴隶制的坚定承诺，并且认识到列举在湄公河次区域反对拐卖人口合作进程谅解备忘录中的国际法律文书的重要性；

2. 将湄公河次区域合作反对拐卖人口进程相关经验在进程内各国并与其他地区及组织分享，也愿意借鉴其他地区和组织的做法和经验，从而在全球范围内更有效打击人口拐卖；

3. 为预防拐卖和防止对受害人及风险人群的伤害，官方采取的行动应以确认和保护拐卖受害人为宗旨的承诺，并在各个环节采取行动保护受害人的人身安全、尊严和权利；

4. 继续加强湄公河次区域国家的双边和多边的磋商和合作（包括部门之间），以及加强与区域和国际组织，如东盟的合作的坚定意愿；

5. 进一步加强湄公河次区域合作反拐进程中各国核心领导小组的能力，以便在湄公河次区域合作反拐进程框架下开展活动并得到政府最高层的大力支持的坚定决心；

6. 保证以真正合作的方式，积极寻求全社会的各种组织，如支持受害人的机构、国际组织，脆弱社区和被拐受害人不断参与反拐项目的实施，包括参与项目的设计、开发、监测和评估；

7. 湄公河次区域国家政府加强资源配置，努力实现湄公河次区域合作反对拐卖人口进程的全面可持续性发展的坚定承诺；

8. 坚信在任何反对拐卖人口的法律、政策和干预措施中注重拐卖受害者个人的权利具有实际和象征性的意义；

9. 决不容忍任何政府部门从事或参与拐卖人口犯罪行为。

我们，湄公河次区域国家政府的部长和代表们，在此再次确认，通过国际支持和合作，各自和联合地采取步骤，最大限度地利用可用资源，通过所有适当的手段逐步、充分地实现《湄公河次区域反对拐卖人口区域合作谅解备忘录》和《联合宣言》的庄严承诺。鉴于此，我们支持完成第三个次区域行动计划（2011—2013）及未来的次区域行动计划，从而使湄公河次区域合作反拐卖人口进程得以继续。我们敦促联合国系统、合作伙伴、私营行业、所有女性和男性、儿童、非政府组织和各民间团体与政府合作，充分地表达对湄公河次区域反对拐卖人口进程的承诺和为此作出贡献。

本宣言于二〇一二年二月十六日于河内

柬埔寨王国政府代表　　　　中华人民共和国政府代表

英甘帕薇　　　　　　　　　张新枫

（签字）　　　　　　　　　（签字）

老挝人民民主共和国政府代表　　　　缅甸联邦政府代表

辛塔冯　　　　　　　　觉扎敏

（签字）　　　　　　　（签字）

泰王国政府代表　　　越南社会主义共和国政府代表

参提普罗木发特　　　　　　　范贵午

（签字）　　　　　　　（签字）

双 边 条 约

中华人民共和国政府和
越南社会主义共和国政府
关于加强预防和打击拐卖人口合作的协定

中华人民共和国政府和越南社会主义共和国政府（以下简称"双方"），

认识到在预防、发现和打击拐卖人口双边合作的效果；

在相互尊重两国的独立、主权和平等的基础上，为加强两国执法合作，更有效地预防、制止和惩治跨国拐卖人口犯罪的活动，并给予拐卖受害人必要的保护和救助；

达成协议如下：

第一条

双方应遵照各自国内的法律和共同参加的国际条约，在以下方面开展合作：

（一）预防、打击涉及两国的拐卖人口犯罪和保护、救助拐卖受害者；

（二）共同打击涉及两国的拐卖人口犯罪活动，移交犯罪嫌疑人，遣返拐卖受害者；

（三）制定涉及两国的跨国拐卖受害者认定标准，及时认定被拐卖的受害者；

（四）开展跨国拐卖人口犯罪案件调查和拐卖受害者保护领域的联合培训；

（五）交流跨国拐卖人口犯罪案件信息以及相关法律法规；

（六）建立边境打拐联络机制，加强两国边境地区打击跨国拐卖犯罪的沟通与合作。

第二条

双方应采取适当措施保护拐卖受害者的人身安全。

（一）双方不对拐卖受害者非法入（出）该国境的行为或者因被拐卖直接导致的其他违法行为予以惩罚；

（二）拐卖受害者的身份一经确认后，应该按正规途径及时遣返；

（三）双方保护拐卖受害者的安全和隐私，并为其提供适当的协助和保护，包括提供中转安置场所、法律援助、身体康复、心理咨询；

（四）在认定、临时援助、遣返以及司法程序过程中，受害者将受到人道和有尊严的待遇；

（五）如受害者为未成年人，应在保护、遣返和司法程序过程中对其给予特殊关照，并始终考虑到未成年人的最大利益。

第三条

双方将合作确保拐卖受害者安全、及时遣返。

（一）一方应事先通过外交或警务合作渠道向另一方通报受害者的姓名以及相关信息，以便双方协商安排遣返。

（二）双方应该按照双方同意的程序，简化遣返程序，畅通遣返渠道，在接到对方核查请求后的 30 天内完成对拐卖受害者国籍、身份核查，确保拐卖受害者被安全及时遣返。

（三）移交受害人应提前 5 个工作日通知接收方。移交在双方政府确定的开放口岸进行，双方的有关官员应签署交接书。

（四）双方将确定各自核查和接收受害人的主管部门，并书面通知对方。

第四条

本协定主管部门为中华人民共和国公安部和越南社会主义共和国公安部。双方主管部门每年会晤一次，在两国轮流举行，以协商打拐合作有关事宜。如遇紧急情况，双方可另行协商确定临时会晤时间和地点。

根据本协定互派代表团（组）往返的国际旅费，由派遣方负担；在接受国停留所需费用，由接待一方负担，但双方事先另有协议的除外。

第五条

双方间的情报交流必须严格遵循保密原则。未经提供方书面同意，接收方不得对外公布或透露给第三方。

第六条

本协定不影响双方根据各自缔结或者参加的其他国际条约所享有的权利和承担的义务。

第七条

在执行本协定过程中产生的争议，双方应本着友好和相互理解的精神，通过协商解决。

经双方协商同意，可对本协定进行补充和修改。

第八条

当一方根据本协定向另一方提出协助请求时，如被请求方认为执行对方的请求可能损害其主权、安全、公共秩序、基本利益或法律的基本原则，可以拒绝提供此项协助，并应将拒绝的理由通知请求方。

第九条

本协定在双方完成各自法律程序后，应当通过外交途径书面通知对方。本协定自第二份通知收到后生效。任何一方可以通过书面通知另一方而终止本协定。本协定将于另一方收到该通知之日起三个月后失效。

本协定于二〇一〇年九月十五日在北京签订，一式两份，每份都用中文、越文和英文写成，三种文本同等作准。如对文本的解释产生分歧，以英文文本为准。

中华人民共和国政府　　　　越南社会主义共和国政府

代表　　　　　　　　　　　　　代表

孟建柱　　　　　　　　　　　黎鸿英

（签字）　　　　　　　　　　（签字）

中华人民共和国政府与
老挝人民民主共和国政府关于
合作预防和打击拐卖人口的协定

中华人民共和国政府与老挝人民民主共和国政府（以下简称为"双方"），

深切关注拐卖人口犯罪侵犯拐卖受害人的权利和利益，影响社会秩序；

在相互尊重两国的独立、主权和平等互利的基础上，为加强两国执法合作，更有效地预防、制止和惩治跨国拐卖人口犯罪活动，并给予拐卖受害人必要的保护和救助；

达成协议如下：

第一条

本协定所指的拐卖人口犯罪定义依据双方各自国内相关法律规定。

第二条

双方应遵照各自国内的法律和共同参加的相关国际条约，在以下方面开展合作：

（一）预防拐卖人口犯罪；

（二）侦查拐卖人口犯罪案件；

（三）保护、救助拐卖受害人；

（四）加强预防和打击拐卖人口犯罪方面的能力建设；

（五）建立边境打拐联络机制。

第三条

双方在打击拐卖人口犯罪方面开展以下合作：

（一）遣返拐卖受害人；

依照《中华人民共和国和老挝人民民主共和国引渡条约》或者双方商定的其他方式，移交被通缉人员；

（二）开展跨国拐卖人口犯罪案件调查培训和拐卖受害人保护领域的培训；

（三）交流跨国拐卖人口犯罪案件信息以及相关法律法规；

（四）建立边境打拐联络官办公室。

第四条

双方应采取适当措施保护拐卖受害人的人身安全，包括：

（一）双方不对拐卖受害人非法入（出）该国境的行为或者因被拐卖直接导致的其他违法行为予以惩罚；

（二）拐卖受害人的身份一经确认后，双方应当按正规途径及时遣返；

（三）双方保护拐卖受害人的安全和隐私，并为其提供适当的协助，包括提供中转安置场所、法律援助、身体康复和心理咨询；

（四）在认定身份、临时援助、遣返以及司法程序过程中，受害人应得到人道和有尊严的待遇；

（五）如受害人为未成年人，应在保护、遣返和司法程序过程中对其给予特殊关照，并始终考虑到未成年人的最大利益。

第五条

双方将合作确保拐卖受害人安全、及时遣返。

（一）一方应事先通过外交或警务合作渠道向另一方通报受害人的姓名、年龄以及相关信息，以便双方协商安排遣返。

（二）双方应当遵守共同商定的遣返程序，并确保程序简便。被请求方接到核查请求后，应在30天内完成对拐卖受害人国籍、身份的核查，并将核查结果反馈给请求方。

（三）移交受害人应提前5个工作日通知接收方接收时间和地点。移交在双方政府确定的开放口岸进行，双方的有关官员应签署交接书。

（四）双方应确定各自核查和移交受害人的主管部门，并书面通知对方。

第六条

本协定执行机关为中华人民共和国公安部和老挝人民民主共和国公安部。双方执行机关每年会晤一次，在两国轮流举行，以协商合作预防和打击拐卖人口犯罪有关事宜。如遇紧急情况，双方可另行协商确定临时会晤时间和地点。

根据本协定互派代表团（组）往返的国际旅费，由派遣方负担；在接受国停留所需费用，由接待一方负担，但双方事先另有协议的除外。

第七条

双方间的情报交流必须严格遵循保密原则。未经提供方书面同意，接收方不得对外公布或者透露给第三方。

第八条

当一方根据本协定向另一方提出协助请求时，如被请求方认为执行对方的请求可能损害其主权、安全、公共秩序、基本利益或者法律的基本原则，可以拒绝提供此项协助，并应将拒绝的理由通知请求方。

第九条

本协定不影响双方根据各自缔结或者参加的其他国际条约所享有的权利和承担的义务。

第十条

对于在解释或执行本协定过程中产生的争议，双方应本着友好和相互理解的精神，通过协商解决。

第十一条

经双方协商同意，可对本协定进行修改和补充。

第十二条

本协定在双方完成各自国内法律程序后，应当通过外交途径书面通知对方。本协定自第二份通知收到后生效。任何一方可以通过外交途径书面通知另一方而终止本协定。本协定将于另一方收到该通知之日起 90 天后失效。

　　本协定于二〇一四年九月一日在北京签订，一式两份，每份都用中文、老文和英文写成，三种文本同等作准。如对文本的解释产生分歧，以英文文本为准。

中华人民共和国政府　　　　老挝人民民主共和国政府

代表　　　　　　　　　　　代表

郭声琨　　　　　　　　　　宋乔

（签字）　　　　　　　　　（签字）

中华人民共和国政府与柬埔寨王国政府
关于加强合作预防和打击拐卖人口的协定

中华人民共和国政府和柬埔寨王国政府（以下简称"双方"），

深切关注拐卖人口犯罪侵犯拐卖受害人的权利和利益，影响社会秩序；

在相互尊重两国的独立、主权和平等互利的基础上，致力于加强两国执法合作，更有效地预防、打击和惩治跨国拐卖人口犯罪活动，并给予拐卖受害人必要的保护和救助；

双方协议如下：

第一条　定义

本协定所指的拐卖人口犯罪定义依据双方各自国内相关法律规定。

第二条　合作范围

双方应遵照各自国内的法律和共同参加的相关国际条约，在以下方面开展合作：

（一）预防拐卖人口犯罪；

（二）侦查和起诉拐卖案件；

（三）保护、救助和送返拐卖受害人；

（四）加强预防和打击拐卖人口犯罪方面的能力建设。

第三条　预防措施

双方应尽最大努力，采取以下措施预防拐卖人口特别是妇女和儿童的犯罪活动：

（一）联合制定预防性战略及政策以打击拐卖人口犯罪，特别是针对强迫婚姻和（或）婚姻欺诈行为；

（二）加强对被拐卖高危人群的社会服务工作；

（三）交流预防拐卖犯罪的经验做法及核心信息或数据。

第四条　保护措施

双方应共同采取适当措施识别和保护被拐卖受害人，不将其认定为犯罪嫌疑人：

（一）被拐卖受害人在中国和（或）柬埔寨期间，双方不对其非法出入该国境的行为或者因被拐卖直接导致的其他违法行为予以惩罚；

（二）送返被拐卖受害人期间，双方有关机构应根据受害人的性别和年龄提供适当的救助，在条件允许的情况下提供庇护服务、法律援助、身体康复、心理咨询和必要的社会支持等；

（三）双方应保护被拐卖受害人的安全和隐私；

（四）在认定身份、临时救助、送返和司法程序过程中，被拐卖受害人应得到人道和有尊严的待遇。

第五条　送返措施

双方将以共同认可的简易程序，合作确保被拐卖受害人安全、及时送返。

当一方接到核查请求后，应在 30 天内完成对被拐卖受害人国籍、身份的核查，并将核查结果反馈给请求方。

一方应在送返前通过警务合作或外交渠道向另一方通报被拐卖受害人的姓名及其他必要信息。

第六条　侦查和起诉措施

双方将密切合作发现和打击跨国拐卖人口特别是妇女和儿童的犯罪活动。

双方执法机构合作开展案件侦查、信息和证据交换以及拐卖犯罪嫌疑人移交等工作。

第七条　执行

本协定主管部门为中华人民共和国公安部和柬埔寨王国内政部。双方主管部门每年会晤一次，在两国轮流举行，以协商合作预防和打击拐卖人口犯罪有关事宜。如遇紧急情况，双方可另行协商确定临时会晤时间和地点。

根据本协定互派代表团（组）往返的国际旅费，由派遣方负担；在接受国停留所需费用，由接待一方负担，但双方事先另有协议的除外。

第八条　拒绝要求

当一方根据本协定向另一方提出协助请求时，如被请求方认为执行对方的请求可能损害其主权、安全、公共秩序、基本利益或者法律的基本原则，可以拒绝提供此项协助，并应将拒绝的理由通知请求方。

第九条　保密

双方间的情报交流必须严格遵循保密原则。未经提供方书面同意，接收方不得对外公布或者透露给第三方。

第十条　国际合作

本协定并不影响双方根据各自缔结或者参加的其他国际条约所享有的权利和承担的义务。

第十一条　争议解决

对于在解释或执行本协定过程中产生的争议，双方应本着友好和互相理解的精神，通过协商解决。

第十二条　最终条款

本协定于双方签字之日起生效。经双方协商同意，可对本协定进行修改。任何一方可经外交途径书面通知另一方终止本协定。本协定将于另一方收到该通知之日起 90 天后失效。

本协定于二〇一六年十月十四日在柬埔寨金边签订，一式两份，每份都用中文、柬文和英文写成，三种文本同等作准。如对文本的解释产生分歧，以英文文本为准。

中华人民共和国政府　　　　柬埔寨王国政府

代表　　　　　　　　　　　代表

王　毅　　　　　　　　　布拉索昆

（签字）　　　　　　　　（签字）

中华人民共和国政府和阿富汗伊斯兰共和国政府关于打击跨国犯罪的合作协议

中华人民共和国政府和阿富汗伊斯兰共和国政府（以下简称"双方"），为进一步巩固和发展两国之间的友好关系，加强两国执法合作，在相互尊重主权和平等互利的基础上，达成协议如下：

第一条　合作范围

双方根据各自国家的法律和有关国际条约，在本协议执行部门的职权范围内，为制止和打击下述犯罪行为（以下简称"相关犯罪行为"），相互进行合作：

（一）恐怖势力、分裂势力和极端势力的活动；

（二）非法贩运麻醉药品、精神药物及易制毒化学品；

（三）走私；

（四）洗钱、诈骗、伪造货币和有价证券及其他经济犯罪；

（五）拐卖妇女儿童；

（六）伪造护照、签证等证件；

（七）非法贩运枪支、弹药、爆炸物品、核材料和其他放射性物品；

（八）组织、运送他人偷越国（边）境；

（九）计算机犯罪；

（十）其他跨国犯罪。

第二条　交换情报

双方执行部门根据各自国家法律，就以下领域交换情报信息：

（一）关于打击恐怖势力、分裂势力和极端势力活动等方面的情报信息；

（二）关于相关犯罪行为方面的情报信息；

（三）关于对方国家公民在本国实施相关犯罪行为或受到非法侵害的情报信息；

（四）关于本国制止和打击相关犯罪行为立法方面的情报信息；

（五）其他双方都感兴趣的情报信息。

第三条　交流经验

双方执行部门就以下方面的工作经验，进行交流：

（一）预防、制止和侦查犯罪；

（二）社会治安控制；

（三）枪支弹药、爆炸物品、剧毒物品、核材料和其他放射性物品管理；

（四）出入境管理，包括外国人管理；

（五）道路交通安全；

（六）查处和预防计算机犯罪的对策和技术手段；

（七）消防管理；

（八）警察法制建设；

（九）警察教育培训和队伍建设；

（十）边防管理；

（十一）预防和打击非法移民活动的对策和措施。

第四条　通过国际刑警组织的合作

双方加强国际刑警组织中华人民共和国国家中心局和国际刑警组织阿富汗伊斯兰共和国国家中心局之间的合作。

第五条　合作方式

一、双方执行部门在本国法律规定的范围内，共同制定并实施制止和打击相关犯罪行为的措施，在各自领土上组织侦查和搜捕犯罪嫌疑人、被告人和罪犯，向另一方通报其身份、案情和证据清单，并递解该犯罪嫌疑人、被告人和罪犯。

二、中华人民共和国公安部和阿富汗伊斯兰共和国内政部分别是双方对本协议的执行部门，负责商定本协议的具体合作内容、时间和实施办法。

第六条　人员和机构安全

双方将在各自国家内采取有效措施，切实保证对方国家在本国的人员和机构的安全，并及时向对方通报有关情况。

第七条　保密措施

双方对根据本协议相互提供的情报、资料和技术手段都应保密，非经提供一方书面同意，不得转交给第三方。

第八条　合作请求的拒绝

如一方认为对方提出的合作请求有损其国家主权、安全或公共利益时，可全部或部分拒绝该请求。

一方全部或部分拒绝合作请求后，应当将拒绝的理由及时书面通知对方。

第九条　费用承担

根据本协议双方互派警务代表团（组）往返的国际旅费由派遣方负担；在接受国停留所需费用由接待一方负担，但双方事先另有协议的除外。

第十条　交流情况和讨论下一步合作计划

双方根据需要轮流在各自国家举行会晤，交流履行本协议的情况和讨论下一步的合作计划。

第十一条　与其他国际条约的关系

本协议不影响双方履行根据两国共同或各自签署并批准或者加入的其他国际条约所承担的国际义务。

第十二条　协议的修改和补充

经双方协商同意，可对本协议进行修改和补充。

第十三条　生效日期和语言

本协议自签字之日起生效，初始有效期为五年。如在协议期满前三个月，双方中任何一方未以书面形式通知另一方终止本协议，则本协议自动延长一年，并依此法顺延。

本协议于二〇〇六年六月十九日在北京签订，一式三份，每份均用达里文、中文和英文写成，三种文本同等作准。

中华人民共和国政府　　　　　阿富汗伊斯兰共和国政府

代表　　　　　　　　　　　　　代表

张新枫　　　　　　　　　　　　斯潘塔

（签字）　　　　　　　　　　　（签字）

中华人民共和国政府和柬埔寨王国政府
关于打击跨国犯罪的合作协议

中华人民共和国政府和柬埔寨王国政府（以下简称"双方"），为进一步巩固和发展两国之间的友好关系，加强两国执法合作，更加有效地打击跨国犯罪，在相互尊重主权和平等互利的基础上，达成协议如下：

第一条 合作范围

双方根据各自国家的法律和有关国际条约，在本协议执行部门的职权范围内，为制止和打击下述犯罪行为（以下简称"相关犯罪行为"），相互进行合作：

（一）非法贩运麻醉药品、精神药物及易制毒化学品；

（二）恐怖主义、分裂主义和极端主义活动；

（三）走私、洗钱、诈骗、伪造货币和有价证券及其他经济犯罪；

（四）拐卖人口，尤其是妇女儿童；

（五）伪造护照、签证等证件；

（六）非法贩运枪支、弹药、爆炸物品、核材料和其他放射性物品；

（七）计算机犯罪；

（八）组织、运送他人偷越国（边）境；

（九）其他跨国犯罪。

第二条 交换情报

双方执行部门根据各自国家法律，就以下领域定期、及时地交换信息和有关文件：

（一）关于相关犯罪行为方面的情报信息；

（二）关于两国公民在对方国家实施相关犯罪行为或受到非法侵害的情报信息；

（三）关于本国制止和打击相关犯罪行为立法方面的情报信息；

（四）关于打击恐怖主义、分裂主义和极端主义活动等方面的情报信息；

（五）其他双方都感兴趣的情报信息。

第三条　交流经验

双方同意两国执法机关相互开展学习考察，以获取知识和经验，增强侦破跨国犯罪案件的能力和技巧。

（一）预防、制止和侦查犯罪；

（二）人口管理和社会治安控制；

（三）枪支弹药、爆炸物品、剧毒物品、核材料和其他放射性物品管理；

（四）出入境管理，包括外国人管理；

（五）道路、海路和航空交通安全；

（六）查处和预防计算机犯罪的对策和技术手段；

（七）消防管理；

（八）警察法制建设；

（九）警察教育培训和队伍建设；

（十）边海防管理；

（十一）预防和打击非法移民活动的对策和措施。

第四条　执法合作

双方执行部门在本国法律规定的范围内，共同制定并实施制止和打击相关犯罪行为的措施，根据双方执行部门的职权范围，在各自领土上组织侦查和搜捕犯罪嫌疑人、被告人和罪犯，向另一方通报其身份、案情和证据。

如犯罪嫌疑人实施相关犯罪行为后逃往对方国家，对方国家执行部门应按照两国签订的《引渡条约》的规定，对引渡请求予以积极协助、配合。

第五条 技术装备方面的合作

双方在科学研究、技术交流与开发、合作生产及提供警用技术、器材和装备等方面进行合作。

第六条 人员培训

双方在执法培训方面开展合作，在各自培训机构为对方培训警务人员，并就培训内容、课程设置等进行交流。

双方同意每年组织一次"教员培训班"，实施执法人员培训项目，以增加其打击跨国犯罪的能力。培训项目可在双方任一国内进行，承办方负责培训项目的协调、筹备和有关费用，与会代表团国际旅费由派出国自行承担。

第七条 通过国际刑警组织的合作

双方扩大和加强国际刑警组织中华人民共和国国家中心局和国际刑警组织柬埔寨王国国家中心局之间的合作。

第八条 执行部门

中华人民共和国公安部和柬埔寨王国内政部分别是双方对本协议的执行部门，负责商定本协议的具体合作内容、时间和实施办法。

第九条 保密措施

双方对根据本协议相互提供的情报、资料和技术手段都应保密，非经提供一方书面同意，不得转交给第三方。

第十条 合作请求的拒绝

如一方认为对方提出的合作请求有损其国家主权、安全或公共利益时，可全部或部分拒绝该请求。

一方全部或部分拒绝合作请求后，应当将拒绝的理由及时书面通知对方。

第十一条 费用承担

根据本协议双方互派警务代表团（组）往返的国际旅费由派

遣方负担；在接受国停留所需交通、食宿等费用由接待一方负担，但双方事先另有协议的除外。

第十二条　交流情况和讨论下一步合作计划

双方根据需要轮流在北京和金边举行会晤，交流履行本协议的情况和讨论下一步的合作计划。

第十三条　与其他国际条约的关系

本协议不影响双方缔结或者参加的其他国际条约下国际义务的履行。

第十四条　协议的修改和补充

经双方协商同意，可对本协议进行修改和补充。

第十五条　生效日期

本协议自签字之日起生效，有效期为五年。如在协议期满前三个月，双方中任何一方未以书面形式通知另一方终止本协议，则本协议自动延长一年，并依此法顺延。

本协议于二〇〇六年四月八日在金边签订，一式两份，每份均用中文、柬文和英文写成，三种文本同等作准。遇有解释上的分歧，以英文文本为准。

　　　中华人民共和国政府　　　　　柬埔寨王国政府

　　　　　　代表　　　　　　　　　　　代表

　　　　　李肇星　　　　　　　　　　贺南洪

　　　　　（签字）　　　　　　　　　（签字）

中华人民共和国政府和巴西联邦共和国政府关于打击跨国有组织犯罪和其他犯罪的合作协议

中华人民共和国政府和巴西联邦共和国政府（以下简称"双方"），

认识到有必要进一步巩固和发展两国之间的友好关系，加强两国在打击跨国有组织犯和其他犯罪领域的合作；

关注到犯罪活动，特别是跨国有组织犯罪，包括贩毒及与其相关的犯罪和恐怖活动不断增加；

认识到加强国际合作打击上述犯罪活动的重要性；

认为有必要采取有效措施保护双方的机构和人员安全；

根据国际法准则和各自国家的法律，

在平等、互惠和互利的基础上，达成协议如下：

第一条　合作范围

双方根据各自国家的法律和有关国际条约，在本协议执行部门的职权范围内，为制止和打击下述犯罪活动，相互进行合作：

（一）非法制造、贩运麻醉药品和精神药物及易制毒化学品；

（二）国际恐怖活动及为其融资的活动；

（三）非法移民及贩卖人口，特别是妇女和儿童；

（四）对儿童和青少年进行剥削和性侵犯的行为；

（五）洗钱；

（六）伪造货币和有价证券；

（七）伪造护照、签证等证件；

（八）非法贩运武器、弹药、爆炸物品及其部件；

（九）非法贩运核材料和其他放射性物品；

（十）诈骗；

（十一）计算机犯罪；

（十二）伪造和走私商品。

第二条 执行部门

本协议规定以下部门为执行部门：

（一）中方为中华人民共和国公安部；

（二）巴方为巴西司法部、资产恢复及国际司法合作局、国家公共安全秘书处、联邦警察局、情报局、海关总署和金融行为监管委员会。

为执行本协议，双方执行部门将根据各自法定职权范围，直接或通过授权代表相互进行联络。

双方执行部门可互派联络官，建立技术层面的机制，确定合作的详细规则、程序和方式。

如果执行部门组成发生变化，双方将通过外交渠道通报对方。

第三条 合作方式

一、为打击跨国有组织犯罪和其他犯罪，双方支持执行部门之间开展合作和交流信息，包括：

（一）确认本协议第一条所列举的犯罪所涉及的人员；

（二）关于犯罪基本要素的信息，包括时间、地点、活动手法和对象；

（三）关于各类犯罪组织及其头目、成员、结构、活动、与参与犯罪的其他团伙之间的关系的信息；

（四）打击跨国有组织犯罪和洗钱的技术和方法；

（五）关于犯罪组织通讯技术和方法的信息；

（六）关于恐怖组织所从事的活动、其组织结构、成员、融资方式和活动手法的信息；

（七）预防和消除恐怖活动的技术和方法；

（八）非法制造麻醉药品和精神药物的方法、国际贩毒，路线、藏毒、贩毒方式，以及打击上述犯罪活动的方法的信息；

（九）参与制造和贩运麻醉药品和精神药物的个人和组织及其活动手法的信息；

（十）与制造、贩运和滥用麻醉药品和精神药物有关的数据和研究成果；

（十一）关于打击非法特有、使用麻醉药品和精神药物的立法和政策；

（十二）易制毒化学品的管理控制；

（十三）预防和打击贩卖人口和非法移民，特别是交流关于犯罪组织及其成员、旅行证件、印章和签证样本方面的信息。

二、双方将在以下领域相互提供协助：

（一）查找和确认值得怀疑的人员，以及曾被起诉或判刑的人员，交流关于他们的资产方面的信息，包括不动产和其他财产；

（二）查找失踪人员；

（三）查找犯罪工具和犯罪所得；

（四）交流政府公共部门所登记的信息。

三、除紧急情况外，合作和交流信息的请求，以及交流本协议第一条所列举的犯罪情报的请求，应通过书面方式提出。

四、为确保双方及时、有效联络，双方同意设立24小时热线。中方热线在公安部外事局，联系电话为86-10-65203329，传真为86-10-65241596，电子邮件为 gabzxy@ sina. com；巴方热线设在联邦警察局，联系电话为55-61-3118340/3118452，传真为55-61-3118342，电子邮件为 dcor@ dpf. gov. br。双方同意热线工作语言为英语。

第四条 交流经验

双方执行部门就以下方面的工作经验，进行交流：

（一）预防、制止和侦查犯罪；

（二）枪支、弹药、爆炸物品、化学品、生物制品、核材料和其他放射性及危险物品管理；

（三）出入境管理；

（四）道路交通、铁路、港口、机场、航运和民航安全管理；

（五）查处和预防计算机犯罪的对策和技术手段；

（六）警察法制建设；

（七）警察教育培训。

第五条　保密措施

双方将为对方提供的、标明密级的情报保密。根据本协议相互提供的情报的密级由提供方确定。

根据本协议相互提供的情报、资料和技术手段，非经提供一方事先同意，不得转给第三方或他人。

如双方中的任何一方认为对方提出的合作请求有损其国家主权、安全或公共利益，或不符合其国内法律秩序时，可全部或部分拒绝该请求。

第七条　费用承担

为执行本协议所发生的费用由行为发生地国家一方负担，但双方事先另有协议的除外。

第八条　交流情况和讨论下一步合作计划

双方将由执行部门每两年一次或根据需要轮流在两国首都举行会晤，评估履行本协议的情况。会晤将通过外交渠道提出，会晤内容包括以下方面：

（一）确定合作打击本协议所列举的犯罪所应制定的战略；

（二）评估双方的行动；

（三）为双方执行部门的联络提供保障；

（四）交流信息和经验。

第九条　与其他国际条约的关系

本协议不影响双方根据两国缔结或者参加的其他国际条约所承担的国际义务的履行。

第十条　协议的修改和补充

经双方协商同意，可对本协议进行修改和补充。

第十一条　生效日期和语文

一、双方完成批准本协议所需的国内法律程序后，将通过外交渠道通知对方。本协议自收到第二份完成批准所需的国内法律程序的通知三十天后生效。

二、本协议无限期有效。

三、双方中任何一方可通知对方终止本协议。本协议自收到终止通知九十天后失效。

本协议于二〇〇四年十一月十二日在巴西利亚签订，一式三份，每份都用中文、葡萄牙文、英文写成，三种文本同等作准。如对文本的解释发生分歧，以英文文本为准。

<table>
<tr><td>中华人民共和国政府</td><td>巴西联邦共和国政府</td></tr>
<tr><td>代表</td><td>代表</td></tr>
<tr><td>李肇星</td><td>阿莫林①</td></tr>
<tr><td>（签字）</td><td>（签字）</td></tr>
</table>

---

① 阿莫林：巴西联邦共和国外交部部长。

中华人民共和国公安部和德意志联邦共和国联邦内政部关于打击犯罪的合作协议

中华人民共和国公安部和德意志联邦共和国联邦内政部，为进一步巩固和发展中华人民共和国和德意志联邦共和国之间的友好关系，促进两国的和平繁荣稳定，在互相尊重主权和平等互利的基础上加强双方合作；

鉴于有必要在各自国家法律秩序范围内加强双方的警察部门在打击犯罪，特别是毒品犯罪方面的现有的合作；

坚信国际合作对有效预防和打击犯罪，特别是非法贩运麻醉药品和精神药物具有重要意义；

遵守国际法基本原则和联合国章程中所确定的保护人权的基本原则；

达成如下协议：

第一条

一、双方在各自职权范围内，就预防和打击以下方面犯罪交流经验和情报资料：

（一）非法生产、走私、贩运和滥用麻醉药品、精神药物和易制毒化学品；

（二）洗钱；

（三）伪造货币及走私、贩运、使用伪造的货币；

（四）伪造公文、证件、有价证券、金融票据和信用卡；

（五）非法买卖武器、弹药、爆炸物品、放射性物品及核材料；

（六）非法移民、组织偷渡和贩卖人口；

（七）经济犯罪；

（八）计算机犯罪；

（九）其他跨国犯罪。

二、双方也就其他共同感兴趣的情报交换信息。

第二条

双方在各自法律和职权范围内，根据共同参加的国际条约，在以下方面，特别是为预防和打击非法生产、走私、贩运和滥用麻醉药品和精神药物及易制毒化学品，相互进行合作：

一、相互提供新的及对方所需的各类麻醉药品、精神药物、易制毒化学品及相关原料和原植物的样品；

二、交流监督管制麻醉药品、精神药物及易制毒化学品的工作经验和措施；

三、相互组织专家和警官进行专业培训，交流查缉和预防毒品犯罪方面的政策、措施和经验；

四、交流在预防麻醉药品和精神药物的滥用、治疗和康复方面的经验和措施；

五、预防和打击第一条所列的犯罪活动。

第三条

双方在以下方面相互交流：

一、有关犯罪活动的状况和趋势；

二、各自国家预防和打击犯罪活动的技术和方法，特别是刑事侦查程序；

三、各自国家刑事立法及刑法学、犯罪学方面的学术研究成果；

四、双方组织警官专业培训，包括进行互访、参加研讨会和培训班等。

第四条

双方在警用技术与装备的科学研究与技术开发方面交流经验与成果。

第五条

双方将加强国际刑警组织中华人民共和国国家中心局和国际刑警组织德意志联邦共和国国家中心局之间的合作。

第六条

一、本协议不涉及个人信息数据的交流。双方警察部门的国际合作业务往来的信息数据交流不受影响。

二、如一方提出其提供的情报和资料需对方保密，另一方必须采取必要的保密措施。

三、根据本协议相互提供的情报、资料和技术手段，非经提供一方同意，不得转让给第三方。

第七条

双方指定专门机构负责本协议的实施，在中华人民共和国是公安部外事局，在德意志联邦共和国是联邦刑警局。

第八条

双方根据需要商定会晤，交流履行本协议的情况和讨论下一步的合作。

第九条

经双方同意，可对本协议进行修改和补充。

第十条

双方在各自所签订的双边或多边协议中规定的权利和义务不受本协议影响。

第十一条

本协议自签字之日起生效。缔约任何一方随时可以通过外交途径以书面形式提前六个月通知另一方终止本协议。六个月的期限自终止通知书到达缔约另一方之日算起。

本协议于二〇〇〇年十一月十四日在北京签订，共两份，每份都用中文和德文写成，两种文本具有同等效力。

中华人民共和国　　　　德意志联邦共和国

公安部部长　　　　　　联邦内政部部长

贾春旺　　　　　　　　席　利

（签字）　　　　　　　（签字）

中华人民共和国政府和西班牙王国政府打击有组织犯罪的合作协定

中华人民共和国政府和西班牙王国政府（以下简称"缔约双方"），为进一步巩固和发展中华人民共和国与西班牙王国之间的友好关系，促进两国的和平、繁荣与稳定，在相互尊重主权和平等互利的基础上加强友好合作，达成如下协议：

第一条

缔约双方根据各自法律和国际公约，同意在制止和打击下列违法犯罪活动方面进行合作：

一、国际恐怖活动；

二、非法贩运武器、弹药、爆炸物品和放射性物品；

三、非法贩运麻醉药品和精神药物及易制毒化学品；

四、洗钱；

五、走私；

六、伪造、非法贩运货币、证件和有价证券；

七、非法购买文物；

八、其他经济领域内的犯罪；

九、跨国拐卖人口；

十、非法移民；

十一、其他跨国有组织犯罪。

第二条

缔约双方根据各自国内法律，就以下方面交换情报：

一、关于本协定第一条所列举的犯罪方面的情报；

二、关于本国制止和打击犯罪立法方面的情报；

三、关于两国公民在对方国家犯罪或受到非法侵害的情报；

四、缔约双方感兴趣的其他情报。

第三条

缔约双方在以下方面交流业务工作的经验：

一、预防、制止和侦查犯罪；

二、维护社会治安的对策和技术手段；

三、枪支、爆炸物品等社会治安管理；

四、出入境管理和外国人管理；

五、公路、铁路、河运、海运和空运安全管理；

六、制订、执行有关警察法律制度的法律、规定；

七、警察队伍的培训；

八、有关信息、资料及出版物的分析、研究；

九、基层警察局的工作。

第四条

缔约双方同意在科研、技术交流与开发、合作生产及提供警用技术、器材和装备等方面进行合作。

第五条

缔约双方将加强国际刑警组织中华人民共和国国家中心局和国际刑警组织西班牙王国国家中心局之间的合作。

第六条

一、缔约双方在本国法律规定许可的范围内，共同制定并实施预防和打击本协定第一条所列的各种违法犯罪活动的措施，并根据双方职权范围，在各自领土上组织侦查、搜捕并拘留罪犯和犯罪嫌疑人，向缔约另一方通报罪犯和犯罪嫌疑人的身份、案情和证据，并递解罪犯和犯罪嫌疑人。

二、中华人民共和国公安部和西班牙王国内政部成立联合委员会，商定本协定的双边具体合作内容、时间和实施办法，联合委员会的有关事宜由中华人民共和国公安部和西班牙王国内政部主管部门商定，并报缔约双方主管领导批准。

第七条

如缔约一方提出，其提供的情报和资料需对方保密，缔约另一方必须就此采取必要的措施。根据本协定相互提供的情报、资料和技术手段，非经提供一方明确同意，不得转让给第三方。

第八条

如双方中的任何一方认为对方提出的协助或合作请求有损其国家主权、危害其安全和公共利益时，可全部或部分拒绝这种请求，或加以限制条件。

第九条

根据本协定互派的代表团（组）国际旅费由派遣一方负担，在接受国国内停留所需费用由接待一方负担。但双方事先另有协议的除外。

第十条

联合委员会至少每两年一次轮流在北京和马德里举行会晤，交流关于落实本协定的情况和讨论下一步的合作计划。

第十一条

本协定不影响双方签署的其他国际协议中所承担义务的履行。

第十二条

经缔约双方同意，可对本协定进行必要的修改和补充。

第十三条

缔约双方在履行本协定生效所需的国内法律程序后，应当及时书面通知对方。本协定自第二个通知收到三十天后起生效。

本协定有效期为五年。如在期满前三个月，缔约任何一方未以书面形式通知另一方终止本协定，则本协定自动延长五年，并依此法顺延。

本协定于二〇〇〇年六月二十五日在北京签订，一式两份，每份都用中文和西班牙文写成，两种文本同等作准。

中华人民共和国政府　　西班牙王国政府

代表　　　　　　　　代表

贾春旺　　　　约瑟夫·皮克①

（签字）　　　　　（签字）

---

① 约瑟夫·皮克：西班牙王国政府外交大臣。

中华人民共和国政府和南非共和国政府关于加强警察合作的协议

序 言

中华人民共和国政府和南非共和国政府（以下简称"双方"），为进一步巩固和发展两国之间的友好关系，促进两国的和平、稳定、安全与繁荣，认识到在打击犯罪领域加强合作的重要性，考虑到双方各自参加的国际协定的宗旨与原则以及联合国及其专门机构做出的有关打击犯罪的决议，在相互尊重主权和平等互利的基础上，达成如下协议：

第一条 主管机关和合作的义务

一、双方负责执行本协议的主管机关为：

（一）中华人民共和国政府一方为公安部；

（二）南非共和国政府一方为治安与安全部。

二、主管机关应在各自的职权范围内，根据双方各自国家的法律及承担的国际义务，依照本协议的条款进行合作。

第二条 合作范围

一、双方主管机关将在预防、打击、侦查和调查犯罪方面进行合作，包括：

（一）国际恐怖活动；

（二）非法贩运武器、弹药、爆炸物品、有毒物品，包括放射性物品；

（三）非法生产和贩运麻醉品和精神药物，包括易制毒化学品；

（四）经济犯罪，包括洗钱、走私；

（五）制造和销售假币、假有价证券及其他假证件；

（六）非法贩运文物；

（七）跨国贩运人口；

（八）偷运非法移民；

（九）其他跨国有组织犯罪。

二、双方主管机关还应在以下领域进行合作：

（一）警察人事管理和培训；

（二）维护公共治安；

（三）预防犯罪。

第三条　合作方式

为了完成本协议第二条规定的合作内容，双方主管机关应以下列方式进行合作：

（一）交换双方感兴趣的有关预谋中和已经实施的犯罪以及涉嫌参与这些犯罪的人员和组织的情报；

（二）执行有关本协议第五条中规定的请求；

（三）追查并协助递解逃避刑事侦查、起诉、审判和服刑的人员及查找失踪的人员；

（四）交换信息、情报，包括与毒品、麻醉品的制造工艺和所使用原料及鉴定、检验毒品及麻醉品的新方法有关的行动及刑事科学的情报；

（五）交换毒品、麻醉品以及制毒原料的样品；

（六）交流警察工作经验；

（七）交换相关立法；

（八）在互利的基础上，交换与主管机关相关业务有关的科技信息；

（九）在双方商定的基础上，在科研、技术交流及设备的采购方面进行合作。

第四条　合作的发展

一、主管机关将加强国际刑警组织中华人民共和国国家中心局和南非共和国国家中心局的合作。

二、依据本协议第二条和第三条的规定，双方主管机关可在职权范围内的其他领域，以其他方式开展合作。

第五条　协助的请求

一、协议一方将根据协议另一方主管机关的请求或确信这种协助符合双方主管机关的利益，提供本协议框架下的合作。

二、请求应以书面形式提出，在紧急情况下，也可以口头方式提出，但应在此后七天内以书面方式予以确认。

三、在对请求的可靠性及请求的内容存在疑义的情况下，请求方根据被请求方的要求应进一步提供有关材料或予以核实。

四、请求应包括下列内容：

（一）请求方及被请求方的主管机关的名称；

（二）详细案情；

（三）请求的目的及依据；

（四）对请求的协助的叙述；

（五）其他有助于有效执行请求的信息。

五、请求应由请求方主管机关负责人或代表签署或盖章。

第六条　协助的拒绝

一、如被请求方认为执行请求将损害其国家主权、安全、公共秩序和其他国家基本利益或者有悖于其国内法律和国际义务，被请求方可以全部或部分拒绝提供本协议规定的协助。

二、如依照被请求方的法律，请求书中所提及的行为不构成犯罪，被请求方可以拒绝给予协助。

三、如果执行协助请求会给被请求方带来过重的、物质上的负担，被请求方可以拒绝提供协助。

四、根本本条第一、第二款的规定，在决定拒绝一项请求前，被请求方可与请求方协商，确定是否可以其提出的附加条件同意提供协助。如果请求方接受附加条件的协助，则应遵守这些条件。

五、被请求方应书面通知请求方全部或部分拒绝执行请求，并说明拒绝的理由。

第七条　请求的执行

一、被请求方应根据其国内法，采取必要措施确保请求迅速、全部的执行。

二、在执行请求遇到阻碍或造成执行延迟时，被请求方立即将有关情况通知请求方。

三、如果请求的执行不属被请求方主管机关的职权范围，被请求方应及时通知请求方的主管机关。

四、被请求方主管机关可以要求请求方进一步提供有助于及时执行请求的信息。

五、如果被请求方的主管机关认为立即执行请求将对其国内正在进行的刑事诉讼、其他诉讼程序和调查造成妨碍，被请求方可以中止执行或在与请求方协商后，在必要的条件下执行请求。如果请求方接受附加条件的协助，则应遵守这些条件。

六、被请求方主管机关在请求方主管机关提出请求后，应采取一切措施确保对请求的行为、请求的内容、辅助文件及提供协助的行为予以保密。如果执行请求时不可能保密，被请求方主管机关应通知请求方主管机关，后者可决定在这种情形下是否接受请求的执行。

七、被请求方主管机关应及早通知请求方主管机关请求执行的结果。

第八条　作用信息、文件及个人资料的限制

一、双方主管机关在双方或一方不同意公开的前提下，应保证对从另一方主管机关得到的信息、文件和个人资料予以保密。保密的程度应由提供方决定。

二、一方主管机关使用依据本协议得到的信息、文件和个人资料未经提供方主管机关同意，不得超出提供方根据请求提供上述信息、文件和个人资料的原有目的。

三、如果一方主管机关要求与第三方分享根据本协议得到的信息、文件和个人资料，必须事先征得提供方主管机关的同意。

第九条　费　用

双方应承担各自在本国境内执行本协议而产生的正常费用。双方另有商定的除外。

第十条　工作会晤及协商

双方主管机关的代表在需要时应举行工作会晤和协商，以保证和改进依据本协议所进行的合作。

第十一条　争议的解决

在本协议的解释和执行方面出现的任何争议都应通过双方的友好协商和谈判解决。

第十二条　与其他国际条约的关系

本协议的条款应不对双方国家根据其已缔结或参加的国际条约所享有的权利和承担的义务产生影响。

第十三条　生效、终止及修订

一、本协议自双方通过外交途径相互书面通知已经完成依据宪法进行的审核或各自的法律手续之日起生效。生效的日期为最后通知的日期。

二、本协议自任何一方通过外交途径书面通知另一方终止本协议之日起六个月后终止。

三、本协议可以在双方协商的基础上通过外交途径交换照会进行修改。

下列签署人经各自政府正式授权在本协议上签字，以昭信守。

本协议于二〇〇〇年四月二十五日在比勒陀利亚签订，一式两份，每份都用中文和英文写成，两种文本同等作准。

<table>
<tr><td>中华人民共和国政府</td><td>南非共和国政府</td></tr>
<tr><td>代表</td><td>代表</td></tr>
<tr><td>吉佩定</td><td>茨韦提①</td></tr>
<tr><td>（签字）</td><td>（签字）</td></tr>
</table>

---

① 茨韦提：南非共和国治安与安全部部长。

中华人民共和国政府和马耳他政府
关于打击跨国犯罪的合作协定

中华人民共和国政府和马耳他政府（以下简称"双方"），为进一步巩固和发展两国之间的友好关系，加强两国警察部门之间的合作，在相互尊重主权和平等互利的基础上，达成协议如下：

第一条　合作范围

一、双方根据各自国家的法律和有关国际条约，在负责执行本协定部门的职权范围内，为制止和打击下列犯罪行为（以下简称"相关犯罪行为"），相互进行合作：

（一）恐怖活动；

（二）走私；

（三）洗钱；

（四）伪造货币和有价证券；

（五）伪造、骗取护照、签证等证件；

（六）非法贩运武器、弹药、爆炸物品、核材料和其他放射性物品；

（七）组织、运送他人偷越国（边）境；

（八）绑架、拐卖人口和盗窃；

（九）计算机犯罪；

（十）诈骗；

（十一）其他跨国犯罪。

二、对在请求方实施或计划实施犯罪行为的犯罪嫌疑人，被请求方主管部门对请求方提出的对该犯罪嫌疑人进行身份认定、情况调查的请求应当予以积极协助、配合。

第二条　交换情报信息

双方主管部门根据各自国家法律，在不违反本协定第六条规定的情况下，就以下领域交换情报信息：

（一）相关犯罪行为；

（二）两国公民在对方国家实施相关犯罪行为或受到非法侵害；

（三）本国制止和打击相关犯罪行为方面的；

（四）双方都感兴趣并认为有必要提供的。

第三条　交流经验

双方主管部门就以下方面的工作经验进行交流：

（一）预防、制止和侦查犯罪；

（二）枪支弹药、爆炸物品、剧毒物品、核材料和其他放射性物品管理；

（三）出入境管理，包括外国人管理；

（四）边防管理；

（五）保障道路交通安全；

（六）有关计算机犯罪的防范、打击对策、措施以及调查取证技术；

（七）消防管理；

（八）警察法制建设；

（九）警察管理和教育训练。

第四条　通过国际刑警组织的合作

双方扩大和加强国际刑警组织中华人民共和国国家中心局和国际刑警组织马耳他国家中心局之间的合作。

第五条　合作方式

一、双方主管部门在本国法律规定的范围内，共同制定并实施制止和打击相关犯罪行为的措施，根据各自的职权范围，在各自领土上组织侦查和搜捕犯罪嫌疑人、被告人和罪犯，并向另一方通报其身份、案情和证据。

二、中华人民共和国公安部和马耳他负责内政的部门分别是双方对本协定的主管部门，负责商定本协定的具体合作内容、时间安排和实施办法。

第六条　保密措施

一、双方对根据本协定相互提供的情报、资料和技术手段都应保密，非经提供方书面同意，不得转让给第三方。

二、交换与个人有关的资料应依据以下规定进行：

（一）资料接受方应当根据国内法律规定并按照资料提供方主管部门的要求使用该资料。

（二）有关资料只能在遵守国内法律规定的前提下，提供给本协议第五条指定的主管部门，在事先征得资料提供方主管部门同意后方可转给其他部门。资料应当通过双方主管部门商定的渠道进行转送。

第七条　合作请求的拒绝

一、如一方认为对方提出的合作请求有损其国家主权、安全或公共利益时，可全部或部分拒绝该请求。

二、一方全部或部分拒绝合作请求后，应当将拒绝的理由及时通知对方。

第八条　费用承担

根据本协定互派代表团（组）往返的国际旅费由派遣方负担；在接受国停留所需旅费由接待一方负担，但双方事先另有协议的除外。

第九条　交流情况和讨论下一步合作计划

双方如有需要，将轮流在北京和瓦莱塔举行会晤，交流履行本协定的情况和讨论下一步的合作计划。

第十条　与其他国际条约的关系

本协定不影响双方根据两国缔结或者参加的其他国际条约所承担的国际义务的履行。

第十一条　协定的修改和补充

经双方同意，可对本协定进行书面修改和补充。

第十二条　生效日期和语言

本协定自签字之日起生效，有效期为五年。如在协定期满前三个月，双方中任何一方未以书面形式通知另一方终止本协定，则本协定自动延长五年，并依此法顺延。

本协定于二〇〇九年二月二十二日在马耳他瓦莱塔签订，一式两份，每份都用中文和英文写成，两种文本同等作准。遇有解释分歧，如双方主管部门无法达成一致，将通过外交渠道解决。

中华人民共和国政府　　　　马耳他政府

代表　　　　　　　　　　代表

李金章　　　　　　　　　博奇

（签字）　　　　　　　　（签字）

中华人民共和国政府和新西兰政府
关于打击犯罪的合作安排书

中华人民共和国政府和新西兰政府（以下简称"双方"），认识到在《中华人民共和国和新西兰关于刑事司法协助的条约》的框架下进行合作的重要性，为加强两国的执法合作，更加有效地打击犯罪，在相互尊重主权和平等互利的基础上，达成安排如下：

第一条　合作范围

依据本安排书的规定，在符合双方国际义务和各自国家法律及政策的情况下，双方在预防犯罪及对下列犯罪活动的调查方面进行合作：

（一）非法种植毒品原植物，非法生产和贩运麻醉药品、精神药物及易制毒化学品；

（二）跨国有组织犯罪；

（三）金融及其他经济犯罪；

（四）洗钱和掩饰、隐瞒犯罪所得及犯罪收益；

（五）伪造证件、制贩假币和有价证券；

（六）国际恐怖活动；

（七）计算机网络犯罪；

（八）走私；

（九）非法贩运武器、弹药、爆炸物、有毒物品、危害环境的放射性物品；

（十）有组织非法移民活动、跨国贩运人口；

（十一）非法获取和进出口文物；

（十二）其他双方职责范围内相互感兴趣的领域。

第二条 合作方式

一、双方根据各自国家法律、国际义务和本安排书的规定进行协助：

（一）交换预防、侦查和打击犯罪的有关信息；

（二）协查、认定被另一方追捕的罪犯和犯罪嫌疑人并通报其身份及有关案情和证据；

（三）协查、认定并通报与案件有关的失踪人员及证人的信息；

（四）安排与案件有关人员自愿接受面谈，并检查涉案的物品和地点；

（五）交换有关记录和文件，包括被盗和伪造的旅行证件；

（六）交流有关的专业知识、法律、法规以及科技信息。

二、为保证本安排书所规定的合作顺利实施，双方经协商同意在警用技术装备及人员培训方面进行相关合作。

三、本安排书将不妨碍双方进行相互能够接受的其他形式的合作。

第三条 程序

本安排书第一条所规定的合作将依照下列程序进行：

（一）警务合作的请求将由下列机关提出：

1. 中华人民共和国方面，由中华人民共和国公安部副部长或由副部长指定的人员直接向新西兰警察总监或由警察总监指定的人员提出；

2. 新西兰方面，由新西兰警察总监或由警察总监指定的人员直接向中华人民共和国公安部副部长或由副部长指定的人员提出。

（二）请求应当以中文或英文的书面形式提出。在紧急情况下，上述请求可以口头形式提出，但是事后应当尽快以书面形式予以确认。

（三）警务合作的请求书应当包括如下内容：

1. 负责调查的执法机关名称或主管当局；

2. 请求合作涉及案件的性质和简要情况，包括犯罪行为可能被判处的刑罚；

3. 所需信息或其他合作的类型；

4. 请求提供信息或其他合作的目的；

5. 要求获得信息的期限。

（四）双方应当为对方提供的所有信息保密，仅将接收的信息用于执法目的，不作为刑事诉讼的证据，但提供信息一方已明确授权可以对外透露或法律另有规定的情况除外。

（五）双方应各指派人员负责日常联络。指定的联络官将根据需要进行沟通以解决疑问、问题或分歧，并且每年至少一次对本安排书中的事项交换意见。

（六）任何一方应当通知对方依据本安排书提出的每个请求的办理情况。

（七）本程序不妨碍双方警察部门以外的其他政府部门之间按照正在实施或将要协商实施的本程序或其他程序进行的合作。

第四条 延迟或者拒绝执行请求

一、被请求方在下列情况下可以拒绝执行请求：

（一）请求与本安排书的规定不符；

（二）执行请求与被请求方的法律或国际义务相悖或损害其国家主权、安全、公共秩序或其他重大公共利益；

（三）请求事项依照《中华人民共和国和新西兰关于刑事司法协助的条约》办理更为适宜。

二、如果对该请求的执行可能妨碍本方正在进行的调查或司法程序，被请求方可以延迟执行请求。

三、在拒绝或延迟执行请求之前，被请求方应当：

（一）及时通知请求方拒绝或延迟的原因；

（二）在因本条第一款第（二）项所规定而拒绝执行请求时，被请求方将以书面声明的形式指出该请求与本国法律或国际义务相悖，损害其国家主权、安全、公共秩序或其他重大公共利益；

（三）与请求方协商以确定合作是否可以通过其他双方可以接受的形式进行。

第五条　费用

一、请求方应当负担其派出代表的所有旅费、食宿费。

二、被请求方应当负担在其境内执行请求所需的所有正常费用。

三、执行请求所产生的其他特殊或超常费用的负担应当由双方在费用产生之前协商确定。

三、经双方以书面形式协商同意，可对本安排书进行修改。

本安排书于二〇一〇年九月七日在北京签订，一式两份，每份均用中文和英文写成，两种文本同等作准。

第六条　争议的解决

有关执行和解释本安排书产生的争议，应当由双方友好协商解决。

第七条　安排书的生效、终止和修改

一、本安排书自签字之日起生效。双方任何一方如不依据本条第二款终止本安排书，则本安排书继续有效。

二、本安排书自任何一方以书面形式通知另一方六十天后终止。

中华人民共和国政府　　　　　新西兰政府

代表　　　　　　　　　　代表

孟宏伟　　　　　　　　布罗德

（签字）　　　　　　　（签字）

中华人民共和国公安部和
塞尔维亚共和国内务部合作协议

中华人民共和国公安部和塞尔维亚共和国内务部（以下简称"双方"），为进一步巩固和发展两国友好关系，推动双方在执法领域的全面合作，在相互尊重主权和平等互利的基础上，达成协议如下：

第一条　合作范围

双方在以下领域开展合作并相互提供协助：

一、恐怖主义和涉恐资金；

二、跨国有组织犯罪；

三、非法贩运麻醉药品和精神药物及易制毒化学品；

四、非法获取、持有、贩运武器、弹药、爆炸物、生化及放射性物品和核原料、重要战略物资以及科学技术；

五、杀人、爆炸、绑架等严重暴力犯罪；

六、贩运人口和偷越国境；

七、伪造、变造货币、非现金支付手段和证件；

八、洗钱和金融犯罪；

九、涉及有历史文化价值文物的犯罪；

十、其他双方感兴趣的合作领域。

双方根据本协议开展合作时应遵守本国法律及国际条约有关条款。

第二条　合作形式

双方根据协议开展以下合作：

一、交换情报信息；

二、交流经验；

三、专业技术合作；

四、培训教育。

第三条　交换情报信息

双方应交换以下方面的情报信息：.

一、犯罪行为，尤其是关于犯罪嫌疑人的情况、所实施的犯罪行为以及对其采取措施的情况；

二、预谋犯罪，尤其是直接针对双方利益的恐怖主义活动；

三、对方可能感兴趣的紧急特别行动；

四、涉及本协议的相关法律法规，以及对这些法律法规的修改情况。

第四条　交流经验

双方就以下领域的工作经验进行交流：

一、预防和侦查本协议第一条所涵盖的犯罪活动；

二、有关警察组织和职责的立法。

第五条　专业技术合作

为建立高效专业的现代化警察队伍，双方同意在社会公共安全领域的科学技术研究和信息化建设及应用等方面进行交流与合作。

第六条　教育培训合作

双方在培训和教育领域开展合作。

第七条　数据保护和安全措施

根据本协议交换的个人数据应符合双方国内关于个人数据保护的法律规定。

所提供的涉密情报，非经提供一方书面同意，不得转让给第三方。

第八条　合作方式

一、本协议框架内的合作请求应以书面形式提出。在紧急情况下，可以提出口头请求，但最迟应在两日内以书面形式予以确认。

二、请求内容应包括：

（一）请求合作的机关名称；

（二）被请求机关的名称；

（三）请求事宜概况；

（四）请求事宜目的；

（五）有助于执行请求的其他信息。

三、为确保双方及时、有效联络，双方同意设立热线。中方热线设在公安部国际合作局，电话为86-10-66263329，传真为86-10-58186022；塞方热线设在内务部国际合作局，电话为00381-11-3346055，传真为00381-11-3346822。

第九条　执行部门

双方执行本协议的部门分别为：

一、中华人民共和国公安部国际合作局

电话：0086-10-66263279

传真：0086-10-58186101

二、塞尔维亚共和国内务部国际合作局

地址：贝尔格莱德 Terazije 大街 41 号

电话：00381-11-3346055　00381-11-3345965

传真：00381-11-3346822

电子邮件：interpolbeograd@mup.gov.rs

第十条　合作请求的拒绝

如双方中的任何一方认为对方提出的合作请求有损其国家主权、安全、公共利益或不符合本国法律时，可全部或部分拒绝该请求。

一方可中止履行本协议。双方在中止或恢复履行协议时应通过外交渠道以书面形式立即通知另一方。

第十一条　费用承担

履行本协议所产生的费用应控制在合理范围内，并由提供协助方按有关规定和标准予以承担。

双方同意本着费用最小化的原则就根据本协议产生的或可能产生的费用交换意见。

第十二条　修改和补充

经双方同意可以对本协议进行修改和补充，修改和补充文本应通过外交渠道交换。

第十三条　争议解决

如在解释和适用本协议条款时发生分歧，将通过双方代表协商和谈判的方式解决。如无法解决，双方应通过外交渠道进一步磋商。

第十四条　生效、有效期和终止

双方在各自履行本协议生效所需的国内程序后，应当及时以书面形式通知对方。本协议自后一个通知收到之日后第三十天起生效。

本议定书无限期有效。一方可以通过外交渠道以书面形式通知终止本议定书，终止自该通知收到之日起三个月后生效。

本协议于二〇〇九年十二月八日在北京签订，一式两份，每份均用中文、塞尔维亚文和英文写成，三种文本同等作准。如对文本的解释发生分歧，以英文文本为准。

中华人民共和国　　　塞尔维亚共和国

公安部代表　　　　　内务部代表

孟建柱　　　　　　　达契奇

（签字）　　　　　　（签字）

中华人民共和国政府和阿拉伯联合酋长国政府关于打击犯罪的合作协议

中华人民共和国政府和阿拉伯联合酋长国政府（以下简称"双方"），认识到犯罪的严重性及其对政治、经济和社会稳定产生的危害，为进一步巩固和发展两国之间的友好关系，在相互尊重主权和平等互利的基础上，达成协议如下：

第一条　合作范围

双方将根据各自国家的法律和有关国际条约，在负责实施本协议的执行机构职权范围内，就预防和打击下列犯罪开展合作：

（一）侵犯人身及财产的犯罪；

（二）恐怖犯罪；

（三）非法贩运枪支、弹药、爆炸物、毒害性和放射性物品；

（四）组织、运送他人偷越国（边）境，贩卖人口及组织卖淫；

（五）非法贩运麻醉药品、精神药物及易制毒化学品；

（六）腐败；

（七）有组织犯罪；

（八）伪造证件；

（九）盗窃、走私车辆；

（十）交通肇事犯罪；

（十一）金融犯罪及其他经济犯罪，包括洗钱、诈骗、伪造货币和有价证券等；

（十二）网络犯罪；

（十三）与知识产权有关的犯罪；

（十四）盗窃、走私文物；

（十五）其他跨国犯罪。

第二条　信息交换

双方执行机构根据各自国家法律，可以就以下领域交换信息：

（一）关于打击本协议第一条所列犯罪，特别是涉及恐怖活动和有组织犯罪的信息；

（二）关于一方公民在另一方境内犯罪、遭到非法侵害或失踪的信息；

（三）关于在逃的犯罪嫌疑人、被告人或者罪犯的信息；

（四）关于预防和打击犯罪的立法；

（五）新型犯罪和打击此类犯罪的做法；

（六）其他双方共同感举起的信息。

第三条　交流经验

双方执行机构可以就以下领域交流经验：

（一）预防、制止和侦查犯罪；

（二）维护公共安全和社会秩序；

（三）执法工作机制；

（四）非法枪支、弹药、爆炸物品、剧毒物品、核材料和其他放射性及危险物品管理；

（五）禁毒宣传预防教育、戒毒治疗康复以及易制毒化学品管理；

（六）出入境管理，包括外国人管理；（七）道路交通、铁路、航运和民航安全管理；

（八）查处和预防网络犯罪的对策和技术；

（九）民防及消防管理；

（十）警察法制建设；

（十一）警察教育培训；

（十二）边防管理；

（十三）科学研究。

第四条　合作方式

一、双方执行机构应当在本国法律规定的范围内，共同制定并实施预防和打击本协议第一条所列犯罪活动的措施，在各自职权范围内，在本国领土上组织收集证据和搜捕犯罪嫌疑人、被告人和罪犯，并向一方通报其身份、案情和相关证据。

二、经双方执行机构商定，一方可以派遣工作组到另一方境内协助开展调查取证，但不能直接进行调查取证、工作组应遵守另一方的法律，任何情况下不得自行开展侦查或行动任务。

三、双方执行机构应当采取有效措施，切实保证对方在本方的人员和机构的安全，及时通报涉及对方人员和机构安全情况。

第五条　执行机构

一、为确保本协议顺利实施，双方应通过以下执行机构合作；

（一）中华人民共和国：

中华人民共和国公安部国际合作局；

（二）阿拉伯联合酋长国：

阿拉伯联合酋长国内政部刑事安全总局；

阿拉伯联合酋长国国家安全情报总局（负责涉及国家安全，恐怖主义以及非常规武器有关的犯罪领域的合作）。

二、一方执行机构出现变更时，应及时以书面形式通知另一方。

三、必要时，双方执行机构可以指定特别行动机构，建立直接联络渠道并明确联络人。

第六条　通过国际刑警组织的合作

双方应致力于扩大和加强国际刑警组织中华人民共和国国家中心局和国际刑警组织阿拉伯联合酋长国家中心局之间的合作。

第七条　合作请求的提出

一、一方的协助请求应根据本协议规定通过其执行机构以书面方式向另一方提出。被请求方如对请求的真实性或内容有疑问，可以要求请求方补充信息。

二、请求应当包括以下内容：

（一）请求机关和被请求机关名称；

（二）有关案件的具体内容；

（三）请求的理由和目的；

（四）请求的具体内容；

（五）有助于执行请求的其他信息。

第八条　合作请求的拒绝

一、如被请求方认为执行该协助请求将损害国家主权、安全或公共利益，或有悖于本国法律的基本原则和所承担的国际义务时，可以全部或部分拒绝该请求。

二、如根据被请求方国内法，请求所涉及的行为并不构成犯罪的，可以拒绝请求。

三、一方全部或部分拒绝合作请求后，应当将拒绝的理由及时书面通知另一方。

第九条　合作请求的执行

一、被请求方应采取一切必要措施，确保及时执行请求，并应当及时通知请求可能阻碍或延误执行请求的情况。

二、被请求方认为有必要时，可以要求请求方补充提供信息。

三、在特定情况下，被请求方可以推迟执行请求或对执行请求提出附加条件。被请求方应告知请求方其附加条件的内容，若请求方同意附加条件则应当予以遵守。

四、被请求方应当尽早通知请求方有关请求的执行结果。

第十条　保密措施

一、若一方提出其提供的情报和资料需对方保密，另一方应当采取一切必要措施予以遵守。

二、若被请求方拟将执行请求的结果用于其他用途，应事先征得请求方同意。

三、根据本协议相互提供的信息、资料和技术手段，非经提供一方同意，不得提供给第三方。

第十一条　费用承担

被请求方应当承担因执行请求所产生的基本费用，额外费用的承担方式可由双方充分协商后决定。

根据本协议互派代表团（组）的国际旅费，由派遣方负担，但双方事先另有协议的除外。

第十二条　会晤和磋商

双方应当轮流在北京和阿布扎比举行会晤，交流履行本协议的情况和讨论下一步的合作计划。

第十三条　争议的解决

对本协议的解释或执行所产生的争议，双方应当友好协商解决。

第十四条　与其他国际条约的关系

本协议不影响双方根据两国缔结或者参加的其他国际条约所承担的国际义务的履行。

第十五条　生效日期和修改

一、双方完成使本协议生效的各自国内法律程序之后，应当通过外交途径书面通知对方，并自收到后一份照会之日后第三十天生效。

二、本协议长期有效，但任何一方可以通过外交途径提出终止本协议。本协议在收到书面通知六个月后终止，在终止通知前提出的请求不受协议终止的影响。

三、经双方书面确认一致，双方可对本协议作出修改。

下列签署人经各自政府适当授权，签署本协议，以昭信守。

本协议于二〇一〇年十月七日在阿布扎比签订，一式两份，每份均以中文、阿拉伯文和英文写成，三种文本同等作准。如在解释上发生分歧，以英文文本为准。

中华人民共和国政府　　　　阿拉伯联合酋长国政府

代表　　　　　　　　　　　代表

孟建柱　　　　　　　　　　赛义夫

（签字）　　　　　　　　　（签字）

中华人民共和国公安部和
老挝人民民主共和国公安部合作协议

中华人民共和国公安部和老挝人民民主共和国公安部（以下简称"双方"），为进一步巩固和发展两国之间的友好关系，加强两国在执法领域的合作，在相互尊重主权和平等互利的基础上，达成谅解如下：

第一条　合作范围

双方根据各自国家的法律和有关国际条约，在各自职权范围内，为制止和打击下述犯罪活动，相互进行合作：

（一）非法贩运麻醉药品和精神药物及易制毒化学品；

（二）国际恐怖活动；

（三）走私；

（四）洗钱；

（五）伪造货币和有价证券；

（六）伪造护照、签证等证件；

（七）非法贩运武器、弹药、爆炸物品、核材料和其他放射性物品；

（八）组织、运送他人偷越国境；

（九）拐卖人口犯罪；

（十）诈骗；

（十一）计算机犯罪；

（十二）其他跨国犯罪。

第二条　交换情报信息

双方根据各自国家法律，就以下领域交换情报信息：

（一）关于本协议第一条所列举的犯罪方面的情报；

（二）关于两国公民在对方国家犯罪、受到非法侵害或犯罪后藏匿的情报；

（三）关于本国制止和打击犯罪方面的立法信息；

（四）其他双方都感兴趣的情报信息。

第三条　交流经验

双方就以下方面的工作经验，进行交流：

（一）预防、制止和侦查犯罪；

（二）户籍管理和社会管控机制；

（三）对核材料及其他放射性物品、武器、弹药、爆炸物品、剧毒物品及其他危险物品的管控；

（四）出入境管理，包括外国人管理；

（五）边防管理；

（六）道路交通、铁路、航运和民航安全管理；

（七）查处和预防计算机犯罪的对策和技术手段；

（八）消防管理；

（九）警察法制建设；

（十）在双方国内开展的警察培训。

第四条　执法合作

双方在本国法律规定的范围内，共同制定并实施制止和打击本协议第一条所列的各种犯罪活动的措施。双方根据各自职权范围，在本国领土上组织侦查和搜捕犯罪嫌疑人、被告人和罪犯，向另一方通报其身份、案情和证据清单，并相互递解犯罪嫌疑人、被告人和罪犯。

双方加强在防范和打击非法出入境活动方面的合作，及时核查和通报另一方提出的非法出入境人员身份，并接收被遣返人员。

第五条　技术装备合作

双方在科学研究、技术交流与开发、合作生产及提供警用技术、器材和装备等方面进行合作。

第六条　人员培训合作

双方在执法人员培训领域相互支持。双方将优先邀请对方参加本国举办的国际执法培训和研修项目。双方将根据对方请求，派遣专家赴对方国家讲学。

第七条　通过国际刑警组织的合作

双方扩大和加强国际刑警组织中华人民共和国国家中心局和国际刑警组织老挝人民民主共和国国家中心局之间的合作。

第八条　合作方式

一、本协议的具体合作内容、时间和实施办法，由中华人民共和国公安部国际合作局和老挝人民民主共和国公安部国际关系局负责商定，并报双方部长批准。

二、双方每年一次轮流在各自国家举行会晤，交流履行本协议的情况和讨论下一步的合作计划。

三、为确保双方及时、有效联络，双方将设立 24 小时热线。中方热线设在公安部国际合作局，联系电话为 86-10-66263329，传真为 86-10-58186022；老方热线设在老挝公安部国际关系局，联系电话为 856-21-970146，传真为 856-21-970151。热线工作语言为英语。

第九条　保密措施

如一方提出其提供的情报和资料需对方保密，另一方需采取必要的保密措施。

根据本协议相互提供的情报、资料和技术手段，非经提供一方事先书面同意，不得转让给第三方。

第十条　合作请求的拒绝

如双方中的任何一方认为对方提出的合作请求有损其国家主权、安全或公共利益时，可全部或部分拒绝该请求。

一方全部或部分拒绝合作请求后，应当在三十天内将拒绝的理由通知对方。

第十一条　费用承担

根据本协议互派代表团（组）往返的国际旅费，由派遣方负担；在接受国停留所需费用，由接待一方负担，但双方事先另有协议的除外。

第十二条　与其他国际条约的关系

本协议不影响双方根据两国缔结或者参加的其他国际条约所承担的国际义务的履行。

第十三条　修改和补充

经双方协商同意，可对本协议进行修改和补充。

第十四条　争议的解决

关于本协议任何条款的任何分歧由双方通过友好协商解决。

第十五条　生效和终止

本协议自签字之日起生效，有效期为五年。如在协议期满前双方中任何一方未以书面形式通知另一方终止本协议，则本协议自动延长五年，并依此法顺延。双方中任何一方可在协议期满前三十天通知另一方终止本协议。

本协议生效时，双方于一九九七年十一月三日签署的合作协议自动废止。

本协议于二〇一〇年十一月二十六日在北京签订，一式两份，每份都用中文、老挝文和英文写成，三种文本同等作准。如对文本的解释发生分歧，以英文文本为准。

<table>
<tr><td>中华人民共和国</td><td>老挝人民民主共和国</td></tr>
<tr><td>公安部部长</td><td>公安部部长</td></tr>
<tr><td>孟建柱</td><td>通班</td></tr>
<tr><td>（签字）</td><td>（签字）</td></tr>
</table>

中华人民共和国政府和蒙古国政府
关于打击犯罪的合作协议

中华人民共和国政府和蒙古国政府（以下简称"双方"），为进一步巩固和发展两国之间的友好关系，加强两国在打击犯罪领域的合作，在相互尊重主权和平等互利的基础上，达成协议如下：

第一条　合作范围

双方根据各自国家的法律和有关国际条约，在本协议执行部门的职权范围内，为制止和打击下述犯罪活动，相互进行合作：

（一）国际恐怖活动；

（二）非法贩运麻醉药品和精神药物及易制毒化学品；

（三）走私；

（四）洗钱；

（五）伪造货币和有价证券；

（六）伪造护照、签证等证件；

（七）非法贩运武器、弹药、爆炸物品、核材料和其他放射性物品；

（八）组织、运送他人偷越国边境；

（九）诈骗；

（十）计算机犯罪；

（十一）其他跨国犯罪。

第二条　交换情报

双方执行部门根据各自国家法律，就以下领域交换情报信息：

（一）关于本协议第一条所列举的犯罪方面的情报信息；

（二）关于两国公民在对方国家犯罪或受到非法侵害的信息情报；

（三）关于在逃的犯罪嫌疑人、被告人或者罪犯的信息；

（四）新型犯罪和打击此类犯罪的做法；

（五）关于本国制止和打击犯罪立法方面的情报信息；

（六）其他双方都感兴趣的情报信息。

第三条　交流经验

双方执行部门就以下方面的工作经验进行交流：

（一）预防、制止和侦查犯罪；

（二）人口管理和社会控制机制；

（三）枪支弹药、爆炸物品、剧毒物品、核材料和其他放射性及危险物品管理；

（四）出入境管理，包括外国人管理；

（五）道路交通、铁路、航运和民航安全管理；

（六）查处和预防计算机犯罪的对策和技术手段；

（七）消防管理；

（八）警察法制建设；

（九）警察教育培训；

（十）边防管理。

第四条　通过国际刑警组织的合作

双方扩大和加强国际刑警组织中华人民共和国国家中心局和国际刑警组织蒙古国国家中心局之间的合作。

第五条　合作方式

一、双方执行部门在本国法律规定的范围内，共同制定并实施制止和打击本协议第一条所列的各种犯罪活动的措施，根据双方执行部门的职权范围，在各自领土上组织侦查和搜捕犯罪嫌疑人、被告人和罪犯，向另一方通报其身份、案情和证据，并递解犯罪嫌疑人、被告人和罪犯。

二、双方将采取有效措施，切实保证对方国家在本国的人员和机构的安全，及时向对方通报涉及其人员和机构安全的情报信息。

三、为确保本协议顺利实施，双方应通过以下执行机构合作：

中华人民共和国：中华人民共和国公安部国际合作局

联系电话为 86-10-66263329，传真为 86-10-58186022

蒙古国：蒙古国法律与内务部对外关系合作处

联系电话为 976-51-261951，传真为 976-11-325225

工作语言为英语。

第六条　保密措施

如一方提出其提供的情报和资料需对方保密时，另一方需采取必要的保密措施。

根据本协议相互提供的情报、资料和技术手段，非经提供一方书面同意，不得转让给第三方。

第七条　合作请求的拒绝

如双方中的任何一方认为对方提出的合作请求有损其国家主权、安全或公共利益时，可全部或部分拒绝该请求。

一方全部或部分拒绝合作请求的，应当将拒绝的理由及时书面通知对方。

第八条　费用承担

根据本协议互派代表团（组）往返的国际旅费，由派遣方负担；在接受国停留所需费用，由接待一方负担，但双方事先另有协议的除外。

第九条　交流情况和讨论下一步合作计划

双方应轮流在北京和乌兰巴托举行会晤，交流履行本协议的情况和讨论下一步的合作计划。

第十条　与其他国际条约的关系

本协议不影响双方根据两国缔结或者参加的其他国际条约所承担的国际义务的履行。

第十一条　协议的修改和补充

经双方协商同意，可对本协议进行修改和补充。

第十二条　生效日期和语文

本协议自签字之日起生效，有效期为五年。如在协议期满前三个月，双方中任何一方未以书面形式通知另一方终止本协议，则本协议自动延长五年，并依此法顺延。

本协议于二〇一一年七月七日在乌兰巴托签订，一式三份，每份都用中文、蒙文、英文写成，三种文本同等作准。如对文本的解释发生分歧，以英文文本为准。

中华人民共和国政府 　　　　蒙古国政府

代表　　　　　　　　　代表

孟建柱　　　　　　　尼亚木道尔吉

（签字）　　　　　　（签字）

中华人民共和国公安部和乌克兰国家边防总局合作协议

中华人民共和国公安部和乌克兰国家边防总局（以下简称"双方"），

根据一九九二年十月十三日签订的中乌联合声明，

本着相互尊重和理解的精神，致力于拓宽就共同关心问题上的合作，

遵循国际法规范和原则，

希望发展友好关系并在保证中国和乌克兰边界安全方面相互协作，

愿就边防问题开展有效合作，

达成协议如下：

第一条

双方将建立和发展平等伙伴关系，致力于有效加强中华人民共和国和乌克兰在维护边界安全领域合作。

第二条

双方将根据各自职权在以下方面开展合作：

（一）一方对另一方持有效国际旅行证件的合法旅行者出入境提供协助，并保障另一方被依法禁止入境人员的人道主义待遇及与其本国外交、领事代表机构自由联络的权利；

（二）保护双方公民和国家财产在出入境活动中免受各种犯罪的侵害；

（三）预防、发现和打击边界有组织犯罪活动；

（四）打击非法跨界贩运武器、弹药、爆炸物品、有毒物质、放射性物质、麻醉药品和精神药品及易制毒化学品；

（五）双方将相互协作，致力于发现、预防和打击跨境拐卖人口、非法出入境和涉及伪造出入境证件的活动；

（六）交流关于打击在国家边界违法犯罪活动的经验和方法；

（七）双方将在签订本协议 3 个月内交换在维护边界安全领域的国家法律。

第三条

为协调发现和预防非法出入境、跨境拐卖人口、非法跨界贩运武器、弹药、爆炸物品、有毒物质、放射性物质、麻醉药品和精神药品及易制毒化学品等活动，双方将开展以下合作：

（一）相互通报打击跨境拐卖人口和非法出入境活动的基本情况、法律法规及其变化情况和工作经验；

（二）通报发现的涉及另一方利益的非法出入境情况和伪造出入境证件情况；

（三）相互通报涉嫌参与组织、运送、协助他人进行非法出入境活动的人员资料和机构信息；

（四）在打击非法出入境和其他边界违法活动（包括伪造出入境证件）方面加强协作。

第四条

双方将为对方国家持有效国际旅行证件的合法旅行者出入境提供便利，并在就遣返在两国境内非法入境和非法居留的对方国家公民方面，相互协作和交流信息，其中包括对方国家公民被禁止入境或被遣返的信息。

第五条

如果一方提出的请求，可能有损另一方的国家主权、安全和国家利益，或者违反该国法律，被请求方有权拒绝执行合作请求。出现此种情形，双方应及时通知对方。

第六条

为保障双方履行本协议规定的义务，解决在合作中出现的问题，双方将在必要时举行磋商或者工作会晤。

第七条

双方交换情报信息将依据二〇〇〇年十一月二十日签订的《中华人民共和国政府和乌克兰政府关于相互保护秘密信息的协定》和各自国内法律实施。

未征得信息资料提供方书面同意，被提供方不得将在本协议框架下获得的信息资料提供第三方。

第八条

本协议不影响双方履行其与第三方签订的国际条约所规定的义务。

第九条

落实本协议的工作语言为汉语、乌克兰语、俄语、英语，必要时经双方协商可使用其他语言。

第十条

本议定自签字之日起生效并无限期有效。

经双方协商，本协议可以通过单独议定书进行修改和补充，并成为本协议不可分割的部分。

一方可以通过外交途径书面通知另一方终止本协议。本协议在一方收到另一方要求终止本协议的书面通知之日起六个月后失效。

本协议于二〇一一年九月二十三日在基辅签订，一式两份，每份均用汉语、乌克兰语、俄语、英语写成，四种文本同等作准。如在解释议定书条款上出现分歧，以俄文文本为准。

中华人民共和国　　　　　乌克兰国家

公安部代表　　　　　　　边防总局代表

孟建柱　　　　　　　　　利特文

（签字）　　　　　　　　（签字）

谅解备忘录

湄公河次区域反对拐卖人口
区域合作谅解备忘录

　　我们，柬埔寨王国、中华人民共和国、老挝人民民主共和国、缅甸联邦、泰王国和越南社会主义共和国政府的代表：

　　深深关切在湄公河次区域以及由此发展到世界其他地区的拐卖人口问题；

　　声明完全不能接受对人的交易、买卖、诱拐以及使其陷入被剥削的境地，因而践踏了人的最基本和不可剥夺的权利；

　　认识到贫困、缺少教育、不平等以及缺少平等的机会都会使人易被拐卖；

　　进一步认识到拐卖人口与日益增长的剥削劳工和剥削性性服务的需求之间的联系；

　　意识到由于在性别、年龄、国籍、种族和社会团体等方面所存在的歧视性态度、做法和政策，从而加剧了拐卖的发生；

　　强调拐卖受害人中的儿童和妇女格外易受伤害，需要采取专门措施保护他们的权益；

　　关注社区成员和有组织的犯罪集团共同参与拐卖人口的问题；

　　认识到需要加强打击拐卖人口的司法措施，以确保对拐卖受害人的公正和惩处拐卖者及其他通过拐卖犯罪获取利益的人；

　　意识到对拐卖者给予适当的有效惩处的重要性，这包括制定冻结和没收拐卖者财产的规定，以及制定将犯罪所得用以帮助拐卖受害人的规定；

　　认识到在完全自愿的基础上，有过被拐卖经历的人参与制定、实施和评估反拐干预措施，以及确保对拐卖者的起诉中能够做出重要贡献；

意识到帮助拐卖受害人的机构所发挥的重要作用，即这些机构在预防、保护、起诉、营救、遣返、康复和重新融入社会以及支持加强司法措施等方面的重要作用；

认识到各国政府各自以及通过国际援助和合作，承诺采取步骤，在其可用资源的最大限度内，通过各种适当的方式逐步充分实现本谅解备忘录中确认的承诺；

回顾《世界人权宣言》，特别是第4条，指出："任何人不得使为奴隶或奴役；一切形式的奴隶制度和奴隶买卖，均应予以禁止。"

赞扬湄公河次区域那些已经批准和（或）加入关于下述反拐和反剥削的主要国际法律文书的国家：

——《联合国打击跨国有组织犯罪公约》和《关于预防、禁止和惩治贩运人口特别是妇女和儿童行为的补充议定书》；

——《联合国消除对妇女一切形式歧视公约》；

——《儿童权利公约》、《〈儿童权利公约〉关于买卖儿童、儿童卖淫和儿童色情制品问题的任择议定书》，以及《〈儿童权利公约〉关于儿童卷入武装冲突问题的任择议定书》；

——国际劳工组织《强迫劳工公约》（第29和105号）；

——国际劳工组织《禁止和立即行动消除最恶劣形式的童工劳动公约》（第182号）；

鼓励尚未参加这些公约的国家尽早参加。

重申联合国推荐的关于人权和反对拐卖人口的原则和指导的重要性，该文件源自于联合国人权高专在经社理事会上所作的报告（2002年）；

重申区域已有的打击拐卖人口的倡议和承诺；

欢迎泰国和柬埔寨率先签署关于消除拐卖妇女和儿童、帮助拐卖受害者的双边合作谅解备忘录（2003年），努力在湄公河次区域推行类似的双边打拐部署；

欢迎对双边协议的重视，如泰国和柬埔寨之间的"雇用工人的合作谅解备忘录"；老挝和缅甸之间相应的类似协议，以促进安全、有序和规范的移民，通过这类服务减少给拐卖者以可乘之机的非法移民服务的需求；

预期本谅解备忘录充分反映各国政府持续合作打击拐卖人口的政治意愿；

呼吁湄公河次区域以外的所有国家加入我们反对拐卖人口的斗争。

为此，我们庄严承诺下述行动：

一、在政策和合作方面（国际和国内）：

（一）鼓励采用《预防、禁止和惩治贩运人口特别是妇女和儿童行为的补充议定书》中的拐卖定义，这是《联合国打击跨国有组织犯罪公约》的补充议定书；

（二）制定反对以各种形式拐卖人口的国家行动计划；

（三）努力建立和加强国家级多部门反拐委员会，用以协调国家行动计划以及其他反拐干预措施的实施；

（四）建立加强区域合作和信息交流的机制，设立国家级打拐联络点；

（五）加强区域反拐合作，特别是通过签订双边和多边协议促进合作；

（六）加强政府、国际组织和非政府组织间的打击拐卖人口的合作。

二、在法律框架、执法和司法方面：

（七）尽快采用和执行相应的打击拐卖人口的法律法规；

（八）采用适当的纲要，培训有关官员，使其快速准确地鉴别出拐卖受害人，并改进侦查、起诉和司法程序；

（九）按照本国法律，侦查、逮捕、起诉和惩处拐卖人口的罪犯；

（十）用受害人通晓的语言切实为其提供法律援助和信息；

（十一）促进在司法体系方面的切实有效的合作，消除对拐卖者的免罚现象和公正对待受害人；

（十二）加强湄公河次区域六国的跨国执法合作，通过刑事司法程序，打击拐卖人口犯罪；

（十三）提供必要的人力和财力，支持本国执法部门的反拐能力；

（十四）促进湄公河次区域国家签署双边、多边协议以在司法程序上互助。

三、在对被拐卖受害人的保护、康复和重新融入社会方面：

（十五）增强在处理拐卖受害人的各项工作中的性别意识和儿童意识；

（十六）确保已被证实的拐卖受害人免遭执法部门拘禁；

（十七）提供给所有的拐卖受害人庇护所、适当的生理、社会心理、法律、教育以及医疗等方面的援助；

（十八）运用政策和机制，保护和支持已被拐卖的受害人；

（十九）加强大使馆和领事馆的能力，确保其更加有效地帮助拐卖受害人；

（二十）确保拐卖受害人安全返回方面的跨国合作，包括帮助其返回后的正常生活；

（二十一）共同努力促进拐卖受害人的成功康复和融入社会，并防止再度被拐卖。

四、在预防性措施方面：

（二十二）采取措施减少弱势群体，如支持扶贫项目、增加经济收益机会、确保得到良好的教育和技能培训以及提供必要的合法身份文件（包括出生证）；

（二十三）支持建立社区保护和监督网络，以便尽早发现高危人群并及时干预；

（二十四）提高各个层次的公众意识，包括通过大众宣传活动，宣传拐卖的危险和负面影响以及对拐卖受害人能够提供的帮助；

（二十五）运用国家劳动法，根据反对歧视和平等的原则保护所有工人的权利；

（二十六）鼓励接收国，包括那些湄公河次区域以外的国家有效实施本国的相关法律，通过合作，减少容忍对他人的剥削现象（该现象刺激了对被拐卖的劳力的持续需求）并禁止拐卖妇女儿童的犯罪；

（二十七）加强与私营业的合作，尤其是与旅游和娱乐业的合作，使其在反拐斗争中发挥积极作用。

五、在实施、监测和评估本谅解备忘录的机制方面：

（二十八）制定次区域反拐行动计划（2005—2007 年）和尽一切必要的努力，充分实施该行动计划；

（二十九）制定收集和分析与拐卖案例相关的数据和信息的程序，确保在准确、最新的研究、经验和分析的基础上，制定反拐策略；

（三十）建立实施行动计划的监测制度，以评估本谅解备忘录中各国实施承诺的进展和状况，包括至少每年召开一次高官会议；

（三十一）审评行动计划的实施，并在 2007 年通过湄公河次区域部长级会议采用新的次区域行动计划；

（三十二）建立国家级专责小组，与"湄公河次区域反对拐卖人口部长级磋商会"秘书处（即"联合国机构间湄公河次区域反对拐卖人口项目"）及其他合作伙伴合作；

（三十三）欢迎政府基金机构、联合国、其他政府、非政府的有关组织和私营业提供资金、物资和技术援助，支持湄公河次区域国家的反拐工作，包括实施本谅解备忘录和即将制定的行动计划；

（三十四）认识到今后需进一步对谅解备忘录加以完善，各国政府按下列步骤修订谅解备忘录：1. 如果六个签署国中有四个国家认为应该修改谅解备忘录并以书面形式通知秘书处，秘书处便将以便利各方的方式进行协商；2. 协商的目的是提出对谅解备忘录的具体修改意见；3. 对谅解备忘录的任何改动必须得到六国政府的一致同意，同时每个政府的批准意见必须以书面形式传达给秘书处。

2004 年 9 月 29 日

中华人民共和国政府和缅甸联邦政府
关于加强打击拐卖人口犯罪合作谅解备忘录

中华人民共和国政府和缅甸联邦政府（以下简称为"双方"），

认识到通过双方打拐合作，拐卖人口问题能得到有效遏制；

旨在加强两国执法合作，更有效地预防、制止和惩治跨国拐卖人口犯罪活动，并给予拐卖受害者必要的保护和救助；

为加深两国的友谊，

达成协议如下：

第一条

本谅解备忘录所指的拐卖人口犯罪定义将依据双方各自国内相关法律规定。

第二条

双方应遵照各自国内的法律和共同参加的相关国际公约，在以下方面开展合作：

（一）预防、打击涉及两国的拐卖人口犯罪和保护拐卖受害者；

（二）共同打击涉及两国的拐卖人口犯罪活动，移交犯罪嫌疑人，遣返拐卖受害者；

（三）开展跨国拐卖人口犯罪案件调查和拐卖受害者保护领域的联合培训；

（四）交流跨国拐卖人口犯罪案件信息以及相关法律法规；

（五）建立边境打拐联络官办公室，加强两国边境地区警方打击跨国拐卖犯罪的沟通与合作，为拐卖受害者提供保护服务。

第三条

双方间的情报交流必须严格遵循保密原则。未经提供方书面同意，接收方不得对外公布或透露给第三方。

第四条

双方应制定涉及两国的跨国拐卖受害者身份认定标准，及时认定被拐卖的受害者。

第五条

双方应采取适当措施，保护拐卖受害者的人身安全。拐卖受害者应被视为犯罪行为的受害者，而不是违法者或犯罪嫌疑人。因此，

（一）任何一方不应对拐卖受害者非法入（出）该国境的行为或者因被拐卖直接导致的其他违法行为予以惩罚；

（二）拐卖受害者的身份一经确认后，应该按正规途径及时遣返；

（三）拐卖受害者在等待正式遣返期间，相关部门和/或者受害者援助机构应给予协助；

（四）双方保护拐卖受害者的安全和隐私，并为其提供适当的协助和保护，包括提供中转安置场所、法律援助、身体康复、心理咨询和必要的社会支持；

（五）在认定、临时援助、遣返以及司法程序过程中，受害者将受到人道和有尊严的待遇；

（六）如受害者为儿童，应在保护、遣返和司法程序过程中对其给予特殊关照，并始终考虑到儿童的最大利益。

第六条

双方将合作确保拐卖受害者安全、及时遣返。

（一）一方应事先通过外交或警务合作渠道向另一方通报受害者的姓名以及相关数据和信息，以便双方协商安排遣返。

（二）双方应该按双方同意的程序，简化遣返程序，畅通遣返渠道，在接到对方核查请求后的三十天内完成对拐卖受害者国籍、身份核查，确保拐卖受害者被安全及时遣返。

第七条

本谅解备忘录执行机构为中华人民共和国公安部和缅甸联邦内政部。作为两国打拐的牵头单位,双方执行机构应加强同本国其他相关政府部门的协商与合作。双方执行机构每年会晤一次,在两国轮流举行,以协商打拐合作有关事宜。如遇紧急情况,双方可另行协商确定临时会晤时间和地点。

根据本谅解备忘录互派代表团(组)往返的国际旅费,由派遣方负担;在接受国停留所需费用,由接待一方负担,但双方事先另有协议的除外。

第八条

本谅解备忘录不影响双方根据各自缔结或者参加的其他国际条约所享有的权利和承担义务。

第九条

在执行本谅解备忘录过程中产生的争议,双方应本着增进友谊和相互理解的精神,通过协商解决。

第十条

经双方协商同意,可对本谅解备忘录进行补充和修改。

第十一条

本谅解备忘录自签字之日起生效。任何一方可以随时通过书面通知另一方而终止本谅解备忘录。本谅解备忘录将于另一方收到该通知之日起三个月后失效。

本谅解备忘录于二〇〇九年十一月十一日在北京签订,一式两份,每份都用中文、缅文和英文写成,三种文本同等作准。如对文本的解释产生分歧,以英文文本为准。

中华人民共和国政府　　　　　缅甸联邦政府

代表　　　　　　　　　　代表

张新枫　　　　　　　　　蓬瑞

(签字)　　　　　　　　(签字)

中华人民共和国公安部国际合作局和美利坚合众国国土安全部移民与海关执法局谅解备忘录

第一章 前　　言

本谅解备忘录，包括前言和随后条款，构成双方根据本备忘录所述方式分享信息和进行其他合作的协议。本谅解备忘录不增加国际法规定的权力和义务，也不阻止任何一方根据条约规定提供信息的义务或行为。本备忘录反映双方根据各自国内法律实施行动的承诺。

中华人民共和国公安部国际合作局和美利坚合众国国土安全部移民与海关执法局（以下简称"双方"），认识到双方的信息交换能使中华人民共和国和美利坚合众国更有效地执行各自法律，协调执法活动，加强中华人民共和国和美利坚合众国之间在打击跨国犯罪领域的联合执法侦查；在相互尊重国家主权和平等互利基础上，达成如下谅解：

第二章 定　　义

第一条　本谅解备忘录适用如下定义：

（一）谅解备忘录：描述双方共识、目标和计划的文件。

（二）双方：本谅解备忘录的双方指中华人民共和国公安部国际合作局和美国国土安全部移民与海关执法局。

（三）证据材料：在司法或类似程序中用作证据的任何材料。

第三章 范　围

第一条　本备忘录条款不限制中华人民共和国和美国政府间业已生效的与司法协助、合作或信息分享有关的任何协议、安排或做法。

第二条　本备忘录是为解决如下问题：指定管理本谅解备忘录的联系人，交换执法信息，双方在联合执法侦查中的合作，以及提供相互执法培训与协助。本备忘录未提及的其他相关执法问题可通过其他执法渠道解决。

第四章　指定联系人

第一条　为执行本谅解备忘录，双方应当指定各自执法部门联系人。中华人民共和国公安部国际合作局指定中华人民共和国公安部国际合作局美洲大洋洲处及中华人民共和国驻华盛顿特区使馆警务联络官作为其联系人。美国国土安全部移民与海关执法局指定移民与海关执法局国际事务办公室亚洲地区主任及移民与海关执法局在美国驻北京使馆的专员作为其联系人。

第五章　执法情报交换与信息共享

第一条　根据本备忘录，双方遵照各自国内法律对交换的执法信息进行保护。

第二条　双方信息交换应根据各自司法权限进行。

第三条　所有执法信息交换请求应以书面形式提出。根据本备忘录进行的信息交换的格式和时机应经被双方认可。书面请求的内容应包括对交换的信息保密，且仅能用于执法目的。如果一方请求在正常交换时间范围之外获取信息，该方应联系被请求方指定官员（见附件）请求立即获取此信息。

第六章　联合执法侦查合作

第一条　双方加强对从事跨国犯罪活动的个人和犯罪组织进行联合侦查。双方愿意在各自职能范围内先期开展的联合侦查行动包括，但不限于以下领域：人口走私和遣返、反腐败、网络犯罪、金融犯罪、知识产权犯罪、缉捕逃犯、洗钱和违禁物品走私。双方通过协商也可以联合侦查其他刑事犯罪。

第二条　双方建立和使用联合行动组，作为方便联合侦查和交换证据材料的交流机制。根据本备忘录交换的所有执法信息、情报和证据材料均受中华人民共和国和美国各自适用国内法律的保护。

第七章　执法与法律交流

第一条　双方致力于开展执法交流，以进一步提高双方的侦查、法律和基本能力。双方将定期会晤，确定交流领域，以更加符合双方的国家利益。

第八章　其他协助条款

第一条　双方将定期、不间断地分享与执行本备忘录有关的最佳行动做法。

第二条　双方将根据共同商定的时间举行会晤，就本备忘录的执行效果交换意见，根据双方需求提出对本备忘录的修改建议。所有修改应由双方以书面形式提出并接受。

第九章　协助的免除

第一条　若一方认定根据本备忘录进行的信息交换或任何其他协助与其国内法律不符，或有损于该国国家主权或安全，或公共政策利益，一方可以拒绝提供全部或部分信息，一方也可规定在满足某些条件或要求的前提下再予提供信息。如一方拒绝根据本备忘录提供任何信息时，应根据实际情况且符合各自法律的原则，向对方解释拒绝提供的原因。

第二条 拒绝或延迟协助时，拒绝或延迟的原因应及时提供。

第十章 管理细则

第一条 本谅解备忘录附件提供双方为本备忘录所指定的联系官员名单。此名单可以通过双方致函方式随时修改。

第二条 根据本谅解备忘录规定进行交换的执法信息的收集、制作或准备方式如有任何改变，一方需通知另一方。

第三条 一方可就管理本谅解备忘录制定相应规定和程序，并可与另一方分享。

第四条 本备忘录的解释或应用出现任何困难或问题，双方应通过良好协商努力解决。

第五条 任何一方可以在书面通知另一方三十日后终止执行本备忘录规定的任何活动。本备忘录终止时，根据本备忘录条款规定正在执行中的活动，如果合适，应予完成。

第六条 本文件是中国公安部国际合作局和美国国土安全部移民与海关执法局之间的安排，不为任何其他个人、公私机构带来或赋予任何权利和利益。

第七条 本备忘录将自双方签字之日起生效。

中华人民共和国公安部　　　　　美国国土安全部
　国际合作局局长　　　　　移民与海关执法局局长
　　刘志强　　　　　　　　朱莉·迈尔斯
　　（签字）　　　　　　　　（签字）
2006 年 7 月 27 日于华盛顿　　2006 年 7 月 27 日于华盛顿

中华人民共和国政府和东南亚国家联盟
成员国政府非传统安全领域合作谅解备忘录

中华人民共和国政府和东南亚国家联盟成员国政府（以下简称"双方"），

为加强双方的友好合作关系；

落实 2002 年 11 月 4 日发表的《中国与东盟关于非传统安全领域合作联合宣言》；

促进双方在非传统安全领域的合作，

达成如下谅解：

第一条　目　标

双方将根据参与国国内法律、法规，制定务实战略，提高参与国单独和共同处理贩毒、偷运非法移民包括贩卖妇女儿童、海盗、恐怖主义、武器走私、洗钱、国际经济犯罪和网络犯罪等非传统安全问题的能力。

第二条　合作领域

双方确定下列共同感兴趣的中长期合作领域：

（一）信息交流

1. 双方将交流第一条所列领域参与国国内法律资料；

2. 双方将交流第一条所列领域参与国加入的国际公约情况，视情交流参与国间签署的双边合作协议情况；

3. 双方将在保密和互利的基础上，交流第一条所列犯罪的情报信息；

4. 双方将交流预防和侦查第一条所列犯罪的专业设备和技术信息。

（二）人员交流与培训

1. 双方将加强参与国执法人员和专家之间的往来与交流；

2. 中方将举办研讨班，促进参与国在反恐、禁毒、打击海盗和国际经济犯罪等领域的执法经验交流；

3. 中方将举办培训班，提高参与国在禁毒、刑事技术、出入境管理、道路交通管理、网络犯罪侦查领域的水平，促进参与国之间的合作。为提高培训班质量，中方可邀请本地区或本地区以外国家的专家为培训班授课；

4. 双方将加强参与国执法培训机构之间的合作。

（三）执法合作

1. 双方将在相互尊重主权和平等互利的基础上，在本国法律规定许可的范围内，鼓励并相互给予最大限度的执法合作；

2. 双方将推动参与国在本国法律规定许可的范围内，在调查取证、协查犯罪所得去向、追捕及遣返逃往国外的犯罪嫌疑人和返还犯罪所得等领域开展合作，鼓励参与国之间签署双边合作协议；

3. 双方将对参与国关于国际执法合作的相关法律和习惯做法进行研究，制定参与国之间执法合作的框架性程序，指导和规范执法合作。

（四）共同研究

1. 双方支持和鼓励专家、学者就非传统安全领域共同进行专题研究，分享有关研究成果；

2. 双方将组织有关领域专家进行短期考察和交流。

（五）其他领域

双方将就其他共同感兴趣的领域进行合作。

第三条　实　　施

一、双方同意下列机构为本谅解备忘录的执行机构：

——中华人民共和国公安部，代表中华人民共和国政府；

——东南亚国家联盟秘书处，代表东南亚国家联盟成员国政府。

双方执行机构负责商定本谅解备忘录的具体合作内容、时间和实施办法，协调相关合作的开展。东盟秘书处凭借其对国际和地区性组织的了解和研究，负责协调东盟内部相关合作的开展。

二、东盟方欢迎中国以适当方式参与东盟在打击跨国犯罪领域现有的合作机制，包括东盟打击跨国犯罪行动计划和工作方案。

三、双方每年举行一次工作层会晤，交流本谅解备忘录的执行情况，相互通报包括东盟与中国打击跨国犯罪高官会在内的东盟现有机制下有关合作的进展情况，并讨论下一步合作计划。

第四条　资金安排

根据本谅解备忘录中方所举办的研讨班、培训班的国际旅费由派遣国负担，其他费用由中方承担，包括东盟成员国派遣到中国参加培训人员在中国国内的交通费、食宿费和聘请讲师的费用，双方另有商定的除外。

根据本谅解备忘录进行的其他合作所需费用由双方根据国际惯例在协商的基础上共同承担。

根据本谅解备忘录所进行的各项活动应根据双方的资金和人员的具体情况安排。

第五条　保　　密

除非得到提供信息的参与国书面授权，任何一方不得将其根据本谅解备忘录所得到的文件、数据、设备和技术等信息向第三方透露或散发。

双方同意本条规定在本谅解备忘录终止后仍然有效。

第六条　修改和补充

经双方书面协商同意，可对本谅解备忘录进行修改和补充。

第七条　争端的解决

对本谅解备忘录条款的解释、实施或适用若有不同意见，双方应通过磋商或谈判友好解决，而不应提交任何第三方。

第八条　生效、期限与终止

本谅解备忘录自签字日起生效，有效期为五年。通过双方换文确认，本谅解备忘录可延期。

任何一方可以书面形式通知另一方终止本谅解备忘录。本谅解备忘录在书面通知三个月后终止。本谅解备忘录的终止不影响根据本谅解备忘录已经开展的合作的有效性及其实施。

双方对本谅解备忘录的签署表明双方已得到各自所代表的政府的授权。

本谅解备忘录于二〇〇四年一月十日在泰国曼谷签署，一式两份，每份都用英文写成。

<table>
<tr><td>中华人民共和国</td><td>东南亚国家联盟</td></tr>
<tr><td>政府代表</td><td>成员国政府代表</td></tr>
<tr><td>田期玉</td><td>王景荣①</td></tr>
<tr><td>（签字）</td><td>（签字）</td></tr>
</table>

① 王景荣：东南亚国家驻盟秘书处秘书长。

中华人民共和国公安部和
柬埔寨王国内政部
合作谅解备忘录

中华人民共和国公安部和柬埔寨王国内政部（以下简称"双方"），为进一步巩固和发展两国之间的友好关系，加强两国在执法领域的合作，在相互尊重主权和平等互利的基础上，达成谅解如下：

第一条　（合作范围）

双方根据各自国家的法律和有关国际条约，在各自职权范围内，为制止和打击下述犯罪活动，相互进行合作：

（一）非法贩运麻醉药品和精神药物及易制毒化学品；

（二）国际恐怖活动；

（三）走私；

（四）洗钱；

（五）伪造货币和有价证券；

（六）伪造护照、签证等证件；

（七）非法贩运武器、弹药、爆炸物品、核材料和其他放射性物品以及危险化学品；

（八）组织、运送他人偷越国境，特别是偷运、贩卖人口；

（九）诈骗；

（十）计算机犯罪；

（十一）其他跨国犯罪。

第二条　（交换情报信息）

双方根据各自国家法律，就以下领域交换情报信息：

（一）关于本谅解备忘录第一条所列举的犯罪方面的情报；

（二）关于两国公民在对方国家犯罪、受到非法侵害、或犯罪后藏匿的情报；

 （三）关于本国制止和打击犯罪方面的立法信息；

 （四）其他双方都感兴趣的情报信息。

第三条　（交流经验）

双方就以下方面的工作经验，进行交流：

 （一）预防、制止和侦查犯罪；

 （二）人口管理和社会管控机制；

 （三）对核材料及其他放射性物品、武器、弹药、爆炸物品、剧毒物品及其他危险物品的管控；

 （四）出入境管理，包括外国人管理；

 （五）边海防管理；

 （六）道路交通、铁路、航运和民航安全管理；

 （七）查处和预防计算机犯罪的对策和技术手段；

 （八）消防管理；

 （九）警察法制建设；

 （十）在双方国内开展的警察培训。

第四条　（执法合作）

双方在本国法律规定的范围内，共同制定并实施制止和打击本谅解备忘录第一条所列的各种犯罪活动的措施。双方根据各自职权范围，在本国领土上组织侦查和搜捕犯罪嫌疑人、被告人和罪犯，向另一方通报其身份、案情和证据清单，并相互递解犯罪嫌疑人、被告人和罪犯。

第五条　（技术装备合作）

双方在科学研究、技术交流与开发、合作生产及提供警用技术、器材和装备等方面进行合作。

第六条　（人员培训合作）

双方在执法人员培训领域相互支持。双方将优先邀请对方参加本国举办的国际执法培训和研修项目。双方将根据对方请求，派遣专家赴对方国家讲学。

第七条 （通过国际刑警组织的合作）

双方扩大和加强国际刑警组织中华人民共和国国家中心局和国际刑警组织柬埔寨王国国家中心局之间的合作。

第八条 （合作方式）

（一）本谅解备忘录的具体合作内容、时间和实施办法，由中华人民共和国公安部国际合作局和柬埔寨王国内政部国际合作局负责商定，并报双方部长批准。

（二）双方每年一次轮流在各自国家举行会晤，交流履行本谅解备忘录的情况和讨论下一步的合作计划。

（三）为确保双方及时、有效联络，双方将设立 24 小时热线。中方热线设在公安部国际合作局，联系电话为 86-10-66263329，传真为 86-10-58186022；柬方热线设在内政部国际合作局，联系电话为 855-23-726052，传真为 855-23-726052。热线工作语言为英语，或对方国家语言。

第九条 （保密措施）

如一方提出其提供的情报和资料需对方保密，另一方需采取必要的保密措施。

根据本谅解备忘录相互提供的情报、资料和技术手段，非经提供一方事先书面同意，不得转让给第三方。

第十条 （合作请求的拒绝）

如双方中的任何一方认为对方提出的合作请求有损其国家主权、安全或公共利益时，可全部或部分拒绝该请求。

一方全部或部分拒绝合作请求后，应当在三十天内将拒绝的理由通知对方。

第十一条 （费用承担）

根据本谅解备忘录互派代表团（组）往返的国际旅费，由派遣方负担；在接受国停留所需费用，由接待一方负担，但双方事先另有协议的除外。

第十二条 （与其他国际条约的关系）

本谅解备忘录不影响双方根据两国缔结或者参加的其他国际条约所承担的国际义务的履行。

第十三条 （修改和补充）

经双方协商同意，可对本谅解备忘录进行修改和补充。

第十四条 （生效日期和语言）

本谅解备忘录自签字之日起生效，有效期为五年。如在谅解备忘录期满前双方中任何一方未以书面形式通知另一方终止本谅解备忘录，则本谅解备忘录自动延长五年，并依此法顺延。

双方中任何一方可在谅解备忘录期满前三个月通知另一方终止本谅解备忘录。

本谅解备忘录于二〇〇八年十一月三十日在柬埔寨金边签订，一式两份，每份都用中文、柬埔寨文和英文写成，三种文本同等作准。如对文本的解释发生分歧，以英文文本为准。

关于本谅解备忘录任何条款的任何分歧由双方通过友好协商解决。

本谅解备忘录生效时，双方于一九九七年八月二十二日签署的合作协议自动废止。

中华人民共和国　　　　　　柬埔寨王国

公安部代表　　　　　　　　内务部代表

孟宏伟　　　　　　内政国务秘书埃姆绍安

（签字）　　　　　　　　（签字）

中华人民共和国政府和荷兰王国政府
关于打击犯罪的警务合作谅解备忘录

中华人民共和国政府和荷兰王国政府（以下简称"双方"），为巩固和发展两国之间的友好关系，在遵循国际法原则、相互尊重主权和平等互利的基础上，在尊重、保护人权的前提下，加强警务合作，打击犯罪，达成如下谅解：

第一条

双方根据各自国家的法律和有关国际条约，通过本谅解备忘录执行部门（以下简称"执行部门"），为预防和打击下述犯罪活动，相互进行合作：

（一）非法贩运麻醉药品和精神药物及易制毒化学品；

（二）金融和其他经济犯罪，包括洗钱、诈骗、伪造货币和有价证券；

（三）非法贩运武器、弹药、爆炸物品、核材料及其他放射性物品；

（四）走私及贩卖人口相关犯罪；

（五）伪造护照、签证和其他证件；

（六）计算机犯罪；

（七）其他跨国犯罪。

如上述犯罪活动中的犯罪嫌疑人实施犯罪后逃往对方国家，对方国家在接到另一方国家请求时将根据有关公约积极协助另一方调查、认定犯罪嫌疑人并通报其身份、案情和证据。

要求获得涉及个人的信息，除警方之间使用外，只能通过司法协助请求的形式提出。

第二条

一、双方执行部门根据各自国家法律，在以下领域交换情报信息：

（一）本谅解备忘录第一条所列举的犯罪；

（二）战略犯罪分析。

二、双方在以下领域进行信息、知识和专业交流：

（一）关于预防和打击犯罪的立法；

（二）关于预防和打击犯罪的警务方法和技术研究；

（三）关于预防和打击犯罪的警察权限及相关的警察培训与教育；

（四）关于两国公民在对方国家犯罪或受到非法侵害。

第三条

根据本谅解备忘录提供的情报信息只作警方用途，而且只为提供目的所用。未经提供一方有关当局书面同意，不得将收到的情报信息挪为他用，如起诉等。提供一方将根据本国法律和相关国际条约作出是否同意的决定。

如一方提出，其提供的情报和资料需对方保密时，另一方需采取必要的保密措施。

第四条

如任何一方认为对方要求提供的情报有损其国家主权、安全、公共利益或违反该国法律及国际义务，可全部或部分拒绝该请求。

一方全部或部分拒绝请求后，应当立即通知另一方。

第五条

为执行本谅解备忘录，双方将共同制定如下有效措施：

（一）双方将指定国家联络点，负责第二条所列情报交换的协调事项。中华人民共和国公安部国际合作局作为中方国家联络点，荷兰驻华使馆警务联络处作为荷方国家联络点；

（二）关于履行本谅解备忘录的具体内容、时间和方法可由双方商定。双方工作语言为英语；

（三）双方可在任何时候召开专家会议；

（四）双方每两年一次轮流在北京和海牙举行会晤，交流履行本谅解备忘录的情况和讨论下一步的警务合作计划。

第六条

根据本谅解备忘录第五条第（三）项和第（四）项互派代表团的费用由派遣方承担，但双方事先另有协议的除外。

第七条

经双方协商同意，可对本谅解备忘录进行修改和补充。

第八条

本谅解备忘录自签字之日起生效，可在任何一方提前三个月通知另一方后予以终止。

本谅解备忘录于二〇〇九年十一月十九日在北京签订，一式两份，每份均用中文、荷兰文和英文写成，三种文本同等作准。如对文本的解释发生分歧，以英文文本为准。

中华人民共和国政府　　　　荷兰王国政府

代表　　　　　　　　　　代表

孟建柱　　　　　　　　特霍斯特

（签字）　　　　　　　（签字）

中华人民共和国公安部和加拿大皇家骑警关于打击犯罪的合作谅解备忘录

鉴于中华人民共和国公安部和加拿大皇家骑警（以下简称"双方"），分别作为中华人民共和国和加拿大的国家警察机关，致力于预防和打击犯罪，包括跨国犯罪；又鉴于为更加有效地预防和打击犯罪，加强彼此在执法领域的合作符合双方的共同利益；因此，双方现达成如下谅解：

第一条　合作目的和范围

一、本谅解备忘录旨在相互友好、相互尊重主权和平等互利的基础上，加强双方在执法领域的合作。

二、依据并遵照双方各自国家法律、政策和本谅解备忘录以及双方国家均为缔约方的国际条约规定的权利和义务，双方将在以下方面开展预防犯罪及刑事侦查方面的合作：

（一）非法种植、生产和贩运麻醉药品、精神药物及易制毒化学品；

（二）跨国有组织犯罪；

（三）金融及其他经济犯罪；

（四）洗钱；

（五）伪造证件、货币和有价证券，以及贩运伪造货币和有价证券；

（六）走私；

（七）非法贩运武器、弹药、爆炸物、有毒物品、破坏环境的放射性物品；

（八）与边境管理有关的犯罪，包括非法移民、偷渡和人口贩运；

（九）非法获取、进出口文物；

（十）双方根据各自国家法律规定职权范围，打击贿赂贪污犯罪；

（十一）与知识产权有关的犯罪；

（十二）双方各自管辖权下的其他共同关注的领域。

三、合作形式可包括：

（一）有关预防、侦查和打击犯罪的信息交换；

（二）在查找和确认被警方追捕的逃犯、罪犯及犯罪嫌疑人时，相互协助和提供信息；

（三）在查找和确认失踪人员及证人时，相互协助和提供信息；

（四）相互协助安排与案件有关人员自愿接受面谈或问询；

（五）相互协助查找、认定和鉴别涉案的物品和地点；

（六）交换与案件有关的记录和文件；

（七）相互交流知识、专业技能、法律或规范性文件以及相关科技信息；

（八）在警察技术、装备及人员培训等领域提供协助并交流信息；

（九）相互协助查扣并返还被盗掘和走私的文物；

（十）必要时，被请求方代为向本国其他执法部门提出并协调请求方的合作请求。

四、本谅解备忘录不妨碍双方进行其他形式的合作。

第二条　合作请求

一、合作的请求应当由下列人员提出和接收：

（一）中华人民共和国公安部方面，中华人民共和国公安部副部长或副部长指派的人员；

（二）加拿大皇家骑警方面，加拿大皇家骑警总警监或总警监指派的人员。

二、请求以中文、英文或法文的书面形式提交。在紧急情况下，上述请求可以口头形式提出，并在事后由提出请求方尽快以书面形式予以确认。

三、请求应当包括下列内容：

（一）负责侦查的执法机关名称或其他主管机关名称；

（二）合作请求涉及的案件性质和事实以及所适用的法律规定的说明；

（三）所需信息或其他类型合作的描述；

（四）请求提供信息或其他合作的目的；

（五）希望获得信息或其他合作的时限；

（六）有助于执行请求的其他资料。

四、双方应当各自保存提出和接收的协助请求记录。

五、被请求方应当向请求方及时通报请求的办理进展和结果。

第三条　推迟和拒绝请求

一、在下列情况下，一方可拒绝执行请求：

（一）请求未按本谅解备忘录的规定提交；

（二）被请求方认为，请求有悖于其国内法律、国际义务、内部政策，有损于其国家主权、国家安全、国际关系、公共秩序或有悖于其他重大公共利益；

（三）执行请求将产生额外或过高的费用。

二、如果执行请求可能妨碍被请求方的国内侦查或司法程序，被请求方可推迟提供协助。

三、在推迟或者拒绝合作时，被请求方应当采取以下措施：

（一）及时向请求方通报推迟或拒绝提供协助的原因，可以声明形式指出执行请求可能"有悖于其国内法、国际义务、内部政策，有损于其国家主权、安全、国际关系、公共秩序，或有悖于其他重大公共利益"；

（二）与请求方协商，以确定是否可以在其他双方可以接受的基础上进行合作。

第四条　交换信息

一、双方在根据本谅解备忘录相互提供信息时，应当：

（一）尽可能核实信息的相关性、准确性及完整性；

（二）尽可能指明信息的来源和可靠性；

（三）根据附件一所示对应表，确定信息的安全保密级别；

（四）在信息后附上适当的条件或警示说明，警示说明可采用附件二列出的范本模式，也可对其进行适当修改；

（五）仅在提供信息方确信，根据本谅解备忘录确有必要提供有关个人的信息时，方可提供。

二、双方在根据本谅解备忘录接收对方信息时，应当：

（一）以符合接收信息国安全保密级别要求和法律要求的适当形式传送、存留和销毁信息；

（二）仅为提供或获取信息的目的使用信息，除非提供信息方另有书面授权；

（三）信息查看仅限于双方出于职责需要、有权查看保密信息的工作人员；

（四）确保未经提供信息方明示授权，信息不会向外透露，但法律另有规定的除外，在此种情况下接收信息方应当向另一方通报透露信息事；

（五）遵守信息所附的警示说明、条件；

（六）返还另一方不慎提供的任何信息。

三、如本谅解备忘录的任何一方意识到依据本谅解备忘录交换的信息可能不准确或不可靠时，应当立即通知另一方。双方应当恪尽职守，排除此类信息。

四、在事先未接到请求的情况下，本谅解备忘录的一方可直接向另一方提供其认为与另一方有关的、在本谅解备忘录适用范围内的信息。

五、由接收信息方保管的另一方提供的信息被泄露时，接收信息方应当立即通知另一方，并与该方协商，立即采取措施以挽救事态。

第五条　交流专业技能

双方可指定部门代表或其他指派的代表，以及适当的本方人员：

（一）分享各自的专业技能和最佳实践；

（二）参加研讨会、培训班以及其他会议；

（三）为经双方书面批准的专家、执法机关及其行政人员就本谅解备忘录涉及的合作领域进行的访问提供便利。

第六条　财务安排

一、中华人民共和国公安部和加拿大皇家骑警分别负担各自在本谅解备忘录下发生的全部费用。

二、提出合作请求方应当负担本方代表因请求事项前往、停留和离开被请求方国家的全部费用。

三、执行合作请求方应当负担在其境内发生的与执行请求有关的全部正常费用。

四、其他特殊的或过高的费用负担应当由双方在发生费用前协商确定。

第七条　部门代表

一、为履行本谅解备忘录，双方指派下列职务的现任人员作为部门代表，并应当向其发出通知：

（一）中华人民共和国公安部方面为：中华人民共和国公安部国际合作局局长，中国北京市东长安街 14 号；或国际合作局局长指派的一名官员；

（二）加拿大皇家骑警方面为：加拿大皇家骑警国际警务局局长，加拿大安大略省渥太华市范尼尔公园大道 1200 号；或国际警务局局长指派的一名官员。

二、一方可向另一方以书面通知的方式更换其指派的部门代表。

三、双方均应当各自指派一人，以保持日常联络。所指派的联络官应当根据日常需要进行沟通，以解答疑问、协调处理问题或争端，并应当每年至少安排一次就本谅解备忘录的意见交换。

第八条　争议的解决

有关解释或适用本谅解备忘录时产生的争议，应当由双方友好协商解决。

第九条　修订

本谅解备忘录仅在双方书面同意的情况下进行修订。

第十条　有效期

本谅解备忘录自双方签字之日生效，有效期 5 年。在其有效期届满前，经双方书面同意，有效期可再延长 5 年或其他双方确认的期限。

第十一条　审查

双方应当适时就本谅解备忘录的执行和效力情况进行审查和评估。

第十二条　终止

一、本谅解备忘录可在任何一方提前 60 天书面通知另一方后予以终止。

二、在终止本谅解备忘录的情况下，双方应当尽可能就退还、销毁或继续使用并保存彼此已交换的信息达成谅解。

第十三条　通报影响本谅解备忘录的变更事项

双方应当相互以书面形式通报可能对本谅解备忘录造成影响的法律、规定或政策的变更。

本谅解备忘录于二〇一〇年六月二十四日在渥太华签订，一式两份，每份均用中文、英文和法文写成，三种文本同等作准。

<table>
<tr><td>中华人民共和国</td><td>加拿大</td></tr>
<tr><td>公安部代表</td><td>皇家骑警代表</td></tr>
<tr><td>兰立俊</td><td>坎农</td></tr>
<tr><td>（签字）</td><td>（签字）</td></tr>
</table>

中华人民共和国政府和澳大利亚政府关于打击犯罪的合作谅解备忘录

中华人民共和国政府和澳大利亚政府（以下简称"双方"），为加强两国的执法合作，更加有效地打击犯罪，在相互尊重主权和平等互利的基础上，达成如下谅解：

第一条　合作范围

依据本备忘录的规定，在符合双方共同参加的国际条约和各自国家法律及基本政策的情况下，双方在预防犯罪及对下列犯罪活动的调查方面进行合作：

（一）恐怖主义；

（二）非法种植毒品原植物，非法生产和贩运麻醉药品及精神药物；

（三）跨国有组织犯罪；

（四）金融及其他经济犯罪；

（五）洗钱和犯罪所得财物；

（六）伪造证件、非法制贩货币和有价证券；

（七）违反国际知识产权保护法律的国际伪劣商品走私；

（八）非法贩运武器、弹药、爆炸物、有毒物品、危害环境的和放射性的物品；

（九）与出入境有关的犯罪，包括非法移民、跨国贩运人口及使用被盗或伪造的旅行证件；

（十）非法获取和进出口文物；

（十一）绑架；

（十二）在各部门职责范围内打击贿赂犯罪；

（十三）其他双方相互感兴趣的领域。

第二条　合作方式

一、双方根据本备忘录第一条的规定所进行的合作将依照下列方式进行：

（一）交换有关计划中、实施中及已经实施的犯罪的信息；

（二）协查、认定被警方追捕的罪犯和犯罪嫌疑人并通报其身份及有关案情和证据；

（三）协查、认定并通报与案件有关的失踪人员及证人的信息；

（四）安排与案件有关人员自愿接受面谈，并检查涉案的物品和地点；

（五）交换有关记录和文件，包括被盗和伪造的旅行证件；

（六）交流有关的专业知识、法律、法规以及科技信息。

二、为保证本备忘录所规定的合作顺利实施，双方经协商同意在警用技术装备及人员培训方面进行相关合作。

三、本备忘录将不妨碍双方进行相互能够接受的其他形式的合作。

第三条　程序

本备忘录第一条所规定的合作将依照下列程序进行：

（一）警务合作的请求将由下列机关提出：

1. 中华人民共和国方面，由中华人民共和国公安部副部长或由副部长指定的人员直接向澳大利亚联邦警察总监或由警察总监指定的人员提出；

2. 澳大利亚方面，由澳大利亚联邦警察总监或由警察总监指定的人员直接向中华人民共和国公安部副部长或由副部长指定的人员提出。

（二）请求将以中文或英文的书面形式提出。在紧急情况下，上述请求可以口头形式提出，但是事后应当立即以书面形式予以确认。

（三）请求中包括的内容如下：

1. 负责调查的执法机关名称或主管当局；

2. 请求合作涉及案件的性质和简要情况；

3. 所需信息或其他合作的类型；

4. 请求提供信息或其他合作的目的；

5. 要求获得信息的期限。

（四）双方应当为对方提供的所有信息保密，并将信息只用于执法目的，但提供信息一方已明确授权可以对外透露的除外。

（五）双方应各指派人员负责日常联络。指定的联络官将根据需要进行沟通以解决疑问、问题或分歧，并且每年至少一次对本备忘录中的安排交换意见。

（六）任何一方应当通知对方每个请求的办理情况。

（七）本程序不妨碍双方警察部门以外的其他政府部门之间按照正在实施或将要协商实施的其他程序进行的合作。

第四条　延迟和拒绝执行请求

一、被请求方提供的协助应当限于其控制范围之内。

二、被请求方在下列情况下可以拒绝执行请求：

（一）请求与本备忘录的规定不符；

（二）执行请求与被请求方本国的法律相悖或损害其国家主权、安全、公共秩序或其他重大公共利益；

（三）执行请求需要担负特殊或过多的费用。

三、如果对该请求的执行可能妨碍本方正在进行的调查或司法程序，被请求方可以延迟执行请求。

四、在拒绝或延迟执行请求之前，被请求方应当：

（一）迅速通知请求方拒绝或延迟的原因；

（二）在因本条第二款第（二）项所规定而拒绝或延迟执行请求时，被请求方将以书面声明的形式指出该请求与本国法律相悖，损害其国家主权、安全、公共秩序或其他重大公共利益；

（三）与请求方协商确定合作是否可以通过其他双方可以接受的形式进行。

第五条　费用

一、请求方应当负担其派出代表的所有旅费、食宿费。

二、被请求方应当负担在其境内执行请求所需的所有正常费用。

三、对其他特殊的或过多的费用的负担，应当由双方在费用产生之前协商确定。

第六条　解决争议

有关执行和解释本备忘录产生的争议，将由双方通过协商解决。

第七条　备忘录的有效期

一、本备忘录自签署之日起生效，有效期为五年。

二、在本备忘录期满六个月前，如果任何一方未以书面形式通知另一方要求终止本备忘录，则本备忘录的有效期将自动延长五年，并依此法顺延。

三、任何一方可随时以书面形式通知另一方终止本备忘录。

四、经双方书面一致同意，方可对本备忘录进行修改和补充。

五、本备忘录根据任何一方通知中止后，双方在中止前已启动并正在进行的合作项目不受影响。

本备忘录于二〇一一年十二月八日在北京签订，一式两份，每份均用中文和英文写成，两种文本同等作准。

中华人民共和国政府　　　　澳大利亚政府

代表　　　　　　　　　　　代表

（签字）　　　　　　　　　（签字）

会 议 纪 要

中华人民共和国公安部和
越南社会主义共和国公安部
首次合作打击犯罪会议纪要

应越南社会主义共和国公安部部长黎鸿英邀请，中华人民共和国国务委员、公安部部长孟建柱于 2008 年 12 月 1 日至 6 日对越南进行了正式访问。中华人民共和国国务委员、公安部部长孟建柱与越南社会主义共和国公安部部长黎鸿英共同主持了中华人民共和国公安部和越南社会主义共和国公安部首次合作打击犯罪会议。会议在相互理解和信任的气氛中进行，并富有建设性。

双方共同回顾了两国公安部门的交流与合作情况，一致认为，2003 年 9 月两国公安部签署关于建立合作机制的协议以来，双方合作关系取得良好发展，合作机制更加完善，团组交流和执法合作更加务实，形成全方位、宽领域、从中央到地方的合作态势。两国执法合作已经成为两国政治关系的重要组成部分，为维护两国，特别是两国边境地区稳定作出了贡献。2004 年 4 月和 2006 年 5 月，中越两国公安部轮流在河内和北京举行了边境地区合作打击犯罪和维护社会治安会议，双方开展了多次联合行动，有效打击了中越边境地区的违法犯罪活动，共同维护了中越边境地区的社会治安稳定，为增进中越友好关系作出了积极贡献。

为继续巩固和加强两国公安部门之间的务实合作，本着团结、友谊和合作的精神，共同集中解决涉及两国的犯罪和社会治安问题，双方达成以下共识：

一、双方同意在平等互利、相互尊重的基础上进一步加强合作，通过协商解决出现的问题和争议。

二、2001 年 7 月 26 日签署的《中华人民共和国政府和越南社会主义共和国政府关于打击犯罪和维护社会治安的合作协定》、《中华人民共和国政府和越南社会主义共和国政府关于加强禁毒合作的谅解备忘录》和 2003 年 9 月 18 日签署的《中华人民共和国公安部和越南社会主义共和国公安部关于建立合作机制的协议》等文件是双方合作的法律基础。

三、双方同意建立三级会晤机制并将其作为双方目前的工作机制：1. 中央级，通过两国公安部合作打击犯罪会议；2. 边境省（自治区）级；3. 边境县（市）级。

四、现阶段，双方将采取切实有效措施，重点预防和打击以下犯罪活动：

（一）恐怖活动和其他跨国有组织犯罪活动；

（二）非法出入境（包括两国公民及第三国公民非法出入境）；

（三）赌博和由赌博引发的犯罪活动；

（四）拐卖妇女儿童；

（五）制造、运输和贩卖麻醉药品、精神药物和易制毒化学品；

（六）制造、运输、储藏、贩卖假币和洗钱等经济犯罪及高科技犯罪。

五、双方将采取派遣专家讲学及举办研讨会、培训班、理论研修班等多种形式，加强人员往来，使两国公安业务部门的友好关系更加深入发展。

六、双方将加强在警用装备和科技领域的合作。

七、双方将加强在东盟与中国（"10+1"），东盟与中国、日本、韩国（"10+3"）和其他多边机制中的协调与配合，共同创建和平、稳定、安全的地区和国际环境。

八、双方将在协商一致的基础上，在 2009 年至 2010 年集中开展以下合作：

（一）开展打击制造、运输、贩卖假币犯罪联合行动；

（二）开展中越边境地区打击赌博和洗钱联合行动；

（三）开展中越边境地区打击非法出入境联合行动，在最短的时间内对非法出入境人员身份进行核查，提高遭返效率；

（四）召开两国公安部刑侦部门工作会议，开展中越边境地区打拐联合行动，并商签两国政府间打拐合作协定；

（五）开展中越边境地区禁毒联合行动；

（六）加强在禁毒、治安管理、刑侦技术、交通管理、警犬训练等领域的培训和业务交流，举办两国公安高级理论研修班；

（七）积极推动两国有关部门商签两国引渡条约。

九、双方肯定两国公安部合作打击犯罪会议机制的积极作用，将通知和督促各自有关部门严格执行本会议纪要内容。双方同意2010年在中国举行中华人民共和国公安部和越南社会主义共和国公安部第二次合作打击犯罪会议。

十、为便于进一步推动有关合作，双方同意研究并尽早向有关部门申请在各自驻对方国家大使馆设置警务联络官。

十一、双方同意两国公安部领导每两年轮流举行会晤，总结合作成果并商签未来两年的合作计划。

本会议纪要于2008年12月5日在越南河内签署，一式两份，每份都用中文和越文写成，两种文本同等作准。

中华人民共和国　　　　越南社会主义共和国

公安部部长　　　　　　公安部部长

孟建柱　　　　　　　　黎鸿英

（签字）　　　　　　　（签字）

中华人民共和国公安部和越南
社会主义共和国公安部第二次
中越边境地区合作打击犯罪和
维护社会治安会议纪要

　　2006 年 5 月 11 日，中华人民共和国公安部副部长孟宏伟和越南社会主义共和国公安部常务副部长阮庆全在中国首都北京举行了第二次中越边境地区合作打击犯罪和维护社会治安会议（以下简称"中越边境会议"）。中方代表团由中国公安部有关部门和广西壮族自治区、云南省公安厅负责人组成。越方代表团由越南公安部、外交部、边防部队有关部门和奠边、莱州、河江、老街、谅山、高平、广宁、河内、海防等省、市公安机关负责人组成。会议在相互理解和信任的气氛中进行，并富有建设性。双方代表团名单详见附件一（略）。

　　双方高度评价自 2004 年 4 月首次中越边境地区合作打击犯罪和维护社会治安会议以来双方合作取得的成果。在过去两年中，两国公安部门建立和完善了两国中央、边境省（自治区）、边境县（市）公安部门三级会晤制度，在打击边境地区犯罪和维护社会治安方面做了大量卓有成效的工作，共同维护了中越边境地区社会治安秩序稳定及和平、友谊和发展，为增进中越友好关系作出了新的贡献。

　　为继续巩固和加强两国公安部门之间的务实合作，本着团结、友谊和合作的精神，共同解决两国边境地区与打击犯罪和维护社会治安有关的问题，双方经友好协商，达成以下共识：

　　一、两国公安部门应当继续巩固和发扬在长期交往中形成的、通过双边合作文件确认的友好合作精神。双方将在平等互利、相互尊重的基础上进一步加强合作，坚持通过协商解决出现的问题和分歧。

二、双方将进一步完善两国中央（公安部及有关业务局）、边境省（自治区）、边境县（市）公安部门三级会晤制度，实现各级单位之间的定期会晤和紧急情况下的联络，充分发挥边境地区联络设施和渠道的作用，加强边境地区会晤场所、设施和装备建设。各级联络部门和联系方式详见附件二（略）。

三、双方采取切实有效措施，预防和打击以下犯罪活动：

（一）国际恐怖活动；

（二）非法出入境（包括两国公民及第三国公民非法出入境）；

（三）绑架和拐卖妇女儿童；

（四）制造、运输、储藏、贩卖假币和洗钱等经济犯罪及高科技犯罪；

（五）制造、运输和贩卖麻醉药品、精神药物和易制毒化学品；

（六）组织、煽动加入邪教；

（七）赌博和由赌博引起的犯罪活动。

四、双方将在2003年9月18日两国公安部达成共识的基础上，采取切实有效措施，加强宣传工作，教育本国公民严格遵守出入境法律，自觉抵制非法出入境行为；加强管理和边境巡查，及时发现和制止非法出入境行为；在协商一致的基础上，加强对非法出入境人员的遣返工作。

五、双方将加强在刑事侦查、刑侦技术、交通管理、特警建设、警犬训练、人事管理、外语干部等领域的培训和业务交流，推动两国公安部门友好往来和文化、体育等团组交流。

六、双方将加强在警用装备和科技领域的合作。

七、双方将在2006年组织采取以下具体合作措施：

（一）双方将加快对非法出入境人员的核查速度，对非法出入境人员的核查工作应在接到通报后尽快完成。对在两国边境省份查获的非法出入境人员，回复接收时间最长不超过 15 天；对在两国其他地区查获的非法出入境人员，回复接收时间最长不超过 30 天。

（二）双方对非法出入境人员的遣返工作除在河口—老街、友谊关—友谊、东兴—芒街口岸实施之外，还可在水口—驮隆、龙邦—茶岭、天保—清水河、金水河—马鹿唐口岸及双方认可的其他口岸实施。

（三）双方于 2006 年内启动中越边境地区打击非法出入境联合行动。为此，双方主管部门于 2006 年 5 月举行工作会谈，研究联合行动具体事宜。

（四）双方于 2006 年 5 月在越南胡志明市召开第二次中越刑侦部门工作会议。

（五）双方于 2006 年 7、8 月间开展联合打击拐卖妇女儿童专项行动。

（六）双方根据联合国儿童基金会项目，于 2006 年举办打击拐卖犯罪执法研讨会、案件线索交流会和年度项目审评会议。

（七）双方将于 2006 年适时开展中越边境地区禁毒联合行动。

（八）双方将建立经济犯罪侦查部门的对口联络，加强情报信息交流和在个案侦办领域的合作。

（九）双方将积极推动两国有关部门商签两国引渡条约。

八、双方充分肯定中越边境地区合作打击犯罪和维护社会治安会议机制所起的积极作用。双方同意在此基础上，不断扩大合作领域，推动两国公安部门的全面合作。双方将通知和督促各自有关部门严格执行本会议纪要内容。

九、双方过去签署的合作文件中关于非法出入境人员核查和遣返的规定与本会议纪要不一致的，以本会议纪要为准。

本会议纪要于 2006 年 5 月 11 日在中国首都北京签订，一式两份，每份都用中文和越文写成，两种文本同等作准。

本会议纪要自双方代表签字之日起生效。

中华人民共和国　　　越南社会主义共和国

公安部代表　　　　　公安部代表

孟宏伟　　　　　　　阮庆全

（签字）　　　　　　（签字）

中华人民共和国公安部和缅甸联邦内政部首次中缅边境地区合作打击跨国犯罪和维护社会治安部长级会议纪要

为落实 2004 年 7 月中缅两国领导人会晤达成的共识，进一步推动中华人民共和国公安部与缅甸联邦内政部在边境地区的执法合作，打击边境地区跨国犯罪活动，维护中缅边境地区的安全与稳定，中华人民共和国公安部副部长赵永吉率领的公安部代表团与缅甸联邦内政部副部长蓬瑞率领的内政部代表团（以下简称"双方"），于 2005 年 1 月 12 日至 15 日在仰光举行了首次中缅边境地区合作打击跨国犯罪和维护社会治安部长级会议。

会议在坦诚、互信、友好、合作的气氛中进行，并富有建设性。双方认为，近年来，中国公安部和缅甸内政部相互协作，在打击边境地区跨国犯罪和维护社会治安方面做了卓有成效的工作，共同维护了中缅边境地区的安全与稳定，为发展中缅友好关系和两国人民的传统友谊作出了积极的贡献。

为进一步巩固和发展中国公安部和缅甸内政部之间的合作关系，经双方友好协商，就以下事项达成一致：

一、双方认为，1997 年 3 月 25 日签署的《中华人民共和国政府和缅甸联邦政府关于中缅边境管理与合作的协定》、2001 年 1 月 21 日签署的《中华人民共和国政府和缅甸联邦政府关于加强禁毒合作的谅解备忘录》以及 2001 年 12 月 12 日签署的《中华人民共和国公安部和缅甸联邦内政部边防合作议定书》是双方合作的基础和依据。双方一致同意，上述合作文件确定的友好合作精神和合作原则应当继续贯彻执行。

二、双方同意，建立两国中央、边境省（邦）、边境县（市、镇区）公安、内政部门三级边境警务联系合作机制，明确各级联络部门和联系方式，充分发挥相邻边境口岸就具体边境治安事务的联络作用，有效维护边境地区的安全与稳定。

双方同意，中国公安部和缅甸内政部每两年一次轮流主办"边境地区合作打击跨国犯罪和维护社会治安部长级会议"；两国边境相邻省（邦）公安、内政部门每年一次轮流举行定期会晤；两国边境相邻县（市、镇区）公安、内政部门根据需要举行会晤。

三、双方同意，中国公安部和缅甸内政部业已建立的边防代表和联络官联系制度继续保持不变，并使其积极履行职责。

四、双方同意，进一步推动双边禁毒合作，特别是加强在情报交流、缉毒执法、替代发展等领域的合作与交流，采取协调一致的行动，共同防范和打击走私、贩卖、运输、制造麻醉药品和精神药物，走私、非法买卖易制毒化学品。双方还就替代发展计划的产品销售的可能性进行了讨论。

五、双方同意，中国公安部与缅甸内政部、移民与人口部和海关总局在防范和打击非法出入境活动方面加强合作，采取行之有效的措施，加强边境和口岸的管理与控制，加强对本国公民的宣传、教育，制止非法出入境行为。双方应进一步加强在遣返非法越境人员方面的合作，对查获的非法出入境人员，及时通报情况，及时从双方确定的地点遣返。一方在抓捕、羁押、遣返非法出入境人员时，应遵循人道主义原则。

六、双方同意，进一步加强反洗钱合作，在及时、互信原则的基础上加强沟通与协作。特别是加强反洗钱情报共享方面的合作，建立可疑资金交易情报等洗钱犯罪线索和情报交流机制。同时，在洗钱犯罪嫌疑人的缉捕与遣返、洗钱资产的返还与分享等领域加强反洗钱执法合作。

七、双方同意，进一步加强枪支弹药和爆炸物品的管理，打击涉及枪支弹药和爆炸物品的违法犯罪活动；共同防范和打击边境地区赌博、拐卖妇女儿童、制造和贩卖假币等违法犯罪活动；规范和加强双方在出入境管理方面的交流与合作，维护边旅游和贸易活动秩序。

八、双方同意，进一步加强在警用装备和警察培训领域的合作。

九、双方同意，积极推动两国互派警务联络官。

十、双方同意，2007 年在中国首都北京召开第二次中缅边境地区合作打击跨国犯罪和维护社会治安部长级会议。具体事宜由双方外事部门协商。

本会议纪要于 2005 年 1 月 15 日在仰光签订，一式两份，每份都用中文、缅文和英文写成，三种文本同等作准。如对文本的解释发生分歧，以英文文本为准。

中华人民共和国　　　　　缅甸联邦

公安部代表　　　　　　　内政部代表

赵永吉　　　　　　　　　蓬　瑞

（签字）　　　　　　　　（签字）

中华人民共和国公安部和缅甸联邦内政部第二次中缅边境地区合作打击跨国犯罪和维护社会治安部长级会议纪要

2007年4月2日，中华人民共和国公安部副部长张新枫和缅甸联邦内政部副部长蓬瑞在中国首都北京举行了第二次中缅边境地区合作打击跨国犯罪和维护社会治安部长级会议（以下简称"中缅边境会议"）。中方代表团由中国公安部有关部门组成。缅方代表团由缅甸内政部办公厅、缅甸警察部队、特别侦察司、外交部、边境地区和少数民族发展部、军队军事安全部等有关部门负责人组成。会议在相互理解和信任的气氛中进行，并富有建设性。双方代表团名单详见附件（略）。

双方高度评价自2005年1月首次中缅边境会议以来双方合作取得的成果。在过去两年中，两国公安、内政部门建立和完善了两国中央、边境省（邦）、边境县（市、镇区）公安、内政部门三级边境警务联系合作机制，在打击边境地区犯罪和维护社会治安方面做了大量卓有成效的工作，共同维护了中缅边境地区社会治安秩序稳定，为增进中缅友好关系作出了新的贡献。

为继续巩固和加强两国公安、内政部门之间的务实合作，本着团结、友谊和合作的精神，共同解决两国边境地区社会治安有关的问题，双方经友好协商，达成以下共识：

一、中国公安部和缅甸内政部将继续巩固和发扬在长期交往中形成的、通过双边合作文件确认的友好合作精神。双方将在平等互利、相互尊重的基础上进一步加强合作，坚持通过协商解决出现的问题和分歧。

二、双方将进一步完善两国中央、边境省（邦）、边境县（市、镇区）公安、内政部门三级边境警务联系合作机制，实现各级单位之间的定期会晤和紧急情况下的联络，充分发挥边境地区联络设施和渠道的作用。

三、进一步推动中国公安部和缅甸内政部业已建立的边防代表和联络官联系制度的落实，加强交流、协作配合，妥善处理边境互涉事务。

四、双方采取切实有效措施，预防和打击以下违法犯罪活动：

（一）非法制造、运输和贩卖麻醉药品、精神药物和易制毒化学品；

（二）国际恐怖活动；

（三）非法出入境活动（包括两国公民及第三国公民非法出入境）；

（四）绑架和拐卖妇女儿童；

（五）制造、运输、储藏、贩卖假币和洗钱等经济犯罪及高科技犯罪；

（六）非法制造、贩卖和走私枪支弹药、爆炸物品及主要零部件；

（七）赌博和由赌博引起的违法犯罪活动。

五、双方采取切实有效措施，积极防范和制止非法出入境行为；对查获的非法入境人员要给予人道主义待遇，保证其人身、财产安全，及时向对方通报查获非法入境人员情况，并尽快遣返。

六、双方将加强在警用装备和人员培训领域的合作。

七、双方将在 2007 年组织采取以下具体合作措施：

（一）缅方将推动政府采取措施禁止中国公民投资、经营、管理赌场、在赌场工作和参与任何形式的赌博活动。

（二）双方分别在中国瑞丽、缅甸木姐建立中缅边境地区打击跨国拐卖犯罪联络官办公室，定期交流拐卖犯罪信息，探讨合作事宜。

（三）双方扩大和深化在打击跨国拐卖妇女儿童领域的合作，加强在信息交流、犯罪嫌疑人身份确认、协助调查取证等领域的务实合作。

（四）双方根据联合国儿童基金会项目，于2007年举办中缅联合反拐培训班、中缅打拐合作项目年度审评会。

（五）双方积极落实2006年两国政府签署的禁毒合作协议和两国禁毒主管机构签署的联合罂粟种植遥感监测谅解备忘录，进一步巩固缅北地区禁种罂粟成果，继续加强替代作物的种植、营销、市场开拓等工作，继续开展罂粟种植联合监测，加大替代发展和粮食等援助合作力度。

（六）2007年，双方继续开展缉毒执法和情报合作，严厉打击跨国毒品犯罪活动，继续在两国边境地区开展打击跨境毒品制造和贩运活动的联合行动，根据两国有关法律规定以及禁毒合作协议相互协助抓捕、遣返对方通缉的毒品犯罪嫌疑人。

（七）2007年，中方将继续为缅甸举办为期1个月的禁毒执法培训班，邀请缅方35名禁毒执法官员参加。举办为期20天的禁毒高级官员研修班，邀请缅方15名禁毒高级官员参加。中方将为缅甸举办刑侦技术培训班，邀请缅方10名刑侦技术官员参加。邀请两名缅甸内政部执法官员来华进行为期1年的学习。

（八）为加强双方的联系，中方将于2007年向中国驻缅甸使馆派驻警务联络官。双方将警务联络官作为两部执法合作和信息交流的重要渠道。

八、双方充分肯定中缅边境地区合作打击跨国犯罪和维护社会治安部长级会议机制所起的积极作用。双方同意在此基础上，不断扩大合作领域，推动两国公安、内政部门的全面合作。双方将通知和督促各自有关部门严格执行本会议纪要内容。

九、双方将于2009年在缅甸召开第三次中缅边境会议。

本会议纪要于2007年4月2日在中国首都北京签订，一式两份，每份都用中文和缅文写成，两种文本同等作准。

本会议纪要自双方代表签字之日起生效。

中华人民共和国　　　　缅甸联邦

公安部代表　　　　　　内政部代表

张新枫　　　　　　　　蓬　瑞

（签字）　　　　　　　（签字）

中华人民共和国公安部和
缅甸联邦内政部第三次中缅边境地区
合作打击跨国犯罪和维护社会治安
部长级会议纪要

应缅甸联邦内政部邀请，中华人民共和国公安部副部长张新枫于 2009 年 7 月 18 日至 21 日正式访问缅甸。中华人民共和国公安部副部长张新枫和缅甸联邦内政部副部长蓬瑞在缅甸联邦曼德勒共同主持了第三次中缅边境地区合作打击跨国犯罪和维护社会治安部长级会议（以下简称"中缅边境会议"）。中方代表团由中国公安部治安管理局、边防管理局、刑事侦查局、国际合作局、禁毒局和云南省公安厅等有关部门组成。缅方代表团由缅甸内政部办公厅、缅甸警察部队、特别侦察司、监狱管理局、外交部、边境地区和少数民族发展部、国防部军事安全部、移民部等有关部门负责人组成。会议在相互理解和信任的气氛中进行，并富有建设性。

中华人民共和国公安部和缅甸联邦内政部（以下简称"双方"）共同回顾了两国公安、内政部门的交流与合作情况，一致认为，自 2007 年 4 月第二次中缅边境会议以来，双方合作关系取得良好发展，合作机制更加完善，团组交流和执法合作更加务实，形成全方位、宽领域、从中央到地方的合作态势。两国执法合作已经成为两国政治关系的重要组成部分，为维护两国，特别是两国边境地区稳定作出了贡献，为增进中缅友好关系作出了贡献。

2009 年 1 月，两国禁毒部门在缅甸仰光联合侦破了一起毒品大案，共缴获毒品海洛因 197.16 千克。2009 年 2 月，公安部工作组与缅甸内政部工作组在云南瑞丽进行了会晤，就中缅两国加强禁赌合作，妥善处置被缅甸赌场非法扣押、拘禁的中国公民事宜达成一致意见。缅甸派出联合工作组对缅甸迈扎央经济特区的赌场进行了整治清查。在中缅警方共同努力下，被缅甸迈扎央经济特区内的赌场非法扣押、拘禁的人质全部解救，赌场已全部关闭。双方高度评价以上合作成果，认为是中缅执法部门情报交流和联合行动的成功典范。

为继续巩固和加强两国公安、内政部门之间的务实合作，本着团结、友谊和合作的精神，共同解决两国边境地区的犯罪和社会治安问题，双方经友好协商，达成以下共识：

一、双方将继续巩固和发扬在长期交往中形成的、通过双边合作文件确认的友好合作精神。双方将在平等互利、相互尊重的基础上进一步加强合作，坚持通过协商解决出现的问题和分歧。

二、双方将进一步完善两国中央、边境省（邦）、边境县（市、镇区）公安、内政部门三级边境警务联系合作机制，密切各级单位之间的定期会晤，确认紧急事务状态下的联络官会晤机制，充分发挥边境地区联络渠道的作用。

三、积极推动落实双方边防代表和联络官联系制度，使之成为双方妥善处理边境事务、协作配合、加强边境事务合作的有效机制。

四、双方采取切实有效措施，预防和打击以下违法犯罪活动：

（一）非法制造、运输和贩卖麻醉药品、精神药物和易制毒化学品；

（二）开设赌场、赌博及由赌博引发的犯罪活动；

（三）绑架和拐卖妇女儿童；

（四）国际恐怖组织活动及恐怖融资活动；

（五）非法出入境活动（包括两国公民及第三国公民非法出入境）；

（六）制造、运输、储藏、贩卖假币和洗钱等经济犯罪及高科技犯罪；

（七）非法制造、贩卖和走私枪支弹药、爆炸物品及其主要零部件；

（八）盗取矿藏资源和非法伐木。

五、双方采取切实有效措施，积极防范和打击非法出入境活动；对查获的非法入境人员要给予人道主义待遇，保证其人身、财产安全；及时向对方通报查获非法入境人员情况，加快对非法入境人员身份核查速度，对已确认为本国国籍的非法越境人员应尽快予以接收；做好被遣返人员接收工作，对在两国边境省份查获的非法出入境人员，回复接收时间最长不超过 15 天；对在两国其他地区查获的非法出入境人员，回复接收时间最长不超过 30 天；及时交换各自掌握的非法移民活动组织者、运送者相关信息，并在协助调查取证、联合办理案件等方面加强务实合作。

六、双方将继续加强在警用装备和人员培训领域的合作。2009年，中方将为缅方举办防暴培训班，为期 10 天，邀请缅方 20 名执法官员参加；举办禁毒官员研修班，为期 15 天，邀请缅方 15 名禁毒高级执法官员参加；举办禁毒执法培训班，为期 15 天，邀请缅方 15 名禁毒执法官员参加。中方将向缅方提供 200 万元人民币警用装备援助。

七、双方将在 2009 年组织采取以下具体合作措施：

（一）缅方将推动政府采取措施禁止中国公民投资、经营、管理赌场、在赌场工作和参与任何形式的赌博活动；缅方将积极配合中方解救被赌场非法拘禁的中国公民。

（二）双方出入境边防检查部门应加强协作配合，共同维护口岸正常出入境秩序。缅方将尽快完善、健全清水河、甘败地口岸的边防检查查验机构，经与中方协商，缅方将在适当时候开通勐拉口岸边防检查查验机构。双方规范出入境证件和收费标准，并增设办证机构，为边民发放合法出入境证件。

（三）双方充分发挥边境地区打拐联络官办公室作用，扩大和深化在打击跨国拐卖妇女儿童领域的合作，加强在信息交流、犯罪嫌疑人身份确认、协助调查取证、受害人遣返等领域的务实合作。

2007 年 7 月和 2008 年 12 月，双方分别在中国瑞丽、章风和缅甸木姐、雷基设立了中缅边境地区打击跨国拐卖犯罪联络官办公室（BLO），交流拐卖犯罪信息、合作打击拐卖人口犯罪及其他跨国犯罪。双方同意在缅甸清水河口岸和中国孟定口岸设立中缅边境地区打击跨国拐卖犯罪联络官办公室。

（四）双方对拐卖犯罪的受害者应视为犯罪行为的受害者，而不是违法者或犯罪嫌疑人。拐卖受害者的身份一经确认，应按双方商定的途径及时遣返并提供一定的救助。双方已于 2009 年 4 月在中国昆明召开了第四次中缅打击跨国拐卖犯罪高官会议并就《打拐合作谅解备忘录》有关内容达成一致意见。双方将进一步加强谅解备忘录文本的沟通与协商，积极推动两国政府批准后签署。

（五）双方积极落实 2006 年两国政府签署的禁毒合作协议和两国禁毒主管机构签署的罂粟种植卫星联合监测谅解备忘录，加大替代发展合作力度，继续加强替代作物的种植、营销、市场开拓及建立替代作物种植示范园等工作，继续开展罂粟种植联合监测，进一步巩固缅北地区罂粟禁种成果，继续开展缉毒执法培训并互相提供语言培训，加强湄公河流域船只航行安全管理。

（六）以双方签署的禁毒合作协定为基础，继续开展缉毒执法和情报合作，严厉打击跨国毒品犯罪活动，继续在两国边境地区开展打击跨境毒品制造和贩运活动的联合行动，根据两国有关法律规定以及禁毒合作协议相互协助抓捕、遣返对方通缉的毒品犯罪嫌疑人。

（七）本次部长级会议结束后 3 个月内，双方将在中缅边境地区缅方一侧的邦康（中方孟连当面）召开首次中缅边境地区合作打击跨国犯罪和维护社会治安高官会议（司局级）。第二次会议将在中缅边境地区中方一侧的景洪（缅方勐腊当面）举行，具体时间将由首次高官会议商定。双方将每两年轮流主办一次高官会议，具体事宜将通过国际合作渠道商定。

（八）中国公安部已于 2007 年 4 月向中国驻缅使馆派驻了警

务联络官，警务联络官的设立为深化中缅公安、内政警务执法合作，加强打击边境跨国犯罪发挥了重要作用；两国将继续把警务联络官作为打击跨国犯罪、加强情报信息交流的重要平台。

八、双方充分肯定中缅边境会议机制所起的积极作用。双方同意在此基础上，不断扩大合作领域，推动两国公安、内政部门的全面合作。双方将通知和督促各自有关部门严格执行本会议纪要内容。

九、双方将于2011年在中国召开第四次中缅边境会议。本会议纪要于2009年7月19日在缅甸曼德勒签订，一式两份，每份都用中文和缅文写成，两种文本同等作准。

中华人民共和国　　　　缅甸联邦

公安部副部长　　　　　内政部副部长

张新枫　　　　　　　　蓬瑞

（签字）　　　　　　　（签字）

中英执法合作第二次年度工作会晤纪要

中英执法合作第二次年度工作会晤于 2009 年 2 月 19 日至 20 日在北京举行。会晤由中华人民共和国公安部国际合作局副局长张巨峰和大不列颠及北爱尔兰联合王国打击严重有组织犯罪总局局长比尔·休斯共同主持。会谈中，双方注意到：

2007 年 11 月 29 日至 30 日在伦敦举行的中英执法合作第一次年度会晤对推动中英警务执法合作起到积极作用。随着涉及两国的犯罪案件日益增多，双方在打击经济犯罪、绑架勒索犯罪、有组织偷渡犯罪、网络犯罪和侵犯知识产权犯罪领域的合作有待进一步加强。

为此，双方一致同意：

一、关于打击经济犯罪

（一）加强反洗钱工作经验分享，相互介绍各自国家关于犯罪收益方面的相关规定。为增进彼此了解，中国公安部拟于今年派团赴英，考察了解英国涉及上述领域的法律规定、部门分工和办案程序等。

（二）进一步加强在龚印文、范洁聪非法吸收公众存款案方面的合作，及时相互通报案件进展情况和相关情报信息，研究实施有效的工作方案。中国公安部将根据案件合作需要，视情派团赴英商讨下一步工作计划。

（三）认识到侵犯知识产权犯罪的严重危害，同意就涉及两国的侵犯知识产权犯罪案件开展联合调查。

（四）双方确定牵头单位，建立关于知识产权刑事保护的对话机制。

二、关于打击绑架勒索犯罪

（一）双方在打击跨国绑架勒索案件方面开展了积极合作，取得了积极成果，遏制了涉及两国的跨国绑架案件上升势头。为进一步加强合作，双方同意建立情报信息定期通报机制，讨论研究规范合作流程等方面的内容。建立快捷、高效的反绑架联络机制，双方分别设立专门的反绑架联络员，紧急情况下联络员可直接联系。

（二）继续互派专家就相关法律规范、案件处置程序、情报收集和技术应用等进行培训。为此，中国公安部将派办案警官到英方有关警察部门进行培训、交流。同时，中方将邀请英方反绑架专家来华授课。

三、关于打击有组织偷渡犯罪

有组织偷渡犯罪威胁中英两国社会稳定，双方同意在打击有组织偷渡犯罪方面加强情报信息交流，建立情报信息定期通报机制，加强经验交流和人员培训合作，相互协助调查取证，协助追捕"蛇头"，并联合侦办有组织偷渡犯罪个案，深化双方在此领域的合作。

四、关于打击网络犯罪

（一）认识到打击网络犯罪的重要性，进一步加强在网络犯罪案件协查方面的合作，明确协查流程和工作规范，优先就网络诈骗、儿童色情和黑客攻击破坏等同时触犯两国法律的案件加强个案合作。

（二）确定中国公安部网络安全保卫局和英国打击严重有组织犯罪总局为双方关于网络案件协查接受部门。中方联络人为于阳，英方联络人为特里·贝克。

（三）为进一步增进彼此了解，提高案件协查效率，双方将于今年适当的时候在北京举行打击网络犯罪研讨会，全面、深入、细致介绍两国相关法律法规、业务分工和办案程序。本纪要于 2009 年 2 月 20 日在北京签署。

中华人民共和国　　　大不列颠及北爱尔兰联合王国

公安部代表　　　　　打击严重有组织犯罪总局代表

张巨峰　　　　　　　　比尔·休斯

（签字）　　　　　　　（签字）

海峡两岸协议

海峡两岸共同打击犯罪及司法互助协议

（2009 年 4 月 26 日）

为保障海峡两岸人民权益，维护两岸交流秩序，海峡两岸关系协会与财团法人海峡交流基金会就两岸共同打击犯罪及司法互助与联系事宜，经平等协商，达成协议如下：

第一章 总 则

一、合作事项

双方同意在民事、刑事领域相互提供以下协助：

（一）共同打击犯罪；

（二）送达文书；

（三）调查取证；

（四）认可及执行民事裁判与仲裁裁决（仲裁判断）；

（五）移管（接返）被判刑人（受刑事裁判确定人）；

（六）双方同意之其他合作事项。

二、业务交流

双方同意业务主管部门人员进行定期工作会晤、人员互访与业务培训合作，交流双方制度规范、裁判文书及其他相关资讯。

三、联系主体

本协议议定事项，由各方主管部门指定之联络人联系实施。必要时，经双方同意得指定其他单位进行联系。

本协议其他相关事宜，由海峡两岸关系协会与财团法人海峡交流基金会联系。

第二章 共同打击犯罪

四、合作范围

双方同意采取措施共同打击双方均认为涉嫌犯罪的行为。

双方同意着重打击下列犯罪：

（一）涉及杀人、抢劫、绑架、走私、枪械、毒品、人口贩运、组织偷渡及跨境有组织犯罪等重大犯罪；

（二）侵占、背信、诈骗、洗钱、伪造或变造货币及有价证券等经济犯罪；

（三）贪污、贿赂、渎职等犯罪；

（四）劫持航空器、船舶及涉恐怖活动等犯罪；

（五）其他刑事犯罪。

一方认为涉嫌犯罪，另一方认为未涉嫌犯罪但有重大社会危害，得经双方同意个案协助。

五、协助侦查

双方同意交换涉及犯罪有关情资，协助缉捕、遣返刑事犯与刑事嫌疑犯，并于必要时合作协查、侦办。

六、人员遣返

双方同意依循人道、安全、迅速、便利原则，在原有基础上，增加海运或空运直航方式，遣返刑事犯、刑事嫌疑犯，并于交接时移交有关证据（卷证）、签署交接书。

受请求方已对遣返对象进行司法程序者，得于程序终结后遣返。

受请求方认为有重大关切利益等特殊情形者，得视情决定遣返。

非经受请求方同意，请求方不得对遣返对象追诉遣返请求以外的行为。

第三章　司法互助

七、送达文书

双方同意依己方规定，尽最大努力，相互协助送达司法文书。

受请求方应于收到请求书之日起三个月内及时协助送达。

受请求方应将执行请求之结果通知请求方，并及时寄回证明送达与否的证明资料；无法完成请求事项者，应说明理由并送还相关资料。

八、调查取证

双方同意依己方规定相互协助调查取证，包括取得证言及陈述；提供书证、物证及视听资料；确定关系人所在或确认其身份；勘验、鉴定、检查、访视、调查；搜索及扣押等。

受请求方在不违反己方规定前提下，应尽量依请求方要求之形式提供协助。

受请求方协助取得相关证据资料，应及时移交请求方。但受请求方已进行侦查、起诉或审判程序者，不在此限。

九、罪赃移交

双方同意在不违反己方规定范围内，就犯罪所得移交或变价移交事宜给予协助。

十、裁判认可

双方同意基于互惠原则，于不违反公共秩序或善良风俗之情况下，相互认可及执行民事确定裁判与仲裁裁决（仲裁判断）。

十一、罪犯移管（接返）

双方同意基于人道、互惠原则，在请求方、受请求方及被判刑人（受刑事裁判确定人）均同意移交之情形下，移管（接返）被判刑人（受刑事裁判确定人）。

十二、人道探视

双方同意及时通报对方人员被限制人身自由、非病死或可疑为非病死等重要讯息，并依己方规定为家属探视提供便利。

第四章 请求程序

十三、提出请求

双方同意以书面形式提出协助请求。但紧急情况下，经受请求方同意，得以其他形式提出，并于十日内以书面形式确认。

请求书应包含以下内容：请求部门、请求目的、事项说明、案情摘要及执行请求所需其他资料等。

如因请求书内容欠缺致无法执行请求，可要求请求方补充资料。

十四、执行请求

双方同意依本协议及己方规定，协助执行对方请求，并及时通报执行情况。

若执行请求将妨碍正在进行之侦查、起诉或审判程序，可暂缓提供协助，并及时向对方说明理由。

如无法完成请求事项，应向对方说明并送还相关资料。

十五、不予协助

双方同意因请求内容不符合己方规定或执行请求将损害己方公共秩序或善良风俗等情形，得不予协助，并向对方说明。

十六、保密义务

双方同意对请求协助与执行请求的相关资料予以保密。但依请求目的使用者，不在此限。

十七、限制用途

双方同意仅依请求书所载目的事项，使用对方协助提供之资料。但双方另有约定者，不在此限。

十八、互免证明

双方同意依本协议请求及协助提供之证据资料、司法文书及其他资料，不要求任何形式之证明。

十九、文书格式

双方同意就提出请求、答复请求、结果通报等文书，使用双方商定之文书格式。

二十、协助费用

双方同意相互免除执行请求所生费用。但请求方应负担下列费用：

（一）鉴定费用；

（二）笔译、口译及誊写费用；

（三）为请求方提供协助之证人、鉴定人，因前往、停留、离开请求方所生之费用；

（四）其他双方约定之费用。

第五章 附 则

二十一、协议履行与变更

双方应遵守协议。

协议变更，应经双方协商同意，并以书面形式确认。

二十二、争议解决

因适用本协议所生争议，双方应尽速协商解决。

二十三、未尽事宜

本协议如有未尽事宜，双方得以适当方式另行商定。

二十四、签署生效

本协议自签署之日起各自完成相关准备后生效，最迟不超过六十日。

本协议于二〇〇九年四月二十六日签署，一式四份，双方各执两份。

海峡两岸关系协会   财团法人海峡交流基金会

会长   董事长

陈云林   江丙坤

（签字）   （签字）

索　引

二、强奸案件及相关案件

五、非法雇用童工案件

（涉及强迫劳动罪；雇用童工从事危重劳动罪等）

六、卖淫案件及相关案件

（涉及组织卖淫罪；强迫卖淫罪；协助组织卖淫罪；引诱、容留、介绍卖淫罪；引诱幼女卖淫罪；特定单位的人员组织、强迫、引诱、容留、介绍卖淫的处理规定等）